担保法
前沿问题与判解研究

（第六卷）

——新类型担保的裁判发展与解释路径

高圣平·著

担保物权的功能化专题·动产担保专题

不动产担保专题·保证合同专题

人民法院出版社

图书在版编目（CIP）数据
担保法前沿问题与判解研究. 第六卷，新类型担保的裁判发展与解释路径 / 高圣平著. -- 北京 : 人民法院出版社，2024. 12. -- ISBN 978-7-5109-4380-5
Ⅰ. D923.24
中国国家版本馆CIP数据核字第2024BB7339号

担保法前沿问题与判解研究（第六卷）
——新类型担保的裁判发展与解释路径
高圣平　著

责任编辑　尹立霞
执行编辑　赵　爽
出版发行　人民法院出版社
地　　址　北京市东城区东交民巷27号（100745）
电　　话　（010）67550673（责任编辑）　67550558（发行部查询）
65223677（读者服务部）
客服QQ　2092078039
网　　址　http://www.courtbook.com.cn
E - mail　courtpress@sohu.com
印　　刷　保定市中画美凯印刷有限公司
经　　销　新华书店

开　　本　787毫米×1092毫米　1/16
字　　数　398千字
印　　张　24.5
版　　次　2024年12月第1版　2024年12月第1次印刷
书　　号　ISBN 978-7-5109-4380-5
定　　价　86.00元

序 言

市场经济是法治经济，同时以信用为王，以担保为重。担保制度越发达，债权越有保障，金融安全越能实现，资金融通更为便利，正因为这一原因，各国法律十分重视担保制度的构建。我国在20世纪90年代就颁布了《担保法》，近些年，随着市场经济的迅速发展，以及经济全球化的影响，担保制度也发生了重大的变化。《物权法》在原来《担保法》的基础上系统地规定了担保物权制度，无论从体系上还是从具体规则的设计上都对《担保法》做了重大的完善。我国《民法典》适应担保现代化和改善营商环境的需要，着力推动动产和权利担保登记的现代化，对原有的担保制度做了重大的修改和完善，扩大了动产担保的范围，统一了动产担保以及浮动担保、融资租赁、保理、所有权保留等担保方式的规则；确认了担保物权竞存时的优先顺位规则；通过减轻担保人责任，鼓励担保交易，促进物尽其用；基于现代社会财富增长出现大量的新型财产权利势态，将其纳入可供担保的财产范围；缓和物权法定，承认非典型担保，扩大了当事人设立担保物权的意思自治空间。可以说，《民法典》对担保制度的重大完善充分彰显了中国特色、实践特色、时代特色，也是该法典的重大亮点。

“法与时转则治”。《民法典》担保制度虽然亮点很多，但就其中新制度、新规则的解释与适用，仍然存在较大的争议。例如，功能主义担保观之下，权利人在融资租赁、保理、所有权保留等交易中享有的权利被功能化为担保物权，这就意味着这些交易中具有担保功能的部分应参照适用或者类推适用《民法典》物权编担保物权分编中的相应规则，但《民法典》合同编典型合同分编中又规定了基于交易形式的违约救济规则。如此出现了规则之间的冲突，亟待经由解释论而得到纾解。再如，融资租赁、所有权保留等交易中的出租人、出卖人在承租人或者买受人破产的情形之下，是主张担保物权，还是主张破产取回权，就直接反映着功能主义和形式主义相结合情形下的体系冲突。虽然最高人民法院在《〈民法典〉担保制度解释》中部分解决了这些解释分歧，但也搁置了其中争议较大、尚未形成共识的部分，因此不少问题仍然有待于进一步发展和完善。

圣平教授长期以来，一直潜心于担保法领域的研究，成果颇丰。他不仅深度参与《民法典》物权编、《〈民法典〉担保制度解释》的起草和论证，先后承担全国哲学社会科学规划办、教育部、司法部、世界银行集团国际金融公司以及其他部门委托的《担保法》研究课题十余项，而且还深入担保登记实践、信贷实践和司法实践，广泛了解《担保法》《物权法》以及《民法典》担保制度的实施现状，并撰写了百余篇调研报告和专题论文，得到了学界和业界的广泛认同。可以说，圣平教授在担保法领域已经形成了自己独到的学术见解，为学说和裁判的发展做出了自己的理论贡献。

在本书中，圣平教授选取目前实践中和理论上争议较大的问题从学理上展开了充分的研讨，对于担保物权的功能化、动产担保、不动产担保、保证合同等均作了颇有见地的深入研究。这些专题研究都较好地回应了登记实践、信贷实践和司法实践中的疑难问题。看到他不断有专论和新作问世，我感到由衷的高兴。我衷心希望圣平教授在今后的研究工作中取得新的进步，也热切期望更多的年轻一代的学者投身于民法学的研究，为我国民法学的繁荣和发展做出贡献。

是为序。

目　录

【担保物权的功能化专题】

【动产担保专题】

【不动产担保专题】

【保证合同专题】

【担保物权的功能化专题】

《民法典》物上担保制度的发展与社会变迁

相较此前的法规范，物上担保制度是《民法典》中变化最大的部分，既反映了优化营商环境之下市场主体（尤其是中小企业）融资担保的制度需求，颇具开放性的制度设计亦为金融创新留下了足够的空间，提升了我国金融担保制度的国际竞争力。借助于具有担保功能合同的承认，《民法典》缓和了物权法定原则在担保物权领域的适用，但具有担保功能的合同是否创设新类型担保物权，尚须满足公示要件，且构成习惯（法）。担保财产范围的扩充与概括描述的承认，使更多的社会财富进入融资担保领域，但对标的财产的概括描述应达到合理识别标准。功能主义担保观的引入为动产担保交易规则的统合提供了前提，举凡动产担保权的设立、公示、效力、顺位和实现（违约救济）规则，自可准用或者类推适用动产抵押权的相关规则。其中，统一的动产和权利担保登记制度的建立，采行声明登记制的法理，为动产担保交易规则的统合提供了技术上的前提，而庭外实现的引入，在一定程度上避免了我国不承认自力救济的弊端。

一、问题的提出

传统法上认为，物上担保制度的发展受制于物权法定这一物权法的基本原则，尤其是其中类型强制禁锢了新类型担保物权的发生。① 但法律是社会生活规范，与社会生活密不可分。“法律追随并适应社会变迁，但法律亦形成并引导社会变迁，而在社会中扮演重要的角色。”② 这一法社会学上的著名论断同样适用于我国《民法典》的编纂。就其中物上担保制度而言，《民法典》既反映了优化营

① 参见谢在全：《担保物权制度的成长与蜕变》，载《法学家》2019 年第 1 期。

② Lawrence M. Friedman and Grant M. Hayden, *American Law: An Introduction*, Oxford University Press, 3rd ed., 2017, p. 263.

商环境之下市场主体（尤其是中小企业）融资担保的制度需求，将融资实践中的成熟经验确定下来，同时，颇具开放性的制度设计亦为金融创新留下了足够的空间，提升了我国金融担保制度的国际竞争力。

《民法典》通过一系列的制度安排以使其中担保物权制度发生了革命性的变化，但就其中部分规则的理解，学术界和实务界均存在广泛争议。这既反映了对于传统法上既定安排的路径依赖，也揭示了革命性的制度变革所带来的社会影响。《最高人民法院关于适用〈中华人民共和国民法典〉有关担保制度的解释》(以下简称《民法典担保制度解释》)就《民法典》担保制度中的新规则的司法态度作了一定程度的统一，澄清了其中部分模糊认识，但也同时搁置了部分争议比较大的问题。

二、类型强制的缓和与担保物权种类的开放

《民法典》第388条第1款中规定“担保合同包括抵押合同、质押合同和其他具有担保功能的合同”，其意义就是为下一步金融担保创新预留一定空间，鼓励实践中担保交易形式的多样化。《民法典》将已经类型化的担保交易形式固定下来，典型化为担保交易或者其他交易形式，但就实践中已经出现的新的担保交易品种，《民法典》中并未作出规定。就让与担保而言，《民法典》编纂时就考虑过是否将之成文化的问题。再如浮动质押、以物抵债、买卖性担保、保兑仓以及股票回购式质押融资，都是实践中出现的一些创新品种。这些创新品种是实践的驱动，而金融审判应当为金融创新服务，尊重当事人的自由选择。在这种背景下，《民法典》第388条第1款增加规定担保合同包括具有担保功能的合同，在一定程度上缓和了物权法定原则，具有重大的体系建构意义。①

(一)《民法典》第388条第1款仅承认了合同效力

《民法典》第388条第1款是裁判实践的归纳和总结。《全国法院民商事审判工作会议纪要》(法〔2019〕254号，以下简称《民商事审判会议纪要》)第66条就指出：“当事人订立的具有担保功能的合同，不存在法定无效情形的，应当认定有效。虽然合同约定的权利义务关系不属于物权法规定的典型担保类型，但是其担保功能应予肯定。”这就表明，法律上规定的担保物权类型并不具有封闭性，当事人自可在这些典型担保类型之外创设新的非典型担保物权类型。只要不存在《民法典》上规定的法律行为无效事由，非典型担保合同不因违反物权法定原则而无效。

---

① 参见王利明：《担保制度的现代化：对〈民法典〉第388条第1款的评析》，载《法学家》2021年第1期；杨立新：《物权法定缓和的绝处逢生与继续完善——〈民法典〉规定“其他具有担保功能的合同”概念价值》，载《上海政法学院学报（法治论丛）》2021年第1期。

对于金融创新中所产生的非典型物上担保的效力应当如何认定，目前通说认为非典型担保不具有创设物权的效力，即就所涉标的物而言，债权人不能取得优先于其他债权人的效力，但这并不影响非典型担保合同在债法上的效力。[①] 因而，如果在债务人没有其他债权人的情形下，将因交易所产生的权利认定为物权还是债权在实体处理结果上并无差别。因为只要担保合同有效，债权人就物本身执行的法律效果并无不同，是否具备优先性在单一债权人下并无意义。而如果存在其他债权人，则会对债权人的权利实现产生实质影响。此时，非典型担保仅具债法效力，而无创设物权效力，并不因此取得标的物上的优先受偿权。从这个意义上说，虽然仅承认非典型担保在债法上的效力，不利于维护债权人的利益，但对于金融创新还是有所保护的。

（二）是否具有担保物权效力

在这些非典型担保的合同效力的前提下，是否进一步要承认其担保物权效力？《民法典担保制度解释》第 63 条指出："债权人与担保人订立担保合同，约定以法律、行政法规尚未规定可以担保的财产权利设立担保，当事人主张合同无效的，人民法院不予支持。当事人未在法定的登记机构依法进行登记，主张该担保具有物权效力的，人民法院不予支持。"这里明确了两点：其一，非典型物的担保合同不因违反物权法定原则而无效，但在物权公示原则之下，如未采取适当的公示手段将标的财产之上的担保负担向不特定的第三人周知，即未满足赋予其物权效力所应具备的公示要求，此际，债权人就标的财产尚未取得物权。其二，未以适当的公示方法就非典型担保权予以公示的，该非典型担保不具有物权效力。但债权人可以基于非典型担保合同的约定请求担保人承担责任，主要体现为债权人可以请求按照担保合同的约定就担保财产折价、变卖或者拍卖所得价款等方式清偿债务。就变价款，债权人并无优先受偿的权利。

从体系解释的视角，并结合《民法典担保制度解释》第 63 条的规定，非典型担保取得物权效力尚须满足以下要件：

第一，公示。非典型担保取得物权效力的前提条件之一是满足物权公示的要件，这与《民法典》消灭隐形担保的立法态度是一致的。[②]《民法典》第 208 条明定了物权公示原则，除了法律另有规定外，物权变动均须依登记或者交付的方法予以公示。这也是物权具有与债权相区分的社会机能的技术工具。按照目前登记制度发展的整体趋势，不动产登记与动产和权利担保登记均已在各自的领域取得了统一。但由于两大登记系统所基于的登记法理存在重大差异，导致在非典型担

① 参见曹士兵：《对非典型担保的司法态度》，载《人民法院报》2005 年 8 月 31 日；刘贵祥：《物权法关于担保物权的创新及审判实务面临的问题》（下），载《法律适用》2007 年第 9 期。

② 参见龙俊：《民法典中的动产和权利担保体系》，载《法学研究》2020 年第 6 期。

保中登记的展开也境遇不同。

就非典型担保中涉及不动产（权利）的部分，担保登记的展开比较受到限制。在不动产登记的连续原则之下，不动产担保登记以其基础权利（标的财产）在不动产登记簿上先登记为前提，如担保财产未登记，其上的担保权利亦不能登记。如此，金融担保创新中的新类型不动产担保在登记环节即受限制。如商铺租赁权担保，有的地方办理了抵押登记手续，自应认可商铺租赁权抵押权的效力。[①]但大多数地方并不办理商铺租赁权抵押登记，实践中，当事人之间大多采取了变通的登记方法，如在出租人或物业管理人处办理了相应的登记手续，司法实践中也予以认可。[②]《民法典担保制度解释》第63条明显采取登记机构法定的方法，只有在法定的抵押登记机构登记，才能发生物权变动的效力。

就非典型担保中涉及动产和权利的部分，《民法典》采取了统一动产和权利担保登记的立法态度，《优化营商环境条例》所表达的态度也是实行统一的动产和权利担保登记制度。《国务院关于实施动产和权利担保统一登记的决定》（国发〔2020〕18号）规定，自2021年1月1日起，在全国范围内实施动产和权利担保统一登记。就非典型担保中涉及动产和权利的部分，仍然是在《民法典》之下寻求妥当公示方法，登记和交付均为可采的路径。例如，动产让与担保可以在统一的动产和权利担保登记系统中登记。动态质押或流动质押创新模式的认可仍然是在交付公示的规定之下寻找正当性，只不过利用了观念交付方法而已。

第二，构成习惯（法）。从《民法典担保制度解释》所采取的方法和路径来看，在满足公示要件之后，进一步尚须结合《民法典》第10条，判断其是否由习惯法予以承认。在解释上，可以将《民法典》第116条关于"物权的种类和内容，由法律规定"的规定中的"法律"进行目的性扩张，包括习惯（法）在内。[③]依照习惯法创设新类型物权，在一定程度上起着缓和物权法定主义的态度。

《民法典》第116条规定："物权的种类和内容，由法律规定。"此即所谓物权法定主义，或曰物权法定原则。"法定主义"，是指法律所规定的内容必须严格遵行的立法主义。采取法定主义的原因，乃在于其规范内容与国家或社会的政策与安全息息相关，因此不容许国家或社会成员任意自由发挥。物权法定主义在确认物之归属、调整物之利用等方面发挥了无法替代的作用，确有其可取之处。但物权法定主义在理论上并非绝对不可动摇，若坚决贯彻执行，其可能发生的流弊有：其一，从社会变迁的视角观察，社会生活永远在演进之中，"法律公布之时，即落伍之始"；其二，特定的法定主义，是依据当时的社会生活背景所作的考量，

① 广西壮族自治区横县人民法院（2017）桂0127执异2号执行裁定书。

② 浙江省海宁市人民法院（2015）嘉海商初字第492号民事判决书。

③ 参见最高人民法院民事审判第二庭编：《最高人民法院民法典担保制度司法解释理解与适用》，人民法院出版社2021年版，第537页。

如该社会生活背景条件过后已不再存在或已时过境迁，其法定主义也无存在的必要，否则便造成一个时代错误。“物权法定主义过于僵化，难以适应现时社会经济之发展。”[①] 学说或实务即对此展开探讨，在保留物权法定主义的前提下，提出了一系列的缓和路径：其一，对于物权法中某些并非强行性规定，直接以合同形式予以变更；其二，为了使新的物权种类能在物权法定主义下得以生存，将旧物权种类做扩大解释以适用于新生的物权形式；其三，对法律未规定事项之习惯，承认其法律效力，认为习惯作为法律渊源当与法律有同一效力；其四，承认社会中已形成习惯的物权形式的效力；其五，借用“物上之债”理论缓和物权法定之僵硬。[②]

我国《民法典》虽明文“物权的种类和内容，由法律规定”，但并不是采取绝对封闭的物权法定模式，而是采取了较为开放的态势。[③] 例如，我国《民法典》明定用益物权可在动产之上设立，为以后动产融资租赁的权利架构留下了制度空间；再如，第 395 条第 1 款第 7 项明定法律、行政法规未禁止抵押的其他财产均可以设立抵押权，这就极大地扩充了抵押财产的范围，为信贷实践和司法实践承认新类型的抵押权留下了空间。在我国民商事立法普遍关注交易安全的情势下，物权法定主义对交易安全的独特维护功能实不可没。这就决定了我们的选择不能从严格的物权法定主义这一极滑向物权自由主义的另一极。为了兼顾自由与安全，在保留物权类型体系的稳定性前提下，维持必要的开放性，[④]“调和”成为我们唯一的着眼点。

对于物权法定主义理解上的一个争议之处在于物权法定主义之“法”的界定。在立法学上，法有广义与狭义之分；在大陆法的传统理论上，物权法定所言之“法”，系指狭义上的法律、行政法规、规章、决定、命令都不具有创设物权的效力，“盖因物权有关人之权利义务甚大，许以命令创设，殊未适宜”。[⑤] 本书作者认为，确立物权法定主义的根本宗旨，在于使物权创设尽可能规范化和统一化，以便公示，从而维护交易安全和社会经济秩序。如对“法”作过于广义的解释，物权法定主义的这一宗旨将很难实现。因此，行政规章、国家政策不能作为

---

① 郑玉波：《民法物权（修订十八版）》，黄宗乐修订，我国台湾地区三民书局股份有限公司 2012 年版，第 16 页。

② 参见刘乃忠：《地役权对物权法定原则漏洞的补充》，载王利明主编：《物权法专题研究》，吉林人民出版社 2002 年版，第 707 ~ 708 页；张鹏：《役权的历史溯源与现代价值定位》，载梁慧星主编：《民商法论丛》（第 18 卷），金桥文化出版（香港）有限公司 2001 年版，第 489 ~ 490 页；夏沁：《论私法自治中物上之债对物权法定适用的缓和》，载《清华法学》2021 年第 6 期。

③ 参见王利明：《物权法研究（上卷）（第四版）》，中国人民大学出版社 2018 年版，第 52 页。

④ 参见杨振山：《社会主义市场经济与中国物权法的制定》，载《法学杂志》2001 年第 2 期。

⑤ 郑玉波：《民法物权（修订十八版）》，黄宗乐修订，我国台湾三民书局股份有限公司 2012 年版，第 18 页。

创设物权的法源。国务院制定的行政法规本不属于物权法定主义之“法”的范畴，但我国立法现状实不容许某一应确定为物权的权利尚需经过漫长的过程方能被规定为物权，明确行政法规为物权法定主义之“法”之一种，有利于及时对社会发展中新出现的物权类型予以确认，也能较好地维系物权体系的稳定性。物权法定主义之“法”是否包括习惯（法）？依照物权法定主义宗旨，让与担保等非典型担保因制度长久存在而固定化、类型化，其内容呈现出高度的确定性，使第三人有预测的可能，并已在社会上形成一种法的确信，应构成一种习惯（法）。因此，很难说具有习惯（法）性质的非典型担保违反物权法定主义所要求的法律秩序安定之本旨。[①] 据此，可将非典型担保作为制定法外经由习惯（法）创设的新型物权取得合法地位的适例。在《民法典》已将习惯（法）作为民法法源的情形之下，这一观点无疑是缓和物权法定主义的重要路径之一。

三、担保财产范围的扩充与概括描述的承认

但随着经济的发展，社会财富形态日益多元化，动产（包括动产性权利）在社会生活的地位日渐提升，其金融化需求日益迫切。“担保标的物由土地到建筑物、由不动产到动产、有形资产到无形资产、现有资产到将来取得资产、单一物到集合物、固定资产到流动资产，均可自担保物权法发展历程中找到轨迹。”[②] 在“物尽其用”的政策目标之下，但凡具有交换价值的财产均应作为担保财产，但基于物权法定原则的限制，法律上没有明确纳入担保财产范围的财产，尚无法进入融资担保体系，直接导致社会财富的“沉淀”。正是基于上述考虑，《民法典》在《物权法》实施经验的基础上扩充了担保财产的范围以及承认担保财产的概括描述。

（一）担保财产范围的兜底规定

就抵押财产的范围，《民法典》第395条增加了“海域使用权”，将《海域使用管理法》上所规定的海域使用权抵押予以规定，明确了此类抵押权的物权变动和效力规则；确认“集体所有土地的使用权”为抵押财产，而“集体所有土地的使用权”涵盖集体建设用地使用权、土地承包经营权和土地经营权，在一定程度上解决了有关土地经营权担保体系定位的解释分歧。除此之外，第395条第7款明确规定：“法律、行政法规未禁止抵押的其他财产”均可充任抵押财产。如此，即极大地扩充了抵押财产的范围。

“法律、行政法规未禁止抵押的其他财产”，应包括“法律、行政法规未禁止

① 参见王闯：《让与担保法律制度研究》，法律出版社2000年版，第53页；杨汉东：《让与担保制度之研究》，我国台湾地区中兴大学法律学研究所1989年硕士论文，第35页。

② 谢在全：《担保物权制度的成长与蜕变》，载《法学家》2019年第1期。

转让的其他财产”。法律、行政法规禁止转让的财产，主要是禁止流通的财产，如淫秽录像带、录音带、书刊，以及毒品、枪支武器等。禁止流通的财产不能依民法方法转让所有权，因此，其上不能设定抵押权。虽然限制流通的财产的转让方式受到一定的限制，但其交换价值毕竟可以依法实现。其上设定抵押权时，抵押权的实现只需就该财产以法律规定的方式变价，抵押权人就其价金优先受偿，只是抵押权人不能直接就该财产折价受偿。因此，限制流通的财产也可以作为抵押财产。例如，矿产资源是指由地质作用形成的，具有利用价值的，呈固态、液态、气态的自然资源。矿产资源属于国家所有。国家在保留矿产资源所有权基础上，将矿产资源的勘察、开采以有偿使用的方式出让给具有相应资质的申请人，并向申请人颁发矿产资源勘察许可证或者开采许可证，获得许可证的申请人即享有相应矿区的探矿权或者采矿权。《民法典》第 329 条关于“依法取得的探矿权、采矿权、取水权和使用水域、滩涂从事养殖、捕捞的权利受法律保护”的规定，明确了探矿权、采矿权作为用益物权的法律属性。但《民法典》并没有明确规定探矿权、采矿权系不动产，亦没有关于探矿权、采矿权抵押登记的明确规定，从而导致实践中对矿业权抵押问题的不同认识和差别化处理。在解释上，矿产资源属于土地附着物，① 并由《民法典》第 395 条第 1 款第 1 项的文义所能涵盖。探矿权、采矿权适用不动产法律法规予以调整。根据《民法典》第 402 条“以本法第三百九十五条第一款第一项至第三项规定的财产或者第五项规定的正在建造的建筑物抵押的，应当办理抵押登记。抵押权自登记时设立”的规定，矿产资源作为土地附着物，探矿权、采矿权抵押应遵循登记生效主义原则，抵押权应自登记时设立。②

就质押财产（权利）的范围，虽然《民法典》第 440 条第 7 项规定仅有“法律、行政法规规定可以出质的其他财产权利”才能出质，采取了封闭式的立法态度，但该条第 6 项同时规定“现有的以及将有的应收账款”可以出质。“应收账款”的宽泛界定，③ 早已脱逸出“因合同而生的金钱债权”的范畴，足以起到“兜底”功能。其中，“提供医疗、教育、旅游等服务或劳务产生的债权”“能源、交通运输、水利、环境保护、市政工程等基础设施和公用事业项目收益权”明显是针对将有的应收账款。据此，《民法典担保制度解释》第 61 条第 4 款规定：“以基础设施和公用事业项目收益权、提供服务或者劳务产生的债权以及其他将有的应收账款出质，当事人为应收账款设立特定账户，发生法定或者约定的质权

① 《财政部、国家税务总局关于固定资产进项税额抵扣问题的通知》（财税〔2009〕113 号）规定：“《中华人民共和国增值税暂行条例实施细则》第二十三条第二款所称建筑物，是指供人们在其内生产、生活和其他活动的房屋或者场所，……所称其他土地附着物，是指矿产资源及土地上生长的植物。”

② 最高人民法院（2016）最高法民终 605 号民事判决书。

③ 《动产和权利担保统一登记办法》第 3 条。

实现事由时，质权人请求就该特定账户内的款项优先受偿的，人民法院应予支持；特定账户内的款项不足以清偿债务或者未设立特定账户，质权人请求折价或者拍卖、变卖项目收益权等将有的应收账款，并以所得的价款优先受偿的，人民法院依法予以支持。”若以这些将有的应收账款出质，当事人为应收账款设立特定账户，因特定账户项下是金钱，故不存在一般实现担保物权的拍卖、变卖等问题，质权人可直接对此主张优先受偿权。

（二）担保财产的概括描述

担保物权在《民法典》上被定位为物权，自是以“特定的物”为其客体。由此，作为物权法结构原则的物权（客体）特定原则，[①] 对于物上担保制度的展开具有重要的意义。与其他物权种类不同的是，担保物权的效力体现为，在担保物权可得实现之时，权利人可就“特定的物”进行变价并优先受偿。如此，物权特定原则在物上担保制度中的贯彻也就有了特殊性。在担保物权设立之时，标的物仅须可得特定即可，但在担保物权实现之时，标的物必须是特定的。如此即为未来财产进入融资担保领域提供了理论前提。《民法典》上不仅在第440条规定“将有的应收账款”可以作为担保财产，而且在第396条明确“现有的以及将有的生产设备、原材料、半成品、产品”可以抵押。第396条反映了实践中存货融资的基本制度需求，虽然在学说上多被界定为浮动抵押，但与比较法上的相关制度不同的是，该条中的“生产设备”并不具有“存货”的性质（生产设备构成产品的除外）。[②] 这就为未来的生产设备设定动产（固定）抵押权提供了解释基础。为因应未来财产担保化的制度需求，赋予当事人更大的自主权，《民法典》允许担保合同对担保财产只作概括性的描述，将《物权法》规定的抵（质）押合同条款“抵（质）押财产的名称、数量、质量、状况、所在地、所有权归属或者使用权归属”修改为“抵（质）押财产的名称、数量等情况”。[③] 在解释上，《民法典》上关于担保合同内容的规定仅具有倡导性作用，并不具有强行法效力。虽然上述规定仅具有倡导性作用，并不具有强行法效力，但为下一步统一动产和权利登记制度中担保财产的描述提供了前提。应当注意的是，《民法典》虽然允许担保财产的概括描述，但并非所有未来财产均可设立担保物权，担保合同和登记簿上担保财产的记载尚须达到合理指明标的物、使担保财产可得特定的程度。

---

① 王泽鉴：《民法物权》，北京大学出版社2009年版，第15页。

② 龙俊：《动产抵押对抗规则研究》，载《法学家》2016年第3期；侯国跃：《浮动抵押逸出担保物权体系的理论证成》，载《现代法学》2020年第1期。

③ 沈春耀（全国人大宪法和法律委员会副主任委员）：《全国人民代表大会宪法和法律委员会关于〈民法典物权编（草案）〉修改情况的汇报——2019年4月20日在第十三届全国人民代表大会常务委员会第十次会议上》，载《民法典立法背景与观点全集》编写组编：《民法典立法背景与观点全集》，法律出版社2020年版，第42页。

动产和权利担保登记公示的目的在于与债务人就标的物从事交易的第三人据以判断该标的物上是否存在担保负担。因此，登记簿上的信息尚须按照一定标准编制成索引以供查询人检索。不动产登记簿奉行物的编成主义，以不动产单元为编制标准，但大多数动产并不具有特定化的识别要素，不足以支撑物的编成主义的登记与查询。物的编成主义意味着对担保财产的具体描述，这一要求对于在担保人现有和将有的动产（如生产设备、存货、应收账款等）上所设立的担保权的登记程序无法展开。因此，动产和权利担保登记簿主要采取人的编成主义，即以担保人的姓名或名称作为登记簿的编制标准和检索标准。这一编成模式为担保财产的概括描述提供了前提，使得担保人的集合动产（现有和将有的动产）和种类物上的动产担保权经由单一登记即可完成。① 在具体的描述方面，《民法典担保制度解释》第53条指明，对担保财产的概括性描述应达到"能够合理识别担保财产"的标准。此即表明，担保财产应能与担保人其他财产相互区分，以达到担保权利客体确定的标准，如此方能使第三人清晰地判定据此描述的担保权利登记的范围，使担保权利具有对抗第三人的效力。

《动产和权利登记统一办法》第9条中规定，登记内容包括担保财产的描述；对担保财产进行概括性描述的，应当能够合理识别担保财产。至于何为"合理识别"的程度，《民法典》第400条、第427条规定的担保财产描述要素仅包括名称与数量，《民法典担保制度解释》第55条亦指出动态质押中担保财产的描述应有数量和品种。就此，有观点认为担保财产的"类型+数量"是概括描述的底线要素，其中担保财产的类型描述可以采取技术类型或法定类型方法。② 一般而言，对担保财产的描述可以分为物理与法律两个面向。通过对担保财产的物理描述，能够在客观上使之与其他的财产相区分，因此应就其物理信息加以列举，如数量、质量等；通过对担保财产的法律描述，能够在权属上使之与其他主体的财产相区分，如所有权、使用权的归属等。有的规范性文件已就实际操作过程中的"合理识别"标准予以细化，如原《应收账款质押登记办法》第10条规定："登记内容包括质权人和出质人的基本信息、应收账款的描述、登记期限。质权人应将本办法第八条规定的协议作为登记附件提交登记公示系统。"当然，不宜苛求"合理识别"的抽象标准，而是应在个案中考察当事人的具体描述，必要时还可结合担保合同之外的因素。③ 此外，《民法典担保制度解释》第53条后段表明，担保财产概括描述的充分性是担保成立的要件。在解释上，"担保成立"既包括

① See Ronald C. C. Cuming, Catherine Walsh and Roderick J. Wood, *Personal Property Security Law*, 2nd ed., Toronto, ON: Irwin Law Inc., 2012, p. 330.

② 参见谢鸿飞：《担保财产的概括描述及其充分性》，载《法学》2021年第11期。

③ 参见崔建远：《对非典型担保司法解释的解读》，载《法治研究》2021年第4期；孙鹏、杨在会：《担保财产之概括描述与合理识别》，载《社会科学研究》2022年第1期。

担保合同成立，也包括担保物权成立。故而在担保财产概括描述不充分时，担保物权自无法成立，担保合同亦不成立。①

值得注意的是，在《民法典》第388条第1款之下，所有权保留买卖合同与融资租赁合同具有实质意义上担保价款债权、租金债权清偿的功能，亦应适用《民法典担保制度解释》第53条的规定。

四、声明登记制的引入与动产担保登记的统一

在采行非移转占有型动产担保这一具有体系异质性制度之时，公示方法由占有转变为登记，但就种类多样、特定化程度不同的动产而言，如何践行登记，以及如何降低登记成本，就成了这一创新制度高效运转的关键要素。目前我国动产抵押和权利质押的登记机构较为分散，基于担保财产行政管理的需要，不同的担保财产分别在不同的行政管理机关登记，各担保登记制度大多仿效不动产登记制度实际上实行实质审查。这一现状不能完全适应现代市场经济发展的需要。《民法典》编纂过程中形成的较为统一的认识是，“建立统一的动产抵押和权利质押登记制度有助于进一步发挥其融资担保功能”。《民法典》“删除了有关动产抵押和权利质押具体登记机构的内容，为建立统一的动产抵押和权利质押登记制度留下空间”，“统一登记的具体规则宜由国务院规定”，② 但《民法典》并未就统一动产抵押和权利质押登记制度作出授权性规定。《优化营商环境条例》（国务院令第722号）第47条第2款中虽然规定“国家推动建立统一的动产和权利担保登记公示系统”，但这一规定非如《不动产登记暂行条例》，明显缺乏上位法依据。

《民法典》关于动产担保交易制度变革的落实，端赖于统一动产和权利担保登记公示系统的建构。接下来的登记制度设计，有以下几个问题应予明确：

第一，动产和权利担保登记，在功能和性质上与不动产登记之间存在根本性的差异，不宜简单套用不动产登记规则。动产和权利担保的登记目的是在提醒第三人已经无法取得该标的物之上无负担的所有权和担保权，并据以确立该动产和权利担保物权的优先顺位，保护权利人免受善意取得规则的约束。③ 动产和权利担保登记并不是担保物权设立的生效要件，也不确定地表明特定的标的物上就一定存在担保负担。这一登记系统与以登记生效主义为基础的不动产登记判然

① 参见最高人民法院民事审判第二庭编：《最高人民法院民法典担保制度司法解释理解与适用》，人民法院出版社2021年版，第465~466页。

② 沈春耀（全国人大常委会法制工作委员会主任）：《关于〈民法典各分编（草案）〉的说明——2018年8月27日在第十三届全国人民代表大会常务委员会第五次会议上》，载《民法典立法背景与观点全集》编写组编：《民法典立法背景与观点全集》，法律出版社2020年版，第23页。

③ Rolf Stürner, “Perfection and Priority of Security Rights: Commentary”, in Horst Eidenmüller and Eva - Maria Kieninger (eds.), The Future of Secured Credit in Europe, De Gruyter Recht, 2008, p. 168.

有别。

第二，动产和权利担保登记系统是一个基于互联网的电子化的统一系统。这一系统允许担保权人在网上自行完成登记、查询、变更和注销登记。完全自主化的登记系统极大地降低了登记机构的人力成本，同时减少了因人工介入所可能带来的登记错误，登记机构的责任也就主要集中于登记系统的构建以及维护。① 统一的登记系统不仅可以登记动产抵押交易，而且可以登记所有权保留交易和融资租赁交易，还可以登记权利质押交易、保留交易。这一登记系统采取人的编成主义，同一担保人的动产和权利之上的所有担保负担，均在系统中一体呈现，降低了第三人的征信成本。

第三，动产和权利担保登记系统以声明登记为基础而构建。与不动产登记不同的是，声明登记制之下的登记内容无须过多披露担保交易的细节，仅记载有关担保物权的极少内容。从比较法来看，动产和权利担保登记系统并不是担保交易信息的唯一或主要来源，潜在的交易相对人基于审慎注意义务所应了解的信息，主要来源于债务人的借款申请、财务报表和相关交易文件，以及其他债权人或征信机构。也就是说，动产和权利担保登记系统仅仅只是提供了进一步征信所需要的信息，而非征信信息的主要来源。② 基于此，动产和权利担保登记系统仅记载担保权人和担保人的姓名或名称以及担保财产。但这一登记内容的设计并无法完全发挥登记系统的功用。如不披露担保债权数额等信息，潜在的交易相对人尚须进一步向担保权人征询，担保权人也有法定的回复义务，③ 即增加了潜在交易相对人的征信成本和担保权人回复的负担。基于此，本书作者建议在登记簿上记载担保债权数额。

五、功能主义担保观的引入与动产担保交易规则的统合

金融担保创新实践发展出各种担保交易形态，彼此之间规则各异，且极易造成权利冲突。“减少信贷成本的有效方式是让所有潜在的信用提供者展开公开竞争。为此，有必要建构一套同等适用于金融机构和其他贷款人、制造商和供应商以及国内外信用提供者的高效动产担保交易制度。”④ 基于这一社会经济的现实需

① 高圣平：《动产抵押登记的审查责任——基于裁判分歧的分析和展开》，载《法学评论》2018 年第 1 期。

② Harry C. Sigman, “*Perfection and Priority of Security Rights*”, in Horst Eidenmüller and Eva – Maria Kieninger (eds.), *The Future of Secured Credit in Europe*, De Gruyter Recht, 2008, p. 151.

③ United Nations Commission on International Trade Law, *UNCITRAL Guide on the Implementation of a Security Rights Registry*, United Nations, 2014, pp. 23 – 24.

④ United Nations Commission on International Trade Law, *UNCITRAL Legislative Guide on Secured Transactions*, United Nations, 2010, p. 20.

要，美国法上率先采行交易类型化上的功能主义立法方法，不管交易的形式如何，只要在市场上起着相同的担保功能，就应适用相同的法律。这一立法方法不仅影响了加拿大（仅限普通法域）、新西兰、澳大利亚等的国内立法，还直接作为动产担保法制改革的范本为国际统一私法协会、联合国国际贸易法委员会和世界银行集团等国际组织所推崇。①

但大陆法系国家采行这一立法方法，将遇到无法克服的体系障碍。在物债两分的体系之下，担保物权作为在他人之物上的权利负担，被赋予了定限物权的性质，所有权作为自物权，也就不能定位于担保物权，此即所谓形式主义的权利类型化方法。如此，在所有权保留交易和融资租赁交易之中，出卖人和出租人享有的所有权虽然在功能上起着担保价金或租金清偿的作用，但无法定性为担保物权，也就无法融入典型担保物权体系。以调整高价值动产的担保交易实体法规则为目标的《移动设备国际利益公约》，② 在统合动产抵押交易、所有权保留交易和融资租赁交易的规则之时，即遇到了法系融合上的困难，最终明确权利的类型化区分由准据法调整，但这三种交易均适用近乎相同的设立、登记、优先顺位、实现规则，仅在违约救济等方面存在细微的差异。

《民法典》上就动产担保交易制度采取了这种功能主义和形式主义相结合的立法方法。非移转占有型的动产担保交易在《民法典》上反映为具有定限物权性质的抵押权，而以所有权作为担保工具的非典型动产担保交易并未被重构为担保物权，按照各自的交易形式规定于《民法典》的合同编。其中，所有权保留交易以买卖标的物为其表现形式，规定于合同编买卖合同章；融资租赁交易是以“融物”为表象的融资交易类型，规定于合同编融资租赁合同章；保理交易以应收账款的转让为其表现形式，规定于合同编保理合同章。但这种形式上的区分并未影响基于相同担保功能的规则统一。《民法典》第 388 条第 1 款中规定：“担保合同包括抵押合同、质押合同和其他具有担保功能的合同”。这里扩大担保合同的范围，明确融资租赁、保理、所有权保留等非典型担保合同的担保功能，③ 为相关规则的统合提供解释前提。《民法典担保制度解释》基于此，专设第四部分“关于非典型担保”，在相关条文中予以体现。

第一，在设立和公示效力上，主要采取登记对抗主义。《民法典》第 403 条、第 641 条、第 745 条分别规定，动产抵押权、出卖人对标的物保留的所有权、出

① 高圣平：《美国动产担保交易法与我国动产担保物权立法》，载《法学家》2006 年第 5 期。

② 我国是《移动设备国际利益公约》及其航空器议定书的缔约国，该公约及议定书自 2009 年 6 月 1 日起对我国生效。

③ 参见王晨：《关于〈中华人民共和国民法典（草案）〉的说明——2020 年 5 月 22 日在第十三届全国人民代表大会第三次会议上》，载《中华人民共和国全国人民代表大会常务委员会公报》2020 年特刊。

租人对租赁物享有的所有权，未经登记，不得对抗善意第三人。第768条虽并未明确规定保理人就受让的应收账款的权利的性质，但通过与第414条的体系解释，可以得出未经登记不得对抗第三人的结论。就未经登记，动产抵押权、所有权保留买卖交易中的所有权、融资租赁交易中的所有权的对抗“第三人”范围，《民法典担保制度解释》采取了统一的司法态度。其中，第54条明确了未办理登记的动产抵押权的效力，并通过同解释第67条“在所有权保留买卖、融资租赁等合同中，出卖人、出租人的所有权未经登记不得对抗的‘善意第三人’的范围及其效力，参照本解释第五十四条的规定处理”的规定扩及适用。不过，《民法典》就动产质权和权利质权仍然采行公示生效主义，就以登记作为公示方法的权利质权并未如前述动产担保交易一样改采登记对抗主义，在一定程度上造成了规则的不统一。例如，均为应收账款融资的形式，保理交易实行登记对抗主义，但应收账款质权采取登记生效主义。如此便增加统一动产和权利担保登记制度的困难，因为两种不同立法主义之下，登记系统构建的基本法理存在重大差异，已如前述。

第二，在优先顺位规则上，均采取“先登记（公示）者优先”的基本规则。《民法典》第414条规定，动产之上竞存的抵押权之间，依其登记先后定其顺位；已登记的优先于未登记的；未登记抵押权之间顺位相同，按债权比例受偿。根据该条第2款的规定，“其他可以登记的担保物权”，准用前述优先顺位规则。《民法典》已经赋予出卖人对标的物的所有权、出租人对租赁物的所有权以登记能力，但并未将其重构为“担保物权”，不过从登记本身的效力（对抗善意第三人）以及功用（确立竞存权利之间的优先顺位）来看，这些权利在功能上起担保作用，自与“担保物权”处于大致相同的地位。这些权利之间及其与其他担保物权之间发生竞存之时，自可准用第414条第1款。如此，交易的形式对于确定担保权人之间以及担保权人与第三人之间竞存权利的优先顺位就没有了关联，[①] 动产担保交易的优先顺位规则也就基本统一。此外，《民法典》第404条关于正常经营活动中的买受人的规定，是基于正常经营活动交易秩序和交易安全的政策考量，《民法典》第416条关于购买价金担保权超优先顺位规则的规定，是基于购买价金融资的特殊政策考量，也一体适用于动产抵押交易、所有权保留买卖交易和融资租赁交易。《民法典担保制度解释》第56条、第57条的规定均体现了这一点。

第三，明确非典型担保交易的担保功能，为相关规则的统合提供解释前提。《民法典》第388条扩大了大担保合同的范围，明确融资租赁、保理、所有权保留等非典型担保合同的担保功能。如此，这些非典型担保交易中权利的实现自可准用《民法典》关于担保物权的实行规则，权利人可直接申请人民法院拍卖、变

---

① N. Orkun Akseli, *International Secured Transactions Law: Facilitation of Credit and International Conventions and Instruments*, Routledge, Taylor & Francis Group, 2011, p. 26.

卖标的物，并以变价款优先受偿；或直接向应收账款债务人收取应收账款，并优先受偿。《民法典》第388条中所称“其他具有担保功能的合同”，并不仅限于融资租赁合同、所有权保留合同、保理合同，实践中广泛存在让与担保合同及此后金融创新实践中可能出现的新的担保交易品种，亦应包括在内。《民法典》中虽并未直接规定让与担保，但完善了流抵、流质有关规定，明确当事人事先作出流抵、流质约定的，仍享有担保权益，但只能依法就抵押财产或者质押财产优先受偿。这一流抵、流质契约的缓和规定，对于承认让与担保提供了解释基础，也为归属清算和处分清算的展开预留了空间。

第四，在权利实行机制上，《民法典》明确非典型担保交易的担保功能，这些非典型担保交易中权利的实现自可准用《民法典》关于担保物权的实行规则，权利人可直接申请人民法院拍卖、变卖标的物，并以变价款优先受偿。《民法典担保制度解释》第64条、第65条即贯彻了功能主义之下担保物权实现时的清算法理和程序构造。除此之外，实践中广泛存在让与担保合同及此后金融创新实践中可能出现的新的担保交易品种，亦应包括在内。《民法典》中虽并未直接规定让与担保，但完善了流抵、流质有关规定，明确当事人事先作出流抵、流质约定的，仍享有担保权益，但只能依法就抵押财产或者质押财产优先受偿。这一流抵、流质契约的缓和规定，对于承认让与担保提供了解释基础，也为归属清算和处分清算的展开预留了空间。正是基于此，《民法典担保制度解释》第68条分三款将实践中让与担保形式以及权利实现能力分别作了规定。

六、担保物权的协议实现、庭外实现与非讼程序

实现担保物权是担保物权人行使担保物权的基本方式。所谓担保物权的实现，是指债务人不履行到期债务或者发生当事人约定的实现担保物权的情形时，担保物权人处分担保财产并以其变价款优先受偿的行为。担保物权的实现是担保物权最重要的效力，也是担保物权人最主要的权利。在主债务履行期限届满债权人未受清偿或发生当事人约定的实现担保物权的情形的情况下，担保物权人通过什么途径来实现担保物权，不仅关系到担保物权人的利益，而且关系到担保交易的正常运行。不合理的制度设计往往徒增担保交易的成本，使担保制度之功能不能充分发挥。逻辑上，担保物权的实现首先是选定实现途径，其后方为在此途径的程序规则下适用具体的实现方式将担保财产变现。实现途径解决的是担保物权实现的程序适用，实现方式解决的则是依照何种具体手段将担保财产最终变价。因此，实现途径的目标在于高效、快捷、低成本地实现担保物权，实现方式的目标在于最大限度地将担保财产交换价值变现。

以抵押权为例。《民法典》第410条规定了抵押权实现的两种途径：协议实现和公力实现。根据《民法典》第410条第1款规定，在抵押权可得实行之时，

由当事人协议实现抵押权，一方面，有助于尊重当事人的意志。抵押权的实现关系到当事人双方的利益，通过协议实现抵押权，最大限度地尊重了当事人的意愿；另一方面，有利于降低抵押权的实现成本、减少诉讼成本，并可以减轻法院的负担。① 值得注意的是，有观点认为，协议实现抵押权是抵押权人请求法院实现抵押权的一个必经程序。也就是说，只有在未达成协议或协议规定不明确的情况下才能请求人民法院拍卖、变卖抵押财产。② 对此，在抵押权可得实行之时，是采取协议实现的方式，还是采取请求法院拍卖、变卖的方式，应由抵押权人自行选择。在解释上，如抵押权人径行请求人民法院拍卖、变卖抵押财产的，可认为其与抵押人未就抵押权实现方式达成协议。该条第 2 款维系了《物权法》第 195 条第 2 款的规定，在程序法上的供给即为《民事诉讼法》上的“实现担保物权案件”特别程序。这是否意味着，在公力救济路径上，抵押权人仅得申请启动实现担保物权案件程序以实现抵押权？“抵押权人与抵押人未就抵押权实现方式达成协议”，主要涉及两种情形：一是双方就债务履行期限届满债权未受清偿的事实没有异议，只是就采用何种方式实现抵押权的问题没有达成一致意见；二是双方在债务是否已经履行以及抵押权本身的效力问题上存在争议。就第一种情形，抵押权人与抵押人均可申请启动实现担保物权案件程序；就第二种情形，抵押权人仍应采取提起诉讼或者申请仲裁的方式解决。即使是第一种情形，当事人为增加确定性，亦不排斥采取提起诉讼或者申请仲裁的方式。

实现担保物权案件为非讼案件，人民法院仅对申请人的申请进行形式审查，即仅从程序上审查应否许可强制执行，而无须在公开开庭时进行言词辩论。形式审查的内容包括担保物权有无依法公示及是否已经达到担保物权的实行条件。人民法院审查后，按下列情形分别处理：当事人对实现担保物权无实质性争议且实现担保物权条件成就的，裁定准许拍卖、变卖担保财产；当事人对实现担保物权有部分实质性争议的，可以就无争议部分裁定准许拍卖、变卖担保财产；当事人对实现担保物权有实质性争议的，裁定驳回申请，并告知申请人向人民法院提起诉讼。然而，如果关系人对担保物权的存在与否及担保债权范围和数额存在争议，应作何处理？对此，存在两种截然不同的意见。一种意见认为，担保物权存在与否及担保债权范围和数额的争议属于实质问题的争议，应由当事人在非讼程序之外另行提起民事诉讼，依诉讼法理予以解决；另一种意见认为，在当事人之间关于实质事项的争议已经发生的情况下，仍要求其另行启动诉讼程序，无端放弃了扩大程序制度解决争议的功能，未能一并利用非讼程序以避免不应发生的执行根据，并减少执行程序的困扰，对法院及当事人将造成人力、时间和费用上的

① 参见王利明：《合同法研究（第四卷）（第二版）》，中国人民大学出版社 2018 年版，第 501 页。
② 参见王利明：《合同法研究（第四卷）（第二版）》，中国人民大学出版社 2018 年版，第 501 页。

额外负担。就此，《民事诉讼法解释》第 372 条采取了后一观点；《民法典担保制度解释》第 45 条第 2 款在此基础上就担保合同约定仲裁条款的情形作了特别规定，其中指出：“当事人依照民事诉讼法有关‘实现担保物权案件’的规定，申请拍卖、变卖担保财产，被申请人以担保合同约定仲裁条款为由主张驳回申请的，人民法院经审查后，应当按照以下情形分别处理：（一）当事人对担保物权无实质性争议且实现担保物权条件已经成就的，应当裁定准许拍卖、变卖担保财产；（二）当事人对实现担保物权有部分实质性争议的，可以就无争议的部分裁定准许拍卖、变卖担保财产，并告知可以就有争议的部分申请仲裁；（三）当事人对实现担保物权有实质性争议的，裁定驳回申请，并告知可以向仲裁机构申请仲裁。”因此就实现担保物权案件而言，有关担保物权存在与否及担保债权范围和数额等实体的问题，应尽可能在非讼裁定形成过程中一并予以解决。由于担保物权存在与否及担保物权范围和数额等实体上的争议对立色彩浓厚，法院应求诸诉讼法理，如处分权主义、辩论主义、举证责任分配、言词辩论等，尽可能地赋予当事人参与裁判过程和辩论的机会。至于就其他非实质争议部分，法院则应置重于迅速需求而适用非讼法理予以审理。果若如此，就同一申请拍卖、变卖担保财产案件的审理，可兼顾各种不同的程序上的基本要求，迅速、经济地解决纠纷。

不过，《民法典》第 410 条并未表明的是，应否允许当事人自行拍卖、变卖担保财产？在我国，虽然《民事诉讼法》将申请拍卖、变卖担保财产作为非讼案件适用“实现担保物权案件”的相关规定，以求充分发挥非讼程序迅速地解决纠纷的职能，在一定程度上缓解了信贷实践中广受诟病的担保物权实现问题，但当事人经由法院实现担保物权毕竟在实现成本上稍逊一筹。因此，《民法典担保制度解释》第 45 条第 1 款增设的一个实现担保物权的途径，规定：“当事人约定当债务人不履行到期债务或者发生当事人约定的实现担保物权的情形，担保物权人有权将担保财产自行拍卖、变卖并就所得的价款优先受偿的，该约定有效。因担保人的原因导致担保物权人无法自行对担保财产进行拍卖、变卖，担保物权人请求担保人承担因此增加的费用的，人民法院应予支持。”此为担保物权庭外实现的途径，体现《民法典担保制度解释》建立高效的担保权执行程序，优化营商环境的追求。①

《民法典担保制度解释》第 45 条第 1 款规定的实现担保物权途径，与担保物权的协议实现存在差异。根据《民法典》第 411 条第 1 款的规定，实现担保物权的协议仅能在债务人不履行到期债务或者发生当事人约定的实现担保物权的情形之后才能达成。至于担保合同中有关实现担保物权途径的约定，不由该款文义所

① 参见最高人民法院民事审判第二庭编：《最高人民法院民法典担保制度司法解释理解与适用》，人民法院出版社 2021 年版，第 38～39 页。

能涵盖。《民法典担保制度解释》第 45 条第 1 款规定的有关实现担保物权途径的约定，是在债务人不履行到期债务或者发生当事人约定的实现担保物权的情形之前所做出，既可以约定于担保合同之中，也可以约定于担保合同之外的单独合同之中。此与《民法典》上缓和流抵、流质契约的效力有关。

此外，《民法典担保制度解释》第 45 条第 1 款规定的实现担保物权途径，也不是学说和实务中所说的担保物权的自力救济。所谓自力救济，是指权利人依靠自己的力量强制侵害人，以捍卫受到侵犯的权利保护制度。自力救济是人类早期盛行的权利保护方式，由于其容易滋生暴力事件，且当事人仅凭一己之判断去强制他人，难免感情用事，有失公允，文明社会原则上禁止自力救济。但自力救济有迅捷及时的优势，有些国家例外地认可其适用于特定情事。[①] 自力救济在保护抵押权方面应有适用空间，因为其强调交易便捷，能更好地保护抵押权人的利益，与抵押权的设定目的相合。但自力救济的制度缺陷也相当明显，仅依抵押权人的意思就可占有、处分抵押财产，对于债务人和第三人而言往往保护不周。在采行自力救济途径实现抵押权时，应为抵押权人设定相应义务以保护债务人的权利，如制度设计合理，则对双方当事人均为有利。判断《民法典》是否认同了抵押权实现的自力救济途径，应从《民法典》第 410 条第 1 款入手，但自该款无从得知抵押权自力救济途径的文义。不可否认，抵押权的本质上是支配权和变价权，但这并不能直接得出抵押权人可单方处分抵押财产的结论，亦即从抵押权的本质特征并不当然地推演出抵押权实现的自力救济途径。“承认主体享有权利，并不意味着权利人就可以亲自去实现与该权利相适应的状态。在通常情况下，实现这种状态必须请求国家的帮助。”[②] 即使具有绝对权性质的所有权受到他人侵害时，其保护途径也主要是公力救济途径，例外地承认特定情形下的自力救济途径。因为，在现代社会，私权一般都要依靠国家予以保护，通过国家的审判机构获得保障，防止当事人通过自力救济而危害社会秩序。[③] 然而在特殊的情况下，公权力的救济可能缓不济急，法律乃在一定的条件下例外地容许权利人的自力救济。[④] 由此可见，自力救济的范围应局限于法律明文规定的情形，与权利的性质无关。

《民法典担保制度解释》第 45 条第 1 款虽然没有承认担保物权的自力实现，但是，承认当事人之间关于“当债务人不履行到期债务或者发生当事人约定的实现担保物权的情形，担保物权人有权将担保财产自行拍卖、变卖并就所得的价款优先受偿”的约定的效力，对于提高担保物权的实现效率，并将实现担保物权的

---

① 参见张俊浩主编：《民法学原理（修订第三版）》，中国政法大学出版社 2000 年版，第 87 页。

② ［德］迪特尔·梅迪库斯：《德国民法总论》，邵建东译，法律出版社 2000 年版，第 121 页。

③ ［日］四宫和夫：《日本民法总则》，唐晖等译，第 43 页。转引自王利明：《民法总则研究》，中国人民大学出版社 2003 年版，第 246 页。

④ 参见王泽鉴：《民法总则》，中国政法大学出版社 2001 年版，第 562 页。

方式限定于拍卖、变卖，排除折价，在程序上关注债务人和第三人利益的保护，以达到担保物权人与债务人间利益的衡平。担保物权人自行拍卖、变卖担保财产的，自当适用相应担保物权实现方式的规则。以拍卖为例，担保财产的自行拍卖，是指当债务人不履行到期债务或者发生当事人约定的实现担保物权的情形之时，担保物权人根据事先的约定，委托拍卖人，以公开竞争的方式将担保财产卖给出价最高的应买者。拍卖是以公开竞价的方式出卖标的物，其成交价格能够最大限度地体现担保财产的价值，既有利于维护担保物权人的利益，也能充分发挥担保财产对债权的担保效能，从而维护担保人的利益。在解释上，担保财产的自行拍卖属于《拍卖法》上所说的任意拍卖。依据《拍卖法》的规定，任意拍卖需经过以下程序：第一，拍卖委托。由委托人与拍卖人订立委托拍卖合同。这里的委托人依《拍卖法》的规定，应为担保人，但就担保财产的任意拍卖而言，应由担保人和担保物权人事先签订拍卖协议。第二，拍卖公告与展示。拍卖人应当于拍卖日 7 日前发布拍卖公告。公告应当载明拍卖的时间、点、标的、展示时间地点等事项。拍卖公告应当通过报纸或其他新闻媒介发布。拍卖人应当在拍卖前展示拍卖标的物，并提供查看拍卖标的物的条件及有关资料，且展示时间不得少于 2 日。拍卖公告在法律性质上属要约邀请。第三，拍卖的实施。拍卖的实施是指拍卖当事人在现场就拍卖标的物进行竞争缔约的过程，包括竞买和拍定。竞买是竞买人以应价的方式向拍卖人作出应买的意思表示，其在法律性质上属要约。拍定是拍卖人对应价最高的竞买人的竞买表示予以接受的意思表示，其法律性质属承诺。拍定的意思须由拍卖师以落槌等公开的方式予以表示。一经拍定，拍卖成交，合同成立。拍卖成交后，买受人和拍卖人应当签署成交确认书。

七、小　结

担保法制是金融基础设施建设的重要一环。世行集团《全球营商环境报告》信贷人权利保护指标为各国相关法制的完善提供了可参照的范本。世行集团虽然于2021 年9 月基于某种原因中止了《全球营商环境报告》及其数据的发布，但拟于 2022 年重启的《营造利商环境报告》（*Business Enabling Environment*）“获取金融服务”对于动产担保交易的政策法规评估依然与《全球营商环境报告》相同。①《民法典》结合我国现行担保法律体系，就担保物权的体系化和类型化以及重要规则做了重大革新，在一定程度上有利于提升我国营商环境指标得分，但其中所体现的基本思想还有待于担保登记规则的统合与重构，有待于登记实践和司法实践的进一步落实。

---

① See The World Bank, *Pre - Concept Note*: *Business Enabling Environment* (*BEE*), World Bank Group, 2022, p. 27.

动产担保交易的功能主义与形式主义

在比较法的视野下，动产担保交易立法有功能主义与形式主义两种模式。其中，功能主义强调特定交易在经济上的作用，只要在功能上具有担保作用的交易均应纳入动产担保交易法的规制范畴，依交易的形式归属不同的法域予以调整。《民法典》上动产担保交易规则的设计是功能主义和形式主义相结合的产物。物权编以所有权（自物权）为基础展开其制度逻辑，推及至用益物权与担保物权等他物权，由此，担保物权就被定位于在他人财产上所设立的定限物权，自不包括所有权在内。凡以所有权为担保者，无法在物权编担保物权分编中找到其体系位置；所有权保留交易、融资租赁交易等起着担保功能的交易也就无法植入既有的担保物权体系之中。但是，《民法典》将这些起着担保功能的非典型动产担保交易与动产抵押交易在规则上做了类似的设计，统一适用登记对抗规则，为动产担保交易其他规则的一体化提供了解释前提。这一立法模式为其他大陆法系国家提供了可兹参照的样本。

一、问题的提出

传统法上的担保物权法制沿袭着“不动产－抵押权＋动产－质权”的经典模式，大抵反映着基于公示方法的不同所引起的担保物权法律构造上的差异。近代以来，随着经济的高速发展，科技的惊人进步，动产的价值日益攀升，其中部分已非不动产所能比拟。[①] 传统动产质权模式已经不能满足融资的需求，非移转占有型动产担保模式逐渐进入融资交易领域。囿于法制传统的不同，各国动产担保制度存在巨大的差异，呈现出形式主义和功能主义的两种立法模式。[②] 其中，形式主义置重于当事人就交易安排的表象，依交易的形式归属不同的法域予以调整。例如，当事人之间依合同在债务人或第三人之物上设立的担保主债务清偿的，在形式上属于担保物权，适用动产担保交易法；所有权保留交易和融资租赁交易中出卖人、出租人的所有权，适用所有权法。功能主义则强调特定交易在经济上的作用，只要在功能上具有担保作用的交易均应纳入动产担保交易法的规制

---

① 参见谢在全：《担保物权制度的成长与蜕变》，载《法学家》2019年第1期。

② 各国动产担保法制演进的介绍，参见高圣平：《动产担保交易制度比较研究》，中国人民大学出版社2008年版，第17～68页。

范畴，例如，所有权保留交易和融资租赁交易中出卖人、出租人的所有权，虽然在名称上不是担保物权，但其在功能上发挥着担保作用——担保买卖价金或租金的清偿，即应定位为担保物权，适用动产担保交易法。①

《全球营商环境报告》迎合国际动产担保制度改革的总体趋势，在其指标体系中将各国是否采行基于功能主义的一元化动产担保交易制度作为评估指标之一。《民法典》的编纂正值我国提出要持续优化营商环境之际，故而，“民法典物权编对担保物权部分的修改，总的立法精神是要进一步优化营商环境，进一步增强我国在吸引投资方面的优势。”② 在此背景之下，功能主义的立法潮流必然影响《民法典》担保物权分编的体系重构和规则设计。我国物权法体系以大陆法系的形式主义为传统，且以物权法定为基本原则，如全然接受功能主义的立法模式，将带来不可估量的制度变迁成本。《民法典》及《最高人民法院关于适用〈中华人民共和国民法典〉有关担保制度的解释》（以下简称《民法典担保制度解释》）因而转向功能主义与形式主义相结合的路径。如此，就有必要重新审视功能主义的沿起及其继受，考察比较法上功能主义与形式主义相结合的路径，并在此基础上评价我国《民法典》的处理模式及其影响。

二、动产担保交易法上功能主义的沿起及影响

动产担保交易法上的功能主义以《美国统一商法典》第九编为其滥觞，之后直接为加拿大普通法域、新西兰、澳大利亚的动产担保交易法所继受，并影响到《联合国动产担保交易立法指南》《动产担保交易示范法》和《欧洲示范民法典草案》的发展。

（一）美国法上的制度变迁

尽管美国是动产担保交易功能主义立法模式的发源地，但直到19世纪初期，美国法律制度中的担保方式仅有不动产按揭与动产质押两种类型。③ 其中，动产质押在美国也是最古老、最简单的动产担保制度。由于以移转占有为表征的动产质押妨害了标的物的利用，有悖于充分发挥资源效率的经济原则，随着商事实践的发展，美国普通法上逐渐发展出动产按揭（chattel mortgage）、附条件买卖（conditional sale）、信托收据（trust receipt）、应收账款的让与（assignment of account）等多种非移转占有型动产担保形式。但这些担保方式之间规则差异较大，造成了不同融资模式之间实质上的不平等。为了顺应经济发展的需要，统一各州

---

① 参见谢鸿飞：《〈民法典〉实质担保观的规则适用与冲突化解》，载《法学》2020年第9期。

② 黄薇：《〈民法典物权编草案〉（二审稿）对若干重点问题的回应》，载《中州学刊》2019年第7期。

③ See Grant Gilmore, *Security Interests in Personal Property*, vol. 1 (Boston: Little, Brown and Company, 1965), p. 24.

商法和各种交易规则成了唯一路径。及至19世纪末，美国统一州法委员会和美国法学会共同成立了《美国统一商法典》起草委员会，其中第九编（动产担保交易法）竭力摒弃传统动产担保交易制度的历史的、概念化（conceptualisation）的分类方法，并导入功能主义方法（functional approach）。①

立法者基于对当时实在法的大量研究，认为美国普通法上的动产担保制度重形式、轻实效，重安全、轻成本，形式繁多、内容庞杂，力图创立一种解决上述问题并反映商事交易实践的简化的、现代化的动产担保交易法。起草者的目标是将繁杂的动产担保法律组合成一个整体，提供一个简单而统一的结构，使种类众多的现代担保交易得以较少的成本和较大的确定性而展开。② 在现实主义思想的引导下，《美国动产担保交易法》的起草者摒弃了传统意义上的概念化路径，避开了被大多数动产担保国内法所采纳的形式主义的物权法定主义，不管交易的形式如何，只要在市场上起着相同的功能，就应适用相同的法律。起草者关注之重点在于各种交易的共同之处——均有基本相同的担保功能，即通过合意赋予债权人在特定动产上的权利，使之将该财产视为债务不履行时的救济来源。交易的结果而非形式或权利发生的方式，在这里起着决定性作用。这就是所谓“功能主义方法”。③

在功能主义的引导下，《美国动产担保交易法》呈现出如下制度特色：第一，以一元化的担保（物）权（security interest）概念代替此前受个别法律调整的多种担保手段。《美国动产担保交易法》以“担保物权”概念统一了过去各种不同的担保方式，诸如动产按揭、附条件买卖中的所有权、质押中的留置（占有）权等均可以用“担保物权”一词涵盖，只要是依合同在动产或不动产附着物之上创设担保物权的交易，均属动产担保交易，其形式若何，在所不问。④ 第二，使用统一化的术语来描述当事人间的法律关系。此前，交易形式不同，当事人的称谓也存在差异。如担保人被称为按揭人、出质人、附条件买受人、应收账款让与人、信托收据受托人等；担保权人被称为按揭权人、质权人、附条件出卖人、应收账款受让人、信托收据委托人等。《美国动产担保交易法》将这些繁杂的称谓统一化为担保人和担保权人。第三，无论交易形式为何，所有具有担保功能的交易均适用统一的交易规则。相较于大陆法系国家将担保交易区分为抵押、质押以及所有权保留、融资租赁等并分别适用不同的规则不同，《美国动产担保交易法》

① 参见高圣平：《动产担保交易制度比较研究》，中国人民大学出版社2008年版，第61页。

② Grant Gilmore, *Security Interests in Personal Property*, vol. 1 (Boston: Little, Brown and Company, 1965), p. 40.

③ 参见高圣平：《美国动产担保交易法与我国动产担保物权立法》，载《法学家》2006年第5期。

④ 《美国统一商法典》第9条~第109条。参见高圣平：《担保法前沿问题与判解研究（第三卷）》，人民法院出版社2019年版，第449页。本书所引用《美国统一商法典》条文均出自该书。

上所有类型的动产担保交易均适用统一的设立、公示、优先顺位以及实行规则，以此促进交易的平等性与可预期性。第四，以统一的动产担保声明登记系统作为基础性的技术支持。《美国动产担保交易法》鼓励就同一标的物享有权利的担保权人之间、担保权人与其他债权人之间展开公平竞争。为促进商业实践的开展，所有动产担保交易均在统一的担保登记系统中进行登记，并以登记的时间先后作为判断彼此之间竞存权利的优先顺位，以此提升交易的透明性与确定性。该登记系统实行声明登记制（notice - filing），即当事人只需提交必要的交易文件，且登记机构不对文件做实质审查，交易的真实性由利益相关人自行进一步查询，以此提高动产担保交易的整体效率。①

（二）加拿大普通法域、新西兰、澳大利亚国内法的继受

加拿大是率先效仿美国动产担保交易法的国家。加拿大奉行普通法传统的各省在通过动产担保交易法时，几乎没做任何实质性修改即将功能主义方法融入其中。不管交易是否具有传统动产担保交易的形式，如动产按揭、所有权保留、融资租赁等，只要其功能是担保债务的履行，即构成动产担保交易并受动产担保交易法规制。② 加拿大的立法者认识到，一旦借助于功能主义方法从传统的法律原则的束缚中解放出来，就能设计出反映政策选择和经济需求的规则来规制当事人间的权利义务。计算机化的、全省范围内的中央式登记系统是《加拿大动产担保交易法》的最大优势，极大地便利了动产担保交易的查询。而在美国，直到1999年《美国统一商法典》第九编全面修订时才考虑这种登记系统。同时，《加拿大动产担保交易法》还将租期超过1年的实物租赁纳入调整范围，③ 并规定了担保物权的具体实行规则，且法院享有广泛的自由裁量权来豁免这些规则的适用。④

在2002年动产担保交易法生效之前，新西兰的动产担保交易体系与英国普通法高度相似，即动产固定抵押与浮动抵押是公司动产上最常见的非移转占有型担保形式，商事主体与消费者以所有权保留来获得信贷极为常见，但除了成文法上明确指出的例外情形外，非公司制的主体与自然人无权设定浮动抵押。在《公司登记管理条例》之下，公司抵押是否需要登记并无统一规定，尽管立法上要求所

① 此处是以美国目前的登记制度为分析对象，在1999年《美国统一商法典》第九编全面修订之前，采行的仍然是分散登记制度。

② See Ronald C. C. Cuming, Catherine Walsh and Roderick J. Wood, *Personal Property Security Law*, 2nd ed., Toronto, ON: Irwin Law Inc., 2012, p. 83.

③ See R. C. C Cuming, Article 9 North of 49: The Canadian PPSAs and the Quebec Civil Code, *Loyola of Los Angeles Law Review*, vol. 19, 1976, p. 978.

④ See Margaret Kurtzweil, Amercian - Candian (Ontario) Secured Transactions: Article 9 Sections 501&503 in Comparison and a Discussion of Canadian Charter of Rights and Freedoms, *University of Detroit Law Review* vol. 65, 1987, p. 799.

有权保留交易须经登记，但未登记却并不发生严重的负面后果。从20世纪50年代开始，新西兰法律界就一直呼吁，在动产担保交易领域，应当不区分担保人的身份（无论是公司还是自然人），也不区分交易的形式（无论是抵押还是所有权保留），而适用相同的交易规则和登记要件。最终，新西兰开启了全面化的动产担保交易改革，其动产担保交易法于1999年通过，2002年正式实施。尽管新西兰动产担保交易法是以《加拿大动产担保交易法》为蓝本而制定，但其思想根源在于美国动产担保交易法，功能主义也就成为其基本的法政策，所有权担保交易也就被纳入统一的动产担保交易范畴。同时，动产担保交易登记统一化为仅具对抗效力，未登记的担保物权同样具有强制执行效力，但会面临优先顺位的劣势。与《美国动产担保交易法》不同的是，《新西兰动产担保交易法》保留了浮动担保这种交易模式，但通过规则设计（如统一登记与顺位），浮动担保与固定担保之间的实质差别已经消弭。①

在澳大利亚，动产担保交易规则曾因担保人的类型和所在区域、担保物的类型和所在区域以及交易形式的不同（如抵押、质押、租赁及所有权保留）而存在差异。基于交易实践的需要，《澳大利亚以美国动产担保交易法》为原型制定其动产担保交易法。经过二十余年的努力，《澳大利亚动产担保交易法》于2012年正式生效，并创设了一个在全国范围内统一的法律框架与登记系统。② 在动产担保交易法评述中，起草者在最终报告中表明，该法的三项主要目标是：其一，增加动产担保交易的一致性与确定性；其二，减少动产担保交易的复杂性与成本；其三，增强商事主体及消费者以其财产担保融资的能力，提高获得低成本信贷的可能性。③ 动产担保物权的定义是《澳大利亚动产担保交易法》的核心，其内涵是指为担保债务的偿付或履行而在动产上所设定的权利，至于交易形式为何，对该动产享有权利者的身份如何，在所不问；其外延上涵盖动产固定抵押、动产浮动抵押、质押、动产按揭，也包括保留所有权的附条件买卖、分期付款协议、寄售协议、融资租赁等交易。④ 很明显，这一定义以功能主义为导向，表明《澳大利亚动产担保交易法》所注重的是实质而非形式。此外，以前澳大利亚各行政区域对担保登记的条件、内容、标准都不尽相同，在一定程度上阻碍了交易的跨域展开，而《澳大利亚动产担保交易法》提供了一个在全国范围内有效运行的登记系统，动产担保交易得以更为确定、一致、简单与经济。这也是该法的主要成就

---

① See Louise Gullifer and Orkun Akseli (eds), *Secured Transactions Law Reform: Principles, Policies and Practice*, Oxford and Portland, Oregon: Hart Publishing, 2016, pp. 116 – 118.

② See Louise Gullifer and Orkun Akseli (eds), *Secured Transactions Law Reform: Principles, Policies and Practice*, Oxford and Portland, Oregon: Hart Publishing, 2016, p. 146.

③ Review of the Personal Property Securities Act 2009, Final Report, para 2. 1. 2.

④ 《澳大利亚动产担保交易法》第12条第1款、第2款。

之一。①

（三）《联合国动产担保交易立法指南》和示范法的态度

世界各国就相同的动产担保交易实行不同的法律规则，彼此之间的差异与冲突明显存在，在一定程度上降低了获得信贷的可能性，提高了获得信贷的成本，且市场主体无法通过自身努力克服这种制度性的负面影响。② 联合国贸易法委员会试图超越各种法律制度之间的分歧，提出可为不同法律传统的国家以及发展中经济体或发达经济体所普遍接受的方法。③ 联合国国际贸易法委员会先是在2007年通过了《联合国动产担保交易立法指南》，2016年在前者的基础上通过了《动产担保交易示范法》。联合国贸易法委员会认为，现代动产担保交易制度必须具有足够的灵活性，以兼顾现有的融资方式以及未来可能发展起来的创新方式，同时认为，减少信贷成本的有效方式是让所有潜在的信贷提供人展开公开竞争，故而应平等对待不同来源的信贷和各种形式的担保交易。为此，应设计一个对以下各种信贷提供人同等适用的动产担保交易制度：金融机构和其他贷款人、制造商和供应商以及国内外信贷提供人。④

《联合国动产担保交易立法指南》和《示范法》采纳了美国法上的功能主义立法方法，建议将通过合同在动产上设定的旨在担保债务履行的一切权利统一归类为“担保物权”（security right）。不论交易的形式如何，也不论当事人使用何种术语来界定彼此之间的权利义务，均适用共同的规则，不再区分名称，举凡动产让与担保、应收账款让与担保、保留所有权交易、融资租赁交易，概莫能外。基于保留所有权和融资租赁等的特殊性，指南建议各国可根据本国法制现状采取统一或非统一的处理方法，但即使采行后者，将所有权保留交易之下出卖人的权利和融资租赁交易下出租人的权利定性为所有权，也应使之平等地适用与动产抵押权功能等同的规则。由于担保交易法的改革往往并不是在对一国私法进行全面改革时进行的，因此，引入新的法律概念和规则时所使用的术语必须立足于既有法律制度，而不会照搬其他法域中本国所不熟悉的在本国没有法律意义或者无法引起共鸣的法律术语。同时，考虑到各国间的法制差异，立法指南对各国颁布新规则的法律形式及体例没有明确，各国可自行决定。《示范法》在术语及适用规则的统一性上要高于立法指南，将所有权保留中出卖人的所有权以及融资租赁中出

---

① See Explanatory Memorandum to the Personal Property Securities Bill, Commonwealth of Australia, p 10.

② See Spyridon V. Bazinas, Nazmi Orkun Akseli, *International and comparative secured transactions law*, Hart Publishing, 2017, p. 56.

③ See United Nations Commission on International Trade Law, *UNCITRAL Legislative Guide on Secured Transactions*, United Nations, 2010, p. 1.

④ See United Nations Commission on International Trade Law, *UNCITRAL Legislative Guide on Secured Transactions*, United Nations, 2010, pp. 13、20.

租人的所有权总括为购买价金担保权。[①]《联合国动产担保交易立法指南》和示范法融合了两大法系固有的担保交易传统和惯例，是为现代立法的重要参考。

（四）欧洲示范民法典草案的态度

在动产担保交易领域，欧盟各成员国间的规则差异甚巨，在实践及法律层面均产生了负面影响：一方面，由于成员国间就担保物权类型的规定上存在分歧，导致企业很难以其一贯的方式在不同成员国获得担保信贷；另一方面，如某成员国不能将他国的动产担保物权转换为本国的优先权利时，会产生企业在一国设立的担保物权难以在他国获得承认与执行的问题。[②] 因此，《欧洲示范民法典草案》第九卷“动产担保物权编”试图为有着不同担保物权体系的欧洲各国提供一个统一的示范文本。虽然《欧洲示范民法典草案》也深受《美国动产担保交易法》中功能主义的影响，但其所采取的是担保物权与保留所有权交易并存的二元模式，而未严格遵循前者一元化的立法模式。

《欧洲示范民法典草案》中最能体现功能主义方法的是动产上统一的担保物权的构造——动产担保物权，担保权人依此可就担保财产使其担保债权优先受偿。具体而言，动产担保物权这一术语包括：其一，普遍认为具有物权担保作用的那些定限物权，典型的如质权；其二，依物权担保合同所设定的，当事人意在使担保权人有权就担保财产使其担保债权优先受偿，或依合同可以达到这一效果的定限物权，至于名称如何，则非所问；其三，被视为担保物权的权利，典型如留置权。同时明确，依物权担保合同移转或拟移转动产的所有权，意在担保债务的履行或达到担保债务履行的效果的，仅能在该动产上为受让人设立担保物权。有形财产与无形财产的让与担保、售后回租均被纳入担保物权的范畴。[③] 至于保留所有权交易，则是指提供动产的所有权人保留所有权，以担保债务的履行的情形，包括买卖合同项下出卖人保留所有权、分期付款买卖合同项下供应人所享有的所有权、融资租赁合同下的所有权、寄售合同下供应人的所有权。[④]

购买价金融资普遍有利于经济发展，在法政策上给予购买价金融资以特殊的、优厚的待遇，已成共识。各国立法及实践中就此有以普通担保物权为基础的

---

① See United Nations Commission on International Trade Law, UNCITRAL Model Law on Secured Transactions, United Nations, 2016, pp. 62、63、23、6

② See H. Eidenmüller, E. – M. Kieninger (eds.). The Future of Secured Credit in Europe. *European Company and Financial Law Review*, Special Vol. 2, 2008, p. 1.

③ 《欧洲示范民法典草案》第 9 – 1：102 条。参见欧洲民法典研究组、欧盟现行私法研究组：《欧洲示范民法典草案：欧洲私法的原则、定义与示范规则》，高圣平译，中国人民大学出版社 2012 年版，第 355 ~ 356 页。本书所引该草案的条文均出自该书，特此叙明。

④ 《欧洲示范民法典草案》第 9 – 1：103 条。值得注意的是，该草案中的保留所有权交易，并不仅限于所有权保留交易，还包括融资租赁交易、寄售交易。本书在言及《欧洲示范民法典草案》之时，使用“保留所有权交易”一语，以区别于所有权保留交易。

超优先顺位以及保留所有权交易的取回权等两种保护模式。尽管前者比后者更为简洁，但仅有极少数欧盟成员国采取了购买价金担保权的路径。与保留所有权交易的取回权方法相比，如成员国的破产或强制执行规则未做相应修改，并赋予购买价金融资人以特别保护，“单纯的”担保物权有着致命的缺陷，即担保权人不再享有取回权这一优势保护方法。因此，《欧洲示范民法典草案》既留存了保留所有权的传统方法，也允许使用更为现代的购买价金担保权概念。[①] 考虑到欧洲各成员国间的法律制度的差异，主流学者认为《欧洲示范民法典草案》需要一定程度的形式主义，[②] 这也是担保物权与保留所有权交易并存的二元化立法模式的由来。不过，除非另有明文规定，保留所有权融资交易适用动产担保物权的设立、登记、优先顺位、违约前的救济、实行、消灭等规则，[③] 这是实质上的功能主义的体现。

如上所述，《美国动产担保交易法》上的功能主义以其一元化的动产担保概念以及统一的交易规则而独具生命力，对于加拿大普通法域、新西兰、澳大利亚这样的普通法系国家或地区而言，因缺少成文法传统的阻碍而相对容易继受功能主义方法。旨在消除各国动产担保交易规则冲突的《联合国动产担保交易立法指南》《动产担保交易示范法》及《欧洲示范民法典草案》，更是以功能主义作为制度统合的最为便利的工具。在功能主义的继受过程中，如何处理形式上与传统动产担保交易存在区别的所有权保留、融资租赁等交易，是其中的重大命题。但更为重要的是，如何维持动产担保交易在设立、公示、优先顺位、实现等规则上的一致性。

三、功能主义与形式主义结合的方法

（一）大陆法系国家采行功能主义立法方法的困境

在大陆法系国家或地区，功能主义的继受将遇到物权法定原则和既有物权体系的障碍。在物债二分的体系下，物权种类被划分为自物权（所有权）与他物权（用益物权与担保物权），在担保物权体系内部，又存在约定担保物权与法定担保物权的划分，从而形成了“抵押权（不动产抵押权 + 动产抵押权 + 权利抵押权）—质权（动产质权 + 权利质权）—留置权”的权利类型结构。同时，物权的种类须由法律规定，而不能由当事人任意创设法定物权之外的新种类物权，也不

---

① 参见欧洲民法典研究组、欧盟现行私法研究组：《欧洲示范民法典草案：欧洲私法的原则、定义与示范规则》，高圣平译，中国人民大学出版社 2012 年版，第 9 ~ 11 页。

② Anna Veneziano，A Secured Transactions’ Regime for Europe：Treatment of Acquisition Finance Devices and Creditor’s Enforcement Rights，*Juridica International*，vol. 14，2008，p. 90.

③ See Ulrich Drobnig and Ole Böger（eds），*Proprietary Security in Movable Assets*，Oxford：Oxford University Press，2015，pp. 243 – 245.

能由当事人通过约定改变现有的法律规定的物权类型。① 担保物权作为在他人之物上的权利负担，被赋予了定限物权的性质，所有权作为自物权，也就不能定位于担保物权，抵押权与质权也依是否移转占有而进行区分，此即所谓形式主义的权利类型化方法。

商事实践中，所有权保留、融资租赁、保理等交易是目前典型的所有权担保方式，起担保作用的是所有权或应收账款（的所有权）。所有权保留的运作模式是买受人依买卖合同先占有、使用标的物，但在双方当事人约定的特定条件成就之前，出卖人仍然保留标的物的所有权，待条件成就之后，再将所有权转移给买受人。② 融资租赁则是指出租人根据承租人对出卖人、租赁物的选择，向出卖人购买租赁物，提供给承租人使用，承租人支付租金的交易。有追索权保理是另一种让与权利的担保形式，即保理商不负为债务人核定信用额度和提供坏账担保的义务，仅提供包括融资在内的其他服务，而无论应收账款因何种原因不能收回，都有权向供应商索回已付融资款项并拒付尚未收回的差额款项。③ 从交易实质上看，这三种以动产（权利）为标的的交易均是通过保留所有权或者移转权利的方式担保债权的实现，所有权本身不是目的而是手段。在我国民法典编纂时，即有观点认为，我国动产担保物权法应贯彻《美国动产担保交易法》上的功能主义，引入一元化的动产担保交易结构体系，④ 如此所有权保留、融资租赁、有追索权保理这样具有担保功能的交易都应重构为担保物权。

大陆法系国家物权体系的构造是以所有权为起点，然后演绎出其他用益物权和担保物权。担保物权是在债务人或第三人所有之物上设立定限物权以为担保，被定位为所有权之外的他物权。所有权担保的逻辑则是以保留或移转所有权的方式作为担保，其结果是担保权人在自己所有之物上设定担保，担保权人虽对担保物享有所有权，但此所有权只起担保作用，担保权人不能为担保权之外的处分。如此，所有权担保方式无法在担保物权体系中找到其位置。在坚守担保物权的定限物权性质之下，植入一个“完全所有权”性质的担保制度，破坏了物权体系的完整性、与物权的类型强制相矛盾，也使得该担保制度与其他担保物权制度在逻辑上难以协调。⑤ 由此看来，大陆法系国家由自物权和他物权构建的物权体系在

---

① 参见王利明：《物权法（第二版）》，中国人民大学出版社 2021 年版，第 53 页。

② 参见王泽鉴：《附条件买卖买受人的期待权》，载王泽鉴：《民法学说与判例研究》（第七册），北京大学出版社 2009 年版，第 177 页。

③ 参见黄斌：《国际保理——金融创新及法律实务》，法律出版社 2006 年版，第 53 ~ 54 页。

④ 参见董学立：《民法典分则编纂建议——意定“动产担保物权法”部分》，载《法学论坛》2017 年第 6 期。

⑤ 参见胡绪雨：《让与担保制度的存在与发展——兼议我国物权法是否应当确认让与担保制度》，载《法学杂志》2006 年第 4 期。

植入现代动产担保交易制度的合理元素之时，难以完全抛弃形式主义的立法方法，将在功能上起着担保作用的所有交易工具均构造为动产担保交易。

（二）功能主义与形式主义结合的立法例

虽然在动产担保交易法制改革中，功能主义立法方法被奉为圭臬，但联合国贸易法委员会、国际统一私法协会在统一动产担保交易规则的进程中也深知各国法制传统的差异，在功能主义之外保留了形式主义的余地。奉行混合法制的加拿大魁北克省，对功能主义的移植也并非采行“拿来主义”，而是结合其现有法律基础接受了《美国动产担保交易法》的合理因素。如此，功能主义与形式主义的结合就成了动产担保交易制度现代化的可选路径。

《联合国动产担保交易立法指南》虽然建议各国动产担保交易法制采行功能主义立法方法，但考虑到各国间法制传统的差异，为所有权融资担保提供了两种方案。其一是“统一化路径”，即将动产上所有担保购买价金偿付的权利都规定为购买价金担保物权；其二是“非统一化的路径”，即一方面在法律体系中规定购买价金担保物权，另一方面规定所有权保留交易与融资租赁交易中的所有权，但法律应当对购买价金担保物权与所有权平等对待，二者间应适用功能等同的规则。① 例如，所有权保留交易与融资租赁交易中，出卖人、出租人的所有权同样应采行登记对抗主义，同样应依登记确立其权利的优先顺位。②

为促进航空器设备、铁路车辆和空间资产的国际融资，《移动设备国际利益公约》（以下简称《开普敦公约》）创设了一个既不来源于又不依赖于国内法的新型的、独特的利益——“国际利益”，涵盖担保人依照担保协议所赋予的利益、附条件出卖人依所有权保留协议所享有的利益、出租人依租赁协议所享有的利益。③ 该公约兼顾了两大法系的不同类型化方法，将在功能上起担保作用的交易形态均纳入公约的调整范围，④ 这一规制模式明显受到了《美国动产担保交易法》的影响，但也顾及各国对于非移转占有型担保的不同规制路径。《开普敦公约》的核心是建立一个电子化的以声明登记为操作逻辑的国际登记处，并确立“已登记利益优先于在其后登记的任何其他利益和未登记的利益”⑤ 依据这一统一的顺

---

① See United Nations Commission on International Trade Law, *UNCITRAL Legislative Guide on Secured Transactions*, United Nations, 2010, p. 63.

② See Orkun Akseli, *International Secured Transactions Law: Facilitation of credit and international conventions and instruments*, New York: Taylor & Francis e－Library, 2011, p. 237.

③ 参见［英］罗伊·古德：《国际航空器融资法律实务——移动设备国际利益公约及航空器设备特定问题议定书正式评述》，高圣平译，法律出版社 2014 年版，第 22～23 页。

④ 参见［英］罗伊·古德：《国际铁路车辆融资法律实务——移动设备国际利益公约及卢森堡铁路车辆特定问题议定书正式评述》，高圣平译，法律出版社 2014 年版，第 8 页、第 18 页。

⑤ 《开普敦公约》第 29 条第 1 款。

位规则，动产之上的物权人可以在国际登记处登记而保护自己的权利。不过，《开普敦公约》并没有采行统一的担保物权概念，所有权保留交易和融资租赁交易并未当然归入动产担保交易，而是作为与动产担保相独立的交易，但基于前两者在功能上所发挥的担保作用，仍得适用公约的登记公示、优先顺位和实行规则，在一定程度上克服了不同交易类型的人为安排给同一标的物上竞存权利的确定性带来的不利影响，得到了广泛的好评。①

魁北克省是加拿大唯一实行混合法制的省，其私法体系在法国法的影响下，呈现出典型的大陆法系特色。魁北克传统动产担保制度与《法国民法典》一样，只承认动产质权，不承认动产上非移转占有型担保物权的概念。但其实务却承认一些所有权交易（如附条件买卖、融资租赁、附买回的买卖）可使融资人取得类似于超优先顺位担保的地位。② 在加拿大继受《美国动产担保交易法》后，处于普通法包围之中的魁北克省虽然坚守大陆法传统，但仍在其新民法典中植入功能主义的合理要素。因此，《魁北克民法典》也就呈现出功能主义与形式主义相结合的特点。在《魁北克民法典》的起草者看来，交易的定性不重要，但公示其内容以维护交易安全才是应予置重的。《魁北克民法典》拒绝在概念上将所有权保留交易和融资租赁交易等所有权担保构造为担保物权，所有权的效力得到了完全的承认，不必再概念化为在所有权上创设担保物权，但明确规定这些非典型担保交易应适用担保交易的登记和优先顺位的规则，使得当事人之间同一功能但不同形式的交易安排具有相同的效力，避免了潜在交易相对人的交易风险，也明确了权利冲突时的解决规则。③

（三）功能主义与形式主义相结合的路径

由上可知，现代动产担保交易制度的构建并不在于以一元化的动产担保物权概念取代现有的动产担保类型，功能主义真正的内涵是所有具有担保功能的交易一体化地适用设立、公示、优先顺位和实行规则。换言之，对以动产进行担保融资的主体之间，立法者应为其提供一套平等的、高效率的交易规则，以降低动产担保交易的制度成本。对于囿于权利类型化传统的大陆法系国家而言，动产担保

① See B. Patrick Honnebier, The Convention of Cape Town on International Interests in Mobile Equipment: The Solution of Specific European Property Law Problems, *European Review of Private Law*, vol. 10, 2002, 394; Ronald C. C. Cuming, "The Characterisation of Interest and Transactions under the Convention of International Interests in Mobile Equipment 2001", in Iwan Davies (ed.), *Security Interests in Mobile Equipment*, Dartmouth Publishing Company, 2002, p. 377.

② 参见高圣平：《动产担保交易制度比较研究》，中国人民大学出版社 2008 年版，第 106 页。

③ See Michael G. Bridge, Roderick A. Machonald, Ralph L. Simmonds and Catherine Walsh, Formalism, Functionalism, and Understanding the Law of Secured Transactions, *McGill Law Journal*, vol. 44, 1999, pp. 658 – 659.

交易制度的改造应有中间线路可循——维持概念上的形式主义，追求规则上的功能主义。具体而言，功能主义与形式主义相结合的路径有以下核心要求：

第一，非移转占有型的动产担保在物权变动模式上应一体化为登记对抗，为统一的担保权设立、公示、效力、顺位、实现规则提供前提。比较法上，动产担保物权的变动有两种模式：一是公示生效主义模式，即在当事人订立担保合同后，担保物权还须经登记或交付公示后才生效，担保物权设立后对当事人及第三人均发生效力；二是公示对抗主义模式，即担保合同生效即意味着担保物权的设立，但未经登记或交付，不得对抗第三人。① 在奉行功能主义的《美国动产担保交易法》中，担保物权的制度构造基础在于区分动产担保物权的设立（attachment）与公示（perfection），其物权变动模式为公示对抗。动产担保物权的设立意味着，除法律另有规定外，担保权人可就担保物对担保人实行权利，担保权的公示则进一步强化其对抗第三人的效力。在公示对抗模式下，已设立但未公示的担保物权，虽然可优先于无担保债权人受偿，但不得对抗善意买受人、善意承租人、已公示的动产担保权、执行债权人、破产管理人。② 就同一动产上竞存的担保物权之间，均以公示时间的先后确定其优先顺位，已公示的担保物权优先于未公示的担保物权，均未公示的担保物权依据设立时间确立顺位。③ 其中，非移转占有型的动产担保物权以登记为公示方法，移转占有或控制型的权利则以占有或控制为公示方法。目前，采用公示生效主义模式的多为大陆法系国家，但由于公示对抗模式能够减少担保物权设立时的形式步骤，对当事人间的意思自治更为尊重，且竞存担保权人间的优先顺位可以最优化的方式确定，④ 因此，《开普敦公约》采取了这一物权变动模式；《联合国动产担保交易立法指南》及《示范法》《欧洲示范民法典草案》等“软法性”文件亦均推荐此备选模式。

第二，构建统一的动产担保融资登记系统，为一体化的登记对抗模式提供基础设施支持。在以功能主义为导向的动产担保法制改革中，登记对抗的物权变动模式能否一体化适用，竞存的担保物权之间能否展开公平竞争，端赖于统一的动产担保融资登记系统的构建，以此为担保物权提供公示的平台与优先顺位的确定依据。完全电子化的登记系统由新西兰所首创。统一的动产担保融资登记系统是

---

① See Orkun Akseli, *International Secured Transactions Law: Facilitation of credit and international conventions and instruments*, New York: Taylor & Francis e - Library, 2011, pp. 128 - 129.

② See Anna Veneziano, Attachment/Creation of a Security Interest , in Horst Eidenmüller and Eva - Maria Kieninger (eds.), The Future of Secured Credit in Europe, *European Company and Financial Law Review*, Special vol. 2, Berlin: De Gruyter Recht, 2008, p. 119.

③ 《美国统一商法典》第9 - 322 条（a）。

④ See United Nations Commission on International Trade Law, *UNCITRAL Legislative Guide on Secured Transactions*, United Nations, 2010, p. 66.

一个基于互联网的完全电子化的、以声明登记为基础、凡具有担保功能的权利都可以在其上登记的系统。在完全电子化的登记系统中，登记由担保权人在线完成，登记程序便捷，登记成本低廉。声明登记制则允许担保权人登记最少的但可合理识别担保物的信息，如此在保护当事人的商业秘密的同时，还可极大地降低登记机构的审查负担，担保声明书的登记不仅提示潜在交易相对人标的物上可能存在的权利负担，也为优先顺位的确定提供了一个客观的不受人为干扰的客观依据。① 因此，国际公约及“软法性”文件，无不将统一动产担保登记系统的构建作为法制改革的重心。

第三，统一担保权人的违约救济规则，减少违约救济在不同交易模式间的差异。在现代动产担保交易制度中，担保权人应当享有高效率、低成本的违约救济措施，否则，“提高获得信贷的可能性、降低获得信贷的成本”这一政策目标无法实现，“充分且易于执行的违约救济对于债权人来说非常重要，债权人必须准确预测其是否可以迅速地行使违约救济权。”② 担保物权的违约救济有公力救济与私力救济之分，前者是指担保物权的实行需要获得法院或其他国家机关签发的裁判或决定，并需要借助国家公权力予以实现，后者是指担保物权人可径依担保物权而自行决定担保物权的处分方式并予以实施，国家在通常情况下也不予强制干预。相比较而言，私力救济途径更为便捷，能够避免冗长、烦琐的诉讼程序以及居高不下的诉讼成本，能够更好地保护担保权人的利益。普通法系国家赋予担保权人充分的私力救济权，但考虑到公力救济途径在权利推定力与确定力上的独特作用，其也并不排斥公力救济手段的适用。③ 为保护担保人及其他利益相关人的利益，担保权人在自力实现担保物权时，自力占有担保物应以担保人同意、取回时不违反公共秩序为前提，且对担保物的变价应当通过商业上合理的方式进行。④

---

① See Harry C. Sigman, Security in Movables in the United States – Uniform Commercial Code Article 9: A Basis for Comparison, in Eva – Maria Kieninger (ed), *Security Rights in Movable Property in European Private Law*, New York: Cambridge University Press, 2004, pp. 59 et seq.

② [英] 罗伊·古德:《国际航空器融资法律实务——移动设备国际利益公约及航空器设备特定问题议定书正式评述》，高圣平译，法律出版社2014年版，第27页。

③ 参见高圣平:《担保物权实行途径之研究——兼及民事诉讼法的修改》，载《法学》2008年第1期。

④ 例如《美国统一商法典》第九编规定，担保权人可以通过非司法程序取回担保物的占有，但自力救济的行使以不违反公共秩序为前提，且担保权人可以通过商业上合理的方式处分担保物后以变价款优先受偿。[第9－609（b）条、第9－610（a）条] 联合国贸易法委员会《动产担保交易示范法》认为，担保物人在自力占有担保物时，应当满足以下条件：1. 担保人已经通过书面形式对担保权人的自力占有表示同意；2. 担保权人事先将违约事项通知于担保物的占有人，并向其表示获得占有的意思；3. 在担保权人试图取得担保物的占有时，担保物的占有人不表示反对。在自力占有担保物后，经过通知担保人（债务人）、其他已登记的担保人、声明对担保物享有权利者等利益相关人后，担保物权人有权通过变卖、出租、许可使用等方式将担保物变价。(《动产担保交易示范法》第77、78条)

四、我国民法典的处理模式

“编纂民法典不是制定全新的民事法律，也不是简单的法律汇编，而是对现行的民事法律规范进行编订纂修，对已经不适应现实情况的规定进行修改完善，对经济社会生活中出现的新情况、新问题作出有针对性的新规定。”① 因此，《民法典》物权编延续《物权法》的体系结构，担保物权就被定位于在他人财产上所设立的定限物权，所有权担保也就无法定位为担保物权；所有权保留交易、融资租赁交易、保理交易等起着担保功能的非典型担保交易也就无法植入既有的担保物权体系之中。总体而言，我国动产担保权利体系的类型划分仍然表现了大陆法系形式主义的特色，但《民法典》通过在规则上对具有相同功能的担保交易予以平等对待，体现了动产担保交易功能主义与形式主义相结合的特色。具体如下：

第一，非移转占有型的动产担保在物权变动模式上主要采取登记对抗主义，为动产担保交易规则的一体化提供统一的解释路径。《民法典》第 403 条规定："以动产抵押的，抵押权自抵押合同生效时设立；未经登记，不得对抗善意第三人。”第 641 条第 2 款规定：“出卖人对标的物保留的所有权，未经登记，不得对抗善意第三人。”第 745 条规定：“出租人对租赁物享有的所有权，未经登记，不得对抗善意第三人。”如此，所有权保留、融资租赁与动产抵押在设立及公示效力上就统一化为登记对抗主义。在此之下，《民法典担保制度解释》第 54 条、第 67 条进一步明确了非经登记的动产担保权不得对抗善意第三人的范围和效力。然而，保理本身是一种以应收账款债权转让为基础的综合性金融服务方式，② 尽管保理人还提供资金融通、应收账款管理或者催收、应收账款债务人付款担保等服务，但其性质仍以债权转让为核心。在解释上，保理人应自保理合同生效时就取得应收账款债权，只是未经通知债务人的，该转让对应收账款债务人不发生效力。③ 但是，《民法典》第 768 条区分了应收账款保理是否登记，“已经登记的先于未登记的取得应收账款；均已经登记的，按照登记时间的先后顺序取得应收账款；均未登记的，由最先到达应收账款债务人的转让通知中载明的保理人取得应收账款；既未登记也未通知的，按照保理融资款或者服务报酬的比例取得应收账款”。由此可知，应收账款保理在设立及公示效力上也是采取登记对抗主义，并未赋予保理人以应收账款的完整效力。④

不过，虽然《民法典》就动产质权、权利质权仍然采行公示生效主义，就以

---

① 王晨：《关于〈中华人民共和国民法典（草案）〉的说明——2020 年 5 月 22 日在第十三届全国人民代表大会第三次会议上》，载《中华人民共和国全国人民代表大会常务委员会公报》2020 年特刊。

② 参见黄和新：《保理合同：混合合同的首个立法样本》，载《清华法学》2020 年第 2 期。

③ 参见蔡睿：《保理合同中债权让与的公示对抗问题》，载《政治与法律》2021 年第 10 期。

④ 参见何颖来：《〈民法典〉中有追索权保理的法律构造》，载《中州学刊》2020 年第 6 期。

登记作为公示方法的权利质权并未如前述动产担保交易一样改采登记对抗主义，在一定程度上造成了权利担保领域规则的不统一。典型如在应收账款融资领域，应收账款保理虽然是采取登记对抗主义，但与之同质的应收账款质押却延续了《物权法》中的登记生效主义。《民法典担保制度解释》第66条第1款就此明确，“同一应收账款同时存在保理、应收账款质押和债权转让，当事人主张参照民法典第七百六十八条的规定确定优先顺序的，人民法院应予支持。”又如股权、知识产权等财产权利的质押自登记时生效，但《民法典》第399条中也规定“法律、行政法规规定不得抵押的其他财产”可以抵押，如此股权、知识产权也会成为抵押权的标的，但股权抵押、知识产权抵押的物权变动模式却是采行登记对抗主义。《民法典》在这些规定上的冲突不仅会造成体系上的背反，也会直接增加统一动产和权利担保登记制度的困难，因为两种不同立法主义之下，登记系统构建的基本法理存在重大差异。在学理上，登记对抗主义之下，登记系采行声明登记制，登记簿的记载对查询者而言仅起提示作用，并不表明担保物权的真实存在；但在登记生效主义之下，登记奉行文件登记制，登记簿的记载具有推定担保物权真实存在的效用。[①] 例如，应收账款质押虽是登记生效，但应收账款质押登记系统的构造却是以声明登记制为基础，负责机构的责任仅是“采取技术措施和其他必要措施，维护登记公示系统安全、正常运行，防止登记信息泄露、丢失”，其对登记内容并不进行审查，这就给司法实践中应收账款质权的设立与顺位问题带来了困扰。如此，未来就权利担保领域的规则统一，需要借助于功能主义进行更多解释上的作业。

第二，以“先登记（公示）者优先”作为动产担保权利优先顺位的基本规则，增加动产担保交易的确定性。以取得对抗第三人效力的时间先后为基本判断标准是《民法典》上确立的竞存权利之间优先顺位的一般规则。《民法典》第414条新增了第2款，“其他可以登记的担保物权，清偿顺序参照适用前款规定。”只要是可以登记的担保物权，均可适用这一优先顺位规则，旨在“进一步明确实现担保物权的统一受偿规则”。[②] 在解释上，《民法典》中“其他可以登记的担保物权”包括了权利质权中的没有权利凭证的汇票、本票、支票、债券、存款单、仓单、提单质权；基金份额、股权质权；知识产权质权；应收账款质权。[③] 与此同时，《民法典》第388条中规定：“担保合同包括抵押合同、质押合同和其他具

① 参见高圣平：《统一动产融资登记公示制度的建构》，载《环球法律评论》2017年第6期。

② 沈春耀（全国人大宪法和法律委员会副主任委员）：《全国人民代表大会宪法和法律委员会关于〈民法典物权编（草案）〉修改情况的汇报——2019年4月20日在第十三届全国人民代表大会常务委员会第十次会议上》，载《民法典立法背景与观点全集》编写组编：《民法典立法背景与观点全集》，法律出版社2020年版，第42页。

③ 参见黄薇主编：《中华人民共和国民法典物权编释义》，法律出版社2020年版，第533~534页。

有担保功能的合同。”这里扩大担保合同的范围，明确所有权保留、融资租赁、保理等非典型担保合同的担保功能。① 所有权保留交易中出卖人的所有权、融资租赁交易中出租人的所有权，也就具有了担保物权的性质，从而为“其他可以登记的担保物权”的文义所能涵盖，自可准用《民法典》第414条关于优先顺位的一般规则，“先登记者（公示）优先规则”即经由解释在动产担保权利的顺位体系内得以确立。

现代动产担保交易法制优先顺位规则的核心价值目标在于确定性，这既是提高动产担保交易的效率的需要，也是保护交易主体信赖利益使然。若优先顺位的确立仍须考量相关权利人的善意，而由于权利人主观上的善意是一个很难证明的事实问题，则会增加交易结果的不可预测性。参考美国《统一商法典》《开普敦公约》等比较法的经验，我国的“先登记者（公示）优先规则”应当纯化为仅以客观上的登记先后作为顺位确立的标准，《民法典》第403条应作限缩解释，善意要件只适用于第三人为买受人等具有否定未登记动产担保物权存在效力的情形，而不适用于已经依法公示其担保物权的权利人。② 鉴于此，《民法典担保制度解释》第54条将未经登记不得对抗的“善意第三人”的范围限定为已经占有抵押财产的善意受让人或善意承租人，或是已经申请人民法院申请保全或执行抵押财产的抵押人的其他债权人，在此情形下，若人民法院已经作出保全裁定或采取执行措施，则其可对抗未办理抵押登记的动产抵押权人，抑或在抵押人破产的情形下，未办理动产抵押登记的抵押权人亦无法对抗其他债权人，而主张对抵押财产优先受偿。而且，基于功能主义的考虑，《民法典担保制度解释》将前述规则一体适用于所有权保留买卖和融资租赁等其他具有担保功能的合同，对于出卖人、出租人的所有权未经登记不得对抗的“善意第三人”的范围及其效力，亦作相同解释（第67条）。如此，动产担保交易的确定性与可预期性即可得以提升。同时，《民法典》第416条新增购买价金担保权超优先顺位规则，“动产抵押担保的主债权是抵押物的价款，标的物交付后十日内办理抵押登记的，该抵押权人优先于抵押物买受人的其他担保物权人受偿，但是留置权人除外。”该条是第414条的例外规则，旨在防止浮动抵押权人垄断担保人的新增资产，拓宽债务人就新增财产的再融资渠道。在解释上，因所有权保留、融资租赁与购买价金担保权均属于购买价金融资担保的范畴，因此，所有权保留、融资租赁交易中的权利人在标的物交付后10日内进行登记的，亦应享有购买价金担保权人的超级优先地位。是故，《民法典担保制度解释》第57条将购买价金担保权超优先顺位规则扩张至

① 参见王晨：《关于〈中华人民共和国民法典（草案）〉的说明——2020年5月22日在第十三届全国人民代表大会第三次会议上》，载《中华人民共和国全国人民代表大会常务委员会公报》2020年特刊。

② 参见高圣平：《民法典动产担保权优先顺位规则的解释论》，载《清华法学》2020年第3期。

已经办理登记的所有权保留和融资租赁。[①]

第三，删除《物权法》有关担保物权具体登记机构的规定，为统一动产担保融资登记系统的构建留下制度空间。受到1995年《担保法》中将动产财产登记视为行政管理事务的影响，我国现行动产担保登记制度高度分散，不同的担保财产分别在不同的登记机关登记，各担保登记制之间又多采行地方登记制和纸质登记制。但该登记模式已显然脱离现代动产担保融资的需要，其中弊端日益凸显。[②]《优化营商环境条例》第47条第2款规定："国家推动建立统一的动产和权利担保登记公示系统，逐步实现市场主体在一个平台上办理动产和权利担保登记。纳入统一登记公示系统的动产和权利范围另行规定。"在民法典编纂过程中，"建立统一的动产抵押和权利质押登记制度有助于进一步发挥其融资担保功能"已成为较广泛的共识，但"考虑到统一登记的具体规则宜由国务院规定"，[③]《民法典》并未就统一动产抵押和权利质押登记制度作出授权性规定，而是删除《物权法》有关担保物权具体登记机构的规定，为建立统一动产和权利担保登记制度留下空间。根据《国务院关于实施动产和权利担保统一登记的决定》自2021年1月1日起，生产设备、原材料、半成品、产品等动产抵押登记的设立、变更、注销申请，于登录人民银行征信中心动产融资统一登记公示系统办理。

结合比较法上的趋势及登记对抗主义的法理基础，统一动产融资公示系统应当是以声明登记制为构建基础。当事人仅需提交记载有当事人的身份及担保财产等少量内容的担保声明书，无须提交基础交易文件，登记机关并不详细核查动产担保物权的具体内容。在担保合同订立之前或之后，当事人均可登记担保物权；在担保人取得担保财产所有权之前或之后，当事人亦可登记担保物权。依登记的时间确定担保物权的优先顺位，不考虑担保物权的设定时间，以促进担保交易的确定性和透明度。在声明登记制下，交易相对人一经查询即可得知债务人的特定财产之上是否存在担保负担，如不存在，查询者无须进一步探知交易细节，如存在，查询者则需进一步向担保权人了解交易的细节。[④] 同时，鉴于我国互联网技术的发展与电力供应的良好形势，该登记系统应当是基于互联网的完全电子化的登记系统，从而减少登记机构人工干预的成本，极大地提高登记与查询的便捷性。统一的动产融资公示系统的登记类型应当包含所有具有担保功能的交易，不

---

① 参见最高人民法院民事审判第二庭编：《最高人民法院民法典担保制度司法解释理解与适用》，人民法院出版社2021年版，第485~486页。

② 参见高圣平：《统一动产融资登记公示制度的建构》，载《环球法律评论》2017年第6期。

③ 沈春耀（全国人大常委会法制工作委员会主任）：《关于〈民法典各分编（草案）〉的说明——2018年8月27日在第十三届全国人民代表大会常务委员会第五次会议上》，载《民法典立法背景与观点全集》编写组编：《民法典立法背景与观点全集》，法律出版社2020年版，第23页。

④ 参见高圣平：《统一动产融资登记公示制度的建构》，载《环球法律评论》2017年第6期。

仅包括动产抵押权、权利质权，还应包括所有权保留、融资租赁、应收账款保理等交易，以此实现各种类型担保权利在登记规则上的平等对待。2021 年 12 月 29 日，中国人民银行发布《动产和权利担保统一登记办法》，较好地体现了上述理念。

第四，明确非典型担保交易的担保功能，为动产担保体系内规则的统合提供解释前提。《民法典》第 388 条中规定，“担保合同包括抵押合同、质押合同和其他具有担保功能的合同”。这为统一动产担保权利体系内部的设立、公示、优先顺位与实行规则提供了前提，实为功能主义的重要体现。[①]《民法典》仅规定了动产抵押权人请求人民法院拍卖、变卖抵押财产的权利，而融资租赁交易中的出租人、所有权保留交易中的出卖人有权在解除租赁合同、买卖合同后取回标的物。《民法典》同时规定了融资租赁交易中出租人在承租人租金未付的情形之下可以选择主张租金债权，此时，依据《民法典担保制度解释》第 65 条的规定，租金债权的实现自可准用《民法典》关于担保物权的实行规则，权利人可直接申请人民法院拍卖、变卖标的物，并以变价款优先受偿。此外，《民法典》第 388 条中所称“其他具有担保功能的合同”，并不仅限于融资租赁合同、所有权保留合同、保理合同，实践中广泛存在的让与担保合同及此后金融创新实践中可能出现的新的担保交易品种，亦应包括在内。《民法典》中虽并未直接规定让与担保，但完善了流抵、流质有关规定，明确当事人事先作出流抵、流质约定的，仍享有担保权益，但只能依法就抵押财产或者质押财产优先受偿。这一流抵、流质契约的缓和规定，对于承认让与担保提供了解释基础，也为归属清算和处分清算的展开预留了空间。[②]《民法典担保制度解释》第 68 条即对让与担保的合同效力与物权效力做了相应规定。

综上，《民法典》物权编担保物权分编维持了《物权法》中“抵押权——质权——留置权”的权利类型结构，所有权担保中的所有权保留、融资租赁、应收账款保理依其交易形式置于合同编中，此即形式主义立法的特色。不过，虽然《民法典》中具有担保功能的交易在形式上是分散的，但立法者通过具体规则的修改，为动产担保交易在设立、公示、优先顺位和实现规则上的统一提供了解释前提，这实际上就是功能主义方法的贯彻。因此，我国《民法典》动产担保物权部分的修改采取了功能主义与形式主义相结合的路径，借此在延续法制传统的同时实现了动产担保交易现代化的改革。

---

① 参见王利明：《担保制度的现代化：对〈民法典〉第 388 条第 1 款的评析》，载《法学家》2021 年第 1 期。

② 参见最高人民法院民法典贯彻实施工作领导小组主编：《中华人民共和国民法典物权编理解与适用》（下），人民法院出版社 2020 年版，第 1070 ~ 1071 页。

五、小　结

随着动产正逐渐取代不动产成为社会财富的主要形态，动产担保法制的改革的核心是构建一套统一化、高效率、低成本的交易规则体系，以此提升市场主体获取信贷的能力，降低动产融资的成本。就动产担保交易法的现代化而言，完全贯彻功能主义的一元化动产担保模式是最为理想化的方案，但每个国家均有其固有的法制传统与所依赖的法律路径，尤其是对于已将形式主义作为现有立法基础的国家而言，完全的功能主义面临与传统割裂的风险，继续完全的形式主义也无法满足现代动产担保交易的需求，功能主义与形式主义的结合也就是较为妥善的选择。我国《民法典》一方面维持了权利类型化的形式传统，一方面通过交易规则上的一体化间接实现了功能主义的立法目的，这一立法模式不仅有利于优化我国的营商环境，也为其他大陆法系国家的动产担保现代化提供了可兹参照的样本。

《民法典》视野下所有权保留交易的法律构成

所有权保留交易中，在买受人履行支付价款或者其他义务之前，出卖人向买受人交付标的物的行为并不具有转移标的物所有权的法律意义。在形式主义和功能主义相结合的立法态度之下，出卖人所保留的所有权被功能化为担保物权，但也保留了所有权的部分元素。买受人不履行支付价款或者其他义务之时，出卖人享有标的物的取回权，并可在回赎期后再次出卖标的物，就变价款优先受偿。在出现所有权保留和其他权利相竞存的情形之下，以登记（取得对抗效力）的时间先后顺序来判断彼此之间的优先顺位；在基于所有权保留买卖合同交付标的物后10日内，所有权保留办理登记的，出卖人对标的物保留的所有权优先于标的物上的其他担保物权人受偿，但留置权人除外。

一、问题的提出

根植于传统大陆法的物权公示观念，在一定程度上限制了动产之上非移转占有型担保制度的发展。在登记技术不发达的时代，动产物权变动的公示几乎等同于交付（占有），动产担保物权也就限定在了以占有为公示方法的动产质权。19世纪的民法典编纂过程中，各国自然拒绝承认没有公示技术支撑的非移转占有型动产担保制度。借助于所有权的强势效力，交易实践中不断出现以所有权为担保工具的金融创新产品，其中之一即所有权保留交易。①

在所有权保留交易中，买受人依照买卖合同先占有、使用标的物，但在双方当事人约定的特定条件（通常是价款的部分或全部清偿）成就之前，出卖人仍然保留标的物的所有权，待条件成就后，再将所有权转移给买受人。② 在这里，出卖人以其保留的所有权而获得充分的保护，买受人在价款未获（足额）清偿的情

---

① See Ulrich Drobnig, "*Security Rights in Movables*", in Arthur S. Hartkamp, Martijn W. Hesselink, Ewoud H. Hondius, Chantal Mak & C. Edgar du Perron, *Towards a European Civil Code*, Fourth Revised and Expanded Edition, Kluwer Law International BV, The Netherlands, 2011, pp. 1034 – 1035. 从制度史上观察，所有权保留交易由来已久，在罗马法上即有其踪迹，德国普通法也予以承认。只不过，当时利用这一制度者并不多见，且不为世人所重视。参见刘春堂：《动产担保交易法研究（增订版）》，1999年作者自版，第104页。

② 参见王泽鉴：《附条件买卖中买受人之期待权》，载王泽鉴：《民法学说与判例研究》（第1册），中国政法大学出版社2003年版，第159页。

况下获得对物的用益，其实质是出卖人以其保留的所有权为其价款债权或其他权利的实现提供担保，从而以制度设计的内在合理性为契机，一经运用，即发挥了巨大的信用供给功能，① 为现代大陆法系国家和英美法系国家所明文规定。②

所有权保留交易在19世纪末期非移转占有型担保法制的发展中起着十分重要的作用，迄今已成为一种典型的、被广泛采用的所有权担保方式，③ 其制度演进自无法与动产担保交易截然分开。就此，各国立法和司法实践中呈现出两种不同的解决方案。第一种方案以功能主义为基础。基于出卖人所保留的所有权在功能上仅具有担保作用的事实，所有权保留交易被定位于动产担保交易，从而出卖人所保留的所有权也就成了动产担保物权的一种形态。除了赋予其超优先顺位，还对其适用动产担保物权的一般规则。借助于登记制度的引入，标的物上的权利负担得以为第三人所知悉，避开了关于权利隐蔽性的诘难。第二种方案坚持交易的形式主义，当事人对交易安排的表象是出卖人保留标的物的所有权，仅移转标的物的占有至买受人。④ 由此形成了所有权保留交易与动产担保交易不同的特质：其一，在债务人违约时，出卖人即可主张所有权的物上追及效力，而买受人有权就标的物超过价款的部分主张返还；其二，所有权保留不具有从属性；其三，呈现出双重所有权结构，原则上当事人双方对财产享有的利益均可单独转让，从而形成附条件的所有权；其四，出卖人所保留的所有权在破产程序中的效力依赖于条件（或者衡平法上的期待权）是否成就，并在破产宣告时取得对抗破产债务人的效力。但基于动产交付公示法理，合法取得动产占有的善意买受人保护规则在大陆法系国家得到广泛承认，出卖人所享有的动产所有权的效力也就大大弱化了。⑤

随着社会变迁，金融担保创新实践发展出各种新的动产担保交易形态，所有权担保方式也不再局限于所有权保留。这些动产担保交易模式规则各异，极易造成权利冲突。为了减少信贷成本，需要建构一套同等适用于金融机构和其他贷款

---

① 参见王轶：《论所有权保留的法律构成》，载《当代法学》2010年第2期。

② 参见刘春堂：《动产担保交易法研究（增订版）》，1999年作者自版，第105页。

③ See Ulrich Drobnig, "*Security Rights in Movables*", in Arthur S. Hartkamp, Martijn W. Hesselink, Ewoud H. Hondius, Chantal Mak & C. Edgar du Perron, *Towards a European Civil Code*, Fourth Revised and Expanded Edition, Kluwer Law International BV, The Netherlands, 2011, pp. 1034–1035.

④ See Ulrich Drobnig and Ole Böger (eds), *Proprietary Security in Movable Assets*, Oxford: Oxford University Press, 2015, p. 242.

⑤ See Jan Dalhuisen, *Dalhuisen on Transnational Comparative*, *Commercial*, *Financial and Trade Law*, *Volume* 3, *Financial Products*, *Financial Services and Financial Regulation*, Oxford and Portland, Oregon: Hart Publishing, 2010, pp. 24–27.

人、制造商和供应商以及国内外信用提供者的高效的动产担保交易制度。[①] 国际统一私法协会、联合国国际贸易法委员会和世界银行集团等国际组织建议，各国在动产担保法制改革中应采行交易类型化的功能主义立法方法：不管交易的形式如何，只要在市场上发挥相同的担保功能，就应适用相同的法律。[②]

我国法上对所有权保留交易原规定于《合同法》第134条，置重于交易的形式，出卖人的权利实现依其保留的所有权得到强势的保护。《最高人民法院关于审理买卖合同纠纷案件适用法律问题的解释》（以下简称《买卖合同司法解释》）第34－37条就所有权保留制度做了更具操作性的解释和规定，就出卖人基于其所有权行使标的物的取回权作了一定限制，同时规定了出卖人取回标的物之后的清算义务，在一定程度上平衡了当事人之间的权利和义务。[③]

在我国《民法典》编纂过程中，如直接采行功能主义的立法方法，将遇到无法克服的体系障碍。在物权体系之下，担保物权作为在他人之物上的权利负担，被赋予定限物权的性质；所有权作为自物权，也就不能定位于担保物权。如此，在所有权保留交易中，出卖人所保留的所有权虽然在功能上起着担保价款清偿的作用，但因无法定性为担保物权而无法融入《民法典》物权编担保物权体系之中。但统一动产担保的交易规则，减少因交易模式各异而衍生的权利冲突问题又刻不容缓。最终，《民法典》采取了形式主义和功能主义相结合的立法方法。所有权保留交易以买卖标的物为表现形式，规定于合同编买卖合同章，并未被重构为担保物权，但为克服出卖人权利的隐蔽性，规定为“出卖人对标的物保留的所有权，未经登记，不得对抗善意第三人”。同时，《民法典》第388条中规定：“担保合同包括抵押合同、质押合同和其他具有担保功能的合同。”这里明确了所有权保留交易的担保功能。[④] 此外，《最高人民法院关于适用〈中华人民共和国民法典〉有关担保制度的解释》（以下简称《民法典担保制度解释》）第1条亦规定，所有权保留买卖等涉及担保功能发生的纠纷，适用本解释的有关规定。这一制度革新究竟会带来解释论上的哪些变化，不无检讨的必要。

二、《民法典》上所有权保留交易的制度内容

所有权保留交易是伴随着信用经济的兴起而产生和发展的一项非典型担保制

① See United Nations Commission on International Trade Law, *UNCITRAL Legislative Guide on Secured Transactions*, United Nations, 2010, p. 20.

② 参见高圣平：《美国动产担保交易法与我国动产担保物权立法》，载《法学家》2006年第5期。

③ 参见最高人民法院民事审判第二庭编：《最高人民法院关于买卖合同司法解释理解与适用》，人民法院出版社2012年版，第19～20页。

④ 参见王晨：《关于〈中华人民共和国民法典（草案）〉的说明——2020年5月22日在第十三届全国人民代表大会第三次会议上》，载《中华人民共和国全国人民代表大会常务委员会公报》2020年特刊。

度。《民法典》第641条第1款明文规定："当事人可以在买卖合同中约定买受人未履行支付价款或者其他义务的，标的物的所有权属于出卖人。"所有权保留交易制度据此得以确立。结合《民法典》第641条～第643条以及《买卖合同司法解释》的规定，大抵可以看出我国所有权保留交易制度的基本内容。

第一，虽然《民法典》并没有将所有权保留交易的客体限定为动产，但依《买卖合同司法解释》第34条的规定，所有权保留交易不能以不动产为标的物。其主要理由在于，我国法上既定的不动产物权变动模式已经较好地平衡了出卖人和买受人的利益，无须借助于所有权保留交易。在价款未足额清偿之前，不办理所有权的转移登记，出卖人仍享有所有权；买受人可以借助于预告登记来保护其取得所有权的期待利益。同时，出卖人也可以在移转不动产所有权给买受人时在其上设定抵押权，足以达到所有权保留制度的效果。[①] 此外，所有权保留交易通常经由当事人合意而达成所有权移转的时间，而不动产所有权的移转尚须借由登记始生效力，若允许在登记之外另行约定所有权移转的时间，将极大地损害不动产登记簿的公信力。[②]

第二，出卖人所保留的所有权，未经登记，不得对抗善意第三人。出卖人对标的物所有权的取得，并不依赖于所有权保留买卖合同的成立与生效，而是基于其他法律事实。这与动产抵押权依当事人之间抵押合同的生效而设立截然不同。但出卖人所保留的所有权被功能化为担保物权之后，采行与动产抵押权相同的物权变动模式——登记对抗主义。由此即说明，出卖人所保留的所有权已经不是《民法典》物权编所有权分编中的"所有权"，并不具有所有权分编规定的所有权的完整权能。相反，出卖人所保留的所有权仅具担保功能，其权利内容同于担保物权，即就标的物变价并优先受偿。如此，出卖人所保留的所有权在性质上属于担保物权，即使未经登记，也可对抗无担保债权人。结合《民法典担保制度解释》第54条、第67条的规定，未经登记的所有权，不得对抗善意的受让人、租赁权人，不得对抗其他担保权人、查封或扣押债权人、参与分配债权人、破产债权人或破产管理人。[③] 所有权保留登记与不动产登记迥异，将在统一的动产和权利担保登记系统中展开，该登记系统采行人的编成主义，以声明登记制为基础，

---

① 参见最高人民法院民事审判第二庭编：《最高人民法院关于买卖合同司法解释理解与适用》，人民法院出版社2012年版，第526页。

② 参见最高人民法院民事审判第二庭编：《最高人民法院关于买卖合同司法解释理解与适用》，人民法院出版社2012年版，第20页；von Bar，Europäische Grundfragen des Rechts des Besitzes，in AcP 219（2019），341（357 f.）.

③ 参见高圣平：《民法典动产担保权登记对抗规则的解释论》，载《中外法学》2020年第4期。

登记和查询均在线上自主完成。[①] 如此，所有权保留登记就以买受人（债务人）为标准，登记标的物上的权利负担。

第三，买受人在清偿全部价款或完成其他特定条件之前，享有占有、使用标的物并从中获益的权利；买受人在清偿全部价款或完成其他特定条件之后，即可取得标的物的所有权。在买受人未按照约定支付价款且经催告后在合理期限内仍未支付、未按照约定完成特定条件以及将标的物出卖、出质或者作出其他不当处分的情形之下，出卖人可基于所有权向买受人主张取回标的物（第 642 条第 1 款）。出卖人取回标的物的目的在于保全价款债权，而不在于对标的物的使用、收益。出卖人取回标的物后，买受人在回赎期限内消除出卖人取回标的物的事由的，可以请求回赎标的物。买受人在回赎期限内没有回赎标的物，出卖人可以以合理价格将标的物出卖给第三人，出卖所得价款扣除买受人未支付的价款以及必要费用后仍有剩余的，应当返还买受人；不足部分由买受人清偿（第 643 条）。出卖人可以与买受人协商取回标的物；协商不成的，可以参照适用担保物权的实现程序（第 642 条第 2 款）。出卖人不能自力取回标的物的，尚可借助于法院的强制执行程序而取回，取回之后可以自行变价，也可以直接申请法院启动实现担保物权案件特别程序，拍卖、变卖标的物并以变价款优先受偿（《民法典担保制度解释》第 64 条第 1 款）。在救济程序上，也不排除出卖人申请启动普通民事诉讼程序，并基于胜诉裁判申请强制执行。鉴于此，《民法典担保制度解释》第 64 条对此进一步予以明确，既允许当事人通过非讼程序而实现担保物权，也允许出卖人通过诉讼取回标的物。[②] 但学界对于出卖人行使取回权是否以解除所有权保留买卖合同为前提，争议较大。[③] 就《民法典》第 643 条关于买受人回赎权的规定来看，出卖人行使取回权并不以解除合同为前提，反而是所有权保留买卖合同并未解除的明证。

值得注意的是，原《买卖合同司法解释》第 26 条第 1 款规定：“买受人已经

① 关于统一动产和与权利担保登记制度的构建，参见高圣平：《统一动产融资登记公示制度的建构》，载《环球法律评论》2017 年第 6 期。

② 参见最高人民法院民事审判第二庭编：《最高人民法院民法典担保制度司法解释理解与适用》（二），人民法院出版社 2021 年版，第 538 页；崔建远：《对非典型担保司法解释的解读》，载《法治研究》2021 年第 4 期。

③ 参见游进发：《“动产担保交易法”第二八条第一项第一款释义上之疑问》，载《高大法学论丛》2005 年第 1 期；最高人民法院民法典贯彻实施工作领导小组主编：《中华人民共和国民法典合同编理解与适用》（二），人民法院出版社 2020 年版，第 1100 页；周江洪：《所有权保留买卖的体系性反思——担保构成，所有权构成及合同构成的纠葛与梳理》，载《社会科学辑刊》2022 年第 1 期；武腾：《〈民法典〉的权利实现规定与司法程序配置》，载《吉林大学社会科学学报》2022 年第 1 期；王洪亮：《所有权保留制度定性与体系定位》，载《法学杂志》2021 年第 4 期；纪海龙：《民法典动产与权利担保制度的体系展开》，载《法学家》2021 年第 1 期。

支付标的物总价款的百分之七十五以上，出卖人主张取回标的物的，人民法院不予支持。”其理由在于，在买受人已经支付标的物价款达到价款总额的75%时，出卖人的利益已在较大程度上得以实现。此际，若允许出卖人取回再变价，加以买受人回赎，程序比较复杂、运行成本相对较高，在一定程度上损害买受人的期待利益。[①] 笔者认为，《民法典》在植入原《买卖合同司法解释》关于出卖人取回权及其相关规则时，就出卖人取回权的限制并未采行这一除外规则。但《最高人民法院关于修改〈最高人民法院关于在民事审判工作中适用《中华人民共和国工会法》若干问题的解释〉等二十七件民事类司法解释的决定》（法释〔2020〕17号）在对《买卖合同司法解释》进行修改之时，并没有删去原第36条，而是于第26条第1款重申："买受人已经支付标的物总价款的百分之七十五以上，出卖人主张取回标的物的，人民法院不予支持。”在解释论上有两个备选方案：其一，《买卖合同司法解释》第26条第1款仍有适用余地。此时虽然出卖人不得行使取回权，但其就未受清偿的价款仍可参照担保物权实现程序的规定，对标的物进行变价并优先受偿；其二，原《买卖合同司法解释》第26条第1款并无适用余地。此际，出卖人仍得行使取回权。对此，原《买卖合同司法解释》第36条第1款对出卖人取回权的比例限制在买受人已经违反当事人约定的情况下似欠充分，亦与《民法典》第416条不相吻合。因此，《民法典》第642条在买受人未按照约定支付价款的同时增加规定出卖人的催告程序，即出卖人在决定行使对标的物的取回权时，应当先向买受人催告，在催告期满后买受人仍不支付价款的，出卖人才可以行使取回权，以保障当事人之间的利益平衡。[②] 在解释上，结合《民法典担保制度解释》第64条第1款的规定，即使买受人已经支付标的物总价款的75%以上，但经催告后在合理期限内仍未支付的，出卖人仍然可以请求参照《民事诉讼法》“实现担保物权案件”的有关规定，拍卖、变卖标的物，并就变价款优先受偿。不过，若出卖人已经取回标的物，应允许买受人回赎，买受人未回赎的，出卖人应就标的物进行变价，并就变价款优先受偿；如出卖人未能取回标的物，其可基于胜诉裁判或许可裁定，就标的物进行变价，并就变价款优先受偿。如此看来，二者之间并无实质差异。实践中，未经买受人积极配合，出卖人尚难以取回标的物，二者之间的差异就更加轻微。

三、所有权保留交易的形式主义

在形式主义和功能主义相结合的立法模式之下，所有权保留交易中的当事人

---

① 参见最高人民法院民事审判第二庭编：《最高人民法院关于买卖合同司法解释理解与适用》，人民法院出版社2012年版，第551页。

② 参见黄薇主编：《中华人民共和国民法典解读·合同编》（上），中国法制出版社2020年版，第581～582页。

存在出卖人保留所有权的表象，讨论出卖人的所有权自何时移转予买受人仍具有意义。在动产抵押交易中，主债务因清偿或其他原因消灭之后，标的物上的动产抵押权消灭，抵押人就标的物的所有权回复至圆满状态。但在所有权保留交易中，买受人清偿全部价款或完成其他特定条件后，标的物的所有权自出卖人移转予买受人。如此看来，出卖人所保留的所有权尽管已经功能化为担保物权，但在解释上并不能完全等同于动产抵押权。①

关于出卖人保留之所有权的性质，从所有权移转的角度观察，学界有以下两种观点。其一，附生效条件移转说，主张出卖人所保留的所有权是一种附生效条件的所有权移转，标的物虽已先移转予买受人占有、使用，但其所有权是否移转或消灭，则取决于当事人约定的条件成就与否。② 其二，部分所有权移转说，主张出卖人将标的物交付给买受人的同时，所有权的一部随之移转予买受人，由此形成出卖人与买受人共有一物的所有权形态，这种部分性的所有权随着各期价款的给付逐渐移转予买受人。日本学者更是以“削梨”的比喻来生动形象地解释这一理论，认为所有权犹如削梨一般，随价款的支付而逐渐由出卖人一方移转予买受人一方。③ 上述分析在一定程度上、一定限度内具有合理性。其中，以附生效条件移转说为通说，部分所有权移转说因与所有权的整体性有违而成少数说。

《民法典》第 224 条规定：“动产物权的设立和转让，自交付时发生效力，但是法律另有规定的除外。”这里的“法律另有规定”主要是指：其一，《民法典》第 226 条、第 227 条以及第 228 条规定的简易交付、指示交付以及占有改定等三种替代交付方式；其二，《民法典》物权编第二章第三节“其他规定”中非基于法律行为所引起的物权变动规则；其三，《民法典》物权编担保物权分编中关于动产抵押权和留置权的规定。④ 基于此，学界有观点认为，《民法典》第 224 条排除了当事人就物权变动的时点作出相反约定。在所有权保留交易中，标的物的所有权自买受人履行支付价款或其他义务时发生转移，这恰恰就是当事人就物权变动的时点另有约定。《民法典》第 224 条的规定似乎排除了所有权保留制度存在的可能性。⑤

有学者对此提出不同意见。《民法典》第 224 条的立法原意是防止当事人任意约定动产物权变动的公示方式，“在发生物权变动时，当事人不能通过合同随

---

① 参见张家勇：《体系视角下所有权担保的规范效果》，载《法学》2020 年第 8 期。

② 参见王泽鉴：《附条件买卖买受人之期待权》，载王泽鉴：《民法学说与判例研究》（第 1 册），中国政法大学出版社 2003 年版，第 133 页。

③ 参见刘得宽：《民法诸问题与新展望》，中国政法大学出版社 2002 年版，第 6～7 页。

④ 参见全国人大常委会法制工作委员会民法室编：《中华人民共和国物权法条文说明、立法理由及相关规定（第二版）》，北京大学出版社 2017 年版，第 52 页。

⑤ 参见田士永：《物权行为理论研究》，中国政法大学出版社 2002 年版，第 168～171 页。

意免除交付的义务，也不能擅自约定交付的方式和交付的效力。"[①] 但在所有权保留交易中，当事人之间并非约定了特殊的物权变动效力或改变了动产物权变动的公示方式，而仅在《民法典》第224条之下，对动产物权变动生效的时间作了特别约定。这种约定已为《民法典》第641条所允许。如此，《民法典》第641条构成第224条中"法律另有规定的除外"的情形，[②] 并不能据此认为所有权保留制度已无适用空间。

《民法典》主要采行债权形式主义的物权变动模式，所有权保留交易双方就所有权移转所附生效条件仅仅影响物权变动，对双方的买卖合同的效力并不产生影响。[③] 从所有权保留交易当事人"交付"行为的真实意图出发，在所有权保留买卖合同生效之时，出卖人将标的物"交付"予买受人，并非《民法典》第224条规定的移转标的物所有权意义上的"交付"，并不导致标的物所有权的移转。"基于买卖合同向买受人进行的标的物的现实交付，并非在履行转移标的物所有权的义务，而是服务于买受人对于标的物直接占有、提前使用的需要。标的物所有权在双方当事人约定的特定条件满足时，方发生转移。"[④] 由此看来，买受人在履行支付价款或者其他义务之时，即依照简易交付规则而取得标的物的所有权。

值得注意的是，在比较法上，依功能主义的观念，抵押权人或出卖人均有取回权且可自力取回，在自力取回不能的情形之下，可以公力取回并自行变价。但在我国《民法典》之下，动产抵押权的实行排除自力救济，在其可得实行之时，仅得就抵押物进行变价并优先受偿。此际，抵押权人自力或公力取回并自行变价，自无适用空间。《民法典》仅在所有权保留和融资租赁这两种所有权担保交易中，才允许出卖人、出租人行使取回权。由此，可以认为，在所有权保留交易中，出卖人行使取回权的权利基础仍然是形式意义上的所有权。亦即，出卖人行使取回权是基于所有权人的地位而重新恢复其对标的物的占有，取回权在性质上属于物上请求权。[⑤]

---

① 王利明：《物权法研究（第四版）》（上卷），中国人民大学出版社2018年版，第373页。

② 参见罗昆：《〈物权法〉第23条对动产物权变动规则的影响》，载《法学》2009年第5期。

③ 参见李永军：《所有权保留制度的比较法研究——我国立法、司法解释和学理上的所有权保留评述》，载《法学论坛》2013年第6期；王洪亮：《所有权保留制度定性与体系定位——以统一动产担保为背景》，载《法学杂志》2021年第4期。

④ 王轶：《论所有权保留的法律构成》，载《当代法学》2010年第2期。

⑤ 不同的意见可参见王立栋：《〈民法典〉第641条（所有权保留买卖）评注》，载《法学家》2021年第3期；章诗迪：《民法典视阈下所有权保留的体系重构》，载《华东政法大学学报》2022年第2期。

四、所有权保留交易的功能主义

（一）所有权保留交易的担保权构造

在比较法上，就所有权保留交易采取的权利构造模式不同，出卖人享有的权利内容也存在较大的差异。在所有权构造之下，出卖人作为所有权人的地位得到了极大的尊重，即使在买受人被强制执行或陷入破产清算程序等极端的情形下，亦无不然。出卖人自可以其所有权对抗就标的物对买受人的强制执行，在买受人破产清算程序中，出卖人可基于其所有权行使破产取回权。[①] 在担保权构造之下，出卖人仅得主张对标的物进行变价，并以变价款优先受偿。在允许自力救济的国家，出卖人可以取回买受人占有的标的物，自行变价并优先受偿，将超过未受清偿的价款及其从债务的部分返还予买受人。买受人违约时的取回机制，是自力救济最为清晰的表达。[②]

从《民法典》买卖合同章中所有权保留交易规则的内容来看，明显采取了担保权构造。其一，第641条第2款采行登记对抗主义，与所有权构造之下的动产物权变动模式迥异；其二，第642条第2款采纳担保物权的实现程序，改变了所有权构造之下的所有权保护方式；其三，第643条第2款纳入清算法理，也与所有权构造之下的物上请求权不同。

关于出卖人保留之所有权的性质，从债的担保角度观察，学界有以下几种观点。第一，特殊质押关系说，主张出卖人所保留的所有权在性质上与质权相同，买受人因标的物的交付而取得所有权，出卖人所取得的是不占有标的物且附有流质契约的质权，并以此担保未获清偿的价款债权。[③] 第二，担保物权说，主张出卖人以延迟移转标的物的所有权为手段，担保其全部价款的清偿，此时出卖人所保留的所有权就成为其实现价款债权的担保物权。[④] 所有权保留实质上是担保物权的保留，而担保物权则是设定在标的物上以担保价款或义务履行的权益。出卖人保留标的物的所有权，就是在其出卖的标的物上设定担保物权。[⑤] 第三，担保性财产托管说，认为所有权保留实质上是一种担保性财产托管的适用方式。此时

---

① See Ulrich Drobnig, "*Security Rights in Movables*", in Arthur S. Hartkamp, Martijn W. Hesselink, Ewoud H. Hondius, Chantal Mak & C. Edgar du Perron, *Towards a European Civil Code*, Fourth Revised and Expanded Edition, Kluwer Law International BV, The Netherlands, 2011, p. 1035.

② See Jan Dalhuisen, *Dalhuisen on Transnational Comparative*, *Commercial*, *Financial and Trade Law*, *Volume* 3, *Financial Products*, *Financial Services and Financial Regulation*, Oxford and Portland, Oregon: Hart Publishing, 2010, pp. 41 – 42.

③ 参见王泽鉴：《附条件买卖买受人之期待权》，载王泽鉴：《民法学说及判例研究》（第1册），中国政法大学出版社2003年版，第159页。

④ 参见孙宪忠：《德国当代物权法》，法律出版社1997年版，第345页。

⑤ 参见余能斌、侯向磊：《保留所有权买卖比较研究》，载《法学研究》2000年第5期。

出卖人只享有一定条件下请求买受人返还标的物的权利，标的物所有权的其他权能由买受人行使。[①] 上述学说中，以担保物权说为通说。它从所有权保留制度的目的出发，在承认出卖人享有所有权的基础上，认为所有权保留是担保价款债权清偿的担保手段，并以标的物本身作为担保物，当买受人违约时，出卖人可以凭借所保留的所有权行使取回权，并可再行变卖，从变卖所得价款中优先受偿，以实现担保目的。

与典型担保物权制度相比，所有权保留不是在他人之物上为债权人的权利实现所提供的担保，而是在自己之物上为自己权利的实现所提供的担保。因此，与典型担保的定限物权之构成不同的是，所有权保留是权利本身移转之构成。[②] 出卖人（债权人）享有标的物的所有权，超过了为担保目的所应取得的权利，此即所谓"手段超过目的"。于是，也有观点认为，以所有权作担保时至少要受到一些限制。[③]

《民法典》第388条在一定程度上化解了这一矛盾。该条将所有权保留买卖合同纳入担保合同的范畴，明显采纳了上述担保物权说，为担保物权相关规则的类推适用提供了解释前提。动产担保交易的经典交易原型是存在两个合同——主合同与产生动产抵押权的动产抵押合同，且两者之间存在主从关系。但所有权保留买卖合同仅为一个合同，并不存在主从关系的两个合同，这是否意味着《民法典》第388条第1款中插入"担保合同包括抵押合同、质押合同和其他具有担保功能的合同"的表述不够妥当？在解释上，"担保合同从属于主债权债务合同"与"担保物权从属于主债权"，两者应属同义，但后者更为严谨。因此，《民法典》中规定"担保合同是主债权债务合同的从合同"，也就表明担保物权从属于主债权。[④] 就所有权保留交易而言，出卖人的价款债权是主债权，而出卖人所保留的所有权已被功能化为担保物权，标的物的所有权从属于价款债权。出卖人就标的物所有权的范围和强度，就不得超过价款债权。如此，所谓"手段超过目的"即被克服。

（二）竞存权利之间优先顺位规则的准用

所有权保留交易的标的物之上出现权利竞存的情形不在少数。[⑤] 例如，就出

---

① 参见尹田：《法国物权法》，法律出版社1998年版，第332页。

② 参见［日］近江幸治：《担保物权法》，祝娅等译，法律出版社2000年版，第7页。

③ See Ulrich Drobnig, "*Security Rights in Movables*", in Arthur S. Hartkamp, Martijn W. Hesselink, Ewoud H. Hondius, Chantal Mak & C. Edgar du Perron, *Towards a European Civil Code*, Fourth Revised and Expanded Edition, Kluwer Law International BV, The Netherlands, 2011, p. 1034.

④ 就法定担保物权（留置权）而言，其发生原因是法律的直接规定，当事人之间并无担保合同。虽《民法典》第388条第1款仅规定"担保合同是主债权债务合同的从合同"，但不宜据此否认留置权的从属性。在解释上仍然可以认为，留置权从属于主债权。

⑤ 参见刘春堂：《动产担保交易法研究（增订版）》，1999年作者自版，第121～131页。

卖人保留所有权的标的物，出卖人或买受人为第三人设定抵押权，由此而出现所有权保留与抵押权的竞存；买受人将标的物交与他人维修，由此而出现所有权保留与留置权的竞存；等等。① 就此，《民法典》中并未明确规定相应的优先顺位规则。

第一，所有权保留与出卖人为第三人设定的抵押权竞存的情形。《民法典》第 414 条第 2 款规定："其他可以登记的担保物权，清偿顺序参照适用前款规定。"仅就本款的文义而言，出卖人所保留的所有权虽然具有担保功能且被赋予登记能力，但并不属于《民法典》上的担保物权，能否准用第 414 条第 1 款的规定即存疑问。但是，结合《民法典》第 403 条中动产抵押权登记对抗规则以及第 641 条第 2 款中所有权保留的登记对抗规则，可知《民法典》已将所有权保留交易与动产抵押交易在设立、公示规则上作了统一，即"未经登记，不得对抗善意第三人"，从而为动产担保交易其他规则的一体化提供了解释前提。② 根据《民法典》第 388 条第 1 款的规定，担保物权已经被功能化，只要是具有担保功能的物权形态，均可定性为功能化的担保物权。如此，出卖人所保留的所有权即属功能化的担保物权，并据此进入第 414 条第 2 款的涵摄范围，《民法典》第 414 条第 1 款中权利竞存时的优先顺位规则就有了准用空间。由此，出卖人所保留的所有权与其为第三人设定的抵押权，均已登记的，按照登记的时间先后确定清偿顺序；已经登记的先于未登记的受偿；均未登记的，按照债权比例清偿。这一规则改变了所有权基于其绝对性而优于抵押权的结论。若出卖人保留所有权在先，所有权的绝对性决定了它足以对抗所有第三人，第三人的抵押权设定在后，即使已经登记，也只能对抗在其后设定的具有对抗力的物权。为何在先的未登记所有权保留要劣后于其后设立但已登记的抵押权？这只能从出卖人所保留的所有权的性质去寻找答案。正如前述，所有权保留交易中出卖人所保留的所有权仅具有担保作用，在解释上自然不能赋予其完全的所有权权能和效力。所有权保留交易是以合同对物权所做的安排，占有标的物本身缺乏公示性，所有权保留约定在效力范围上也就仅具有相对的法律效力，出卖人并不能以其保留的所有权对抗第三人，除非经由登记。

在准用《民法典》第 414 条第 1 款之时，根据《民法典》第 641 条第 2 款"未经登记，不得对抗善意第三人"的规定，是否意味着即使所有权保留未经登记，也可对抗恶意第三人（动产抵押权人），亦即，在先的所有权保留优先于其后设立但先予登记的恶意抵押权人？③ 对此，有学者表示认同。动产担保权的本

---

① 在解释上，出卖人作为标的物的间接占有人可以向第三人让与返还请求权以设定质权，由此而出现所有权保留与动产质权竞存的情形。不过，这种情形极为少见，本书不将其纳入讨论范围。

② 参见高圣平：《民法典动产担保权登记对抗规则的解释论》，载《中外法学》2020 年第 4 期。

③ 参见石冠彬：《论民法典担保物权制度的体系化构建》，载《法学评论》2019 年第 6 期。

质在于优先效力和对第三人的排他效力，依据《民法典》的规定，没有登记的所有权保留仍然具有优先效力和排他效力，只不过不能对抗善意第三人而已。依反面解释，所有权保留虽未登记，但对于恶意第三人已经具备物权的全部效力，包括优先效力与排他效力。因此，“在已成立但尚未登记的担保权人与其后的他人权利冲突时，一律以该第三人是否善意为标准，确定其与该第三人之间的优先保护顺序。若该第三人是善意的，则由于其权利不能对抗该第三人，故第三人之权利应当优先；相反，若该第三人在取得其权利时是恶意的，则无论该第三人是否实施了登记等行为，在先之担保权人都可以对抗他”①。这一观点在结合《民法典》第641条第2款和第414条进行体系解释时，将无法自圆其说。第414条在确定竞存权利之间的优先顺位时，不考虑后设立动产担保权的权利人的主观心理态度，以此增加交易的确定性。在解释上，第414条构成第641条第2款的特别规定，自应优先适用。② 由此可见，在确定所有权保留和其他权利相竞存时的优先顺位时，不考虑权利人的善意或恶意问题。③

第二，出卖人所保留的所有权与买受人为第三人设定的抵押权竞存的情形。对此，存在两种不同的解释路径。④

若认为买受人并无在法律上处分标的物的权利，则第三人是否可依善意取得制度而取得动产抵押权，就成了考量权利竞存时优先顺位的前置性问题。只有在认定第三人的抵押权已有效设立的情况下，才有进一步讨论所有权保留和抵押权竞存时优先顺位的必要。依《民法典》第642条第1款第3项规定，当事人约定出卖人保留合同标的物的所有权，在标的物所有权转移前，买受人将标的物出卖、出质或者作出其他不当处分，造成出卖人损害的，除当事人另有约定外，出卖人有权取回标的物。在这里，买受人对标的物的处分即构成无权处分。在所有权保留交易中，标的物由买受人直接占有，虽然标的物的所有权属于出卖人，但买受人占有标的物的事实却不能向交易第三人公示出卖人才是标的物的所有权人。这种权利的外观表象与标的物的实际权属状态不符，极易诱发当事人与第三人之间的权利冲突，也给第三人善意取得物权提供了前提。

《民法典》第311条第3款规定：“当事人善意取得其他物权的，参照适用前两款规定。”这里的“其他物权”自当包括动产抵押权。该条第1款规定的要件

---

① 席志国：《民法典编纂视野下的动产担保物权效力优先体系再构建——兼评〈民法典各分编（草案）二审稿〉第205－207条》，载《东方法学》2019年第5期。

② 参见龙俊：《动产抵押对抗规则研究》，载《法学家》2016年第3期。

③ 详细论证，参见高圣平：《民法典动产担保权优先顺位规则的解释论》，载《清华法学》2020年第3期。不过，标的物的受让人除外。在登记对抗主义之下，出卖人保留的所有权不得对抗受让人，以受让人主观上的善意为前提。

④ 参见谢鸿飞：《〈民法典〉实质担保观的规则适用与冲突化解》，载《法学》2020年第9期。

包括“受让人受让该不动产或者动产时是善意”；“以合理的价格转让”；“转让的不动产或者动产依照法律规定应当登记的已经登记，不需要登记的已经交付给受让人”。既属“参照适用”，即表明这些要件不能完全适用于动产抵押权的善意取得。其一，抵押权人在设定抵押权时不知道买受人无权处分。在所有权保留买卖中，买受人在履行支付价款或其他义务之前，仅得占有、使用标的物，并可从中取得收益，但并无处分标的物的权利。至此，买受人为第三人设定抵押权即构成无权处分。其二，在所有权保留未予登记的情形之下，就普通动产而言，第三人只能根据其占有事实来判断其归属，占有的移转即推定适法权利的移转。抵押权人接受买受人提供的其并不享有处分权的标的物设定抵押权时，仅能依照标的物的占有而推断买受人是否有处分权。只要抵押权人不知道买受人没有处分权，其善意均可堪确认。其三，抵押权人无须为设定抵押支付“合理的价格”，担保本身的无偿性①决定了抵押权与所有权的善意取得要件在这一点上的不同。“以合理的价格转让”是基于有偿转让的所有权的善意取得要件，但无法适应于以无偿为特征的抵押权设定。在解释上，抵押物的价值与被担保的主债权之间没有对当关系，基于当事人的约定，抵押物的价值可以高于被担保的主债权，也可以低于被担保的主债权。因此，不宜以抵押物的价值与被担保的主债权之间的关系，来认定是否“以合理的价格转让”。其四，关于动产抵押权的善意取得是否以登记为要件，依第311条第1款第3项的文义，只有“法律规定应当登记的”才需登记，但就动产抵押权的设定而言，《民法典》上采取登记对抗主义，并未规定“应当登记”。依该项后段“不需要登记的已经交付给受让人”，不登记就得交付，但动产抵押权又不能交付标的物，故仅剩登记一途。

在动产抵押权已经被善意取得的情形之下，由于所有权保留未予登记，准用《民法典》第414条第1款第2项，动产抵押权优先。若所有权保留已经登记，则第三人无法善意取得动产抵押权，两者之间并不发生竞存关系。

解释论上还可以认为，出卖人所保留的所有权仅为功能化的担保物权，买受人已经取得标的物上有担保物权负担的所有权，买受人为第三人设定的抵押权也就不属于无权处分。② 此时，准用《民法典》第414条第1款，依各权利取得对抗效力的时间，判断彼此的优先顺位。这一解释路径符合功能主义之下所有权保留交易的基本法观念。本书作者更倾向于这一解释论。

在解释上，未登记的所有权保留虽然没有对抗善意第三人的效力，但其物权性并不缺失，具体表现在三个方面：其一，未登记的所有权保留可以对抗无担保

① 关于担保无偿性的争议与讨论，参见高圣平：《担保法论》，法律出版社2009年版，第87页。

② 参见王洪亮：《所有权保留制度定性与体系定位——以统一动产担保为背景》，载《法学杂志》2021年第4期。

债权人，自可优先于无担保债权人而受偿；[①] 若未登记的所有权保留仅具债权效力，则所有债权人之间清偿顺序平等，不存在未登记所有权保留优先于无担保债权人的问题。对此，《民法典担保制度解释》第54条及第67条亦认为，在第三人为普通债权人的情形下，无论其是否为善意，未登记的所有权保留都可对抗之，仅是在买受人的其他债权人向人民法院申请保全或者执行抵押财产，且人民法院已经作出财产保全裁定或者采取执行措施的情形下，以及在买受人破产的情形下，基于消灭隐形担保抑或与破产程序追求债权人公平受偿的理念保持一致的考虑，才允许未登记的所有权保留的出卖人不得主张对标的物优先受偿。其二，未登记的所有权保留可以对抗恶意的买受人，后者不得主张不受所有权保留约束的所有权；若未登记的所有权保留仅具有债权效力，则买受人的恶意并不能成为其取得无所有权保留负担的所有权的理由。这亦为《民法典担保制度解释》第54条规定所确认，不允许未登记的所有权保留对抗善意的买受人，但却可对抗恶意的买受人。其三，未登记的所有权保留还可以在当事人之间发生效力；若未登记的所有权保留仅具有债权效力，则出卖人将丧失对标的物的优先受偿权利，不得主张就该标的物进行优先受偿。[②]《民法典担保制度解释》第54条、第67条对以上结论予以确认。但无论如何，未登记的所有权保留所具有的对抗效力，并不能与已登记的动产抵押权相抗衡，即使该登记权利人设立权利时的主观状态为恶意。换言之，在确定同一标的物上竞存动产担保权之间的优先顺位时，如果还需考虑后设立动产担保权人的主观心理状态，一是增加当事人举证和法院查证的困难，二是危及优先顺位规则的确定性。动产担保权之间的优先顺位规则以简明性和确定性为其法律政策选择目标。客观化的判断标准（如登记或交付的时间）更有利于担保权人以较低的成本和较高的确定性明确其自身的顺位。[③]

第三，对于所有权保留与留置权竞存的情形，在所有权保留交易被功能化之后，出卖人所保留的所有权与动产抵押权相类似，自可类推适用《民法典》第456条的规定，“同一动产上已经设立抵押权或者质权，该动产又被留置的，留置权人优先受偿。”

---

① 参见王泽鉴：《民法学说与判例研究：重排合订本》，北京大学出版社2015年版，第1505页；全国人大常委会法制工作委员会民法室编（孙礼海主编）：《中华人民共和国担保法释义》，法律出版社1995年版，第62～63页；全国人大常委会法制工作委员会编（胡康生主编）：《中华人民共和国物权法释义》，法律出版社2007年版，第412页。

② 《美国统一商法典》第9－201条第a款规定：“除〔《统一商法典》〕另有规定外，担保合同依其条款在当事人之间发生效力，并可对抗担保物的购买人和债权人。”《美国统一商法典》第九编的最新译本，参见高圣平：《担保法前沿问题与判解研究（第三卷）》，人民法院出版社2019年版，第431页以下。

③ 参见高圣平：《民法典动产担保权优先顺位规则的解释论》，载《清华法学》2020年第3期。

（三）购买价金超优先顺位规则的类推适用

《民法典》第416条规定："动产抵押担保的主债权是抵押物的价款，标的物交付后十日内办理抵押登记的，该抵押权人优先于抵押物买受人的其他担保物权人受偿，但是留置权人除外。"此即所谓购买价金担保权超优先顺位规则，其立法意旨在于：针对交易实践中普遍存在的借款人借款购买货物，同时将该货物抵押给贷款人作为价款的担保的情形，赋予该抵押权优先效力，以保护融资人的权利，促进融资；[①] 其正当性在于，在承认未来财产之上的动产抵押权依登记时间而确定其优先顺位的情形之下，[②] 为防止所有的新增财产自动"流入"已设定的动产抵押权，促进为债务人购置新的动产提供新的信贷支持，拓宽再融资渠道，有必要承认购买价金担保权的超优先顺位。[③] 仅就该条所处的体系位置而言，这一超优先顺位规则似乎仅适用于为购置新的动产提供贷款的债权人对标的物享有的抵押权。

在将所有权保留交易功能化为动产担保交易之后，出卖人作为权利人的法律地位由所有权人沦为担保物权人，其本由所有权所确立的强势地位大为降低。在比较法上，出卖人或债权人依照购买价金融资交易而对标的物取得的动产担保权，并不以动产抵押权为限，所有权保留交易和融资租赁交易中的所有权亦属之。[④] 所有权保留交易中，出卖人保留对标的物的所有权，担保的主债权是标的物的价款，出卖人为买受人购置该标的物提供了信用支持。此时，出卖人的权利同样有特殊保护的必要，同样具有超优先顺位。这一解释方案赋予所有购买价金融资提供人以同样的法律地位，尽可能同等对待所有为购买价金提供融资的所有交易，与统一动产担保交易规则的政策目标相合。[⑤] 如此，所有权保留交易自可类推适用《民法典》第416条的规定。[⑥] 在基于所有权保留买卖合同交付标的物

---

① 参见沈春耀（全国人大常委会法制工作委员会主任）：《关于〈民法典各分编（草案）〉的说明——2018年8月27日在第十三届全国人民代表大会常务委员会第五次会议上》，载《民法典立法背景与观点全集》编写组编：《民法典立法背景与观点全集》，法律出版社2020年版，第23页。

② See Thomas H. Jackson and Anthony T. Kronman, Secured Financing and Priorities Among Creditors, 88 Yale Law Journal 1143 (1979), pp. 1164－1171.

③ 参见董学立：《浮动抵押的财产变动与效力限制》，载《法学研究》2010年第1期；龙俊：《动产抵押对抗规则研究》，载《法学家》2016年第3期；谢鸿飞：《价款债权抵押权的运行机理与规则构造》，载《清华法学》2020年第3期。

④ 参见谢在全：《浮动资产担保权之建立——以台湾地区"企业资产担保法草案"为中心》，载《交大法学》2017年第4期。

⑤ See Ulrich Drobnig and Ole Böger (eds), *Proprietary Security in Movable Assets*, Oxford: Oxford University Press, 2015, p. 569; United Nations Commission on International Trade Law, *UNCITRAL Legislative Guide on Secured Transactions*, United Nations, 2010, p. 336.

⑥ 参见张家勇：《体系视角下所有权担保的规范效果》，载《法学》2020年第8期；谢鸿飞：《〈民法典〉实质担保观的规则适用与冲突化解》，载《法学》2020年第9期。

后10日内，所有权保留办理登记的，出卖人对标的物保留的所有权优先于标的物上的其他担保物权人受偿，但留置权人除外。此际，出卖人基于功能化的担保物权所受保护，已与基于形式意义的所有权大致相当。如此，就实现了改行登记对抗主义之后出卖人依传统的所有权保留交易本应得到的相同保护，降低了所有权保留交易的制度变迁成本。在解释上，所有权保留未在标的物交付后10日内办理登记的，即不具有超优先顺位，但仍适用优先顺位的一般规则（《民法典》第414条）解决其与相竞存权利之间的冲突问题。也正因如此，《民法典担保制度解释》第57条将《民法典》第416条所规定的购买价金超优先顺位规则也扩至所有权保留和融资租赁，允许出卖人或承租人在动产交付后10日内办理登记并主张其权利优先于买受人或承租人为他人设立的担保物权。

五、小　结

所有权保留是以所有权作为担保工具的交易形态，与融资租赁、让与担保等共同构成所谓的“所有权担保”（Title Finance）。在我国《民法典》颁布之前，基于物权法定主义的制度体系维系了所有权本身内容和效力的完整性，但却忽略了所有权在这几类交易中的真正经济目的，尚未矫正“手段超过目的”所导致的当事人权利义务失衡。《民法典》的新增条款认可了此类交易中所有权的担保功能，并从动产担保交易制度的体系化上回答了如何处理所有权保留中的权利冲突问题，也为以往交易实践中的疑难问题提供了解释前提。但《民法典》在采行功能化的担保物权观念的同时，仍然坚持交易类型化上的形式主义。所有权保留交易属买卖合同的一个亚类型，在《民法典》合同编典型合同分编中明确当事人之间的债权债务关系，所有权保留交易也属功能化的动产担保交易的一种形态，在《民法典》物权编担保物权分编中赋予其担保作用的规范意义。《民法典》的这一立法态度无疑增加了相关规则解释上的困难。所有权保留交易的主要重点，并不在于其为买卖合同，而是在于其担保权构造。①《民法典》中所有权保留交易的这一制度变迁是否达到立法目的，还有待实践的进一步检验。

---

① 参见游进发：《附条件买卖之基本结构》，载《物权法之新思与新为——陈荣隆教授六秩华诞祝寿论文集》，我国台湾地区瑞兴图书股份有限公司2016年版，第410页。

【动产担保专题】

《民法典》动产担保权登记对抗规则的解释论

就动产抵押权、所有权保留交易和融资租赁交易中出卖人、出租人的所有权，《民法典》上采取了登记对抗主义。与登记生效主义不同的是，登记对抗主义区分了动产担保权的设立与对抗第三人效力。这些动产担保权一经设立，在性质上即属物权，即使未经登记，也可对抗无担保债权人。未经登记的动产担保权，不得对抗善意的受让人、租赁权人，不得对抗其他担保权人、查封或扣押债权人、参与分配债权人、破产债权人或破产管理人。登记对抗规则与善意取得制度之间各有其不同的制度功能和体系分工，其中善意的认定自有其特殊性。在担保人的正常经营活动中，已支付合理价款并取得抵押财产的买受人免受动产担保权的约束，这一规则的适用并不仅限于浮动抵押交易。

一、问题的提出

“担保物权成长史，亦为工商经济发展史之反映”。[①] 由1981年《经济合同法》、1986年《民法通则》到1995年《担保法》、2007年《物权法》，再到2020年《民法典》，我国担保法制的变迁无疑证明了这一判断。在《担保法》制定之初，我国立法者即关注到了动产融资的制度需求，在传统动产质权之外，引入美国动产抵押制度。[②] 不过，其时对这一制度的认识尚不深入，在体例安排上仅将其作为抵押权的一种亚类型，与不动产抵押权适用近乎相同的规则，不仅在设立上主要奉行登记生效主义，[③] 将动产担保登记与不动产抵押登记等量齐观，而且在实行上排除私力救济，债权人仅得依普通民事诉讼程序才能实现其担保权利。

---

① 谢在全：《担保物权制度的成长与蜕变》，载《法学家》2019年第1期。

② 参见江平：《制定民法典的几点宏观思考》，载《江平文集》，中国法制出版社2000年版，第364页。

③ 在《担保法》上尚有除交通运输工具、企业动产之外的少数动产实行登记对抗主义。

如此制度设计已经偏离动产抵押制度的基本功能。及至《物权法》，虽然就动产抵押权在设立上统一改采登记对抗主义，在实行上可以选择直接申请拍卖、变卖抵押财产，但在体例上仍将动产抵押权作为“一般抵押权”之一种，适用的规则也与不动产抵押权大致相同，除了承认浮动抵押权之外，并没有比《担保法》改进多少。

《物权法》的这一立法现状不尽人意，世界银行集团《全球营商环境报告》（Doing Business）对此的评分就不高。该报告旨在对各国中小企业经营过程中所处的法治环境进行横向比较，并寻找全球范围内的良好做法。[①] 其中，信贷人权利保护指标（Strength of legal rights index）所反映的是中小企业借由动产获得信贷的便利度，主要涉及动产担保交易制度。

为进一步改善营商环境，增强我国在吸引投资方面的优势，《民法典》对担保制度的修改，也就集中在了动产担保制度部分。[②] 在动产担保规则的体系化上，《民法典》没有采行基于功能主义的一元化动产担保交易制度。囿于我国既有的物权体系，《民法典》没有将在功能上其担保作用的交易重构为担保物权。其中，物权编以所有权（自物权）为基础展开其制度逻辑，推及至用益物权与担保物权等他物权，由此，担保物权就被定位于在他人财产上所设立的定限物权，自不包括所有权在内。凡以所有权为担保者，无法在物权编担保物权分编中找到其体系位置；所有权保留交易、融资租赁交易等起着担保功能的交易也就无法植入既有的担保物权体系之中。但是，《民法典》对国际动产担保交易法制的发展给予了充分的关注，不仅采纳了《联合国国际贸易法委员会动产担保交易立法指南》（以下简称《联合国动产担保立法指南》）的部分建议，而且吸收了我国已经加入的《移动设备国际利益公约》（以下简称《开普敦公约》）[③]的成熟经验。其中最具方法论意义的是，《民法典》将这些起着担保功能的非典型动产担保交易与动产抵押交易在规则上作了类似的设计，统一适用登记对抗规则，均规定“未经登记，不得对抗善意第三人”，为动产担保交易其他规则的一体化提供了解释前提。例如，竞存动产担保权之间的优先顺位规则自可类推适用第414条关于抵押权优先顺位的规定；非典型动产担保权的实行也可类推适用第410条关于抵押权实现

---

① 参见张志铭、王美舒：《中国语境下的营商环境评估》，载《中国应用法学》2018年第5期。

② 参见沈春耀：《全国人民代表大会宪法和法律委员会关于〈民法典物权编（草案）〉修改情况的汇报——2019年4月20日在第十三届全国人民代表大会常务委员会第十次会议上》，载《民法典立法背景与观点全集》编写组编：《民法典立法背景与观点全集》，法律出版社2020年版，第42页。

③ 我国于2001年11月16日签署了《移动设备国际利益公约》和《移动设备国际利益公约关于航空器设备特定问题的议定书》，并于2008年10月28日由第十一届全国人民代表大会常务委员会通过了《关于批准〈移动设备国际利益公约〉和〈移动设备国际利益公约关于航空器设备特定问题的议定书〉的决定》，批准了上述公约和议定书。上述公约和议定书自2009年6月1日起对我国生效。

的规定。[①] 如此看来，《民法典》上动产担保交易规则的设计是功能主义和形式主义相结合的产物，与《开普敦公约》的处理模式相一致，也与同具大陆法传统的《加拿大魁北克民法典》颇为类似。

《民法典》第403条规定："以动产抵押的，抵押权自抵押合同生效时设立；未经登记，不得对抗善意第三人。"第641条第2款规定："出卖人对标的物保留的所有权，未经登记，不得对抗善意第三人。"第745条规定："出租人对租赁物享有的所有权，未经登记，不得对抗善意第三人。"其中，动产抵押权是典型的动产担保交易形态，也属定限物权性质，权利人就标的物并不享有所有权；所有权保留交易中出卖人对标的物的所有权、融资租赁交易中出租人对租赁物的所有权，实际上已经"功能化"为担保权，不再是《民法典》物权编意义上的所有权，其权利内涵更接近于动产抵押权这一定限物权。[②]"未经登记，不得对抗善意第三人"这一登记对抗规则明显不同于我国《民法典》上登记（公示）生效的物权变动模式，从而使得我国动产担保法制具有了典型的混合继受特点，[③] 也增加解释适用上的难度。《最高人民法院关于适用〈中华人民共和国民法典〉有关担保制度的解释》（以下简称《民法典担保制度解释》）解决了部分争议问题，也搁置了部分争议较大的问题。

二、动产担保权的性质与对抗的理解

（一）债权意思主义之下的解释困境

在我国《民法典》所确立的"物权变动的原因与结果相区分原则"之下，基于法律行为所引起的物权变动采行债权形式主义（公示生效主义）：当事人之间关于物权变动的合同仅发生债的效力，即使在当事人之间也不发生物权变动的效力；一旦登记或交付，物权变动不仅在当事人之间发生效力，权利人亦可以之对

---

① 关于物权规范之间的类推适用，参见王泽鉴：《民法物权》，北京大学出版社2009年版，第17～18页。

② 基于此，本书以动产担保权统称《民法典》上典型的动产担保物权（动产抵押权）和非典型的动产担保权（包括所有权保留交易中出卖人对标的物的所有权、融资租赁交易中出租人对租赁物的所有权）。值得注意的是，《民法典》上典型的动产担保物权还包括动产质权和权利质权（在比较法上，动产担保中的"动产"所指称的财产，均不仅限于有体动产，还包括无体动产），以及留置权。就动产质权和权利质权，《民法典》上采取公示生效主义；就留置权，《民法典》上将其定性为依法律规定直接产生的法定担保物权。本书以《民法典》上明文规定采行登记对抗主义者为限，如非必要，不将前述其他权利纳入讨论范围，特此叙明。

③ 参见王洪亮：《动产抵押登记效力规则的独立性解析》，载《法学》2009年第11期；龙俊：《中国物权法上的登记对抗主义》，载《法学研究》2012年第5期；庄加园：《登记对抗主义的反思与改造：〈物权法〉第24条解析》，载《中国法学》2018年第1期。

抗第三人。[①] 如此，在公示生效主义之下，担保物权的设立与其对抗第三人的效力之间并无区分，担保物权一旦设立即具有对抗第三人的效力；只要相应的公示手续尚未完成，根本不存在所谓担保物权。[②]

《民法典》上“未经登记，不得对抗善意第三人”的表达明显区分了动产担保权的设立与对抗第三人的效力，与上述物权变动模式迥异，而采取债权意思主义的物权变动模式。当事人之间关于物权变动的合同生效，物权变动在当事人之间已生效力，但未经登记或交付，当事人不得以之对抗第三人，此所谓公示对抗主义。[③] 以动产抵押权为例，根据《民法典》第403条的规定，动产抵押合同生效，动产抵押权即设立，物权变动的结果已然因合同的生效而发生，但未经登记，不得对抗善意第三人。但《民法典》第114条第2款规定：“物权是权利人依法对特定的物享有直接支配和排他的权利，包括所有权、用益物权和担保物权。”由此，登记对抗这一具有体系异质性的规则带来的解释困难在于：未登记的动产担保权在解释上亦属物权，典型动产担保权——动产抵押权、非典型动产担保权——所有权保留交易和融资租赁交易中的所有权，均为如此；既属物权，权利人本可依法对特定的物享有直接支配和排他的权利，依物权的对世效力对抗第三人，[④] 但为何已经设立的动产担保权却又不能对抗第三人？[⑤]

（二）未登记动产担保权的物权属性

对于这一体系冲突，国内学者尝试引入法国法、日本法、英美法上登记对抗理论给出解释方案，[⑥] 均具有一定的合理性。我国法上动产抵押制度来源于美国，美国法上的解释论自有重要参考价值。从其制度内容来看，美国法上所谓“secu-

---

① 参见王利明：《物权法研究（上卷）（第四版）》，中国人民大学出版社2018年版，第228、248页；梁慧星、陈华彬：《物权法（第七版）》，法律出版社2020年版，第83页。

② See Meinhard Lukas, Attachment/Creation of a Security Interest – Commentary, in Horst Eidenmüller and Eva – Maria Kieninger（eds.）, *The Future of Secured Credit in Europe*, *European Company and Financial Law Review*, *Special Volume* 2, Berlin: De Gruyter Recht, 2008, p. 139.

③ 参见王利明：《物权法研究（上卷）（第四版）》，中国人民大学出版社2018年版，第249页；梁慧星、陈华彬：《物权法（第七版）》，法律出版社2020年版，第89页。

④ 参见王利明：《物权法研究（上卷）（第四版）》，中国人民大学出版社2018年版，第16页；梁慧星、陈华彬：《物权法（第七版）》，法律出版社2020年版，第9页。

⑤ 参见徐海燕、柴伟伟、冯建生：《动产担保权公示及优先顺位规则研究》，法律出版社2016年版，第108页以下。

⑥ 参见龙俊：《中国物权法上的登记对抗主义》，载《法学研究》2012年第5期；郭志京：《也论中国物权法上的登记对抗主义》，载《比较法研究》2014年第3期；赵忠丽：《论登记对抗规则下第三人范围的确定》，载《研究生法学》2015年第2期；庄加园：《登记对抗主义的反思与改造：〈物权法〉第24条解析》，载《中国法学》2018年第1期；庄加园：《动产抵押的登记对抗原理》，载《法学研究》2018年第5期。

rity interests" 直接对应的是我国法上的动产担保（物）权，[①] 其制度构造基础也在于区分动产担保权的设立与对抗第三人的效力。其中，动产担保权设立（attachment）之后，其效力并不仅在当事人之间发生，同样可对第三人强制执行（对受让人和债权人发生效力），但法律另有规定的除外；[②] 动产担保权的公示（perfection）使已经设立的动产担保权的效力得以更加丰满，公示时间的先后也就成了确立同一标的物上竞存权利优先顺位的基本判断因素。[③] 竞存动产担保权之间的优先顺位规则总是与动产担保权的登记对抗效力关联在一起，因为优先顺位的确定是以相关权利取得对抗效力的时间先后为一般判断标准。结合美国法的具体规定，已经设立但未公示的动产担保权，虽然具有对抗第三人的效力，但不得对抗善意买受人、善意承租人、已公示的动产担保权、执行债权人、破产管理人。如此，承认未登记动产担保权对抗效力（物权属性）的实际意义已经很小。[④]

学说上有观点认为，在登记对抗主义之下，动产担保权因当事人之间的合同而设定，仅在登记之后才能取得对抗第三人的效力，已经设立但未登记的动产担保权仅在当事人之间发生效力。[⑤] 这一论断易生误解。与其他物权种类一样，动产担保权的功用在于其对抗第三人的效力，并以此与仅具有相对效力的债权相区分。未登记的动产担保权自可适用物权编关于当事人之间有关担保物的权利和义务的规则，如担保物权的实行规则，可就标的物进行变价，并可优先于无担保债权人受偿；[⑥] 如未登记的动产担保权仅具债权效力，权利人就无权对标的物行使变价权，也无权申请启动实现担保物权案件的特别程序。如此即体现了动产担保权作为担保物权的一种，就标的物价值的直接支配性。

---

① 参见高圣平：《动产担保交易法制度比较研究》，中国人民大学出版社2008年版，第8页。

② 《美国统一商法典》第9－201条（a）规定："除〔《统一商法典》〕另有规定外，担保合同依其条款在当事人之间发生效力，并可对抗担保物的购买人和债权人。"《美国统一商法典》第九编的最新译本，参见高圣平：《担保法前沿问题与判解研究（第三卷）》，人民法院出版社2019年版，第431页以下。本书所参引的该法典条文，均出自该书。

③ See Harry C. Sigman, Security in Movables in the United States – Uniform Commercial Code Article 9: A Basis for Comparison, in Eva – Maria Kieninger (ed), *Security Rights in Movable Property in European Private Law*, New York: Cambridge University Press, 2004, pp. 54 et seq.

④ See Anna Veneziano, Attachment/Creation of a Security Interest, in Horst Eidenmüller and Eva – Maria Kieninger (eds.), *The Future of Secured Credit in Europe*, *European Company and Financial Law Review*, *Special Volume* 2, Berlin: De Gruyter Recht, 2008, p. 119；龙俊：《中国物权法上的登记对抗主义》，载《法学研究》2012年第5期。

⑤ 参见尹田：《物权法（第2版）》，北京大学出版社2017年版，第504页；郭志京：《也论中国物权法上的登记对抗主义》，载《比较法研究》2014年第3期。

⑥ See Ronald C. C. Cuming, Catherine Walsh and Roderick J. Wood, *Personal Property Security Law*, 2nd ed., Toronto, ON: Irwin Law Inc., 2012, p. 242；王利明：《物权法研究（下卷）（第四版）》，中国人民大学出版社2018年版，第517页。

有观点认为，动产抵押权未经登记，即不能就抵押财产优先受偿。笔者认为，动产抵押权虽未登记，但已因抵押合同生效而设立。既已设立，却不具有优先受偿效力，这一解释结论与《物权法》第188条（《民法典》第403条）前句的文义不符。但未登记动产担保权的对世性不如已经公示的物权，不能对抗善意第三人。① 具体裁判中只须在判决主文中写明："［债权人］有权就本判决主文第一项确定的债权在［优先受偿的数额］范围内对［抵押人］提供抵押的［抵押财产］折价或者拍卖、变卖的价款优先受偿，但不得对抗善意第三人。"②

动产担保权虽未登记，但亦属物权，只不过效力没有那么完备而已。③ 采行债权意思主义的物权变动模式，未登记动产担保权的物权效力自不应完全同于基于债权形式主义物权变动模式。与债权形式主义不同的是，债权意思主义下的物权不再限于能有效对抗所有第三人的权利，未经登记的动产担保权是能有效对抗当事人及"某些"第三人的物权，与有效对抗"所有"第三人的物权存在着区别。④ 有学者即主张，"物权具有优先于债权的效力，在公示对抗主义模式下成了一个值得怀疑的命题。在构建我国的公示对抗主义制度时，我们不能简单地以物权、债权的二元划分作为分析工具，而应该具体分析每一组权利间的优先顺位关系。"⑤ 最高人民法院在其出版的理解与适用书中亦指出，"我们在理解登记对抗主义时，不能再将物权和债权的区分视为当然之理。"⑥ 然而，物债两分体系仍然是我国《民法典》的架构基础，在解释论上亦为重要的分析工具。担保人的无担保债权人仅得请求给付，并不能支配作为担保财产的责任财产，与担保权人的变价权和优先受偿权所体现的支配性不在同一层次，在进入强制执行程序和破产清算程序之前，尚无法及于该财产，也不会与动产担保权人就担保财产发生争夺关系。⑦ 此时，动产担保权虽未登记，但亦可对抗无担保债权人，无担保债权人也

---

① 参见崔建远：《物权：规范与学说——以中国物权法的解释论为中心（第二版）》(上册)，清华大学出版社2011年版，第22页。

② 裁判实践中类似的处理，参见广东省佛山市中级人民法院（2017）粤06民终11379号民事判决书；云南省昆明市中级人民法院（2018）云01民终6806号民事判决书；北京市第一中级人民法院（2019）京01民终428号民事判决书。

③ 参见最高人民法院民法典贯彻实施工作小组编：《中华人民共和国民法典物权编理解与适用》(下)，人民法院出版社2020年版，第1077页。

④ See Ulrich Drobnig and Ole Böger (eds), *Proprietary Security in Movable Assets*, Oxford: Oxford University Press, 2015, p. 276.

⑤ 龙俊：《公示对抗下"一般债权"在比较法中的重大误读》，载《甘肃政法学院学报》2014年第4期。

⑥ 最高人民法院民事审判第二庭编：《最高人民法院民法典担保制度司法解释理解与适用》，人民法院出版社2021年版，第470页。

⑦ 参见庄加园：《动产抵押的登记对抗原理》，载《法学研究》2018年第5期。

就不属于法律保护的“善意第三人”之列。[①]

就此，我国包括《民法典》在内的法律上并不明确。[②]《最高人民法院关于适用〈中华人民共和国民法典〉物权编的解释（一）》(以下简称《民法典物权编解释（一)》)第6条规定：“转让人转让船舶、航空器和机动车等所有权，受让人已经支付合理价款并取得占有，虽未经登记，但转让人的债权人主张其为民法典第二百二十五条所称的‘善意第三人’的，不予支持，法律另有规定的除外。”这里明确，未经登记的物权变动，亦可对抗债权人，[③] 其理由在于：“在物权与债权的关系上，根据物权的排他性、优先性特征以及物权与债权的基本性质差异，在一物之上既有物权又有债权时，一般情况下，物权优先于债权。因此，在法律无明确排斥性规定的情况下，如果物权和债权发生冲突，则应当适用这一基本规则。”[④] 值得注意的是，该司法解释的起草者认为，《物权法》第24条（现《民法典》第225条）关于特殊动产物权变动的规则并未采行债权意思主义。[⑤] 本文无意对此予以置评，所有权的登记对抗与动产抵押权的登记对抗固然存在差异，[⑥] 但就未经登记的物权变动的对抗问题，两者应具同一性。

（三）“对抗”的广义与狭义

如此一来，“对抗”一语就有了广狭两义。从广义上讲，物权的对抗效力，是指物权人可以对世界上任何人主张其物权，任何人都不能予以剥夺。[⑦] 从这个意义上讲，未登记动产担保权和无担保债权之间的关系，亦可在登记对抗效力中予以讨论，无担保债权人亦属“第三人”。从狭义上讲，“对抗”是“以权利依其

---

① 参见王轶：《物权变动论》，中国人民大学出版社2001年版，第132页；最高人民法院民法典贯彻实施工作小组编：《中华人民共和国民法典物权编理解与适用（下)》，人民法院出版社2020年版，第1080页。

② 参见王洪亮：《动产抵押登记效力规则的独立性解析》，载《法学》2009年第11期。

③ 参见最高人民法院（2020）最高法民申332号民事裁定书。

④ 罗书臻：《进一步提升保障财产权利及市场交易安全与效率的法治化程度——最高人民法院民一庭负责人就物权法司法解释（一）答记者问》，载《人民法院报》2016年2月24日，第2版。值得注意的是，可得对抗债权人的受让人，尚须“已经支付对价并取得占有”。就未支付对价并取得占有的受让人，尚无法得出可以对抗转让人的债权人的结论。

⑤ 参见最高人民法院民事审判第一庭编：《最高人民法院物权法司法解释（一）理解与适用》，人民法院出版社2016年版，第183~185页。

⑥ 参见庄加园：《动产抵押的登记对抗原理》，载《法学研究》2018年第5期。在目前司法解释所持解释论之下，特殊动产所有权的变动除了转让合同之外，尚须移转标的物的占有；但动产抵押权的设立只需动产抵押合同生效。

⑦ 参见梁慧星：《〈物权法司法解释（一)〉解读》，载《法治研究》2017年第1期。

性质有竞存抗争关系为前提”,[①] 所谓“第三人”，是指对标的物有物权关系的相对人。[②] 未登记动产担保权系属物权，与无担保债权人之间不发生对抗关系，所谓未登记的动产担保权可以对抗无担保债权人，只是一种便宜说法。

不管采取哪种意义，“第三人”的范围是理解“对抗”含义的必由之路。就“未经登记，不得对抗善意第三人”的文义而言，如采广义的“对抗”观念，解释论上的作业也就转向对“第三人”的范围进行限缩，将部分无担保债权人排除在外；如采狭义的“对抗”概念，无担保债权人自不属于“第三人”，但解释论上仍应将部分无担保债权人包括在内，以避免危及交易安全和社会秩序。

由此，前述《民法典》第114条第2款的规定应作限缩解释，未登记的动产担保权仅具相对性的物权地位,[③] 其排他性和对世效力仅得向具有相对效力的债权人主张，而不能扩及至全部第三人。如此，在债权、未登记的动产担保权、已登记的动产担保权之间形成逐渐递进的效力层次，在物债两分的体系之下，也就有了传统物权与债权之外的效力中间形态。[④] 我国民事权利体系中也就存在着一种只能对抗某些第三人，不能对抗其他人的物权。[⑤] 这种情形不仅出现在《民法典》的动产抵押制度，还体现在所有权保留交易和融资租赁交易之中。

我国《民法典》上坚持形式主义的立法方法的同时，试图将在功能上起担保作用的交易与动产抵押交易在设立规则上实现统一，不仅都规定采行登记对抗主义，而且在第388条中明确指出，“担保合同包括抵押合同、质押合同和其他具有担保功能的合同”。[⑥] 与动产抵押权依动产抵押合同生效而设立不同的是，在所有权保留交易和融资租赁交易中，出卖人、出租人对标的物的所有权已依物权变动规则而取得，并不依赖于所有权保留买卖合同或融资租赁合同的生效。但所有权保留交易中出卖人所保留的所有权、融资租赁交易中出租人所享有的所有权，与动产抵押权一样，也是“未经登记，不得对抗善意第三人”。如此，第641条第2款和第745条中所规定的“所有权”，也就不再具有《民法典》物权编所规定的所有权的完整内容，而具有动产担保权的属性，所有权保留买卖合同和融资租赁

① 参见王泽鉴：《民法学说与判例研究：重排合订本》，北京大学出版社2015年版，第1481页。同旨参见最高人民法院民事审判第一庭编：《最高人民法院物权法司法解释（一）理解与适用》，人民法院出版社2016年版，第189页。

② 参见全国人大常委会法制工作委员会编（胡康生主编）：《中华人民共和国物权法释义》，法律出版社2007年版，第412页。

③ 参见张双根：《论股权让与的意思主义构成》，载《中外法学》2019年第6期。

④ 参见叶林、王艺璇：《我国动产担保混合模式的规范解释》，载《甘肃社会科学》2022年第1期。

⑤ 参见庄加园：《登记对抗主义的反思与改造：〈物权法〉第24条解析》，载《中国法学》2018年第1期。

⑥ 参见王利明：《担保制度的现代化：对〈民法典〉第388条第1款的评析》，载《法学家》2021年第1期。

合同也就具有了担保合同的性质。[①] 如此一来，担保合同也就不仅限于设立动产担保权的合同，也包括规定动产担保权的合同。[②] 在实行统一的动产和权利担保登记制度[③]之下，所有权保留买卖交易和融资租赁交易中出卖人、出租人对标的物的所有权，亦和动产抵押权一样，均在同一系统中登记，只不过，出卖人、出租人登记的是形式意义上的标的物所有权。[④] 出卖人、出租人的法律地位类似于动产抵押权人，买受人、承租人的法律地位类似于动产抵押人。[⑤] 出卖人、出租人所有权的登记对抗效力亦应与动产抵押权作同一解释。

三、未登记动产担保权可得对抗的第三人的客观范围

针对未登记动产担保权这一相对性物权，首先要解决的是绝对性对世权在义务主体上的范围问题。[⑥]《民法典》第403条、第641条第2款、第745条中所规定的“第三人”，除了“善意”之外未加其他任何限制。仅从文义上看，所谓“第三人”，自是当事人及其承受人之外的人。但如此理解，可能造成不合理、不妥当的结果。

（一）关于第三人客观范围的学说争议

就第三人的客观范围，[⑦] 学者间分歧较大。

第一种观点认为，第三人应指对同一标的物享有物权之人，[⑧] 债务人的无担

---

① 参见最高人民法院民事审判第二庭编：《最高人民法院民法典担保制度司法解释理解与适用》，人民法院出版社2021年版，第558页。司法实践中也已有法院适用该规则，参见上海市高级人民法院（2020）沪民终423号民事判决书。

② See United Nations Commission on International Trade Law, *UNCITRAL Legislative Guide on Secured Transactions*, United Nations, 2010, pp. 339–340.

③ 《民法典》删除了有关动产抵押和权利质押具体登记机构的内容，为建立统一的动产抵押和权利质押登记制度留下空间。参见沈春耀：《关于〈民法典各分编（草案）〉的说明——2018年8月27日在第十三届全国人民代表大会常务委员会第五次会议上》，载《民法典立法背景与观点全集》编写组编：《民法典立法背景与观点全集》，法律出版社2020年版，第23页。国务院《优化营商环境条例》第47条第2款规定：“国家推动建立统一的动产和权利担保登记公示系统，逐步实现市场主体在一个平台上办理动产和权利担保登记。纳入统一登记公示系统的动产和权利范围另行规定。”由此可见，统一的动产和权利担保登记制度指日可待。

④ 参见张家勇：《体系视角下所有权担保的规范效果》，载《法学》2020年第8期。

⑤ 参见河南省高级人民法院（2021）豫民终1039号民事判决书。

⑥ 参见张双根：《论股权让与的意思主义构成》，载《中外法学》2019年第6期。

⑦ 这里，暂不考虑第三人善意、恶意的因素，容后详述。

⑧ 参见王泽鉴：《民法学说与判例研究：重排合订本》，北京大学出版社2015年版，第1505页。全国人大常委会法制工作委员会民法室的释义书所列举的示例，也表明了这一点。参见全国人大常委会法制工作委员会民法室编（孙礼海主编）：《中华人民共和国担保法释义》，法律出版社1995年版，第62~63页；全国人大常委会法制工作委员会编（胡康生主编）：《中华人民共和国物权法释义》，法律出版社2007年版，第412页。

保债权人并不包括在内。动产担保权若已成立，则无论登记与否，均属物权，其效力应优先于债务人的无担保债权人。①

第二种观点认为，第三人是指对同一标的物有权利要求的任何第三人，② 或者与抵押物有利害关系的人，例如抵押物的受让人、承租人、其他担保权人、抵押人的无担保债权人等。未登记的抵押权，只有债权的效力，不得对抗所有的第三人。③

第三种观点认为，第三人仅限于就同一标的物与抵押权人形成物的竞争关系的人，不管是物权人还是债权人，只要“取得某种物的支配关系”，未登记的抵押权均不得对抗。④ 这些人包括但不限于抵押财产的受让人或其他物权取得人、查封或扣押债权人、参与分配债权人、破产债权人或破产管理人。⑤ 这一观点得到了比较法资料的多数支持。⑥

《物权法解释（一）》第6条（《民法典物权编解释》第6条）明显采纳上述第一种观点。“转让人的一般债权人，包括破产债权人、人身损害债权人、强制执行债权人、参与分配债权人，均应排除于《物权法》第24条所称的‘善意第三人’范畴之外。”这“几类所谓所谓特殊债权人，在某种意义上，虽有优先保护的特殊利益价值，但该种保护应在不改变司法解释所要解释的法律条文本身含义和整体法律逻辑基础上而为之。上述特殊利益保护问题应由其他民法保护机制予以解决”⑦。当然，这里所称的债权人自然不应包括针对该标的物享有担保物权的债权人，因为此时因其债权已设定担保，该债权人已经成为该物的担保物权人，就抵押或质押担保的财产享有优先受偿的权利。⑧ 不过，在未登记的动产抵

① 参见王泽鉴：《民法学说与判例研究：重排合订本》，北京大学出版社2015年版，第1481页。

② 参见梁慧星主编：《中国物权法草案建议稿》，社会科学文献出版社2000年版，第615页；刘竞元：《民法典动产担保的发展及其法律适用》，载《法学家》2021年第1期。

③ 参见李国光等：《最高人民法院〈关于适用中华人民共和国担保法若干问题的解释〉理解与适用》，吉林人民出版社2000年版，第226页。

④ 参见龙俊：《中国物权法上的登记对抗主义》，载《法学研究》2012年第5期，第150页。

⑤ 参见谢在全：《民法物权论（修订五版）》，中国政法大学出版社2011年版，第935页；孙鹏：《物权公示论——以物权变动为中心》，法律出版社2004年版，第243～246页；郭志京：《也论中国物权法上的登记对抗主义》，载《比较法研究》2014年第3期；赵忠丽：《论登记对抗规则下第三人范围的确定》，载《研究生法学》2015年第2期；最高人民法院民法典贯彻实施工作领导小组主编：《中华人民共和国民法典物权编理解与适用》（下），人民法院出版社2020年版，第1077～1080页。

⑥ 比较法上的观察，详见孙鹏：《物权公示论——以物权变动为中心》，法律出版社2004年版，第238～243页；龙俊：《中国物权法上的登记对抗主义》，载《法学研究》2012年第5期；郭志京：《也论中国物权法上的登记对抗主义》，载《比较法研究》2014年第3期；赵忠丽：《论登记对抗规则下第三人范围的确定》，载《研究生法学》2015年第2期。

⑦ 最高人民法院民事审判第一庭编：《最高人民法院物权法司法解释（一）理解与适用》，人民法院出版社2016年版，第14页，第182页。

⑧ 参见黄薇主编：《中华人民共和国民法典物权编释义》，法律出版社2020年版，第520页。

押权效力方面，《民法典担保制度解释》第54条未采前述观点，而是明确未经登记的动产抵押权不得对抗善意的受让人、承租人、抵押人的查封、扣押债权人以及抵押人的破产债权人或者管理人。

（二）第三人客观范围：物权人

仅就《民法典》第403条前句的文义来看，自抵押合同生效之时，动产抵押权即已设立，抵押权人自可依第410条的规定，在债务人不履行到期债务或发生当事人约定的实现抵押权的情形之时，就抵押财产行使变价权，并优先受偿。此时，如有第三人争夺同一财产，即发生所谓对抗问题。动产抵押权人享有的是排除其他债权人优先受偿的特殊地位，而非享有排除任何权利人的优先受偿性。当动产抵押权与其他担保物权竞存之时，抵押权人能否就同一抵押财产优先于其他权利人受偿，无法根据物权支配性获得支持，而应依优先顺位规则加以确定。①

在《民法典》所确立的优先顺位规则体系中，一般规则是以取得对抗效力的时间先后作为判断竞存动产担保权之间优先顺位的客观标准。② 如此，登记对抗规则也就成了优先顺位规则的基础。根据《民法典》第414条和第415条的规定，未登记的动产担保权劣后于已登记的动产担保权、已设立的动产质权。因此可以认为，未经登记的动产担保权，不得对抗已登记的动产担保权、已设立的动产质权。③ 就未登记的动产担保权之间是否发生对抗的问题，可以从《民法典》第414条第1款第3项所定优先顺位规则之中得出解释结论。该项与《物权法》第199条第3项同样规定，同一财产向两个以上债权人抵押的，拍卖、变卖抵押财产所得的价款，抵押权未登记的，按照债权比例清偿。与此不同的是，《担保法》第54条第2项规定："未登记的，按照合同生效时间的先后顺序清偿，顺序相同的，按照债权比例清偿。"最高人民法院在起草担保法司法解释时认为，未登记的动产抵押权按照设立先后确定优先顺位的规则与登记对抗的法理不合，其理由在于："在同一财产上设定数个抵押权的，各抵押权人互为第三人，相互之间不得对抗。"④《最高人民法院关于适用〈中华人民共和国担保法〉若干问题的解释》第76条随之规定："同一动产向两个以上债权人抵押的，当事人未办理抵押

① 参见庄加园：《动产抵押的登记对抗原理》，载《法学研究》2018年第5期。

② 详细分析，参见高圣平：《民法典动产担保权优先顺位规则的解释论》，载《清华法学》2020年第3期。

③ 参见最高人民法院民法典贯彻实施工作小组主编：《中华人民共和国民法典物权编理解与适用（下）》，人民法院出版社2020年版，第1126页。

④ 李国光等：《最高人民法院〈关于适用中华人民共和国担保法若干问题的解释〉理解与适用》，吉林人民出版社2000年版，第283页。

物登记，实现抵押权时，各抵押权人按照债权比例受偿。”这一规则经由《物权法》,[①] 最终在《民法典》中得以保留。这一规则将会削弱未登记担保权的对抗效力，并使得未登记的担保权被误认为仅具有债法效力。[②]

这一制度变迁并不表明我国法上已就未登记动产抵押权的物权性作出否定评价，相反，正是对于登记对抗的不同理解，才作出如此的政策选择。优先顺位规则体系在国与国之间差异较大，体现着各国的不同政策选择。[③] 采行未登记动产抵押权平等清偿的规则，其中暗含着如下政策考量：在我国目前的社会信用现状之下，动产抵押合同生效时间这一貌似客观的标准，极易因部分当事人之间恶意篡改而失去其本来的意义,[④] 不若采行平等受偿论更为合理，这样也鼓励当事人及时办理登记，为登记制度的推行提供前提。[⑤] 在平等受偿论之下，未登记的动产担保权之间彼此不发生对抗效力。也就是说，任一未登记动产担保权人向其他未登记动产担保权人主张其动产担保权之时，该其他未登记动产担保权人即具有“未经登记不得对抗第三人”中的“第三人”地位，自得以权利主张者的权利未经登记并无对抗效力而为抗辩。[⑥]

在担保人转让担保财产的情形之下，我国学说上均认为受让人属于动产担保权未登记而不得对抗的“第三人”之列。[⑦]《民法典担保制度解释》第 54 条第 1 项规定，动产抵押权设立后未办理登记的，抵押权人不得向取得抵押物所有权的善意受让人主张抵押权。在解释上，这里的受让人，应以已依物权变动规则取得所有权者为限；已经签订买卖合同但未受领交付的受让人，在法律地位上仍属债权人，自不属于不得对抗的“第三人”。未登记的动产担保权不得对抗受让人，虽然“不得对抗”并不意味着动产担保权的消灭，而仅指未经登记的动产担保权，在当事人之间已经完全有效成立，在对第三人的关系上也非绝对无效，仅该当事人不得对第三人主张有动产担保权的效力而已，但在受让人取得标的物的所有权之后，该当事人不得对其主张动产担保权，此时动产担保权仅具形式上的意

① 《物权法》该条的释义书所表达的理由与司法解释的起草者相同。参见全国人大常委会法制工作委员会编（胡康生主编）：《中华人民共和国物权法释义》，法律出版社 2007 年版，第 437 页。

② 参见庄加园：《动产抵押的登记对抗原理》，载《法学研究》2018 年第 5 期。

③ 参见高圣平：《动产担保交易制度比较研究》，中国人民大学出版社 2008 年版，第 363 页。

④ 参见刘保玉：《论担保物权的竞存》，载《中国法学》1999 年第 2 期。

⑤ 参见王闯：《动产抵押制度研究》，载梁慧星主编：《民商法论丛》第 3 卷，法律出版社 1995 年版，第 459 页。

⑥ 参见刘春堂：《动产担保交易登记之对抗力》，载《物权法之新思与新为——陈荣隆教授六秩华诞祝寿论文集》，我国台湾地区瑞兴图书股份有限公司 2016 年版，第 396 页。

⑦ 参见龙俊：《动产抵押对抗规则研究》，载《法学家》2016 年第 3 期；郭志京：《也论中国物权法上的登记对抗主义》，载《比较法研究》2014 年第 3 期；庄加园：《动产抵押的登记对抗原理》，载《法学研究》2018 年第 5 期。

义。因此可以认为，此时，动产担保权亦消灭，担保权人也就无法行使变价权和优先受偿权。

未经登记的动产担保权与其他担保物权之间，以及未经登记的动产担保权与受让人之间的对抗关系存在差异。[①] 在前者，动产担保权并不消灭，只是与其他担保物权进行优先顺位的排序；在后者，动产担保权消灭，受让人取得无负担的所有权。尽管如此，也可以认为，未经登记的动产担保权，不得对抗同一担保物的受让人。

（三）第三人客观范围：特定债权人

前已述及，未登记动产担保权这一隐蔽性的权利，基于其物权地位可以对抗无担保债权。有学者主张，这一解释论“可能导致交易信赖基础的丧失和正常预期的破坏，直接损害社会整体的交易安全”，[②] 但无担保债权人是否享有主张登记欠缺的正当利益，尚存疑问。无担保债权人以债务人（担保人）的全部责任财产作为求偿基础，一则债务人责任财产变动不居，无担保债权人求偿不能的风险本属其在债权债务关系形成之初即可得预见，[③] 二则在债务人以其财产为自身债务提供物上担保的情形之下，债务人已取得相应的财产，并不影响其责任财产的总量和偿债能力。[④] 尽管如此，在法政策上，对无担保债权人的范围进行限缩，降低未登记动产担保权的隐蔽性可能对交易安全所致损害，应属妥适的方案。

第一，承租人。就未登记的动产担保权与租赁权之间的关系，《物权法》第190条中规定：“抵押权设立后抵押财产出租的，该租赁关系不得对抗已登记的抵押权。”由此可见，未登记的动产抵押权不得对抗租赁权。[⑤] 但《民法典》第405条删去了这一规定。这一修改，并不能当然表明未登记动产抵押权可以对抗租赁权。在“买卖不破租赁”规则在《民法典》中得以延续的情形之下，承租人的租赁权被置于类似于他物权的地位而受到强势的保护，承租人对于标的物（担保财产）的支配关系至为明显。为充分保护承租人的利益，保护对标的物的利用关系和租赁的信赖关系，未登记动产担保权不能对抗租赁权人，[⑥]，《民法典担保制度

① 参见最高人民法院民法典贯彻实施工作小组编：《中华人民共和国民法典物权编理解与适用（下）》，人民法院出版社2020年版，第1077～1080页。

② 李文涛、龙翼飞：《“不登记不得对抗第三人”规则中“第三人”范围的界定——以对传统民法形式逻辑的检讨为思路》，载《法学杂志》2012年第8期。

③ 参见王泽鉴：《民法学说与判例研究：重排合订本》，北京大学出版社2015年版，第1481页。

④ 参见王稳：《登记对抗模式下的信赖保护问题研究》，载《江西社会科学》2018年第4期；最高人民法院民事审判第一庭编：《最高人民法院物权法司法解释（一）理解与适用》，人民法院出版社2016年版，第189页。

⑤ 参见王洪亮：《动产抵押登记效力规则的独立性解析》，载《法学》2009年第11期。

⑥ 参见李文涛、龙翼飞：《“不登记不得对抗第三人”规则中“第三人”范围的界定——以对传统民法形式逻辑的检讨为思路》，载《法学杂志》2012年第8期。

解释》第54条第2项对此予以确认。不过，这一结论尚以承租人善意为前提(容后详述)。

第二，查封、扣押债权人。无担保债权人基于执行名义已经申请启动强制执行程序，且执行法院已就抵押财产采取查封、扣押措施之时，未登记的动产担保权是否可得对抗之，我国实定法上并无明文规定。就强制执行程序中查封、扣押在私法上的效力，除了限制债务人处分标的物之外，我国法上并未明确查封、扣押债权人是否就标的物取得优先受偿权。在比较法上，《德国民事诉讼法》和《法国民事执行程序法》均规定查封、扣押债权人依照法律的直接规定取得对标的物的扣押质权与保全抵押权、裁判抵押权，并依查封、扣押的时点取得相应的优先顺位。① 在美国法上，根据《美国统一商法典》第9-317条（a）（2）的规定，未登记的动产担保权劣后于法定担保权人（lien creditor)。这里的“法定担保权人”之中即包括通过查封、扣押或者其他类似程序，对相应财产取得法定担保权（lien）的债权人。②

相关国际文件也倡导采取这一方法，如《联合国动产担保立法指南》建议，“法律应当规定，担保权人具有优先于无担保债权人的权利，除非在担保权取得对抗第三人的效力之前，无担保债权人根据其他法律获得针对担保人的一项判决或法院临时令，并根据该项判决或法院临时令为取得对担保财产的权利而采取了必要步骤。”③ 这一规定的法政策目标在于鼓励无担保债权人积极主张自己的权利。④《欧洲示范民法典草案》第9-3：101条第1款也指出，未登记的担保物权不具有对抗已经进入担保财产执行程序并依法取得优先保护地位以对抗轮候执行的债权人。至于无担保债权人取得该地位的确切时间，则由启动执行所在国的法律具体规定。⑤ 第9-4：107条（执行债权人的优先顺位）更是明确规定：“就优先顺位的确立而言，只要根据执行地的程序规则，对这些财产的执行程序的所有前提条件都已经满足，执行债权人自对特定财产开始执行之时起，即被视为取得

① 参见于海涌：《法国保全性裁判抵押权制度研究——兼论我国不动产查封制度的完善》，载《清华大学学报（哲学社会科学版)》2006年第3期；刘哲玮：《论民事司法查封的效力》，载《国家检察官学院学报》2019年第4期。

② 值得注意的是，美国法上明确指出，无担保债权人基于查封、扣押等取得法定担保权的时间，由各州具体规定。See Barkley Clark and Barbara Clark, *The Law of Secured Transactions Under the Uniform Commercial Code*, 3rd ed., New York: LexisNexis, 2017, pp. 3-26.

③ See United Nations Commission on International Trade Law, *UNCITRAL Legislative Guide on Secured Transactions*, United Nations, 2010, p. 231.

④ See United Nations Commission on International Trade Law, *UNCITRAL Legislative Guide on Secured Transactions*, United Nations, 2010, p. 210.

⑤ See Ulrich Drobnig and Ole Böger (eds), *Proprietary Security in Movable Assets*, Oxford: Oxford University Press, 2015, p. 399.

有效的担保物权。”[①]

我国法上虽无类似的明确规定，但结合《民法典担保制度解释》第37条第2款关于查封、扣押限制被执行人处分权，以查封、扣押财产设定抵押不得对抗执行债权人的态度，[②] 在解释论上可以认为，无担保债权人已经通过强制执行程序查封、扣押抵押财产的情形之下，其对该抵押财产已经取得了对物的支配权，与抵押权人形成了对物的争夺关系。[③] 同时可以认为，无担保债权人此时已取得对该财产的（间接）占有，债权人的胜诉债权就该财产也就取得了担保权（动产质权）。在利益衡量上，无担保债权人在交易时是基于标的物上不存在担保负担的责任财产状态，在债务人的财产被查封、扣押时，债权人即与未登记担保权人的利益发生实质性冲突，此际，对于未登记担保权人和无担保债权人应实行平等保护。[④]《民法典担保制度解释》即采此论，其第54条第3项规定：“抵押人的其他债权人向人民法院申请保全或者执行抵押财产，人民法院已经作出财产保全裁定或者采取执行措施，抵押权人主张对抵押财产优先受偿的，人民法院不予支持。”这里，未登记的动产抵押权不得对抗查封、扣押债权人，且不要求查封、扣押债权人主观上为善意。《民法典担保制度解释》第54条第3项理由还在于否定未登记的动产抵押对执行债权人的对抗力，可以防止被执行人与案外人恶意串通以倒签合同等方式损害申请执行人合法权益。[⑤]

第三，其他与查封或扣押债权人法律地位类同的债权人。上述查封、扣押债权人自当包括在强制执行程序中申请参与分配的债权人。《民法典担保制度解释》第54条第4项规定：“抵押人破产，抵押权人主张对抵押财产优先受偿的，人民法院不予支持。”由此可见，未经登记的动产抵押权人不得对抵押财产优先受偿。[⑥] 破产清算程序在性质上属于对破产债务人的概括执行程序，破产债权人、破产管理人的法律地位亦应与查封、扣押债权人作相同理解。准此，未经登记的

① 欧洲民法典研究组、欧盟现行私法研究组：《欧洲示范民法典草案：欧洲私法的原则、定义与示范规则》，高圣平译，中国人民大学出版社2012年版，第380页。本书所引该草案的条文均出自该书，特此叙明。

② 参见张尧：《以民事司法查封财产设定抵押的效力分析》，载《法学家》2022年第1期；最高人民法院民事审判第二庭编：《最高人民法院民法典担保制度司法解释理解与适用》，人民法院出版社2021年版，第349～350页。

③ 参见李文涛、龙翼飞：《“不登记不得对抗第三人”规则中“第三人”范围的界定——以对传统民法形式逻辑的检讨为思路》，载《法学杂志》2012年第8期；赵忠丽：《论登记对抗规则下第三人范围的确定》，载《研究生法学》2015年第2期。

④ 参见龙俊：《中国物权法上的登记对抗主义》，载《法学研究》2012年第5期。

⑤ 参见最高人民法院民事审判第二庭编：《最高人民法院民法典担保制度司法解释理解与适用》，人民法院出版社2021年版，第473页。

⑥ 参见最高人民法院民事审判第二庭编：《最高人民法院民法典担保制度司法解释理解与适用》，人民法院出版社2021年版，第562页。

动产担保权，不得对抗查封或扣押债权人、参与分配债权人、破产债权人或破产管理人。

值得注意的是，《民法典》就所有权保留交易和融资租赁交易改行登记对抗主义，第641条第2款、第745条中未经登记的所有权不得对抗的第三人客观范围，亦应与《民法典》第403条中未经登记的动产抵押权作同一理解。《合同法》第242条规定："出租人享有租赁物的所有权。承租人破产的，租赁物不属于破产财产。"《民法典》第745条将其修改为："出租人对租赁物享有的所有权，未经登记，不得对抗善意第三人。"二者相较，《民法典》删去了"承租人破产的，租赁物不属于破产财产"的规定。在承租人破产之时，出租人自不得依其所有权主张破产取回权，而仅得在其所有权已行登记的情形之下向破产管理人主张优先受偿权；如未登记，即不具有对抗善意第三人的效力，也不得对抗破产管理人。为明确非典型担保的对抗力范围，《民法典担保制度解释》第67条通过准用性规范的技术，将不得对抗的第三人范围进行补充规定。①

四、未登记动产担保权可得对抗的第三人的主观范围

《担保法》第43条对未经登记的动产抵押权不得对抗的"第三人"，并未附加主观范围的限定；《海商法》和《民用航空法》上就船舶抵押权和航空器抵押权的规定亦是如此。及至《物权法》，第188条和第189条分别就未经登记的动产抵押权、浮动抵押权不得对抗的"第三人"增加了主观上"善意"的要求，但从立法说明、审议报告和相关释义书中尚无法探寻增加这一主观范围的立法理由。

（一）受让人的"善意"限制及其认定

我国学说上均认为，标的物的受让人作为动产担保权未登记而不得对抗的"第三人"时，尚须以受让人的主观"善意"为前提。② 这里所谓"善意"，是指不知道标的物上存在动产担保负担，且无重大过失。受让人不知情且存在轻过失者，不在此限，否则无异于强制性地要求所有动产交易的相对人均须注意交易标的物上是否存在动产担保权，害及大量动产交易的效率和安全。③ 动产担保权既未登记，第三人亦难以注意到标的物上存在动产担保权，为贯彻登记对抗制度的规范意旨，应将"善意"限定在重大过失，不强求第三人在登记簿之外再作详尽

---

① 参见最高人民法院民事审判第二庭编：《最高人民法院民法典担保制度司法解释理解与适用》，人民法院出版社2021年版，第558页。

② 参见龙俊：《动产抵押对抗规则研究》，载《法学家》2016年第3期；郭志京：《也论中国物权法上的登记对抗主义》，载《比较法研究》2014年第3期；庄加园：《动产抵押的登记对抗原理》，载《法学研究》2018年第5期。

③ 参见刘春堂：《动产担保交易登记之对抗力》，载《物权法之新思与新为——陈荣隆教授六秩华诞祝寿论文集》，我国台湾地区瑞兴图书股份有限公司2016年版，第404页。

的调查，以降低交易成本、促进交易效率。这一解释方案也与我国实践中关于善意认定的一般标准相合。[①]

在《民法典》修改了抵押财产的转让规则的情形之下，解释论上应当发生改变。第406条第1款规定："抵押期间，抵押人可以转让抵押财产。当事人另有约定的，按照其约定。抵押财产转让的，抵押权不受影响。"由此可见，自《民法典》实施之日起，抵押权人转让抵押财产不再需要抵押权人的同意。在解释上，抵押人并不因抵押权的设定而丧失对抵押财产的处分权，[②] 抵押人未经抵押权人同意转让抵押财产也就不再构成无权处分，《民法典》第311条所定善意取得规则随即没有了适用前提，受让人自无法基于善意取得标的物所有权而主张其上未登记抵押权的消灭。值得注意的是，虽然《民法典》第406条第1款允许当事人就抵押财产的转让作出相反约定，且当事人之间的禁转约定具有登记能力，但这一约定对受让人不当然产生效力，抵押权人自不得径直以这一禁转约定主张受让人为恶意，除非该禁转约定已经登记或者受让人对于这一禁转约定知情且有重大过失。[③]

由此可见，登记对抗规则与善意取得制度之间，分别适用不同的场景，各有其不同的制度功能和体系分工。[④] 未经登记不得对抗的是善意第三人，并不是要求第三人善意取得标的物的所有权，第三人取得标的物上无负担的所有权也无须在善意取得制度之下寻求解释基础。在将未登记动产担保权不得对抗的第三人的客观范围界定为物权人和特殊债权人的前提之下，受让人是否取得标的物所有权意义重大，但受让人是否取得标的物所有权不是登记对抗规则的任务，自应适用《民法典》上动产物权变动的一般规则。由此可进一步认为，登记对抗规则所涉及的仅仅只是未登记动产担保权人与第三人之间的关系，并不解决第三人是否取得物权问题。[⑤]

在将标的物的受让人纳入"第三人"的客观范围之后，其主观上的善意、恶意分别产生不同的法律后果。以普通动产（担保物）的买卖为例，买受人为善意之时，如该买受人已依《民法典》上一般物权变动规则，受领标的物的交付取得标的物所有权，未登记的动产担保权不得与之对抗，此时，并不以买受人给付合

---

① 《民法典物权编解释》第14条第1款即规定："受让人受让不动产或者动产时，不知道转让人无处分权，且无重大过失的，应当认定受让人为善意。"

② 参见谢在全：《民法物权论（修订五版）》，中国政法大学出版社2011年版，第700页。

③ 参见孙宪忠、朱广新主编：《民法典评注：物权编》，中国法制出版社2020年版，第174页。

④ 参见郭志京：《也论中国物权法上的登记对抗主义》，载《比较法研究》2014年第3期；尹田：《论物权对抗效力规则的立法完善与法律适用》，载《清华法学》2017年第2期。

⑤ 参见郭志京：《也论中国物权法上的登记对抗主义》，载《比较法研究》2014年第3期。

理对价为前提。此际的“不得对抗”宜解释为动产担保权消灭。[①] 虽然动产担保权已因当事人之间的担保合同而设立，对抗问题仅仅涉及与第三人的关系，但此时担保人已经丧失对标的物的所有权，担保权人亦因没有对抗力而失去对标的物的追及力，作为在已丧失的所有权上的动产担保权自当消灭。如认为未登记动产担保权不消灭，买受人取得的标的物所有权上仍然存在担保负担，只是后者的顺位劣后，一则没有实际意义，二则可能危及标的物的进一步流转。买受人为善意之时，如该买受人并未取得标的物所有权，未登记动产担保权自可对抗之，已如前述。买受人为恶意之时，该买受人亦可依《民法典》上一般物权变动规则，受领标的物的交付而取得标的物所有权。只不过，未登记的动产担保权可以对抗该买受人，自可依《民法典》第406条第1款关于“抵押财产转让的，抵押权不受影响”的规定，追及至标的物之所在，向买受人主张动产担保权，就标的物变价并优先受偿。[②] 基于此，《民法典担保制度解释》第54条第1项明确，动产抵押权设立后未办理登记的，抵押权人不得向取得抵押物所有权的善意受让人主张抵押权。一言以蔽之，未经登记的动产抵押的对抗力问题中，买受人的主观状态其实是平衡抵押权人和第三人利益、抵押人处分自由和交易安全两组关系的钥匙，而与《民法典》第311条关于善意取得物权无关。对此，《民法典担保制度解释》第54条第1项规定，未经登记的抵押权人不得对抗已经占有抵押财产的善意受让人，且受让人被推定为善意，须由抵押权人举证推翻。[③]

第三人为受赠人之时，解释结论与上相同。至于担保人低价处分或无偿赠与财产对债权人（未登记动产担保权人）带来的不利影响，债权人自可依据《民法典》上债权人撤销权规则主张权利。在解释上，虽然未登记动产担保权已经消灭，但其债权人地位并未消灭；在满足相应要件的情形之下，自可行使债权人撤销权。

在第三人为承租人之时，同样有主观上善意的要求（《民法典担保制度解释》第54条第2项）。在美国法和加拿大法上，未登记动产担保权对抗承租人的前提条件是：该承租人不知道标的物上存在未登记的动产担保权，且有偿受领该财产的交付。此时，承租人的租赁权不受动产担保权的约束，但法律后果上动产担保权是否消灭，在两国之间略有差异，美国法上是标的物上的动产担保权消灭，但

① 参见最高人民法院民法典贯彻实施工作小组编：《中华人民共和国民法典物权编理解与适用（下）》，人民法院出版社2020年版，第1078页。

② 参见广西壮族自治区高级人民法院（2021）桂民终877号民事判决书。

③ 参见最高人民法院民事审判第二庭编：《最高人民法院民法典担保制度司法解释理解与适用》，人民法院出版社2021年版，第472～473页。

加拿大法上是标的物上的动产担保权并不消灭，只是在顺位上劣后于租赁权。[①]我国法上的解释论可以与买卖的情形大致相当，《民法典担保制度解释》第54条第2项对此已予明确，与买卖的情形也相同的是，此时举证责任在抵押权人一方，即需要抵押权人举证证明承租人明知或应当知道租赁物上设有抵押权。[②]

（二）其他担保权人的“善意”要件之否定

“未经登记，不得对抗善意第三人”，是否可依反对解释方法理解为“虽未经登记，但可以对抗恶意第三人”，不无疑问。第一种观点认为，恶意不受保护是民法最基本的价值判断，动产担保权即使未经登记，也优先于其后设立但知道在先担保权存在的登记动产担保权。[③] 第二种观点认为若采反对解释，亦只能解释为未登记的动产担保权可以对抗标的物的恶意受让人，而不能对抗已依法公示的恶意抵押权人、质权人。[④] 在自由竞争的市场秩序之下，竞存的担保权人之间依具有确定性的规则争夺就同一标的物的清偿顺位，在法律后果上并不导致某一担保权的消灭。即使后设立担保权的权利人知道在先担保权的存在，亦未超过社会生活上正当的自由竞争范围，主观上也不具有可归责性，而怠于登记的担保权人自应承担相应的不利后果。[⑤] 正是基于此，美国法、加拿大法、新西兰法和澳大利亚法在确立竞存动产担保权之间的优先顺位之时，均不考虑后顺位动产担保权

---

① 《美国统一商法典》第9~317条（c）〔受领交付的承租人〕规定：“除第（e）款另有规定外，有体动产的承租人在其上担保权或者农业担保权人公示之前，已给付对价并受领担保物的交付，并不知其上有该担保权或者农业担保权的负担的，不受该担保权或者农业担保权的约束。”美国法上的介绍，参见 William H. Lawrence，William H. Henning and R. Wilson Freyermuth，*Understanding Secured Transactions*，5thed.，New Providence，NJ：Matthew Bender & Company，Inc.，2012，pp. 258 – 262. 加拿大法上的观点，参见 Ronald C. C. Cuming，Catherine Walsh and Roderick J. Wood，*Personal Property Security Law*，2nd ed.，Toronto，ON：Irwin Law Inc.，2012，p. 378.

② 参见最高人民法院民事审判第二庭编：《最高人民法院民法典担保制度司法解释理解与适用》，人民法院出版社2021年版，第467页。

③ 参见王泽鉴：《民法学说与判例研究：重排合订本》，北京大学出版社2015年版，第1480页；曹士兵：《中国担保制度与担保方法（第四版）》，中国法制出版社2017年版，第275页；董学立：《如何理解〈物权法〉第199条》，载《法学论坛》2009年第2期；王洪亮：《动产抵押登记效力规则的独立性解析》，载《法学》2009年第11期；石冠彬：《论民法典担保物权制度的体系化构建》，载《法学评论》2019年第6期；席志国：《民法典编纂视野下的动产担保物权效力优先体系再构建——兼评〈民法典各分编（草案）二审稿〉第205－207条》，载《东方法学》2019年第5期。

④ 参见王闯：《冲突与创新——以物权法与担保法及其解释的比较为中心而展开》，载梁慧星主编：《民商法论丛》第40卷，法律出版社2008年版，第291页。

⑤ 参见李文涛、龙翼飞：《“不登记不得对抗第三人”规则中“第三人”范围的界定——以对传统民法形式逻辑的检讨为思路》，载《法学杂志》2012年第8期；庄加园：《动产抵押的登记对抗原理》，载《法学研究》2018年第5期。

人是否知悉在先未公示担保权的存在。[①] 我国已经加入的《开普敦公约》也采取了这一态度。[②]

《民法典》的规则体系也存在明显的解释冲突。其第403条、第641条第2款、第745条的规定，未登记动产担保权，不得对抗善意第三人；但根据第414条第1款第2项的规定，已登记的动产担保权优先于未登记的动产担保权，而不管二者之间的设立先后，也不论设立在后的动产担保权人是否善意，根据第415条的规定，已经设立的动产质权优先于未登记的动产担保权，也不管动产质权人是否善意。二者之间的法适用结果并不一致。例如，在后设立的动产担保权已行登记，但其权利人在主观上非为善意，其已知道标的物上已经存在未登记的动产担保权的情形之下，如采第一种观点，适用第403条、第641条第2款、第745条，则设立在先但未登记的动产担保权，可以对抗设立在后但已登记的动产担保权；如采第二种观点，适用第414条和第415条的规定，则设立在先但未登记的动产担保权，不得对抗设立在后但已登记的动产担保权或设立在后的动产质权。

在解释上，可以认为《民法典》第414条、第415条与第403条、第641条

---

① 美国法上的规定，参见 William H. Lawrence, William H. Henning and R. Wilson Freyermuth, *Understanding Secured Transactions*, 5thed., New Providence, NJ: Matthew Bender & Company, Inc., 2012, pp. 229 - 233. 英国法上的态度，参见 Hugh Beale, Michael Bridge, Louise Gullifer and Eva Lomnicka, *The Law of Security and Title - Based Financing*, 3rd ed., Oxford: Oxford University Press, 2018, pp. 495 - 496. 加拿大法上的观点，参见 Ronald C. C. Cuming, Catherine Walsh and Roderick J. Wood, *Personal Property Security Law*, 2nd ed., Toronto, ON: Irwin Law Inc., 2012, p. 422. 新西兰法上的介绍，参见 Linda Widdup, *Personal Property Securities Act: A Conceptual Approach*, 3rdk ed., Wellington: LexisNexis NZ Limited, 2013, pp. 167 - 170. 澳大利亚法上的规定，参见 Jason Harris and Nicholas Mirzai, *Annoted-Personal Property Securities Act*, Sydney: CCH Australia Limited, 2011, pp. 224 - 226.《联合国动产担保立法指南》的观点，参见 United Nations Commission on International Trade Law, *UNCITRAL Legislative Guide on Secured Transactions*, United Nations, 2010, p. 192.《欧洲示范民法典草案》的意见，参见 Study Group on a European Civil Code and Research Group on EC Private Law (Acquis Group), *Principles, Definitions and Model Rules of European Private Law: Draft Common Frame of Reference*, *Volume* 6. Munich: Sellier. European Law Publishers GmbH, pp. 5553 - 5554.

② 《开普敦公约》第29条（对抗利益间的优先权）中规定：“1. 已登记的利益优先于在其后登记的任何其他利益和未登记的利益。”“2. 前款最先提及的利益的优先权在下列情况下亦得适用：（a）即使最先提及的利益是在实际知道存在其他利益的情况下取得或登记的；和（b）即使是涉及最先提及利益的知情持有人所给付的价金的。”“3. 标的物的买方取得的对标的物的利益：（a）不能对抗取得该利益时已登记的利益；和（b）不受未登记利益的影响，即使实际知道存在此种利益。”“4. 附条件买方或承租人取得的对标的物的利益或权利：（a）不能对抗在附条件卖方或出租人持有的国际利益登记之前已登记的利益；和（b）不受当时未登记利益的影响，即使实际知道存在该项利益。”本处所引是公约的官方作准中文文本。本条中的“优先权”，实为“优先顺位”。参见［英］罗伊·古德：《国际航空器融资法律实务——移动设备国际利益公约及航空器设备特定问题议定书正式评述》，高圣平译，法律出版社2014年版，第359页。

第2款、第745条两个规范群之间是特殊规定和一般规定的关系，自应优先适用。[①] 如此，《民法典》第403条、第641条第2款、第745条应作限缩解释，善意要件只适用于第三人为非为担保权人的情形。在确定竞存动产担保权之间的优先顺位之时，不考虑动产担保权人的主观心理态度，直接以登记先后作为判断标准，有其正当性。其一，贯彻经由登记制度形成的透明度，与动产担保登记制度之间相协调。作为替代动产质权中交付公示的工具，登记充任着公示非移转占有型动产担保权的功能，以警示其后拟再次提供信用支持的查询者。动产担保登记的制度功能也就在于使后续债权人免受欺诈，并使其免受在先未登记动产担保权的约束。[②] 其二，增加法律上的确定性和可预见性。不考虑权利人的主观心理态度，以当事人不易篡改的客观标准——登记的时间作为判断竞存权利之间优先顺位的一般标准，清晰而简明，债权人可得据以预估其法律地位，进而作出理性的商事判断。[③] 主观善意标准的介入，将带来事实认定上的困难，徒增诉讼成本和风险。[④] 其三，降低动产担保交易的成本，提高动产担保交易的效率。不考虑权利人的主观心理态度，降低了债权人的征信成本，债权人无须在登记簿之外就潜在债务人的资信现状进行调查。[⑤] 而在电子化的统一动产担保登记制之下，债权人自可在线自助查询登记系统，成本低廉。法经济学视角的分析表明，这将有利于降低信贷交易成本，促进融资交易的发展，提高交易效率。[⑥] 其四，有利于预防和减少风险。不考虑权利人的主观心理态度，将交易风险在当事人之间进行确定性的分配，在一定程度上降低了融资交易的风险。即使后设立动产担保权的权利人知悉同一标的物上存在在先的未登记动产担保权，其动产担保权亦依登记而

---

① 参见龙俊：《动产抵押对抗规则研究》，载《法学家》2016年第3期。

② See Eva－Maria Kieninger and Harry C. Sigman, Introduction, in Eva－Maria Kieninger and Harry C. Sigman (eds.), Cross－Border Security over Tangibles, 2007, Munich: Sellier. European Law Publishers GmbH, p. 40; Jolyn Ang Yi Qin, Rationalizing the Cape Town Convention and Aircraft Protocol's First－to－Register Rule and Its Exceptions in the Context of Aviation Finance, 79 *Journal of Air Law and Commerce* 747 (2014), p. 757.

③ See Harry C. Sigman, Security in Movables in the United States－Uniform Commercial Code Article 9: A Basis for Comparison, in Eva－Maria Kieninger (ed), *Security Rights in Movable Property in European Private Law*, New York: Cambridge University Press, 2004, p. 59.

④ See Jeffrey Wool, The Next Generation of International Aviation Finance Law: An Overview of the Proposed UNIDROIT Convention on International Interests in Mobile Equipment as Applied to Aircraft Equipment, 20 *University of Pennsylvania Journal of International Law* 499 (1999), p. 535.

⑤ See Jeffrey Wool, The Next Generation of International Aviation Finance Law: An Overview of the Proposed UNIDROIT Convention on International Interests in Mobile Equipment as Applied to Aircraft Equipment, 20 *University of Pennsylvania Journal of International Law* 499 (1999), p. 535.

⑥ See Mark Arundell and F. Scott Wilson, The Need for International Secured Transactions and Leasing Rules for Aircraft Engines through the Proposed UNIDROIT Convention, 23 Air & Space Law 283 (1998), pp. 285－286.

优先。这一规则极大地激励了债权人在法律框架内展开其交易活动，及时办理登记，以保全其优先顺位，① 同时也赋予债权人以谨慎的注意义务，对标的物上是否已经存在已登记动产担保权进行尽职调查。②

在解释上，查封或扣押债权人、参与分配债权人、破产债权人或破产管理人在债务人的相应财产之上取得法定担保权。在未登记动产担保权与这些特定债权之间，也仅仅只是顺位问题，并不具有否定或消灭未登记动产担保权的效力。此际，在主观要件上应与竞存动产担保权之间作同一解释，亦即，不要求这些债权人在主观上系属善意。③

经过以上分析，大抵可以得出如下结论：就未登记动产担保权可得对抗的第三人的主观范围而言，凡是否定此前动产担保权存在的第三人而言，主观上应属善意；并不否定此前动产担保权存在的第三人，主观上无须善意。

五、正常经营活动中的买受人规则的解释与适用

《民法典》上并未限制充任担保物的财产范围，在解释上，只要法律上未禁止转让的财产均可作为担保物。如此，是否接受某一财产作为担保物，全由担保权人自行判断。由此出现的问题是，在担保人的正常经营活动（如正常销售存货）中，交易相对人是否有义务事先查询登记簿以探知标的物上是否存在担保负担？动产种类众多、交易频繁，且大多属于日常生活必需品，如强制性地要求交易相对人在每一笔交易中均要查询担保登记簿，耗时费力，不仅增加交易成本，而且影响交易便捷、害及交易安全。④ 为维护基本的交易秩序，应对正常经营活动中的买受人提供更好的保护。当然，也应存在一个强势的体制以增加交易结果

---

① See Jeffrey Wool, The Next Generation of International Aviation Finance Law: An Overview of the Proposed UNIDROIT Convention on International Interests in Mobile Equipment as Applied to Aircraft Equipment, 20 *University of Pennsylvania Journal of International Law* 499 (1999), p. 535.

② See Eva - Maria Kieninger and Harry C. Sigman, Introduction, in Eva - Maria Kieninger and Harry C. Sigman eds., Cross - Border Security over Tangibles, 2007), Munich: Sellier. European Law Publishers GmbH, p. 42; Jolyn Ang Yi Qin, Rationalizing the Cape Town Convention and Aircraft Protocol's First - to - Register Rule and Its Exceptions in the Context of Aviation Finance, 79 *Journal of Air Law and Commerce* 747 (2014), p. 757.

③ 参见最高人民法院民事审判第二庭编：《最高人民法院民法典担保制度司法解释理解与适用》，人民法院出版社 2021 年版，第 472 ~ 473 页。

④ 参见刘春堂：《动产担保交易登记之对抗力》，载《物权法之新思与新为——陈荣隆教授六秩华诞祝寿论文集》，我国台湾地区瑞兴图书股份有限公司 2016 年版，第 379 ~ 380 页；董学立：《美国动产担保交易制度研究》，法律出版社 2007 年版，第 163 页。

的确定性。[①]

基于此，《民法典》第404条规定："以动产抵押的，不得对抗正常经营活动中已经支付合理价款并取得抵押财产的买受人。"这一规则将原仅适用于浮动抵押交易的《物权法》第189条第2款上升为普遍适用于动产抵押交易的一般规范。[②] 就此，有学者主张，《民法典》既已承认抵押权的追及效力，且该效力不因抵押财产的种类不同而有所差异，为了买受人的利益而否定动产抵押权的追及效力，虽符合动产买卖交易中信用接受者的基本预期，但也损害了动产买卖之前为了融资或其他交易而设定的担保物权的信用，将会动摇抵押担保制度的存在基础。[③]

根据《民法典》第395条第1款第4项和第396条的规定，"原材料、半成品、产品"既可以设立动产（固定）抵押权，[④] 也可以设定浮动抵押权，而这些财产在性质上属于"存货"，且常见于"正常经营活动"之中，如"正常经营活动中的第三人"仅能对抗浮动抵押权人，不能对抗固定抵押权人，就意味着正常经营活动中的所有第三人在交易之前均有查阅担保登记簿的义务。果若如此，将损害交易效率，增加交易成本，也不合交易习惯和市场交易主体的合理商业预期。[⑤] 因此，不应区分固定抵押与浮动抵押，只要是"正常经营活动中的买受人"均适用相同的规则。[⑥]"如果当事人不再信赖转让人对财产的占有，并且还必须调查相关财产上是否存在着已登记的担保物权或保留所有权交易，则会对日常商业构成重大障碍。"[⑦]《民法典》第404条与现代动产担保交易法的发展趋势相吻合：不关注当事人采取的法律构造，只要在事实上起到相同的功能就适用相同的法

---

① See Jan Dalhuisen, *Dalhuisen on Transnational Comparative, Commercial, Financial and Trade Law, Volume 3, Financial Products, Financial Services and Financial Regulation*, Oxford and Portland, Oregon: Hart Publishing, 2010, pp. 41 – 42.

② 参见最高人民法院民法典贯彻实施工作小组编：《中华人民共和国民法典物权编理解与适用》（下），人民法院出版社2020年版，第1082页。

③ 参见邹海林：《论〈民法典各分编（草案）〉"担保物权"的制度完善——以〈民法典各分编（草案）〉第一编物权为分析对象》，载《比较法研究》2019年第2期。

④ 在类型化上，浮动抵押权自是动产抵押权之一种。由此，二者之间构成种属关系，其中，动产抵押权是属概念、上位概念；浮动抵押权是种概念、下位概念。在动产抵押权这一属概念之下与浮动抵押权这一种概念相并而称的另一种概念，应是固定抵押权。为行文方便，本书仅在需要与浮动抵押权相对而称时，才括注"固定"。

⑤ 参见王利明：《论正常经营买受人规则》，载《东方法学》2021年第4期。

⑥ 参见龙俊：《动产抵押对抗规则研究》，载《法学家》2016年第3期。

⑦ Study Group on a European Civil Code and Research Group on EC Private Law (Acquis Group), *Principles, Definitions and Model Rules of European Private Law: Draft Common Frame of Reference, Volume 6*, Munich: Sellier. European Law Publishers GmbH, 2007, pp. 5604 – 5605.

律。[1]《联合国动产担保立法指南》就正常经营活动中的买受人规则的建议，并不限定于浮动抵押；[2]《欧洲示范民法典草案》亦无不然。[3]

《民法典》第404条在解释适用上尚有以下问题需要明确：

（一）如何认定“正常经营活动”？

依据《民法典担保制度解释》第56条第2款的规定，“出卖人正常经营活动，是指出卖人的经营活动属于其营业执照明确记载的经营范围，且出卖人持续销售同类商品。”

首先，本条所称的“正常经营活动”是指担保人的正常经营活动，而非买受人的正常经营活动。[4]

其次，该抵押人须以销售与标的物同种类的动产为业。[5]至于从事“正常经营活动”的担保人与《民法典》第312条所称“具有经营资格的经营者”是否为同义语，有学者认为，两者之间没有不同，均指“从事与交易物同种类物品买卖的商人的活动”。[6]这种观点进一步认为，构成正常经营买受活动的前提条件是取得相应经营资格。[7]从体系层面看，《民法典》第505条已经明确规定超越经营范围订立的合同并非当然无效，经营范围不是限制企业生产经营的枷锁，因此完全可以设想的具体案例是，某炼油企业因提产增效的需求而拓展上游业务线，逐渐开始了钢材生产销售及炼油机械制造等业务，此时恐难谓非属其正常经营活动。然而，《民法典担保制度解释》第56条第2款就规定了“属于其营业执照明确记载的经营范围”且“出卖人持续销售同类商品”的双重限制条件。根据最高人民法院在理解与适用书中阐明的观点，其规范逻辑在于需要同时从买受人和出卖人两个角度设定限制条件：一方面，在买受人端，《民法典担保制度解释》第56条第1款规定了异常大规模交易、购买出卖人生产设备、订立“买卖型担保”合同、买受人与出卖人存在关联关系等负面情形；另一方面，还需要通过该条第2

---

① 参见高圣平：《美国动产担保交易法与我国动产担保物权立法》，载《法学家》2006年第5期，第84页。

② See United Nations Commission on International Trade Law, *UNCITRAL Legislative Guide on Secured Transactions*, United Nations, 2010, p. 202.

③ See Study Group on a European Civil Code and Research Group on EC Private Law (Acquis Group), *Principles, Definitions and Model Rules of European Private Law: Draft Common Frame of Reference*, *Volume* 6. Munich: Sellier. European Law Publishers GmbH, pp. 5604 – 5605.

④ 参见董学立：《论“正常经营活动中”的买受人规则》，载《法学论坛》2010年第4期。

⑤ 参见美国法学会、美国统一州法委员会：《美国〈统一商法典〉及其正式评述（第三卷）》，高圣平译，中国人民大学出版社2006年版，第212页。

⑥ 董学立：《论“正常经营活动中”的买受人规则》，载《法学论坛》2010年第4期。

⑦ 参见纪海龙、张玉涛：《〈民法典物权编（草案）〉中的“正常经营买受人规则”》，载《云南社会科学》2019年第5期。

款从出卖人侧作出限制。[①] 如前所述，《民法典》第404条旨在豁免正常经营活动中买受人的查询义务，保护消费者合理信赖并促进交易效率，因而在逻辑上仅需考察买受人端是否存在倾斜保护的必要性，也即判断是否属于具有社会典型性的买卖活动。之所以考虑在出卖人端再进一步作出限制，其目的则是防止出卖人故意地单独或者与买受人串通以损害担保权人利益。此两方面的考量宛如天平两端，彼此之间形成一种相互制约的紧张关系。应当承认的是，即使经营活动没有落在出卖人营业执照载明的经营范围内，或者出卖人只是间歇性销售某类商品，均不必然损害担保权人的权益。毕竟在日常生活中发生的大量交易活动，买受人都不会去查阅出卖人的营业执照，这甚至比要求买受人在动产融资统一登记公示系统查询更加费劲。因此，就算要在出卖人端设置限制条件，毋宁需要更精细的利益衡量和类型化分析。事实上，《民法典》已经配备了诸如虚伪意思表示（第146条）、恶意串通（第154条）、债权人撤销权（第539条）等规则，不妨就让法官利用这些规则在个案中予以妥善处理。

最后，交易标的物在性质上属于“原材料、半成品、产品”（存货）。[②] 基于正常经营活动中的买受人规则的规范目的，交易标的物应属具有市场流通性的种类物（原材料、半成品、产品）。当然，交易标的物是否构成存货，尚须对所销售的标的物与出卖人（担保人）的正常经营范围进行比较，如出卖人是销售洗衣机等家用电器的销售商，则家用电器构成存货，该销售商销售家用电器，即构成正常经营活动，但如其销售家用电器的生产设备，则生产设备不具有存货性质，就不构成正常经营活动。[③] 当然，该生产设备对于生产该类生产设备的制造商来说，就可能构成存货。

（二）如何认定“已支付合理价款”？

在比较法上，《美国统一商法典》和《联合国动产担保立法指南》均不要求正常经营活动中的买受人规则的适用以买受人已支付合理价款为前提，但《欧洲

① 参见最高人民法院民事审判第二庭编：《最高人民法院民法典担保制度司法解释理解与适用》，人民法院出版社2021年版，第485页。

② 参见张素华、李鸣捷：《〈民法典〉“正常经营买受人规则”的解释论》，载《北方法学》2021年第3期。

③ 参见黄薇主编：《中华人民共和国民法典物权编释义》，法律出版社2020年版，第522页。

示范民法典草案》上要求受让人为取得动产已经支付对价。① 在解释上，该草案第9－6：102条第2款仅构成第8－3：102条第1款中所定善意要件具体认定上的补充，正常经营活动中的买受人规则的适用还应满足后者所定其他要件。

我国《民法典》上，登记对抗规则与善意取得制度之间各有其不同的制度功能和体系分工，已如前述。本条与《民法典》第311条所定善意取得的构成要件上虽在条文表述上相同，但其基于的政策考量尚存差异。规定“已支付合理价款”要件在一定程度上是“为了防止抵押人与他人合谋欺诈抵押权人”。② 不过，对“已支付合理价款”这一要件亦应契合商业实践作出灵活解释。同时，“已支付合理价款”不以支付金钱为限，各种替代金钱的方式均在其列。例如，我国司法实践中即有观点认为，即使买受人与抵押人将作为种类物的抵押物进行互换，也应当认定这种互易行为是一种支付对价的交易行为，买受人取得的抵押物亦不受抵押权人抵押权的追及。③

（三）正常经营活动中的买受人规则的适用是否以买受人的善意为前提?

《民法典》第404条上非如美国法一样要求正常经营活动中的买受人在主观上须为善意，《美国统一商法典》要求正常经营活动中的买受人不知其购买行为侵害了他人的权利。学说上认为，正常经营活动中的买受人规则在物上存在负担（如动产抵押权）的场合，也存在善意受让人的保护问题。正常经营活动中的买受人规则本质上是一种特殊的善意取得，自应以买受人的善意为前提。④ 只不过，此时的善意，并非指受让人不知道也不应当知道其受让的标的物上存在担保负担，而是指受让人不知道也不应当知道担保权人不允许担保人无负担地转让担保

① 该草案第9－6：102条“因所有权的善意取得而导致担保物权的丧失”规定：“（1）第三人善意取得担保财产的所有权并免受担保物权的约束，是否导致担保物权的丧失，适用第8－3：102条（善意取得所有权并免受定限物权的约束）的规定。”“（2）就第8－3：102条（善意取得所有权并免受定限物权的约束）第（1）款第（d）项第1句而言，担保物权已依本卷第三章第三节的规定登记的，即视为受让人知道转让人没有权利或权限转让免受担保物权约束的所有权，但以下情形除外：（a）转让人是在从事正常的经营活动中实施交易行为；（b）登记簿显示的担保人并非转让人。”而第8－3：102条规定：“（1）尽管动产之上有第三人的定限物权，且转让人没有权利或权限处分该动产并免受该第三人权利的约束，但在以下情况下，受让人仍然取得免受该第三人权利约束的所有权：（a）受让人以第二章或前条所规定的方式取得所有权；（b）满足第8－2：101条（所有权移转的一般要件）第（1）款第（e）项所规定的交付或等同于交付的条件；（c）受让人为取得该动产已支付对价；（d）受让人在所有权移转时不知道也不应当知道转让人没有权利或权限移转该动产所有权并免受第三人权利的约束。受让人必须举证证明其不应当知道转让人没有权利或权限。”“（4）本条适用于担保物权时，应补充适用第9－6：102条（因所有权的善意取得而导致担保物权的丧失）第（2）款的规定。”

② 程啸：《担保物权研究（第二版）》，中国人民大学出版社2017年版，第545页。

③ 参见湖北省高级人民法院（2013）鄂民二终字第00041号民事判决书。

④ See Barkley Clark and Barbara Clark, *The Law of Secured Transactions Under the Uniform Commercial Code*, 3rd ed., Newark, NJ: LexisNexis, 2017, pp. 3－38.

财产。因此，受让人虽然对标的物上存在担保权并非善意（尤其是在动产担保权已经登记的情形之下），但可善意信赖担保权人同意担保人可以无负担地处分该物。此即为对处分权限的信赖。① 而且，这里的“善意”是推定的。若有证据证明担保权人禁止担保人的特定销售行为且为买受人知悉，则不适用正常经营活动中的买受人规则，担保权人的权利不受影响。例如，制造商在其提供给销售商的存货上设定了动产抵押权，担保合同中明确约定禁止该销售商将存货销售给其他销售商，以免后者打折销售，买受人——销售商知道该项禁止约定，则其权利劣后于制造商的抵押权。②《民法典》第404条并不以买受人主观善意为适用前提，而以“已支付合理价款”作为平衡正常经营活动中的买受人与其他债权人之间利益的工具，与美国法上不要求支付合理对价，但要求买受人主观善意的考量因素不同，自不得作相同理解。③

（四）《民法典》第404条与第403条之间的适用关系

在适用关系上，《民法典》第404条构成第403条的特别规定，且其适用并不以动产抵押权未登记为前提。无论抵押权是否登记，买受人均可取得标的物上无负担的所有权。④ 因此，第403条中的“第三人”涉及受让人之时，也就局限在了“非正常经营活动中的买受人”。也就是说，仅在非正常经营活动中，买受人在动产抵押权登记之前就取得标的物所有权，并且不知道动产抵押权存在时，买受人可以对抗动产抵押权人。⑤

（五）《民法典》第404条的规定是否可以准用于所有权保留交易和融资租赁交易？

就文义而言，《民法典》第404条的适用范围以动产抵押交易为限。在解释上，所有权保留交易和融资租赁交易与动产抵押交易同属动产担保交易，自可准用本条规定，《民法典担保制度解释》第56条第2款第2句亦从之。⑥ 在准用之时，本条中，抵押人（出卖人）的正常经营活动，应指所有权保留交易中的买受人、融资租赁交易中的承租人。《联合国动产担保立法指南》和《欧洲示范民法

---

① 参见纪海龙、张玉涛：《〈民法典物权编（草案）〉中的“正常经营买受人规则”》，载《云南社会科学》2019年第5期。

② See Barkley Clark and Barbara Clark, *The Law of Secured Transactions Under the Uniform Commercial Code*, 3rd ed., Newark, NJ: LexisNexis, 2017, pp. 3-39.

③ 参见龙俊：《民法典中的动产和权利担保体系》，载《法学研究》2020年第6期。

④ 参见崔建远：《中国民法典释评·物权编（第二版）》（下卷），中国人民大学出版社2021年版，第407~408页。

⑤ 参见龙俊：《动产抵押对抗规则研究》，载《法学家》2016年第3期。

⑥ 参见最高人民法院民事审判第二庭编：《最高人民法院民法典担保制度司法解释理解与适用》，人民法院出版社2021年版，第483页。

典草案》的建议亦是如此。①

六、小　结

动产担保交易法制的发展，是债权法和物权法观念不断融合的产物，将契约自由植入传统物权法领域，直接导致动产担保交易形式的多样化。② 动产担保权的登记对抗规则，旨在弥补债权意思主义物权变动模式对于交易安全保护的不足，强化登记的公示效力，在交易安全和交易效率之间寻求合理的平衡方案。③《民法典》在《物权法》的基础上完善了动产担保权的登记对抗规则，但这一具有体系异质性的规则如何在物债两分体系之下解释适用，是《民法典》贯彻实施中的重要任务。中小微企业的融资需求是否得以满足，在很大程度上也取决于动产担保交易规则的确定性，动产担保权登记对抗规则在解释论上的统一，即为其中重要一环。在把握未登记动产担保权的物权属性的前提之下，承认其具有相对性的物权地位，权利人可据以对抗无担保债权人。同时，未登记动产担保权在对世效力上存在欠缺，结合登记对抗规则的规范意旨以及其他相关规则的规制目标，应对“第三人”的范围进行限缩。在第三人的客观范围上，并非所有第三人均在不得对抗之列，要考量物权人和特定债权人与未登记动产担保权人之间就标的物的竞争关系；在第三人的主观范围上，不宜要求所有第三人在主观上均属善意，要分别考虑对于动产担保权不同的法律效果就第三人主观上作不同要求。

---

① See United Nations Commission on International Trade Law, *UNCITRAL Legislative Guide on Secured Transactions*, United Nations, 2010, p. 202; Study Group on a European Civil Code and Research Group on EC Private Law (Acquis Group), *Principles, Definitions and Model Rules of European Private Law: Draft Common Frame of Reference*, *Volume* 6, Munich: Sellier. European Law Publishers GmbH, 2007, pp. 5604 – 5605.

② See Jan Dalhuisen, *Dalhuisen on Transnational Comparative*, *Commercial*, *Financial and Trade Law*, *Volume* 3, *Financial Products*, *Financial Services and Financial Regulation*, Oxford and Portland, Oregon: Hart Publishing, 2010, p. 1.

③ 参见肖厚国:《物权变动研究》，法律出版社 2002 年版，第 279 页。

《民法典》动产担保权优先顺位规则的解释论

在优化营商环境的政策目标之下，《民法典》完善了动产担保交易的相关规则。其中，最具革命性的变化之一是形成了由一般规则和特别规则共同构成的优先顺位规则体系。《民法典》确立了依取得对抗第三人效力的时间先后判断竞存权利之间优先顺位的一般规则，这一规则的适用不以相关权利人的善意为前提。采取登记对抗主义的非典型担保权，如所有权保留交易中出卖人对标的物的所有权、融资租赁交易中出租人对租赁物的所有权等均可准用该一般规则。动产抵押权和动产质权之间依登记、交付的时间先后定其顺位，亦不考虑权利人的善意或恶意。购买价金担保权超优先顺位规则是优先顺位体系中的特别规则，体现了法律上的特定政策考量，自可一体适用于所有动产担保交易，并应优先于一般规则而适用。

一、问题的提出

近世以来，随着经济的快速发展，社会财富的形态发生了重大变化，动产（包括动产型权利）[①] 不仅是中小微企业的主要财产构成，而且其经济价值也非昔日阿蒙，在“不动产——抵押权、动产——质权”的传统担保物权体系之外，非移转占有型的动产担保也就越来越重要。[②] 为满足动产融资的制度需求，许多国家对本国担保法制做了重大改革。其中，英美法系国家以美国为其典型，由《美国统一商法典》第九编所引领的功能主义动产担保交易立法方法取得了压倒性的优势，不仅影响了北美洲国家及其他许多国家的国内立法，还直接影响了国际统

① 在动产担保交易法（secured transactions）的国际话语体系中，动产担保中的“动产”所指称的财产，均不仅限于有体动产，还包括无体动产（或称动产型权利）。本书即依此而展开，特此叙明。

② See Ulrich Drobnig, “*Security Rights in Movables*”, in Arthur Hartkamp, Martijn Hesselink, Ewoud Hondius, Chantal Mak and Edgar du Perron (eds), *Towards a European Civil Code*, Fourth Revised and Expanded Edition, Kluwer Law International BV, The Netherlands, 2011, p. 1025；谢在全：《担保物权制度的成长与蜕变》，载《法学家》2019 年第 1 期。

一示范法和实体法的发展;[①] 大陆法系国家以法国为其著例,《法国民法典》修正之时,在施行200多年的"三编制"之外,新增"担保编"以因应新的社会经济秩序,[②] 其实,在此之前,作为大陆法和英美法融合之典范的《加拿大魁北克民法典》早已在既有的法国法传统之外,植入了《美国动产担保交易法》的制度元素。[③] 世界银行集团《全球营商环境报告》(*Doing Business*)迎合国际动产担保制度改革的总体趋势,在其指标体系中将各国是否采行基于功能主义的一元化动产担保交易制度作为评估指标之一,对我国《民法典》的编纂产生了重大影响。[④]

"民法典物权编对担保物权部分的修改,总的立法精神是要进一步优化营商环境,进一步增强我国在吸引投资方面的优势。"[⑤] 如此,《民法典》物权编担保物权分编的修改也就主要集中在动产担保交易制度的完善上。就担保规则的体系化,《民法典》不仅没有采纳部分学者关于担保法独立成编的立法建议,[⑥] 也没有采纳统一动产担保物权体例的编纂建议,[⑦] 而是在《物权法》的基础上,结合信贷、司法实践的成熟经验和优化营商环境的要求,完善了某些具体规则。《民法典》物权编仍然奉行大陆法系国家的权利类型化方法,将约定担保物权体系架构

① 关于动产担保法制改革的介绍,参见Louise Gullifer and Orkun Akseli (eds), *Secured Transactions Law Reform: Principles, Policies and Practice*, Oxford and Portland, Oregon: Hart Publishing, 2016, pp. 7ff; Spyridon V Bazinas and N Orkun Akseli (eds), *International and Comparative Secured Transactions Law: Essays in honour of Roderick A Macdonald*, Oxford and Portland, Oregon: Hart Publishing, 2017, pp. 1ff.

② 参见李世刚:《法国担保法改革》,法律出版社2011年版,第1页以下;魏磊杰:《新千年前后民法典重构的基本特点与最新趋势》,载何勤华主编:《外国法制史研究》(第19卷),法律出版社2017年版,第280、297~298页。

③ 《加拿大魁北克民法典》动产担保制度的介绍,参见John B. Claxton, *Security on Property and the Rights of Secured Creditors under the Civil Code of Quebec*, Cowansville, Quebec: Les Editions Yvon Blais Inc., 1994, pp. 9-10;高圣平:《动产担保交易法比较研究》,中国人民大学出版社2008年版,第105页以下。

④ 有关世行营商环境背景下我国动产担保交易法制的完善,参见罗培新:《论世行营商环境评估"获得信贷"指标得分的修法路径——以我国民法典颁布为契机》,载《东方法学》2020年第1期;纪海龙:《世行营商环境调查背景下的中国动产担保交易法》,载《法学杂志》2020年第2期。

⑤ 黄薇:《〈民法典物权编草案〉(二审稿)对若干重点问题的回应》,载《中州学刊》2019年第7期。

⑥ 关于我国民法典中担保法独立成编的立法建议,参见高圣平:《民法典担保物权法编纂:问题与展望》,载《清华法学》2018年第2期;张民安:《论〈担保法〉在我国未来〈民法典〉当中的独立地位》,载《学术论坛》2018年第3期;马俊驹、邵和平:《民法典担保权编的立法模式研究》,载《法制与社会发展》2019年第1期;刘斌:《论担保法独立成编的立法技术与决断要素》,载《江海学刊》2019年第3期;王康:《论〈民法典〉担保权的立法定位》,载《甘肃政法学院学报》2019年第4期;张素华:《论民法典分则中担保制度的独立成编》,载《法学家》2019年第6期等。

⑦ 关于我国民法典中动产担保物权统一化的立法建议,参见董学立:《我国意定动产担保物权法的一元化》,载《法学研究》2014年第6期。

为“抵押权+质权”，以是否移转标的物的占有为其区分标准。就动产而言，《民法典》既承认动产抵押权，也承认动产质权和权利质权。同时，《民法典》并未将所有权保留交易、融资租赁交易、保理交易重构为动产担保交易，但基于这些交易中所有权或应收账款在经济功能上起着担保作用，《民法典》也朝着动产担保交易的方向改变了既有的交易规则。其中，《民法典》第641条第2款规定："出卖人对标的物保留的所有权，未经登记，不得对抗善意第三人。"第745条规定："出租人对租赁物享有的所有权，未经登记，不得对抗善意第三人。"《民法典》第768条虽未明确规定保理人在受让取得的应收账款上的权利的性质，但通过与第414条的体系解释，大抵可以得出如下结论：保理人就受让的应收账款上所取得的权利，未经登记，不得对抗第三人（第768条）。这些规则与《民法典》第403条的规定"以动产抵押的，抵押权自抵押合同生效时设立；未经登记，不得对抗善意第三人"已经趋同。由此，《民法典》已基本实现了动产担保权设立、公示规则上的统一。

正是基于此，本文以动产担保权统称《民法典》上典型的动产担保物权（包括动产抵押权、动产质权、权利质权①）和非典型的动产担保权（包括所有权保留交易中出卖人对标的物的所有权、融资租赁交易中出租人对租赁物的所有权、保理交易中保理人对其受让的应收账款上的权利）。《民法典》这一功能主义导向在一定程度上迎合了国际动产担保法制改革的总体形势，并试图与物债两分体系下的形式主义形成相对的统一。在法继受过程中，就这些非典型动产担保交易而言，"与其重构为动产担保交易，还不如引入登记制度，因为前者不可避免地会损害债权人对标的物的所有权。"② 由此看来，动产担保交易的形式与体系定位都不重要，重要的是各类动产担保交易规则的统一，而规则的统一绝不仅仅只是设立、公示规则的统一，更为重要的应是竞存动产担保权之间优先顺位规则的统一。

在动产担保权可得实现之时，担保权人就标的物变价款优先受偿，往往受到担保人的其他权利人的争夺，例如，同一标的物的其他担保权人、买受人或承租人，无担保债权人以及破产管理人等。确定这些权利之间的顺位，既是解决合理分配标的物变价款的实践需求，也是权利人预估交易风险并据此作出理性商事判断的前提。因为确定性和可预测性是动产担保交易规则的两大基本原则，③ 同一

① 本部分暂未将权利质权纳入分析对象。一则，《民法典》上就权利质权多采登记生效主义；二则其中最主要的应收账款质权尚须与保理规则之间进行体系解释。限于篇幅，本书作者拟就后者另撰专文探讨。

② Duncan Sheehan, Registration, Re－Characterisation of Quasi－Security and the Nemo Dat Rules, 7 Journal of Business Law 584 (2018), p. 585.

③ See N. Orkun Akseli, *International Secured Transactions Law: Facilitation of Credit and International Conventions and Instruments*, London and New York: Routledge, Taylor & Francis Group, 2011, p. 21.

动产上竞存权利人之间的优先顺位规则也就成了动产担保交易法的核心内容。①“现代动产担保交易制度的一个主要特点是其解决同一财产上竞存动产担保权之间优先顺位纠纷的效率。”②《最高人民法院关于适用〈中华人民共和国民法典〉有关担保制度的解释》(以下简称《民法典担保制度解释》)解决了部分争议问题，也搁置了部分争议较大的问题。

本文以下仅就同一标的物上竞存动产担保权之间的优先顺位展开分析。至于动产担保权人与买受人、承租人、无担保债权人以及破产管理人等之间的关系，涉及动产担保权对抗效力的理解，留待专文另行探讨。值得注意的是，竞存动产担保权之间的优先顺位规则总是与动产担保权的登记对抗效力关联在一起，因为优先顺位的确定是以相关权利取得对抗效力的时间先后为一般判断标准。

二、动产担保权优先顺位的规则体系及其适用关系

为加大担保信贷的供给，法律应当最大限度地允许债务人利用其财产本身的全部价值来获取信贷。这就意味着允许同一担保人在相同的财产上可为不同的信用提供者设定担保权。③ 如此一来，同一动产之上出现多数担保权的情形，就不再罕见。现代动产担保交易制度必须制定明确的规则，使潜在债权人在交易之初即能够以可靠、及时和符合成本—效益法则的方式判定其动产担保权的优先顺位。④ 相关国际文件的建议是，动产担保权的优先顺位规则体系由一般规则和特殊规则构成。一般而言，同一动产之上竞存权利之间应依其取得对抗效力的时间来确定各自的优先顺位，⑤ 但是权利类型或公示方法不同，取得对抗效力时间的判断标准就不一致。如动产抵押权、所有权保留交易中出卖人对标的物的所有权、融资租赁交易中出租人对租赁物的所有权、保理交易中保理人对受让取得的应收账款上的权利，登记时间即为其取得对抗效力的时间；动产质权以交付为公

---

① See United Nations Commission on International Trade Law, *UNCITRAL Legislative Guide on Secured Transactions*, United Nations, 2010, p. 185.

② See United Nations Commission on International Trade Law, *UNCITRAL Legislative Guide on Secured Transactions*, United Nations, 2010, p. 195.

③ See United Nations Commission on International Trade Law, *UNCITRAL Legislative Guide on Secured Transactions*, United Nations, 2010, pp. 2、20.

④ See United Nations Commission on International Trade Law, *UNCITRAL Legislative Guide on Secured Transactions*, United Nations, 2010, p. 21.

⑤ See United Nations Commission on International Trade Law, *UNCITRAL Legislative Guide on Secured Transactions*, United Nations, 2010, pp. 192 – 193; Study Group on a European Civil Code and Research Group on EC Private Law (Acquis Group), *Principles, Definitions and Model Rules of European Private Law: Draft Common Frame of Reference, Volume* 6. Munich: Sellier. European Law Publishers GmbH, pp. 5547 – 5549.

示方法，交付时间即为其取得对抗效力的时间。[①] 特殊规则可能包括购买价金担保权、特定财产（如流通票据、投资财产）的担保权、法定担保物权等的优先顺位规则，这些都涉及特定的政策考量。

就动产之上竞存权利之间的优先顺位，《民法典》确立了以下规则体系：第一，动产之上竞存的抵押权之间，依其登记先后定其顺位；已登记的优先于未登记的；未登记抵押权之间顺位相同，按债权比例受偿（第414条）。[②] 第二，动产抵押权和动产质权之间，按照登记、交付的时间先后定其优先顺位（第415条）。[③] 第三，购买价金担保权，如在宽限期内办理登记的，则优先于其他担保物权（第416条）。[④] 第四，法定动产担保物权优先于约定动产担保物权。《民法典》第456条规定："同一动产上已经设立抵押权或者质权，该动产又被留置的，留置权人优先受偿。"[⑤] 这一规则自有其政策考量：留置权制度之设本属法律为保护债权人的利益而特别赋予的权利，赋予其优先效力符合保护劳动者利益和鼓励创造社会财富的政策目的。[⑥] 第五，同一应收账款之上的复数保理之间，已经登记的先于未登记的受偿；均已经登记的，按照登记的先后顺序受偿；均未登记的，由最先到达应收账款债务人的转让通知中载明的保理人受偿；既未登记也未通知的，按照应收账款比例清偿（第768条）。[⑦]《民法典》第414条规定："同一财产向两个以上债权人抵押的，拍卖、变卖抵押财产所得的价款依照下列规定清偿：（一）抵押权已登记的，按照登记的时间先后确定清偿顺序；（二）抵押权已登记的先于未登记的受偿；（三）抵押权未登记的，按照债权比例清偿。"（第1款）"其他可以登记的担保物权，清偿顺序参照适用前款规定。"（第2款）与《物权

---

① See Study Group on a European Civil Code and Research Group on EC Private Law（Acquis Group）, *Principles, Definitions and Model Rules of European Private Law*：*Draft Common Frame of Reference*, *Volume* 6. Munich：Sellier. European Law Publishers GmbH, pp. 5549 – 5551.

② 参见黄薇主编：《中华人民共和国民法典物权编释义》，法律出版社2020年版，第534页。

③ 参见最高人民法院民法典贯彻实施工作小组编：《中华人民共和国民法典物权编理解与适用》（下），人民法院出版社2020年版，第1129～1130页。

④ 参见崔建远：《中国民法典释评·物权编（第二版）》（下卷），中国人民大学出版社2021年版，第451～452页。

⑤ 参见河南省商丘市中级人民法院（2021）豫14民终1399号民事判决书。

⑥ 留置权所担保的债权多是债权人所付出劳动的报酬请求权、所投入的材料及垫付的其他费用的返还请求权。债权人的劳动或/和其投入的材料等使留置物之价值得以提升，允许动产抵押权或质权优先于留置权，无异于以债权人的劳动或/和投入来清偿债务人的债务，有违公平原则。参见高圣平：《动产担保交易法比较研究》，中国人民大学出版社2008年版，第92页。但在我国《民法典》上，留置权的发生原因甚多，诸如，承运人、保管人、行纪人的留置权以及商事留置权等。就标的物价值的提升，债权人并无实质贡献，是否赋予其绝对优先效力，不无商榷余地。本书以下对此规则不作讨论。

⑦ 限于篇幅，本书对这一规则不作讨论。新近研究可参见朱晓喆、冯洁语：《保理合同中应收账款多重转让的优先顺序——以〈民法典〉第768条为中心》，载《法学评论》2022年第1期。

法》第199条相比，本条修改了两处：其一，删去了第1款第1项后句“顺序相同的，按照债权比例受偿”，因为在统一的电子化登记系统之中，各抵押权之间的登记先后可以明确地确定，已无“顺序相同”的情形；[①] 其二，新增了第2款，只要是可以登记的担保物权，均可适用这一优先顺位规则，旨在“进一步明确实现担保物权的统一受偿规则”，[②] 有利于优化营商环境。[③]

《民法典》第414条位于第十七章“抵押权”之第一节“一般抵押权”，在解释上应一体适用于该章所调整的不动产抵押权、权利抵押权和动产抵押权，但第414条第1款第2项、第3项明显仅适用于动产抵押权。[④] 因为不动产抵押权、权利抵押权以登记为生效要件，未登记者，不动产抵押权不设立，此时，债权人尚未就同一财产取得抵押权，自无第2项、第3项适用之空间。[⑤] 这是基于立法便宜而将两类存在重大差异的抵押权杂糅在一起一并规定所带来的体系矛盾。不过，该款各项均可适用于同一动产上竞存的动产抵押权之间，在解释上应无歧义。根据该条第2款的规定，“其他可以登记的担保物权”，准用第1款所定优先顺位规则。第414条也因此成为竞存担保物权之间优先顺位的一般规则。[⑥] 这一修改克服了《物权法》上欠缺优先顺位一般规则的弊端，意义重大。在解释上，《民法典》中“其他可以登记的担保物权”包括了权利质权中的没有权利凭证的汇票、本票、支票、债券、存款单、仓单、提单质权；基金份额、股权质权；知识产权质权；应收账款质权。但这些权利质权均采登记生效主义，在准用第414条第1款之时，也仅有第1项才有意义，即已登记的权利质权，按照登记的时间先后确定清偿顺序。[⑦] 前述权利质权中未登记者，权利质权即未设定，并不与同一权利之上已登记的权利质权发生竞存关系，也就没有了准用第1款第2项、第

---

① 《最高人民法院关于适用〈中华人民共和国担保法〉若干问题的解释》（法释〔2000〕44号）（以下简称《担保法司法解释》）第58条第1款规定：“当事人同一天在不同的法定登记部门办理抵押物登记的，视为顺序相同。”但在不动产和动产担保均分别采取统一登记制度的背景之下，该款中所述情形即无法发生。

② 沈春耀：《全国人民代表大会宪法和法律委员会关于〈民法典物权编（草案）〉修改情况的汇报——2019年4月20日在第十三届全国人民代表大会常务委员会第十次会议上》，载《民法典立法背景与观点全集》编写组编：《民法典立法背景与观点全集》，法律出版社2020年版，第42页。

③ 参见黄薇：《〈民法典物权编草案〉（二审稿）对若干重点问题的回应》，载《中州学刊》2019年第7期。

④ 参见龙俊：《民法典中的动产和权利担保体系》，载《法学研究》2020年第6期。

⑤ 参见尹田：《物权法（第二版）》，北京大学出版社2017年版，第504页；邹海林：《论〈民法典各分编（草案）〉“担保物权”的制度完善——以〈民法典各分编（草案）〉第一编物权为分析对象》，载《比较法研究》2019年第2期。

⑥ 参见纪海龙：《民法典动产与权利担保制度的体系展开》，载《法学家》2021年第1期。

⑦ 参见王利明：《登记的担保权顺位规则研究——以〈民法典〉第414条分析为中心》，载《比较法研究》2021年第2期。

3 项的空间。①

根据《民法典》第 414 条第 2 款的规定，只有“其他可以登记的担保物权”才准用第 1 款的优先顺位规则，由此产生的疑问是，《民法典》合同编所规定的所有权保留交易中出卖人对标的物的所有权、融资租赁交易中出租人对租赁物的所有权等，如发生权利的竞存，是否可准用第 414 条第 1 款？《民法典》已经赋予这些权利以登记能力，但并未将其重构为“担保物权”，简单地从文义上来看，这些权利既然不属于担保物权，自无法准用第 414 条第 1 款。

笔者认为，在《民法典》将所有权保留交易中出卖人对标的物的所有权、融资租赁交易中出租人对租赁物的所有权“功能化”之后，所有权的权利内涵已经更接近于动产抵押权这一限制物权。与此同时，《民法典》第 388 条中规定：“担保合同包括抵押合同、质押合同和其他具有担保功能的合同。”这就为非典型担保交易准用典型担保交易的相关规则提供了解释前提。②《民法典担保制度解释》第 1 条和第 63 条亦明确可以登记的所有权保留买卖、融资租赁等非典型担保形式涉及担保功能发生的纠纷适用该解释的规定，是为非典型担保交易准用典型担保交易的相关规则的规范基础。

将非典型动产担保交易置于《民法典》合同编，自有其特定的法政策选择。在全球商事规则统一化运动之中，基于功能主义的一元化动产担保交易制度体系确有其独特的优势：统一化的术语和法律机制可以有效避免不同担保方式之间的规则冲突，使得当事人之间的法律关系更加清晰，有利于维护交易安全；同时，开放式的体系摆脱了物权法定主义的窒碍，为金融创新留下了空间，当事人之间的契约自由得到了极大的尊重，无须在既定的担保方式之间做有限度的选择，有利于促进动产担保交易的便捷。③ 国际性“软法”文件也倡导采行功能主义的动产担保立法方法。《联合国国际贸易法委员会动产担保交易立法指南》（以下简称《联合国动产担保立法指南》）建议将依约定在动产上设定的旨在担保债务履行的一切权利统一类型化为“动产担保（物）权”（security right），不论交易的形式如何，也不论当事人使用何种术语来界定彼此之间的权利义务，只要交易在实质上起着担保功能，均适用共同的规则，举凡动产让与担保、应收账款让与担保、所有权保留交易、融资租赁交易，概莫能外。④《欧洲示范民法典草案》也专章规

① 参见孙宪忠、朱广新主编：《民法典评注：物权编》，中国法制出版社 2020 年版，第 223 ~ 224 页。

② 参见王利明：《担保制度的现代化：对〈民法典〉第 388 条第 1 款的评析》，载《法学家》2021 年第 1 期。相关裁判参见河南省高级人民法院（2021）豫民终 1039 号民事判决书。

③ 参见高圣平：《动产担保交易法比较研究》，中国人民大学出版社 2008 年版，第 92 页。

④ See United Nations Commission on International Trade Law, *UNCITRAL Legislative Guide on Secured Transactions*, United Nations, 2010, p. 62.

定了包括定限担保物权和所有权融资交易在内的动产担保物权，意在统一具有物上担保功能的交易的法律适用。该草案明确，除非另有明文规定，动产所有权融资交易适用动产担保物权的设立、登记、优先顺位、违约前的救济、实行、消灭等规则。①

但是，在国际统一实体法公约的推进过程中，这一立法方法则遇到了障碍。②如《移动设备国际利益公约》（以下简称《开普敦公约》）③虽然将在功能上起担保作用的交易形态均纳入其调整范围，但并未采行一元化的动产担保权概念，而是采取多数国家所奉行的动产交易类型化方法，区分担保交易、所有权保留交易、融资租赁交易，但这三种交易形式适用基本相同的规则，仅在违约救济等方面存在一定的差异。同时，该公约将这三种交易形态的类型化区分由准据法调整，也就是说，美国、加拿大普通法域、新西兰、澳大利亚等采行功能主义立法方法的国家和地区，所有权保留交易、融资租赁交易被定性为动产担保交易，应统一适用该公约关于担保交易的规定。④

囿于不同的法制传统和既有制度体系，各国在动产担保交易制度改革中主要采行三种模式：其一，继续维系既有的典型担保和非典型担保制度（通常是所有权保留、融资租赁等），只就其中部分规则做相应修改，如英国拒绝接受单一的动产担保权概念，但所有非移转占有型动产担保交易均须登记；其二，构建统一的动产担保权概念，但将非典型担保排除于外，如比利时法规定所有权保留、融资租赁等不是动产担保交易，无须登记，但其他规则与动产担保交易规则颇为类似；其三，彻底采行功能主义立法方法，但凡具有担保功能的权利，均由一元化的“动产担保权”所涵盖，适用相同的交易规则，如美国、加拿大普通法域、新

---

① See Ulrich Drobnig and Ole Böger (eds), *Proprietary Security in Movable Assets*, Oxford: Oxford University Press, 2015, pp. 243 - 245. 另参见欧洲民法典研究组、欧盟现行私法研究组：《欧洲示范民法典草案：欧洲私法的原则、定义与示范规则》，高圣平译，中国人民大学出版社 2012 年版，第 355 页以下。本书所引该草案的条文均出自该书，特此叙明。

② See Michael Bridge, *Secured Credit Legislation: Functionalism or Transactional Co - Existence*, in Spyridon V Bazinas and N Orkun Akseli (eds), *International and Comparative Secured Transactions Law: Essays in honour of Roderick A Macdonald*, Oxford and Portland, Oregon: Hart Publishing, 2017, pp. 2 - 3.

③ 我国是《开普敦公约》和《航空器议定书》的缔约国，于 2001 年 11 月 16 日签署了《开普敦公约》和《航空器议定书》，并于 2008 年 10 月 28 日由第十一届全国人民代表大会常务委员会通过了《关于批准〈移动设备国际利益公约〉和〈移动设备国际利益公约关于航空器设备特定问题的议定书〉的决定》，批准了《开普敦公约》和《航空器议定书》，对其中相应条款作了声明。《开普敦公约》及《航空器议定书》自 2009 年 6 月 1 日起对我国生效。

④ 参见［英］罗伊·古德：《国际航空器融资法律实务——移动设备国际利益公约及航空器设备特定问题议定书正式评述》，高圣平译，法律出版社 2014 年版，第 179 ~ 180 页。

西兰、澳大利亚等国家和地区。①

如此看来，动产担保交易制度改革的核心问题并不在于如何宽泛地界定动产担保权的范围，而在于所有在功能上起着担保作用的交易工具如何统一地适用设立、公示、优先顺位和实行规则。亦即，采行功能主义立法方法并不意味着所有的担保交易规则均适用于所有非典型担保交易类型，只须统一这些权利的设立、公示、优先顺位和实行规则即可。② 在我国，基于物债两分的体系是法典形式理性的基本要素，由自物权和他物权构建的物权体系也已成为《民法典》物权编的基本架构。如此，在植入现代动产担保交易制度的合理元素之时，我国《民法典》自无须采行功能主义的立法方法，而将在功能上起着担保作用的所有交易工具均构造为动产担保交易。

《民法典》虽然未将所有权保留交易、融资租赁交易、保理交易等非典型动产担保交易在形式上重构为动产担保交易，但基于这些交易与典型动产担保交易在经济功能上的等同性，采取了与动产抵押权一样的登记对抗主义模式，以实现平等保护信用提供者的政策目标。③ “减少信贷成本的有效方式是让所有潜在的信用提供者展开公开竞争。为此，有必要设计一个对以下各种信用提供者同等适用的有效的动产担保交易制度：金融机构和其他贷款人、制造商和供应商以及国内外信用提供者。”④ 由此，平等对待不同来源的信用授受行为和各种形式的动产担保交易，就成了制度设计和规范解释的基本出发点。例如，出卖人为买受人提供信用支持，既可以采取所有权保留交易形式，在买受人支付价款之前保留标的物的所有权，也可以采取动产抵押交易形式，移转标的物所有权予买受人，同时在该标的物上设立动产抵押权，还可以采取附回赎权买卖交易形式，移转标的物所有权予买受人但保留回赎权，并以买受人支付价款为解除条件。这些交易形式实际上均起着担保购买价金清偿的作用，权利人应受平等对待。这一法政策选择为这些非典型动产担保交易准用典型动产担保交易的其他规则提供了解释前提。就这三类非典型动产担保权而言，《民法典》第 768 条特别规定了保理交易的优先

① See Louise Gullifer and Orkun Akseli (eds), *Secured Transactions Law Reform: Principles, Policies and Practice*, Oxford and Portland, Oregon: Hart Publishing, 2016, p. 517.

② 参见高圣平：《统一动产融资登记公示制度的建构》，载《环球法律评论》2017 年第 6 期。

③ 参见张家勇：《体系视角下所有权担保的规范效果》，载《法学》2020 年第 8 期。

④ United Nations Commission on International Trade Law, *UNCITRAL Legislative Guide on Secured Transactions*, United Nations, 2010, p. 20.

顺位规则,[①] 但未就前两类作出特别规定。如出卖人或买受人、出租人或承租人处分标的物，在其上为他人设立动产抵押权，数项权利之间即发生竞存，如此就出现了出卖人、出租人的所有权与第三人的抵押权之间的竞存，如何确定权利人之间的优先顺位，即存在解释空间。

基于所有权保留和融资租赁等非典型担保交易的特殊性，《联合国动产担保立法指南》指出，各国可根据本国法制现状采取统一或非统一的处理方法。但即使采行后者，将所有权保留交易之下出卖人的权利和融资租赁交易下出租人的权利定性为所有权，也应使之平等地适用与动产抵押权功能等同的规则。[②] 借助于登记公示方法的引入，所有权保留和融资租赁不再是“隐蔽”的交易，出卖人、出租人自可经由登记保全特定标的物之上的优先顺位。[③] 所有权保留交易、融资租赁交易在许多方面而非各方面与动产担保物权适用相同的规则，尤其是在优先顺位方面，更应当适用相同的规则。[④] 如此，所有权保留交易和融资租赁交易准用第 414 条第 1 款的规定即无障碍。这一解释方案也符合现代动产担保交易法的发展趋势。在法律改革家看来，交易的形式对于确定担保权人之间以及担保权人与第三人之间竞存权利的优先顺位没有关联。[⑤] 既然《民法典》上就所有权保留交易、融资租赁交易与动产抵押交易，在权利人与第三人之间的效力冲突上采取了相同的规则（均采登记对抗模式，即均为“未经登记，不得对抗善意第三人”），在权利人之间的优先顺位亦应作相同处理。

综上，在上述优先顺位规则体系中，第 414 条是确立竞存动产担保权之间优先顺位的一般规则，可以适用或准用于其他典型动产担保权和非典型动产担保

---

① 但这一特别规定不无检讨的余地。应收账款保理和应收账款质押本属应收账款融资的两种模式，但《民法典》上采取了不同的立法主义。我国《民法典》上囿于动产质权采公示生效主义的体系强制，包括应收账款质权在内的权利质权，只不过是动产质权的一种特殊形式，同样采取公示生效主义。就竞存的应收账款质权之间，也就准用第 414 条第 1 款第 1 项的规定，即应收账款质权之间按照登记的时间先后确定其优先顺位。在解释上，应收账款质权如未登记即未设立，不与已登记者发生竞存关系。《民法典担保制度解释》就这一问题在解释论上作出一定努力，其于第 66 条第 1 款规定，同一应收账款同时存在保理、应收账款质押和债权转让时，统一参照《民法典》第 768 条确定彼此之间的优先顺位。一方面，将保理与质押并列或可进一步认为对保理也试图进行功能主义的改造，加强了应收账款担保统一适用公示对抗主义的正当性；另一方面，《民法典担保制度解释》在面对前述质权公示生效主义的困境时也显得力不能逮。

② See United Nations Commission on International Trade Law, *UNCITRAL Legislative Guide on Secured Transactions*, United Nations, 2010, p. 63.

③ 参见高圣平：《民法典担保物权制度修正研究——以〈民法典各分编（草案）〉为分析对象》，载《江西社会科学》2018 年第 10 期。

④ See Ulrich Drobnig and Ole Böger (eds), *Proprietary Security in Movable Assets*, Oxford: Oxford University Press, 2015, p. 551.

⑤ See N. Orkun Akseli, *International Secured Transactions Law: Facilitation of Credit and International Conventions and Instruments*, London and New York: Routledge, Taylor & Francis Group, 2011, p. 26.

权，其他优先顺位规则构成这一一般规则的例外，是为优先顺位规则的特别规定，并得优先适用。[①] 如第415条关于抵押权与质权竞存时的优先顺位规则（该条的理论基础同于第414条，严格意义上不属于特别规则）；第416条关于购买价金担保权的超优先顺位规则；第456条关于抵押权或质权与留置权竞存时的优先顺位规则；第768条关于多数保理人之间的权利顺位等，均为特别规定。

三、动产担保权优先顺位一般规则的解释与适用

作为确定竞存动产担保权之间优先顺位的一般规则，《民法典》第414条第1款所基于的法政策并不清晰，带来了不少解释论上的疑问。

（一）《民法典》第414条第1款的法政策依据

就非移转占有型动产担保权，《民法典》统一采取了登记对抗主义，已如前述。在登记对抗主义之下，物权对抗其他物权的效力来源于物权的登记公示，[②] 此际，登记时间的先后也就成了动产担保权之间发生冲突之时确立彼此之间优先顺位的客观标准，这就是所谓“先登记者优先规则”［the First - in - time（Temporal）Rule，*prior tempore*，*potior jure*］的理论基础。“先登记者优先规则”具有自古典法以来的法理支撑。确立私法上所有权利之间的优先顺位的基本原则就是“*nemo dat quod non habet*”（不能给付不属于自己的东西，亦即“先来后到”）的规则。[③] 在奉行登记对抗主义的动产担保权之间，这一规则就成了“先登记者优先规则”：在某一动产已为甲债权人设立动产担保权且已登记的情形之下，其后又为乙债权人设立的动产担保权自应受到在先动产担保权的限制，除非有正当的相反理由。[④] 在确定同一标的物上竞存的动产担保权之间的优先顺位之时，并不考察动产担保合同的订立时间或动产担保权的设立时间。[⑤] 动产担保权的设立并不取决于是否登记，登记的先后也仅决定优先顺位，并不是动产担保权的设立或生效要件，也不是动产担保权具有强制执行力的要件。如动产担保权没有有效设

---

① 参见纪海龙：《民法典动产与权利担保制度的体系展开》，载《法学家》2021年第1期。

② 参见尹田：《物权法（第二版）》，北京大学出版社2017年版，第504页。

③ See Hugh Beale，Michael Bridge，Louise Gullifer and Eva Lomnicka，*The Law of Security and Title - Based Financing*，2nd ed.，Oxford：Oxford University Press，2012，p. 460；Roy Goode，The Priority Rules under the Cape Town Convention，（2012）Cape Town Convention Journal 95（2012），p. 96.

④ See David Fox，Relativity of Title at Law and in Equity，65 Cambridge Law Journal 330（2006），p. 352.

⑤ See Ronald C. C. Cuming，Catherine Walsh and Roderick J. Wood，*Personal Property Security Law*，2nd ed.，Toronto，ON：Irwin Law Inc.，2012，p. 419.

立，或者事实证明该动产担保权并不存在，登记本身并不能矫正这些瑕疵。[①] 由此可见，“先登记者优先规则”也不否认已设立的动产担保权在当事人之间的效力，而仅仅只是对于已经设立的动产担保权排定彼此之间的受偿顺序。这一观念有力地反驳了同一标的物上“禁止重复担保，仅允许余额担保”的观点。[②] 担保人在其财产上为他人设立动产担保权之后，并不丧失其处分担保财产的权利，在“先登记者优先规则”之下，担保人在已设立担保的财产上再次设立其他担保物权，并不损害在先担保权人的权利，自无限制之理。[③]

在“先登记者优先规则”之下，已依登记而公示的动产担保权，自可对抗其后登记公示的动产担保权；亦可对抗其他未登记公示的动产担保权，而不管后者的设立先后。[④]《民法典》第414条第1款第1项、第2项即基于此而确立。就未登记的动产担保权之间的优先顺位，《民法典》第414条第1款第3项采取了“平等受偿”的立法态度，与《物权法》第199条第3项相同，但与《担保法》第54条第2项不同。[⑤] 我国学说上通常认为，“既然非经登记不得对抗，那么，未经公示的先存抵押权便无凭借来主张优先于后位抵押权。如果允许先设定的抵押权优先，就与登记制度的精神背道而驰。”[⑥] 在比较法上，美国法和加拿大法上认为，未经登记但已设立的动产担保权，并不必然地具有不得对抗所有竞存担保权人的效力。如其他竞存担保权人也没有依登记而取得对抗效力，就其仅作为担保权人的地位而言，所有的动产担保权在不同的担保权人之间均产生对抗效力，在担保人不是主债务人的情况下更是如此。[⑦] 这也是其他国家的国内法以及相关

---

① See Jeffrey Wool, The Next Generation of International Aviation Finance Law: An Overview of the Proposed UNIDROIT Convention on International Interests in Mobile Equipment as Applied to Aircraft Equipment, 20 University of Pennsylvania Journal of International Law 499 (1999), p. 540.

② 《担保法》第35条即规定：“抵押人所担保的债权不得超出其抵押物的价值。”“财产抵押后，该财产的价值大于所担保债权的余额部分，可以再次抵押，但不得超出其余额部分。”认为《物权法》第199条已经肯定重复抵押的观点，参见李明发、郑峰：《论抵押权之间竞存时的顺位确定》，载《安徽大学学报（哲学社会科学版）》2011年第2期。

③ 参见王利明：《登记的担保权顺位规则研究——以〈民法典〉第414条分析为中心》，载《比较法研究》2021年第2期。

④ 参见辽宁省葫芦岛市中级人民法院（2021）辽14民终2538号民事判决书。

⑤ 该项规定：“未登记的，按照合同生效时间的先后顺序清偿，顺序相同的，按照债权比例清偿。”

⑥ 王闯：《动产抵押制度研究》，载梁慧星主编：《民商法论丛》第3卷，法律出版社1995年版，第459～460页。

⑦ See Study Group on a European Civil Code and Research Group on EC Private Law (Acquis Group), *Principles, Definitions and Model Rules of European Private Law: Draft Common Frame of Reference*, Volume 6. Munich: Sellier. European Law Publishers GmbH, p. 5552.

国际文件均就未登记动产担保权之间按照设立时间的先后确定优先顺位的理由。[①] 但日本法的通说和判例认为，未经登记的物权之间，彼此不发生顺位之优劣问题，任何一方均不得以其物权变动对抗其他物权人。[②] 如此看来，未登记的动产担保权之间的顺位问题端赖于不同的法政策选择。

在我国，如“采行设定在先原则，亦无法防止抵押人与某一个抵押权人串通，虚填或变动签约日期，从而使其取得优先地位并以此对抗他人的抵押权的现象。”[③]《民法典》就这一问题的政策选择，可能正是基于此。实践中，未登记动产担保权之间发生竞存的可能性极少。一旦某一担保权人意识到其担保权未经登记就不具有对抗效力之时，即可立即登记其动产担保权。因此，可以认为，这一优先顺位争议可因担保权人之间登记速度之间的竞争得以解决。[④] 不过，在担保财产已被查封、扣押且进入强制执行程序的情形之下，如发现已登记的动产担保权存在登记错误，使登记得以撤销的，也可能出现竞存的动产担保权均未登记的情形。

（二）浮动抵押权适用《民法典》第 414 条第 1 款的空间

《民法典》第 414 条第 1 款并未限定适用于该条的抵押权的类别与范围，在

---

① 美国法上的规定，参见 William H. Lawrence，William H. Henning and R. Wilson Freyermuth，*Understanding Secured Transactions*，5th ed.，New Providence，NJ：Matthew Bender & Company，Inc.，2012，p. 230. 英国法上的态度，参见 Hugh Beale，Michael Bridge，Louise Gullifer and Eva Lomnicka，*The Law of Security and Title - Based Financing*，2nd ed.，Oxford：Oxford University Press，2012，p. 460. 加拿大法上的观点，参见 Ronald C. C. Cuming，Catherine Walsh and Roderick J. Wood，*Personal Property Security Law*，2nd ed.，Toronto，ON：Irwin Law Inc.，2012，p. 419. 新西兰法上的介绍，参见 Linda Widdup，*Personal Property Securities Act*：*A Conceptual Approach*，3rdk ed.，Wellington：LexisNexis NZ Limited，2013，pp. 170 - 171. 澳大利亚法上的规定，参见 Jason Harris and Nicholas Mirzai，*Annoted Personal Property Securities Act*，Sydney：CCH Australia Limited，2011，pp. 220 - 222.《联合国动产担保立法指南》的观点，参见 United Nations Commission on International Trade Law，*UNCITRAL Legislative Guide on Secured Transactions*，United Nations，2010，p. 230.《欧洲示范民法典草案》的意见，参见 Study Group on a European Civil Code and Research Group on EC Private Law（Acquis Group），*Principles*，*Definitions and Model Rules of European Private Law*：*Draft Common Frame of Reference*，*Volume* 6. Munich：Sellier. European Law Publishers GmbH，p. 5547.

② 参见［日］我妻荣：《民法讲义Ⅱ：新订物权法》，有泉亨补订，罗丽译，中国法制出版社 2008 年版，第 163 页以下；［日］近江幸治：《民法讲义Ⅱ：物权法》，王茵译，北京大学出版社 2006 年版，第 17 页；刘春堂：《动产担保交易登记之对抗力》，载《物权法之新思与新为——陈荣隆教授六秩华诞祝寿论文集》，我国台湾地区瑞兴图书股份有限公司 2016 年版，第 395 ~ 396 页。

③ 刘保玉：《论担保物权的竞存》，载《中国法学》1999 年第 2 期。

④ See William H. Lawrence，William H. Henning and R. Wilson Freyermuth，*Understanding Secured Transactions*，5th ed.，New Providence，NJ：Matthew Bender & Company，Inc.，2012，p. 230；Ronald C. C. Cuming，Catherine Walsh and Roderick J. Wood，*Personal Property Security Law*，2nd ed.，Toronto，ON：Irwin Law Inc.，2012，p. 421.

解释上，浮动抵押权属于抵押权之一种，自应适用该款。但是，正如前述该款第2项、第3项不适用于不动产抵押权一样，浮动抵押权自有其特殊性，是否适用该款，仍然存在解释的必要。由于《民法典》上浮动抵押规则并未就《物权法》的相关规定作实质上的修改，既有的学说和裁判即有参考的价值和检讨的必要。

就动产（固定）抵押权登记在先、浮动抵押权登记在后，两者之间的优先顺位适用《民法典》第414条第1款第1项，学说和裁判上并无争议。[①] 但就浮动抵押权登记在先、动产（固定）抵押权登记在后，两者之间的顺位关系，我国学说和裁判上存在不同认识。一种观点认为，浮动抵押权设定之后、确定之前，抵押财产尚处于抵押人正常的经营活动中而显流动状态，浮动抵押权的设定并不限定抵押人的处分权，尚不得对抗正常经营活动中已支付合理对价并取得抵押财产的买受人，自然也不能优先于浮动抵押权确定之前依法设立的其他担保物权。[②]另一种观点认为，我国法并无严格意义上的结晶、接管制度，浮动抵押权在确定之前已经产生物权效力，在效力规则上不应采行英国法的解释论，而应依设定时间的先后确定竞存权利之间的优先顺位。浮动抵押权早于动产（固定）抵押权办理登记，则浮动抵押权应优先于动产（固定）抵押权受偿。[③]《全国法院民商事审判工作会议纪要》（法发〔2019〕254号，以下简称《民商事审判会议纪要》）采纳了第二种方案，其第64条规定："企业将其现有的以及将有的生产设备、原材料、半成品及产品等财产设定浮动抵押后，又将其中的生产设备等部分财产设定了动产抵押，并都办理了抵押登记的，根据《物权法》第199条的规定，登记在先的浮动抵押优先于登记在后的动产抵押。"在《民法典》时代，借鉴《美国统一商法典》第九编相关理论进行解释论作业的趋势日渐明显，采纳美式浮动抵押构造的论者声势更加浩大。[④] 最高人民法院在其编著的民法典理解与适用书中径直指出，"《民法典》规定的浮动抵押性质上属于美式浮动抵押，而非英式浮动抵

---

① 相关裁判可参见"甲银行鹤岗分行与乙银行股份有限公司鹤岗分行借款合同纠纷上诉案"，黑龙江省高级人民法院（2015）黑高商终字第20号民事判决书。

② 参见高圣平：《担保法论》，法律出版社2009年版，第455页；席志国：《民法典编纂视野下的动产担保物权效力优先体系再构建——兼评〈民法典各分编（草案）二审稿〉第205-207条》，载《东方法学》2019年第5期。

③ 参见王洪亮：《动产抵押登记效力规则的独立性解析》，载《法学》2009年第11期；龙俊：《动产抵押对抗规则研究》，载《法学家》2016年第3期；最高人民法院民事审判第二庭编：《〈全国法院民商事审判工作会议纪要〉理解与适用》，人民法院出版社2019年版，第381页。

④ 参见曹明哲：《论动产浮动抵押权与固定抵押权的竞存——兼论价金担保权的设立与适用》，载《金融理论与实践》2020年第10期；纪海龙：《民法典动产与权利担保制度的体系展开》，载《法学家》2021年第1期；孙宪忠、朱广新主编：《民法典评注：物权编》，中国法制出版社2020年版，第89页。

押”。[①]

笔者以为，作为继受法的一种，浮动抵押权的解释论自应参考制度来源国。以我国法上不存在浮动抵押权上所谓“结晶”制度为由，否定我国浮动抵押制度源自英国法，缺乏正当性。英国法上所谓“crystallization”，既可直译为“结晶”，又可意译为“固定化”“特定化”“具体化”“确定”。[②] 比较《民法典》《物权法》上关于浮动抵押权的确定事由与效力的规定与英国法上的所谓“结晶”制度，不难发现二者之间的高度相似性。但据此不能简单地套用英国法的解释论，英国动产担保交易形式多样，均为在不同历史时期应对不同的经济需要而创设，相互之间的规则冲突颇为明显，[③] 如此形成的解释论具有多大程度的参考和借鉴价值，确实值得怀疑。在动产担保交易制度中，优先顺位体系最能体现各个国家的不同政策选择，其中有些规则由于国与国之间的社会、经济制度的差异而不具有可比性和可移植性。[④]

诚然，在物权特定性原则之下，担保物权只能设立在现实存在的财产之上，这一限制是为了防止债务人就其财产（尤其是未来财产），向担保权人作出过多承诺。但由于企业并不总是有现成的既有财产供作信贷担保，上述限制会使其无法借由存货和应收账款等未来财产获取信贷支持。[⑤] 由此可见，不宜以物权特定性为由彻底否定在未来财产上设立担保物权的合同的效力。[⑥] 我国《民法典》上虽未就未来财产上的担保物权规则作出统一规定，但在解释上可以认为，只要相关财产不存在，物上担保合同就无法产生任何物权效力；一旦拟设立担保物权的财产存在，就设立了担保物权。但应当强调的是，担保物权的延迟设立，并不必然地影响其优先顺位。如果担保物权通过登记而取得对抗效力，则登记的时间决定了担保物权的优先顺位；登记时间也可以在担保物权实际设立之前。[⑦] 在登记

---

① 最高人民法院民法典贯彻实施工作领导小组编：《中华人民共和国民法典物权编理解与适用（下）》，人民法院出版社2020年版，第1050页。

② 参见崔建远：《物权：规范与学说——以中国物权法的解释论为中心（第二版）》（下册），清华大学出版社2021年版，第489页；高圣平：《担保法论》，法律出版社2009年版，第458页；刘保玉：《我国担保物权制度的立法改进与规则完善》，载《公民与法》2012年第7期。

③ See Frederique Dahan, Secured Transactions Law in Western Advanced Economics: Exposing Myths, Law in Transition, Autumn 2000, p. 40.

④ 参见李莉：《论浮动抵押财产确定制度》，载《环球法律评论》2021年第2期；高圣平：《动产担保交易法制度比较研究》，中国人民大学出版社2008年版，第363页。

⑤ See United Nations Commission on International Trade Law, *UNCITRAL Legislative Guide on Secured Transactions*, United Nations, 2010, p. 23.

⑥ See Ulrich Drobnig and Ole Böger (eds), *Proprietary Security in Movable Assets*, Oxford: Oxford University Press, 2015, p. 279.

⑦ See Ulrich Drobnig and Ole Böger (eds), *Proprietary Security in Movable Assets*, Oxford: Oxford University Press, 2015, p. 279.

对抗主义之下，动产担保权的登记并不像不动产登记那样具有公信力，动产担保登记簿的记载对于第三人而言仅具提醒作用。由此，为保全在未来财产之上的动产担保权，权利人可在动产担保权设立之前即登记。这样，权利人既可以在动产担保权设立之前登记，也可以在动产担保权设立之后登记。由此可见，动产担保权的设立，既不是动产担保权登记的前提，也不是确定竞存权利之间优先顺位的决定性因素。“在先登记足以确立动产担保权的优先顺位，即使在其他动产担保权登记公示之时在先登记的动产担保权并未有效设立，亦无不然。”①

尽管我国单独就浮动抵押权作出了专门规定，并可以认为在确定之前浮动抵押权的效力不及于具体的抵押财产（第 396 条），浮动抵押权的设立并不限制抵押人对抵押财产的处分，但是，各权利人之间的顺位应依登记时间加以确定。仅依登记时间的先后，而不以浮动抵押权的确定时间与动产（固定）抵押权的登记时间之间的先后，来决定优先顺位，有利于增加优先顺位规则的统一化和确定性，也有利于提高浮动抵押制度的应用价值、推动这一交易模式的广泛采用。②如采行浮动抵押权的确定时间与动产（固定）抵押权的登记时间之间的先后来决定优先顺位，一则浮动抵押权的确定时间并不为第三人所明确知悉；二则浮动抵押权人与抵押人之间就浮动抵押权的确定时间还极有可能发生争议，如此即增加了优先顺位规则适用的不确定性。应当注意的是，《民法典》第 404 条规定：“以动产抵押的，不得对抗正常经营活动中已经支付合理价款并取得抵押财产的买受人。”这里确立了正常经营活动中的买受人规则，系属动产抵押权登记对抗效力的例外。有学者认为，由此而推论，“付出相应对价而取得的固定财产抵押权应当优先于浮动抵押权。”③ 本书作者认为，抵押人将已经设定抵押的财产再次设定抵押的行为，非属“正常经营活动”，亦非买卖行为，因此，不宜将此时的抵押权人与正常经营活动中的买受人的法律地位作同一解释。④ 同时，就同属未来财产、同样具有浮动性的应收账款，《民法典》上采取了以登记作为竞存应收账款质权优先顺位的判断标准，就浮动抵押权和动产（固定）抵押权之间的优先顺位亦应作相同解释。准此，《民法典》第 414 条第 1 款所确立的优先顺位一般规则

---

① See Ronald C. C. Cuming, Catherine Walsh and Roderick J. Wood, *Personal Property Security Law*, 2nd ed., Toronto, ON: Irwin Law Inc., 2012, p. 420.

② 参见龙俊：《动产抵押对抗规则研究》，载《法学家》2016 年第 3 期；最高人民法院民事审判第二庭编：《〈全国法院民商事审判工作会议纪要〉理解与适用》，人民法院出版社 2019 年版，第 381 页。

③ 刘保玉：《我国担保物权制度的立法改进与规则完善》，载《公民与法》2012 年第 7 期。

④ 参见最高人民法院民事审判第二庭编：《〈全国法院民商事审判工作会议纪要〉理解与适用》，人民法院出版社 2019 年版，第 382 页；曾大鹏：《商事担保立法理念的重塑》，载《法学》2013 年第 3 期。

适用于浮动抵押权。[①]

（三）《民法典》第414条第1款与第403条之间的解释冲突及其化解

根据《民法典》第403条的规定，未经登记的动产抵押权，不得对抗善意第三人，但第414条所定优先顺位的判断标准仅有一项，即登记的时间，这里并未考虑后设立担保权的权利人的主观态度。如此即可能出现解释冲突。例如，后设立的动产抵押权或其他担保权已经完成登记或其他公示手续，但其权利人知道同一动产上已经存在未登记的动产抵押权，如依第403条的规定，设立在先但未登记的动产抵押权，即优先于设立在后但已完成公示手续的动产担保权（第一种解释方案）；如依第414条和第415条的规定，则设立在先但未登记的动产抵押权，就劣后于设立在后但已完成公示手续的动产担保权（第二种解释方案）。就此，学界存在不同意见。

有学者主张采纳第一种解释方案，认为“针对同一动产上的两个抵押权相互之间的优先关系，并不能简单地看各抵押权是否经过登记以及登记的先后顺序。相反，必须结合后设立之抵押权人是善意还是恶意等全部因素以共同定之”[②]。其主要理由在于，从第403条的文义上看，若后设立抵押权的权利人知悉在同一财产上已经存在抵押权，则不论其是否办理完成登记手续，都将因其主观上知悉在先抵押权的存在而不能取得优先地位。[③] 这是民法保护善意、惩罚恶意功能的体现，符合民法学最基本的价值判断，[④] 具有道德上的正当性。既然后设立的抵押权人已经知晓在先的权利，就应当尊重在先的权利，而不应当利用法律制度之漏洞图一己之利，否则其行为即有悖于诚信原则，法律应当对其作否定性的评价，[⑤]“即纵先经登记，其效力仍劣于成立在先之抵押权，以贯彻恶意不受保护之基本原则。”[⑥]

有学者赞成第二种解释方案，认为“当发生动产抵押权的竞存时，不应适用

---

① 相同的意见参见最高人民法院民法典贯彻实施工作小组编：《中华人民共和国民法典物权编理解与适用》（下），人民法院出版社2020年版，第1050页；龙俊：《民法典中的动产和权利担保体系》，载《法学研究》2020年第6期；纪海龙：《民法典动产与权利担保制度的体系展开》，载《法学家》2021年第1期；王利明：《登记的担保权顺位规则研究——以〈民法典〉第414条分析为中心》，载《比较法研究》2021年第2期；王乐兵：《动产担保优先顺位的立法构造与适用解释》，载《法学家》2022年第2期。

② 席志国：《民法典编纂视野下的动产担保物权效力优先体系再构建——兼评〈民法典各分编（草案）二审稿〉第205－207条》，载《东方法学》2019年第5期。

③ 参见董学立：《如何理解〈物权法〉第199条》，载《法学论坛》2009年第2期。

④ 参见石冠彬：《论民法典担保物权制度的体系化构建》，载《法学评论》2019年第6期。

⑤ 参见席志国：《民法典编纂视野下的动产担保物权效力优先体系再构建——兼评〈民法典各分编（草案）二审稿〉第205－207条》，载《东方法学》2019年第5期，第51页。

⑥ 王泽鉴：《民法学说与判例研究：重排合订本》，北京大学出版社2015年版，第1480页。

《物权法》第188条，而应该直接适用《物权法》第199条，即不区分‘善意恶意’”，①其主要理由在于，从体系解释上看，采纳第一种解释方案无法自洽，此时无法解释《物权法》第199条第2项和第3项是何用意，因为只有动产抵押中才存在“未登记的抵押权”。因此，可以认为《物权法》第188条和第199条之间是特殊规范和一般规范的关系。②从价值判断上看，抵押人在为他人设立抵押权之后，即无权处分该抵押财产，受让人的善意足以弥补抵押人处分权的缺陷，但与此不同的是，抵押人即使已在其动产设立了抵押权，也并不妨害其在同一动产上再次设立其他担保权，每次担保权的设立均属有权处分。竞存的担保权人只是争夺就同一动产的清偿顺位，即便其在竞争中处于不利境地，也仅是顺位劣后，不会引发权利丧失的法律后果。“由于担保交易更多的只是涉及清偿顺位的商业竞争，即使后顺位的担保权人得知在先抵押的事实，主观上也不具有可归责性。”③此外，从法律继受的视角，这一优先顺位规则来自美国法，而《美国统一商法典》上在确立竞存权利之间的优先顺位之时并未区分善意和恶意。④

笔者认为，现代动产担保交易法制优先顺位规则的核心价值目标在于确定性，这既是提高动产担保交易的效率的需要，也是保护交易主体信赖利益使然。⑤动产担保权经公示而确立其优先顺位，是保护第三人信赖利益的最优选择。⑥如若优先顺位的确立仍须考量相关权利人的善意，则会增加交易结果的不可预测性。权利人主观上的善意“是一个很难证明的纯主观的事实问题，除非存在压倒性的政策论据有益于该标准的适用，否则应明智地抛弃这一标准，并根据一些更容易确定的客观事件来决定，比如登记日期。”⑦在我国已经加入的《开普敦公约》中，竞存权利之间依登记的先后顺序定其顺位，不考虑权利人在主观上的善

---

① 龙俊：《动产抵押对抗规则研究》，载《法学家》2016年第3期。相同观点参见崔建远：《物权：规范与学说——以中国物权法的解释论为中心（第二版）》（下册），清华大学出版社2011年版，第409～412页。

② 参见龙俊：《动产抵押对抗规则研究》，载《法学家》2016年第3期。

③ 庄加园：《动产抵押的登记对抗原理》，载《法学研究》2018年第5期。

④ 参见王洪亮：《动产抵押登记效力规则的独立性解析》，载《法学》2009年第11期；龙俊：《动产抵押对抗规则研究》，载《法学家》2016年第3期。

⑤ 参见龙俊：《民法典中的动产和权利担保体系》，载《法学研究》2020年第6期。

⑥ See Barkley Clark and Barbara Clark, *The Law of Secured Transactions Under the Uniform Commercial Code*, 3rd ed., New York: LexisNexis, 2017, pp. 3－6.

⑦ Grant Gilmore, *Security Interests in Personal Property*, Vol. 1, Little, Brown and Company, 1965, p. 902.

意和恶意。① 起草者认为，如坚持登记对抗主义之下，虽未登记，但仍可对抗恶意的第三人，竞存权利之间就会多一个主观判断因素，徒增优先顺位上的不确定性，只会招致事实上的纷争，引发不必要的诉讼，终将导致成本和风险的增加。② 最终，《开普敦公约》不考虑当事人是否知悉竞存权利的存在，仅以登记作为确定竞存权利之间优先顺位的唯一客观因素，增加了优先顺位规则的确定性。③

解释论上可以认为，相对于第403条，第414条是特别规定，应当优先于第403条这一一般规定而适用。如此，《民法典》第403条应作限缩解释，善意要件只适用于第三人为买受人等具有否定未登记动产担保权存在效力的情形，而不适用于已经依法公示其担保权的权利人，即使这些权利人主观上为恶意，亦无不然。如此即增加了动产担保交易的确定性。

应值得注意的是，《民法典担保制度解释》第16条第2款规定："主合同当事人协议以新贷偿还旧贷，旧贷的物的担保人在登记尚未注销的情形下同意继续为新贷提供担保，在订立新的贷款合同前又以该担保财产为其他债权人设立担保物权，其他债权人主张其担保物权顺位优先于新贷债权人的，人民法院不予支持。" 此处维系以原来因"旧贷"而为的担保物权登记时点确立继续为"新贷"提供担保的担保物权的顺位，并不违反后顺位担保物权人在其担保物权设立时的合理期待。因为，在后顺位担保物权人设立担保物权之时，即已知道其位于后顺位。反而言之，"借新还旧"的本质是旧贷特殊形式的展期，旧贷上的担保物继续为新贷提供担保，债权人对于担保物仍享有顺位利益，只要旧贷担保人同意继续为新贷提供担保且登记仍未涂销，债权人的担保顺位应予确认，于此亦有助于维护现行金融秩序。④

---

① See Roy Goode, The Priority Rules under the Cape Town Convention, (2012) Cape Town Convention Journal 95 (2012), p. 97; Jolyn Ang Yi Qin, Rationalizing the Cape Town Convention and Aircraft Protocol's First – to – Register Rule and Its Exceptions in the Context of Aviation Finance, 79 Journal of Air Law and Commerce 747 (2014), p. 757.

② See Anthony Saunders and Ingo Walter, *Proposed Unidroit Convention on International Interests in Mobile Equipment as Applicable to Aircraft Equipment through the Aircraft Equipment Protocal*: *Economic Impact Assessment*, Air & Space Law, vol. 23, 1998, pp. 359 – 360.

③ See Roy Goode, "*The Cape Town Convention on International Interests in Mobile Equipment*", in Arthur Hartkamp, Martijn Hesselink, Ewoud Hondius, Carla Joustra, Edgar du Perron and Muriel Veldman, *Towards a European Civil Code*, Third Fully Revised and Expanded Edition, AH Alphen aan den Rijn, The Netherlands: Kluwer Law International, 2004, p. 762；高圣平：《中国融资租赁法制：权利再造与制度重塑——以〈开普敦公约〉及相关议定书为参照》，载《中国人民大学学报》2014年第1期。

④ 参见最高人民法院民事审判第二庭编：《最高人民法院民法典担保制度司法解释理解与适用》，人民法院出版社2021年版，第205页。

四、动产抵押权和动产质权之间优先顺位规则的解释与适用

（一）同一标的物上动产抵押权和动产质权竞存的可能性

动产抵押权的设立不以移转标的物的占有为必要，且抵押权的设立并不限制抵押人对抵押财产的处分，抵押人自可就同一动产为他人设立动产质权。如此，“先押后质”中动产抵押权和动产质权的效力均应予以承认，唯一应予明确的是二者之间的优先顺位。关于是否存在“先质后押”的情形，学界存在争议。第一种观点认为，若在同一动产上先设定质权后再设定抵押权，质权因占有标的物而生效力，而抵押权人在抵押权可得实现之时也得占有抵押财产以行使抵押权，如此，在抵押权人实行其占有时就会与质权人的占有在效力上发生冲突。基于此，在同一动产上若允许设定质权后再设定抵押权在实行上存在困难，法律上不宜承认“先质后押”。① 第二种观点认为，动产抵押权无须移转占有，抵押人仍然占有着标的物，而抵押人对标的物的占有，并不仅限于直接占有，间接占有亦无不可。② 因此，对于已出质的动产，出质人正居于间接占有人地位，非不得以之再为他人设定抵押权。在此情形下，纵使动产抵押权已经登记，但因登记的对抗力仅向后发生，不能影响成立在前的具有完全效力的质权。③ 第三种观点认为，若当事人同意在出质的财产上设定抵押权，且抵押权所担保的债权清偿期晚于质权人的债权，则并无不可，只是此时质权的效力应优先于抵押权。④

本书作者认为，法律虽然对“先质后押”没有允许的积极规定，但也无禁止的消极规定。实践中，“先质后押”的情形同样可能存在，如在同一动产先设定动产质权但所担保的债务数额相对该动产价值较少之时，为充分发挥该动产的金融价值，自应允许出质人再以该动产设定不移转占有的动产抵押权。至于债权人是否接受已经设定质权的动产作为抵押财产，自应由其自行判断。更何况，债权人有可能不知道或不应当知道同一动产上已经设立质权的事实。⑤“先质后押”的情形在承认动产浮动质权的情形之下更为多见。⑥ 由此可见，自应承认“先质后押”，并承认动产质权和动产抵押权的效力。

---

① 参见郭明瑞：《担保法原理与实务》，中国方正出版社 1995 年版，第 74 页。

② 参见郑玉波：《各种动产担保相互关系之分析》，载《法令月刊》1974 年第 8 期。

③ 参见王泽鉴：《民法学说与判例研究：重排合订本》，北京大学出版社 2015 年版，第 1480 页。

④ 参见郭明瑞：《担保法原理与实务》，中国方正出版社 1995 年版，第 74 页。

⑤ 参见高圣平：《民法典担保物权制度修正研究——以〈民法典各分编（草案）〉为分析对象》，载《江西社会科学》2018 年第 10 期。

⑥ 参见最高人民法院民事审判第二庭编：《〈全国法院民商事审判工作会议纪要〉理解与适用》，人民法院出版社 2019 年版，第 384 页。

（二）动产抵押权和动产质权之间优先顺位规则的变迁

就动产抵押权和动产质权之间的优先顺位，我国《物权法》上并无规定，基于“质权设定在先抵押权设定在后的情况几乎不存在”[①] 的在先判断，《担保法司法解释》第79条第1款规定：“同一财产法定登记的抵押权与质权并存时，抵押权人优先于质权人受偿。”其主要政策选择理由在于，动产抵押权以登记为公示方法，登记的时间可得确定；动产质权以交付为公示方法，但交付的时间不易确定，且易为当事人之间恶意串通而改变。准此，登记公示的效力要优于占有的效力。[②] 由于《担保法》就动产抵押权分别采取登记生效和登记对抗两种模式，动产抵押权也就有了“法定登记的抵押权”和“自愿登记的抵押权”之分。该款中“法定登记的抵押权”是指在交通运输工具、企业动产上设定的动产抵押权，登记不仅是动产抵押权的生效要件，而且是动产抵押合同的生效要件。但是，《物权法》上就动产抵押权统一改采登记对抗主义，是否办理抵押登记全由当事人自行选择，已经不存在所谓“法定登记的抵押权”，但就《担保法司法解释》第79条第1款是否仍得适用，学说上存在争议。[③] 学说上多数观点认为，动产抵押权和动产质权之间应以物权设立（取得对抗效力）的时间先后确立其优先顺位。[④] 但有学者坚持主张，已经登记的动产抵押权优先于动产质权，而不管其设立先后。其主要理由是，在登记和占有两种或公示方法之间，就第三人利益的保护而言，前者的公示效果显著优于后者。占有作为动产担保物权的效力存续条件，并不具有公示担保物权存在的作用。以占有为动产担保物权的“公示”方法的，不产生公信力，动产担保物权的优先性更是无从谈起；以登记为公示方法的，则有公信力。若将动产质权和动产抵押权置于相同的受偿顺位，存在滥用动

---

① 李国光等：《最高人民法院〈关于适用中华人民共和国担保法若干问题的解释〉理解与适用》，吉林人民出版社2000年版，第283页。

② 参见李国光等：《最高人民法院〈关于适用中华人民共和国担保法若干问题的解释〉理解与适用》，吉林人民出版社2000年版，第283～284页。

③ 参见王利明：《物权法研究（下卷）（第四版）》，中国人民大学出版社2018年版，第1342～1343页；龙俊：《动产抵押对抗规则研究》，载《法学家》2016年第3期；高圣平：《民法典担保物权制度修正研究——以〈民法典各分编（草案）〉为分析对象》，载《江西社会科学》2018年第10期。

④ 参见王利明：《我国民法典物权编中担保物权制度的发展与完善》，载《法学评论》2017年第3期；高圣平：《民法典担保物权制度修正研究——以〈民法典各分编（草案）〉为分析对象》，载《江西社会科学》2018年第10期；曹明哲：《刍议动产抵押权与动产质权竞存的优先顺位》，载《南方金融》2019年第1期；席志国：《民法典编纂视野下的动产担保物权效力优先体系再构建——兼评〈民法典各分编（草案）二审稿〉第205－207条》，载《东方法学》2019年第5期；最高人民法院民事审判第二庭编：《〈全国法院民商事审判工作会议纪要〉理解与适用》，人民法院出版社2019年版，第384页。

产质权以损害动产抵押权的巨大市场风险。①

本书作者认为，就竞存动产抵押权之间的优先顺位，《民法典》第414条是以动产抵押权取得对抗第三人效力的先后顺序作为判断标准。这一政策选择理应贯彻于动产抵押权和动产质权之间优先顺位的确立。同一动产上竞存的动产抵押权和动产质权之间，亦应以相关权利取得对抗第三人效力的先后顺序作为判断竞存权利之间优先顺位的标准。至于登记和交付两种公示方法之间，应维持价值中立。登记和交付同为物权变动的公示方法，其效力由法律直接作出规定，在法律上没有明确规定何种公示方法优先的情况下，二者之间并无优劣之分。② 更何况，在登记对抗主义之下，登记的功能与不动产登记迥异，登记是否具有公信力，尚值研究。在比较法上，占有和登记之间效力平等，二者间的先后顺序可以决定动产担保权之间的优先顺位，没有理由认为先设立的动产质权就劣后于后设立且登记的动产抵押权。③

正是基于此，《民商事审判会议纪要》第65条规定："同一动产上同时设立质权和抵押权的，应当参照适用《物权法》第199条的规定，根据是否完成公示以及公示先后情况来确定清偿顺序：质权有效设立、抵押权办理了抵押登记的，按照公示先后确定清偿顺序；顺序相同的，按照债权比例清偿；质权有效设立，抵押权未办理抵押登记的，质权优先于抵押权；质权未有效设立，抵押权未办理抵押登记的，因此时抵押权已经有效设立，故抵押权优先受偿。"（第1款）"根据《物权法》第178条规定的精神，担保法司法解释第79条第1款不再适用。"（第2款）《民法典》第415条规定："同一财产既设立抵押权又设立质权的，拍卖、变卖该财产所得的价款按照登记、交付的时间先后确定清偿顺序。"与《民商事审判会议纪要》第65条相比，本条删去了其中关于"顺序相同的，按照债权比例清偿"的规定。动产抵押权和动产质权同时取得对抗效力的情形显属罕见，但并非不可能发生。此际，可以认为，既然效力同等，则顺序相同，应按照所担保的债权的比例受偿。④

根据《民法典》的相关规定，动产抵押权自登记之时产生对抗第三人的效力；动产质权自出质人交付质押财产时设立，未交付则动产质权不设立。在解释上，动产质权自交付时才取得对抗第三人的效力。如此，确定动产抵押权和动产质权之间的顺位关系，尚须就二者取得对抗第三人效力的时间之间进行对比，亦

① 参见邹海林：《论〈民法典各分编（草案）〉"担保物权"的制度完善——以〈民法典各分编（草案）〉第一编物权为分析对象》，载《比较法研究》2019年第2期。

② 参见王利明：《我国民法典物权编中担保物权制度的发展与完善》，载《法学评论》2017年第3期。

③ 参见龙俊：《动产抵押对抗规则研究》，载《法学家》2016年第3期。

④ 参见刘保玉：《论担保物权的竞存》，载《中国法学》1999年第2期。

即对动产抵押权登记的时间和动产质物交付的时间进行比较。此时，也无须考虑担保权人在设定担保物权的善意或恶意。① "当某债权人明知抵押物上存在未登记抵押权时，仍接受该抵押人提供的该动产质押，此时该债权人即属于恶意质权人。但因交付占有是动产质权的法定公示方式，已经占有（的）恶意质权人应受到公示制度的保护，可以对抗未登记的动产抵押权。"② 此外，在解释上，动产所有权保留、融资租赁与动产质权相竞存之时，亦应类推适用《民法典》第415条的规定，比较所有权保留、融资租赁的登记时间与动产质物的交付时间之先后，以此判断彼此之间的顺位。③

准此，动产抵押权登记在先，动产质权设立在后，则动产抵押权优先；动产质权设立在先，动产抵押权登记在后，则动产质权优先；④ 动产抵押权未登记的，因其尚未取得对抗第三人的效力，即使动产质权设立在后，动产质权亦优先，此时，即使动产质权人知道尚有在先的未登记动产抵押权，亦无不然；动产质权未有效设立，动产抵押权未办理抵押登记的，因此时动产抵押权已经有效设立，故动产抵押权优先。⑤

《民法典》第414条确立了"先登记者优先规则"这一优先顺位的一般规则。在其准用于其他担保权之时，公示方法虽不同但具有同等效力，如此，"先登记者优先规则"也就成了"先公示者优先规则"，《民法典》第415条即属此理。⑥基于第414条第2款的文义，动产质权并不属于"其他可以登记的担保物权"，在动产抵押权与动产质权竞存之时，自无该条适用的空间。《民法典》单设专条专门规定动产抵押权与动产质权竞存时的优先顺位规则，有利于进一步完善动产担保权优先顺位规则体系。第415条的法政策选择与第414条相同，均以动产担保权取得对抗效力的时间先后，作为判断竞存担保权之间的顺位关系。

---

① 参见龙俊：《动产抵押对抗规则研究》，载《法学家》2016年第3期；高圣平：《担保法前沿问题与判解研究（第四卷）》，人民法院出版社2019年版，第285页；曹明哲：《刍议动产抵押权与动产质权竞存的优先顺位》，载《南方金融》2019年第1期；最高人民法院民事审判第二庭编：《〈全国法院民商事审判工作会议纪要〉理解与适用》，人民法院出版社2019年版，第385页；黄薇主编：《中华人民共和国民法典物权编解读》，中国法制出版社2020年版，第665页。相反意见参见席志国：《民法典编纂视野下的动产担保物权效力优先体系再构建——兼评〈民法典各分编（草案）二审稿〉第205-207条》，载《东方法学》2019年第5期，第55~56页。

② 王闯：《冲突与创新——以物权法与担保法及其解释的比较为中心而展开》，载梁慧星主编：《民商法论丛》第40卷，法律出版社2008年版，第292页。

③ 参见纪海龙：《民法典动产与权利担保制度的体系展开》，载《法学家》2021年第1期。

④ 参见四川省乐山市中级人民法院（2021）川11民初235号民事判决书。

⑤ 参见高圣平：《担保法前沿问题与判解研究》（第四卷），人民法院出版社2019年版，第285页。

⑥ 参见黄薇主编：《中华人民共和国民法典物权编解读》，中国法制出版社2020年版，第714~715页。

（三）公示方法的改变对于优先顺位判断的影响

在解释上存在疑问的是，如当事人改变了公示方法，对于“先公示者优先规则”的适用有何影响？例如，甲乙两个担保权人就同一担保人的同一财产均设立了动产担保权。其中，甲担保权人于2月1日取得了标的物的占有，从而公示了其动产质权；乙担保权人于3月1日办理了动产抵押登记，从而公示了其动产抵押权。根据《民法典》第415条的规定，甲担保权人优先受偿。如甲担保权人于4月1日办理了动产抵押登记，其后将标的物返还予担保人，此时如何确定甲乙之间的权利顺位？如依第414条第1款第一项的规定，乙担保权人登记在先，应优先于后登记的甲担保权人而受偿。在解释上，针对此种公示方法发生变化的情形，只要公示状态是连续的，没有间断，同一担保权人的顺位应依初始公示的时间加以确定。就前述情形，因甲担保权人公示在先，虽然其后改变了公示方法，但担保权公示的状态没有间断，自应认为甲担保权人的权利始终优先。如此看来，登记簿上所显示的登记时间先后，并不一定是确立竞存权利之间优先顺位的依据，如在后的登记仅仅只是持续公示状态的第二阶段，则其权利顺位可能优先于在先的登记。

同理，上例中如甲担保权人先依登记而公示其动产抵押权，而后又依占有与公示者，亦无不然。例如，甲担保权人于2月1日办理了动产抵押登记，从而公示了其动产抵押权；乙担保权人于3月1日办理了动产抵押登记，也公示了其动产抵押权。根据《民法典》第414条第1款第一项的规定，甲担保权人优先受偿。甲担保权人于4月1日取得了标的物的占有，将其权利转变为动产质权，其后甲担保权人注销了动产抵押登记或者该动产抵押登记因有效期限经过而消灭。此际，虽然查询动产担保登记簿，尚无法发现甲担保权人的在先动产担保权，但因甲担保权人在动产抵押权消灭之前已依占有而公示其动产质权，甲担保权人的公示状态得以持续。在解释上，此时应以其初始公示的时间确定甲担保权人的优先顺位。不过，甲担保权人尚须举证证明公示状态没有间断，以及在持续公示状态的第一阶段其动产抵押登记尚属有效。

上述解释论的适用以公示状态的不间断为前提。先顺位担保权人维持其优先顺位，以其保持其担保权的公示状态为前提，如中间有间隔，出现了未公示其担保权的时间段，则应以其再次公示的时间确定其优先顺位。[①] 如在前例中，如甲担保权人先将标的物返还予担保人，而后再办理动产抵押登记，则公示状态并未得以持续。即使这一间断时间很短，也应以新的公示时间确立其权利顺位。此点对于存在宽限期的购买价金担保权而言尤为重要。在《民法典》第416条所确立

---

① See William H. Lawrence , William H. Henning and R. Wilson Freyermuth, *Understanding Secured Transactions*, 5th ed. , New Providence, NJ: Matthew Bender & Company, Inc. , 2012, p. 231.

的购买价金担保权超过优先顺位规则中，自标的物交付后有一个“10日”的宽限期，在宽限期内视为该担保权已经处于暂时公示状态。但如动产担保权人在该宽限期届满之前并未登记其动产担保权，则暂时公示状态所带来的优待将丧失。[①]

五、购买价金担保权超优先顺位规则的解释与适用

《民法典》第416条规定：“动产抵押担保的主债权是抵押物的价款，标的物交付后十日内办理抵押登记的，该抵押权人优先于抵押物买受人的其他担保物权人受偿，但是留置权人除外。”这是《民法典》中新增的购买价金担保权超优先顺位规则，其立法意旨在于：“针对交易实践中普遍存在的借款人借款购买货物，同时将该货物抵押给贷款人作为价款的担保的情形，草案赋予了该抵押权优先效力，以保护融资人的权利，促进融资”。[②] 作为《民法典》第414条所确立的“先登记者优先规则”的例外，第416条奉行“后登记者优先规则”，正是基于此，这一优先顺位的例外规则多被称为“超优先顺位规则”或“超级优先顺位规则”(super priority)。[③]

(一) 购买价金担保权超优先顺位规则的适用范围

购买价金担保权，又称购置款担保权、购买价金担保权益，[④] 比较法上多称为“purchase money security interest”(PMSI)，是指债权人在动产之上取得的担保因购买该动产所生的价金给付义务的担保权，《联合国动产担保立法指南》将其界定为“一种有体动产（而非可转让票据或可转让单证）担保权，籍此为未受清偿的购买价金的付款义务或为使担保人获取该动产而产生的债务或提供的其他信贷的履行提供担保。购买价金担保权不一定如此称呼。在非统一处理模式之下，这一术语还包括所有权保留交易中出卖人的权利或融资租赁交易中出租人的权利”。[⑤] 购买价金担保权总是和购买价金融资交易（acquisition financing）联系在一起，既包括赊销有体动产的出卖人对标的物所保留的所有权，也包括应承租人的指令购买租赁物的出租人对标的物所保有的所有权，还包括为购置特定有体动

---

① See Ronald C. C. Cuming, Catherine Walsh and Roderick J. Wood, *Personal Property Security Law*, 2nd ed., Toronto, ON: Irwin Law Inc., 2012, p. 439.

② 沈春耀：《关于〈民法典各分编（草案）〉的说明——2018年8月27日在第十三届全国人民代表大会常务委员会第五次会议上》，载《民法典立法背景与观点全集》编写组编：《民法典立法背景与观点全集》，法律出版社2020年版，第23页。

③ See James J. White and Robert S. Summers, *Principles of Secured Transactions*, St. Paul, MN: Thomson/West, 2007, p. 160; Ronald C. C. Cuming, Catherine Walsh and Roderick J. Wood, *Personal Property Security Law*, 2nd ed., Toronto, ON: Irwin Law Inc., 2012, p. 420.

④ 参见董学立：《美国动产担保交易制度研究》，法律出版社2007年版，第147页。

⑤ See United Nations Commission on International Trade Law, *UNCITRAL Legislative Guide on Secured Transactions*, United Nations, 2010, p. 455.

产提供贷款的债权人对标的物享有的抵押权。[①] 由此可见，在比较法上，购买价金担保权人既可以是贷款人，也可以是出卖人、出租人。但是，我国《民法典》将所有权保留交易和融资租赁交易没有重构为典型的动产担保交易，基于此，《民法典》在第十七章“抵押权”第一节“一般抵押权”部分规定购买价金抵押权（第416条）。在解释上，这一规则自可准用于所有权保留交易和融资租赁交易，本文也因此将这一权利类型称为购买价金担保权。[②]

出卖人或债权人依购买价金融资交易就标的物取得的动产担保权，并不以动产抵押权为限，所有权保留交易和融资租赁交易中的所有权亦属之。[③] 如在所有权保留交易中，买受人全额支付购买价款之前，出卖人保留对标的物的所有权，出卖人为买受人购置该标的物提供信用支持。此时，出卖人的权利同样有特殊保护的必要。在解释上，所有权保留交易和融资租赁交易与动产抵押交易同属动产担保交易，自可准用本条规定。这一解释方案，一是赋予所有购买价金融资提供人以同样的法律地位，尽可能同等对待为购买价金提供融资的所有交易，与统一动产担保交易规则的政策目标相合；二是实现了改行登记对抗主义之后出卖人或出租人依传统的所有权保留交易或融资租赁交易本应得到的相同保护。[④]

（二）购买价金担保权超优先顺位规则的正当性

购买价金担保权超优先顺位规则的正当性在于，在承认未来财产之上的动产担保权依登记时间而确定其优先顺位的情形之下，[⑤] 为防止所有的新增财产自动“流入”已设定的动产担保权，促进为担保人（债务人）购置资产提供新的信贷支持，拓宽再融资渠道，有必要承认购买价金担保权的超优先顺位。[⑥] 在我国《民法典》上，动产抵押权、所有权保留交易中出卖人的所有权、融资租赁交易中出租人的所有权都奉行登记对抗主义，且竞存的动产担保权之间依登记先后确定其优先顺位，已如前述。如债权人在债务人的所有未来财产上已设定浮动抵押权，在解释上，如该浮动抵押权已经登记，即具有优先于后设立的动产担保权的

① 参见黄薇主编：《中华人民共和国民法典物权编解读》，中国法制出版社2020年版，第717页。

② 事实上，《民法典担保制度解释》第57条已经明确肯认该观点，参见最高人民法院民事审判第二庭编：《最高人民法院民法典担保制度司法解释理解与适用》，人民法院出版社2021年版，第492页。

③ 参见谢在全：《浮动资产担保权之建立——以台湾地区“企业资产担保法草案”为中心》，载《交大法学》2017年第4期。

④ See Ulrich Drobnig and Ole Böger (eds), *Proprietary Security in Movable Assets*, Oxford: Oxford University Press, 2015, p. 569; United Nations Commission on International Trade Law, *UNCITRAL Legislative Guide on Secured Transactions*, United Nations, 2010, p. 336.

⑤ See Thomas H. Jackson and Anthony T. Kronman, Secured Financing and Priorities Among Creditors, 88 Yale Law Journal 1143 (1979), pp. 1164 – 1171.

⑥ 参见董学立：《浮动抵押的财产变动与效力限制》，载《法学研究》2010年第1期；龙俊：《动产抵押对抗规则研究》，载《法学家》2016年第3期。

效力。此时，该浮动抵押权已经事实上形成了对其后信用提供者的垄断性权利，甚至构成对债务人经营活动的过度控制。① 如债务人就这些未来财产的购置寻求新的融资之时，信用提供者即使在这些财产上设立动产抵押权或保留所有权，因这些权利的登记劣后于在先浮动抵押权的登记而只能屈居第二顺位，如此这些新信用提供者提供购买价金融资的积极性将大为降低。②

购买价金担保权超优先顺位的承认对于各方当事人均为有利：新的信用提供者因超优先顺位的保障，无须担心其债权担保落空，从而提高了为债务人提供新的信用支持的积极性；债务人因此也可以继续展开正常经营或者扩大再生产，充实其责任财产，增强偿债能力；③ 原担保权人的信用期待也未受到不利影响，因为担保人责任财产的增加是因新的信用提供者的介入所致，否则担保人将无法取得新的财产，④ “通过出卖并转移相关财产给买受人，出卖人对买受人最终作为偿债基础的责任财产作出了直接贡献……由于没有出卖人的贡献，买受人的其他担保或非担保的债权人就不会从出卖的财产中获得清偿，出卖人优先于这些财产上的其他所有担保物权的担保权人，似乎更为公平”；⑤ 不管购买价金担保权人是否具有超优先顺位，只要践行登记手续，所影响的仅仅只是竞存的已登记动产担保权之间的优先顺位，对其他第三人并不发生影响，交易安全亦不会受到威胁。⑥

《民法典》在改变了所有权保留交易和融资租赁交易等非典型动产担保交易的立法方法的情形之下，增设购买价金担保权的超优先顺位规则尤为重要。⑦ 此前，《合同法》上就这两类交易并未采行登记对抗主义，所有权保留交易中出卖人所保留的和融资租赁交易中出租人所享有的，都是所有权，无须登记即具有对

① See William H. Lawrence , William H. Henning and R. Wilson Freyermuth, *Understanding Secured Transactions*, 5th ed. , New Providence, NJ: Matthew Bender & Company, Inc. , 2012, p. 240; Ronald C. C. Cuming, Catherine Walsh and Roderick J. Wood, *Personal Property Security Law*, 2nd ed. , Toronto, ON: Irwin Law Inc. , 2012, p. 440.

② 参见王利明:《价金超级优先权探疑——以〈民法典〉第416条为中心》，载《环球法律评论》2021年第4期。

③ 参见谢鸿飞:《民法典担保规则的再体系化——以〈民法典各分编（草案）二审稿〉为分析对象》，载《社会科学研究》2019年第6期；谢鸿飞:《价款债权抵押权的运行机理与规则构造》，载《清华法学》2020年第3期；王利明:《价金超级优先权探疑——以〈民法典〉第416条为中心》，载《环球法律评论》2021年第4期。

④ See Ronald C. C. Cuming, Catherine Walsh and Roderick J. Wood, *Personal Property Security Law*, 2nd ed. , Toronto, ON: Irwin Law Inc. , 2012, p. 440.

⑤ See Ulrich Drobnig and Ole Böger (eds), *Proprietary Security in Movable Assets*, Oxford: Oxford University Press, 2015, p. 568.

⑥ 参见谢鸿飞:《民法典担保规则的再体系化——以〈民法典各分编（草案）二审稿〉为分析对象》，载《社会科学研究》2019年第6期。

⑦ 参见李运杨:《〈民法典〉中购置款抵押权之解释论》，载《现代法学》2020年第5期。

抗第三人的效力。这一所有权的权能丰满，依《物权法》的规定，并不受其他特别的限制。尤其是在买受人或承租人破产之时，标的物不属于破产财产，出卖人或出租人自得主张取回权。《民法典》就这两类交易改行登记对抗主义，还原其经济上的担保功能，与动产抵押权作一体的处理。所有权保留交易中出卖人所保留的和融资租赁交易中出租人所享有的所有权，自其登记之时，才获得强势保护。如债权人事先已在债务人嗣后取得的财产之上设定了动产担保权（如浮动抵押权），并已作出登记，所有权保留交易中的出卖人和融资租赁交易中的出租人即使登记，也不可能在前述浮动抵押权之前登记，如仍以依登记的先后确定竞存权利之间的优先顺位，其权利必定劣后。如此，如不规定购买价金担保权的超优先顺位规则，所有权保留交易和融资租赁交易的展开必受影响。增设购买价金担保权的超优先顺位规则，作为"先公示者优先"这一一般规则的例外，有利于促进购买价金融资的发展。基于此，《民法典担保制度解释》第57条规定，在先设立并登记的动产抵押权不得对抗购买价金担保权。

但就在先担保是固定抵押的情形下能否适用购买价金担保权超优先顺位规则，学界存在争议。有观点认为，无论从比较法经验还是从各方当事人的合理期待来看，只有将适用范围限缩在浮动抵押的情形才能体现购买价金担保权超优先顺位规则的正当性。[①] 对此，《民法典担保制度解释》第57条第2款予以明确，即使在先抵押是固定抵押，只要满足《民法典》第416条的构成要件，购买价金担保权人同样具有超级优先顺位。其理由在于，《民法典》第416条在文义上并未将先担保局限为浮动抵押，可见该条立法原意并不禁止在先担保是固定抵押的情形，而该情形下可能存在的交易安全问题可以交由尽职调查等方式解决。[②] 应当指出的是，虽然购买价金担保权超优先顺位规则在诞生之初旨在限制设立在先的浮动抵押的效力，但是在制度发展的过程中不再局限于这种情形，为了充分发挥促进财产流动、便利担保融资、鼓励金融创新等制度功效，《民法典担保制度解释》的立场可兹肯定。

（三）购买价金担保权超优先顺位规则的适用限制

购买价金担保权超优先顺位规则奉行"后登记者优先"，虽属一般优先顺位规则的例外，但也破坏了信贷担保规则的既有体系，应予严格适用。根据《民法典》第416条的规定，适用购买价金担保权超优先顺位规则，应满足以下条件：

第一，新担保权是为了担保人购置标的物，且在该标的物上设立，旨在担保

---

① 参见王利明：《价金超级优先权探疑——以〈民法典〉第416条为中心》，载《环球法律评论》2021年第4期。

② 参见最高人民法院民事审判第二庭编：《最高人民法院民法典担保制度司法解释理解与适用》，人民法院出版社2021年版，第488页。

该标的物全部或部分价款的清偿。该条以为债务人购置标的物而提供贷款为基本交易原型，但并不以借款合同本身记载贷款的用途是为债务人购置标的物为前提，只要其他证据能够证明此贷款用途即可。值得注意的是，购买价金担保权的产生以贷款已经发放为前提，为债务人履行买卖合同而签订借款担保合同，[①] 仅产生对债务人的应付款项的，贷款人就该应付款项并未取得购买价金担保权。此外，该笔贷款还必须实际用于债务人购置标的物。至于在债务人取得标的物之前就发放贷款是否构成购买价金担保权，尚须结合具体情形予以认定。如债务人已经自出卖人取得标的物，且并未为出卖人设立担保权；此后债务人从贷款人处取得贷款，为贷款人在该标的物上设定担保权，并将贷款支付予出卖人。此际，贷款人是否取得购买价金担保权的超优先顺位，值得怀疑。关键的判断因素在于，当事人之间是否将购置标的物的买卖交易和贷款交易作为一个交易的两个阶段。从美国和加拿大的司法实践来看，如债务人取得了贷款人的贷款承诺，其后购置标的物，并最终以自贷款人取得的贷款偿还出卖人的价款，贷款人即取得购买价金担保权；但如债务人并未获得贷款人明确的贷款承诺，只是有希望获得该笔贷款，则贷款人并未取得购买价金担保权。在借助通道业务完成购置交易的，亦应作同样解释。[②]

在解释上，出卖人在赊销交易形式下保留标的物的所有权，亦是担保该标的物价款的清偿，应符合本要件。融资租赁交易中出租人的所有权亦是如此，但该条的文义较为明显地排除了售后回租（sale - and - lease - back）的情形，其主要理由在于这种交易形式并未带来债务人责任财产的增加。[③] 虽然售后回租也是融资租赁交易的一种特殊形式，出租人取得的所有权亦其担保作用，在性质上也属于非典型动产担保权，但无法取得超优先顺位。[④] 售后买回（sale and repurchase）交易也是如此。在此交易模式之中，所有人将标的物出卖给买受人，其后立即依分期付款买卖合同再买回该标的物，同样因为此时并未增加债务人责任财产，该交易并不产生购买价金担保权。[⑤] 基于此，《民法典担保制度解释》第 57 条第 1 款中的“新的动产”应进行限缩解释，排除融资人以“旧的动产”进行售后回

---

① 参见高圣平：《民法典担保制度及其配套司法解释理解与适用》，中国法制出版社 2021 年版，第 748 页。

② See Keith Meyer, "*Purchase Money Security Interests under the Revised Article Nine of the Uniform Commercial Code*", in Iwan Davies (ed), *Security Interests in Mobile Equipment*, New York: Routledge, 2002, pp. 263 - 264; Ronald C. C. Cuming, Catherine Walsh and Roderick J. Wood, *Personal Property Security Law*, 2nd ed., Toronto, ON: Irwin Law Inc., 2012, pp. 442 - 444.

③ 参见李运杨：《〈民法典〉中购置款抵押权之解释论》，载《现代法学》2020 年第 5 期。

④ 参见刘保玉：《民法典担保物权制度新规释评》，载《法商研究》2020 年第 5 期。

⑤ See Ronald C. C. Cuming, Catherine Walsh and Roderick J. Wood, *Personal Property Security Law*, 2nd ed., Toronto, ON: Irwin Law Inc., 2012, pp. 441 - 442.

租、售后买回等情形。[①]

第二，新担保权人应在标的物交付后10日内办理动产担保登记。这是购买价金担保权取得超优先顺位的程序要件。这一规定与比较法上的处理模式相一致，只是相比其他国家和地区比较短而已，美国法上是20日；[②] 加拿大法上为15日；[③] 澳大利亚法上为15日；[④] 新西兰法上是10个工作日。[⑤] 规定宽限期的正当性在于，出卖人不必等到自己或其他购买价金融资提供者登记，即可向买受人交付标的物，从而促进动产的有效流动。[⑥] 在比较法上，承认和规定了购买价金担保权的国家和地区，大多对本要件的适用区分标的物是否构成存货作了不同的处理。宽限期规则一般仅适用于标的物非为存货的情形。在标的物为存货之时，为了保护非购买价金担保权人的利益，大多规定，仅在购买价金担保权人向担保人交付存货之前即已登记，且书面通知了在先登记的非购买价金担保权人的情形之下，购买价金担保权人才能取得优先于非购买价金担保权人的超优先顺位。亦即就存货提供购买价金融资的担保权人并不享有宽限期的恩惠。[⑦] 但《加拿大魁北克民法典》的处理模式并不相同，该法就购买价金担保权登记的宽限期的规定，适用于所有动产标的物，并不仅限于非存货。[⑧]《联合国动产担保立法指南》据此建议各国在动产担保法制改革中可以根据具体情形作出政策选择，在宽限期的适

① 参见张玉涛：《购置款抵押权的竞存对抗规则研究》，载《西南政法大学学报》2022年第1期。

② See Keith Meyer, "*Purchase Money Security Interests under the Revised Article Nine of the Uniform Commercial Code*", in Iwan Davies (ed), *Security Interests in Mobile Equipment*, New York: Routledge, 2002, p. 270; James J. White and Robert S. Summers, *Principles of Secured Transactions*, St. Paul, MN: Thomson/West, 2007, p. 165.

③ See Ronald C. C. Cuming, Catherine Walsh and Roderick J. Wood, *Personal Property Security Law*, 2nd ed., Toronto, ON: Irwin Law Inc., 2012, p. 446.

④ See Jason Harris and Nicholas Mirzai, *Annoted Personal Property Securities Act*, Sydney: CCH Australia Limited, 2011, p. 242.

⑤ See Linda Widdup, *Personal Property Securities Act: A Conceptual Approach*, 3rdk ed., Wellington: LexisNexis NZ Limited, 2013, p. 172.

⑥ See William H. Lawrence, William H. Henning and R. Wilson Freyermuth, *Understanding Secured Transactions*, 5th ed., New Providence, NJ: Matthew Bender & Company, Inc., 2012, p. 241; United Nations Commission on International Trade Law, *UNCITRAL Legislative Guide on Secured Transactions*, United Nations, 2010, p. 346.

⑦ See Keith Meyer, "*Purchase Money Security Interests under the Revised Article Nine of the Uniform Commercial Code*", in Iwan Davies (ed), *Security Interests in Mobile Equipment*, New York: Routledge, 2002, pp. 277-278; United Nations Commission on International Trade Law, *UNCITRAL Legislative Guide on Secured Transactions*, United Nations, 2010, p. 353.

⑧ See Ronald C. C. Cuming, Catherine Walsh and Roderick J. Wood, *Personal Property Security Law*, 2nd ed., Toronto, ON: Irwin Law Inc., 2012, p. 109.

用问题上，既可以区分标的物的类别，也可以不做区分。① 我国《民法典》对此未作区分，只要对购置款提供融资的担保权人均有宽限期的适用。

在解释上，即使担保权人在标的物交付后10日内办理了动产担保登记，但该登记因未合理指明标的物、担保人姓名或名称错误等原因而无效的，此程序要件仍视为未满足，但如担保权人在10日宽限期届满之前登记了变更登记书，弥补了前述登记缺陷的，则已满足此程序要件。即使未满足此程序要件，动产担保权的性质也不发生改变。未登记并不意味着动产担保权的丧失，动产担保权仍在当事人之间有效，并具有对抗无担保债权人的效力。如担保权人在宽限期期满后才登记的，该动产担保权人就不构成购买价金担保权，不能依据第416条取得超优先顺位。②

值得注意的是，《民法典》第416条所称“标的物交付”应限缩解释为移转标的物所有权意义上的交付。③ 如债务人基于试用买卖而受领标的物的交付的，不宜从此时开始计算宽限期。试用买卖的买受人在试用期内可以购买标的物，也可以拒绝购买（第638条）。买受人拒绝购买的，自无购买价金担保权发生的空间；在试用期内买受人（债务人）决定购买标的物的，应自该日起计算宽限期；试用期间届满，买受人对是否购买标的物未作表示的，视为购买，此时，从试用期间届满之日起计算宽限期。至于试用期间，自可由试用买卖的当事人约定；没有约定或者约定不明确的，可以协议补充，不能达成补充协议，按照合同有关条款、合同性质、合同目的或者交易习惯仍然不能确定的，由出卖人确定。

第三，同一债务人为他人设立了购买价金担保权和其他竞存的动产担保权。虽然第416条并未明确此点，但从购买价金担保权超优先顺位的规范目的出发，不同的债务人在同一财产上为不同的担保权人分别设立购买价金担保权和其他竞存动产担保权的，购买价金担保权即不具有超优先顺位。例如，甲担保权人在丙债务人的财产上设立了动产抵押权，并办理了动产抵押登记。其后，丙债务人将该财产出卖予丁债务人，出卖该财产并未得到甲担保权人的授权，且亦不属于丙债务人的正常经营活动。乙担保权人为丁债务人购置该财产提供贷款，且及时登记从而取得购买价金担保权。此际，竞存的动产担保权并不是由同一债务人所设立，因此，乙担保权人并不能取得足以对抗甲担保权人的购买价金担保权。乙担保权人的购买价金担保权只能对丁债务人在同一财产上为他人设立的其他动产担

---

① See United Nations Commission on International Trade Law, *UNCITRAL Legislative Guide on Secured Transactions*, United Nations, 2010, pp. 353 – 354.

② 参见黄薇主编：《中华人民共和国民法典物权编释义》，法律出版社2020年版，第539～540页。

③ 参见房绍坤、柳佩莹：《论购买价款担保权的超级优先效力》，载《学习与实践》2020年第4期；纪海龙：《民法典动产与权利担保制度的体系展开》，载《法学家》2021年第1期。

保权取得超优先顺位。①

（四）竞存购买价金担保权之间的优先顺位规则

当今购买价金融资的需求在不断增加，同时购买价金融资的标的物（如大型成套设备、大宗原材料和存货）的价值也越来越高，单一的出卖人、出租人或贷款人难以满足买受人的所有融资需求，同一标的物上同时存在数个购买价金担保权就成为可能。此时，针对数个购买价金担保权之间的冲突，第416条并无适用空间。如两个商业银行分别为债务人提供部分购置款的贷款；再如贷款人向买受人提供信贷以使买受人得以支付标的物的首付款，出卖人也就该标的物价款的其余部分向买受人提出信用支持。如这些担保权人均在宽限期内登记了动产担保权，彼此之间的优先顺位如何确定？

美国法和加拿大法上规定，出卖人的购买价金担保权优先于贷款人的购买价金担保权；贷款人的购买价金担保权之间地位平等，依优先顺位的一般规则处理，即先登记者优先；② 融资租赁交易中出租人的购买价金担保权的地位同于贷款人的购买价金担保权。③ 之所以优先保护出卖人的购买价金担保权，主要原因在于，与贷款人相比，出卖人分配融资损失的能力较弱。④ 归根到底，出卖人所受损失体现在丧失其本来享有所有权的财产，而贷款人所承担的风险则为不能就其并不享有所有权的财产的变价款受偿。两者之间，出卖人更值得同情。⑤ 这一处理方案也是《联合国动产担保立法指南》的推荐方案之一。⑥ 此外，有的学者主张，数个按期登记的购置款抵押权应按债权比例受偿，以贯彻功能主义的基本

---

① See Ronald C. C. Cuming, Catherine Walsh and Roderick J. Wood, *Personal Property Security Law*, 2nd ed., Toronto, ON: Irwin Law Inc., 2012, pp. 451 – 452.

② See William H. Lawrence, William H. Henning and R. Wilson Freyermuth, *Understanding Secured Transactions*, 5th ed., New Providence, NJ: Matthew Bender & Company, Inc., 2012, p. 242; Ronald C. C. Cuming, Catherine Walsh and Roderick J. Wood, *Personal Property Security Law*, 2nd ed., Toronto, ON: Irwin Law Inc., 2012, p. 465. 不过，加拿大法上就后者并未作出明确规定，是经由解释而得出的结论。

③ See Ronald C. C. Cuming, Catherine Walsh and Roderick J. Wood, *Personal Property Security Law*, 2nd ed., Toronto, ON: Irwin Law Inc., 2012, p. 465.

④ See William H. Lawrence, William H. Henning and R. Wilson Freyermuth, *Understanding Secured Transactions*, 5th ed., New Providence, NJ: Matthew Bender & Company, Inc., 2012, p. 242.

⑤ See Keith Meyer, "*Purchase Money Security Interests under the Revised Article Nine of the Uniform Commercial Code*", in Iwan Davies (ed), *Security Interests in Mobile Equipment*, New York: Routledge, 2002, p. 285；美国法学会、美国统一州法委员会：《美国〈统一商法典〉及其正式评述（第三卷）》，高圣平译，中国人民大学出版社2006年版，第237页。

⑥ See United Nations Commission on International Trade Law, *UNCITRAL Legislative Guide on Secured Transactions*, United Nations, 2010, pp. 364 – 365.

要求。[①]

本书作者认为，尽可能同等对待信用提供者，已经成为《民法典》的政策选择，就为购置标的物提供融资的所有交易而言，亦应如此。基于此，本书作者建议，对所有的购买价金融资交易平等对待，不区分所有权保留交易、融资租赁交易和动产抵押交易；所有的购买价金担保权之间法律地位平等，无论是出卖人、出租人，还是贷款人，都适用相同的优先顺位规则。尚无压倒性的理由认为出卖人的地位就一定优于贷款人。准此，在《民法典》就竞存的购买价金担保权之间的优先顺位未作特别规定的情形之下，亦应适用第 414 条第 1 款所定一般规则，即先登记者优先，[②]《民法典担保制度解释》第 57 条第 2 款也采取了这种观点。在解释上，如未在宽限期内登记，即不构成购买价金担保权，自无所谓超优先顺位的问题。这一解释方案，一是有利于尽可能简化竞存权利之间的优先顺位规则，达到清晰、简明的目标；二是为所有的信用提供者创造平等的竞争机会，有助于增加信贷提供量，降低信贷成本；三是买受人基于谈判机会上的平等，可以展开尽可能有利的交易方式以满足其融资需求。[③]

六、小　结

我国动产担保法制具有典型的混合继受特点：[④] 动产质权和权利质权制度主要来自德国法，动产抵押制度主要来自美国法，其中还有来自英国普通法的浮动抵押制度。[⑤] 这无疑增加了《民法典》动产担保优先顺位规则解释适用上的难度。从《民法典》的现有规则来看，优先顺位规则虽尚未达到现代动产担保交易法所要求的明晰化程度，但已确立一般规则与特别规则共同构成的优先顺位体系，为竞存权利之间的清偿顺序的确定提供了良好的基础。同时，《民法典》将所有权保留交易、融资租赁交易和保理交易等这些非典型动产担保交易改采登记对抗主义，为其准用优先顺位的一般规则提供了解释前提。此外，购买价金担保权超优先顺位规则的引入，既考虑到了交易实践的客观需求，也符合市场主体的合理预期。不过，既定的规则模糊之处不少，还有待裁判实践的进一步检验。

---

① 参见李运杨：《〈民法典〉中超级优先顺位规则的法律适用》，载《法学家》2022 年第 2 期。

② 参见房绍坤、柳佩莹：《论购买价款担保权的超级优先效力》，载《学习与实践》2020 年第 4 期。

③ See United Nations Commission on International Trade Law, *UNCITRAL Legislative Guide on Secured Transactions*, United Nations, 2010, pp. 331 – 332. Harry C. Sigman, "Perfection and Priority of Security Rights", in Horst Eidenmüller and Eva – Maria Kieninger (eds.), The Future of Secured Credit in Europe, Berlin: De Gruyter Recht, 2008, p.

④ 参见王洪亮：《动产抵押登记效力规则的独立性解析》，载《法学》2009 年第 11 期；庄加园：《登记对抗主义的反思与改造：〈物权法〉第 24 条解析》，载《中国法学》2018 年第 1 期。

⑤ 不过，对于《物权法》和《民法典》中浮动抵押制度的来源，尚存争议。参见龙俊：《动产抵押对抗规则研究》，载《法学家》2016 年第 3 期。

《民法典》动产抵押物转让规则的解释论[①]

动产抵押权依《民法典》第406条仍具追及效力，在动产抵押物转让之时，仍可追及至抵押物之所在而实现抵押权，但这一规则的适用受到诸多限制。在抵押人的正常经营活动中，已支付合理价款并取得抵押物的买受人免受动产抵押权之追及。就特定化程度不高的动产而言，动产抵押权的追及效力亦受限制。未登记动产抵押权的追及效力问题，尚须结合《民法典》第403条进行体系解释。如受让人为善意，动产抵押权的追及效力被阻断；如受让人为恶意，动产抵押权的追及效力不受受让人取得标的物所有权的影响。动产抵押权因其追及效力被阻断而受到损害，抵押权人自可主张价金物上代位，不以抵押人是否通知抵押权人抵押物转让的事实而受到影响。

一、问题的提出

动产并不因其上设立了抵押权而失其流通性，在抵押人转让动产抵押物予受让人之时，基于“nemo dat principle”（不能给付不属于自己的东西）这一古典法原则，[②] 受让人自是取得附抵押负担的所有权。如此，动产抵押权也就具有了追及效力，在动产抵押权可得实行之时，抵押权人自可追及至物之所在，就抵押物即行变价并优先受偿。[③] 但这一规则的适用还存在诸多应予考量的因素，诸如动产抵押权是否登记、受让人是否善意、受让人是否属于正常经营活动中的买受人等，都决定着动产抵押权转让之时，动产抵押权是否具有追及效力。

我国不同时期的实定法上就动产抵押物的转让采取了不同的态度。《担保法》第49条将已办理抵押登记的抵押物的转让合同的效力，系于是否通知抵押权人并告知受让人，未通知抵押权人或者未告知受让人的，转让行为无效，抵押权人有权追回抵押物；在转让合同有效的前提下，抵押人转让抵押物所得的价款，应当向抵押权人提前清偿所担保的债权或者向与抵押权人约定的第三人提存。超过债

---

① 本文系与叶冬影博士合作完成，发表于《比较法研究》2020年第4期。

② See Ronald C. C. Cuming, Catherine Walsh and Roderick J. Wood, *Personal Property Security Law*, 2nd ed., Toronto, ON: Irwin Law Inc., 2012, p. 376.

③ 参见谢在全：《民法物权论（修订五版）》，中国政法大学出版社2011年版，第701页。

权数额的部分，归抵押人所有，不足部分由债务人清偿。[①]《最高人民法院关于适用〈中华人民共和国担保法〉若干问题的解释》（以下简称《担保法解释》）第67条区分动产抵押权登记与否采取不同的法政策：动产抵押权已经登记的，未通知抵押权人或者未告知受让人的，抵押权人仍可以行使抵押权；动产抵押权未经登记的，抵押权不得对抗受让人。[②]《物权法》第191条则区分抵押权人是否同意规定不同的法效果：未经抵押权人同意的，转让合同的效力虽不受影响，但受让人尚无法取得抵押财产的所有权，除非受让人代为清偿债务消灭抵押权；经过抵押权人同意的，适用价金物上代位规则。[③] 该条位于“一般抵押权”，并未限定其适用范围，学界关于《物权法》第191条是否适用于动产抵押物转让存有争议。第一种观点认为，《物权法》第191条规定的限制抵押物转让模式仅适用于动产，而不适用于不动产；[④] 第二种观点认为，《物权法》第191条所定抵押物转让规则不适用于动产抵押的情形，且与动产抵押实际是否登记无关；[⑤] 第三种观点认为，《物权法》第191条第2款仅适用于已登记动产抵押的情形。[⑥]《物权法》上的这一规则以牺牲抵押权的追及效力这一具有体系价值的制度为代价，来寻求抵押人、受让人和抵押权人之间的利益平衡，已广受批评。[⑦]

《民法典》第406条之中使用“抵押财产”一词，并未限定其适用范围。该条确立了以下规则：其一，承认抵押权的追及效力，抵押物转让的，抵押权不受影响；其二，允许当事人作出禁止或附条件转让抵押物的约定；其三，明定抵押物转让时抵押人及时通知抵押权人的义务；其四，明确抵押权人价金物上代位权仅限于抵押物的转让可能损害抵押权的情形。这一规则适用于动产抵押物转让之时，尚须结合《民法典》第403条登记对抗规则、第404条正常经营买受人规则与第311条善意取得制度进行体系解释。这增加了法律适用的难度，也由此体现

---

① 参见全国人大常委会法制工作委员会民法室编（孙礼海主编）：《中华人民共和国担保法释义》，法律出版社1995年版，第66~67页。

② 参见李国光等：《最高人民法院〈关于适用中华人民共和国担保法若干问题的解释〉理解与适用》，吉林人民出版社2000年版，第256~259页。

③ 参见全国人大常委会法制工作委员会民法室编：《中华人民共和国物权法条文说明、立法理由及相关规定（第二版）》，北京大学出版社2017年版，第395~396页。

④ 参见袁鹏：《不动产抵押物转让规则新诠》，载《法学评论》2016年第3期。

⑤ 参见张雅萍、王福友：《论抵押物转让的〈物权法〉适用》，载《求是学刊》2015年第4期。

⑥ 参见黄家镇：《破解动产抵押的“戈尔迪之结”——论〈物权法〉动产抵押制度的完善》，载《河北学刊》2008年第6期；杨明刚：《新物权法：担保物权适用解说与典型案例评析》，法律出版社2007年版，第384页。

⑦ 参见梁上上、贝金欣：《抵押物转让中的利益衡量与制度设计》，载《法学研究》2005年第4期；孙鹏、王勤劳、范雪飞：《担保物权法原理》，中国人民大学出版社2009年版，第183页；王洪亮：《不动产抵押物转让规则新解》，载《财经法学》2015年第2期；孙宪忠、徐蓓：《〈物权法〉第191条的缺陷分析和修正方案》，载《清华法学》2017年第2期。

出与不动产抵押财产转让的差异。

二、既有观点的整理与分析

动产抵押物转让规则体系在《民法典》与《物权法》之间的差异仅在于：其一，动产抵押权已经登记之时，抵押权是否具有追及效力；其二，“正常经营活动买受人”规则是否适用于动产（固定）抵押权的情形。其余规则大致相同。由此，对于《物权法》实施之后的裁判整理和分析有利于《民法典》上动产抵押物转让规则的适用。

（一）抵押权已经登记时的动产抵押物转让

第一，严格适用《物权法》第191条。依是否满足《物权法》第191条规定的条件，来判断受让人是否取得动产抵押物的所有权，以及抵押权人权益如何实现。未经抵押权人同意的，转让行为无效；或者不发生动产抵押物所有权变动的效力。在《物权法》第191条第2款之下，即使已经交付动产抵押物，受让人也必须代为完全清偿债务，才能取得动产抵押物的所有权，这一情形属于《物权法》第23条中“法律另有规定除外”。抵押人转让抵押物既未经抵押权人同意，也未约定清偿债务消灭抵押权或者由受让人承受被担保债务的情况下，即使受让人已经受领抵押物的交付，亦不能取得动产抵押物的所有权，尚须将抵押物返还予抵押人。抵押人擅自转让动产抵押物的，抵押权人仍可就动产抵押物实现抵押权，或者由受让人代为清偿债务，消灭抵押负担。

第二，适用《担保法解释》第67条第1款。《担保法解释》第67条第1款的核心在于承认登记动产抵押权的追及效力。在动产抵押权已经登记的情形下，受让人虽取得动产抵押物的所有权，但抵押权人仍可行使抵押权，买受人也可代替抵押人清偿全部债务，以消灭抵押权。即使受让人基于善意向抵押人支付了价款，取得了动产抵押物的所有权，但动产抵押权的追及效力可以对抗受让人的所有权。抵押权人的追及权与受让人的所有权并不相悖。受让人自可基于转让合同取得动产抵押物的所有权，但抵押权人基于其追及权可以继续对动产抵押物行使抵押权，受让人也可代为清偿债务而消灭抵押负担。

第三，放宽《物权法》第191条对抵押物转让的限制，承认抵押权具有追及效力。“法律要求抵押人在转让抵押物时，通知抵押权人并告知受让人转让物已经抵押的情况，其目的在于方便抵押权人对抵押物行使追及权，无论抵押物流转到何人之手，抵押权人都有权利行使抵押权。”在抵押权的追及效力和抵押物的价金物上代位之间，抵押权人可以选择行使。

第四，适用《物权法》第188条。动产抵押登记公示后，第三人即使通过竞拍方式取得抵押物的所有权，也不能对抗动产抵押权。只要动产抵押权已行登记，即使受让人符合善意要件，其享有的权利也不能对抗抵押权。

第五，同时适用《担保法解释》第67条和《物权法》第191条，一方面承认动产抵押权的追及效力，另一方面认为动产抵押物的转让行为无效。或者先得出动产抵押物的转让行为无效的结论（受让人并不取得抵押物的所有权），再认定动产抵押物所有权移转不能对抗善意受让人，最后认为即便动产抵押物所有权已经移转，抵押权人仍可行使追及权。由此产生的问题是，在动产抵押物的价值大于被担保债权的情形之下，剩余的价值该退还给抵押人还是受让人，以及在第三人提供抵押之时，受让人应向债务人追偿还是向抵押人主张返还财产和损害赔偿请求权。

（二）抵押权未经登记时的动产抵押物转让

第一，适用《担保法解释》第67条第2款。未登记的抵押权不得对抗动产抵押物的受让人，抵押权人不能就抵押物变价款优先受偿，应由抵押人承担赔偿责任。也有裁判一方面并不审查受让人是否善意，另一方面认定抵押人承担以动产抵押物转让价值为限的赔偿责任。①

第二，适用《物权法》第188条。动产抵押物的善意受让人不知道动产抵押权的存在，自可以其善意取得的所有权对抗未登记的抵押权。经对适用《物权法》第188条的案例进行分析，本书作者发现，存在以下差异。

其一，受让人已经办理转移登记。就此情形，既有观点不一。有观点基于受让人办理了转移登记的事实，不再审查受让人主观上是否知道标的物存在抵押负担的事实，推定受让人为善意，其所有权可以对抗抵押权。有观点结合受让人主观上不知道在先抵押权和办理转移登记来综合判断。受让人办理转移登记并不意味着其主观上即为善意，尚须结合案件事实具体考察。比如，动产抵押物转移登记至受让人名下，发生在受让人知晓标的物上存在未登记抵押权之后，即使受让人已经支付合理价款，亦不属善意再如，抵押人将抵押物所有权变更登记为其妻，虽在先抵押权并未登记，其妻应当知道标的物已抵押的事实，因此，其妻不属于善意第三人，其取得的所有权不能对抗抵押权。

其二，受让人未办理转移登记。未登记的动产抵押权人应举证证明受让人非善意，即受让人知道或应当知道标的物上存在在先抵押权，否则推定受让人不知道抵押事实，从而认定受让人为善意，其取得的所有权足以对抗抵押权。当未登记的动产抵押物多次转让时，受让人的善意保护显得更重要。比如，甲将涉案车辆抵押给乙，未办理抵押登记，甲又将该车辆转让与丙，丙又转让与丁，虽车辆未进行过户登记，但车辆已实际交付，丁也已支付对价，丁取得车辆所有权合法，故丁为涉案车辆的实际所有人。也有观点认为，抵押人将动产交付给受让人时受让人即取得可对抗未登记抵押权的所有权。

① 参见黑龙江省鹤岗市中级人民法院（2016）黑04民终29号民事判决书。

其三，综合登记与其他因素进行判断。有观点从转让价格是否属于明显不合理的低价、特殊动产是否办理转移登记，以及抵押人与受让人之间是否存在恶意串通即转让行为是否合法，来认定受让人是否属于善意。例如，受让人主观善意、签订有效动产转让协议、支付合理对价并办理转移登记手续，因而取得无抵押负担的所有权。这种判断第三人善意与否的标准，实际上近似于《物权法》第108条规定的动产善意取得要件。

第三，适用《物权法》第108条。如抵押权人不能举证证明受让人为善意，依据《物权法》第108条，抵押人将动产抵押物交付给买受人，买受人即善意取得所有权，原有的抵押权消灭。有裁判认为，买受人依照买卖合同已经给付购车款，抵押人同时将车辆交付给买受人，买受人已经实际占有并使用车辆，且买受人在不知道该车辆存在设定抵押的情况之下而购买，属于善意取得。此时，抵押物上并存抵押权与买受人的所有权，但双方都未进行登记，双方权利的行使应当以时间先后为准，抵押权成立在先，故抵押权优先行使。

综上，无论动产抵押登记与否，动产抵押物转让规则并非绝对单一，裁判中可供援引的法律依据较多，且适用效果大相径庭。从前述裁判整理大致可以得出几点经验：第一，区分动产抵押权登记与未登记两种情形分别判断，承认登记动产抵押权的追及效力具有合理性，而未登记动产抵押权是否具有追及效力，尚须结合受让人主观上是否善意加以判断；第二，动产抵押物转让规则应与动产抵押登记对抗规则相协调，解释论上应寻求体系上的融贯性；第三，动产交易频繁，为维护交易安全，实现交易便捷，动产抵押权追及效力的阻断事由应比不动产抵押权多。

（三）《民法典》实施以来的动产抵押财产转让

《民法典》实施后，转让抵押的动产不受限制，且买受人可支付对价以获得无抵押权负担的动产。例如，抵押人在未偿还本息的情况下，根据合同约定对涉案车辆进行处置，与买受人签订转押协议，且买受人为取得涉案车辆的使用权支付了相应对价，故买受人占有涉案车辆具有合法依据。已抵押的机动车被多次转让，这在交易中并非鲜见，抵押权容易因机动车多次流转而很难追及。①

即使债权人与抵押人在抵押合同中约定禁止转让抵押的车辆，也不能对抗买受人，故而买卖合同不因转让的标的系抵押财产而无效。② 此时，转让案涉车辆并未损害抵押权人的利益，只是让抵押权人追及抵押财产实现债权的方式发生改变，因而在满足“（一）案外人在查封前已与被执行人签订了合法有效的买卖合同；（二）案外人在查封前已经支付相应价款；（三）案外人在查封前已经实际占

① 参见山东省青岛市中级人民法院（2021）鲁02民终11557号民事判决书。

② 参见山东省威海市中级人民法院（2021）鲁10民申257号民事裁定书。

有、使用该动产”三个条件时，买受人的车辆所有权即可对抗抵押权人的追及。[1]

三、动产抵押权已经登记时的动产抵押物转让

（一）登记动产抵押权的追及效力及其保障

《民法典》第406条确立了抵押权追及效力。其中所谓“抵押财产转让的，抵押权不受影响”，是指抵押人在抵押权设定后，将动产抵押物的所有权让与第三人，其原设定的抵押权，仍随抵押物之所在而存在，抵押权人仍得追及至抵押物之所在而行使抵押权。[2] 在动产交易日益频繁的今天，抵押权追及效力的承认在一定程度上影响到动产交易结果的确定性，害及动产交易的秩序。登记制度的引入为抵押权追及效力的正当性提供了解释前提。《民法典》第403条规定：“以动产抵押的，抵押权自抵押合同生效时设立；未经登记，不得对抗善意第三人。”由此可见，一方面，抵押权人为保全其权利，自应登记其动产抵押权；另一方面，潜在的交易第三人为预估交易风险，自应查询动产担保登记簿，探知出让人的特定动产上是否存在抵押负担，如其怠于查询而未发现标的物上的权利负担，则应受其上抵押权之追及。[3]

有学者认为，动产所有权的移转完成交付即可，查询动产担保登记簿并非其法定义务，[4] 即受让人并无义务去探知标的物上是否存在抵押负担。[5] 在《民法典》第403条之下，受让人查询动产担保登记簿已经构成其法定义务。诚然，强加受让人以查询登记簿的义务，在一定程度上损及交易效率，提高交易成本，但这一结论尚须接受成本—效益规则的检验。由于《民法典》排除了正常经营活动中买受人的查询义务（第404条），且其倡导构建的统一动产与权利担保登记制度以声明登记制为基础，基于互联网信息技术的高度发展，登记和查询均在线上自主完成，其收费尚在可控范围之内。[6] 从利益衡量的视角，否定登记动产抵押权的追及效力给动产抵押权所造成的损害以及给抵押权人登记积极性所带来的打击，远远超过潜在的交易第三人所承担的查询动产担保登记簿的成本。

---

① 参见山东省威海市中级人民法院（2021）鲁10民终201号民事判决书。

② 参见刘春堂：《判解民法物权（修订七版）》，我国台湾地区三民书局股份有限公司2010年版，第461页；谢在全：《民法物权论（修订五版）》，中国政法大学出版社2011年版，第701页。

③ 参见王琦：《论抵押财产转让对抵押权的影响——以〈民法典〉第403，404，406条的协调适用为视角》，载《北京航空航天大学学报（社会科学版）》2020年第5期。

④ 参见黄家镇：《破解动产抵押的“戈尔迪之结”——论〈物权法〉动产抵押制度的完善》，载《河北学刊》2008年第6期。

⑤ 参见景光强：《论抵押物转让规则之重构——以追及效力和物上代位效力的合理配置为主线》，载陈小君主编：《私法研究》（第23卷），法律出版社2018年版，第50页；景光强：《抵押物转让新规则释论》，载《山东法官培训学院学报（山东审判）》2021年第5期。

⑥ 参见高圣平：《统一动产融资登记公示制度的建构》，载《环球法律评论》2017年第6期。

有学者认为，受让人信赖抵押人对动产的占有，基于占有的公信力，完成交付后的所有权不应受已登记动产抵押权的影响。① 学说上以为，就占有的权利推定效力，尽管《民法典》上并未明确规定，② 但从其第311条关于善意取得的规定中大抵可以导出这一结论。③ 不过，占有构成对动产物权变动的公示，尚须满足有动产占有的事实以及占有人有物权享有的意思等两个要件。④ 在占有本身存在瑕疵或者有证据足以推翻的情况下，占有本身并不具有公示效力。就特殊动产而言，登记亦属动产物权变动取得对抗第三人效力的公示方法。动产抵押权登记的功能，不仅在于确立竞存权利之间的优先顺位，还在于警示潜在的第三人在交易时可能存在的交易风险。理性的交易第三人自应查询动产担保登记簿，以验证抵押人对标的物的占有是否存在瑕疵。在动产抵押权已行登记的情形之下，受让人怠于查询动产担保登记簿，自无法主张其为善意，也就没有了《民法典》第311条动产善意取得制度适用的空间。不过，受让人仅在基于商业交易而受让动产之时，才应积极查询动产登记簿（特殊动产登记簿与动产担保登记簿），以控制商业风险并作出理性的商业决策；在受让人受让动产是为了生活需要而非商业交易之时，强求受让人查询动产登记簿，有悖常理。此即《民法典》第404条所谓“正常经营活动中的买受人”免受动产抵押权之追及。

与不动产本身不可移动性、固定性不同，动产本身具有易移动性的特点。无论不动产如何发生权利变动，交易如何频繁，不动产本身一般不发生物理上的变动，借助于不动产登记的“物的编成主义”，即可保障不动产抵押权追及效力的实现，无须强制要求抵押人将转让抵押财产的事实通知予抵押权人。因此，在不动产抵押权追及效力规则下，通知抵押权人的法律意义更在于使其在抵押财产转让可能损害抵押权之时主张价金物上代位。与此相反，动产本身的易移动性以及动产担保登记簿的“人的编成主义”，不可能记载动产实时地理位置，这些均增加了抵押权人行使追及权的困难。正是基于这一点，有学者即指出：“动产抵押物转让规则应充分考虑强烈的流通冲动、公示的先天不足、潜在的贬值趋向以及对交易安全的高度依赖，除登记的特殊动产适用不动产抵押物转让规则外，其他应弃追及主义而采物上代位主义。”⑤ 动产的可移动性增加了被追及的难度，且

① 参见孙鹏、杨会：《论动产抵押物的转让》，载《西南政法大学学报》2005年第2期；景光强：《论抵押物转让规则之重构——以追及效力和物上代位效力的合理配置为主线》，载陈小君主编：《私法研究》（第23卷），法律出版社2018年版，第50页。

② 参见张双根：《物权法释论》，北京大学出版社2018年版，第253页。

③ 参见王利明：《物权法研究（上卷）（第四版）》，中国人民大学出版社2018年版，第727页；梁慧星、陈华彬：《物权法（第七版）》，法律出版社2020年版，第266页。

④ 参见尹田：《物权法（第二版）》，北京大学出版社2017年版，第163页。

⑤ 参见景光强：《论抵押物转让规则之重构——以追及效力和物上代位效力的合理配置为主线》，载陈小君主编：《私法研究》（第23卷），法律出版社2018年版，第50页。

《民法典》第403条与第404条已组成动产抵押对抗的完整规范，足以调整动产抵押财产转让问题，因而《民法典》第406条第1款所确立的抵押权追及效力规则不适用于动产抵押。[①] 但从《民法典》第406条的文义来看，尚无法得出其仅适用于不动产抵押权和特殊动产抵押权的情形。

为保障登记动产抵押权的追及效力，一方面，可以强化抵押人的变更登记义务。声明登记制下，抵押合同一方当事人可作为登记代表在登记机构办理变更登记（《动产抵押登记办法》第3条第1款）。抵押人转让动产时，应承担将动产抵押登记中的抵押人变更登记为买受人之义务。此时，买受人与抵押权人之间并未签订动产抵押合同，但也因受让附抵押负担的动产而与抵押权人之间存在实质的抵押关系。另一方面，《民法典》第406条第2款前句规定了抵押人转让抵押财产时通知抵押权人的义务。在没有通知抵押权人受让人信息的情况下，抵押权人并无从知悉其可得主张抵押权的对象，也无从判断买受人是否实施减损动产抵押物交换价值或者增加动产抵押权实现成本的行为，抵押权人依《民法典》第408条所享有的保全抵押财产价值的权利也不受保障。当动产抵押物被分割转让且买受人为多人时，又增加了抵押权实现的难度和成本。

就已登记的特殊动产抵押权而言，由于机动车、船舶、航空器登记簿均采“物的编成主义”，标的物均属有编号或序列号的财产，具有唯一可识别性。此时，即使未办理所有权转移登记，抵押人也未通知抵押权人，动产抵押权的追及效力也不受影响。就已登记的普通动产抵押权而言，由于纳入融资担保领域的动产种类繁多，尚须进行类型化的分析。就其中特定化程度较高的动产，如高价值机器设备，登记簿上对其型号、规格多有记载，动产抵押权人行使其追及权并无困难。就其中特定化程度不高的动产，如原辅材料，登记簿上仅做概括描述，动产抵押权人尚难行使其追及权。此际，可借助于《民法典》第406条第2款所规定的价金物上代位规则保护抵押权人的利益，无须经由《民法典》第390条的扩张解释将价金纳入可代位之物的范围。容后详述。

依据《民法典担保制度解释》第43条第2款的规定，受让人能否取得抵押财产所有权，受制于已登记的禁止或限制转让约定时，受让人可代替债务人清偿债务从而消灭抵押权。这是为尽可能消除禁止或限制转让特约对财产流通的不利影响。此时，买受人为获得抵押财产的所有权，其符合《民法典》第524条第1款规定的“第三人对履行该债务具有合法利益”，因而可代债务人履行主债务。但对“受让人替代债务人清偿债务”的适用还需注意以下问题：其一，《民法典担保制度解释》第43条第2款规定受让人代债务人履行主债务，忽视了受让人为

① 参见刘家安：《〈民法典〉抵押物转让规则的体系解读》，载《山东大学学报（哲学社会科学版）》2020年第6期。

取得抵押财产所支付的对价与主债务之间的价值差。尽管现实担保交易是担保财产价值略高于担保范围，但抵押财产价值受市场影响或在多个担保财产场合低于主债务，因而受让人清偿主债务而取得抵押财产所有权，大概率损害自己的利益（债务高于抵押财产价值）或抵押人的利益（债务低于抵押财产价值）。这需将受让人代替债务人清偿债务，解释为清偿担保债务。其二，有学者将买受人此种权利界定为涤除权或代为清偿，① 也有学者将涤除权与代为清偿相区分，但主张受让人代为履行无须抵押权人同意。② 两者的差异主要在于涤除权适用于抵押财产低于债务情形，而代为履行主要适用于抵押财产高于债务情形。其核心问题并不在于受让人的清偿额度，而是受让人代为履行时是否需要债权人同意。本书作者反对受让人为取得抵押财产所有权而代为履行债务且无须抵押权人同意的观点，因为即使第三人代为履行，债权人也享有受领权能。其对受让人所付对价不满意时完全可拒绝，毕竟受让人、抵押人与债权人之间就担保债务最终范围未必能达成一致。因此，受让人的代为履行是否产生效果，还需债权人受领。其三，受让人代为履行不得损害抵押人的权益。《民法典》第 419 条与《担保制度司法解释》第 44 条未规定在主债权诉讼时效期间届满后未行使的抵押权消灭，但认可抵押人可以以主债权诉讼时效期间届满为由拒绝承担担保责任。主债权诉讼时效届满后，抵押权登记及禁止转让约定的登记都依然存在，这导致买受人在代为履行时还必须注意抵押权存续期间是否届满问题。主债权诉讼时效届满后，买受人仍代为履行债务，其已向抵押人支付抵押财产对价，不得要求返还，也不得向主债务人主张追偿权；其未向抵押人支付抵押财产对价，不得主张债务抵销。

（二）登记动产抵押权追及效力的阻断及其救济

登记动产抵押权的追及效力可因特定事由的发生而阻断，《民法典》第 404 条规定的“正常经营活动买受人”规则即为其中著例。此外，特定化程度不高的动产上的抵押权在解释上亦属此例。

《物权法》将“正常经营活动买受人”规则适用于动产浮动抵押交易；而《民法典》将该规则扩大适用至所有动产抵押交易，其第 404 条规定：“以动产抵押的，不得对抗正常经营活动中已经支付合理价款并取得抵押财产的买受人。”反对观点认为，该条将适用范围扩大到所有动产，为买受人的利益而否定动产抵押权的追及效力，损害担保物权信用，动摇抵押担保制度存在基础。③ 解释论上，

① 参见王利明：《〈民法典〉抵押物转让规则新解——兼评〈民法典〉第 406 条》，载《法律科学（西北政法大学学报）》2021 年第 1 期。

② 参见张尧：《抵押财产转让规则的适用》，载《政治与法律》2021 年第 8 期。

③ 参见邹海林：《论〈民法典各分编（草案）〉“担保物权”的制度完善——以〈民法典各分编（草案）〉第一编物权为分析对象》，载《比较法研究》2019 年第 2 期。

应将“动产”限缩解释为“存货”。[①] 支持观点认为，该规则降低了交易成本，且符合各方当事人的预期，属于动产善意取得制度的必然逻辑延伸。[②] 不免除“正常经营活动买受人”查询登记簿义务并赋予其对抗在先动产抵押权的效力，将有违正常的交易效率与交易习惯。[③] 日常生活中，多数生活材料都属于动产。“正常经营活动买受人”规则恰好能够兼顾经营者的融资需求与买受人的消费需求。“如果当事人不再信赖转让人对财产的占有，并且还必须调查相关财产上是否存在着已登记的担保物权或保留所有权交易，则会对日常商业构成重大障碍。”[④]《民法典》最终采纳了后一种观点。“正常经营活动买受人”规则构成《民法典》第403条与第406条第1款的例外，作为对抵押权追及效力的限制，自应严格把握其适用要件。

在解释上，《民法典》第404条“正常经营活动买受人”规则的适用应坚持以下几点：其一，销售该动产属于抵押人的正常经营活动。可以结合其工商登记的经营范围是否与该类动产相关来确定。[⑤] 不过，抵押人是否具有相应经营资格，并不在“正常经营活动”的文义之列。[⑥] 其二，买受人已支付合理价款。价格是否合理，可结合动产是否独有、当事人是否有约定转让价格、市场价格、付款方式以及交易习惯等因素进行判断。[⑦] 其三，买受人取得了动产，即“受让人已通过受领交付取得对抵押财产的占有”，[⑧] 或“买受人基于动产所有权移转的规则取

---

① 参见张素华、李鸣捷：《〈民法典〉“正常经营买受人规则”的解释论》，载《北方法学》2021年第3期。

② 参见纪海龙、张玉涛：《〈民法典物权编（草案）〉中的“正常经营买受人规则”》，载《云南社会科学》2019年第5期；王利明：《论正常经营买受人规则》，载《东方法学》2021年第4期。

③ 参见龙俊：《动产抵押对抗规则研究》，载《法学家》2016年第3期；龙俊：《民法典中的动产和权利担保体系》，载《法学研究》2020年第6期。

④ Study Group on a European Civil Code and Research Group on EC Private Law (Acquis Group), *Principles, Definitions and Model Rules of European Private Law: Draft Common Frame of Reference, Volume* 6, Munich: Sellier. European Law Publishers GmbH, 2007, pp. 5604 - 5605.

⑤ 参见董学立：《论“正常经营活动中”的买受人规则》，载《法学论坛》2010年第4期；杨善长：《民法典编纂背景下动产抵押登记对抗规则的解释和完善》，载《山东社会科学》2020年第1期；纪海龙、张玉涛：《〈民法典物权编（草案）〉中的“正常经营买受人规则”》，载《云南社会科学》2019年第5期。

⑥ 参见高圣平：《民法典动产担保权登记对抗规则的解释论》，载《中外法学》2020年第4期。

⑦ 参见杨善长：《民法典编纂背景下动产抵押登记对抗规则的解释和完善》，载《山东社会科学》2020年第1期；纪海龙、张玉涛：《〈民法典物权编（草案）〉中的“正常经营买受人规则”》，载《云南社会科学》2019年第5期。

⑧ 杨善长：《民法典编纂背景下动产抵押登记对抗规则的解释和完善》，载《山东社会科学》2020年第1期。

得动产抵押物之所有权”。[①] 从第 404 条正常经营活动买受人免受动产抵押权追及之本意出发，以后一理解为上选。这一规则保护的并不是买受人的占有状态，而是买受人的所有权。在《民法典》上，交付尚有现实交付、简易交付、指示交付与占有改定等各种类型，为严格掌握“正常经营活动买受人”规则的适用，应将容易产生误解的“占有改定”排除在外。其四，不考察买受人善意与否。有学者主张，本规则的适用以买受人主观上善意为前提，但此处的善意与一般善意的认定标准不同。一般情形下，只要存在动产抵押权登记即可推定买受人非善意，而动产抵押权已行登记不能推导出正常经营活动中的买受人非善意，可以将买受人善意涵摄到“正常经营”中。[②] 买受人的善意体现为不知其购买行为侵害抵押权人的权益，即便知晓抵押权存在。[③] 当买受人知晓其买卖行为违反抵押权人与抵押人之间约定禁止转让动产时，即属恶意。[④] 这一观点具有一定合理性，但《民法典》第 404 条并不以买受人主观善意为适用前提，而以“已支付合理价款”作为平衡正常经营活动中的买受人与其他债权人之间利益的工具。[⑤]《民法典》第 406 条第 1 款允许当事人对动产抵押物的转让另作约定，即当事人可以约定禁止或限制抵押人转让动产抵押物。该约定欲对第三人发生效力，虽可在动产抵押登记书的“抵押人、抵押权人认为其他应当登记的抵押权信息”中进行登记，但这一做法违反了统一动产和权利担保登记制度尽量简化登记内容的基本要求。若当事人对禁止抵押人转让动产抵押物进行了登记，则买受人的行为侵害了抵押权人的权益，直接导致买受人必须通过登记查询当事人是否存在禁止转让动产抵押物的约定，与该规则免除买受人登记查询义务的法政策相悖。因此，即便抵押权人与抵押人存在禁止或限制转让抵押物的约定并加以登记，也不对正常经营活动中的买受人发生效力。

《民法典》第 404 条虽构成第 403 条与第 406 条第 1 款的例外，无论是否登记、无论是否约定禁止或限制转让抵押物，抵押人仍可转让抵押物。但是，该条的适用仍应受第 406 条第 2 款的限制，否则极易侵害抵押权人的权益。根据《民法典》第 406 条第 2 款的规定，“抵押权人能够证明抵押财产转让可能损害抵押权的，可以请求抵押人将转让所得的价款向抵押权人提前清偿债务或者提存。转

① 纪海龙、张玉涛：《〈民法典物权编（草案）〉中的“正常经营买受人规则”》，载《云南社会科学》2019 年第 5 期。

② 参见李莉：《浮动抵押权人优先受偿范围限制规则研究》，载《西南政法大学学报》2014 年第 3 期。

③ 参见龙俊：《动产抵押对抗规则研究》，载《法学家》2016 年第 3 期。

④ 参见纪海龙、张玉涛：《〈民法典物权编（草案）〉中的“正常经营买受人规则”》，载《云南社会科学》2019 年第 5 期；龙俊：《动产抵押对抗规则研究》，载《法学家》2016 年第 3 期；董学立：《论“正常经营活动中”的买受人规则》，载《法学论坛》2010 年第 4 期。

⑤ 参见高圣平：《民法典动产担保权登记对抗规则的解释论》，载《中外法学》2020 年第 4 期。

让的价款超过债权数额的部分归抵押人所有，不足部分由债务人清偿。”在解释上，第404条“正常经营活动买受人”规则的适用直接导致登记动产抵押权丧失追及效力，已经构成该款中“抵押财产转让可能损害抵押权”的情形，抵押权人即可主张价金物上代位。此际，应降低抵押权人的证明义务，但凡符合第404条的规定，即属“抵押财产转让可能损害抵押权”情形。此外，在抵押人转让特定化程度不高的动产的情形，也有可能有害于抵押权之行使。此际，抵押权人尚须证明抵押财产转让可能损害抵押权，即证明“转让抵押物是否可能导致抵押物的交换价值有明显的减损，或抵押权实现是否具有明显的困难等情形予以判断”。①

只要构成“抵押财产转让可能损害抵押权”，抵押权人即可依据《民法典》第406条第2款的规定主张价金物权代位。在比较法上，针对抵押人未经授权而处分抵押物的情形，如抵押物已经脱逸出抵押权人的控制范围致其无法行使追及权之时，抵押权人尚可主张价金物上代位以保护其权利。② 如《联合国贸易法委员会动产担保交易立法指南》即指出，动产担保物权自动延伸到担保物的任何可识别的收益。③ 即使在抵押权人可得行使追及权的情况下，动产抵押权延伸至收益仍具意义，例如，收益的价值可能高于抵押物。这种抵押权追及效力和价金物上代位并存的方法，为动产抵押权人提供了更为充分的保障，因此更有可能为借款人提供更好的信贷条件。④ 如美国法上就动产抵押物转让之后抵押权人的救济路径，既承认抵押权的追及效力，也承认价金物上代位，在抵押权可得实行之时，抵押权人既可选择其中之一，也可同时选择二者，但不能获得超过被担保债权的清偿。⑤ 在我国法上，尽管同时主张抵押权追及效力和价金物上代位，并不意味着动产抵押权人可以获得超出主债权的利益，但仅就《民法典》第406条第2款的文义而言，抵押权的追及效力和价金物上代位是非此即彼的关系。一般情形之下，动产抵押权人仅得主张其追及权，仅在抵押物的转让可能损害抵押权的情形之下，动产抵押权人才能主张价金物权代位。

---

① 王利明：《〈民法典〉抵押物转让规则新解——兼评〈民法典〉第406条》，载《法律科学（西北政法大学学报）》2021年第1期。

② See Spyridon V. Bazinas, The UNCITRAL Model Law on Secured Transactions, in Spyridon V. Bazinas and Nazmi Orkun Akseli, *International and Comparative Secured Transactions Law*, Portland, Oregon: Hart Publishing, 2017, p. 62.

③ See United Nations Commission on International Trade Law, *UNCITRAL Legislative Guide on Secured Transactions*, United Nations, 2010, p. 98. “收益”是指“就担保物收到的任何款项”，包括收益的收益，以及天然和法定孳息。见《联合国贸易法委员会动产担保交易示范法》第2条第（bb）款。

④ See United Nations Commission on International Trade Law, *UNCITRAL Legislative Guide on Secured Transactions*, United Nations, 2010, pp. 120–125.

⑤ See William H. Lawrence, William H. Henning and R. Wilson Freyermuth, *Understanding Secured Transactions*, 5th ed., New Providence, NJ: Matthew Bender & Company, Inc., 2012, pp. 252–253.

适用《民法典》第406条第2款尚存疑问的是，抵押权人主张价金物权代位，除了"抵押财产转让可能损害抵押权"之外，是否以抵押人及时通知抵押权人转让抵押物的事实为前提？在解释上，抵押人通知抵押权人是为了便于抵押权人行使追及权或物权代位权，如抵押人未通知，抵押权人通过其他途径知晓抵押物已被转让的事实，自不应排除抵押权人主张追及效力或价金物上代位。

一旦买受人将价款支付给出卖人/抵押人，价款丧失特定性，抵押权人就难以受偿。[①] 在前述情形之下，虽发生阻断抵押权追及效力的效果，抵押权人不能就动产抵押物实行抵押权，但抵押权人仍可就抵押人转让抵押物之所得（现金、支票、应收账款）主张担保权利（法定质权），[②] 不宜认为抵押权人就抵押物之所得仅享有债权请求权。相应地，为保障抵押权人权益，应明确抵押人不履行变更登记义务和通知抵押权人义务的相应法律后果，反向激励抵押人积极履行相应的义务。抵押人转让动产抵押物之时应通知抵押权人，如发生阻断抵押权追及效力的效果，"抵押人应当将所获得的价款提存，专门用于清偿抵押权人的债权。"[③] 无相应的严格法律后果作为反向激励，抵押权通常不会通知抵押权人已转让抵押物的事实。因此，在抵押人违反通知义务或未将转让价款提存时，除以追及效力或价金物上代位保护抵押权人的权益之外，还可约定抵押人承担具有惩罚性质的责任。[④] 通知义务是法定义务，因而抵押人违反此法定义务造成抵押权损害的，抵押权人有权依据侵权责任的有关规定主张损害赔偿。[⑤]

事前预防上，可设置惩罚性责任，促使抵押人履行通知义务或提存转让价款的义务。事后救济上，认定抵押人承担何种责任，直接关系抵押权人的利益。就因动产转让无法追及的情形，大多数观点认为，出卖抵押物的抵押人在抵押物的价值范围内承担赔偿责任，或抵押权人对买受人应支付的价款享有优先受偿权，或买受人应在受让价款范围内对抵押权人承担连带还款责任。有学者主张，应强化价金物上代位具有债权质权效力。[⑥] 该观点值得认可。抵押权本身价值目的在于保障抵押权人就抵押物变价款的优先受偿。即便抵押人因转让抵押物导致价款

---

① 参见徐银波：《我国抵押物转让制度的"体"冲突与完善》，载《武汉理工大学学报（社会科学版）》2014年第4期。

② See Lynn M. LoPucki, Elizabeth Warren and Robrt M. Lawsless. *Secured Transactions*, Wolters Kluwer. 2016. pp. 162 – 163.

③ 高圣平：《民法典担保物权制度修正研究——以〈民法典各分编（草案）〉为分析对象》，载《江西社会科学》2018年第10期。

④ 参见赵万忠：《论抵押权追及效力制度之设计》，载《西北大学学报（哲学社会科学版）》2008年第5期。

⑤ 参见景光强：《抵押物转让新规则释论》，载《山东法官培训学院学报（山东审判）》2021年第5期。

⑥ 参见程啸：《民法典物权编担保物权制度的完善》，载《比较法研究》2018年第2期。

与其自身其他财产相混同，也应认为抵押权人在担保债权数额（担保债权数额低于转让价款时）或转让价款数额（担保债权数额高于转让价款时）范围内享有优先受偿权，而不仅是赔偿责任或连带责任。当动产抵押物上有不同顺位的多个抵押权人时，依然应按相应的顺位进行受偿。无法确定转让价款数额时，应按当事人的约定，无约定时应依市场价格计算。

（三）“当事人另有约定”的效力

从《民法典》第406条的条文表述顺序来看，“当事人另有约定的，按照其约定”一句，位于“抵押期间，抵押人可以转让抵押财产”之后，“抵押财产转让的，抵押权不受影响”之前。这就表明，抵押权人和抵押人之间可就抵押财产的流通性作出例外约定，既可约定禁止抵押财产的转让，也可约定限制抵押财产的转让，如抵押财产的转让以抵押权人同意为前提。但当事人之间关于禁止或限制转让动产抵押物的约定，仅在抵押合同当事人之间发生效力；抵押物转让的，抵押权仍具追及效力。这一解释结论，与《民法典》第545条第2款“当事人约定非金钱债权不得转让的，不得对抗善意第三人。当事人约定金钱债权不得转让的，不得对抗第三人”的规范意旨相一致。但尚存疑问的是，当事人之间关于禁止或限制转让动产抵押物的约定不得对抗受让人，是否以受让人善意为前提？如类推适用《民法典》第545条第2款，应以受让人善意为其构成，但如仅依《民法典》第406条第1款，则不考虑受让人是否善意，抵押权人均可就抵押物主张优先受偿权。

在解释上，抵押权人与抵押人之间就抵押物的转让作出禁止或限制的约定，在“正常经营活动买受人”规则中不发生效力。但如不适用“正常经营活动买受人”规则，教义上尚可认为，在满足一定的条件下，当事人之间的约定仍可对受让人发生拘束力。其一，“另有约定”的内容经登记公示。动产抵押权依抵押合同的生效而设立，但相关内容欲对第三人发生效力，尚须经由登记而公示。禁止或限制抵押物转让的约定，也不例外，否则会增加第三人在登记簿之外的征信成本。① 抵押权人与抵押人未就“另有约定”内容进行登记公示，“另有约定”的内容对受让人不具有拘束力，而仅在当事人之间生效。抵押人违反该约定，仍须承担违约责任，但不影响买受人取得动产所有权。买受人受让动产时，知晓其上抵押权的存在，抵押权人仍可就抵押物行使追及权。基于此，《民法典担保制度解释》第43条区分当事人之间关于禁止或者限制转让抵押财产的约定是否登记，

① 参见王利明：《〈民法典〉抵押物转让规则新解——兼评〈民法典〉第406条》，载《法律科学（西北政法大学学报）》2021年第1期。

规定了两种不同的法律效果。[①]《民法典担保制度解释》第 43 条第 1 款规定："当事人约定禁止或者限制转让抵押财产但是未将约定登记，抵押人违反约定转让抵押财产，抵押权人请求确认转让合同无效的，人民法院不予支持；抵押财产已经交付或者登记，抵押权人请求确认转让不发生物权效力的，人民法院不予支持，但是抵押权人有证据证明受让人知道的除外；抵押权人请求抵押人承担违约责任的，人民法院依法予以支持。"第 2 款规定："当事人约定禁止或者限制转让抵押财产且已经将约定登记，抵押人违反约定转让抵押财产，抵押权人请求确认转让合同无效的，人民法院不予支持；抵押财产已经交付或者登记，抵押权人主张转让不发生物权效力的，人民法院应予支持，但是因受让人代替债务人清偿债务导致抵押权消灭的除外。"无论禁止或限制转让抵押财产的约定是否已登记，以及抵押人是否违反该约定，抵押财产转让合同仍然有效。另外，依本条的文义，在禁止或限制转让抵押财产的约定发生效力时，抵押权人有权主张转让不发生物权效力，即主张受让人不可取得抵押财产的所有权，而非抵押财产上的抵押权不消灭。禁止转让特约未登记时，抵押权人主张抵押人转让抵押财产不发生物权效力的，需举证证明受让人恶意，即受让人知道禁止转让特约。这与《民法典》第 403 条中未登记的动产抵押权不得对抗善意第三人之法理相一致，秉持恶意第三人不受保护的价值导向。[②] 其二，"另有约定"的内容不属于为受让人设定义务，受让人同意的除外。依不得为第三人设定义务的合同法原理，抵押权人与抵押人不可为受让人设定义务，比如要求买受人将购买价款直接支付给抵押权人。若当事人约定内容要求受让人履行特定义务，即使对约定内容进行登记，对受让人也不发生效力，除非受让人同意。

就约定禁止转让特约，有学者肯定《民法典担保制度解释》第 43 条的规定，主张禁止或限制约定依附于抵押权，不违反物权法定原则，理应具有登记能力；[③]也有学者认为，《民法典担保制度解释》第 43 条对《民法典》第 406 条第 1 款中"另有约定"的效力作出限制，但仍容易被银行等金融机构借助格式条款进行滥用；[④] 为"另有约定"防止被抵押权人滥用，还有学者主张仅在抵押财产的转让确有可能损害抵押权时，抵押权人才可主张转让行为不发生物权效力。[⑤] 不同于

---

① 参见最高人民法院民事审判第二庭编：《最高人民法院关于民法典担保制度司法解释理解与适用》，人民法院出版社 2021 年版，第 387 页；高圣平：《担保法前沿问题与判解研究（第五卷）——最高人民法院新担保制度司法解释条文释评》，人民法院出版社 2021 年版，第 288 页。

② 参见景光强：《抵押物转让新规则释论》，载《山东法官培训学院学报（山东审判）》2021 年第 5 期。

③ 参见王利明：《〈民法典〉抵押物转让规则新解——兼评〈民法典〉第 406 条》，载《法律科学（西北政法大学学报）》2021 年第 1 期。

④ 参见崔建远：《担保制度司法解释的制度创新与难点释疑》，载《财经法学》2021 年第 4 期。

⑤ 参见张尧：《抵押财产转让规则的适用》，载《政治与法律》2021 年第 8 期。

不动产转让在物理位置上不产生移动效果，转让动产往往因多次交易而难以追及，这极大限制动产抵押权的追及效力。但特殊动产因登记机制类似不动产，与一般动产有所不同。① 因而“另有约定”的实际作用效果更多是在不动产抵押中。

在统一的动产和权利担保登记制度中，依据《动产和权利担保统一登记办法》第9条第4款前段的规定，担保权人可以与担保人约定将禁止或限制转让的担保财产等项目作为登记内容。在此之下，当事人之间关于禁止或者限制抵押财产的约定，经由登记对第三人产生效力。相应地，受让人经查询登记簿即可知悉该约定，或者负有查询义务的受让人怠于查询登记簿而不知该约定，均无法主张其受让抵押财产之时的善意。如此，《民法典》第545条第2款也就有了类推适用的空间。但《民法典担保制度解释》第43条第1款中段的规定表明，未登记的禁转特约可以抵抗恶意受让人，似有不妥。② 本书作者认为，在统一的动产和权利担保登记制度中，当事人之间的另外约定并无登记能力；即使是在奉行“物的编成主义”的特殊动产登记簿中，此类约定亦无登记能力。在“物尽其用、物畅其流”的政策目标之下，应坚持当事人之间的另外约定仅发生债法上的相对效力的结论。在解释上可以认为，《民法典》第406条第1款本属特别规则，不应类推适用《民法典》第545条第2款。

综上所述，登记动产抵押权虽在解释上具有追及效力，但其适用范围极为有限，一般仅在特殊动产和特定化程度较高的一般动产转让时才有可能适用。《民法典》第404条规定的“正常经营活动买受人”规则构成第403条动产抵押登记对抗规则与第406条第1款的例外，发生阻断抵押权追及效力的效果。前述裁判整理中法律适用上的乱象在《民法典》第406条之下即可解决。

四、动产抵押权未登记时的动产抵押物转让

根据《民法典》第403条的规定，动产抵押权未登记，并不影响已依动产抵押合同的生效而设立的抵押权在当事人之间的效力，但动产抵押权对第三人的效力有所减损。这是维护交易安全的必然结果。为便于分析，以下内容将从第三人类型化角度展开。

（一）买受人属于正常经营活动中的买受人

买受人满足前述“正常经营活动买受人”规则的构成要件，即受《民法典》第404条的保护。动产抵押权已经登记时如此，动产抵押权尚未登记时更是如此。当买受人不属于“正常经营活动买受人”且主观上恶意，其受让取得的所有权不能对抗抵押权。其再次转让动产时，第二买受人若属于“正常经营活动买受人”，

① 参见常鹏翱：《限制抵押财产转让约定的法律效果》，载《中外法学》2021年第3期。

② 参见常鹏翱：《限制抵押财产转让约定的法律效果》，载《中外法学》2021年第3期。

同样阻断抵押权的追及效力。因“正常经营活动买受人”规则的适用而阻断抵押权的追及效力，同样属于“抵押财产转让可能损害抵押权”情形，抵押权人自可主张价金物上代位。换言之，在未登记的动产抵押物转让中，《民法典》第404条仍构成第406条第1款的例外，但仍受第406条第2款的约束。

（二）买受人不属于“正常经营活动买受人”

未登记的动产抵押权仍属于《民法典》第406条的文义范围，但就抵押物的受让人而言，如一概认定未登记动产抵押权具有追及效力，将危及交易安全。抵押权不以移转占有为公示方法，未办理登记时，第三人难以知晓动产上存在抵押权，其所信赖的抵押人对于标的物的占有属于无瑕疵的占有，基于市场交易规则获得的所有权也应是一个无权利瑕疵的所有权，不应受未经公示的动产抵押权的约束。因此，一概认定未登记动产抵押权依《民法典》第406条第1款具有追及效力，欠缺合理性。

我国《民法典》上既存在可以对抗所有第三人的物权，也存在仅得对抗部分第三人的物权。其中，后者以采行登记对抗主义物权变动模式的物权为其典型。动产抵押权虽未经登记，但亦属物权，只不过仅得对抗部分第三人而已。如此，对这部分第三人，动产抵押权自然具有追及效力。例如，在设定动产抵押权之后，抵押人将抵押物出借予第三人使用，动产抵押权即使未登记，仍可追及至抵押物之所在，对该第三人行使。如此，判断未登记动产抵押权的追及效力及其限制，尚须结合《民法典》第403条进行体系解释。

在解释上，《民法典》第403条构成第406条第1款的例外，自应优先适用。在我国实定法上，《担保法司法解释》第67条第2款规定，未登记动产抵押权不能对抗任何买受人，即使抵押人告知受让人转让的动产上存在抵押权负担，买受人的所有权依然能够对抗抵押权。但《民法典担保制度解释》第54条第3项表明，未经登记的动产抵押权不得对抗无担保债权人中的查封、扣押债权人和破产债权人、管理人。换言之，《民法典担保制度解释》对未经登记的动产抵押权可得对抗的无担保债权人范围进行了限缩。[①] 未登记特殊动产抵押权的对抗范围在规范之间存在差别，如以船舶（仅限于《海商法》意义上的船舶）、[②] 民用航空

① 参见最高人民法院民事审判第二庭编：《最高人民法院关于民法典担保制度司法解释理解与适用》，人民法院出版社2021年版，第472～473页。

② 《海商法》第3条第1款规定：“本法所称船舶，是指海船和其他海上移动式装置，但是用于军事的、政府公务的船舶和20总吨以下的小型船艇除外。”

器抵押的，未经登记不得对抗第三人；[①] 而渔业船舶抵押的，未经登记不得对抗善意第三人。[②] 根据《民法典》第403条的规定，动产抵押权未经登记，不得对抗善意受让人。依反对解释，未登记动产抵押权可以对抗恶意买受人，而非不得对抗任何买受人。即使动产抵押权未登记，也无保护恶意买受人的根据。[③] 这实际维护了未登记动产抵押权的物权效力。《民法典》第403条登记对抗规则的功能基础在于，登记公示是潜在的受让人免受动产抵押权追及的预防性措施。[④] 潜在的受让人借由动产抵押权登记簿预估法律风险，如动产抵押权未登记，受让人自无法知悉标的物上的抵押负担，动产抵押权的追及效力被阻断，受让人取得无抵押负担的所有权。

由《民法典》第403条可知，受让人免受动产抵押权之追及，尚须满足三个条件：其一，动产抵押权未登记。其二，受让人已依物权变动规则取得标的物的所有权。如受让人已与抵押人签订买卖合同，但并未受领交付，抵押物所有权仍然归属于抵押人。此际，抵押权人就抵押物仍可对抵押人行使抵押权，不发生抵押权追及效力问题。其三，受让人为善意。这里所谓"善意"，是指不知道标的物上存在动产抵押负担，且无重大过失。买受人明知标的物之上存在未登记抵押权负担，属于恶意买受人，对此并无争议。[⑤] 因重大过失不知情的买受人是否属于恶意，则存争议。[⑥] 有观点认为，动产抵押物的善意受让人不知道动产抵押权的存在，即属于善意。考察买受人善意，不仅依靠买受人是否知悉抵押权存在，还应结合是否支付合理价款以及其他影响因素来认定。非正常经营活动中的买受人理应向抵押人/出卖人询问标的物的权利瑕疵情况。若价款不合理，交易的对象、场所或者时机等不符合交易习惯，且买受人未向出卖人询问标的物权利瑕疵情况，应认定其存在重大过失。动产抵押权既未登记，第三人亦难以注意到标的物上存在动产抵押权，为贯彻登记对抗制度的规范意旨，应将"善意"限定在无重大过失，不强求第三人在登记簿之外再作详尽的调查，以降低交易成本、促进

---

① 《海商法》第13条规定："设定船舶抵押权，由抵押权人和抵押人共同向船舶登记机关办理抵押权登记；未经登记的，不得对抗第三人。"《民用航空法》第16条规定："设定民用航空器抵押权，由抵押权人和抵押人共同向国务院民用航空主管部门办理抵押权登记；未经登记的，不得对抗第三人。"

② 《渔业船舶登记办法》第24条规定："渔业船舶抵押权的设定、转移和消灭，抵押权人和抵押人应当共同依照本办法进行登记；未经登记的，不得对抗善意第三人。"

③ 参见王洪亮：《动产抵押登记效力规则的独立性解析》，载《法学》2009年第11期。

④ See Ronald C. C. Cuming, Catherine Walsh and Roderick J. Wood, *Personal Property Security Law*, 2nd ed., Toronto, ON: Irwin Law Inc., 2012, p. 419.

⑤ 参见庄加园：《动产抵押的登记对抗原理》，载《法学研究》2018年第5期；景光强：《论抵押物转让规则之重构——以追及效力和物上代位效力的合理配置为主线》，载陈小君主编：《私法研究》（第23卷），法律出版社2018年版，第49页。

⑥ 参见刘玉杰：《未登记动产抵押权效力探析》，载《法律适用》2009年第10期。

交易效率。这一解释方案也与我国实践中关于善意认定的一般标准相合。[①] 证明责任分配上，应由未登记的动产抵押权人举证证明买受人知悉抵押权的存在或因重大过失不知悉抵押权存在。“抵押物受让人无须举证证明自身善意，而应由抵押权人负担受让人恶意的举证责任。”[②]《民法典担保制度解释》第54条第1项规定：“动产抵押合同订立后未办理抵押登记，动产抵押权的效力按照下列情形分别处理：(一) 抵押人转让抵押财产，受让人占有抵押财产后，抵押权人向受让人请求行使抵押权的，人民法院不予支持，但是抵押权人能够举证证明受让人知道或者应当知道已经订立抵押合同的除外。”此即，未登记的动产抵押权可对抗恶意第三人，即知道或应当知道已经订立抵押合同的第三人。

特殊动产抵押权未登记，买受人知悉抵押权的存在，取得标的物所有权之后并办理了转移登记的，是否免受抵押权之追及？对此，存在分歧。肯定意见认为，特殊动产的买受人办理了动产所有权转移登记的事实，即可默认买受人为善意。否定意见认为，应考察买受人主观上是否知悉抵押权的存在，而不论特殊动产是否办理所有权转移登记。特殊动产所有权转移登记只能表明所有权发生移转，应与买受人主观是否善意区分开来分别予以判断。此时并不能排除买受人的主观恶意，因而不能据此得出买受人不受未登记抵押权追及的结论。

一般情形之下，上述条件中“动产抵押权未登记”和“受让人为善意”的判断时点，为受让人取得抵押物所有权之时。因此，在受让人取得抵押物所有权之后，动产抵押权办理了登记，或受让人知悉了标的物上存在抵押负担，受让人仍不受动产抵押权之追及。与之相关的问题是，在受让人取得抵押物所有权之时动产抵押权已行登记，但此后登记因其他原因而注销，受让人是否受非登记的动产抵押权之追及？就此，判断标准仍然是在受让人取得抵押物所有权之时是否满足上述两个条件，至于受让人取得抵押物所有权之后相关事件的发生，不影响动产抵押权追及效力。

尚存疑问的是，如转让合同中约定，出让人/抵押人在特定条件成就之时或一定期间之后才交付标的物予受让人，如此，受让人取得标的物所有权即应推迟一段时间。如在转让合同签订之时动产抵押权并未登记，但在标的物所有权移转予受让人之前办理了抵押登记，[③] 受让人是否属于善意？我国既有司法态度表明，在适用动产善意取得制度之时，善意的判断时间为动产交付之时，物权取得附条

---

① 《最高人民法院关于适用〈中华人民共和国民法典〉物权编的解释（一）》第14条第1款即规定：“受让人受让不动产或者动产时，不知道转让人无处分权，且无重大过失的，应当认定受让人为善意。”

② 孙鹏、杨会：《论动产抵押物的转让》，载《西南政法大学学报》2005年第2期。

③ 转让合同签订之时，受让人并不知道标的物上存在抵押负担，但在标的物所有权移转予受让人之前知道标的物上存在抵押负担，同样存在类似问题。

件或期限的，则为条件成就、期限届至之时。这一规则深植善意取得制度的伦理根基并极大地限制了善意取得的负面效果。[①] 在适用《民法典》第403条之时是否坚持这一司法态度，值得研究。

“动产抵押权未经登记，不得对抗善意第三人”这一登记对抗规则适用于受让人之时，在解释上系指未经登记的动产抵押权，不得对抗受让人取得的所有权而言。依《物权法》的规定，未经抵押权人同意，抵押人转让抵押财产，属于无权处分。由此，受让人是否取得标的物的所有权，取决于动产善意取得规则是否适用。登记对抗规则与善意取得制度也就在这个意义上形成了关联。[②] 但《民法典》已经改变了《物权法》限制抵押财产转让的立法态度，以抵押财产的自由流转为其规则建构基础。在解释上，抵押人并不因抵押权的设定而丧失对抵押财产的处分权，[③] 未经抵押权人同意，抵押人转让抵押财产，也就不再属于无权处分，善意取得规则也就没有了适用空间。《民法典》第403条的文义也仅要求第三人为善意，并不要求第三人善意取得标的物上的权利。因此，受让人是否取得标的物上无抵押负担的所有权，不是登记对抗规则的任务，也无须在善意取得制度之下寻求解释基础，适用《民法典》上动产物权变动一般规则即可。[④] 准此以解，《民法典》第403条中的善意判断，自无须完全采行动产善意取得制度中的适用标准。

在政策选择上，就转让合同的签订时间与交付标的物的时间之间、交付标的物的时间与所有权移转所附条件成就或所附期限届至的时间之间的差异可能带来的不确定性，应作有利于受让人的解释。登记对抗规则的设计是为了促进风险评估。潜在受让人自可透过查询动产担保登记簿，确定标的物上是否存在担保负担，并据以评估拟议中的交易的风险。如查询动产担保登记簿尚未发现债务人的特定标的物上存在在先的动产抵押权，受让人据此就该标的物与债务人从事交易，其所取得的所有权应受优先保护。即使交易条款规定推迟从债务人转移财产，情况也是如此。[⑤] 无论如何，如受让人已在签订转让合同之前查询动产担保登记簿以控制交易风险，不宜强求受让人在签订转让合同之后受领标的物之前再次查询动产担保登记簿。同理，如转让合同约定受让人取得标的物所有权的条件

---

① 参见最高人民法院民事审判第一庭编：《最高人民法院物权法司法解释（一）理解与适用》，人民法院出版社2016年版，第412页。

② 参见郭志京：《也论中国物权法上的登记对抗主义》，载《比较法研究》2014年第3期。学说的整理，参见魏振华：《登记对抗与善意取得：关系辨析与法律适用》，载《社会科学》2018年第11期。

③ 参见谢在全：《民法物权论（修订五版）》，中国政法大学出版社2011年版，第700页。

④ 参见郭志京：《也论中国物权法上的登记对抗主义》，载《比较法研究》2014年第3期；高圣平：《民法典动产担保权登记对抗规则的解释论》，载《中外法学》2020年第4期。

⑤ See Ronald C. C. Cuming, Catherine Walsh and Roderick J. Wood, *Personal Property Security Law*, 2nd ed., Toronto, ON: Irwin Law Inc., 2012, p. 380.

或期限，期望受让人在所有权移转之前再次查询动产担保登记簿，也不现实。

在体系解释上，《民法典》第403条所谓“不得对抗”，在法律效果上是指受让人不受未登记动产抵押权之追及，受让人取得无抵押负担的所有权。有观点认为，此时，未登记动产抵押权消灭。① 但“不得对抗”仅指未登记动产抵押权对特定人不发生效力。如抵押权不能对抗善意买受人，是指抵押权人不可向善意买受人行使追及权，但并不排斥抵押权人基于其抵押权向抵押人就转让价款主张权利（法定质权）。“不得对抗”即抵押权消灭的观点，在保护善意买受人利益的同时损害了抵押权人的权益。未登记动产抵押权虽不能对抗善意买受人，但仍属于抵押权，可就转让价款主张物上代位，并可对抗无担保债权人。

未登记动产抵押权追及效力被阻断之时，当事人的权利义务关系仍受《民法典》第406条第2款的约束。受让人不受未登记动产抵押权之追及，已经构成对抵押权的损害，并属于第406条第2款的文义涵摄范围。无论抵押人是否履行通知抵押权人的义务，抵押权人均可主张价金物上代位。

综上，在动产抵押权未登记且受让人已经取得标的物所有权的情形之下，如受让人在主观上属于善意，即可依《民法典》第403条主张对抗抵押权的权利，此时动产抵押权依第406条的追及效力被阻断，但可主张价金物上代位。即便抵押权人知晓抵押物转让的事实后办理了抵押登记，也不得对抗此前的善意买受人，因为抵押登记的效力仅向后发生，并不具有溯及既往的效力。在受让人主观上为恶意之时，受让人仍可依物权变动规则取得标的物的所有权。只不过，受让人所取得的是附抵押负担的所有权，动产抵押权人自可行使追及权。值得注意的是，《民法典》第406条第1款允许当事人就抵押财产的转让作出相反约定，当事人自可约定禁止或限制抵押财产的转让，在《民法典担保制度解释》第43条之下，当事人自可约定禁止或限制抵押财产的转让，但这一约定是否对受让人产生效力，取决于该约定登记与否以及受让人的主观状态。

五、小　结

近代以来，非移转占有型担保制度随着社会经济的发展渐受重视。② 我国自《担保法》之时，即引入动产抵押制度，但不同时期的规则之间存在重大差异。这既是实践发展的结果，亦属学说不断成熟的标志。其中，动产抵押物转让规则的变迁体现得尤为明显。《民法典》第406条承认了抵押权的追及效力，能够兼顾保障抵押权、物尽其用和利益平衡等价值目标的实现。该条并未将其适用范围

① 参见庄加园：《动产抵押的登记对抗原理》，载《法学研究》2018年第5期；杨善长：《动产抵押物转让中的利益冲突及调和——善于解释论和立法论的视角》，载《晋阳学刊》2018年第6期；程啸：《论抵押财产的转让》，载《中外法学》2014年第5期。

② 参见谢在全：《担保物权制度的成长与蜕变》，载《法学家》2019年第1期。

局限在不动产抵押权，解释上对动产抵押权亦有适用余地。但动产交易频繁而活跃，且动产极易被移动，给抵押权追及效力的落实带来了一定的困难。动产抵押物的转让所涉及的规则，除了《民法典》第406条之外，尚有第311条规定的动产善意取得规则、第403条规定的动产抵押登记对抗规则以及第404条规定的“正常经营活动买受人”规则。如此更增加了适用动产抵押权追及效力规则的困难。第311条和第403条之下的善意受让人、第404条之下正常经营活动中的买受人，均免受动产抵押权之追及。适用《民法典》第311条、第403条、第404条以及第406条第1款，均不可排除第406条第2款。在动产抵押物转让场合，如动产抵押权的追及效力被阻断，即属“抵押财产转让可能损害抵押权”的情形，抵押权人即可主张价金物权代位，请求抵押人将转让所得的价款向抵押权人提前清偿债务或者提存。转让的价款超过债权数额的部分归抵押人所有，不足部分由债务人清偿。

《民法典》视野下统一动产和权利担保登记制度的构建[①]

在登记对抗主义之下，动产和权利担保登记的功能不在于创设一个新的权利，而在于为与担保人进行交易的第三人提供信息以及为确定竞存权利之间的优先顺位提供基础。如此，动产和权利担保登记系统应以声明登记制为基础而构建。《民法典》就动产和权利担保物权的功能主义立法方法为统一动产和权利担保登记制度提供了法律上的前提。在保留特殊动产、权利担保登记系统的前提下，统合没有所有权登记的标的物上的担保登记系统，并建立两大登记系统之间的电子链接。统一的动产和权利担保登记系统应是基于互联网的完全电子化的登记系统，其编制采取人的编成主义，并辅之以物的编成主义，涵盖所有在功能上起担保作用的所有交易类型。担保权人可以自主在线完成登记和查询，但为防止欺诈登记和虚假登记，担保人享有受领登记通知、请求注销或修正登记的权利，担保权人负有注销登记的义务。

一、问题的提出

在非移转占有型动产和权利担保[②]渐趋主流的背景之下，[③] 登记公示也就成了消灭“隐蔽性担保”、平衡担保权人与潜在交易相对人利益的主要技术工具，我国物权法上亦不例外。但基于标的物归口管理的需要，物权法上以动产担保交易的具体形式为基础构建了多元化的动产和权利担保登记体系。[④] 如动产抵押权一般由工商行政管理部门办理登记，但民用航空器抵押登记由中国民航管理总局办理，船舶抵押登记分别由海港监督管理部门和农业渔政管理部门办理，机动车辆抵押登记由公安交通行政管理部门中的车辆车籍管理部门办理；再如权利质权由各种出质权利的归口行政管理机关或其指定的机构作为登记机构，非上市公司股权质权登记由工商行政管理部门办理，应收账款质权登记由中国人民银行征信中

---

① 参见谢在全：《担保物权制度的成长与蜕变》，载《法学家》2019 年第 1 期。

② 本书所称权利担保，仅及于动产型权利的担保，不包括不动产权利的担保。在解释上，不动产权利担保在体系定位上应属抵押权。特此叙明。

③ 参见谢在全：《担保物权制度的成长与蜕变》，载《法学家》2019 年第 1 期。

④ 这一模式与 1995 年《担保法》立法之时的社会经济背景相关，其时考虑到了担保财产行政管理的需要，将登记事务视为行政管理职能，使之与行政管理事务相衔接。参见全国人大常委会法制工作委员会民法室编（孙礼海主编）：《中华人民共和国担保法释义》，法律出版社 1995 年版，第 60 页。

心办理，基金份额、上市公司股权质权登记由证券登记结算机构办理，知识产权质权登记由各知识产权主管部门办理。与我国统一的不动产登记体系相比，“目前动产抵押和权利质押的登记机构较为分散，不能完全适应现代市场经济发展的需要。”①

《民法典》编纂过程中形成的共识是，“建立统一的动产抵押和权利质押登记制度有助于进一步发挥其融资担保功能”。② 基于此，《民法典》“删除有关担保物权具体登记机构的规定，为建立统一的动产抵押和权利质押登记制度留下空间。”③ 但是立法说明同时指出，“统一登记的具体规则宜由国务院规定”。④《民法典》虽并未就统一动产抵押和权利质押登记制度作出授权性规定，但《优化营商环境条例》（国务院令第722号）第47条第2款中规定：“国家推动建立统一的动产和权利担保登记公示系统”，为统一动产和权利担保登记制度提供了法律依据。

《民法典》立法说明体现了统一动产和权利担保登记制度的基本思想。2021年1月国务院正式印发《关于实施动产和权利担保统一登记的决定》（以下简称《统一登记决定》），宣布在全国范围内实施动产和权利担保统一登记，标志着我国动产和权利担保统一登记制度的正式建立。2021年12月，中国人民银行发布《动产和权利担保统一登记办法》（以下简称《统一登记办法》），它不仅充分吸收了此前应收账款质押登记经验，而且总结吸纳了2019年以来在北京和上海积累的动产担保试点经验，对统一登记中的具体问题作出了细化和完善。至此，我国

① 沈春耀：《关于〈民法典各分编（草案）〉的说明——2018年8月27日在第十三届全国人民代表大会常务委员会第五次会议上》，载《民法典立法背景与观点全集》编写组编：《民法典立法背景与观点全集》，法律出版社2020年版，第23页。

② 沈春耀：《关于〈民法典各分编（草案）〉的说明——2018年8月27日在第十三届全国人民代表大会常务委员会第五次会议上》，载《民法典立法背景与观点全集》编写组编：《民法典立法背景与观点全集》，法律出版社2020年版，第23页。

③ 王晨：《关于〈中华人民共和国民法典（草案）〉的说明——2020年5月22日在第十三届全国人民代表大会第三次会议上》，载《中华人民共和国全国人民代表大会常务委员会公报》2020年特刊。

④ 沈春耀：《关于〈民法典各分编（草案）〉的说明——2018年8月27日在第十三届全国人民代表大会常务委员会第五次会议上》，载《民法典立法背景与观点全集》编写组编：《民法典立法背景与观点全集》，法律出版社2020年版，第23页。

统一动产和权利担保登记的规则体系已经基本确立。①

从根本上看，统一动产和权利担保体系的构建集中反映了《民法典》担保制度吸纳功能主义的重大立法理念的革新。② 这体现为两个方面：一是，动产和权利担保登记与不动产登记在功能上存在重大差异。动产和权利担保登记与不动产登记虽均为“登记”，但两者之间差异较大，登记规则的设计也就不应以不动产登记为参照。不容否认的是，我国现有动产和权利担保登记规则在不同程度上受到了不动产登记制度的影响。二是，《统一登记办法》所构建的体系是既有应收账款质押登记系统的拓展和完善。尽管统一动产和权利担保体系与中国人民银行征信中心既有应收账款质押登记系统在登记形式、登记程序和审查理念等诸多方面均存在一定的相似性，但是统一动产和权利担保体系仍然是对原有登记制度体系的重大革新，因为它不仅在形式上完成了对诸多分散登记机关的系统性整合，③还在实质上扩大了可登记担保权的范围。

就此而言，依据《统一登记办法》的规定，统一动产和权利担保登记制度在登记范围、登记内容、登记审查理念等方面都发生了重大变化，并且对以不动产登记为参照的登记理念形成了重大挑战，亟待法学理论对这一体系革新进行深度阐释以明确其制度的基本构成和作用方式，为我国动产和权利担保的法律框架夯实理论基础。

二、动产和权利担保登记的功能

我国《民法典》就基于法律行为的不动产物权变动大多采取登记生效主义，登记是不动产物权变动的生效要件。由此而决定，不动产登记具有设权登记的属性，不动产登记簿具有权利正确性推定效力。如此即影响着不动产登记规则的设计，如就不动产买卖（转让）、抵押登记等采取双方申请主义，不动产登记簿的登记内容涵盖了不动产权利的主要要素，登记机构就登记申请奉行高于形式审

---

① 其间，最高人民法院根据这一立法的重大变化发布了《最高人民法院关于适用〈中华人民共和国民法典〉有关担保制度的解释》（以下简称《民法典担保制度解释》），对人民法院认定动产担保效力、权利顺位以及司法救济问题作了具体规定，使动产担保与不动产担保在保障债权实现方面发挥同样的功能和可靠性，解除债权人的后顾之忧，进而提高动产资源的利用效率，为中小微企业以动产融资疏通道路，解决堵点难点，更好地将《民法典》的有关精神落到实处。最高人民法院民事审判第二庭编：《最高人民法院民法典担保制度司法解释理解与适用》，人民法院出版社 2021 年版，第 29 页。有学者认为，借助统一动产和权利担保登记在制度层面的落地，动产担保物权一元化立法模式终得以渠成。参见董学立：《建立动产担保物权统一登记制度的担保物权法编纂意义》，载《法治研究》2018 年第 1 期。

② 参见王利明：《担保制度的现代化：对〈民法典〉第 388 条第 1 款的评析》，载《法学家》2021 年第 1 期；朱虎：《民法典动产和权利担保的变革》，载《人民法院报》2020 年 7 月 30 日。

③ 《统一登记决定》确定，自 2021 年 1 月 1 日起，由中国人民银行征信中心作为登记机构，在全国范围内实施动产和权利担保统一登记，在一定程度上完成了对动产和权利担保登记机关的整合。

查、低于实质审查的审查标准。[①] 但就基于法律行为的非移转占有型动产物权变动而言，我国《民法典》大多采取登记对抗主义，由此而引发了登记功能在两种不同立法主义之下的讨论。登记功能上的差异直接影响着登记规则的设计。对于奉行登记对抗主义的动产担保权而言，[②] 登记的主要功能主要体现在以下几个方面：

（一）为与担保人进行交易的第三人提供信息

动产和权利担保权[③]作为一种物权，具有优先于债权的效力，应有相应的权利表征使第三人得以知悉。就非移转占有型的动产和权利担保权而言，登记即成为适度保护其他债权人的手段。在市场交易中，债权人对交易风险的控制有多种方法，考察债务人的资信现状即为其中重要方法。资信现状的信息主要来源于债务人的自我介绍、相关中介机构的调查等，但这些途径均无法保证其信息来源的真实性。动产和权利担保登记制度的确立正好弥补了上述信息渠道的缺憾。一方面，债权人不再需要完全依赖于债务人单方面的介绍来作出商事判断；另一方面，债权人就标的物的权利只有经过登记，才能获得优先地位，当债权人通过检索登记簿没有发现其他在先权利的记录，无论事实上是否存在其他在先权利，债权人都能确信其权利的优先地位。[④]

借助于动产和权利担保登记，潜在的交易相对人在交易之初即可判断债务人（担保人）的责任财产范围，以确定担保人的财产是否事实上可以在担保人违约时足以清偿债务，并避免误认债务人所占有的财产均属于责任财产的范围，而承担未能预见的风险。[⑤] 对于意欲取得债务人财产上的物权的人而言，借由动产和权利担保登记簿，可以了解该财产上是否已经为其他债权人设立了担保，从而确定其是否取得受制于在先担保权的权利。由此可见，动产和权利担保登记的主要功能，在于公示标的物上的担保负担，为与担保人进行交易的第三人提供相关信息，如此达到维护交易安全，降低当事人征信成本的目的。

值得注意的是，登记对抗主义之下的动产和权利担保登记并不具有创设担保

① 参见黄薇：《中华人民共和国民法典解读·物权编》，中国法制出版社 2020 年版，第 15、21～22 页。

② 就《民法典》的规定而言，动产抵押权、所有权保留交易中出卖人保留的所有权、融资租赁交易中出租人享有的所有权、保理交易中保留人受让的应收账款等，采取了登记对抗主义。

③ 为表达我国《民法典》上功能化的担保物权观念，本书以动产和权利担保权指称《民法典》上的典型担保物权和非典型担保物权，特此叙明。

④ See Douglas G. Barid and Thomas H. Jackson, Possession and Ownership: An Examination of the Scope of Article 9, 35 Stanford Law Review, pp. 154 – 185.

⑤ 参见苏永钦主持：《动产担保交易法修正研究（期末报告）》，作者 2000 年自版，第 54 页；Ulrich Drobnig and Ole Böger (eds), *Proprietary Security in Movable Assets*, Oxford: Oxford University Press, 2015, p. 434.

物权的功能。动产和权利担保登记簿并不具有权利正确性推定效力，并不能保证使债权人免受债务人的欺诈，也不具备平衡当事人权利义务的功能。其主要原因在于，对于在市场交易中频繁易手的大量动产而言，维系一个可信赖的所有权登记系统几乎是不可能的。债务人是否取得担保物的所有权仰赖于登记之外的相关交易的效力。[①] 动产和权利担保登记并不表明标的物上担保权的确定、真实地存在，仅仅只表明标的物上可能存在或即将可能存在担保权。动产和权利担保权的确定、真实地存在，取决于担保权设立要件的满足，如担保合同已然成立生效、担保人取得对标的物的处分权、担保权人已经给付对价（如发放贷款）。由此可见，动产和权利担保登记提供信息的功能较为有限。登记簿的担保信息，只能给潜在的交易相对人以提醒，债务人的特定财产上可能存在担保负担，但是否真实存在担保负担以及担保交易的具体细节，尚须进一步通过其他途径探知。[②] 尽管如此，就交易频繁的动产而言，潜在的交易相对人经由查询登记簿一旦了解特定动产上可能存在担保权，即可决定不就该动产与债务人从事交易，无须进一步征信。

（二）为确定竞存权利之间的优先顺位提供基础

同一标的物上存在多个竞存权利并不鲜见，如何确定这些竞存权利之间的优先顺位即成问题。登记对抗主义模式下，动产和权利担保权的设立并不依赖于登记，而是从担保合同生效之时即已设立或确立。同一标的物上竞存担保权之间如依各自的设立时间先后定其优先顺位，则会增加交易的不确定性。因为各担保合同的生效时间并不具有对外公示的效力，其他债权人无从了解。亦即，债权人在与债务人从事交易之前，无法依一个可靠的方式来确知债务人财产之上是否存在权利负担。同时，依动产和权利担保权的设立时间先后定其优先顺位，极易产生道德风险，因为这种不公开的、隐蔽的交易环节可以由交易双方随时变更，如倒签担保合同的生效时间。[③]

动产和权利担保权的登记时间是可以准确确定并且轻易证明的事实。如此，动产和权利担保登记为确定竞存权利之间的优先顺位提供了客观基础。具体而言，动产和权利重复担保的顺位规则以《民法典》第 414 条第 1 款作为依据，依据该款规定，“同一财产向两个以上债权人抵押的，拍卖、变卖抵押财产所得的价款依照下列规定清偿：（一）抵押权已经登记的，按照登记的时间先后确定清偿顺序；（二）抵押权已经登记的先于未登记的受偿；（三）抵押权未登记的，按

---

① See Asian Development Bank, *Law and Policy Reform at the Asian Development Bank*, 2002 edition, pp. 4 – 7.

② 参见谢在全：《担保物权制度的成长与蜕变》，载《法学家》2019 年第 1 期。

③ See Ulrich Drobnig and Ole Böger (eds), *Proprietary Security in Movable Assets*, Oxford: Oxford University Press, 2015, p. 434.

照债权比例清偿。”如此，同一标的物之上竞存担保权之间的优先顺位，采行“先登记者优先”规则。登记系统可以显示准确的登记时间，并且优先顺位的次序通常可以从登记簿上直接查明，而无须调查担保合同的内容、次序及其相互关系，也不问权利人或第三人是否知悉登记的实际情形，[①]对于各方当事人的保护并无二致，堪称公平。“先登记者优先”规则在一定程度上增加了交易的确定性，也可以使先登记的担保权得以对抗倒签日期而设立的担保权，使得登记制度成了防范欺诈的有效机制。[②]

确定竞存担保权之间的优先顺位的现代趋势是采纳“先登记者优先”规则，而不考虑权利人是否事实上知道在先权利。这一规则减少了有关优先顺位的争议，是否构成“事实上知道”的举证责任规则很难确定，[③]相比较而言，简单的“先登记者优先”规则使所有的担保权人均信赖权利的外观——动产和权利担保登记簿以预测其权利的优先顺位。[④]不过，“先登记者优先”规则有两个例外，即正常买受人规则和购买价金担保权的超优先顺位规则。[⑤]

三、各种动产和权利担保形式的统一登记

在统一动产和权利担保登记制度体系正式建成之前，我国动产和权利担保登记体系以两种不同分类标准而构建。其一，标的物不同，登记机构不同，典型地体现在动产和股权之上。特殊动产（机动车、船舶、航空器）依其各自的行政管理部门而分别确定不同的担保登记机构，普通动产因无所有权登记而无法归口于特定行政管理部门，但某些特定民事主体从事经营活动尚须经工商登记而取得营业资格，从而形成企业、个体工商户、农业生产经营者的普通动产抵押由工商行政管理部门（现为市场监督管理部门）办理与其他民事主体的普通动产抵押登记

① 关于善意取得制度在解决权利冲突问题上的不足之处已有详细论证。参见龙俊：《民法典中的动产和权利担保体系》，载《法学研究》2020年第6期。

② See Ulrich Drobnig and Ole Böger (eds), *Proprietary Security in Movable Assets*, Oxford: Oxford University Press, 2015, pp. 434-435；高圣平：《动产担保交易制度比较研究》，中国人民大学出版社2008版，第273页。

③ 该条以登记为中心，构建了可以登记的担保权发生竞存时的顺位规则，但其并不涉及以占有作为公示方式和法定的担保物权竞存顺位规则。参见王利明：《登记的担保权顺位规则研究——以〈民法典〉第414条分析为中心》，载《比较法研究》2021年第2期。

④ See Asian Development Bank, *Law and Policy Reform at the Asian Development Bank*, 2002 edition, p. 11.

⑤ 详细介绍参见高圣平：《民法典动产担保权优先顺位规则的解释论》，载《清华法学》2020年第3期；高圣平：《民法典动产担保权登记对抗规则的解释论》，载《中外法学》2020年第4期。

由公证机关负责的分野。[1] 股权质押登记由股权原登记机构办理：以证券登记结算机构登记的股权出质的，由证券登记结算机构办理出质登记；以其他股权出质的，由工商行政管理部门办理出质登记。[2] 其二，担保交易形式不同，登记机构不同。如就普通动产从事动产抵押交易，则在市场监督管理部门办理登记；但如就普通动产从事融资租赁交易，则在中国人民银行征信中心的中征动产融资统一登记平台或商务部全国融资租赁企业管理信息系统办理登记。在统一动产和权利担保登记制度的构建中，尚须厘清这两种情形之下的分散登记。

（一）标的物的种类与统一登记

基于行政管理的需要，和其他国家、地区一样，我国就机动车、船舶、航空器等特殊动产以及股权、知识产权等动产型权利已经建立了相应的登记系统，其中既登记带有公法性质的内容（如基于机动车安全技术检验合格证明申请注册登记、申领行驶证），同时登记所有权和担保物权的变动。统一动产和权利担保登记系统是否涵盖或统一这些登记系统？

在法政策上有三种不同的路径可供选择：一是统一的动产和权利担保登记系统只及于这些特殊动产、权利之外的其他动产、权利；二是统合既有登记系统，建立统一的动产和权利担保登记系统，涵盖所有动产和权利；三是现有的特殊动产、权利登记系统与统一的动产和权利担保登记系统均可登记特殊动产的担保权，但在特殊登记系统中公示者，具有优先于在统一登记系统登记者的效力。[3]

就此，第二种路径可谓上选，但由此带来的问题是，统一的动产和权利担保登记系统仅登记这些特殊动产、权利之上的担保权，并不宜负载其他登记职能。如公法性质的登记、除担保权之外的其他物权变动，均无法在统一的担保登记系统中展开。如此一来，这些特殊动产、权利之上的物权变动，即须在两个登记系统中分别登记，潜在的交易相对人也须在两个登记系统中分别查询。这在一定程度上增加了当事人之间的交易成本和潜在交易相对人的征信成本。第三种路径虽

---

① 在《动产和权利统一登记办法》实施之后，原先由市场监督管理部门负责登记的企业、个体工商户、农业生产经营者的普通动产抵押和由公证部门负责登记的其他民事主体的普通动产抵押，都一并纳入统一登记体系中，统一在人民银行征信中心网站进行电子化登记。参见：中国人民银行《动产和权利担保统一登记办法》第 2 条。

② 实践中出现的以商铺租赁权、出租车经营权、排污权以及信托计划份额、银行理财产品、保单等财产设定的质押，一旦不能归入《民法典》第 440 条明确列举的权利类型，而法律、行政法规对其又没有规定，就可能带来法律适用上的难题。鉴于这些权利都是实践中不断涌现的新类型权利，理论上将以这些权利作为担保标的的担保称为非典型担保中的新类型担保。参见最高人民法院民事审判第二庭编：《最高人民法院民法典担保制度司法解释理解与适用》，人民法院出版社 2021 年版，第 532 ~ 536 页。

③ See United Nations Commission on International Trade Law, *UNCITRAL Legislative Guide on Secured Transactions*, United Nations, 2010, pp. 119 – 121.

然赋予了当事人就特殊动产、权利担保登记的选择权，但为避免可能的权利冲突和交易结果的不确定性，在两个登记系统中同时登记应属理性债权人的首选。采行这一路径的弊端同于第二种路径。[①] 由此，最优的选择可能就是第一种路径。《统一登记办法》第2条第7项将"机动车抵押、船舶抵押、航空器抵押、债券质押、基金份额质押、股权质押、知识产权中的财产权质押"等排除予外，明显采行了这一路径。但采行这一路径，目前尚有以下几个问题值得研究：

其一，特殊动产、权利登记系统和统一动产和权利担保登记系统的登记范围应予明确。在特殊动产、权利登记系统中登记者仅限于作为基础资产的标的物已经构建所有权或权利登记制度者。准此，机动车、船舶、航空器、专利权、注册商标专用权、股权、基金份额等担保登记应在特殊动产、权利登记系统中办理，普通动产以及应收账款、著作权等其他权利担保登记应在统一动产和权利担保登记系统中办理。如此，我国现有的市场监督管理部门和公证机关办理的动产抵押登记、中国人民银行征信中心办理的应收账款质押登记、国家版权局办理的著作权质押登记等应纳入统一的动产和权利担保登记系统。但《统一登记办法》第2条第7项仍将国家版权局办理的著作权质押登记排除于统一的动产和权利担保登记系统之外。

其二，现有的特殊动产、权利登记系统将面临登记规则重构的问题。现有的特殊动产、权利登记系统建立之初，大多是基于行政管理的考量，并未虑及融资的需要，其中登记规则的设计大多受到不动产登记制度的影响。如《机动车登记规定》第32条规定："申请抵押登记的，由机动车所有人和抵押权人共同申请，确认申请信息并提交下列证明、凭证：（一）机动车所有人和抵押权人的身份证明；（二）机动车登记证书；（三）机动车抵押合同。""车辆管理所应当自受理之日起一日内，审查提交的证明、凭证，在机动车登记证书上签注抵押登记的内容和日期。"这里，就机动车抵押登记采取双方申请主义，登记申请采行线下申请，尚须提交登记机构并无能力审查的主合同和抵押合同，已与动产和权利担保登记的法理相去甚远。由此可见，即使维系目前的特殊动产、权利登记系统，相关登记规则亦应在统一动产和权利担保登记系统的基本思想之下予以重构。

其三，创建特殊动产、权利登记系统和统一动产和权利担保登记系统之间的电子链接。为克服统一动产和权利担保登记系统不记载特殊动产、权利担保权的弊端，使交易相对人一次查询即得到特定担保人全部动产、权利之上的权利负担，创建两大系统之间的电子链接实有必要。在计算机技术高度发展的背景之下，将特殊动产、权利登记系统中的登记数据导入统一动产和权利担保登记系统

---

① 参见高圣平：《统一动产融资登记公示制度的建构》，载《环球法律评论》2017年第6期。

并无技术障碍。[①] 但这一构想的实现尚须我国既有的特殊动产、权利登记系统完成电子化的改造。[②]

（二）担保交易形式的多样化与统一登记

《民法典》就动产和权利担保体系的类型划分仍然表现了大陆法系形式主义的特色，分为动产抵押权、动产质权和权利质权，但《民法典》通过在规则上对具有相同担保功能的交易予以平等对待，体现了动产担保交易功能主义与形式主义相结合的特色。[③] 在形式主义立法观念之下，以所有权作为担保工具的非典型动产担保交易并未被重构为担保物权，而是按照各自的交易形式规定于《民法典》合同编。其中，所有权保留交易以买卖标的物为其表现形式，规定于合同编买卖合同章；融资租赁交易是以“融物”为表象的融资交易类型，规定于合同编融资租赁合同章；保理交易以应收账款的转让为其表现形式，规定于合同编保理合同章。但这种形式上的区分并未影响到基于相同担保功能的规则统一。

《民法典》第388条中规定：“担保合同包括抵押合同、质押合同和其他具有担保功能的合同”。这一规定对于动产和权利担保物权的体系建构意义重大，也直接影响着统一动产和权利担保登记系统中登记的权利类型。其一，这一规定“明确融资租赁、保理、所有权保留等非典型担保合同的担保功能”，[④] 将《民法典》上已经典型化的融资租赁、保理、所有权保留等交易形态纳入担保合同范畴，实现了担保物权的功能化；其二，这一规定为金融实践中的担保创新预留了足够的空间，对于让与担保、动产浮动质押（动态质押）、保兑仓交易等的合法化提供了解释前提。

在形式主义的立法观念之下，登记机构由担保财产的种类、担保交易的形式而确定，这一高度分散的分别登记制，增加了当事人的交易成本，也滋生了额外的交易风险。例如，不同当事人之间就担保财产定性上的差异，直接导致登记机构的不同，为规避交易风险，潜在的交易相对人尚须在不同的登记机构分别查询。再如，如公司以其全部动产设立担保之时，即须依其中财产种类分别在不同的登记机构办理登记。随着动产担保交易功能主义立法方法的采行，将各种动产和权利担保形式统一于动产担保交易。这为统一分散的动产和权利担保登记提供

---

① See Hugh Beale, Michael Bridge, Louise Gullifer, Eva Lomnicka, *Law of Personal Property Security*, Oxford University Press, 2007, p. 361.

② 参见高圣平：《统一动产融资登记公示制度的建构》，载《环球法律评论》2017年第6期。

③ 参见高圣平：《动产担保交易的功能主义与形式主义——中国民法典的处理模式及其影响》，载《国外社会科学》2020年第4期。

④ 王晨：《关于〈中华人民共和国民法典（草案）〉的说明——2020年5月22日在第十三届全国人民代表大会第三次会议上》，载《中华人民共和国全国人民代表大会常务委员会公报》2020年特刊。

了可能。美国和加拿大率先构建统一的动产担保登记系统。①

《民法典》第388条采行功能主义的担保观，动产和权利担保物权不仅包括动产抵押权、浮动抵押权、股权质权、知识产权质权、应收账款质权等典型形态，亦包括融资租赁交易和所有权保留交易中的所有权、保理交易中的应收账款、让与担保中的所有权等非典型形态。《民法典》同时统一了非移转占有型的动产担保权的物权变动模式，主要采取登记对抗主义。《民法典》第403条规定："以动产抵押的，抵押权自抵押合同生效时设立；未经登记，不得对抗善意第三人。"第641条第2款规定："出卖人对标的物保留的所有权，未经登记，不得对抗善意第三人。"第745条规定："出租人对租赁物享有的所有权，未经登记，不得对抗善意第三人。"如此，所有权保留、融资租赁与动产抵押在设立及公示效力上就统一化为登记对抗主义。《民法典》第768条区分了应收账款保理是否登记，"已经登记的先于未登记的取得应收账款；均已经登记的，按照登记时间的先后顺序取得应收账款；均未登记的，由最先到达应收账款债务人的转让通知中载明的保理人取得应收账款；既未登记也未通知的，按照保理融资款或者服务报酬的比例取得应收账款"。由此可知，应收账款保理在设立及公示效力上也是采取登记对抗主义，并未赋予保理人以应收账款的完整效力。这些规定为统一动产和权利担保登记系统的构建提供了法律基础。

统一动产和权利担保登记系统的构建旨在为所有的动产和权利担保物权提供统一的登记，而不管当事人之间采取的担保交易形式，也不管标的物的所有权归属于担保权人还是担保人。如此，融资租赁、保理、所有权保留、让与担保等非典型动产担保交易形态均可在统一动产和权利担保登记系统进行登记。但基于前述基于标的物的种类的分散登记制之下，特殊动产和权利的融资租赁交易、所有权保留交易、让与担保交易尚须在特殊动产、权利登记系统中登记。无论是在特殊动产、权利登记系统中登记，还是在统一动产和权利担保登记系统中登记，均涉及此前非典型担保交易相关登记规则的重构问题。

就融资租赁登记而言，我国既有的规则呈现出复杂多样的登记观念。基于形式主义，《民法典》前的立法将融资租赁交易定性为非担保交易（一种不同于担

① See William H. Lawrence, William H. Henning and R. Wilson Freyermuth, *Understanding Secured Transactions*, 5th ed., New Providence, NJ: Matthew Bender & Company, Inc., 2012, pp. 145 - 146; Ronald C. C. Cuming, Catherine Walsh and Roderick J. Wood, *Personal Property Security Law*, 2nd ed., Toronto, ON: Irwin Law Inc., 2012, p. 9.

保交易的交易形态)，登记公示的可以是出租人就租赁物的所有权,[①] 也可以是承租人就租赁物的租赁权。[②] 但我国加入的《移动设备国际利益公约》基于功能主义将融资租赁交易定性为担保交易，登记公示的就是出租人就租赁物的担保权。[③] 本书作者曾经主张，登记公示租赁物的所有权，在融资租赁制度体系之内具有正当性。就特殊动产租赁物而言，我国法上就特殊动产物权变动采取登记对抗模式，各特殊动产的登记系统已然建立，在其中登记公示特殊动产租赁物的所有权即具有对抗出租人和出租人之外的其他人的效力，也起到了控制租赁物相关风险的作用；就普通动产租赁物而言，如同样登记出租人的所有权，一是维系了现有的物权体系，无须将出租人的权益重构为担保物权，二是维系了融资租赁公示制度内部的统一，与不动产融资租赁、特殊动产融资租赁登记公示制度保持了统一。[④] 基于《民法典》采行功能主义担保观的基本政策选择，上述观点应作调整。依据《民法典担保制度解释》第 1 条关于适用范围的规定，所有权保留买卖、融资租赁、保理等涉及担保功能发生的纠纷同样适用于《民法典担保制度解释》的相关规定,[⑤] 这亦重申了功能主义担保观的立法政策选择。在特殊动产登记系统中登记融资租赁交易之时，因登记系统采物的编成主义，登记的还是出租人对于租赁物的所有权；在统一动产和权利担保登记系统中登记融资租赁交易之时，因登记系统主要采人的编成主义，以承租人/担保人为登记簿的编制基础，登记的是出租人对承租人占有的租赁物上的担保权。所有权保留交易的登记应作同一处理。

当事人之间选择的担保交易模式不同，当事人在相关交易中的称谓也存在差

---

① 《中国人民银行关于使用融资租赁登记公示系统进行融资租赁交易查询的通知》(银发〔2014〕93 号)、《商务部关于利用全国融资租赁企业管理信息系统进行租赁物登记查询等有关问题的公告》(商务部公告 2014 年第 84 号)、《融资租赁企业监督管理办法》均鼓励出租人办理融资租赁登记，但登记的都是出租人就标的物的所有权。

② 《船舶登记办法》(交通运输部令 2016 年第 85 号) 第 56 条规定："光船租赁同时融资租赁的，申请办理光船租赁登记应当提交融资租赁合同。"由此可见，就船舶融资租赁而言，应在办理船舶所有权登记的前提之下，办理光船租赁权登记。《民用航空法》规定："民用航空器的融资租赁和租赁期限为 6 个月以上的其他租赁，承租人应当就其对民用航空器的占有权向国务院民用航空主管部门办理登记；未经登记的，不得对抗第三人。"这里的"占有权"实际上就是租赁权。

③ 参见［英］罗伊·古德：《国际航空器融资法律实务——移动设备国际利益公约及航空器设备特定问题议定书正式评述》，高圣平译，法律出版社 2014 年版，第 51 页。

④ 参见高圣平：《融资租赁登记公示制度的建构——以民法典合同编融资租赁合同章的修改为中心》，载《河南社会科学》2017 年第 6 期。

⑤ 《民法典担保制度解释》第 1 条规定："因抵押、质押、留置、保证等担保发生的纠纷，适用本解释。所有权保留买卖、融资租赁、保理等涉及担保功能发生的纠纷，适用本解释的有关规定。"第 63 条规定："债权人与担保人订立担保合同，约定以法律、行政法规尚未规定可以担保的财产权利设立担保，当事人主张合同无效的，人民法院不予支持。当事人未在法定的登记机构依法进行登记，主张该担保具有物权效力的，人民法院不予支持。"

异。例如，在动产抵押交易中，权利人称为抵押权人，义务人称为抵押人；在融资租赁交易中，权利人称为出租人，义务人称为承租人。在构建统一动产和权利担保登记制度之时，尚须统一当事人的称谓，可以“担保权人”和“担保人”概称各类动产和权利担保交易中的当事人。其中，担保权人是指享有动产和权利担保权的人，包括动产抵押交易中的抵押权人、应收账款质押交易中的质权人、所有权保留交易中的出卖人、融资租赁交易中的出租人、保理交易中的保理人、让与担保交易中的受让人。实务中，还包括结构化融资安排中依约定代持担保权的人和公司债券交易中代表全体债权人持有担保权的受托人。担保人是以其动产或权利为主债务的履行提供担保的人，包括动产抵押交易中的抵押人、应收账款质押交易中的出质人、所有权保留交易中的买受人、融资租赁交易中的承租人、保理交易中的应收账款债权人、让与担保交易中的出让人等。

就改革意义而言，实施动产和权利担保统一登记，有利于进一步提高动产和权利担保融资效率，便利企业融资，促进金融更好服务实体经济，优化市场化法治化国际化营商环境。就纳入统一登记系统范围的担保交易类型而言，《统一登记决定》划定了以下七类：一是生产设备、原材料、半成品、产品抵押；二是应收账款质押；三是存款单、仓单、提单质押；四是融资租赁；五是保理；六是所有权保留；七是其他可以登记的动产和权利担保。值得关注的是，除了列明前六类较为明确的担保交易类型之外，《统一登记决定》还设置了第七项作为统一登记种类的兜底适用条款，为将来融资市场的金融创新预留了足够的制度发展空间。

综上，在2021年启动的担保登记制度改革中，中国人民银行征信中心统一登记系统并没有把所有的动产和权利担保的种类纳入登记范围，根据相关部门负责人的公开表述，《统一登记决定》在确定统一登记范围时，主要是基于以下几点考虑：从便利企业融资的角度，在符合我国法律规定的前提下，应纳尽纳，将企业融资中常用的动产和权利担保业务，比如说生产设备、原材料、半成品、产品抵押、应收账款质押、存单、仓单、提单质押，以及融资租赁、保理、所有权保留等具有担保功能的交易都纳入其中。《统一登记决定》也明确了一些特殊类型的动产和权利担保不纳入统一登记，包括机动车、船舶、航空器抵押，债券、基金份额、股权质押，以及知识产权中的财产权质押。本次未将一系列特殊动产纳入统一登记范围，主要考虑了几个方面的因素。一是我国现行法律的规定，二是相关动产的特殊性，三是国际上的做法。①

① 中国人民银行举行金融支持保市场主体系列新闻发布会（第五场），来源：中国人民银行官微2021年1月27日，载 http://finance.sina.com.cn/moneybankyhpl/2021-01-27/doc-ikftpnny2236552.shtml.

机动车、船舶、航空器抵押，依据《道路交通安全法》《海商法》《民用航空法》的规定，分别是由公安机关交通管理部门、船舶登记部门、民用航空主管部门负责登记；知识产权中的著作权、专利和商标质押，依据《著作权法》《专利法实施细则》《商标法实施条例》的规定，分别由国务院著作权行政管理部门、专利行政部门和商标局负责。《民法典》实施后相关法律法规仍然有效。债券、基金份额、股权质押，此类权利在取得时已经登记在相关主管部门或电子交易平台的登记系统中，从便利当事人、保障交易安全和效率的角度，亦不宜将其取得登记和质押登记相分离。从国际上看，一般也没有将这些特殊动产纳入统一登记的范围。同时，《统一登记决定》也充分考虑了实践发展的需要，为纳入其他担保类型预留了空间，今后如纳入其他担保类型确有必要，且时机成熟，中国人民银行将会同相关部门履行报批程序。

四、统一动产和权利担保登记系统的基本属性

受到《担保法》中将动产和权利担保登记视为行政管理事务的影响，我国现行动产和权利担保登记制度高度分散，不同的担保财产分别在不同的登记机关登记，各担保登记制之间又多采行地方登记制和纸面登记制。这一登记模式已显然脱离现代动产担保融资的需要，其中弊端日益凸显。①

（一）采行声明登记制的登记系统

统一动产和权利担保登记系统采取声明登记制。动产和权利担保登记制度的演进深受不动产登记制度的影响。动产和权利担保登记制度构建之初，普遍采行与不动产登记一样的权利登记制或文件登记制（document filing or document registration），登记簿上应记载担保交易的所有基本细节，清楚地反映了担保交易的准确内容和范围。美国、加拿大和我国概莫能外。② 基于对动产和权利担保登记制度功能认识的不断深化，美国、加拿大（魁北克除外）、新西兰和澳大利亚均改采声明登记制（notice filing or notice registration），③《联合国贸易法委员会动产担保交易立法指南》《欧洲示范民法典草案》和世界银行发布的《营商环境报告》

① 参见高圣平：《统一动产融资登记公示制度的建构》，载《环球法律评论》2017 年第 6 期。

② 参见谢在全：《担保物权制度的成长与蜕变》，载《法学家》2019 年第 1 期。

③ 美国法上的规定，参见 William H. Lawrence，William H. Henning and R. Wilson Freyermuth，*Understanding Secured Transactions*，5th ed.，New Providence，NJ：Matthew Bender & Company，Inc.，2012，p. 133. 加拿大法上的观点，参见 Ronald C. C. Cuming，Catherine Walsh and Roderick J. Wood，*Personal Property Security Law*，2nd ed.，Toronto，ON：Irwin Law Inc.，2012，p. 324. 新西兰法上的介绍，参见 Linda Widdup，*Personal Property Securities Act*：*A Conceptual Approach*，3rd ed.，Wellington：LexisNexis NZ Limited，2013，p. 271. 澳大利亚法上的规定，参见 Jason Harris and Nicholas Mirzai，*Annoted Personal Property Securities Act*，Sydney：CCH Australia Limited，2011，pp. 411 – 412.

也倡导采取声明登记制。①

1. 声明登记制的基本内涵

所谓声明登记制，是指登记一份简单的担保声明书，其中记载足以提醒查询者可能存在动产担保负担的基本信息，即当事人的姓名或名称和住所、担保财产和/或登记有效期限。② 声明登记制的法理基础在于：登记对抗主义之下区分担保权的设立与登记，担保权的设立取决于担保交易当事人的合意，其证据是当事人之间的担保合同；登记并不是担保权设立的生效要件，并不具有证明担保权已经设立的功用。换而言之，担保权的设立与登记相互独立，各有其不同的效力，彼此不构成对方的证明，设立担保权并不表明当事人已就担保权办理登记，登记担保权也并不意味着当事人已经设立担保权。③

在声明登记制之下，担保合同无须登记，登记申请人也无须提交登记机构以供审查。不动产登记错误将使买受人或担保权人产生虚假的信赖，潜在的交易相对人会误以为登记权利人为真实权利人。为维系登记簿的公信力，登记申请人尚须提供基础交易文件作为证据，以供登记机构审查。但动产和权利担保登记制度与此不同，即使登记了根本不存在的担保权，也不会使潜在的受让人或担保权人产生虚假的信赖，相反，动产和权利担保登记簿上没有担保权的记载，才是潜在的受让人或担保权人决定从事相关交易活动的判断因素。一旦面临在先登记所带来的优先顺位风险，受让人或担保权人自可决定不再继续交易，除非在先登记被注销，或者在先登记的权利人同意其顺位劣后。在声明登记制之下，从登记簿中直接获取的信息实际上限于担保交易可能存在的一份声明。对于担保权实际上是否已经设立、是否已经消灭等问题，利害关系人只有通过进一步的调查才能掌握。当然，进一步的调查会导致登记后交易成本的增加，但声明登记制的核心优势远胜于这些成本，即可以更为容易并快速地登记，且必要细节和形式的减少使得登记更少出错，对于交易频繁的普通动产而言，尤为如此。这一观点已为各国

① 《联合国贸易法委员会动产担保交易立法指南》的观点，参见 United Nations Commission on International Trade Law，*UNCITRAL Legislative Guide on Secured Transactions*，United Nations，2010，pp. 149 –150. 《欧洲示范民法典草案》的意见，参见 Study Group on a European Civil Code and Research Group on EC Private Law（Acquis Group），*Principles*，*Definitions and Model Rules of European Private Law*：*Draft Common Frame of Reference*，*Volume* 6. Munich：Sellier. European Law Publishers GmbH，p. 5496；罗培新：《世界银行“获得信贷”指标的法理分析及我国修法建议》，载《环球法律评论》2019 年第 2 期。另见纪海龙：《世行营商环境调查背景下的中国动产担保交易法》，载《法学杂志》2020 年第 2 期。

② 美国法上的登记内容仅包括前两者，参见 William H. Lawrence ，William H. Henning and R. Wilson Freyermuth，*Understanding Secured Transactions*，5th ed. ，New Providence，NJ：Matthew Bender & Company，Inc. ，2012，p. 119；加拿大法上的登记内容包括三者，参见 Ronald C. C. Cuming，Catherine Walsh and Roderick J. Wood，*Personal Property Security Law*，2nd ed. ，Toronto，ON：Irwin Law Inc. ，2012，p. 9.

③ 参见高圣平：《统一动产融资登记公示制度的建构》，载《环球法律评论》2017 年第 6 期。

动产担保交易法制改革所普遍接受。①

2. 声明登记制下的登记内容

在《民法典》实施之前，我国大多数登记系统的构建并未遵循声明登记制的基本法理。如《动产抵押登记办法》规定的登记内容包括：抵押人、抵押权人名称（姓名）、住所地等；抵押财产的名称、数量、状况等概况；被担保债权的种类和数额；抵押担保的范围；债务人履行债务的期限；抵押合同双方指定代表或者共同委托代理人的姓名、联系方式等；抵押人、抵押权人认为其他应当登记的抵押权信息（该办法第5条）。在《民法典》之后，我国统一动产和权利担保登记体系的构建由于采纳了功能主义的基本立法思想，在登记体系的构建上亦以声明登记制为基本法理。依据《统一登记办法》第9条的规定，电子系统的登记内容主要包括三大项，即担保权人和担保人的基本信息、担保财产的描述和登记期限。由此可见，我国目前统一动产和权利担保登记系统并不要求申请人提供非常详尽的担保财产描述信息，相较于此前《动产抵押登记办法》中的信息作了大幅度精简。

3. 声明登记制下担保权人的回复义务

基于声明登记制之下的登记内容披露的信息较少，在比较法上，动产担保登记制度中均设计了一套机制，担保人的债权人、就担保财产享有物上利益的第三人（如其他担保物权人、担保财产的买受人或受让人）可以据此了解登记簿上未记载的相关信息，如动产担保权是否真实存在、动产担保权的担保范围。担保人的债权人、就担保财产享有物上利益的第三人有权向担保权人发出书面请求，要求其提供担保合同的副本，或要求其提供据以现场查阅担保合同的信息，或要求其提供书面陈述，其中载明被担保债务最初和目前的金额以及支付方式，并确认请求书列明的财产清单中哪些属于目前的担保财产。我国《统一登记办法》仿效美国、加拿大的登记内容，但并未同时导入相应的担保权人的法定回复义务，在一定程度降低了应收账款质押登记系统的公示功用。

在比较法上，担保权人对于请求人的书面请求有回复的义务，如其在指定期间内未予回复，将承担因迟延回复所致损失的赔偿责任，请求人并可申请法院强制担保权人提供相关信息。潜在的交易相对人，如受让人、承租人或担保权人无权直接向担保权人请求提供相关信息，但为控制交易风险，其可以通过担保人向担保权人发出提供相关信息的请求。担保人自可要求担保权人不向自己回复，而直接向潜在的交易相对人回复。就担保权人所作出的特定财产上目前尚不存在业已有效成立的动产担保权的书面回复，不同的主体之间效力存在差异。潜在的受

① See Ulrich Drobnig and Ole Böger (eds), *Proprietary Security in Movable Assets*, Oxford: Oxford University Press, 2015, p. 435.

让人可以信赖该回复，并取得足以对抗其后设立的动产担保权的顺序利益，但潜在的担保权人则不尽然，尚无法根据该回复取得标的物上的第一顺位动产担保权。在允许先行登记和多合同登记（multi－agreement registration）的情形之下，竞存动产担保权之间的优先顺位由登记时间的先后而确定，担保合同的签订时间或动产担保权的设立时间在确定竞存动产担保权之间的优先顺位并无意义。因此，如在请求人提出请求和担保权人回复之时，虽有第一顺位动产担保权的登记，但该动产担保权尚未有效成立（如担保权人尚未发放贷款），担保权人此时仅得回复特定标的物上尚未有效成立，其担保的债权数额为零。如回复之后，该动产担保权有效成立，则维持其第一顺位的地位。①

《联合国动产担保交易立法指南》倡导的最基本的登记内容包括：当事人的姓名或名称、其他身份识别信息及其住所，担保财产的描述，各国可根据具体情况弹性规定登记有效期和最高担保债权限额。② 其中前两者是采行声明登记制的国家或地区的共同要求，但是否登记担保债权数额以及登记有效期在各国和地区之间差异较大。担保权人的前述法定回复义务，虽然在一定程度上避免了登记内容披露过少的问题，但同样增加了担保权人的成本和负担。在担保人和担保标的物之外，担保债权数额是潜在的交易相对人所欲了解的主要细节，潜在的交易相对人可据以相对准确地判断担保人的财务现状，并据此作出相应的商业判断。将其作为登记内容，潜在的交易相对人通过一次查询即可了解动产担保交易的基本细节，无须再去探知特定财产之上的其他担保细节，登记规则中也无须再规定担保权人的法定回复义务。登记内容如过于简化，将导致公示内容不足，额外征信反而增加整体交易成本，因此，尚须谋求登记内容弹性化。准此，担保债权应记载担保债权最高额，可使外界查知担保人的信用能力，且可表明担保标的物的剩余价值，有利于担保标的价值最大化，并间接防止过度担保问题。③ 对于基于互联网的电子化系统，登记担保债权数额也不会增加登记系统的更多负担。

在《统一登记决定》中，并未给担保权人配置法定回复义务，而是以要求担保权人如实登记，并要求其对登记内容的真实性、完整性和合法性负责。因担保权人或担保人名称填写错误，担保财产描述不能够合理识别担保财产等情形导致不能正确公示担保权利的，其法律后果由当事人自行承担。办理登记时，存在提供虚假材料等行为给他人造成损害的，登记申请人应当承担相应的法律责任。④

---

① See Ronald C. C. Cuming, Catherine Walsh and Roderick J. Wood, *Personal Property Security Law*, 2nd ed., Toronto, ON: Irwin Law Inc., 2012, pp. 326－327.

② See United Nations Commission on International Trade Law, *UNCITRAL Legislative Guide on Secured Transactions*, United Nations, 2010, p. 151.

③ 参见谢在全：《担保物权制度的成长与蜕变》，载《法学家》2019 年第 1 期。

④ 参见《统一登记办法》第 24 条。

潜在的交易相对人在尽职调查中尚须采取其他路径。

4. 登记的有效期

登记有效期作为登记内容主要是为了减轻登记系统的负担，避免其中所记载的信息因时过境迁而不再反映交易事实。在比较立法例上，有直接规定登记有效期的，如美国法上规定，登记有效期间一般为5年，在5年期间届满之前6个月内可以通过登记续展声明书的方式来延展登记的有效期间；[①] 也有允许担保权人自行选定登记有效期并登记的，如加拿大和澳大利亚法上均规定，登记者可以在1－25年或无期限之间自行选择登记有效期，同时也允许更新。[②]《民法典》实施前，我国仅有《应收账款质押登记办法》规定了登记有效期，其中指出："质权人应当根据主债权履行期限合理确定登记期限。登记期限最短6个月，超过6个月的，按年计算，最长不超过30年。"（第12条）"在登记期限届满前90日内，质权人可以申请展期。质权人可以多次展期，展期期限按年计算，每次不得超过30年。"（第13条）《民法典》实施后，依据《统一登记办法》第11条和第12条的规定，担保权人应当根据主债权履行期限合理确定登记期限。登记期限最短1个月，最长不超过30年，在登记期限届满前，担保权人可以申请展期。根据人民银行征信中心的相关管理办法中的详细说明，为登记期限设置时间限制，主要是为了减轻系统负担。当登记期限届满，担保的信息将不再为社会公众提供公示查询。对于登记期限届满的登记信息，人民银行征信中心将不再提供在线的查询服务，但是当事人仍然可以在线下查询到相关信息，因此在当前的电子系统中，尽管要求填表人明确担保的登记期限，但是相关主体如果在线下申请，仍然可以获得信息，但是注意查询主体被限缩为合同当事人，而社会公众则无法查询到信息。由此，也就明确了一旦超过担保期限，信息本身虽然仍然保存在系统中，但由于无法被第三人在线查询到，登记信息则不能再达到对抗第三人的效果。至于登记期限的效力问题，本书作者认为，即便登记有效期限经过，也并不发生消灭动产和权利担保权的法律效果，仅仅只是使其丧失对抗第三人的效力。这本质上还是基于物权变动的原理，在实定法上，物权的灭失事由必须严格遵照物权法定原则，[③] 而在电子系统中出于信息管理的技术原因而人为设置的登记有效期及其

① See William H. Lawrence , William H. Henning and R. Wilson Freyermuth, *Understanding Secured Transactions*, 5th ed. , New Providence, NJ: Matthew Bender & Company, Inc. , 2012, p. 119.

② See Ronald C. C. Cuming, Catherine Walsh and Roderick J. Wood, *Personal Property Security Law*, 2nd ed. , Toronto, ON: Irwin Law Inc. , 2012, p. 353; Jason Harris and Nicholas Mirzai, *Annoted Personal Property Securities Act*, Sydney: CCH Australia Limited, 2011, pp. 425 －426.

③ "物权法定"中的法是指狭义的法，《统一登记办法》只是中国人民银行发布的部门规章，而部门规章的适用效果不得与《民法典》以及相关的法律和行政法规相抵触，即便统一了登记办法，也不能创设新的物权内容。

展期的相关规定，并不是法定的物权灭失事由。在现有的技术条件下，登记系统的容量并无限制，更何况，对于不再反映当事人之间担保交易事实的登记，担保人尚可借由注销登记等加以解决，法律上不应加以强行限制。如此，统一的动产和权利担保登记制度中无须规定登记有效期，也无须在登记内容中涵盖登记有效期。

5. 动产和权利担保权的先行登记

声明登记制之下，无须提交和审查动产和权利担保权据以设立的担保合同，动产和权利担保权的先行登记（advance registration）即无实际障碍。担保声明书既可在担保合同签订或担保权设立之前登记，也可在担保合同签订或担保权设立之后登记。从比较法上的实施经验来看，金融机构不大可能恶意地进行投机性的先行登记，因为由此而生的时间和登记费成本应由金融机构承担。在允许先行登记的情形之下，动产和权利担保权的登记数量并未显著增加。声明登记制之下，亦无必要将登记与担保合同逐笔一一对应，一笔登记即足以公示相同当事人之间多份担保合同所设立的担保权。①

（二）采行单方申请主义的自主登记系统

动产和权利担保登记程序的启动模式向来有单方申请主义和双方申请主义之分。依单方申请主义，动产和权利担保登记只需担保权人一方申请即可启动相关登记程序；依双方申请主义，动产和权利担保登记必须由担保权人和担保人双方共同提出申请才能启动登记程序。

为保护当事人双方的利益，有些国家立法就担保权的登记采取了双方申请主义，担保权的登记应由双方当事人共同完成。② 我国《动产抵押登记办法》第3条第1款规定："动产抵押登记的设立、变更和注销，可以由抵押合同一方作为代表到登记机关办理，也可以由抵押合同双方共同委托的代理人到登记机关办理。"结合该办法第4条第3项关于"抵押合同双方指定代表或者共同委托代理人"的规定，可以认为我国对于动产抵押登记仍然采取双方申请主义，只不过抵押合同双方当事人可以指定一方作为代表办理登记而已。

采行声明登记制的动产担保交易法制中，并不要求担保权人和担保人共同向担保登记部门申请登记，而只由担保权人提出申请即可。③ 我国《应收账款质押登记办法》④ 也采取了单方申请主义，依据第8条规定："应收账款质押登记由质

---

① See Ronald C. C. Cuming, Catherine Walsh and Roderick J. Wood, *Personal Property Security Law*, 2nd ed., Toronto, ON: Irwin Law Inc., 2012, pp. 327 – 328.

② 参见许明月：《抵押权制度研究》，法律出版社1998年版，第221页。

③ See Ronald C. C. Cuming, Catherine Walsh and Roderick J. Wood, *Personal Property Security Law*, 2nd ed., Toronto, ON: Irwin Law Inc., 2012, p. 335.

④ 已失效。

权人办理。质权人办理质押登记的，应当与出质人就登记内容达成一致。”“质权人也可以委托他人办理登记。委托他人办理登记的，适用本办法关于质权人办理登记的规定。”《动产和权利担保统一登记办法》延续了《应收账款质押登记办法》的单方申请主义，规定由担保权人办理登记。担保权人办理登记前，应当与担保人就登记内容达成一致。担保权人也可以委托他人办理登记。委托他人办理登记的，适用本办法关于担保权人办理登记的规定。①

在单方申请主义之下，动产和权利担保登记可由担保权人在线自主完成，从而无须取得担保人对办理担保权登记的同意，也无须提供证据证明动产和权利担保权已经或即将设立，更无须登记机构工作人员的审查和参与。在采取以登记机构的介入为基础的大多数登记系统中，登记申请的积压广泛存在，登记机构工作人员尚须核查担保交易的细节以及登记内容，直接导致登记成本的增加和登记时间上的拖延。在基于单方申请主义的自主登记模式之下，登记机构对于登记申请并无审查责任，比以登记机构的介入为基础的模式运转得更有效率，也不妨碍有效担保物权的设立，满足了市场对登记系统的需求。②

单方申请主义之下，登记由担保权人自主完成，极易损及担保人的利益。例如，担保声明书中具名的当事人之间本不存在担保合同关系，基于具名担保权人的申请即办理了担保登记，直接导致具名担保人无法或难以转让具名担保财产或在该财产上为他人设立担保权。具名担保人的潜在交易相对人，如买受人、担保权人，在该担保登记注销或具名担保权人同意其权利劣后之前，通常不大愿意继续与具名担保人从事交易。在动产和权利担保权原虽真实存在，但其后因主债务的清偿、免除等原因而消灭之时，动产和权利担保登记的持续存在也会导致上述问题。为此，在规则设计上，在登记并未反映（或不再反映）既有或将有的动产担保权之时，具名担保人应有相应措施维护自身权益。

第一，担保人受领登记通知的权利。不管在担保合同成立之前还是之后办理动产和权利担保登记，担保权人均无须经过具名担保人的同意。但担保说明书中的具名担保权人，在办理登记之后的特定时间内，须向具名担保人发送包含登记信息的登记通知。担保人的这一权利可以书面放弃，担保人的这一书面弃权尚须以其已经收到关于即将办理的登记的通知为前提。在担保人并未书面弃权的情形之下，如担保权人未履行通知担保人的义务，将承担法定的最低数额的赔偿责任。如担保人所受损失超过了法定的最低数额标准，担保权人仍应承担相应的赔

① 参见《动产和权利担保统一登记办法》第7条。

② See Ulrich Drobnig and Ole Böger (eds), *Proprietary Security in Movable Assets*, Oxford: Oxford University Press, 2015, p. 435; Ronald C. C. Cuming, Catherine Walsh and Roderick J. Wood, *Personal Property Security Law*, 2nd ed., Toronto, ON: Irwin Law Inc., 2012, p. 325.

偿责任。即使担保权人未履行通知担保人的义务，也不影响登记的效力。① 值得注意的是，各国就担保人受领登记通知的时间点上存在差异。有的国家如阿尔巴尼亚即规定动产担保登记署在受理登记申请，并录入动产担保数据库之后要向担保人、担保权人和登记代理人各发出一份确认通知书，允许相关当事人将动产和权利担保登记系统中记载的信息进行核对，如发生错误，即可立即向动产担保登记署报告。② 这一登记之前的事前预防措施，虽在一定程度上具有防免欺诈登记和虚假登记的作用，但不可避免地延缓了登记的程序，与单方申请主义之下的自主登记理念不合。

第二，担保权人注销登记的义务。登记动产和权利担保权所担保的主债务已经清偿、免除等原因而消灭的情形之下，担保权人是否负有积极地登记注销声明的义务，各国的态度不尽一致。在加拿大，如动产和权利担保权在消费者动产上设立，担保权人必须在被担保债务消灭后 30 日内登记注销声明，但如动产和权利担保权不是在消费者动产或仅在消费者动产上设立，担保权人并无积极的注销登记义务。在商事背景下，不强制性地赋予担保权人以积极的注销登记义务，有其实际原因。典型的商事融资安排具有长期性，往往涉及授信额度的不断变化而不是一个授信额度，涉及一系列的担保合同而不是单次的融资交易。某一担保权的登记足以为其后的信贷交易提供担保。强制性地要求担保权人在每次融资之间出现短暂间隔时即应办理注销登记，既不符合当事人之间的真实意思，也违背了便利和促进动产担保交易的立法目标。③ 不过，商事融资交易总是会在特定时点结束。一般而言，担保权人可以自愿或应担保人的请求注销登记。我国《动产和权利担保统一登记办法》规定了担保权人负有积极注销义务，有下列情形之一的，担保权人应当自该情形发生之日起 10 个工作日内办理注销登记：（1）主债权消灭；（2）担保权利实现；（3）担保权人放弃登记载明的担保财产之上的全部担保权；（4）其他导致所登记权利消灭的情形。④ 不仅如此，还规定如果担保权人迟延办理注销登记，给他人造成损害的，应当承担相应的法律责任。可见，我国的立法政策要求担保权人负有积极的注销登记义务，这也符合当前我国的融资实践，更能保障登记信息的真实性和时效性。

---

① See Ronald C. C. Cuming, Catherine Walsh and Roderick J. Wood, *Personal Property Security Law*, 2nd ed., Toronto, ON: Irwin Law Inc., 2012, pp. 335 – 336.

② See Yair Baranes, Ronald C. C. Cuming, *Handbook on the Albanian Collateral Law*, Washington, D. C.: The International Bank for Reconstruction and Development and the International Finance Corporation, 2001, p. 149.

③ See Ronald C. C. Cuming, Catherine Walsh and Roderick J. Wood, *Personal Property Security Law*, 2nd ed., Toronto, ON: Irwin Law Inc., 2012, p. 337.

④ 参见《动产和权利担保统一登记办法》第 16 条。

第三，担保人的注销或修正登记请求权。既有的登记可能并未反映或不再反映登记中的具名担保权人与担保人之间的担保关系。导致这一状况的情形包括：其一，具名当事人之间根本没有担保关系；其二，在担保权人确信或预计将与担保人达成担保合同的情形之下，担保权人可以先行登记动产和权利担保权，但当事人之间的谈判中断，无望签署担保合同；其三，登记动产和权利担保权所担保的主债权已获足额清偿，在一项登记对应于多份担保合同之时，是指多份担保合同所担保的全部主债权均获清偿；其四，登记中就担保财产的描述过于宽泛，涵盖了担保合同中并未涉及或不再涉及的担保财产。此际，具名担保人或就登记的担保财产享有权利的其他人，有权向具名担保权人发送注销或修正登记的书面请求，以反映当事人之间的真实交易关系。

应具名担保人或就登记的担保财产享有权利的其他人（请求权人）的请求，具名担保权人应当注销登记，或修正已登记的担保财产的描述。如担保权人提供法院裁定，其中确认登记无须注销或修正的，可以不注销或修正。如具名担保权人并未取得法院相应裁定，又拒绝办理注销登记或修正登记的，各国或地区采取的救济路径略有不同。一种路径是，请求权人可以向登记机构提供已请求具名担保权人注销登记或修正登记但被拒绝的证据，申请登记机构办理注销登记或修正登记。另一种路径是，请求权人无须向登记机构提出申请，可以自行办理注销登记或修正登记。对于请求权人注销登记或修正登记的，登记机构应将副本转送担保权人，以确保其合法性，亦可以电子邮件的方式自动转发担保权人，以减轻人工成本和操作失误的风险。请求权人也可以通过简易司法程序或行政程序寻求注销登记或修正登记。[①] 无论哪一种路径，如具名担保权人未履行注销登记或修正登记的义务，将承担法定的最低数额的赔偿责任。如担保人所受损失超过了法定的最低数额标准，担保权人仍应承担相应的赔偿责任。[②]

（三）可以在线访问的电子化登记系统

考察动产和权利担保登记制度的历史，在动产和权利担保登记制度建立之初均是采取纸面登记系统，美国即其著例。现代科技的发展给登记系统的设计提供了纸面形式和电子形式这两种可供选择的方案。在引入《美国动产担保交易法》制时，加拿大同时允许纸面登记和电子登记，但新西兰和澳大利亚完全采取电子化登记系统。现如今，已经建立动产和权利担保登记制度的国家和地区，绝大多数均采取电子化登记系统，将登记信息以数字形式存储于计算机化的中央数据库

① See United Nations Commission on International Trade Law, *UNCITRAL Legislative Guide on Secured Transactions*, United Nations, 2010, pp. 180、182 – 183.

② See Ronald C. C. Cuming, Catherine Walsh and Roderick J. Wood, *Personal Property Security Law*, 2nd ed., Toronto, ON: Irwin Law Inc., 2012, pp. 338 – 340.

中。《移动设备国际利益公约》所构建的登记系统是电子化的，在线即可进入，登记申请的核查、登记本身以及对查询的回复均由计算机自动办理，无须人工干预。[①]《欧洲示范民法典草案》倡导构建的欧洲担保物权登记簿也是基于互联网的电子登记系统，其主要政策考量在于减少成本。但也有些国家基于本国具体实践，仍然采取纸面登记系统，如越南。[②]

与纸面登记系统相比，电子化登记系统采用了最新的通信技术，并且可以在线访问。数字化信息很少会因蓄意破坏、盗窃或火灾、洪灾或其他灾难而受到破坏或损坏。更重要的是，电子化的录入和检索在速度上比纸介质更为快捷，在成本上比纸介质更为低廉。在纸面登记系统之下，登记簿的录入系由登记机构人工完成，查询登记簿尚须查询者亲赴登记机构现场进行。奉行地方登记制的登记系统，查询者尚须依据地域管辖的相关规则首先判断担保人或担保物的所在地，使得登记检索变得异常复杂。电子化登记系统的在线访问旨在使来源于自主登记系统的效率利益最大化。[③] 动产和权利担保登记系统的电子化，几乎消除了登记机构的档案管理负担，也降低了查询者到各地的登记机构进行数次检索的必要，同时为远程传输登记信息办理登记以及在线查询提供了空间。但凡实行电子化登记系统的国家或地区，均允许以电子化的方式提交登记申请和查询申请，也允许以电子化的方式回复查询结果。为适应直接自主电子化登记的需要，各国或地区还规定可直接以电子化的方式向登记系统传送担保声明书和担保变更说明书，以办理登记。[④]

但是，构建电子化登记系统仰赖于许多因素。从发展中国家的视角，纸面登记系统的构建成本较电子登记系统为低，在制度选择上更具吸引力，但如将登记管理和纸质文档的保管等所产生的人工成本和管理成本考虑在内，在登记的数量达到预期目标的情况下，如何保障快速登录和检索纸面登记系统，并保证登记信息的准确性，即成问题。加拿大的经验表明，在登记数量增加的情况下，处理和储存纸质文件以及处理登记信息检索的成本即高得令人难以承受。基础设施的限制也是滞阻登记电子化的一大要素。发展中国家均经受了电力紧张状况的考验，在有些国家，电力紧张状况还十分严重。登记规则的设计必须考虑这一状况，尽

---

① 参见［英］罗伊·古德：《国际航空器融资法律实务——移动设备国际利益公约及航空器设备特定问题议定书正式评述》，高圣平译，法律出版社2014年版，第51页。

② See Asian Development Bank, *Law and Policy Reform at the Asian Development Bank*, 2002 edition, p. 25.

③ See Ulrich Drobnig and Ole Böger (eds), *Proprietary Security in Movable Assets*, Oxford: Oxford University Press, 2015, p. 436.

④ See Ronald C. C. Cuming, Catherine Walsh and Roderick J. Wood, *Personal Property Security Law*, 2nd ed., Toronto, ON: Irwin Law Inc., 2012, p. 333.

量降低因这种临时中断的电力供应所引发的法律风险。不过，如电力供应的可靠性无法预期，选择纸面登记系统可能更为安全。越南即为例证。[①] 总之，选择纸面登记系统和电子登记系统时需要考虑数字化的程度、社会和经济的发展状况、现有的法律框架以及政治体制上的差异。[②]

完全电子化的登记系统可能是最高效，也是最佳的备选方案。在我国，电子化登记系统所仰赖的数字化程度在电子政务改革的框架下并无大碍，电力供应的可靠性尚在可预期的范围，社会主义市场经济的活跃度毋庸置疑，《民法典》下的法律框架就动产和权利担保权已经功能化，我国并不奉行联邦制。基于此，本书作者主张采纳完全电子化的模式。

在我国既有的动产和权利担保登记系统中，应收账款质押登记系统是完全电子化的登记系统，其自 2007 年运行以来并未出现技术上的问题，足资证明我国采行完全电子化模式的可行性。其他动产和权利担保登记系统仍然维系着纸面登记这一传统的制度体系，即使是 2019 年修订的《动产抵押登记办法》。一方面规定“当事人可以通过全国市场监管动产抵押登记业务系统在线办理动产抵押登记的设立、变更、注销；社会公众可以通过全国市场监管动产抵押登记业务系统查询相关动产抵押登记信息”（第 13 条）。另一方面又大量维系纸面登记的制度原貌（第 4 条、第 6－10 条），明显采取纸面登记和电子登记相结合的制度安排，徒增了纸面登记系统和电子登记系统之间的衔接困难及由此可能给当事人带来的风险。[③] 在比较立法例上，电子登记和查询虽然是迄今最为普遍的模式，但基于传统纸面登记制的影响，部分地区仍然保留了以纸质形式提交登记申请，以纸质、传真或电话形式提交查询申请的做法。[④] 在提交纸质登记申请的情形下，登记机构工作人员尚须将登记信息录入登记数据库。此际，登记时间则并不是登记机构收到纸质登记申请的时间，而是登记信息录入登记数据库的时间。因此，纸质登记申请人其后尚须查询登记系统以确定登记时间。在信息载体方面，《统一登记办法》较之此前的《动产抵押登记办法》有了长足进步，实现了全面的电子化。根据该办法规定，“纳入统一登记范围的动产和权利担保登记通过统一登记系统办理”，“任何法人、非法人组织和自然人均可以在注册为统一登记系统的用户

---

① See Asian Development Bank, *Law and Policy Reform at the Asian Development Bank*, 2002 edition, p. 25.

② 参见高圣平：《动产担保交易制度比较研究》，中国人民大学出版社 2008 年版，第 304 ~ 305 页。

③ 参见高圣平：《动产抵押登记的法理——以〈动产抵押登记办法〉的修改为中心》，载《法学》2016 年第 2 期。

④ See Ronald C. C. Cuming, Catherine Walsh and Roderick J. Wood, *Personal Property Security Law*, 2nd ed., Toronto, ON: Irwin Law Inc., 2012, p. 333.

后，查询动产和权利担保登记信息”。[①] 可见，凡统一登记范围内的担保登记都必须在中国人民银行征信中心的系统进行线上登记，而且信息的公示查询同样在线上完成，从而完全实现了电子化的自主登记和自主查询。

不过，电子化的自主登记系统确实造成了确认和识别登记簿用户的具体问题。[②] 就此而言，我国应收账款质押登记系统和其他国家或地区的运行经验为我们提供了有益的启示。登记或查询申请仅允许以电子化的形式提交。用户经登记机构同意而成为登记系统的常用户的情形下，可以在其计算机终端上远程提交登记或查询申请。常用户多属金融机构、小贷公司、融资租赁公司、设备供应商、代理登记和查询的律师事务所或其他中介机构。常用户有两种途径远程在线提交登记或查询申请，一是通过登记机构的各地办公室，二是通过已经成为登记系统常用户的代理登记和查询的中介机构。当用户以电子化的形式向登记系统提交登记信息之时，一旦该登记信息进入登记数据库，登记系统即将自动分派登记时间，以供第三人查询。此际，登记即生效力。计算机技术的进步极大地缩短了登记信息进入登记数据库的时间与该登记信息可供查询的时间之间的间隔。不过，用户尚须打印一份登记确认书，以核实登记时间和已成功录入数据库的登记信息。[③]

可以在线访问的电子化登记系统，使得我国采行中央登记制成为可能。从空间角度，登记机关的设置有中央登记制和地方登记制之分，美国即依各州的选择分别采取中央登记制与地方登记制，加拿大采取中央登记制。在《民法典》实施前，我国除了应收账款质押登记系统、专利权质权登记系统、著作权质权登记系统、注册商标专用权质权登记系统采取中央登记制之外，其他动产和权利担保登记系统采取地方登记制，相关登记规则中也就有了登记管辖的规定。例如《动产抵押登记办法》第 2 条以“抵押人住所地的县级市场监督管理部门”为动产抵押登记机构；《机动车登记规定》第 22 条：“登记地车辆管理所”为机动车抵押登记机构。在纸面登记系统之下，中央登记制的优点在于登记信息相对集中，当事人获取相应信息时较为简便经济，但所有担保交易都云集一地进行登记，而不能就近于地方，加重了当事人负担。同时，对于查询者而言，赋予同一机关查询不同种类的担保交易信息，无异于大海捞针。地方登记制的优点在于，担保交易者多来自地方，能够就近进行担保登记，对当事人较为方便。但地方登记的分散使

① 参见《动产和权利担保统一登记办法》第 6 条、第 25 条。

② See Ulrich Drobnig and Ole Böger (eds), *Proprietary Security in Movable Assets*, Oxford: Oxford University Press, 2015, p. 436.

③ See Ronald C. C. Cuming, Catherine Walsh and Roderick J. Wood, *Personal Property Security Law*, 2nd ed., Toronto, ON: Irwin Law Inc., 2012, pp. 333 – 334.

得登记信息查询不经济。[①] 不过，上述分析均基于传统纸面登记模式，在电子信息化时代，因采取计算机化登记模式，制度之优劣应作重新考量。在完全电子化的登记系统之中，登记和查询均由当事人在线自主完成，极大地减少了登记机构介入的空间。此际，再坚守地方登记制已无实际意义。基于此，《动产和权利担保统一登记办法》第4条第2款明确，中国人民银行征信中心建立基于互联网的动产融资统一登记公示系统。在《民法典》实施后，除了机动车、飞机和船舶等特殊动产之外，普通动产的担保并没有延续此前由县级市场监督管理部门办理登记的办法，而是由征信中心在全国范围内统一进行登记和查询工作。[②]

（四）采取人的编成主义和物的编成主义相结合的登记系统

动产和权利担保登记公示的目的在于与债务人就标的物从事交易的第三人据以判断该标的物上是否存在担保负担。因此，登记簿上的信息尚须按照一定标准编制成索引以供查询人检索。不动产登记簿奉行物的编成主义，以不动产单元为编制标准，但大多数动产并不具有特定化的识别要素，不足以支撑物的编成主义的登记与查询。物的编成主义意味着对担保财产的具体描述，这一要求对于在担保人现有和将有的动产（如生产设备、存货、应收账款等）上所设立的担保权的登记程序无法展开。因此，动产和权利担保登记簿主要采取人的编成主义，即以担保人的姓名或名称作为登记簿的编制标准和检索标准。这一编成模式为担保财产的概括描述提供了前提，[③] 使得担保人的集合动产（现有和将有的动产）和种类物上的动产担保权经由单一登记即可完成。[④] 在人的编成主义之下，担保权人的姓名或名称没有意义。以担保权人的姓名或名称作为登记簿的编制标准和检索标准与登记制度的立法宗旨不合。某一特定担保权人的登记数量和内容对于其他信用提供者确实具有商业价值，如可以了解其客户名单。因此，允许以担保权人的姓名或名称作为检索标准，侵犯了担保权人的合理商业隐私期待，也损及登记系统的公信度。

以担保人的姓名或名称作为检索标准有其固有缺陷，尤其是对高价值动产而言。例如，A银行在B公司的塔吊上设立了动产抵押权，并办理了登记。B公司将该塔吊转让给C公司。C公司意欲再将该塔吊转让或抵押给D公司。假设D公司并不知道该塔吊是C公司从B公司购买的，为控制交易风险，D公司即以C公司的名称为检索标准查询登记簿，发现C公司设定了担保权的动产并不包括该塔

① 参见高圣平：《动产担保交易制度比较研究》，中国人民大学出版社2008年版，第288~289页。

② 参见《动产和权利担保统一登记办法》第29条。

③ 关于担保财产概括描述的正当性，已有学者作了详尽分析，参见谢鸿飞：《担保财产的概括描述及其充分性》，载《法学》2021年第11期。

④ See Ronald C. C. Cuming, Catherine Walsh and Roderick J. Wood, *Personal Property Security Law*, 2nd ed., Toronto, ON: Irwin Law Inc., 2012, p. 330.

吊。如此，将无法经由查询发现A银行的抵押权，因为A银行的抵押权系登记在B公司的财产上，非以B公司的名称进行检索，尚无法发现该抵押权的存在。有鉴于此，针对高价值动产，应兼采物的编成主义，动产和权利担保登记系统应允许以标的物作为检索标准。在比较法上，加拿大、新西兰、澳大利亚均规定了就“有序列号的动产”（serial numbered goods）同时采取物的编成主义。① 如此，上述交易场景中的D公司以标的物为检索标准即可发现塔吊上尚存A银行的抵押权。这些高价值动产均存在唯一的“序列号”或类似的编码，以序列号或编码具体描述标的物，并以之作为检索标准，有利于发现这些特定化程度比较高的动产上的权利负担。

在比较立法例上，动产和权利担保登记簿的检索标准还包括登记号和担保权人的姓名或名称。其中前者便于担保权人在就同一担保人存在多项登记之时高效地检索到特定登记，以便变更或注销该登记；后者便于在担保权人的姓名或名称或住所发生变动之后担保权人便捷、高效地检索到相关登记，通过一次总括变更登记即可完成所有相关登记的变更登记。不过这两种检索标准均适用于上述特定情形。②《统一登记办法》并未采纳人的编成主义和物的编成主义相结合的建议，其第26条规定：“担保人为法人、非法人组织的，查询人以担保人的法定注册名称进行查询。”“担保人为自然人的，查询人以担保人的身份证件号码进行查询。”这里，《统一登记办法》明显采纳了人的编成主义的观点。

五、小　结

动产和权利担保制度是否发挥其应有的效能，主要端赖于登记制度是否能以统一、简单、高效和低成本的方式得以运行。传统纸面登记系统以文件登记制为基础而构建，不仅成本高昂、程序繁冗、效率低下，而且要求提交基础担保交易文件，过分披露当事人之间的担保交易细节，阻碍了经济的发展，亟待改善。③《民法典》上就动产和权利担保权的功能化为统一动产和权利担保登记制度提供了基本的前提，不管当事人约定的担保交易形式如何，均可在该登记系统中予以登记公示，避免了隐蔽性担保给交易安全和当事人权利带来的损害。统一的动产

① 加拿大法上的观点，参见 Ronald C. C. Cuming，Catherine Walsh and Roderick J. Wood，*Personal Property Security Law*，2nd ed.，Toronto，ON：Irwin Law Inc.，2012，p. 331. 新西兰法上的介绍，参见 Linda Widdup，*Personal Property Securities Act：A Conceptual Approach*，3rd ed.，Wellington：LexisNexis NZ Limited，2013，p. 287. 澳大利亚法上的规定，参见 Jason Harris and Nicholas Mirzai，*Annoted Personal Property Securities Act*，Sydney：CCH Australia Limited，2011，pp. 457－460.

② See Ronald C. C. Cuming，Catherine Walsh and Roderick J. Wood，*Personal Property Security Law*，2nd ed.，Toronto，ON：Irwin Law Inc.，2012，p. 332.

③ See N. Orkun Akseli，*International Secured Transactions Law：Facilitation of credit and international conventions and instruments*，Abingdon，Oxon：Routledge，2011，pp. 175－176.

和权利担保登记制度的构建，反映着提升制度经济效用的逻辑需求，[①] 也为金融担保创新提供了技术工具，在一定程度上缓和了物权法定原则的制度僵化。计算机技术和信息技术的高速发展，为基于声明登记制的统一动产和权利担保登记制度的再造提供了技术上的支撑。基于互联网的电子化登记系统，使得在线自主登记和中央登记制成为可能。依据《统一登记办法》的规定，担保权人在中国人民银行征信中心的网站上通过计算机终端以电子化的方式即时直接办理动产和权利担保登记，不受登记机构营业时间的限制，极大地增强了登记的便捷性，且无须登记机构的人工介入，大大降低了登记机构运营的人力成本及其他日常开支，减少了登记机构工作人员从事欺诈或腐败行为的机会，并相应减轻了登记机构对用户的潜在赔偿责任。[②] 统一动产和权利担保统一登记制度的建立，极大地提高动产和权利担保登记系统的效率。

① 参见董学立：《建立动产担保物权统一登记制度的担保物权法编纂意义》，载《法治研究》2018 年第 1 期。

② See United Nations Commission on International Trade Law, *UNCITRAL Guide on the Implementation of a Security Rights Registry*, United Nations, 2014, pp. 32 – 33.

【不动产担保专题】

不动产上抵押权与利用权的冲突与协调①

不动产抵押权是非移转占有型的担保物权，所支配的是标的物的交换价值，与移转占有型的、支配标的物使用价值的不动产利用权能够并存。但不动产的交换价值与使用价值息息相关，利用权的存在可能会对抵押权的实行造成影响。不动产抵押权与利用权之间的优先次序依据公示先后确定，未公示的利用权劣后于抵押权。在利用权优先时，抵押权的设立无须经过利用权人的同意；抵押权实现后，利用权继续在标的物上存续。在抵押权优先时，若利用权的存在影响抵押权的实行，法院可依申请或职权除去利用权。

一、问题的提出

《民法典》物权编以物尽其用为价值导向，激励市场主体充分发挥物之价值，从而增进社会财富。② 凡不动产皆有使用价值与交换价值，在物畅其流的市场经济背景之下，所有物除由所有人自己使用之外，尚可将其使用价值供他人利用以收取对价，也可将标的物之交换价值授予他人以获取信用。③ 前者以租赁权、用益物权等不动产利用权最为典型，后者以不动产抵押权为其著例。不动产抵押权的设立和保有不以移转抵押物的占有为前提，无碍于抵押人对抵押物的使用，抵押人自可充分利用标的物的使用价值，或自己使用，或委由他人使用，从而创造物质财富，强化其履约能力。④ 正是因为抵押制度对交易安全与效益最大化的双重关爱，使之获得担保各方的共同推崇，而不动产为我国市场主体的主要财产构成，不动产抵押权也就成为社会融资的主要媒介，不动产抵押物使用价值的发挥

① 本文系与范佳慧博士合作完成，并发表于《山东大学学报（哲学社会科学版）》2020 年第 6 期。
② 参见谢哲胜：《民法物权》，我国台湾地区三民书局股份有限公司 2010 年版，第 5 页。
③ 参见谢在全：《民法物权论（修订五版）》，中国政法大学出版社 2011 年版，第 11 页。
④ 参见高圣平：《担保法论》，法律出版社 2009 年版，第 202 页。

同时成为物尽其用原则的重要命题。

在不动产抵押权设立前后，均可能发生所有人将不动产之使用价值让渡于其他人的情形，第三人由此所享有的对不动产进行占有、使用及收益的权利（以下统称不动产利用权）。《民法典》就利用他人不动产关系的调整，分别规定于物权编和合同编之中，体现着为物权性与债权性的二元化体系，前者为物权性的利用权，包括地役权、居住权等用益物权，后者则为债权性的利用权，以租赁权为其典型。不动产抵押权以支配标的物之交换价值为内容，且实现时间系面向将来，即在主债务人不履行到期债务或发生当事人约定的情形时，债权人才能实行其抵押权，其与以用益为目的、实现时间面向现在的利用权能够并存。① 然而，不动产抵押权人实行其对标的物的交换价值的支配时，须将标的物转化为价金或其他价值，但抵押物交换价值的高低取决于其使用价值的多寡，不动产上利用权的存在直接影响到抵押物的交换价值。因此，不动产抵押权与利用权之间（尤其是抵押权实行时）难免有相互凌越之处。②

在物尽其用的政策目标之下，就事实上可以彼此相容之权利，法律自当采取多元化的路径，使之可以在同一标的物上并存，③ 但若权利之间发生冲突时，法律也应确立相应的优先次序规则对两者进行协调。如此，就不动产抵押权与利用权之间的冲突，首先应明确两者间的优先次序如何确定，在以此为基础对不动产抵押权人、利用权人以及抵押人、抵押物第三取得人的利益进行平衡。

二、优先次序的确定：公示时间先后

基于物权的直接支配性与排他性（《民法典》第114条第2款），物权具有优先效力。具体体现为：同一物上有多数彼此相容之物权存在时，先成立物权有优先于后成立物权的效力，此所谓“时间在先，权利在先”原则。④ 同一标的物之上物权与债权相竞存时，优先顺位的一般原则是，无论物权成立于债权之前或之后，物权均有优先于债权的效力。⑤ 不过，随着登记对抗主义物权之兴起，以及基于法政策而对特定债权赋予物权化的效力，竞存的物权之间、物权与债权之间的顺位规则均应作进一步的修正，这也反映到不动产抵押权与利用权之间的优先次序中。

（一）不动产抵押权与用益物权

在实行土地私有制的国家和地区，土地所有权本身即可充任抵押权的客体。

---

① 参见谢在全：《民法物权论（修订五版）》，中国政法大学出版社2011年版，第620页。

② 参见谢在全：《民法物权论（修订五版）》，中国政法大学出版社2011年版，第692页。

③ 参见郑玉波：《抵押权与用益权》，载《法令月刊》1987年第5期。

④ 参见谢在全：《民法物权论（修订五版）》，中国政法大学出版社2011年版，第25~26页。

⑤ 参见梁慧星、陈华彬：《物权法（第七版）》，法律出版社2020年版，第54页。

因此，用益物权常可与抵押权并存于同一土地所有权之上。我国实行土地公有制，为提高土地利用效率，土地所有权之上自可设立用益物权，但不能设定抵押权（《民法典》第399条第1项）。由此可见，土地使用权之上不可能出现不动产抵押权与用益物权并存问题。在《物权法》制定前，土地上用益物权类型包括城镇国有土地使用权、乡村企事业建设用地使用权、农村土地承包经营权以及宅基地使用权，[①] 兼之土地所有权主体为国家或集体，能够以民事方式流转的仅是土地使用权而非土地所有权。因此，在当时的法律制度下，并不发生土地上用益物权与抵押权并存的问题。[②]《物权法》制定时，立法者参照德国、法国、意大利、日本等国的经验，在用益物权体系中规定了地役权，权利人有权按照合同约定，利用他人的不动产，以提高自己的不动产效益。为完善我国现有的住房权利保障体系，《民法典》在物权编用益物权分编增加一章，专门规定居住权，权利人有权按照合同约定或者遗嘱，对他人的住宅享有占有、使用的用益物权，以满足生活居住的需要。[③] 地役权和居住权均不在土地所有权上设立，由此，抵押权与地役权、居住权即可能在同一不动产上并存。在"房地一体处分"的基本原则之下，建筑物所有权系与建设用地使用权一并抵押（《民法典》第397条），在解释上，地役权、居住权亦属在建筑物所有权与建设用地使用权之上一并成立，这里的"同一不动产"也就是同一建筑物所有权与建设用地使用权。

《民法典》第374条规定，地役权自地役权合同生效时设立，未经登记，不得对抗善意第三人。在形式主义的物权变动模式下，即物权只有经过公示才能得以设立，如此物权公示的时间与设立的时间也就合一，但随着意思主义物权变动模式的引入，物权之优先效力已非当然定律——唯有经过公示，物权才具有得对抗所有第三人的优先效力。[④] 在物权体系内部，存在采行意思主义物权变动模式的物权，仅具对抗部分第三人的效力。例如，未经登记的动产抵押权，不得对抗善意第三人（《民法典》第403条），而此处"第三人"的范围就包括已公示但设立时间在后的物权，但不包括无担保债权人。因此，决定物权间优先次序的"时间在先，权利在先"原则已从"成立时间在先，权利在先"修正为"公示时间在先，权利在先"。如此，在地役权与抵押权竞合时，就应当依据两者登记的时间先后确立彼此之间的优先顺位。

---

① 参见李建华、杨代雄：《我国土地用益物权体系的立法构造——兼评〈中华人民共和国民法（草案）〉的相关规定》，载《当代法学》2004年第1期。

② 参见刘保玉：《论物权之间的相斥与相容关系》，载《法学论坛》2001年第2期。

③ 参见高圣平：《民法典物权编的发展与展望》，载《中国人民大学学报》2020年第4期。

④ 相关讨论，参见常鹏翱：《民法中的财产权竞合规范——以优先规范为中心》，载《法学研究》2010年第5期；龙俊：《公示对抗下"一般债权"在比较法中的重大误读》，载《甘肃政法学院学报》2014年第4期；张鹏：《物债二分体系下的物权法定》，载《中国法学》2013年第6期。

依据《民法典》的规定，居住权可依合同或遗嘱设立。就依合同而设的居住权而言，物权变动模式为登记生效主义，“设立居住权，当事人应当采用书面形式订立居住权合同。”“居住权自登记时设立。”居住权属于有期限的物权，因此，已经设定抵押权的住宅，并无碍于居住权的设立；设立居住权的住宅，也不否定其抵押能力。在居住权与抵押权竞合时，也就应当依据两者登记的时间先后确立彼此之间的优先顺位。① 以遗嘱设立居住权的，不适用登记生效规则，而是根据第230条的规定，自继承开始时居住权设立。② 虽然为保护交易安全，《民法典》第232条规定了，处分非依法律行为享有的不动产物权，依照法律规定需要办理登记的，未经登记，不发生物权效力。但居住权与抵押权间的对抗自非处分居住权，以遗嘱方式设立的居住权，居住权人自继承开始时所取得的就是具有完全效力的物权，若设立居住权的房屋同时负担有抵押权的，居住权与抵押权间的优先次序应依据继承开始的时间与抵押权登记的时间先后确定。

（二）不动产抵押权与土地经营权

党的十八大以来，党中央提出要深化农村土地制度改革，完善承包地“三权分置”制度，并制定了一系列试点政策。所谓承包地“三权分置”，就是“要不断探索农村土地集体所有制的有效实现形式，落实集体所有权、稳定农户承包权、放活土地经营权”，③ 但在法律上如何表达这一思想，学界一直存在争议，修正之后的《农村土地承包法》在法律章节结构安排上采取了“土地承包经营权→土地经营权”的形式，但第9条④的规定再次引起了“三权分置”之下承包地产权结构的讨论——“土地所有权、土地承包经营权、土地经营权”的“三权”模式抑或“土地所有权、土地承包经营权、土地承包权、土地经营权”的“四权”模式。⑤《民法典》明确土地承包经营权是巩固和完善农村基本经营制度的基础，是从集体土地所有权派生出的一种用益物权，同时又确认承包农户可以从其土地承包经营权中为经营主体派生出土地经营权。因此，《民法典》形成了“土地所有权→土地承包经营权→土地经营权”的承包地产权结构，结合《农村土地承包

---

① 参见刘保玉：《民法典担保物权制度新规释评》，载《法商研究》2020年第5期；房绍坤：《论民法典中的居住权》，载《现代法学》2020年第4期；汪洋：《民法典意定居住权与居住权合同解释论》，载《比较法研究》2020年第6期；申卫星：《〈民法典〉居住权制度的体系展开》，载《吉林大学社会科学学报》2021年第3期。

② 参见高圣平：《民法典物权编的发展与展望》，载《中国人民大学学报》2020年第4期。

③ 习近平：《在中央农村工作会议上的讲话》，载中共中央文献研究室：《习近平关于全面深化改革论述摘编》，中央文献出版社2014年版，第65页。

④ 《农村土地承包法》第9条规定：“承包方承包土地后，享有土地承包经营权，可以自己经营，也可以保留土地承包权，流转其承包地的土地经营权，由他人经营。”

⑤ 对相关讨论的总结，参见高圣平：《农村土地承包法修改后的承包地法权配置》，载《法学研究》2019年第5期。

法》的修改，“三权分置”的具体形式是，在土地承包经营权人为他人设定土地经营权后，就形成“土地所有权 + 土地承包经营权 + 土地经营权”的产权格局，而若土地承包经营权人未流转出土地经营权，则维系原有的两权结构，即“土地所有权 + 土地承包经营权”。至于《农村土地承包法》中出现的“土地承包权”只能理解为权利行使受到土地经营权限制的土地承包经营权的便宜称谓。①

《农村土地承包法》第 47 条中规定：“承包方可以用承包地的土地经营权向金融机构融资担保，并向发包方备案。”这里，承包方供作担保的是“承包地的土地经营权”，维系了 2014 年以来政策文件中的提法——“允许承包土地的经营权向金融机构抵押融资”。但在未派生出土地经营权的情形下，“经营”不过是土地承包经营权的权能而已，并不存在所谓“承包地的土地经营权”，承包人自己经营承包地时，其权源仍然是土地承包经营权，前引第 47 条如此表述实际上是为了与同条第 3 款“实现担保物权时，担保物权人有权就土地经营权优先受偿”的规定相衔接，在担保物权实现之时，不能使承包农户丧失土地承包经营权，仅得派生出土地经营权以优先受偿。② 如此，土地承包经营权与土地经营权一样均可以作为抵押权的标的物，而土地经营权与抵押权可以同时作为土地承包经营权的负担并存：一是承包人先以土地承包经营权进行抵押融资，后为第三人设定土地经营权；二是承包人先为第三人设定土地经营权后，再以土地承包经营权为债权人设定抵押。③ 此时，土地承包经营权上竞存的抵押权与土地经营权也应当依据公示的时间先后确立顺位。

《民法典》第 341 条规定：“流转期限为五年以上的土地经营权，自流转合同生效时设立。当事人可以向登记机构申请土地经营权登记；未经登记，不得对抗善意第三人。”这里与《农村土地承包法》第 41 条的规定保持了一致，仅赋予了流转期限为五年以上的土地经营权以登记能力。④ 对于具有登记能力的土地经营权，其与抵押权的顺序自然可以依据先公示者优先的原则确定，即已登记的权利优先于登记在后或没有登记的权利。但对于流转期限为五年以下的土地经营权，因其无法登记，故而其优先顺位应劣后于抵押权。

---

① 参见高圣平：《承包地三权分置的法律表达》，载《中国法学》2018 年第 4 期。

② 参见高圣平：《农村土地承包法修改后的承包地法权配置》，载《法学研究》2019 年第 5 期。

③ 或许会有学者质疑土地承包经营权派生出土地经营权后还能否充当抵押标的物，但土地经营权是有期限的权利，如承包人为第三人设定了一个较短期限（比如 3 年）的土地经营权，土地承包经营权就仍是具有较高融资价值的担保物。至于土地经营权期限的长短对土地承包经营权价值的影响，以及该期限的长短如何判断，则属于第三人的信贷风险评估因素，法律应当允许市场主体自行决定是否接受派生出土地经营权的土地承包经营权抵押。

④ 参见高圣平：《土地经营权登记规则研究》，载《比较法研究》2021 年第 4 期。

（三）不动产抵押权与租赁权

一般而言，无论债权成立之先后，物权均具有优先于债权的效力，但基于特定的利益衡量，法律亦会规定特定情形下的例外，“买卖不破租赁”即为其中典型，租赁物在承租人按照租赁合同占有期限内发生所有权变动的，不影响租赁合同的效力（《民法典》第725条）。“买卖不破租赁”规则的立法目的在于，第一，保护承租人的居住利益与商业维持利益；第二，稳定租赁关系，保护交易安全；第三，鼓励承租人对租赁物进行中长期投资和利用。[①] 虽然抵押权的设立并不直接产生租赁物所有权变动的效果，但在抵押权实现之时，租赁物的所有权自会因拍卖、变卖、折价等实现行为而发生变动，故而抵押权与租赁权的关系也应当遵循“买卖不破租赁”规则。《物权法》第190条据此规定：“订立抵押合同前抵押财产已出租的，原租赁关系不受该抵押权的影响。抵押权设立后抵押财产出租的，该租赁关系不得对抗已登记的抵押权。”

由于租赁权完全基于当事人间的意思而创设，在涉及不动产的执行程序中，债务人与第三人串通签订虚假的不动产租赁合同，或者倒签租赁合同，使租赁合同的成立日期先于抵押权设立日期，从而利用“买卖不破租赁”规则逃避执行的现象频发，债权人、租赁物买受人的权利保护以及执行效率均受到影响。[②] 反观比较法上的经验，“买卖不破租赁”多以租赁权的公示为要件。针对公示机制欠缺所导致的虚假租赁泛滥现象，我国法院通过个案审判及规范性文件对《合同法》第229条、《物权法》第190条的漏洞进行了相应的司法续造。[③] 受《合同法》第229条所形成的法秩序限制，法院在个案裁判中的主流观点是，只有在承租人于买卖合同签订前、抵押权登记前占有租赁物，租赁合同的效力才能不受影响。[④] 在最高人民法院颁布的司法文件中，《最高人民法院关于人民法院办理执行异议和复议案件若干问题的规定》第31条第1款、《最高人民法院关于人民法院民事执行中的拍卖、变卖财产的规定》（以下简称《拍卖变卖规定》）第31条第2款规定，“买卖不破租赁”以租赁的占有为前提，也即占有是租赁权物权化的必

---

① 参见王利明：《论“买卖不破租赁”》，载《中州学刊》2013年第9期。

② 参见卢正敏：《执行程序中的恶意租赁及其法律应对》，载《中国法学》2013年第4期；陈明灿：《从博弈到共存：执行程序中租赁权的保护范围及限度——以善意执行视角下利益衡量论为视角》，载《法律适用》2020年第21期。典型案例可参见“张某与陈某、吴某英民间借贷纠纷执行案”，《最高人民法院公报》2011年第9期；江苏省南通市中级人民法院（2021）苏06民终3955号执行裁定书。

③ 参见陈鸣：《“买卖不破租赁”的司法续造及其局限性——兼论〈民法典·合同编〉中租赁合同对抗力规则的重构》，载《西部法学评论》2017年第1期。

④ 参见最高人民法院（2018）最高法民申1711号民事裁定书；最高人民法院（2013）执监字第67号执行裁定书；浙江省高级人民法院（2018）浙民申3080号民事裁定书；宁夏回族自治区高级人民法院（2018）宁执复46号执行裁定书；上海市高级人民法院（2018）沪民终399号民事判决书。

要条件。

不过，以占有作为不动产租赁关系的公示方法，在明确性上无法与登记相比肩，相对人只能从标的物已被他人占有的事实去推知租赁关系存在之可能性，①这在一定程度上增加了相对人的征信成本。同时，对于不动产租赁而言，占有的公示效力较弱，即使相对人进行实地查看也未必能知悉标的物上的租赁权，② 况且相对人难以确定占有的初始时间。③ 因此，在《民法典》编纂过程中，有学者提出应当以登记作为不动产租赁权的公示方式，将登记的交易成本分配给债务人与承租人，以交易成本转移的方式压制虚假租赁。④ 登记固然是不动产租赁权物权化的理想方式，但租赁权本身不是物权，尚无登记能力，无法在不动产登记簿上登记。目前虽实行不动产租赁登记备案制度，但仅具管理作用，基于租赁双方避税、保密等原因，实施效果并不理想，且不动产租赁与物权变动不能在同一登记簿上登记，对相对人也无法起到信息警示的作用。⑤ 基于司法实践中业已形成的共识，《民法典》第405条最终将移转占有作为租赁权取得对抗效力的要件，租赁权能否对抗抵押权，也就取决于承租人是否已在抵押权登记前占有租赁物。

（四）不动产抵押权与企业承包经营权

在20世纪80年代，农村家庭联产承包责任制的成功为城市经济管理体制改革带来了有益启示，为提高企业经济效益、落实国家财政上交任务，国有企业改革中开始推行承包经营责任制。⑥ 在我国的经济体制改革过程中，承包经营责任制已为公司制所取代，但企业承包经营关系在现实中仍然存在。目前来看，我国法律明确的企业承包经营关系包括全民所有制工业企业承包经营、中外合资经营企业承包经营合同纠纷、中外合作经营企业承包经营合同纠纷、外商独资企业承

① 参见王泽鉴：《买卖不破租赁：第425条规定之适用、准用及类推适用》，载王泽鉴：《民法学说与判例研究》（第六册），北京大学出版社2009年版，第151页。

② 参见孙鹏：《抵押权与租赁权的冲突与协调》，载《法学论坛》2009年第2期。

③ 参见常鹏翱：《先抵押后租赁的法律规制——以〈物权法〉第190条第2句为基点的分析》，载《清华法学》2015年第2期。

④ 参见陈鸣：《“买卖不破租赁”的司法续造及其局限性——兼论〈民法典·合同编〉中租赁合同对抗力规则的重构》，载《西部法学评论》2017年第1期；卢正敏：《执行程序中的虚假租赁及其法律应对》，载《中国法学》2013年第4期；熊丙万：《中国民法学的效率意识》，载《中国法学》2018年第5期；袁野：《“抵押不破租赁”之利益衡量与规则完善》，载《商业研究》2019年第12期。

⑤ 参见常鹏翱：《民法中的财产权竞合规范——以优先规范为中心》，载《法学研究》2010年第5期。

⑥ 参见袁守启：《承包经营责任制》，中国经济出版社1988年版，第11～15页。

包经营合同纠纷、乡镇企业承包经营合同纠纷。[①] 虽然公司、个人独资企业、合伙企业的承包经营没有法律规定，但在该承包经营合同不违反法律、行政法规的强制性规定时，这些企业承包经营关系也应当有效。[②]《全民所有制工业企业承包经营责任制暂行条例》第 2 条指出，承包经营责任制的核心是所有权与经营权的分离，该条是从国家与企业的责权利关系的角度规定了全民所有制工业企业的承包经营责任制，[③] 但从民事财产关系的角度而言，企业承包经营是发包人依法将其不动产、机器设备等生产要素交付于承包人开展生产经营活动，承包人支付对价的法律关系。若依据企业承包经营合同的约定，承包人可在承包期限内对发包企业的土地、房屋等不动产进行利用，此时的企业承包经营权自然也就包含不动产利用权的特征。

关于企业承包经营权的性质，目前法律并未有明确规定，理论上对之进行的阐述也不充分，裁判实践中对企业承包经营权能否对抗成立在后的抵押权及企业资产的买受人权利存在不同的司法态度。第一种观点认为，企业承包经营权既非租赁权，也非法律明确规定的用益物权类型，因此在效力上恒弱于抵押权。[④] 第二种观点认为，企业承包经营权的本质是租赁权，也应当适用“买卖不破租赁”规则。[⑤] 第三种观点认为，虽然法律上未对企业承包经营权的性质进行界定，但依据《拍卖变卖规定》第 28 条第 2 款的规定，“拍卖财产上原有的租赁权及其他用益物权，不因拍卖而消灭”，成立在先的承包关系不因拍卖而消灭。[⑥] 本书作者认为，在物权法定原则之下，企业承包经营权并不是法律明确规定的物权类型，且当事人间依据合意即可创设，企业承包经营权的性质即应属债权。同时，企业承包经营权虽然可能较之租赁权带有更多的国家管制色彩，[⑦] 发包企业往往是将资产整体交予承包人使用、收益，但就发包企业中土地、房产等资产的利用而言，企业承包经营权与租赁权在民事法律体系下并无本质区别。依据《民法典》第 467 条第 1 款的规定，企业承包经营合同可以参照适用租赁合同的规定，企业

---

① 《全民所有制工业企业承包经营责任制暂行条例》对全民所有制工业企业的承包经营责任制进行了确认。最高人民法院制定的《民事案件案由规定》规定：中外合资经营企业承包经营合同纠纷、中外合作经营企业承包经营合同纠纷、外商独资企业承包经营合同纠纷、乡镇企业承包经营合同纠纷。

② 湖南省高级人民法院（2019）湘执复 94 号执行裁定书。

③ 《全民所有制工业企业承包经营责任制暂行条例》（2011 年修订）第 2 条规定：“承包经营责任制，是在坚持企业的社会主义全民所有制的基础上，按照所有权与经营权分离的原则，以承包经营合同形式，确定国家与企业的责权利关系，使企业做到自主经营、自负盈亏的经营管理制度。”

④ 广西壮族自治区高级人民法院（2011）桂执复字第 19 号执行裁定书。

⑤ 重庆市第四中级人民法院（2020）渝 04 民终 347 号民事裁定书。

⑥ 广东省阳江市中级人民法院（2013）阳中法民一终字第 444 号民事判决书。

⑦ 在全民所有制企业、乡镇企业承包经营、涉外承包经营关系中，国家管制色彩更为明显，但在普通私主体间的企业承包经营关系中，则更多地贯彻当事人的意思自治。

承包经营权自可类推适用于“买卖不破租赁”规则，同时企业承包经营权也应当通过公示——企业资产的交付来获取对抗力。如上所述，不动产上竞存的抵押权与租赁权应当依据公示时间的先后确定顺位，则并存的不动产抵押权与企业承包经营权之间也应如此，即两者的顺位取决于抵押权登记与企业不动产交付的先后。

综上，物权具有绝对排他的效力，其变动必须具有足以由外部可以变动的表征，才能透明当事人的法律关系，减少交易成本，避免第三人遭受侵害，保护交易安全。① 在物权与债权之间，物权之优先效力也是以公示为基础，“因为公示，意定物权被对世公开，其效力因此超越当事人双方，有了普世的绝对性，进而从相对性的意定债权中脱颖而出，并演绎出教科书所谓的物权排斥债权的通常规范。”② 对于具有物权效力的债权而言也是如此，唯有经过公示，该债权才能取得对抗第三人的效力，否则第三人就将付出更多的调查成本，也会侵害当事人间业已形成的利益格局。因此，尽管不动产利用权的性质有物权与债权之分，而债权性的利用权中又有因法律特别规定而具有物权效力的类型，但不动产抵押权与利用权间的顺位应当以公示时间确定，也即“公示在先，顺位在先”，对于没有经过公示的利用权，自不得对抗经登记而设立的抵押权。

三、利用权优先于抵押权时的利益平衡

如上所述，对于具有物权效力的不动产利用权，在其公示时间先于抵押权时，就获得了优先于抵押权的效力。但利用权的公示方式并不统一，如何证明其公示在先也往往是诉讼中的争议焦点；而此时，在先利用权的存在是否影响到抵押权的创设，对抵押物的买受人又有何效力，则有待解释上的探讨。

（一）利用权对抗效力的诉讼证明

在民事诉讼过程中，证明不动产利用权公示时间早于抵押权，就成为利用权优先于抵押权的裁判关键。居住权、地役权、流转期限5年以上的土地经营权，因其公示方式与抵押权同为在不动产登记簿上进行登记，其是否能对抗抵押权，只须查询登记簿以查明其是否登记、其登记时间是否早于抵押权的登记时间，即可判断。对于以占有为公示方式的利用权而言，利用权对抗效力的证明则成为诉讼中的难题。以租赁权为例，承租人须证明在债权人设立抵押权之前已经与被执行人签订了合法有效的房屋租赁合同，且已按约支付租金，并实际占有使用租赁物。③ 在司法实践中，利用权人对标的物占有的证明有如下要点：

① 参见王泽鉴：《民法物权》，北京大学出版社2009年版，第69页。

② 常鹏翱：《民法中的财产权竞合规范——以优先规范为中心》，载《法学研究》2010年第5期。

③ 福建省高级人民法院（2019）闽民终1337号民事判决书。

第一，利用权人对不动产的占有应为实际占有，而不能为占有改定、指示交付等方式。例如，在先抵后租的案例中，“基于租赁权得以对抗其他一般债权之本质，在于保护承租人对承租物实际利用之自由和利益，故上述条文中可以排除执行之‘占有使用’，通常认为应是承租人实质意义上的实际占有使用，而不包括以占有改定、指示交付方式等间接占有租赁物之情形；这是由于，如果离开承租人对租赁物具有直接支配、控制的物权化权利外观和内涵，则很难产生优于普通债权之特别效果。”① 若租赁合同下的承租人与租赁物的实际占有人不一致时，即使实际占有人是公司法人，而承租人是其实际负责人与经营人时，两者也属于不同的法律主体，承租人仍然未取得租赁物的占有。②

第二，对不动产的占有难以通过直接证据证明，在利用权人提交间接证据证明时，所举证据应当形成完整的证据链以证明对涉案不动产的实际占有使用。③在司法实践中，承租人借以证明其对租赁物的占有状态的证明材料有“出租人与承租人签订的租赁房屋交接书、承租人在出租房屋所在地物业办理的装修或者入住手续证明以及承租人依照租赁合同缴纳水费、电费、燃气费、通信费等公共事业用费等”④，而法院则根据这些证据材料，结合日常生活经验判断利用权人是否在抵押权登记前就已占有案涉不动产。如在“青岛某投资有限公司等申请监督案”⑤ 中，承租人提供装修工程施工合同及空调、配电等设备安装合同，证明约定的工期起始日期为 2004 年 12 月至 2005 年 4 月期间，又提供同时期相关缴纳水电费、进货、销货、缴纳税款等凭据，证明租赁物完成装修后已于 2005 年 4 月营业，而案涉抵押权登记时间为 2005 年 12 月。法院据此认为，根据承租人提交的证据，可以推定承租人对租赁物的占有时间早于抵押登记时间。⑥

第三，在不动产抵押权的执行异议之诉中，应由主张利用权具有对抗抵押权效力的一方负担证明责任。《民事诉讼法解释》第 90 条规定：“当事人对自己提出的诉讼请求所依据的事实或者反驳对方诉讼请求所依据的事实，应当提供证据加以证明，但法律另有规定的除外。”在执行异议之诉中，不动产利用权人主张抵押权不得对抗自己的利用权时，应当举证证明自己对案涉不动产的占有先于抵押权的登记，且证明应达到高度盖然性的标准，否则利用权人须承担败诉的不利后果。例如，在“姚某含与某银行股份有限公司徐州分行、孙某义案外人执行异

---

① 福建省高级人民法院（2019）闽民终 1337 号民事判决书。

② 江苏省高级人民法院（2018）苏民终 898 号民事判决书。

③ 参见江伟、邵明主编：《民事证据法学》，中国人民大学出版社 2015 年版，第 33 页。

④ 《上海市高级人民法院关于在执行程序中审查和处理房屋租赁权有关问题的解答（试行）》（沪高法〔2015〕75 号）第 5 条。

⑤ 最高人民法院（2013）执监字第 67 号执行裁定书。

⑥ 最高人民法院（2013）执监字第 67 号执行裁定书。

议案”① 中，虽然承租人提供了水电费发票拟证明对案涉房屋的占有使用事实，但却无法对缴纳电费非常低的质证点作出合理解释，法院裁判即对其主张不予支持。

（二）抵押权的设立是否应经利用权人同意

设定利用权后，能否就同一不动产再设定抵押权，法无明文规定。但利用权之目的，在于取得物之使用收益价值；而担保物权之目的，在于取得物之交换价值。② 两者内容不同，应可并存无妨，利用权的设定也并未限制标的物上抵押权的设立。不过，《民法典》于用益物权章中新增居住权，而居住权是为特定人的生活需要而设，具有保障社会弱者居住权益的功能，在性质上体现了扶助、赡养、关怀之特色。③ 因此，在标的物办理抵押权登记、抵押物实现后办理转移登记时是否需要居住权人同意，即存疑问。本书作者对此持反对意见，理由如下：

第一，对于负担有居住权的房屋，所有权人设定抵押权是其行使处分权能的体现。居住权作为用益物权，其支配权能被限制为使用权能，而所有权人仍然保有处分权能，④ 抵押权既然本属于可与居住权相容之权利，所有权人就负担有居住权的不动产设定抵押权是其行使处分权的体现，自然无须经过居住权人同意。

第二，抵押权的设立并不会影响在先的居住权，实现时也不会损害居住权人的居住利益。如前所述，抵押权为非移转占有型的担保物权，在设定抵押后，抵押人仍可按照自己意愿对标的物进行使用或收益，或者将标的物的使用价值让与第三人，故居住权人的居住利益并不会受到影响。在抵押权实行时，设立在先的居住权也具有对抗抵押权的效力，即居住权仍在转让后的标的物上存续。更何况，居住权可以在同一住宅的部分房间中设立，此际并不影响所有人进一步出租剩余房间。如此，抵押权的设立无损于居住权对弱势地位者的扶助作用。

第三，若抵押权的设立登记及实现后的转移登记以居住权人的同意为要件，将会损害房屋所有人对财产的自由处分权，也有碍于标的房屋的市场流通。抵押权本为融资担保之工具，具有促进抵押人生产经营活动展开之功效，但若房屋所有权人设定抵押须经居住权人的同意，可能被居住权人恶意利用，损害所有权人的合法利益。例如，居住权人没有正当理由拒绝同意或对所有权人的请求长期不予答复，从而使所有权人的融资活动难以及时有效完成。

总之，即使不动产上负担有居住权，设立抵押权也属于所有权人自由处分的

① 江苏省高级人民法院（2019）苏民终194号民事判决书。

② 参见王泽鉴：《典权设定后何以不得再设定抵押权》，载《民法学说与判例研究》（第一册），北京大学出版社2009年版，第293页。

③ 参见申卫星：《视野拓展与功能转换：我国设立居住权必要性的多重视角》，载《中国法学》2005年第5期；崔建远：《物权编对四种他物权制度的完善和发展》，载《中国法学》2020年第4期。

④ 参见［日］近江幸治：《民法讲义Ⅱ 物权法》，王茵译，北京大学出版社2006年版，第193页。

范畴，故而办理抵押权设立登记、抵押权实现后的所有权转移登记无须经由居住权人同意。对于其他类型的利用权而言，也是如此。

（三）利用权的承受主义

在不动产上利用权之效力优先于抵押权时，依据物权之优先效力及“买卖不破租赁”规则，此时的抵押权不得对抗利用权。具体至抵押权实行时，即指不动产上的利用关系不因抵押权而受到影响，[①] 利用权对于抵押物的第三取得人仍发生效力。《拍卖变卖规定》第31条第2款即规定，拍卖财产上原有的租赁权及用益物权，不因拍卖而消灭。

一方面，对于居住权、地役权这类用益物权性质的利用权，在抵押权实现时，利用权由抵押物的买受人所承受。物权是对物的排他性支配权，此本质在对第三人的关系中具有实际性的意义，即物权的客体移转到第三人时，物权人得向第三人主张其权利，这是所有权、用益物权所具备的追及效力。[②] 换言之，物权成立后，其标的物不论辗转入何人之手，物权人均得追及物之所在，而直接支配其物的效力。[③]《民法典》第381条规定：“地役权不得单独抵押。土地经营权、建设用地使用权等抵押的，在实现抵押权时，地役权一并转让。”对于居住权而言，若所有权人将设定有居住权的房屋予以转让，买受人自得继受负担有居住权的房屋。

另一方面，对于租赁权、企业承包经营权、土地经营权等本为债权性质的利用权，在经物权化且优先于抵押权后，利用权不因抵押权的实现而消灭，仍然存续于抵押财产上。以租赁权为例，依据《民法典》第405条的规定，在抵押权设立前，抵押财产已经出租并转移占有的，原租赁关系不受该抵押权的影响。换言之，租赁物的所有权发生变动后，其设定在该租赁物上的租赁合同仍然存在，在承租人与受让人之间无须另行订立租赁合同，受让人在受让该租赁物的所有权时就与承租人产生了租赁合同关系，成为一个新的出租人，承受原出租人的权利和义务，受让人要受该租赁合同的约束。[④] 对于企业承包经营权、土地经营权而言，类推《民法典》第405条之规定，在其通过公示得以物权化后，也是如此。实际上，对于原本为债权性质的利用权，在经物权化后，也与用益物权一般具有追及效力。

综上所述，在不动产利用权的顺位优先于抵押权时，抵押人仍得依据自己意思为他人设立抵押权，抵押权的设立登记与实现时的不动产转移登记均不以利用

① 参见温丰文：《抵押权对抵押物用益之拘束力》，载《月旦法学杂志》2001年第8期。

② 参见［日］近江幸治：《民法讲义Ⅱ 物权法》，王茵译，北京大学出版社2006年版，第36页。

③ 参见王泽鉴：《民法物权》，北京大学出版社2009年版，第48页。

④ 参见黄薇主编：《中华人民共和国民法典解读·合同编》，中国法制出版社2020年版，第786页。

权人的同意为前提。在具体的诉讼中，利用权人须对自身权利的公示先于抵押权的公示程度证明责任。同时，抵押权的实现不得影响利用权，抵押物的买受人须承受抵押物上原有的利用关系。

四、抵押权优先于利用权时的利益平衡

如前所述，当同一不动产上抵押权与利用权并存时，若抵押权的公示时间早于利用权，则抵押权的顺位优先于利用权，抵押权在效力上也就压制利用权。但在抵押权实行之时，其优先效力如何体现、利用权人的利益又如何平衡，则有待讨论。

（一）抵押权的实现不受利用权的影响

就不动产抵押权优先于利用权时利益协调，在《民法典》之前有明确规定的只有《物权法》第190条第2句，其中指出，就先抵押后租赁的情形，“该租赁关系不得对抗已登记的抵押权”。从体系上解释，其他利用权在效力上劣后于抵押权时，也应当是“该利用权不得对抗已登记的抵押权”。然而，“不得对抗”是我国《物权法》中描述某一权利效力劣后时的一般用语，因此，抵押权效力优先于利用权的具体内涵在学理及实践中均存在争议。

第一种观点认为，抵押人就标的物设定抵押权后再设定利用权的，在抵押权人实行抵押权之时，抵押物上设定的利用关系应当失去效力。[①] 该观点与《担保法解释》第66条第1款的规定保持了一致，“抵押人将已抵押的财产出租的，抵押权实现后，租赁合同对受让人不具有约束力。”《担保法解释》的起草者认为，“抵押权设立在先，租赁权成立在后的情况下，抵押物设定租赁权时，承租人知道或者应当知道租赁物上存在抵押权的事实，并自愿接受和承担了因抵押权实现而使租赁权终止的风险，承租人不得以租赁合同对抗抵押权人行使权利。‘买卖不破租赁’的原则，不能适用于抵押人在抵押后将抵押物出租后抵押权实现时的情况。”[②]《最高人民法院关于审理城镇房屋租赁合同纠纷案件具体应用法律若干问题的解释》（以下简称《城镇房屋租赁合同解释》）第20条遵循了《担保法解释》第66条的路径，房屋在出租前已设立抵押权，因抵押权人实现抵押权发生所有权变动的，承租人无权要求房屋受让人继续履行原租赁合同。

第二种观点则认为，所谓利用关系不得对抗已登记的抵押权，是指在因利用权的存在致使抵押权人实行时无人应买抵押物，或出价降低导致不足以清偿抵押

---

① 参见王利明：《物权法研究（下卷）（第四版）》，中国人民大学出版社2018年版，第1238页。

② 李国光等：《最高人民法院关于适用〈中华人民共和国担保法〉若干问理的解释理解与适用》，吉林人民出版社2000年版，第255页。

债权等情况下，抵押权人有权主张利用权终止。①《拍卖变卖规定》第31条第2款所体现的就是该观点的要旨，即拍卖财产上原有的租赁权及其他用益物权，“对在先的担保物权或者其他优先受偿权的实现有影响的，人民法院应当依法将其除去后进行拍卖。”该规定的意旨在于，当以拍卖方式实现抵押权时，对拍卖财产上存在的租赁权及用益物权的处理，原则上采取承受主义，即拍卖财产上原有的租赁权及用益物权，不因拍卖而消灭；但作为例外，若前述权利的存在对抵押权的实现有影响时，应当依法将其除去后进行拍卖。②

本书作者支持第二种观点，即当不动产抵押权实行之时，抵押物上的利用关系并不当然失去约束力，只有当该利用关系影响抵押权实行时，抵押权人才能依申请或法院依职权将该利用权除去，理由如下：

第一，如果抵押权的实行即意味着利用关系的中止，不利于稳定法律关系与实现物尽其用的政策目标。同一标的物上有抵押权与利用权同时存在时，贯彻物权之优先效力对于抵押权人最为有利，但此时利用权不仅面临可能被除去之风险，利用权人亦无从安心利用标的物，事实上产生抵押物利用之限制。抵押权之设置原在使抵押人仍能发挥抵押物之使用价值，此时该促进利用之机能也将无法实现。③同时，顺位先后只是表征了权利实现机会大小的概率，先顺位权利的优先实现不是以消灭后顺位的权利为必然途径，在抵押权与利用权并存时，为兼顾利用权人与抵押人的利益，只有顺位在后的利用权已成为抵押权实行的障碍时，抵押权人才能依法除去该利用权。④在实践中，由买受人承受利用权也未必会损害抵押权人的利益，如抵押物价值远远超过被担保债权时，即使利用权的存在会降低抵押物的买受价格，但该价格也足以清偿抵押权人的债权。⑤若拍得负担利用关系的抵押物后可以收取较高的租金等法定孳息，买受人则更愿意竞价购买，如此反而加速了抵押权的实现。⑥

第二，《合同法》第229条（《民法典》第725条）确立的“买卖不破租赁”是一般规则，只要法律没有例外规定，买受人均应承受标的物上的租赁权，而物权性的利用权具有追及效力，一般情形下也应存在于转让后的抵押物上。换言

---

① 参见崔建远：《物权法（第五版）》，中国人民大学出版社2021年版，第454页；赵秀梅：《抵押权除去租赁权问题研究——以〈民法典〉第405条的解释论为中心》，载《社会科学》2021年第11期。

② 参见赵晋山：《〈关于人民法院民事执行中拍卖、变卖财产的规定〉的理解与适用》，载《人民司法》2005年第2期。

③ 参见谢在全：《民法物权论（修订五版）》，中国政法大学出版社2011年版，第698页。

④ 参见常鹏翱：《先抵押后租赁的法律规制——以〈物权法〉第190条第2句为基点的分析》，载《清华法学》2015年第2期。

⑤ 参见孙鹏、王勤劳：《抵押权与租赁权的冲突与协调》，载《法律适用》2009年第2期。

⑥ 参见黄晓林、张国华：《不动产抵押权与租赁权的冲突与协调》，载《法学杂志》2002年第4期。

之，无论标的物是先利用后抵押，还是先抵押后利用，只要利用关系不影响抵押权的实行，“买卖不破租赁”规则、物权之追及效力都应予以适用。[①] 既然《物权法》第190条并未在抵押权优先于租赁权的情形中明确排除《合同法》第229条的适用，对《物权法》第190条第2句解释就应与《拍卖变卖规定》第31条第2款保持一致，即在不动产抵押权优先于利用权时，只有在利用权对抵押权的实行有影响时，人民法院才应当依法将其除去后进行拍卖。在此，《担保法解释》第66条第1款、《城镇房屋租赁合同解释》第20条就与《物权法》第190条的意旨有违，在实践中的适用应以后者为准。

与《物权法》第190条相比，《民法典》第405条删去了“抵押权设立后抵押财产出租的，该租赁关系不得对抗已登记的抵押权”的规定，而《民法典》第725条维持了《合同法》第229条中的买卖不破租赁的趣旨，如此在先顺位的抵押权实行时，抵押权是否享有不受租赁权影响的地位即存在疑议。本书作者认为，在《民法典》的规则体系下，应当维持前述《物权法》第190条下的解释路径。理由如下：一方面，不动产抵押权属于依登记而设立的物权，一经登记就取得对抗后顺位物权及债权的效力。如此，在先抵押后租赁时，若租赁关系的存在成为抵押权实行的妨碍，抵押权人自可申请除去租赁权负担。另 方面，在抵押财产上设租赁权与转让抵押财产同属于所有人行使处分权的情形，《民法典》第406条第1款规定：“抵押期间，抵押人可以转让抵押财产。当事人另有约定的，按照其约定。抵押财产转让的，抵押权不受影响。”因此，出租抵押财产，与转让抵押财产同属于所有人行使处分权的情形，自可类推适用《民法典》第406条，抵押权不受影响，抵押权人在实行抵押权之时，自可申请除去抵押财产上负担的租赁关系。不过，此属抵押权人的权利，非为义务。抵押权人可以不申请除去抵押财产上负担的租赁关系，直接申请“带租拍”。对于顺位劣后的地役权、居住权、企业承包经营权、土地经营权的处理，自可类推前述租赁权的解释结论。

（二）如何判断抵押权的实行受到利用权影响

就买受人是否应承受抵押物上原有的利用关系，如何判断抵押权的实行受到利用权的影响是其中的关键。就此，实践中可以采取两种方式：第一，拍卖前的价值评估机制，不动产上的利用关系对抵押权的实行是否有影响，是以抵押权人申请拍卖抵押物时为其判断时点，而是否有影响则由执行法院调查决定。[②] 在我国民事程序法的语境下，主要是指委托具有相应资质的评估机构进行价格评估，对于财产价值较低或者价格依照通常方法容易确定的，当事人双方及其他执行债

① 参见程啸：《论抵押财产出租时抵押权与租赁权的关系——对〈物权法〉第190条第2句的理解》，载《法学家》2014年第2期。

② 参见谢在全：《民法物权论（修订五版）》，中国政法大学出版社2011年版，第694页。

权人申请不进行评估的，可以不评估（《拍卖变卖规定》第4条）。第二，拍卖程序中的价值比对机制。在该机制下，抵押权人有请求法院先后进行两次拍卖的权利，并通过抵押债权额、两次拍定价金间的比较判断有无影响。具体步骤是借鉴《瑞士民法典》第812条第2款的做法，首次拍卖附利用权负担的标的物，若拍定价金足以实现抵押权，就表明利用权没有影响，应继续存在。若抵押权不能实现，就进行不负担利用权的二次拍卖，拍定价金高于首次报价的，说明利用权的存在确实有影响，应除去利用关系；拍定价金不高于首次报价，则意味着利用权不妨碍抵押权的实行，抵押物上继续负担利用关系。①

相比较而言，拍卖程序中的价值比对机制对利用权人的保护则更为全面，能够客观真实地反映利用关系的负担是否影响抵押权的实行。为兼顾公平与效率，在法院通过强制执行程序拍卖不动产抵押物时，应当结合拍卖前的价值评估机制与拍卖程序中的价值比对机制予以灵活运用，即在拍卖前首先由法院判断拍卖财产上利用关系的存在是否对抵押权的实行发生了影响，若法院根据评估调查等材料，认为利用权对抵押权的实行确实有影响的，应当除去利用权后再进行拍卖。②同时，若法院认为利用权不影响抵押权的实行时，而保留利用权的负担拍卖抵押物，之后在拍卖过程中发现，利用权对抵押权的实行确有影响，可在依法除去利用权后再次拍卖。③

（三）利用权的除去程序

除去抵押物上的利用权负担，应由法院在拍卖抵押物之前以裁定方式作出，④其启动可依抵押权人申请，也可依法院职权为之。⑤ 即使法院认为利用权的存在不会有影响，如抵押权人认为利用关系的继续存在会影响抵押权的实行的，也有

① 参见常鹏翱：《先抵押后租赁的法律规制——以〈物权法〉第190条第2句为基点的分析》，载《清华法学》2015年第2期；杨与龄：《抵押权对抵押标的物用益权之影响》，载《法令月刊》1967年第11期。

② 参见程啸：《论抵押财产出租时抵押权与租赁权的关系——对〈物权法〉第190条第2句的理解》，载《法学家》2014年第2期。

③ 在《上海市高级人民法院关于在执行程序中审查和处理房屋租赁权有关问题的解答（试行）》（沪高法〔2015〕75号）第13条中，就《拍卖变卖规定》第31条第2款规定的变现，就存在两种路径：其一，经委托评估认为，对在先的担保物权或者其他优先受偿权的实现有影响的，执行法院应当直接依法裁定将租赁权除去后予以变现。其二，经委托评估认为，对在先的担保物权或者其他优先受偿权的实现没有影响的，应当在房屋负担租赁权的状态下对其予以变现，在变现的过程中发现对在先的担保物权或者其他优先受偿权的实现有影响的，执行法院应当依法裁定将租赁权除去后予以变现。依法裁定将租赁权除去后予以变现的，应当重新确定保留价并重新委托变现。

④ 参见程啸：《论抵押财产出租时抵押权与租赁权的关系——对〈物权法〉第190条第2句的理解》，载《法学家》2014年第2期。

⑤ 参见常鹏翱：《先抵押后租赁的法律规制——以〈物权法〉第190条第2句为基点的分析》，载《清华法学》2015年第2期。

权申请法院除去利用权后进行拍卖，法院在审查后决定是否除去利用权。[①] 同时，申请除去利用权是抵押权人的权利，而非义务，抵押权人也可以申请附利用权负担的拍卖。以负担租赁权的抵押物拍卖为例，即使抵押物上负担有长期租赁关系，但若该租金较高，而承租人只支付了前期的租金，则买受人在拍得抵押物后可以直接向承租人收取租金，避免抵押物再次流入市场的成本。此际，买受人可能愿意以较高价格竞拍抵押物，抵押债权的全额实现反而较之除去利用权后的拍卖可能性更高。同时，承租人可以维系现有的租赁关系，进行生活或经营，出租人也无须承担租赁关系消灭后的损害赔偿责任。在此类情景下，负担利用权的拍卖对于利益相关人而言都是最具经济效率的安排。

若执行法院保留利用权之负担而进行估价拍卖，拍定价金虽不足以清偿抵押债权，但执行法院没有除去该项负担后就另行拍卖，并交由拍定人或抵押权人承受时，抵押权人事后能否再次申请拍卖？持肯定说者认为，抵押权设定后成立之利用权对抵押权有影响者，既对抵押权人不生效力，也会减少其他债权人受偿的机会，在保留该项负担拍卖不能足额实现抵押权时，其拍定或承受即属无效，拍定人不能因而取得权利，由抵押权人承受时也是如此。持否定说者则认为，抵押权人对执行法院保留利用权负担拍卖既无异议，应视为抛弃其权利，仍应认拍定人可取得权利。[②] 本书作者认为，申请除去利用权既然属于抵押权人的权利，该拍卖是否有效应由抵押权人决定。如果抵押权人明知其抵押权因利用权存在而不能完全受偿，既不主张拍卖无效，又进而收受卖得价金，或自行承受抵押物，此时抵押物上负担利用权对于买受人有效，对于债务人也不存在损害（可使债务人对利用权人不负损害赔偿责任）。为尊重当事人之意思，并减少纠纷起见，此时应采否定说。如抵押权人拒收价金及承受抵押物，或请求除去负担再拍卖时，抵押权人并无抛弃权利之意思，此时应除去该项负担，另行估价拍卖。[③]

执行法院在除去影响抵押权实行的利用权后，对于居住权、地役权、土地经营权这样在不动产登记簿上登记的利用权，应依职权函请不动产登记机构涂销其登记，抵押物自无负担存在。[④] 在抵押物上的利用权被执行法院除去后，基于原利用关系而占有抵押物之第三人如仍继续占有抵押物时，将成为无权占有，执行法院应解除其占有，将抵押物点交于买受人或承受人。[⑤] 此外，若抵押物的第一次拍卖时是负担利用权，但因该利用权有害抵押权存在而将之除去，第二次拍卖

---

① 参见程啸：《论抵押财产出租时抵押权与租赁权的关系——对〈物权法〉第190条第2句的理解》，载《法学家》2014年第2期。

② 参见杨与龄：《抵押权对抵押标的物用益权之影响》，载《法令月刊》1967年第11期。

③ 参见杨与龄：《抵押权对抵押标的物用益权之影响》，载《法令月刊》1967年第11期。

④ 参见谢在全：《民法物权论（修订五版）》，中国政法大学出版社2011年版，第758页。

⑤ 参见谢在全：《民法物权论（修订五版）》，中国政法大学出版社2011年版，第758页。

所得价金反而较低时，此时可以认为利用权实际上对抵押权的实行并无影响，应将抵押物之所有权连同利用权负担一起移转于买受人。此处之买受人应是指保留负担拍卖时的买受人，因为第一次拍卖的效力，是以除去负担拍卖所得价金较高为其解除条件，而第二次拍卖的买受人，则以不承受负担时的出价较保留负担时更高为停止条件。①

（四）新增建筑物的一并处分

如前文所述，不动产上权利人可得在设立抵押权后再设定不动产利用权，但若影响抵押权的实行时，法院得依申请或依职权除去该利用权。但建设用地使用权上的租赁权虽然可以除去，但若承租人或经使用权人同意之人，已在抵押权设定后建造了建筑物，此时若仅拍卖建设用地使用权，实际上不仅影响标的物价值，也会造成社会资源的浪费——其后建造的建筑物将因无适法的土地权源——建设用地使用权而恐须拆除。② 就此情形，《民法典》第417条规定："建设用地使用权抵押后，该土地上新增的建筑物不属于抵押财产。该建设用地使用权实现抵押权时，应当将该土地上新增的建筑物与建设用地使用权一并处分。但是，新增建筑物所得的价款，抵押权人无权优先受偿。"此规定为"房随地走"原则之体现，依据该规定，承租人建造的建筑物应与建设用地使用权在实行抵押权时一并处分，但抵押权人仅得就拍卖建设用地使用权部分的价款优先受偿。③

五、小　结

依据以占有使用标的物为权利内容，典型的不动产利用权有地役权、居住权等用益物权，以及租赁权、企业承包经营权、土地经营权等可通过公示予以物权化的债权。不动产抵押权为非移转占有型的担保物权，以支配标的物的交换价值为内容，故而其与利用权可以并存。④ 至于不动产抵押权与利用权间的优先次序，则依据公示时间的先后确定，未公示的利用权恒弱于抵押权。对于租赁权、企业承包经营权等欠缺登记能力的利用权，其公示方式为权利人对标的物的占有，在诉讼中利用权人须对其占有在先承担证明责任。不动产抵押权与利用权间的利益协调以物尽其用为原则，以顺位先后为依据。在利用权优先于抵押权时，抵押权的设立无须经过利用权人的同意，抵押物的买受人须承受原有的利用关系。在抵

① 参见杨与龄：《抵押权对抵押标的物用益权之影响》，载《法令月刊》1967年第11期。

② 参见曾品杰：《论不动产利用权与抵押权之关系》，载《月旦法学杂志》2016年第6期。

③ 参见高圣平：《〈民法典〉房地一体抵押规则的解释与适用》，载《法律适用》2021年第5期。

④ 参见曾品杰：《论不动产利用权与抵押权之关系》，载《月旦法学杂志》2016年第6期。

押权优先于利用权时，抵押权得压制利用权，即在利用权的存在对抵押权的实行有影响时，法院得依申请或依职权除去利用权；对于抵押权设立后新增的建筑物，抵押权人得将其与建设用地使用权一并拍卖，但不得就前者拍卖所得价款优先受偿。

《民法典》不动产抵押权追及效力规则的解释论[①]

抵押权追及效力规则的适用须满足抵押财产发生权利移转、抵押权有效存在及抵押财产不消灭等条件。“抵押财产的转让”在解释上包括抵押财产发生权利移转的所有情形，是否基于法律行为而发生，在所不问。抵押合同当事人之间关于禁止或附条件转让抵押财产的约定，仅在当事人之间发生效力，无论第三取得人是否善意，抵押权均不受影响。“抵押人应当通知抵押权人”实为倡导性规范，抵押人未尽通知义务不影响抵押权追及效力规则的适用。依体系解释，不动产消费者买受人的优先保护、抵押权行使期间届满和发生物上代位均属阻断抵押权追及效力规则适用的情形。不动产消费者买受人的优先保护规则具有产生消除不动产上抵押权负担的效果，属于“抵押财产转让可能损害抵押权”情形，抵押权人此际可借助价金物上代位保护其权利。抵押财产的第三取得人代为清偿债务以消灭抵押权的，应予认可。

一、问题的提出

学说上认为，所有权人不因抵押权的设立而丧失其所有权，因此，所有权人就其所有物仍然享有法律上的处分权能。如此，抵押人在设立抵押权之后仍然有权转让抵押财产，抵押权人不得因此而主张转让合同无效或所有权移转无效。[②]就抵押财产的转让，我国实定法上从完全禁止到限制转让、自由转让，再到限制转让，体现了不同经济社会背景下的不同政策考量。学说和裁判就此争论不断，

① 本文系与罗帅博士合作完成，发表于《社会科学研究》2020 年第 5 期。

② 参见谢在全：《民法物权论（修订五版）》，中国政法大学出版社 2011 年版，第 700 页。

解释论、[1] 立法论、[2] 裁判实践，均有承认不动产抵押权追及效力的观点和论证。

《物权法》第191条规定：“抵押期间，抵押人经抵押权人同意转让抵押财产的，应当将转让所得的价款向抵押权人提前清偿债务或者提存。转让的价款超过债权数额的部分归抵押人所有，不足部分由债务人清偿。”（第1款）“抵押期间，抵押人未经抵押权人同意，不得转让抵押财产，但受让人代为清偿债务消灭抵押权的除外。”（第2款）这一规则的规范意旨在于，通过严格限制抵押财产的转让，维护抵押权人和抵押财产第三取得人的利益。[3] 依此规则，抵押财产的转让以注销其上抵押负担为前提，第三取得人所取得的是没有物上负担的财产，自无所谓抵押权的追及效力问题。[4] 这表明，抵押人未经抵押权人同意而转让抵押财产，转让合同的效力虽不受影响，但第三取得人尚无法取得抵押财产的所有权。[5]

《民法典》第406条规定：“抵押期间，抵押人可以转让抵押财产。当事人另有约定的，按照其约定。抵押财产转让的，抵押权不受影响。”（第1款）“抵押人转让抵押财产的，应当及时通知抵押权人。抵押权人能够证明抵押财产转让可能损害抵押权的，可以请求抵押人将转让所得的价款向抵押权人提前清偿债务或者提存。转让的价款超过债权数额的部分归抵押人所有，不足部分由债务人清偿。”（第2款）所谓“抵押财产转让的，抵押权不受影响”，是指抵押权不因抵押财产的转让而受损害，[6] 亦即抵押人在抵押权设定后，将抵押财产的所有权让与第三人，其原设定的抵押权，仍随抵押财产之所在而存在，抵押权人于债务人不履行到期债务或者发生当事人约定的实现抵押权的情形之时，仍得追及至抵押

---

① 解释论上，主张不动产抵押权追及效力的，参见罗思荣、梅瑞琦：《我国一般抵押权的体系构建——以抵押物转让的效力考察为视角》，载《杭州师范大学学报（社会科学版）》2008年第5期；高圣平、王琪：《不动产抵押物转让规则的解释论：〈物权法〉第191条及其周边》，载《法律科学（西北政法大学学报）》2011年第5期；王洪亮：《不动产抵押物转让规则新解》，载《财经法学》2015年第2期；郑倩：《法律解释视角下抵押物转让的效力——对〈物权法〉第191条的新诠释》，载《山东社会科学》2015年第5期；等等。

② 参见孙宪忠、徐蓓：《〈物权法〉第191条的缺陷分析和修正方案》，载《清华法学》2017年第2期；邹海林：《论抵押权的追及效力及其缓和——兼论〈特权法〉第191条的制度逻辑和修正》，载《法学家》2018年第1期；高圣平：《民法典担保物权法编纂：问题与展望》，载《清华法学》2018年第2期；等等。

③ 参见全国人大常委会法制工作委员会民法室编：《中华人民共和国物权法条文说明、立法理由及相关规定（第二版）》，北京大学出版社2017年版，第397页。

④ 参见全国人大常委会法制工作委员会民法室编：《中华人民共和国物权法条文说明、立法理由及相关规定（第二版）》，北京大学出版社2017年版，第396页。

⑤《第八次全国法院民事商事审判工作会议纪要》第14条规定：“物权法第一百九十一条第二款并非针对抵押财产转让合同的效力性强制性规定，当事人仅以转让抵押房地产未经抵押权人同意为由，请求确认转让合同无效的，不予支持。受让人在抵押登记未涂销时要求办理过户登记的，不予支持。”

⑥ 参见郑玉波：《民法物权（修订十八版）》，黄宗乐修订，我国台湾地区三民书局股份有限公司2012年版，第326页。

财产之所在而行使抵押权，依《民法典》第410条之规定就抵押财产优先受偿。[①]由此可见，《民法典》明确承认了抵押权的追及效力，对《物权法》第191条限制抵押财产转让规则作了全面修整。《民法典》中抵押权追及效力规则将如何展开适用，尚有待交易实践和裁判实践的检验。[②]由于当事人之间的约定在不动产登记中具有相应的登记能力，《民法典担保制度解释》第43条以是否登记作为区分标准，规定了两种不同的法律效果。

二、《民法典》第406条的价值目的转向

抵押权追及效力规则与限制抵押财产转让规则所实现的价值目的大相径庭。与限制抵押财产转让规则相比，抵押权追及效力规则能更好地实现保障抵押权、促进物尽其用和平衡当事人间利益的价值目的。

（一）物尽其用的经济效用

《民法典》物权编调整因物的归属和利用产生的民事关系（第205条），彰显着《物权法》的两大基本功能，即定分止争和物尽其用。其中，物尽其用以资源的有限性为基本前提，通过各种物权制度促进物的效用的充分实现。[③]抵押权追及效力规则使需用不动产的市场主体，在不能以租赁等债权方式获得不动产利用权之时，取得存在抵押权负担的不动产所有权。[④]而限制抵押财产转让规则剥夺了抵押人在抵押权实现之前的处分权，忽视了潜在受让人对不动产的利用需求。

第一，限制抵押财产转让规则的适用实践表明，负担抵押权的不动产存在市场需求。不动产抵押财产转让交易典型是房屋转按揭交易。抵押人转让抵押房屋时，虽未经抵押权人的同意，但转让双方约定由受让人继续按期交纳银行按揭贷款，将偿还按揭贷款的义务移转予受让人。少数观点认为，这种约定既保障了抵押权人的利益，也符合意思自治原则，不违反法律规定。但多数观点恪守限制抵押财产转让规则，买受人能否替代抵押人完全取决于抵押权人是否同意。“提前清偿或提存”具有加速买受人还款义务到期的效果，抵押人及其受让人的期限利

---

① 参见刘春堂：《判解民法物权（修订七版）》，我国台湾地区三民书局股份有限公司2010年版，第461页；谢在全：《民法物权论（修订五版）》，中国政法大学出版社2011年版，第701页。

② 虽然《民法典》第406条对其适用范围未作限定，在解释上应一体适用于动产和不动产，但动产抵押权与不动产抵押权在登记公示的效力、财产的流动性、被追及的难度以及阻却追及事由上均存重大差别，应予区分讨论。本处仅及于不动产抵押权，至于动产抵押权的追及效力问题，拟另撰专文予以探讨。

③ 参见王利明：《物权法研究（上卷）（第四版）》，中国人民大学出版社2018年版，第95页。

④ 根据《民法典》关于抵押财产范围的规定，不动产抵押权并不限于在建筑物和其他土地附着物（所有权）上设立，还得在建设用地使用权、海域使用权等不动产权利上设立。因此，所谓抵押财产转让的法律效果，并不仅限于受让人取得抵押财产的所有权，还包括受让人取得作为抵押权标的物的不动产权利。为叙述上的便宜，本书主要以前者指称抵押财产转让的法律效果。

益丧失殆尽。在抵押人无力清偿按揭贷款，而买受人愿意取得负担抵押权的不动产的情形之下，不承认抵押权追及效力，无疑限制了不动产的流转，不利于物尽其用经济效用的实现。[①] 此外，限制抵押财产转让还制约着抵押财产的出资入股。有学者认为，“以设有抵押权的财产作为出资标的，一旦抵押权人主张优先受偿，将会危及公司财产的完整性，并降低公司的对外偿付能力，从而有违公司资本确定原则，故抵押物不是适格的公司出资标的。”[②] 相反观点则认为，股东以抵押财产出资，公司即取得抵押财产的所有权，只不过不能对抗抵押权而已。[③] 此外，为满足土地经营权人的融资需求，以符合“放活土地经营权”的政策目标，应允许土地经营权在抵押后入股合作社。[④] 房屋转按揭和抵押财产的出资入股两例均表明，法律的制约并不能消除负担抵押权的不动产财产之市场需求。

第二，限制抵押财产流通的，不是抵押权负担，而是限制转让模式。限制抵押财产转让规则将抵押财产的流转系于抵押权人的同意，即使抵押权已经消灭，但只要没有办理注销登记，抵押权人依然有权干涉抵押财产的处分。实践中，部分观点过于恪守“所有权移转登记，除法院生效判决书外，还需抵押权人同意”这一“金科玉律”，忽视法院生效判决所生消灭抵押权的效力。比如，有观点认为，虽抵押合同经生效判决确认无效，但相应的抵押权登记尚未被注销，当事人持确认涉案房屋归其所有的生效判决，请求登记机构为其办理所有权转移登记手续，登记机构以抵押权登记尚未注销为由不予办理所有权转移登记，并无不当。

有学者认为，“对抵押财产限制转让模式的批评理由恰恰忽视了抵押财产更多是在现实意义上而非法律意义上的流通性不足。”[⑤] 这一观点并未关注到负担抵押权的不动产之交易需求。通说以为，财产的流通性是物尽其用的前提，强化当事人之间基于自主意思形成的转让协议的效力，减少法律障碍，让有限的资源流通至最能有效利用的市场主体之中。[⑥] 增强抵押财产的流通性，要么允许抵押财产附负担的流转，要么先实现抵押权再流转不动产。显然，抵押财产附负担的流

---

① 参见廖焕国：《我国不动产抵押物流转的制度安排——以〈物权法〉第 191 条为中心的考察》，载《法学》2009 年第 4 期。

② 关晓海：《抵押物不是适格的公司出资标的——河南高院判决山西临猗湖滨果汁有限公司诉工行三门峡湖滨支行确认之诉案》，载《人民法院报》2012 年 1 月 5 日，第 6 版。

③ 参见石冠彬：《论抵押物出资——兼评（2011）豫法民三终字第 127 号判决》，载《法学评论》2015 年第 2 期。

④ 参见李晓聪、任大鹏：《设定抵押的土地经营权入股合作社研究》，载《中国土地科学》2016 年第 12 期。

⑤ 麻锐：《抵押财产转让规则的模式选择——我国〈物权法〉第 191 条抵押物限制转模式的解释证成》，载《政治与法律》2017 年第 12 期。

⑥ See Luke Meier and Rory Ryan, “Aggregate Alienability”, Villanova Law Review 60, no. 5 (2015): p. 1014.

转对抵押财产流通的限制，少于先实现抵押权再流转的情形。抵押财产附负担的流转之时，物尽其用的“用”，就是在抵押权实现之前由第三取得人对抵押财产进行支配并使用。承认抵押权追及效力，即承认附抵押负担的不动产的流通性，不仅认可转让合同的效力，还认可第三取得人取得抵押财产的所有权。这无疑增加了利用方式的选择方案，有利于抵押人在抵押权实现条件成就之前以多种方式利用不动产，避免了抵押财产的资源浪费。如基于其他价值考量必须采取限制抵押财产转让规则，则应提供其他配套制度来降低财产流转的成本，从而减少财产流通的阻碍。[①] 然而，限制抵押财产转让的“事前同意”规则，目的在于保障抵押权的实现，不存在限制抵押财产流转的绝对正当性，且无其他替代措施以减少财产流通的阻碍。

第三，不动产抵押权追及效力规则有着财产属性与登记技术的依托，在促进物尽其用的经济效用的同时，也能保障抵押权的实现。不动产具有不可移动性与不易消耗性，其财产价值更多地受到社会环境与公共政策而非其自身物理属性的影响。无论不动产所有权如何流转，其物理位置不变。同时，借助于登记技术的发展，不动产登记簿以不动产单元为基础而展开，不动产所有权、抵押权及其他物权均在同一登记簿上清晰地记载。不动产抵押权负载于特定不动产单元之上，在不动产所有权移转之时，仅须在同一不动产登记簿的“所有权登记信息”页中变更所有权人即可，此一移转登记并不影响不动产抵押权的存续与行使。如此，承认不动产抵押权的追及效力，不会害及抵押权人的利益。所谓未经抵押权人同意即可转让抵押财产，将加重抵押权人风险的诘难，[②] 并无事实根据。在抵押权追及效力规则足以保障抵押权实现的情形之下，采行限制财产流转的“抵押权人同意”事前机制并无必要，其过分限制不动产流转与保障权利实现之间并不符合比例原则。

（二）利益平衡的考量

抵押财产转让规则的设计，涉及抵押人、抵押财产第三取得人与抵押权人之间利益冲突的平衡，前者置重于不动产利用价值的充分发挥，后者则关注不动产抵押权的届期实现。[③] 限制抵押财产转让规则以牺牲抵押权的追及效力这一具有体系价值的制度为代价，来寻求抵押人、第三取得人和抵押权人之间的利益平

---

① See Lee Anne Fennell, “Adjusting Alienability ”, Harvard Law Review 122, no. 5 (2009): p. 1408.

② 参见全国人大常委会法制工作委员会民法室编：《中华人民共和国物权法条文说明、立法理由及相关规定（第二版）》，北京大学出版社 2017 年版，第 397 页。该书以机动车抵押权未办理登记之时，第三取得人善意取得机动车所有权，抵押权即无法实现为例，证成否定抵押权追及效力的正当性。抵押权人未登记其抵押权，自应承担由此带来的风险。即使在限制抵押财产转让规则之下，第三取得人善意取得标的物所有权，亦属当然的结论。

③ Cf. Jean – Baptiste Seube, *Driot des sûretés*, 8e édition, Dalloz 2016, p. 371.

衡，已广受批评。[①] 抵押权追及效力规则是实现三者之间利益平衡的最佳方式。

第一，限制抵押财产转让规则不是保全抵押财产交换价值的最佳选择。限制抵押财产转让规则之下，“抵押物转让，交换价值已经实现。以交换所得的价款偿还债务，消灭抵押权，可以减少抵押物流转过程中的风险，避免抵押人利用制度设计的漏洞取得不当利益”，[②] 如此，这一规则保全抵押财产交换价值的功能尚须仰赖价金的物上代位。但价金物上代位究竟属于请求权还是支配权尚存疑问，在未认可价金物上代位具有法定债权质权效力的情形下，不可避免地会遭遇金钱混同、优先受偿权沦为普通债权的现实困境，抵押财产的交换价值难以保全。更何况，转让价金取决于当事人间的约定，如双方恶意串通或无偿转让，极有可能出现抵押财产的转让价金并不足以完全实现抵押债权的情形。此际，虽抵押权人尚有债权人撤销权以为救济，但这一事后的补救手段运行不彰，难以发挥实际作用。实践中多数观点认为，抵押权人出具同意销售商品房相关函件或者同意办理抵押房屋预售许可，即为同意抵押人转让抵押财产，视为抵押权人放弃抵押权，其不再对该不动产享有抵押权。在办理抵押财产所有权移转登记之时，抵押人已无可供物上代位的价金的情形不在少数。如此看来，限制抵押财产转让规则并不足以保障抵押权的实现。

抵押权追及效力体现抵押权人就不动产实现抵押权的支配权。不动产抵押权具有从属于债权的基本属性，[③] 抵押权不得与债权分离而单独转让或者作为其他债权的担保；债权转让的，担保该债权的抵押权一并转让（《民法典》第 407 条）。由此，只要抵押权所担保的债权不消灭，抵押权即从属于该债权而持续存在。在抵押权追及效力规则之下，抵押权不因抵押财产的所有权移转而消灭，也不异其从属性，且仍然附着于该抵押财产之上。无论抵押财产落于何人之手，抵押权的效力仍然及于该抵押财产，抵押权人对该抵押财产之执行效力并不受影响。如此，对于保全抵押财产交换价值而言，抵押权追及效力规则更具优势。

在立法政策上，在限制抵押财产转让规则与抵押权追及效力规则之间的选择，取决于抵押财产的转让是否影响抵押财产的交换价值。[④] 事实上，抵押财产的转让并不会减损不动产的交换价值。至于抵押权人所关注的第三取得人能否维

---

① 参见梁上上、贝金欣：《抵押物转让中的利益衡量与制度设计》，载《法学研究》2005 年第 4 期；孙鹏、王勤劳、范雪飞：《担保物权法原理》，中国人民大学出版社 2009 年版，第 183 页；王洪亮：《不动产抵押物转让规则新解》，载《财经法学》2015 年第 2 期；孙宪忠、徐蓓：《〈物权法〉第 191 条的缺陷分析和修正方案》，载《清华法学》2017 年第 2 期。

② 全国人大常委会法制工作委员会民法室编：《中华人民共和国物权法条文说明、立法理由及相关规定（第二版）》，北京大学出版社 2017 年版，第 396 页。

③ 参见高圣平：《民法典担保从属性规则的适用及限度》，载《法学》2020 年第 7 期。

④ 参见徐银波：《我国抵押物转让制度的“体”冲突与完善》，载《武汉理工大学学报（社会科学版）》2014 年第 4 期。

持抵押财产的物理价值，实为两种规则之下的共通问题，并不因采行不同的政策选择而受到影响。在限制抵押财产转让规则之下，同样存在抵押人能否维持抵押财产物理价值的问题。抵押人或第三取得人对不动产的不当利用，均可能危及抵押权的实现。抵押人利用不动产的方法，虽有债权人放贷之前的审慎审查，同样也无法保证不损害不动产价值。无论是抵押人，还是第三取得人，其是否保全抵押财产的价值，均有待抵押权人的主动监督。换言之，限制抵押财产转让规则与抵押权追及效力规则本身，均无法也无必要解决抵押人或第三取得人对不动产如何利用的问题。

第二，抵押权追及效力更能保护不动产真实权利人的利益。以不动产所有权已经移转（已办理移转登记），受让人在该不动产上为他人设定抵押权，但此后不动产转让合同被认定无效为例。此时，出让人自有权请求返还不动产，如此即发生与抵押权之间冲突。在限制抵押财产转让规则之下，如抵押权人不同意将所有权恢复至真实所有权人名下且抵押权并未消灭，出让人的请求不能获得支持。出让人愿意清偿抵押权所担保的债权的，抵押权消灭之日为诉争不动产所有权得以回复之时。由此产生的问题是，法院确认不动产转让合同无效，是否等于认定出让人的不动产所有权？否定观点认为，合同无效产生返还原物的请求权，但能否返还，尚须考察标的物权属的变动因素，并不必然得出不动产所有权归属于出让人的结论。依照限制抵押财产转让规则，转让抵押财产须经抵押权人同意，因此，合同无效涉及抵押财产的权属变动时，出让人起诉确认所有权缺乏请求权基础。此际，因抵押权的阻碍，标的物的所有权仍登记在非真实权利人的受让人名下，出让人的所有权处于不受登记公示保护的状态。相反，在抵押权追及效力规则之下，出让人无须抵押权人同意，也无须清偿抵押权所担保的债权，便可主张返还原物请求权，将不动产变更登记至自己名下。如此，法院自可将不动产确权给真实权利人，也不影响抵押权的正常实行。

第三，抵押权追及效力与第三取得人利益的保护。否定抵押权追及效力的另一理由是，第三取得人因抵押权人实行抵押权而丧失其所有权，同时对于原抵押人的转让价金返还请求权又不一定能够实现，如此，第三取得人的利益无法得以有效保护。① 但不动产抵押权记载于不动产登记簿之上，第三取得人受让抵押财产之时，负有查询不动产登记簿以控制交易风险的审慎注意义务。一旦第三取得人查询，即知悉标的物上的抵押负担，抵押权实现所生的风险即属可得预见，第三取得人自可基于此就交易价格作出理性判断，与原抵押人之间就交易条件的谈判也就在信息对称的背景之下得以展开。第三取得人如怠于查询，则应自甘风险。

① 参见全国人大常委会法制工作委员会民法室编：《中华人民共和国物权法条文说明、立法理由及相关规定（第二版）》，北京大学出版社 2017 年版，第 397 页。

值得注意的是，《民法典》第406条删去了《物权法》第191条第2款“受让人代为清偿债务消灭抵押权的除外”的规定，但《民法典担保制度解释》第43条第2款后段规定了“受让人代替债务人清偿债务导致抵押权消灭的除外”。在解释上，虽然抵押财产的转让，其所担保的主债务并不随同转让，而仍由债务人负担，但抵押财产的第三取得人为避免抵押权人实行抵押权而损及其利益，自可向抵押权人清偿以消灭抵押权。但这是抵押财产受让人的权利，而非义务。[①] 就此，《民法典》第524条规定：“债务人不履行债务，第三人对履行该债务具有合法利益的，第三人有权向债权人代为履行；但是，根据债务性质、按照当事人约定或者依照法律规定只能由债务人履行的除外。债权人接受第三人履行后，其对债务人的债权转让给第三人，但是债务人和第三人另有约定的除外。”抵押财产的第三取得人对履行主债务自当具有合法利益。被担保债务因抵押人的清偿而相对地消灭，担保其履行的该抵押权亦行消灭，债权人对主债务人的权利法定地移转于第三取得人。

综上，就不动产抵押而言，相较抵押权追及效力规则，限制抵押财产转让规则不利于保障抵押权的实现、物尽其用经济效用的贯彻和当事人利益的平衡。抵押权追及效力规则的功能，乃在于抵押财产的流转得以便捷地展开，在未经抵押权人同意或通知抵押权人的情形下，抵押人均得以完全自由移转抵押财产的所有权于他人，但抵押权仍然存续于该抵押财产之上，维系了抵押权的固有利益。抵押财产的第三取得人仍然应负担物上担保的有限责任，但经由登记簿的记载，第三取得人就交易价格和交易条件已作出预判，不致因抵押权的实现而危及自身利益。如此，在保障物畅其流的基本市场交易规则之下，实现了抵押权人、抵押人、第三取得人的利益平衡。

三、不动产抵押权追及效力规则的文义范围

（一）抵押人转让抵押财产的行为模式

不动产抵押权追及效力规则在《民法典》第406条的核心体现，即为“抵押财产转让的，抵押权不受影响”。所谓“抵押财产转让”，当然系指抵押财产上权利的转让。不动产充任抵押财产之时，依《民法典》第395条和第418条之规定，计有“建筑物和其他土地附着物”“建设用地使用权”“海域使用权”“集体所有

① 参见郑玉波：《民法物权（修订十八版）》，黄宗乐修订，我国台湾地区三民书局股份有限公司2012年版，第327页；谢在全：《民法物权论（修订五版）》，中国政法大学出版社2011年版，第701页。

土地的使用权"[①]"法律、行政法规未禁止抵押的其他财产"[②]等数种。其中，后四种系以不动产权利（其中以不动产用益物权为常态）作为抵押财产，所谓抵押财产的转让，也就以不动产用益物权的转让为常态；第一种"建筑物和其他土地附着物"作为抵押财产之时，由于《民法典》奉行"房地一体处分原则"，基于第397条的规定，其占用范围内的建设用地使用权一并抵押，所谓抵押财产的转让，同时包括建筑物和其他土地附着物所有权的转让以及其占用范围内建设用地使用权的转让（第357条）。如此，《民法典》上"抵押财产转让"主要体现为不动产物权的转让，例外地包括不动产债权的转让，如土地经营权[③]以及法律、行政法规未禁止抵押的其他不动产债权。

准此以解，"抵押财产转让"中的"转让"，基本上与《民法典》物权编第二章所谓"物权的转让"同其意义，系指当事人基于合同约定和法律的直接规定移转物权，从而使物权的主体发生变化，[④]大抵与学说上所称物权的移转继受取得相当。至于物权的创设继受取得，应属物权的设立。[⑤]由此可见，"抵押财产转让"中的"转让"，既包括抵押财产上基于法律行为所发生的物权移转，"无论基于买卖或赠与，均无不可"，[⑥]也包括抵押财产上非基于法律行为所发生的物权移转。在解释上，只要抵押财产的权利主体发生变化，即有抵押权追及效力的讨论空间。至于物权的创设继受取得，如在抵押财产上再次设立抵押权，或设立地役权、居住权，也属于抵押人对抵押财产的处分，但不在"抵押财产的转让"的文义范围之内，也不在抵押权追及效力规则框架下讨论。就在抵押财产上再次设立抵押权而言，两个抵押权之间的冲突，适用《民法典》第414条的抵押权顺位规则予以解决；就在抵押财产上设立地役权、居住权或其他利用权而言，类推适用《民法典》第406条，抵押权不受影响，抵押权人在实行抵押权之时，自可申请除去抵押财产上的地役权、居住权或其他利用权负担。

基于法律行为所发生的物权移转，自属《民法典》第406条"抵押财产转

① 涵盖集体建设用地使用权、土地承包经营权和土地经营权。参见高圣平：《民法典视野下农地融资担保的解释论》，载《广东社会科学》2020年第4期。

② 在解释上，"法律、行政法规未禁止抵押的其他财产"自应包括探矿权、采矿权、取水权、养殖权、捕捞权（《民法典》第329条）在内。

③ 就《民法典》上土地经营权的定性，尚存争议。新近的文献有高圣平：《完善农村基本经营制度之下农地权利的市场化路径》，载《社会科学研究》2019年第2期；高圣平：《土地经营权制度与民法典物权编编纂——评〈民法典物权编（草案二次审议稿）〉》，载《现代法学》2019年第5期；宋志红：《再论土地经营权的性质——基于对〈农村土地承包法〉的目的解释》，载《东方法学》2020年第2期。

④ 参见王利明：《物权法研究（上卷）（第四版）》，中国人民大学出版社2018年版，第95页。

⑤ 参见尹田：《物权法（第二版）》，北京大学出版社2017年版，第76页。

⑥ 郑玉波：《民法物权（修订十八版）》，黄宗乐修订，我国台湾地区三民书局股份有限公司2012年版，第326页。

让”的文义涵摄范围，就此并无争议。抵押财产上非基于法律行为发生物权移转之时，抵押权是否受到影响？《最高人民法院关于适用〈中华人民共和国担保法〉若干问题的解释》（以下简称《担保法解释》）承认抵押权追及效力，其中相关规则及其实施后的司法态度，值得参照。《民法典》物权编第二章第三节所规定的非基于法律行为的不动产物权变动，包括法律文书或者征收决定（第 229 条）、继承（第 230 条）和合法建造、拆除房屋等事实行为（第 231 条）。以下依次梳理。

实践中，就因人民法院、仲裁机构的法律文书所引起的物权变动，多数观点认为，所有权基于非法律行为而发生移转，不影响抵押权的行使，抵押权不因抵押财产的流转而丧失，其具有物权追及效力。标的物设定抵押后被法院生效裁判文书确权给第三人的，抵押权人仍可行使其抵押权，无论抵押财产归何人所有。[①]至于因人民政府的征收决定所引起的物权变动，《民法典》第 390 条规定：“担保期间，担保财产毁损、灭失或者被征收等，担保物权人可以就获得的保险金、赔偿金或者补偿金等优先受偿。被担保债权的履行期限未届满的，也可以提存该保险金、赔偿金或者补偿金等。”对此，《民法典担保制度解释》第 42 条第 2 款进一步规定：“给付义务人已经向抵押人给付了保险金、赔偿金或者补偿金，抵押权人请求给付义务人向其给付保险金、赔偿金或者补偿金的，人民法院不予支持，但是给付义务人接到抵押权人要求向其给付的通知后仍然向抵押人给付的除外。”由此可见，抵押权人此时可就抵押财产被征收的补偿金请求权主张物上代位。[②]在解释上可以认为，在抵押财产发生形态或者性质的变化而有代位物时，抵押权仍可追及至抵押财产的代位物，此为抵押权的追及效力之扩张。[③]

《担保法解释》第 68 条规定：“抵押物依法被继承或者赠与的，抵押权不受影响。”基于《民法典》的规定，继承开始，直接发生抵押财产移转的效果。准此，抵押权不因抵押财产被继承发生影响，即承认抵押权的追及效力。实践也依此处理继承中所有权与抵押权之间的冲突关系。至于抵押财产被赠与时，有观点认为，赠与行为不影响抵押权的行使，赠与行为不因未经抵押权人同意而无效。在离婚纠纷中，将夫妻共有的房屋约定赠与给另一方的行为，不属于应经抵押权人同意的情形，而属于《担保法解释》第 68 条“抵押权不受影响”的情形。《民

---

① 参见刘贵祥、范向阳：《〈关于人民法院办理执行异议和复议案件若干问题的规定〉的理解与适用》，载《人民司法》2015 年第 11 期。

② 参见最高人民法院民事审判第二庭编：《最高人民法院民法典担保制度司法解释理解与适用》，法律出版社 2021 年版，第 382 页。

③ 参见刘得宽：《论抵押权之物上代位性》，载刘得宽：《民法诸问题与新展望》，作者 1979 年自版，第 356 页；邹海林：《论抵押权的追及效力及其缓和——兼论〈物权法〉第 191 条的制度逻辑和修正》，载《法学家》2018 年第 1 期。

法典》已将因赠与、遗赠所生的物权变动定性为基于法律行为的物权变动，因赠与、遗赠所引起的抵押财产移转，属于《民法典》第406条“抵押财产转让”的文义涵摄范围，抵押权人自可行使追及权。

就抵押财产因事实行为发生的移转对抵押权行使的影响，《担保法解释》第62条规定：“抵押物因附合、混合或者加工使抵押物的所有权为第三人所有的，抵押权的效力及于补偿金；抵押物所有人为附合物、混合物或者加工物的所有人的，抵押权的效力及于附合物、混合物或者加工物；第三人与抵押物所有人为附合物、混合物或者加工物的共有人的，抵押权的效力及于抵押人对共有物享有的份额。”这一规则认可了此际抵押权的追及效力。就《民法典》第231条所定因合法建造而取得物权的情形，如在建设用地使用权上设立抵押权，该抵押权的效力不及于此后在该土地上因合法建造而新增的建筑物。就此，《民法典》第417条定有明文。虽在建设用地使用权实现抵押权时，可就新增的建筑物与建设用地使用权一并变价，但新增建筑物所得的价款，抵押权人无权优先受偿。由此可见，抵押权就新增建筑物并无追及效力。但就原属抵押财产的建筑物进行重建的情形，裁判中有观点认为，应类推适用《担保法解释》第62条，抵押权效力及于重建后的建筑物。在实行“房地权利一体抵押”的背景之下，对抵押建筑物进行重建涉及拆除原建筑物。就此，第408条规定：“抵押人的行为足以使抵押财产价值减少的，抵押权人有权请求抵押人停止其行为；抵押财产价值减少的，抵押权人有权请求恢复抵押财产的价值，或者提供与减少的价值相应的担保。抵押人不恢复抵押财产的价值，也不提供担保的，抵押权人有权请求债务人提前清偿债务。”这里确认了抵押权人的抵押权保全请求权。由此可见，抵押人实施影响不动产价值的行为不应允许，此时，抵押权人可主张实行抵押权，但最终能够达到提高不动产价值效果的拆除、重建行为除外。重建建筑物虽起初是降低了抵押财产的价值，但最终却有利于维持或提升不动产的价值。在“房地权利一体抵押”之时，拆除建筑物并不导致抵押财产的绝对消灭，相反，重建完成的建筑物当然属于抵押财产范围。此际，应承认因合法建造建筑物的事实行为导致不动产物权变动时抵押权的追及效力。在解释上，重建完成的建筑物，不构成《民法典》第417条中所称的“新增的建筑物”，抵押人以第417条主张免受抵押权的追及，不应支持。《民法典》物权编认可了建设用地使用权到期后自动续期，必将面临建筑物因质量减损而重新建造的问题。此时，承认抵押权追及效力在重建建筑物上的适用，有利于建设用地使用权人的融资安排。

（二）当事人约定抵押人不得转让抵押财产的法律效果

《民法典》第406条第1款：“抵押期间，抵押人可以转让抵押财产。当事人另有约定的，按照其约定。抵押财产转让的，抵押权不受影响。”结合前句，“当事人另有约定”应指抵押人不得转让抵押财产的约定。在解释上，抵押人仅得附条件地转让抵押财产，亦应包括在内。如当事人之间约定，未经抵押权人同意不得转让抵押财产；抵押财产的转让价格不低于公开市场的平均交易价格；抵押人转让抵押财产以抵押人清偿主债务为前提。从“当事人另有约定的，按照其约定”的位置来看，当事人之间关于禁止或附条件转让抵押财产的约定，仅在抵押合同当事人之间发生效力。抵押财产转让的，抵押权仍具追及效力。这一解释结论，与《民法典》第545条第2款“当事人约定非金钱债权不得转让的，不得对抗善意第三人。当事人约定金钱债权不得转让的，不得对抗第三人”的规范意旨相一致。但尚存疑问的是，当事人之间关于禁止或附条件转让抵押财产的约定，是否可以对抗受让人，以受让人是否善意为前提。似乎是，如类推适用《民法典》第545条第2款，应以受让人善意为其构成，但如仅依《民法典》第406条第1款，则不考虑受让人是否善意，抵押权人均可就抵押财产主张优先受偿权。

我国现行不动产登记制度在奉行权利登记制之下植入了契据登记制的合理元素，当事人在法定内容之外的约定内容，经由登记而对第三人发生效力。例如，《民法典》就地役权的利用用途没有作出直接规定，在解释上，除了建造并保有建筑物、农业生产、生活居住等用途之外均属之。由此可见，地役权中的利用用途本属当事人约定范畴，当事人约定的利用用途自可拘束当事人，但经由登记即可对抗第三人，地役权的受让人自应受其约束。当事人之间关于禁止或附条件转让抵押财产的约定，亦可借助契据登记制记载于不动产登记簿。经由登记，该约定即对第三人产生效力。相应地，受让人经查询不动产登记簿，即可知悉该约定，或者受让人怠于查询不动产登记簿而不知该约定，均无法主张其受让抵押财产之时的善意。如此，《民法典》第545条第2款也就有了类推适用的空间。值得注意的是，对于抵押财产非基于法律行为而发生移转之时，第三取得人自无查询不动产登记簿，其取得抵押财产当属善意。此后，《民法典担保制度解释》第42条明确规定，允许对当事人之间所达成的禁止或限制转让抵押财产的约定进行登记，在当事人已将该约定登记的情形下，即使抵押财产已经交付或者登记，抵押权人也有权主张抵押财产的转让不发生物权效力。2021年4月6日，自然资源部下发《关于做好不动产抵押权登记工作的通知（自然资发〔2021〕54号）》，为保障抵押不动产依法转让，允许不动产登记机构在不动产登记簿上记载“是否存在禁止或限制转让抵押不动产的约定”。[①] 由此，当事人之间关于禁止或附条件转

① 该《通知》规定：“当事人申请办理不动产抵押权首次登记或抵押预告登记的，不动产登记机构应当根据申请在不动产登记簿‘是否存在禁止或限制转让抵押不动产的约定’栏记载转让抵押不动产的约定情况。有约定的填写‘是’，抵押期间依法转让的，应当由受让人、抵押人（转让人）和抵押权人共同申请转移登记；没有约定的填写‘否’，抵押期间依法转让的，应当由受让人、抵押人（转让人）共同申请转移登记。约定情况发生变化的，不动产登记机构应当根据申请办理变更登记。”

让抵押财产的约定获得了登记能力。[①] 此际抵押财产的受让人的善意或者恶意可经由不动产登记簿的查询来确定，如当事人之间的此种约定已在不动产登记簿上登记，则抵押财产的受让人不得主张自己为善意，自然无法取得抵押财产的所有权。但若当事人并未进行此种登记，则在抵押财产已经交付或登记的情形下，抵押权人无权请求确认该转让不发生物权效力，除非其能够通过其他事实证明受让人知道抵押当事人之间有此类约定的。[②]

当事人之间关于禁止或附条件转让抵押财产的约定，是否可以对抗受让人的问题，解决的仅仅只是受让人是否可以取得抵押财产的所有权，对于抵押权的行使并不发生实际影响。亦即，无论抵押财产的受让人是否善意，抵押权均不受影响。受让人为善意之时，取得抵押财产的所有权，抵押权人可基于追及效力规则对其行使抵押权；受让人为恶意之时，不能取得抵押财产的所有权，抵押权人自可直接对抵押人行使抵押权。

（三）通知抵押权人的法律意义

《民法典》第406条第2款规定："抵押人转让抵押财产的，应当及时通知抵押权人。抵押权人能够证明抵押财产转让可能损害抵押权的，可以请求抵押人将转让所得的价款向抵押权人提前清偿债务或者提存。转让的价款超过债权数额的部分归抵押人所有，不足部分由债务人清偿。"与《物权法》第191条仅承认抵押权人的价金物上代位不同的是，《民法典》第406条在承认抵押权追及效力的同时，也承认抵押权人的价金物上代位，但将价金物上代位仅适用于"抵押权人能够证明抵押财产转让可能损害抵押权的"情形。

通知抵押权人的作用之一，在于保障抵押权人在抵押财产的转让可能损及抵押权之时据以判断主张价金物上代位的必要性。通知义务本身并不是要取得抵押权人的同意，即使抵押人提前告知，抵押权人也无权阻止抵押人转让抵押财产。抵押财产的转让一般不会导致抵押财产价值的减少，《民法典》第408条所规定的抵押权保全请求权自无适用余地。因市场原因导致抵押财产交换价值的减损，不因抵押财产是否转让而发生影响，且在当事人预期范围之内。也就是说，抵押

---

① 对此，有学者指出："绝对限制本身已过度限制抵押人的处分自由，背离了第406条的规范目的，举轻以明重，更不应贸然允许其记载于登记簿（参见常鹏翱：《限制抵押财产转让约定的法律效果》，载《中外法学》2021年第3期）。"但也有学者认为，"第406条第1款所规定'当事人另有约定的，按照其约定'不具有登记能力，仅应在抵押合同当事人之间产生债的效力，不影响抵押物转让的效力（参见刘家安：《〈民法典〉抵押物转让规则的体系解读》，载《山东大学学报（哲学社会科学版）》2020年第6期）。"

② 参见王利明：《〈民法典〉抵押物转让规则新解——兼评〈民法典〉第406条》，载《法律科学（西北政法大学学报）》2021年第1期；程啸：《禁止或限制抵押财产转让的约定的法律效力》，载《人民法院报》2021年4月1日，第5版。

财产的转让不属于抵押财产价值减损的考量因素。《民法典》并未就抵押人违反通知义务的法律后果作出规定。如将通知义务解释为附随义务，抵押人违反附随义务的赔偿责任范围较小，偏离抵押权人应当救济其价金物上代位的重心，反增诉累。由于违反通知义务的后果轻微，抵押人将面临商业道德与获得利益之间的纠结。在抵押权追及效力下，履行通知义务的抵押人可能面临须将价款提前清偿债务或者提存，而未履行通知义务的抵押人尚能保有已经收取的转让价款。[①] 抵押人的通知义务可能使其遭受不利，理性的抵押人自会选择不通知抵押权人。更何况，“抵押财产转让可能损害抵押权”的证明难度较大，相比强化抵押人转让抵押财产时的通知义务，不如强化价金物上代位具有债权质权效力，[②] 后者对抵押权人利益的保护更为有利。

通知抵押权人的作用之二，在于使抵押权人知晓抵押财产的归属，以便其行使追及权。不动产抵押权虽属权利人对特定的不动产所享有的直接支配和排他的权利（《民法典》第114条第2款），但其实行却是针对特定的抵押人。在诉讼结构上，抵押权人作为原告或申请人，尚须以明确的抵押人为被告或被申请人。在抵押财产发生转让的情形之下，原抵押人即脱离抵押关系，抵押权人本于追及其物之效力实行抵押权，受让抵押财产的第三取得人即成为抵押人，并作为适格的被告或被申请人。此际，将抵押财产转让的事实通知抵押权人也就有了意义。在抵押人未履行通知义务之时，由于抵押财产所有权的移转在不动产登记簿上得以明确的记载，不动产抵押权人作为权利人经由查询登记簿即可便捷地获取相应的信息，查询证书即可作为其提起诉讼、申请仲裁、申请启动实现担保物权案件特别程序的表面证据。此时，相关查询费用的支出，即为抵押人未履行通知义务时抵押权人所受损失，自应由抵押人赔偿。如抵押人未履行通知义务，抵押权人以其持有的不动产权利证书（抵押权）为表面证据，向原抵押人启动诉讼程序、仲裁程序或实现担保物权案件特别程序，在程序进行过程中发现抵押财产已经发生转让之时，可以通过变更被告或被申请人加以解决。抵押权人因此而支出的费用，应由抵押人赔偿。

《民法典》第406条第2款设置了抵押人应当通知抵押权人的行为模式，但未规定违反该义务的法律后果，反而增加抵押人所获价款提前用于清偿债务的风险。从规则设立的激励机制角度，理性人必然不会履行该义务，将该义务作为主合同义务，必然引发大量违约问题。由此可见，《民法典》第406条第2款虽使用“当为”字眼，但实属于倡导性规范。从该款文义来看，通知义务仅在抵押财产

① 参见孙鹏主编：《最高人民法院担保法司法解释精释精解》，中国法制出版社2019年版，第276页。

② 参见程啸：《民法典物权编担保物权制度的完善》，载《比较法研究》2018年第2期。

转让可能害及抵押权的行使且存在可供抵押权人物上代位的价金的场合才有必要。

应当注意的是，抵押人转让抵押财产，涵盖抵押财产非基于法律行为而发生物权移转的情形。非基于法律行为导致抵押财产移转之时，应依相应的特殊变动规则处理，非以登记为物权变动的生效要件。此际，抵押人并无“通知抵押权人”的义务，甚或不可能通知抵押权人，如抵押人死亡，由继承人取得抵押财产，即无法通知抵押权人。在未发生抵押财产消灭事由，也未注销抵押权登记的情形之下，不动产抵押权依然有效，抵押权人有权依法定方式实现抵押权。至于此时抵押财产的权利主体变更，非为抵押权人所知悉，至抵押权人在相关程序中知悉抵押财产权利主体变更事实之时，由其申请变更被告或被申请人即可。

四、不动产抵押权追及效力的例外

特定事由的出现会阻断抵押权追及效力的行使。这些特定事由规定于《民法典》第406条第2款及其他条款或其他规定之中，尚须借助体系解释加以梳理。

（一）不动产消费者买受人的优先保护

消费者购买不动产，其债权（抑或物权期待权）与他人抵押权发生冲突之时，在不同时期，依据不同的请求权基础有不一致的观点。

其一，依《担保法解释》第67条第1款。不动产抵押登记具有公示公信力，买受人对于即存的抵押登记应当知晓，如抵押人转让抵押财产时未履行通知义务，抵押权人仍可行使抵押权这实际上依照抵押权追及效力规则处理买受人与抵押权人的权益冲突，且未特别保护不动产消费者买受人的利益，认为抵押权一律优先于不动产消费者买受人的期待权或所有权。

其二，依《最高人民法院关于建设工程价款优先受偿权问题的批复》（以下简称《工程款优先受偿批复》）与《最高人民法院关于人民法院办理执行异议和复议案件若干问题的规定》（以下简称《执行异议规定》）第29条。《工程款优先受偿批复》明确建设工程价款优先受偿权优于抵押权，不动产消费者买受人交付全部或者大部分价款后，建设工程价款优先受偿权不得对抗买受人，因此，不动产消费者买受人优先于抵押权人。《执行异议规定》第29条指出，买受人购买房地产开发企业的商品房，在未办理过户登记前房屋被查封的，不动产消费者买受人主张其期待权优先于不动产抵押权，应满足以下条件：在法院查封之前已签订合法有效的书面买卖合同；所购商品房系用于居住且买受人名下无其他用于居住的房屋；已支付的价款超过合同约定总价款的50%。结合现有规定，各权利之间的顺位应为：不动产消费者买受人的物权期待权 > 建设工程价款优先受偿权 > 不动产抵押权 > 一般不动产买受人的物权期待权。因此，能够优先于不动产抵押权的，只有不动产消费者买受人的物权期待权，而非一般不动产买受人的物权期待权。[①]

《工程款优先受偿批复》与《执行异议规定》第29条旨在保护不动产消费者买受人的权益，不仅赋予不动产消费者买受人的物权期待权以类似于物权的效力，而且还允许不动产消费者买受人的物权期待权对抗不动产抵押权的强制执行。认为不动产消费者买受人对执行标的（房屋）享有足以排除不动产抵押权强制执行的权益，即为不动产消费者买受人的物权期待权可以对抗不动产抵押权，实为买受人可以取得无抵押权负担的房屋所有权。这些司法解释基于特定的公共政策考量，保护了不动产消费者买受人的权益，却贬损了不动产抵押权的效力。[②]

赋予不动产消费者买受人的物权期待权以强势效力，不仅突破登记生效主义，而且阻断了不动产抵押权的追及效力，使得不动产消费者买受人的物权期待权足以对抗不动产抵押权。如此，不动产消费者买受人在满足特定条件的前提之下，经由登记而取得无抵押权负担的所有权。不动产消费者买受人只要满足《执行异议规定》第29条规定的要件，标的物上的不动产抵押权等同于消灭，继而，不动产消费者买受人可主张注销抵押权登记。抵押权人只能向抵押人主张价金物上代位。[③]

（二）抵押权因行使期间届满而效力减损

《民法典》第419条就抵押权的行使期间沿袭《物权法》第202条，规定："抵押权人应当在主债权诉讼时效期间行使抵押权；未行使的，人民法院不予保护。"就抵押权人未在主债权诉讼时效期间行使抵押权的法律后果，一直存在着抵押权消灭说和抵押人抗辩权发生说两种不同的观点。依抵押权消灭说，抵押权人未在主债权诉讼时效期间行使抵押权的，抵押权消灭，自无抵押权追及效力的讨论空间；依抵押人抗辩权发生说，抵押权人在主债权诉讼时效期间届满之后行使抵押权的，抵押人自可类推适用《民法典》第701条主张本属于债务人的时效经过抗辩权，如抵押人转让抵押财产，抵押权人的追及效力有何影响，值得讨论。

《全国法院民商事审判工作会议纪要》采取了消灭说的观点，"抵押权人应当在主债权的诉讼时效期间内行使抵押权。抵押权人在主债权诉讼时效届满前未行使抵押权，抵押人在主债权诉讼时效届满后请求涂销抵押权登记的，人民法院依法予以支持。"这里虽然没有明确抵押权消灭的法律后果，但"涂销抵押权登记"的前提即为抵押权消灭。采行这一司法态度的主要原因在于，抵押权的存在限制

---

① 参见王毓莹：《房屋买受人提起执行异议之诉如何处理》，载最高人民法院民事审判第一庭编：《民事审判指导与参考（总第75辑）》，人民法院出版社2018年版，第199页。

② 参见程啸：《民法典物权编担保物权制度的完善》，载《比较法研究》2018年第2期。

③ 参见最高人民法院民事审判第二庭编：《最高人民法院民法典担保制度司法解释理解与适用》，人民法院出版社2021年版，第393页。

了抵押财产的流转。《物权法》第191条第2款规定："抵押期间，抵押人未经抵押权人同意，不得转让抵押财产，但受让人代为清偿债务消灭抵押权的除外。"而《物权法》第202条的规范目的在于，"如果允许抵押权一直存续，可能会使抵押权人怠于行使抵押权，不利于发挥抵押财产的经济效用，制约经济的发展。"① 依照限制抵押财产转让规则，抵押人未经抵押权人同意亦不得转让抵押财产。如此，抵押权不能实现，也不能消灭，极大地限制了了抵押财产的流通。只有令抵押权人怠于行使的抵押权消灭，才能达到上述规范目的。基于此，学界多数主张将《物权法》第202条"人民法院不予保护"修改成抵押权消灭。②

但是，《民法典》第406条明确承认了抵押权的追及效力，抵押权的存在对于抵押财产的流转并不形成障碍，抵押权人也不能仅以抵押财产发生转让就认为损害了其抵押权。此际，解释论上应重新考量。由于"抵押权人未在主债权诉讼时效期间行使抵押权"不属于《民法典》第393条上所定担保物权消灭事由之一，"人民法院不予保护"自不宜解释为抵押权消灭。③ 此际，主债权因诉讼时效期间届满而效力减弱，但并不消灭，仅使主债务人取得时效经过抗辩权。本于从属性，抵押权此时不消灭，也仅仅只是效力减损，抵押人自可行使本属于主债务人的时效经过抗辩权。如抵押人转让抵押财产，第三取得人自得承受抵押人的时效经过抗辩权，以对抗抵押权人的追及。如此，在抵押权追及效力规则之下，第三取得人不仅要计算主债权诉讼时效期间是否届满，还要对能否接受抵押权人主张的提前清偿或提存尽较高的注意义务。否则，第三取得人在承担了担保责任之后无法向主债务人主张追偿权。

（三）发生物上代位的情形

一般物上代位与价金物上代位，都面临金钱因混同而不特定、优先受偿权沦为普通债权甚至无对应价款的现实难题。但一般物上代位与价金物上代位存在差异：其一，在主债权履行期限届满之前，一般物上代位只能提存，而价金物上代

① 胡康生主编：《中华人民共和国物权法释义》，法律出版社2007年版，第439～440页；最高人民法院民事审判第二庭编：《〈全国法院民商事审判工作会议纪要〉理解与适用》，人民法院出版社2019年版，第360页。

② 参见高圣平：《论担保物权"一般规定"的修改》，载《现代法学》2017年第6期；程啸：《民法典物权编担保物权制度的完善》，载《比较法研究》2018年第2期；邹海林：《抵押权时效问题的民法表达》，载《法学研究》2018年第1期；徐洁：《担保物权与时效的关联性研究》，载《法学研究》2012年第5期；戴永盛：《论债权之罹于时效与担保物权之存续》，载《法律科学（西北政法大学学报）》2014年第3期。

③ 参见湖南省张家界市中级人民法院（2011）张中民二终字第36号民事判决书；广东省英德市人民法院（2012）清英法民二初字第348号民事判决书；广东省清远市中级人民法院（2013）清中法民三终字第160号民事判决书；湖南省郴州市中级人民法院（2015）郴民一终字第670号民事判决书；吉林省高级人民法院（2021）吉民申3423号民事裁定书等。

位可以提前清偿或提存。其二，一般物上代位中，抵押财产毁损、灭失或者被征收，抵押权人完全丧失对抵押财产的支配，并无行使追及权的可能。而价金物上代位中，抵押物并未毁损、灭失或者被征收，抵押权人仍可对抵押财产进行支配、变价。其三，一般物上代位中交换价值取决于保险金、赔偿金或者补偿金等请求权的实现，而价金物上代位中交换价值的实现取决于抵押人的信用、交易能力和抵押财产的市场价值，会因抵押人与受让人恶意串通或无偿转让导致抵押权人权利受损。其四，一般物上代位基于事件（毁损、灭失）或者征收而发生，而价金物上代位基于法律行为（转让获得价款）而发生。因此，一般物上代位与价金物上代位有着不同的请求权基础，但二者的结果都是抵押权消灭，阻断抵押权的追及效力。

价金物上代位在一定程度上可以弥补抵押权追及效力规则的不足。[①] 在因优先保护不动产消费者买受人权益而阻断抵押权追及效力的情形中，实现不动产抵押权只能依赖于价金物上代位。价金物上代位中所代位的价金系为抵押人转让时的价款，但抵押财产第三取得人代位清偿而消灭抵押权负担，亦为可选路径之一。提前清偿或提存只适用于因转让所生价款的情形，而第三取得人代位清偿可适用于抵押财产转让的任何情形。因此，第三取得人代位清偿规则比价金物上代位规则，更具优势。第三取得人清偿债务，消灭不动产上的抵押权负担，更有利于不动产的利用和处分。为兼顾第三取得人和抵押权人的权益，《物权法》第191条设计了清偿债务的统一标准。不动产价值或高于，或低于债务，第三取得人支付的是不动产价值在法律拟制下的价款。法律推定第三取得人代位清偿债务而使抵押权得以实现时，抵押权人不会拒绝。表象上，第三取得人代位清偿属于形成权，抵押权人不得拒绝，但第三取得人代位清偿实为请求权，只是法律推定抵押权人会接受第三取得人代位清偿债务。

在《民法典》抵押权追及效力规则下，价金物上代位规则的适用空间极为有限。从资源流通的角度，抵押权追及效力规则足以保障不动产在抵押权实现之前的流通；从抵押权人的权利保障视角，抵押权追及效力规则比价金物上代位规则更为充分。在解释上，抵押权人就转让价金的请求权取得法定的债权质权，其是否可得实现存在较大的不确定性。因而，限制抵押权人任意主张价金物上代位具有必要性。[②]

---

① 参见景光强：《抵押物转让新规则释论》，载《山东法官培训学院学报（山东审判）》2021年第5期。

② 参见张静：《物上代位的体系整合与教义学结构》，载《环球法律评论》2021年第4期；最高人民法院民法典贯彻实施工作领导小组主编：《中华人民共和国民法典物权编理解与适用》（下），人民法院出版社2020年版，第1093页。不同的主张可参见张尧：《抵押财产转让规则的适用》，载《政治与法律》2021年第8期。

根据《民法典》第406条第2款的规定，价金物上代位规则的适用前提是“抵押财产转让可能损害抵押权”，其证明难度大，尚须总结相应的审判实践经验加以解释说明。例如，在前述不动产消费者买受人优先保护的情形，抵押权人无法主张追及权，只能依赖于价金物上代位，即属此类。但买受人是否符合不动产消费者买受人优先保护的条件，在签订转让合同时无法判断，只能在主张排除抵押权强制执行或办理抵押财产移转登记时才加以考量。此时，抵押权人不能主张抵押权追及效力的损害才得以明确，权利人只能向抵押人主张价金物上代位。

五、小　结

《民法典》第406条规定的抵押权追及效力规则未对动产与不动产加以区分，且在承认抵押权追及效力的同时，允许当事人通过约定限制抵押财产的转让，也就没有完全抛弃《物权法》第191条规定的限制转让抵押财产规则。[①] 由此，该条在解释适用上更需通过类型化方法，来对动产与不动产场合分别进行解释。与限制转让规则绝对侧重保护抵押权不同，抵押权追及效力规则能够兼顾实现保障抵押权、物尽其用和利益平衡的价值目标。不动产抵押后的流动需求比动产更大，更应追求物尽其用的经济效用。此外，相比动产，不动产的不可移动性、不易消耗性和不动产统一登记技术是不动产抵押权追及效力得以实现的重要保障条件。因此，在抵押财产转让场合，应减少限制转让情形的出现，鼓励适用抵押权追及效力规则。不过，《民法典》第406条毕竟就抵押财产流转的态度发生了彻底的转向，相关规则的适用能否达到该条的规范目的，尚有待实践的检验。

---

① 参见常鹏翱：《限制抵押财产转让约定的法律效果》，载《中外法学》2021年第3期。

未登记不动产抵押权的法律后果

不动产抵押权未经登记不设立，但仅此并不影响抵押合同的效力。针对不动产登记制度不健全的实际情况，在不动产抵押权未登记系因登记部门的原因的情形下，承认该不动产抵押权具有不得对抗第三人的物权效力，该第三人仅限于抵押当事人之外就标的财产具有物权利益的人。在抵押合同有效、不动产抵押权未设立的情形之下，抵押人未尽登记义务，构成违约行为，抵押权人可以请求抵押人继续履行抵押合同、办理抵押登记，亦可以就主债务不能清偿的部分，以抵押财产的价值为限，向抵押人主张违约损害赔偿责任。抵押人已经向抵押权人提出协助办理抵押登记的请求，而抵押权人未予以协助的，构成受领迟延，可以减轻或者免除抵押人的责任。

一、问题的提出

就登记对于不动产抵押权的影响，我国实定法上前后发生了重大变化。依据《担保法》第41条的规定，登记是抵押合同的生效要件，不动产抵押权未登记，不仅不发生优先受偿效力，而且抵押合同亦不生效。这一规则广受学界质疑：在物债两分的民法体系之下，抵押合同的成立和生效主要依债法规则予以判断，而抵押权是否设定则受物法上物权变动规则的影响；抵押合同是产生抵押权的前提和基础，具体体现为，抵押合同的生效使抵押人负有办理抵押登记并使抵押权得以设立的义务，本属当事人之间产生效力的权利经由登记随即取得对抗第三人的效力；既然抵押合同尚未生效，抵押人自无义务办理抵押登记，抵押权人亦无权利请求抵押人办理登记，将登记作为抵押合同的生效要件自是不合法理，[①] 不仅损及担保交易的效率，而且危及当事人的行为自由。[②] 基于此，《物权法》修改了《担保法》的上述规则，在第9条明定登记是不动产物权变动生效要件的一般规则之后，于第187条规定不动产抵押权自登记时设立。同时，基于第15条的物权

---

① 参见孙宪忠：《论物权变动的原因与结果的区分原则》，载《法学研究》1999年第5期；杨洁、李洁：《不动产的抵押登记与抵押合同之关系——兼评〈担保法〉第41条》，载《现代法学》2002年第6期；崔建远：《物权：规范与学说——以中国物权法的解释论为中心（下册）》（第二版），清华大学出版社2021年版，第400～401页；程啸：《担保物权研究》（第二版），中国人民大学出版社2019年版，第331～333页。

② 参见徐蓓：《不动产抵押未经登记之“无效”转换的适用探析》，载《河北法学》2018年第5期。

变动原因和结果相区分的规则，合同仅为物权变动的基础关系，并不必然与登记发生联系；登记是物权变动的公示方式，其效力仅及于物权变动。[①] 如此，登记对不动产抵押合同的效力不发生影响，仅为不动产抵押权的生效要件，不动产抵押合同自成立时生效。这一规则在《民法典》物权编中得以保留。但就不动产抵押合同生效后未办理抵押登记的法律后果，《民法典》并未给出明确的答案，尚须结合合同编的相关规则得出解释结论。《最高人民法院关于适用〈中华人民共和国民法典〉有关担保制度的解释》（以下简称《民法典担保制度解释》）解决了部分争议问题，也搁置了部分争议较大的问题。

二、未登记不动产抵押权具有物权效力的特定情形

在《民法典》第402条之下，未登记不动产抵押权的法效果至为明确，即不动产抵押权不设立，在解释上自无物权效力，债权人不得就抵押财产优先受偿。但我国登记制度尚不健全，法律上明定的登记部门并未践行其登记职责的，不在少数。如此，将不动产抵押权因未登记所生风险全部分配给抵押权人，有失公允。“当事人有充分的证据证明进行了抵押登记，因登记部门的原因致使当事人无法办理抵押权登记的，不能据此认定抵押合同无效”，[②]《担保法解释》对此作了积极的回应。其第59条规定：“当事人办理抵押物登记手续时，因登记部门的原因致使其无法办理抵押物登记，抵押人向债权人交付权利凭证的，可以认定债权人对该财产有优先受偿权。但是，未办理抵押物登记的，不得对抗第三人。”这一规则虽然是基于登记是抵押合同的生效要件而展开，但“因登记部门的原因致使其无法办理抵押物登记”的，不仅不影响抵押合同的效力，而且不影响不动产抵押权的优先受偿效力，对于改采用登记是不动产抵押权的生效要件的《民法典》，仍有解释说明价值。

《物权法》实施之后，《不动产登记暂行条例》及其实施细则颁行，我国登记制度渐趋完善，但因登记部门的原因导致当事人无法办理抵押权登记，如拒绝为自然人、非金融机构办理不动产抵押登记，拒绝为数量超过特定限额的债权人办理抵押登记等，仍非鲜见。[③] 例如，根据《国土资源部关于规范土地登记的意见》（国土资发〔2012〕134号）的规定，“依据相关法律、法规规定，经中国银行业

---

① 参见全国人大常委会法制工作委员会民法室编：《〈中华人民共和国物权法〉条文说明、立法理由及相关规定》（第二版），北京大学出版社2017年版，第316页。

② 李国光等：《最高人民法院〈关于适用中华人民共和国担保法若干问题的解释〉的理解与适用》，吉林人民出版社2000年版，第230页。这里的“抵押合同无效”，在《物权法》之下，实为“不动产抵押权未设立”。

③ 原国土资源部发布的《关于完善建设用地使用权转让、出租、抵押二级市场的试点方案》指出，要“放宽对抵押权人的限制”，即印证了限制的普遍存在。

监督管理委员会批准取得《金融许可证》的金融机构、经省级人民政府主管部门批准设立的小额贷款公司等可以作为放贷人申请土地抵押登记。”各不动产登记部门大多根据国土资发〔2012〕134 号文，排除上述放贷人之外的债权人所提出的抵押权登记申请。如此，前引《担保法解释》第 59 条仍有适用空间。

裁判实践中，较为一致的观点认为，《担保法解释》第 59 条的适用条件有三：“一是当事人已办理过抵押登记；二是未办理抵押登记是由于登记部门的原因；三是抵押财产的权利凭证已向债权人交付。”① 值得讨论的是，既然登记部门尚未开展相关抵押权的登记事务，当事人的登记申请又有何意义？上述第一个要件和第二个要件之间的关系自得在个案中具体考量，以达到该条的规范目的。

就这两个要件之间的关系，各法院之间把握的标准不一。第一种观点认为，仅需债权人举证证明登记部门尚未开展相关抵押权登记事务即可，不考虑或不置重于债权人是否提出抵押登记申请。就债权人举证的程度，可以是提交相关登记部门的文件，② 也可以是陈述曾向登记部门询问，③ 未提供证据证明系因登记部门的原因致使其无法办理抵押登记的，《担保法解释》第 59 条即不予适用。④ 与此不同的是，在不少案例中，登记部门尚未开展相关抵押权登记事务的事实也可由法院依职权查明。⑤ 第二种观点认为，登记部门办理相关抵押权登记以当事人提出登记申请为前提，如债权人不能举证证明曾经提出过登记申请，即使登记部门尚未开展相关抵押权登记事务，也不能适用《担保法解释》第 59 条。⑥ 有判决甚至认为，“本案当事人未向登记部门申请办理抵押登记，不能认定是登记部门的原因，如已申请抵押登记而登记部门不予登记造成的损害，权利人也有另行的救济途径。既然不是登记部门的原因致使未办理抵押登记，抵押人将权利凭证交付债权人的，债权人也就不必然享有优先受偿权。”⑦

在满足上述要件的情形之下，《担保法解释》第 59 条规定“可以认定债权人对该财产有优先受偿权”，这实际上是认可了未登记不动产抵押权的物权效力，因为就不动产抵押权而言，优先受偿权是其物权效力之核心。但该条后句规定

① 参见江西省高级人民法院（2018）赣民申 206 号民事裁定书。

② 参见浙江省绍兴市中级人民法院（2009）浙绍商终字第 118 号民事判决书；云南省瑞丽市人民法院（2016）云 3102 民初 164 号民事判决书等。

③ 参见福建省福州市中级人民法院（2018）闽 01 民终第 6781 号民事判决书。

④ 参见山西省太原市中级人民法院（2017）晋 01 民终 3222 号民事判决书；云南省陆良县人民法院（2017）云 0322 民再 2 号民事判决书。

⑤ 参见福建省惠安县人民法院（2014）惠民初字第 993 号民事判决书；云南省保山市中级人民法院（2015）保中民二初字第 51 号民事判决书；云南省瑞丽市人民法院（2018）云 3102 民再 3 号民事判决书。

⑥ 参见江西省高级人民法院（2018）赣民申 206 号民事裁定书。

⑦ 云南省陆良县人民法院（2017）云 0322 民再 2 号民事判决书。

“不得对抗第三人”，如此一来，该条的前后句之间似乎存在着矛盾，既然债权人已就抵押财产享有优先受偿权，为何又不能对抗第三人？[①] 实则不然。我国《民法典》上存在采行登记对抗主义的物权形态，此类物权虽可基于当事人之间的合意而设立，但未经登记，不得对抗第三人。在解释上，这里的“第三人”仅指物权人而言，亦即，此类物权虽然未经登记，但也可以对抗转让人或抵押人的一般债权人。就此，《最高人民法院关于适用〈中华人民共和国民法典〉物权编的解释（一）》（以下简称《民法典物权编解释（一）》）已予明确。[②] 基于此，《担保法解释》第59条虽然赋予未登记不动产抵押权以不得对抗第三人的物权效力，但此类抵押权仍得对抗抵押人的一般债权人。

裁判实践就此的把握并不一致。有的裁判仅认定未登记不动产抵押权就抵押财产具有优先受偿效力，对其是否可以对抗第三人未置明文。[③] 大多数裁判均在主文中表明，未登记的不动产抵押权不能对抗第三人。在解释上，即使裁判中就未登记不动产抵押权的对抗范围未作判定，该抵押权不得对抗的第三人也可以在执行程序中借案外人异议之诉寻求救济。就未登记不动产抵押权不得对抗的“第三人”范围，最高人民法院法函〔2006〕51号（以下简称“法函〔2006〕51号”）认为，系指“抵押当事人之外的第三人”，多数裁判以此为据对相关纠纷予以判定。[④] 但这一解释方案显与《担保法解释》第59条的规范目的相违。如未登记不动产抵押权的优先受偿权，不得对抗“抵押当事人之外的第三人”，即与债权无异。在有第三人与抵押权人就标的财产发生争夺的情形，如抵押人的债权人基于胜诉裁判行使强制执行请求权，就该标的财产求偿，在法函〔2006〕51号之下，抵押权人即不得对抗该第三人，在解释上仅得与该债权人就标的财产的变价款平等受偿，此际未登记不动产抵押权仅具债权效力；在没有第三人与抵押权人就标的财产发生争夺的情形，抵押权人就标的财产的变价款取偿，是否赋予未登记不动产抵押权物权效力没有意义，抵押权人是基于物权还是债权，在行使效果上并无差异。如此，以法函〔2006〕51号解释“第三人”的范围，《担保法解释》第59条将沦为具文。

从不动产登记实践来看，因登记部门的原因导致无法办理不动产抵押权设立

---

① 参见杨代雄：《抵押合同作为负担行为的双重效果》，载《中外法学》2019年第3期。

② 该解释第6条规定：“转让人转让船舶、航空器和机动车等所有权，受让人已经支付合理价款并取得占有，虽未经登记，但转让人的债权人主张其为民法典第二百二十五条所称的‘善意第三人’的，不予支持，法律另有规定的除外。”该条虽是就登记对抗主义之下特殊动产物权变动可得对抗第三人范围的规定，自可准用于《民法典》上其他采行登记对抗主义的物权变动。不过，新近的学说和司法实践将强制执行债权人、参与分配债权人、破产管理人排除于债权人之外。

③ 福建省惠安县人民法院（2014）惠民初字第993号民事判决书；最高人民法院（2016）最高法民再416号民事判决书。

④ 参见福建省福州市中级人民法院（2018）闽01民终第6781号民事判决书。

登记的，主要集中于抵押权人非为金融机构的情形。应当注意的是，《民法典》上并未就抵押权人作身份性的限制。在解释上，为保障自身债权的实现，任何民事主体均可作为抵押权人，举凡诸如自然人、法人或者非法人组织，均无不可。在不动产登记法上，《不动产登记暂行条例》将不动产抵押权登记的申请人规定为“当事人”（第14条），《不动产登记暂行条例实施细则》进一步将抵押权人界定为“自然人、法人或者其他组织”（第66条），均未将抵押权人限定为金融机构。前述国土资发〔2012〕134号等规范性文件的限定即无上位法支撑。在现行规则之下，当事人提出不动产抵押权登记申请，登记部门不予受理登记的，应书面告知申请人不予受理；申请人可以据此向人民法院提起行政诉讼以为救济。[①]如这一救济程序运转正常，应维系登记对于不动产抵押权的法律意义，未经登记者，不动产抵押权不设立，《担保法解释》第59条大可废止。但现有的登记实践显示，为防免行政诉讼，登记部门书面告知申请人不予受理的情形尚属少数，申请人就登记部门的不作为提起行政诉讼即缺乏表面证据，由此而引发的行政诉讼无法顺畅地展开。同时，抵押权人借由行政诉讼保护自己的权利，还面临着冗长的诉讼程序和诉讼结果不确定的风险。[②] 在此背景之下，维系《担保法解释》第59条的规则具有正当性。不过，在该条的适用上，前述第一个要件和第二个要件宜从宽把握，在当事人就“登记部门的原因”无法自行收集证据的情形之下，法院可以基于当事人的申请依职权调查收集相关证据。在认定不动产抵押权未登记系因登记部门的原因的前提下，承认该不动产抵押权具有不得对抗第三人的物权效力，该第三人仅限于抵押当事人之外就标的财产具有物权利益的人。

《全国法院民商事审判工作会议纪要》（法〔2019〕254号）对因登记机构的过错致使其不能办理抵押登记情形，未作规定。《民法典担保制度解释》第48条在一定程度上可以遏制前述情形，其规定“当事人申请办理抵押登记手续时，因登记机构的过错致使其不能办理抵押登记，当事人请求登记机构承担赔偿责任的，人民法院依法予以支持。”这改变了过去的司法态度。抵押权人则不得再以《担保法解释》第59条为依据主张优先受偿权，而以登记部门的赔偿责任为救济

① 《最高人民法院关于审理房屋登记案件若干问题的规定》第1条即规定：“公民、法人或者其他组织对房屋登记机构的房屋登记行为以及与查询、复制登记资料等事项相关的行政行为或者相应的不作为不服，提起行政诉讼的，人民法院应当依法受理。”

② 如“北大荒物流股份有限公司与营口北方钢铁贸易有限公司等合同纠纷上诉案”最高人民法院（2018）最高法民终252号民事判决书中揭示，在抵押登记因国土局无登记专用章、无权办理抵押登记手续为由予以拒绝的情形之下，抵押权人提起行政诉讼并取得了胜诉裁判，但国土局在履行行政判决确定的登记职责时，仍然以上引国土资发〔2012〕134号文以及登记申请后抵押财产已被查封为由拒绝办理抵押登记。

途径。[①] 但亦如前述，当事人以登记机构不作为提起诉讼时，无论是行政诉讼或民事诉讼，登记机构的过错怎么证明与认定，以及赔偿责任范围大小问题，仍有待具体化。

三、不动产抵押合同有效之下的救济路径

依《担保法》的规定，除了因登记部门的原因导致不动产抵押权无法办理登记之外，登记是抵押合同的生效要件。有的裁判则因此认为，不动产抵押权未登记，抵押合同自是不生效力，就其法律后果而言，《担保法解释》第 56 条第 2 款就此作了明确，即由抵押人承担赔偿责任。[②] 更多的观点认为，不动产抵押权未登记，抵押合同无效，抵押权人与抵押人对抵押合同的无效均有过错，根据《担保法解释》第 7 条的规定，抵押人应在债务人不能清偿部分的二分之一范围内对抵押权人的经济损失承担连带赔偿责任。[③] 这些规则明显将抵押合同未生效或无效之时抵押人的责任界定为缔约过失责任。

在《民法典》之下，物权变动的原因和结果相区分，是否登记仅涉及不动产抵押权是否设立，抵押合同的效力并不因此受到影响。如无其他令其无效的事由，抵押合同自属有效，以缔约过失责任为基础的《担保法解释》第 56 条第 2 款也就没有了适用可能。在不动产抵押权未设定但抵押合同却为有效的前提之下，债权人自无权行使不动产抵押权并就抵押财产优先受偿。债权人在向主债务人请求履行主债务之外，是否可得基于抵押合同向抵押人主张权利，主张何种权利，如何主张权利，学说和实务中均存不同观点。

第一种观点"无责任说"认为，不动产抵押权因未登记而不生效力，抵押权人就抵押财产并无优先受偿权，抵押人无须承担责任。[④] 这一观点无法说明的是，虽然不动产抵押权未设定，但抵押合同有效，此际抵押权人和抵押人如何分配抵押合同中约定的权利和义务？这一观点逐渐成为司法实践中的少数说，实不足采。

新近有观点认为，抵押人的抵押登记义务，如同赠与人的转移财产义务，因而抵押合同应先参照适用赠与合同的规则，即抵押人在办理抵押登记前享有撤销

---

① 参见高圣平：《民法典担保制度及其配套司法解释理解与适用》，中国法制出版社 2021 年版，第 528 页。

② 《担保法解释》第 56 条第 2 款规定："法律规定登记生效的抵押合同签订后，抵押人违背诚实信用原则拒绝办理抵押登记致使债权人受到损失的，抵押人应当承担赔偿责任。"

③ 如吉林省松原市中级人民法院（2013）松民一终字第 725 号民事判决书；海南省高级人民法院（2014）琼民二终字第 7 号民事判决书；广西壮族自治区高级人民法院（2016）桂民再 81 号民事判决书。

④ 参见湖南省长沙市天心区人民法院（2015）天民初字第 00253 号民事判决书。类似的裁判还有上海市第二中级人民法院（2010）沪二中民一（民）终字第 730 号民事判决书。不过，该案所涉担保行为发生在《物权法》实施之前。

权，从而排除抵押人的违约责任，其仅在抵押合同经公证得以强化抵押登记义务场合才承担违约责任。[①] 抵押合同参照适用赠与合同实为类推，而两种义务类比基础有所差别：抵押合同有较强的合同拘束力，而赠与合同更多依赖于“慷慨德性”。这也导致两者在法律后果上理应有所差别，而不可等同视之。

第二种观点“缔约责任说”认为，抵押合同因不动产抵押权未登记而不生效力，抵押权人与抵押人没有依照法律规定或合同约定申请办理抵押登记，属于合同法第42条第3项规定的“其他违背诚实信用原则的行为”，依据原《合同法解释（二)》第8条的规定，应当承担缔约过失责任。在抵押权人与抵押人都不能举证证明自己已经申请不动产抵押登记的情况下，双方均存在过错，应各自承担相应的赔偿责任。[②]

第三种观点“担保责任说”认为，在《民法典》第215条区分原则之下，债权人即可依据有效之抵押合同请求抵押人承担抵押合同上的担保义务。基于无效法律行为转换理论，如果当事人在订立担保合同之时就知道不办理抵押登记并不能使抵押权产生法律效力，双方会选择由抵押人提供保证这一合法有效的担保方式。相反，若仅机械适用法律，认定不动产抵押权因未登记就不发生任何法律效力，抵押人无须承担担保责任，将会明显背离一般社会大众的公平认知，亦显然有违诚信原则。因此，应将抵押合同转换为连带责任保证合同。[③] 就抵押人承担担保责任的范围，有裁判认为以抵押财产的价值为限承担有限责任；[④] 也有裁判认为承担无限连带责任保证责任。[⑤] 还有裁判依据《民法典担保制度解释》第46条第3款认为，抵押人在约定的担保范围内承担一般保证责任，[⑥] 或仅对债务人财产依法强制执行后仍不能履行部分承担保证责任，[⑦] 或在该抵押合同中约定的抵押物价值范围内承担担保义务，但抵押权人不能就该抵押物主张优先受偿，即抵押人在担保房屋价值范围内对债务承担连带清偿责任。[⑧]

---

① 参见唐勇：《抵押合同债法效力的解释进路》，载《法商研究》2022年第1期。

② 参见最高人民法院（2018）最高法民申1987号民事裁定书。不过，本案虽发生于《物权法》实施之后，但当事人在抵押合同中明确约定，抵押合同“自抵押登记手续办理完毕之日起生效”。值得讨论的是，在法律明定登记不影响抵押合同效力的情形之下，当事人是否可以作出相反约定，而且在抵押合同尚未生效的情形之下，当事人的登记义务的产生依据又是什么？

③ 参见最高人民法院（2015）民申字第2354号民事裁定书。

④ 参见最高人民法院（2015）民申字第2354号民事裁定书。

⑤ 参见贵州省高级人民法院（2016）黔民终430号民事判决书。不过，案涉担保合同中有“未能办理抵押备案登记，则仍需承担无限连带责任”的约定。判决中自可直接依当事人的约定为基础，而无须判令抵押人承担“连带保证责任”（实为连带责任保证责任）。

⑥ 参见湖南省永州市中级人民法院（2021）湘11民终3076号民事判决书；辽宁省黑山县人民法院（2021）辽0726民初1214号民事判决书。

⑦ 参见山西省浑源县人民法院（2022）晋0225民初17号民事判决书。

⑧ 参见江西省永丰县人民法院（2021）赣0825民初1803号民事判决书。

第四种观点“违约责任说”认为，抵押合同的订立和不动产抵押权的设定是两个不同的法律事实，不动产抵押权因未登记而未设立，并不影响抵押合同的法律约束力。登记义务人未履行其义务，导致抵押权人订立抵押合同的目的不能实现，构成违反抵押合同，自应承担相应的违约责任，包括继续办理抵押登记以及不能办理抵押登记情况下的损害赔偿责任。①

本书作者赞同违约责任说，理由如下：

第一，在是否登记不影响抵押合同效力的情形之下，抵押人基于有效的抵押合同无须承担任何民事责任，就意味着有效的抵押合同没有任何拘束力，其效力还不如无效或未生效的抵押合同，因为在后一情形，当事人尚须承担缔约过失责任。同时，抵押合同并不属于原《合同法解释（二）》第8条中所述的“依照法律、行政法规的规定经批准或者登记才能生效的合同”，自无上述规定适用之空间。② 在《物权法》实施之后，③“缔约过失责任说”尚属少见。既然不动产抵押合同不因抵押权未登记而发生影响，无缔约过失责任发生的可能。

第二，无效法律行为转换理论以存在一个无效法律行为为前提，但在我国《民法典》之下，不动产抵押权未经登记对抵押合同的效力并不发生影响，如无令其无效的事由，抵押合同有效，自无转换成其他法律行为的必要。④ 前引最高人民法院（2015）民申字第2354号民事裁定书，系以案涉法律行为发生于《物权法》之前为基础，在《担保法》之下，不动产抵押权未经登记，抵押合同不生效或无效，才有必要转换成另一法律行为——连带责任保证。此际借由传统民法理论得出妥适的解释结论，值得赞同。在《民法典》之下，这一理论的适用即值怀疑。抵押合同与保证合同的主给付义务仍存在差别，将生效的抵押合同认定为保证合同，有过度干预当事人意思之嫌。⑤ 即使认为抵押人提供担保的意思表示明确，将其转换成连带责任保证也不违反当事人的真实意思，但以连带责任保证界定抵押人的义务，明显加重了抵押人的负担。连带责任保证所及的是抵押人的全部责任财产，抵押人所承担的是无限责任，而即使办理了抵押登记，抵押人的担保责任也仅以抵押财产价值为限承担有限责任。在抵押财产的价值远超主债权数额的情形之下，因为抵押财产意外毁损灭失的风险由作为保证人的抵押人负

---

① 参见最高人民法院（2017）最高法民终934号民事判决书。

② 参见倪龙燕：《不动产抵押合同的效力探析——以实务中法律救济裁判路径为出发点》，载《法治研究》2019年第1期。

③ 发生在《物权法》实施之前的类似纠纷，均采此种观点。如吉林省高级人民法院（2014）吉民提字第93号民事判决书；山东省高级人民法院（2014）鲁商终字第334号民事判决书等。

④ 参见倪龙燕：《不动产抵押合同的效力探析——以实务中法律救济裁判路径为出发点》，载《法治研究》2019年第1期。

⑤ 参见唐勇：《抵押合同债法效力的解释进路》，载《法商研究》2022年第1期。

担，也不能据此认为未加重抵押人的负担。[①] 至于有学者在理论上的肯定主张，[②] 明显系以承认债权行为和物权行为的区分为前提，不动产抵押权未经登记，物权行为无效，将其转换为有效的债权行为。姑且不论债权行为和物权行为的区分尚未成为主流学说，即使在此学说之下，不动产抵押权未经登记也仅仅只是物权行为不生效力，尚不具备法律行为转换的前提。[③] 而在物权变动的原因和结果相区分原则之下，合同的效力不因是否登记而受到影响，在解释上更具说服力。由此可见，这一观点“不仅于法无据，理论上也过于迂回曲折，法官解释色彩过浓”。[④]

第三，在抵押合同有效的前提之下，基于违反登记义务的事实，确定当事人的违约责任，在合同法上寻找规范基础，符合物债两分的体系要求，是为妥适的解释路径。基于抵押合同的相对独立性，违反登记义务导致不动产抵押权未设立，抵押权人就抵押财产的优先受偿权已然丧失，其损失（违约后果）可得确定，自可由违约方负担。有学者认为，“违约责任说”“实际上将当事人的利益回复至合同订立之前的状态，而当事人要想实现原本意欲通过不动产抵押行为获得的利益，则需要再进行协商以重新达成新的法律行为”，进而认为，在贯彻当事人意思自治和节约交易成本方面相较“担保责任说”要逊色得多。[⑤] 这一观点仍然是以登记行为系物权行为为出发点，但此时，当事人之间的设定不动产抵押权的物权合意已经体现在有效的抵押合同之中，只需履行物权合同办理抵押登记即可，而无须进一步协商达成新的物权合意。在不承认物权行为的背景之下，不动产抵押权因未登记而不设立，并不导致“将当事人的利益回复至合同订立之前的状态”，相反，抵押权人因有效抵押合同的违反所受的损失经由违约责任请求权得以填补。因此，“违约责任说”可谓“简洁明快，且既有合同依据又有法理依据”。[⑥]

四、“违约责任说”之下的解释论

“违约责任说”是目前学说和实务中的主流观点，在我国未就抵押合同的违约责任作出专门规定的情形下，作为一般法的合同法规则就有了规范基础上的意义。但无论是违约行为的判断、还是违约责任的承担方式，都存在重大争议，尚

---

① 参见杨代雄：《抵押合同作为负担行为的双重效果》，载《中外法学》2019 年第 3 期。

② 参见徐蓓：《不动产抵押未经登记之“无效”转换的适用探析》，载《河北法学》2018 年第 5 期。

③ 参见杨代雄：《抵押合同作为负担行为的双重效果》，载《中外法学》2019 年第 3 期。

④ 葛洪涛：《未办理登记的不动产抵押合同的效力》，载贺小荣主编：《最高人民法院民事审判第二庭法官会议纪要：追寻裁判背后的法理》，人民法院出版社 2018 年版，第 243 页。

⑤ 参见徐蓓：《不动产抵押未经登记之“无效”转换的适用探析》，载《河北法学》2018 年第 5 期。

⑥ 葛洪涛：《未办理登记的不动产抵押合同的效力》，载贺小荣主编：《最高人民法院民事审判第二庭法官会议纪要：追寻裁判背后的法理》，人民法院出版社 2018 年版，第 243 页。

须结合实定法规范予以明确。

(一) 不动产抵押权未登记时违约行为的判断

根据《民法典》第577条的规定,违约责任的承担以“当事人一方不履行合同义务或者履行合同义务不符合约定”为前提。“违约责任说”首先要回答的是,办理不动产抵押登记的义务是不是合同义务?

抵押合同以设定不动产抵押权为缔约目的,而办理抵押登记是实现这一缔约目的的手段。由此,登记义务是抵押合同的当然内容,不以当事人明确约定为前提。即使当事人没有在抵押合同中约定登记义务,因其选择了“抵押合同”这一有名合同,登记义务也构成抵押合同的默示内容。[1] 据此,不动产抵押权未登记即构成了“不履行合同义务或者履行合同义务不符合约定”。尚存疑问的是,在《不动产登记暂行条例》就不动产抵押登记采用当事人双方共同申请(第14条第1款)的前提下,未办理抵押登记是谁在“不履行合同义务或者履行合同义务不符合约定”?

司法实践中,在抵押合同中已经明确约定由抵押人办理登记的情形之下,较多的判决认为应由抵押人承担违约责任;[2] 但也有判决认为在共同申请登记主义之下,抵押人也负有催促及协助办理抵押登记的义务,应依当事人的过错程度分担抵押权人的损失。[3] 在抵押合同没有明确约定抵押登记的情形之下,裁判中有三种观点。第一种观点认为,抵押权人和抵押人均有登记义务,就未办理抵押登记过错相当。抵押人有办理抵押登记的义务,抵押权人亦有积极请求抵押人配合办理抵押登记的义务;[4] 抵押权人和抵押人均未申请办理抵押登记,均构成违约,且责任相当,应当承担同等违约责任,[5] 因而抵押权人主张抵押人承担连带责任不成立。[6] 第二种观点认为,抵押权人和抵押人均有登记义务,但就未办理抵押登记,抵押权人的过错更重。就未办理不动产抵押登记,当事人均存在过错,但相对而言,抵押人在办理抵押登记过程中处于被催促的地位,对未办理抵押登记应当承担次要责任。[7] 第三种观点认为,抵押人负担登记义务。抵押合同中虽未明示约定抵押人的登记义务,但抵押人办理抵押登记以使抵押权有效设立,是其

① 参见倪龙燕:《不动产抵押合同的效力探析——以实务中法律救济裁判路径为出发点》,载《法治研究》2019年第1期。

② 参见江西省高级人民法院(2015)赣民二终字第49号民事判决书;广东省高级人民法院(2016)粤民再32号民事判决书等。

③ 参见四川省高级人民法院(2015)川民终字第129号民事判决书。

④ 参见贵州省高级人民法院(2014)黔高民初字第61号民事判决书。

⑤ 参见山东省高级人民法院(2016)鲁民终1076号民事判决书。

⑥ 参见广西壮族自治区梧州市中级人民法院(2021)桂04民终870号民事判决书。

⑦ 参见最高人民法院(2017)最高法民终436号民事判决书。

依据诚信原则应当履行的合同义务，抵押人未履行抵押登记义务导致抵押权未设立，构成违约，其应当承担违约责任。①

依申请而登记是不动产登记的基本原则。② 在现行登记规则之下，不动产抵押登记采行共同申请原则，这主要是因为抵押权是不动产上的权利负担，且具有限制抵押人处分抵押财产的作用，登记部门自得详加审查，确保抵押权设立登记符合当事人间的真实意思，并确保不动产登记簿的真实与准确，以免损及当事人及第三人的权利。③ 由当事人共同提出抵押登记申请，在一定程度上可以减轻登记部门的审查负担，如允许当事人单方提出登记申请，登记机构还须审查当事人、主合同和抵押合同等是否真实，这无疑延缓了登记程序，增加了登记错误的可能性。然而，登记程序法上的共同申请原则并不意味着当事人在实体法上均有登记义务。

就不动产抵押登记而言，抵押权人和抵押人并不处于完全相同之地位。抵押权人是否依抵押合同就标的物取得抵押权，端赖于是否登记，而不动产抵押登记是抵押财产上的权利负担，作为抵押财产权利人的抵押人是否办理登记，在实现抵押合同缔约目的上起着决定性作用。因此，抵押合同的生效在抵押权人与抵押人之间产生了约束力——抵押人负有办理抵押登记并最终使抵押权得以设立的义务，④ 登记义务是抵押合同中作为债务人的抵押人的主给付义务，共同申请原则仅表明抵押权人在抵押登记中亦应配合，即所谓的受领给付。⑤

正如不动产买卖合同所生的移转登记，虽亦采共同申请原则，但办理移转登记并使买受人取得标的物所有权，是出卖人的主给付义务；该给付义务的履行仍然有赖于买受人的协力（配合办理移转登记），但买受人仅为受领给付，不能据此认为买受人也有登记义务；出卖人未履行移转登记义务的，买受人的缔约目的无法实现，出卖人自应承担违约责任。

就不动产抵押权设立登记而言，抵押权人不配合办理登记，仅仅使得其无法取得抵押权，抵押人并无损失，抵押人也无针对抵押权人的独立诉权。因此，抵

① 参见最高人民法院（2017）最高法民终 718 号民事判决书。

② 参见孙宪忠：《不动产登记基本范畴解析》，载《法学家》2014 年第 6 期。

③ 参见国土资源部政策法规司、国土资源部不动产登记中心：《不动产登记暂行条例释义》，中国法制出版社 2015 年版，第 120 页；程啸：《不动产登记法研究》（第二版），法律出版社 2018 年版，第 389 页。

④ 参见杨洁、李洁：《不动产的抵押登记与抵押合同之关系——兼评〈担保法〉第 41 条》，载《现代法学》2002 年第 6 期。

⑤ 参见倪龙燕：《不动产抵押合同的效力探析——以实务中法律救济裁判路径为出发点》，载《法治研究》2019 年第 1 期；杨代雄：《抵押合同作为负担行为的双重效果》，载《中外法学》2019 年第 3 期。

押权人的配合既不是给付义务，也不是附随义务，仅为不真正义务。[①] 抵押人未积极履行登记义务，未向抵押权人提出履行主张，或在抵押权人请求办理登记时不予积极回应，导致不能共同申请抵押登记的，抵押人构成违约。当然，在确定抵押人违约损害赔偿的具体数额之时，还应考虑抵押权人的受领因素。抵押人积极履行登记义务，向抵押权人提出主张，但抵押权人迟延受领，不配合申请的，不构成违约，而应适用受领迟延规则，须自己承担不利后果，[②] 亦即减轻或免除抵押人的责任。因此，同为配合办理登记，但抵押权人和抵押人在性质上有根本的区别。[③] 即使主张受领给付既是债权人的权利，也是债权人的义务，在解释结论上亦无实质上的差异。

至于当事人在抵押合同中合意不登记，[④] 这是已改变抵押合同的经典设计。虽在契约自由原则之下，这一排除抵押登记的约定自属有效，但当事人之间的关系已经并非属于抵押合同关系。就此类纠纷，应依当事人在合同中约定的具体权利义务加以判断。

（二）不动产抵押权未登记时违约责任的具体承担

不动产抵押权未登记时，抵押人自应承担违约责任。在当事人已在抵押合同中约定未办理抵押登记的违约责任的情形之下，约定优先，抵押人应依约定承担违约责任。[⑤] 在当事人未作约定的情形之下，自应在合同法之下展开具体分析。

1. 抵押权人在继续履行和赔偿损失之间是否享有选择权？

如无约定，抵押人违约责任的承担方式自应依《民法典》第 577 条后段“继续履行、采取补救措施或者赔偿损失”予以确定。其中，“采取补救措施”，在我国实定法上是“修理、更换、重作”的统称，[⑥] 学说上多认为系继续履行的特殊形式，自不应适用于抵押人违约责任的承担。如此，《民法典》第 577 条在抵押人违约责任的讨论中，有意义的承担方式在于“继续履行”和“赔偿损失”。

学说上就“继续履行”和“赔偿损失”的适用顺序，一直存在争议。有观点

---

① 参见倪龙燕：《不动产抵押合同的效力探析——以实务中法律救济裁判路径为出发点》，载《法治研究》2019 年第 1 期。

② 参见王利明：《合同法研究（第二卷）》（第三版），中国人民大学出版社 2018 年版，第 474 页；杨代雄：《抵押合同作为负担行为的双重效果》，载《中外法学》2019 年第 3 期。

③ 参见倪龙燕：《不动产抵押合同的效力探析——以实务中法律救济裁判路径为出发点》，载《法治研究》2019 年第 1 期。

④ 如最高人民法院（2015）民申字第 2354 号民事裁定书。

⑤ 参见最高人民法院（2015）民二终字第 337 号民事判决书；贵州省高级人民法院（2016）黔民终 430 民事判决书；最高人民法院（2017）最高法民申 4503 号民事裁定书。在这些案件中，法院均判令抵押人依合同约定对案涉债务承担连带清偿责任。

⑥ 参见王利明：《合同法研究（第二卷）》（第三版），中国人民大学出版社 2018 年版，第 567 ~ 568 页。

认为，债权人可以选择适用，不能以法律规定的先后顺序而当然认定在适用上有先后次序；① 也有观点认为，继续履行的规范目的在于严守合同，债权人亦应附有努力使合同存续并获得合同上所负担之给付的义务，继续履行请求权也就有必要取得优先顺位。②

在债权构成和合同构成之间，我国合同法上选择了后者，继续履行也就不再只是债权的效力，而是与赔偿损失等相并列的违约救济方式，不再具有优先适用的效力。③ 这一观点得到了司法实践的多数支持。绝大多数裁判认为，在继续履行和赔偿损失之间，抵押权人享有选择权。抵押权人自可选择主张继续履行抵押合同，诉请抵押人履行抵押登记义务，④ 也可选择主张赔偿损失，诉请抵押人承担违约损害赔偿责任。⑤

不过，在《民法典》第580条但书规定之下，“法律上或者事实上不能履行”“债务的标的不适于强制履行或者履行费用过高”“债权人在合理期限内未请求履行”等几种情形下，排除继续履行的救济路径。例如，有判决即认为，因主债务履行期已期满，继续履行抵押合同办理不动产抵押权设立登记，已无必要。⑥ 但这一观点值得商榷。虽然主债务履行期届至而未获清偿，此时抵押合同约定的条件成就，但抵押权人就抵押财产因未登记而无法取得优先受偿权。如抵押权人主张继续履行抵押合同，就抵押财产办理抵押登记，使得抵押权人的权利优先，自有其积极意义。至于抵押权人未在主债权诉讼时效期间内请求办理不动产抵押登记的，应属“债权人在合理期限内未要求履行”的情形，因为即使抵押权已经办理设立登记，此际抵押权亦不受保护。在解释上，抵押财产已经毁损灭失或被转让、被查封的，或者抵押合同因主合同消灭而消灭的，属于“法律上或者事实上不能履行”，自无法寻求继续履行的救济路径。

司法实践中，亦有裁判认为，在抵押权人诉请抵押人办理不动产抵押登记，但抵押人当庭明确表示不同意继续办理的，应驳回抵押权人的诉讼请求。⑦ 就此，只要符合继续履行的构成要件，法院自应作出胜诉裁判，而不待抵押人同意。在

---

① 参见王利明：《合同法研究（第二卷）》（第三版），中国人民大学出版社2018年版，第566页；崔建远：《合同法学》，法律出版社2015年版，第274页；韩世远：《合同法总论》（第四版），法律出版社2018年版，第774页。

② 参见王洪亮：《债法总论》，北京大学出版社2016年版，第265页。

③ 参见谢鸿飞：《合同法学的新发展》，中国社会科学出版社2014年版，第467页。

④ 参见重庆市第二中级人民法院（2015）渝二中法民终字第2170号。该案虽然是针对采矿权抵押权，但其解释原理与不动产抵押权相同。

⑤ 参见最高人民法院（2017）最高法民终934号民事判决书；最高人民法院（2017）最高法民终718号民事判决书。

⑥ 参见山东省高级人民法院（2016）鲁民终1076号民事判决书。

⑦ 参见江苏省南京市中级人民法院（2016）苏01民终9999号民事判决书。

抵押权人请求抵押人继续履行抵押合同、办理不动产抵押登记，并得到胜诉裁判的情形之下，如抵押人拒不执行生效裁判，抵押权人自得以胜诉裁判为依据，直接请求登记部门办理抵押登记手续。①

《民法典担保制度解释》第 46 条第 1 款规定："不动产抵押合同生效后未办理抵押登记手续，债权人请求抵押人办理抵押登记手续的，人民法院应予支持。"这明确了债权人的继续履行请求权。但从第 2 款与第 3 款所规定的损害赔偿请求权来看，《民法典担保制度解释》似在继续履行与损害赔偿之间已作出顺序安排，即不动产抵押合同生效后抵押权尚未登记的，债权人先主张继续履行请求权不能时，才可行使损害赔偿请求权。② "继续履行"与"赔偿损失"之间无先后顺序是学界通说。就未办理抵押登记的违约责任而言，虽然"继续履行"可以使得债权人就抵押财产取得优先受偿权，貌似债权人选择继续履行补办抵押登记更为有利，但"继续履行"的请求是否最终得到满足，取决于诸多不确定的因素，不仅要取得胜诉裁判，而且需要抵押人的配合，这无疑延缓了权利的实现，增加了成本。此际，债权人直接请求抵押人承担违约损害赔偿责任，亦无不可，强制性地要求债权人先主张继续履行请求权，正当性不足。因此，认定《民法典担保制度解释》第 46 条对"继续履行"与"赔偿损失"之间的先后顺序未作规定，较为妥当。

2. 抵押权人的损失是主债务未受清偿的部分还是不能清偿的部分？

在主从关系的原理之下，抵押合同为担保主债务清偿的工具。《民法典》第 584 条前段"当事人一方不履行合同义务或者履行合同义务不符合约定，造成对方损失的"中的"损失"，应考虑主债务的履行情况。裁判中就此形成两种不同的观点。一种观点认为，这里的"损失"系指主债务未受清偿的部分。"债权人选择通过诉讼的方式维护自身的权利，主债务人到期不履行生效判决确定的债务时，债权人即可要求抵押人以抵押物的价值为限，在债务人未履行部分的范围内承担损害赔偿责任，并不需以人民法院对债务人的财产进行强制执行为前提。"③另一种观点认为，这里的"损失"系指主债务不能清偿的部分。"［抵押人］承担的是抵押权损失赔偿责任，应当以债务人［主债务人］不能清偿的部分为限"。④

在《民法典》第 584 条之下，抵押人未履行登记义务，自属违约，但因此给

① 参见尹田：《物权法》（第二版），北京大学出版社 2017 年版，第 521 页；倪龙燕：《不动产抵押合同的效力探析——以实务中法律救济裁判路径为出发点》，载《法治研究》2019 年第 1 期；范小华：《未办理抵押登记的不动产抵押合同中抵押人责任研究》，载《法律适用》2015 年第 4 期。

② 参见王叶刚：《论未办理抵押登记时不动产抵押合同的效力——兼评〈担保法司法解释〉第 46 条》，载《现代法学》2022 年第 1 期。

③ 四川省高级人民法院（2015）川民终字第 129 号民事判决书。

④ 山东省高级人民法院（2016）鲁民终字第 1076 号民事判决书。

抵押权人造成的损失，尚无法仅依抵押合同加以判断。因为，就抵押合同而言，抵押人未履行登记义务仅使抵押权人丧失就抵押财产的优先受偿权。不动产抵押权未设定时抵押权人损失的认定，可类推适用担保无效之时，担保权人的损失认定规则。就此，《民法典担保制度解释》以“债务人不能清偿部分”作为债权人的损失（第17条），抵押权人的损失也就应体现为就主债务人方便执行的责任财产强制执行仍然未受清偿的部分，亦即主债务不能清偿的部分。同时，基于抵押合同的从属性，抵押合同中就担保范围有特别约定的（即仅提供有限抵押的），尚须在“主债务不能清偿的部分”与抵押担保范围之间进行比较，以其中较小者作为抵押人的违约损害赔偿范围。

3. 抵押人相对于主债务而言是补充责任还是连带责任？

如不动产抵押登记依约办理完毕，在抵押权实现条件成就之时，抵押权人自可选择向主债务人主张主债权，亦可选择向抵押人行使抵押权。此际，抵押人并无顺序利益，不得以抵押权人应先向主债务人主张主债权而为抗辩。在不动产抵押权因未登记而未设定、抵押合同仍然有效的情形之下，抵押人对于主债务人而言是否存在顺序利益，亦即抵押人的违约损害赔偿责任相对于主债务的履行责任而言是补充责任还是连带责任，不无疑问。

裁判中呈现出两种不同的观点。一种观点认为，抵押人应在抵押财产价值范围内对案涉债务承担连带清偿责任，① 或者未直接表明抵押人应承担连带责任还是补充责任，判决抵押人承担的赔偿“损失范围相当于在抵押财产价值范围内主债务人未清偿债务数额部分”；② 另一种观点认为，抵押人应在抵押财产价值范围内承担补充赔偿责任。③“［债权人］要求［主债务人］履行还款义务与［债权人］依据《抵押反担保合同》要求［抵押人］承担损害赔偿的违约责任系基于不同的请求权基础，［主债务人］对［债权人］的还款责任与［抵押人］对［债权人］承担的损害赔偿责任并不构成连带责任”。④ 抵押人承担的是抵押权损失赔偿责任，应当以债务人不能清偿的部分为限，⑤ 因为法律未办理不动产抵押登记时抵押担保人的责任形态未作规定，双方也没有明确约定抵押人承担连带责任，则抵押人对抵押权人的赔偿请求享有先诉抗辩权。⑥

---

① 参见最高人民法院（2015）民申字第3299号民事裁定书。类似的裁判还有山西省高级人民法院（2016）晋民终718号民事判决书；甘肃省高级人民法院（2017）甘民申174号民事裁定书。

② 参见上海金融法院（2021）沪74民终1365号民事判决书。

③ 参见最高人民法院（2017）最高法民终718号民事判决书。类似的裁判还有广东省高级人民法院（2016）粤民再32号民事判决书；山东省高级人民法院（2016）鲁民终1076号民事判决书。

④ 四川省高级人民法院（2015）川民终字第129号民事判决书。

⑤ 参见新疆维吾尔自治区阿克苏地区中级人民法院（2021）新29民终1365号民事判决书。

⑥ 参见江西省修水县人民法院（2021）赣0424民初2691号民事判决书。

对本论题的回答与上一论题一脉相承。既然抵押权人的损失是主债务不能清偿的部分，抵押人对于主债务人而言即享有顺序利益，仅在主债务人不能清偿主债务时承担补充责任。不过，在解释上亦可认为，即使认为抵押人仅在主债务人不能清偿主债务时承担违约损害赔偿责任，也不妨认定抵押人与主债务人承担连带责任，但此时令主债务人承担连带清偿责任，已无实际意义。主张抵押人承担连带责任的主要理由在于：其一，“抵押人承担的类似于保证责任的非典型担保责任，则根据我国《担保法》以连带保证为原则的法理，抵押人自然应当与债务人承担连带责任，只不过其责任范围并不以主债务为限，而是以抵押物的价值为限罢了”。[①] 其二，抵押人存在过错时仅需对债务人不能清偿的债务承担补充赔偿责任，这违背违约责任的“完全赔偿原则”，加重抵押权人实现债权的负担，因而债权人在实现抵押权条件成就时，有权直接要求抵押人对其损失承担赔偿责任，无须以对债务人强制执行为前提。[②] 其三，债权人的损失为债务人无法履行的债务，而非未履行的债务，因而其可直接向抵押人主张赔偿。[③] 其四，抵押人因违约承担的损害赔偿责任在性质上应属于不真正连带债务，仅在其自身引起的损害范围内承担赔偿责任，并在承担责任后可向债务人代位求偿。[④]

依据《民法典》第 178 条第 3 款的规定，连带责任的承担以法律的直接规定或者当事人的明确约定为前提。就不动产抵押权未登记之时抵押人和主债务人之间的关系，法律上并无连带责任的直接规定，在解释上即可认为，如当事人之间并无抵押人与主债务人之间承担连带责任的明确约定，抵押人所承担的应是具有补充性的违约损害赔偿责任，判令抵押人承担连带责任“既超出抵押合同约定范围，也不符合违约损害赔偿责任的法理”。[⑤]《民法典担保制度解释》第 46 条第 2 款与第 3 款分别规定，在抵押财产因不可归责于抵押人自身的原因灭失或者被征收等导致不能办理抵押登记的情形，债权人仅能请求抵押人在其所获金额范围内承担赔偿责任；在因抵押人转让抵押财产或者其他可归责于抵押人自身的原因导致不能办理抵押登记的情形，债权人可以请求抵押人在约定的担保范围内承担赔偿责任。就抵押人与主债务人是连带责任还是补充责任关系，《民法典担保制度

---

① 葛洪涛：《未办理登记的不动产抵押合同的效力》，载贺小荣主编：《最高人民法院民事审判第二庭法官会议纪要：追寻裁判背后的法理》，人民法院出版社 2018 年版，第 244 页。

② 参见高燕竹、王晶晶：《不动产未办理抵押登记情形下抵押人责任的裁判路径分析》，载《法律适用》2020 年第 12 期。

③ 参见杨代雄：《抵押合同作为负担行为的双重效果》，载《中外法学》2019 年第 3 期；王叶刚：《论未办理抵押登记时不动产抵押合同的效力——兼评〈担保法司法解释〉第 46 条》，载《现代法学》2022 年第 1 期。

④ 参见冉克平：《论未登记不动产抵押合同的效力》，载《法律科学（西北政法大学学报）》2020 年第 1 期。

⑤ 最高人民法院（2017）最高法民终 718 号民事判决书。

解释》未作规定。即使抵押人承担补充的违约赔偿责任，也能保障债权人的债权权益。在第三人抵押场合，要求抵押人承担连带赔偿责任，意味着抵押人承担责任后，还需向债务人追偿。这增加了相应成本。因此，从合比例性角度而言，抵押人承担补充的违约赔偿责任即可解决问题，完全不必将其加重为连带责任。

4. 抵押人承担违约损害赔偿责任的财产范围

抵押人的违约损害赔偿责任范围的判定，自应适用《民法典》第 584 条。[①]抵押合同履行后，抵押权人的利益体现为就抵押财产优先受偿，抵押合同尚未履行时，抵押人可预见给抵押权人造成的损失，也就是就抵押财产无法取得优先受偿权。如此，抵押人的违约损害赔偿责任也就应以抵押财产的价值为限，否则，如抵押人承担违约损害赔偿责任的财产范围超过抵押财产的价值，即与《民法典》第 584 条所定可预见规则相违。正如有裁判中主张的那样，"债权人与抵押人、质押人签订物的担保合同时，对于其只能在担保物价值范围内享有优先受偿权有着明确的预见，[抵押人、质押人] 未办理房产抵押登记以及股权质押登记，给 [债权人] 所造成的损失应当限于本应抵押的房产、本应质押的股权价值范围内。至于担保物价值嗣后的变动，属于当事人在订立合同时应当预见的正常风险。"[②]

有裁判认为，抵押人"承担主合同债务人同等义务的赔偿责任"，[③] 将抵押人的违约损害赔偿责任认定或类推为保证责任，忽略了保证责任与抵押合同责任的区分。保证责任的效力及于保证人的全部责任财产，但抵押合同责任的效力仅高于抵押人的抵押财产。从这个角度上讲，抵押人的违约损害赔偿责任"类似于有限保证，本质上属于非典型担保的一种"。[④] 由此，绝大多数的裁判将抵押人的违约损害赔偿责任限定在抵押财产的价值范围内，值得赞同。

至于抵押财产价值的认定时点，在抵押财产仍然现实存在且处分权没有限制的情形之下，抵押权人自可就抵押财产请求变价，并以变价款填补其因主债务不能清偿所受损失，只不过没有优先受偿权。在解释上，抵押人承担违约损害赔偿责任的财产范围自是抵押权人权利实现之时抵押财产的价值。"至于担保物价值嗣后的变动，属于当事人在订立合同时应当预见的正常风险。"[⑤] 不过，在因抵押人的原因导致抵押财产毁损灭失或被转让、查封的情况下，抵押权人就抵押财产

---

① 《民法典》第 584 条中规定："损失赔偿额应当相当于因违约所造成的损失，包括合同履行后可以获得的利益；但是，不得超过违约一方订立合同时预见到或者应当预见到的因违约可能造成的损失。"

② 最高人民法院（2017）最高法民终 934 号民事判决书。

③ 江西省高级人民法院（2015）赣民二终字第 49 号民事判决书。

④ 葛洪涛：《未办理登记的不动产抵押合同的效力》，载贺小荣主编：《最高人民法院民事审判第二庭法官会议纪要：追寻裁判背后的法理》，人民法院出版社 2018 年版，第 243 页。

⑤ 最高人民法院（2017）最高法民终 934 号民事判决书。

的变价款受偿的请求即不能实现，此时，应以抵押合同成立时抵押财产的价值为限就抵押人的其他责任财产求偿。

《民法典担保制度解释》第46条第3款规定："因抵押人转让抵押财产或者其他可归责于抵押人自身的原因导致不能办理抵押登记，债权人请求抵押人在约定的担保范围内承担责任的，人民法院依法予以支持，但是不得超过抵押权能够设立时抵押人应当承担的责任范围。"本条中的"抵押权能够设立时抵押人应当承担的责任范围"，在解释上还需比较抵押合同中约定的担保范围与抵押财产的价值，即在抵押合同中约定的担保范围大于抵押财产的价值时，"抵押人应当承担的范围"以抵押合同生效时抵押财产的价值为限；在抵押合同中约定的担保范围小于抵押财产的价值时，"抵押人应当承担的范围"以抵押合同约定的担保范围为限。①

5. 过错在抵押人违约损害赔偿中的意义

在抵押人违约损害赔偿责任的归责原则上，实务中还存在着过错责任与严格责任的认识分歧。② 如有裁判认为，"由于［抵押人］与［抵押权人］存在同等程度的违约行为，负有同等违约责任，［抵押人］赔偿损失的范围应为抵押物价值的二分之一，而非抵押物价值的全部。"③ 这里明确了过错（过失）在认定抵押人违约损害赔偿责任中的意义。

就《民法典》第577条违约责任的一般规定，多数学者认为，我国法上违约责任以严格责任（无过错责任）为一般归责原则；例外地也承认特殊情形之下以过错责任为特殊的归责原则。④ 即使主张《民法典》第577条不是为了确立各种违约责任方式适用条件的学者，也认为违反结果性义务的违约损害赔偿责任系采用严格责任，不考虑违约方的主观状态。⑤ 抵押合同下的登记义务，是为了产生一个约定的结果——使不动产抵押权得以设定，而不是要求践行合理的注意与技能。由此，登记义务是结果性义务，而非方式性义务，如抵押人期满未使抵押权人获得约定的结果，除违约因不可抗力免责外，不管抵押人的主观状态如何，均应承担损害赔偿责任。

---

① 参见高圣平：《民法典担保制度及其配套司法解释理解与适用》，中国法制出版社2021年版，第544页。

② 参见葛洪涛：《未办理登记的不动产抵押合同的效力》，载贺小荣主编：《最高人民法院民事审判第二庭法官会议纪要：追寻裁判背后的法理》，人民法院出版社2018年版，第243页。

③ 山东省高级人民法院（2016）鲁民终1076号民事判决书。

④ 参见王利明：《合同法研究（第二卷）》（第三版），中国人民大学出版社2018年版，第435～437页；梁慧星：《从过错责任到严格责任》，载梁慧星主编：《民商法论丛》第8卷，法律出版社1997年版，第1页以下；崔建远：《合同法学》，法律出版社2015年版，第250～251页；韩世远：《合同法总论》（第四版），法律出版社2018年版，第748页。

⑤ 参见朱广新：《合同法总则研究》（下册），中国人民大学出版社2018年版，第669～670页。

本节“不动产抵押权未登记时违约行为的判断”部分所引关于抵押人和抵押权人对于不动产抵押权未登记均有过错的裁判观点，系以《民法典》第 592 条关于双方违约规则为规范基础，判令由抵押人和抵押权人各自承担相应的责任。但正如前述，办理不动产抵押权设立登记仅为抵押人的义务，抵押权人未协助配合办理登记在性质上属于受领迟延，并不构成抵押权人的违约，也就没有《民法典》第 592 条双方违约规则的适用。为设定不动产抵押权，需要抵押权人在办理抵押登记时予以配合，抵押权人的协助与配合属于债务履行的受领。学说上认为，受领并非债权人的义务，相反，是债权人享有的权利（给付受领权），其行使与否，当属债权人的自由。① 此时，抵押权人也存在一定过错，如在知晓案涉房屋无法办理抵押登记后，未采取降低授信额度、不予（或减少）发放贷款、要求提供补充担保等措施防止损失扩大，也应承担一定责任，从而可适当减轻抵押人的责任。② 在抵押人已经向抵押权人提出协助办理抵押登记的请求，而抵押权人未予以协助的，构成受领迟延。受领迟延责任不属于违约责任的范畴，不以抵押权人的主观状态为前提，其法律效果大多体现为抵押人责任的减轻或者免除。

《民法典担保制度解释》第 46 条第 2 款规定：“抵押财产因不可归责于抵押人自身的原因灭失或者被征收等导致不能办理抵押登记，债权人请求抵押人在约定的担保范围内承担责任的，人民法院不予支持；但是抵押人已经获得保险金、赔偿金或者补偿金等，债权人请求抵押人在其所获金额范围内承担赔偿责任的，人民法院依法予以支持。”结合第 3 款可知，对于“不能办理抵押登记”的事实，抵押人仅在因其转让抵押财产或者其他可归责于自身的原因导致不能办理抵押登记时，才承担赔偿责任，而在抵押财产因不可归责于抵押人自身的原因灭失或者被征收等导致不能办理抵押登记，且未获得保险金、赔偿金或者补偿金等替代性财产时，无须承担赔偿责任；但抵押人的登记义务发生于抵押合同生效时，即使抵押财产因不可归责于抵押人自身的原因灭失或者被征收等导致不能办理抵押登记，也不能改变抵押人违约的客观事实，因而此时豁免抵押人的违约赔偿责任，值得商榷。③ 因为依《民法典》第 590 条的规定，因不可抗力履行不能的，可部分或全部免除责任，但迟延履行后发生不可抗力，则不能免除违约责任。“存在不可抗力等免责事由，则抵押人有权主张不承担违约损害赔偿责任，”④ 但这只是

① 参见朱广新：《合同法总则研究》（下册），中国人民大学出版社 2018 年版，第 764 页。

② 参见高燕竹、王晶晶：《不动产未办理抵押登记情形下抵押人责任的裁判路径分析》，载《法律适用》2020 年第 12 期。

③ 参见高圣平：《民法典担保制度及其配套司法解释理解与适用》，中国法制出版社 2021 年版，第 546 页。

④ 参见王叶刚：《论未办理抵押登记时不动产抵押合同的效力——兼评〈担保法司法解释〉第 46 条》，载《现代法学》2022 年第 1 期。

其一种可能性，不能完全排除抵押人不承担违约责任。另外，抵押财产因不可归责于抵押人自身的原因灭失且不构成不可抗力进行免责时，抵押人的违约责任不可免除，除非抵押人未获得对应的损害赔偿等代位物。例如，房屋共有人以房屋为标的物签订抵押合同，因其他共有人被强制执行而导致不能办理房屋抵押登记时，一审法院依据《民法典担保制度解释》第 46 条第 2 款判决免除抵押人的违约责任；二审法院则认为抵押财产不能办理抵押登记的事由是抵押财产被另案查封，这与第 46 条第 2 款中所列举的“灭失”“征收”不属于相同性质的事件，不属于免予承担赔偿责任的情形。[①] 可见，一方面，《民法典担保制度解释》第 46 条第 2 款实际误把责任承担中的过错考量纳入责任承担中，将违约责任的严格责任原则当作过错责任原则。[②] 另一方面，本条认可债权人就抵押人获得的保险金、赔偿金或者补偿金等替代性财产范围内获得赔偿，是一种担保责任思维，而非违约责任承担的考量，以至未具体区分抵押人在承担违约责任时的免责情形。

五、小　结

在我国实定法上，不动产抵押权未登记在物权变动上的法律效果至为清晰，即不动产抵押权未设立，但基于不动产登记制度尚不健全的现实，在例外的情形亦承认其物权效力，只不过不能对抗抵押财产上的物权人。不动产抵押权未登记，并不影响抵押合同的效力，此为《民法典》上物权变动的原因与结果相区分规则的当然反映。此时，厘清登记义务的归属，把握共同申请登记原则之下抵押权人配合登记的行为性质，对于认定抵押合同的违约责任具有重大意义。与不动产转让时的移转登记相当，办理抵押登记是抵押人的义务，共同申请之下抵押权人配合登记，仅为受领给付。抵押人未尽登记义务，导致不动产抵押权未设立的，构成违约，自应依据合同法上的一般规则承担违约责任。

《民法典担保制度解释》第 46 条与第 48 条就本节所及论题已作规定，其中明确了不动产抵押权未登记时抵押人责任的几个关键点：其一，抵押人是登记义务人，抵押权人不是登记义务人，抵押权人怠于履行协助义务的，属于受领迟延，可以减轻甚至免除抵押人的责任；其二，抵押人未履行登记义务所承担的责任在性质上属于违约责任，承担方式可以是继续履行抵押合同、办理抵押登记，也可以是违约损害赔偿；其三，抵押人承担违约责任，先补办抵押登记手续，在“怠于履行办理登记义务”时才承担赔偿责任，在“继续履行”与“赔偿损失”之间也就有了先后顺序；其四，抵押人的违约损害赔偿责任是补充责任，范围限

① 参见上海金融法院（2021）沪 74 民终 1365 号民事判决书。

② 参见王叶刚：《论未办理抵押登记时不动产抵押合同的效力——兼评〈担保法司法解释〉第 46 条》，载《现代法学》2022 年第 1 期。

定于主债务人不能清偿的部分，但当事人另有约定的除外；其五，抵押人承担违约损害赔偿责任“以抵押权能够设立时抵押人应当承担的责任范围”；其六，登记机构对于当事人不能办理抵押登记存在过错时，应承担赔偿责任。

这里，值得商榷的有两点。第一，抵押人与主债务人是连带责任还是补充责任关系，尚无明文规定，裁判实践对此亦不统一。在当事人就此没有约定的情形之下，利益平衡上，有必要将抵押人的违约责任确定为补充责任，以债务人不能清偿的范围为限。第二，第五项并未考虑具体案型。正如前述，在案涉抵押财产仍为抵押人的责任财产的情形之下，抵押人的违约损害赔偿责任应以抵押权人实现其权利时抵押财产的价值为限；在案涉抵押财产已不构成抵押人责任财产的情形之下，抵押人的违约损害赔偿责任应以抵押合同成立时抵押财产的价值为限。同时，如抵押合同中约定的担保范围小于主债务人不能清偿部分之时，抵押人的违约损害赔偿范围应以前者为准，否则与《民法典》第584条第1款可预见规则相违。

《民法典》视野下农地融资担保的解释论

农地融资担保交易规则散见于《民法典》和《农村土地承包法》，尚须经由解释而确定。“两权分离”之下，承包农户借以融资担保的是土地承包经营权，而非土地经营权，在未发生“三权分置”的情形之下，承包农户经营承包地的权利就是土地承包经营权，而非土地经营权。在抵押权设立之时，承包农户并非为金融机构派生土地经营权，也非在土地承包经营权之上为自己设立土地经营权，再以土地经营权为金融机构设立抵押权。“三权分置”之下，第三方经营主体以其土地经营权担保融资之时，金融机构所取得的担保物权属于抵押权，土地经营权定性为物权抑或债权，均无不同。土地承包经营权抵押权和土地经营权抵押权均采登记对抗主义。土地承包经营权抵押权实现时，主要以土地经营权的流转价款或经营收益优先清偿债务。

一、问题的提出

回应新一轮土地制度改革成果，是《民法典》物权编编纂的主要任务之一。[①] 就农地融资担保，[②] 原《农村土地承包法》和《物权法》基于社会保障、耕地保护、粮食安全、社会稳定等的政策目标，禁止“耕地……集体所有的土地使用权”抵押融资，[③] 仅允许“以招标、拍卖、公开协商等方式取得的荒地等土地承包经营权”作为抵押财产。“以家庭承包方式取得的土地承包经营权”，在解释上属于《物权法》第184条所称的“耕地……集体所有的土地使用权”，但凡以之

① 参见王晨：《关于〈中华人民共和国民法典（草案）〉的说明——2020年5月22日在第十三届全国人民代表大会第三次会议上》，载《中华人民共和国全国人民代表大会常务委员会公报》2020年特刊；沈春耀（全国人大常委会法制工作委员会主任）：《关于〈民法典各分编（草案）〉的说明——2018年8月27日在第十三届全国人民代表大会常务委员会第五次会议上》，载《民法典立法背景与观点全集》编写组编：《民法典立法背景与观点全集》，法律出版社2020年版，第23页。

② 本书所谓“农地”仅指农用地，即从事农业生产的土地，不包括集体建设用地、宅基地等。

③ 参见温世扬：《从〈物权法〉到“物权编”——我国用益物权制度的完善》，载《法律科学（西北政法大学学报）》2018年第6期；全国人大常委会法制工作委员会编（胡康生主编）：《中华人民共和国农村土地承包法释义》，法律出版社2002年版，第119～120页；全国人大常委会法制工作委员会民法室编：《中华人民共和国物权法条文说明、立法理由及相关规定》（第二版），北京大学出版社2017年版，第416页。

担保融资的，均为裁判所否定。[①] 在完善土地承包经营权权能、提高农民财产性收入的政策目标之下，《中共中央关于全面深化改革若干重大问题的决定》指出：要“赋予……承包经营权抵押、担保权能”。就此，全国人民代表大会常务委员会作出决定，授权国务院在试点地区暂时调整实施《物权法》等关于集体所有的耕地使用权不得抵押的规定，以使试点改革于法有据；国务院及其相关组成部门也出台了试点文件，对试点工作作了相应部署。农地融资担保试点取得了良好的绩效，全面推开条件已经成熟，应修改相关法律予以体现。[②]《农村土地承包法》率先于2018年12月完成修订工作，作为民事基本法律的《民法典》在此基础上对《物权法》的相关规则也做了相应修改。由于立法之时回避了相关争议问题，这些新规则的解释和适用也就见解纷呈。

二、“两权分离”之下农地融资担保的标的物

《民法典》同时反映“两权分离”和“三权分置”之下的农地生产关系。“三权分置”的情形毕竟还是少数，“目前，农村已有30%以上的承包农户在流转承包地，流转面积4.79亿亩”，[③]《民法典》的规制重心也就放在了完善“两权分离”之下的规则体系，以契合“三权分置”所带来的体系效应。就此，《民法典》首先将“土地承包经营权”定性为集体土地所有权派生出的一种用益物权，以反映“两权分离”之下的农地产权结构，旨在稳定集体与承包农户之间关于农地资源的配置关系；其次，《民法典》强化土地承包经营权的身份属性，不仅将土地承包经营权的转让、互换局限在本集体经济组织内部，而且将其主体不具有身份属性的“以招标、拍卖、公开协商等方式取得的荒地等土地承包经营权”重构为土地经营权，置重于农地的社会保障功能，强调农地在本集体成员之间的公平分配。[④]

现代农业的转型以高投入为基本前提，在政策金融之外，商业金融的供给即为其中重要一环。基于风险控制的需要，信贷担保物的范围扩张就成了商业金融据以展开的基本逻辑。农地融资担保试点目标即为如此，《民法典》物权编的编纂亦是如此。土地承包经营权作为承包农户的主要经营性资产，也就进入了融资

① 参见吴国喆：《“三权分置”背景下农地抵押的规则设计》，载《北方法学》2018年第5期。

② 《国务院关于全国农村承包土地的经营权和农民住房财产权抵押贷款试点情况的总结报告——2018年12月23日在第十三届全国人民代表大会常务委员会第七次会议上》，载《中华人民共和国全国人民代表大会常务委员会公报》2019年第1期。

③ 刘振伟：《关于〈中华人民共和国农村土地承包法修正案（草案）〉的说明——2017年10月31日在第十二届全国人民代表大会常务委员会第三十次会议上》，载《中华人民共和国全国人民代表大会常务委员会公报》2019年第1期。

④ 参见高圣平：《〈民法典〉与农村土地权利体系：从归属到利用》，载《北京大学学报（哲学社会科学版）》2020年第6期。

担保的视野。

就抵押财产的范围，《物权法》采取了正面列举（第180条）和反面排除（第184条）相结合的方法，共同为当事人之间的融资担保行为提供规范指引，有利于明晰法律关系，维护交易安全。[①]《民法典》维系了这一立法方法，于第395条正面列举了抵押财产的范围，第399条反面排除了不得抵押的财产范围。在农地融资担保试点的成熟经验的基础上，《民法典》删除了《物权法》第184条第2项关于禁止“耕地……集体所有的土地使用权”抵押的规定，但同时删除了《物权法》第180条第1款第3项关于允许“以招标、拍卖、公开协商等方式取得的荒地等土地承包经营权”的规定。在体系解释上，土地承包经营权即属第395条所定“法律、行政法规未禁止抵押的其他财产”的范畴。由此，《民法典》就土地承包经营权抵押融资交易，虽然没有明示认可，但也未反面排除。其中也就没有明确规定此类抵押权的设立规则，交易模式的展开也就指向了民事特别法——《农村土地承包法》。

《农村土地承包法》第47条第1款前段规定：“承包方可以用承包地的土地经营权向金融机构融资担保，并向发包方备案。”这里，将承包方据以融资担保的财产界定为“承包地的土地经营权”，而非“土地承包经营权”。由此引发了承包方利用承包地展开融资担保之时，标的财产究竟是“土地经营权”还是“土地承包经营权”的争议。

《农村土地承包法》修正通过之后，学者间有观点认为，此际的融资担保财产是“土地经营权”，主要理由是：其一，承包方向金融机构融资担保，属于《农村土地承包法》第36条和《民法典》第339条所规定的“其他方式”之一，亦属土地经营权的设立方式。因此，承包方向金融机构融资担保，即为金融机构设立土地经营权。[②] 其二，基于第47条第1款本身的文义，抵押客体只是土地经营权而非土地承包经营权本身。[③]“承包地经营权，按照字面理解，应当是权利人存于农村已经承包土地上的以该土地从事农业生产经营活动的权利。承包地经营权抵押中的担保财产就是承包地经营权。”[④] 从该法的相关规定来看，土地经营权

① 参见高圣平：《担保法论》，法律出版社2009年版，第298页。

② 参见李国强：《〈民法典〉中两种“土地经营权”的体系构造》，载《浙江工商大学学报》2020年第5期；郭志京：《民法典视野下土地经营权的形成机制与体系结构》，载《法学家》2020年第6期。

③ 参见祝之舟：《农村土地承包经营权的功能转向、体系定位与法律保障》，载《农业经济问题》2020年第5期；王杨、孙蕊：《乡村振兴视域下土地经营权融资担保法律制度研究》，载《中国土地科学》2020年第10期。

④ 许明月：《农村承包地经营权抵押融资改革的立法跟进》，载《比较法研究》2016年第5期。

“原本属于承包人所享有”。[①] 虽然在不发生承包地流转的情况下并不产生“土地经营权”，但当承包农户以其承包地进行担保融资之时，其标的财产是不具有身份属性的“土地经营权”。[②] 其三，用作担保的标的须为可自由处分的财产，否则就与担保物权之核心权能变价处分权相违背，而得以自由转让的系土地经营权而非土地承包经营权。[③] 土地承包经营权具有严格的身份属性，将其用于担保融资，会在实现抵押权时遭遇制度障碍。[④] 土地承包经营权虽具有经营权能，但因其负载社会保障功能，法律上赋予其身份属性，土地承包经营权不得自由流转的基本立场在《农村土地承包法》中未被撼动。这应当是该法未直接指明其为担保之客体的理由。[⑤] 如允许土地承包经营权抵押，一旦实现抵押权，即意味着土地承包经营权的丧失，“这与我国农村土地承包权设置的初衷相背，也不符合现行农村土地改革的政策底线。”因此，“即便是土地承包经营权人自己经营也是就土地经营权进行抵押，并不触及带有生存和生活保障的承包权。”[⑥] 其四，域外法上就自己他物权已有所有人地上权、自己地役权等立法例，可兹参照。[⑦] 承包农户为自己设立独立存在、期限特定的土地经营权，再以此土地经营权融资担保。其中，为自己设立土地经营权属于土地承包经营权的权能，融资担保则属于土地经营权的权能，而不是土地承包经营权的直接权能。[⑧] 为避免登记程序上的烦琐，土地经营权的设立登记与担保登记须同时进行，无须先行办理设立登记。[⑨]

本书作者认为，承包农户用以担保融资的标的财产仍然是土地承包经营权，主要理由如下：

---

① 张素华、张雨晨：《〈农村土地承包法〉》修订背景下土地经营权的法律内涵与制度供给》，载《广西大学学报（哲学社会科学版）》2019 年第 1 期。

② 参见李长健、兰馨：《农村土地经营权抵押的法律适用及运行保障——以〈农村土地承包法修正案（草案）〉为中心》，载《吉首大学学报（社会科学版）》2018 年第 9 期。

③ 参见宋志红：《再论土地经营权的性质——基于对〈农村土地承包法〉的目的解释》，载《东方法学》2020 年第 2 期；席志国：《〈民法典·物权编〉评析及法教义学的展开》，载《东方论坛——青岛大学学报（社会科学版）》2021 年第 2 期。

④ 参见张晓娟：《三权分置背景下农村土地经营权抵押规则之构建》，载《重庆社会科学》2019 年第 2 期。

⑤ 参见房绍坤、林广会：《解释论视角下的土地经营权融资担保》，载《吉林大学社会科学学报》2020 年第 1 期。

⑥ 焦富民：《“三权分置”视域下承包土地的经营权抵押制度之构建》，载《政法论坛》2016 年第 5 期。

⑦ 参见房绍坤、林广会：《解释论视角下的土地经营权融资担保》，载《吉林大学社会科学学报》2020 年第 1 期。

⑧ 参见祝之舟：《农村土地承包经营权的功能转向、体系定位与法律保障——以新〈农村土地承包法〉为论证基础》，载《农业经济问题——以新〈农〉村土地承包法为论证基础》2020 年第 3 期。

⑨ 参见房绍坤、林广会：《解释论视角下的土地经营权融资担保》，载《吉林大学社会科学学报》2020 年第 1 期。

第一，在未发生流转土地经营权的情形之下，承包农户就承包地的权利在法律上表达为“土地承包经营权”，承包农户并不享有“土地经营权”。《农村土地承包法》第9条规定：“承包方承包土地后，享有土地承包经营权，可以自己经营，也可以保留土地承包权，流转其承包地的土地经营权，由他人经营。”这就意味着，在承包农户自己经营的情形之下，承包农户所享有的即为“土地承包经营权”，这一权利被《民法典》明定为一类用益物权，依物权法定原则，其种类（体现为这一权利的名称）和内容自不应改变。承包农户自己经营，是其行使其土地承包经营权的方式，亦即属于土地承包经营权的权能，并不表明此际承包农户还享有一个别异于土地承包经营权的“土地经营权”。集体土地所有权、土地承包经营权和土地经营权均有经营权能，但该经营权能与其他权能并非截然分开，而是浑然一体地构成权利本身，权能仅体现为权利的内容，①并不能以承包农户享有经营权能，就认为承包农户享有“土地经营权”。

第二，在法律已经明定土地经营权的内容的情形之下，承包农户享有的经营农地的权利不是土地经营权。在《民法典》和《农村土地承包法》之下，“土地承包经营权”和“土地经营权”是两个指称明确的权利类型，两者之间区别主要体现在，前者的主体为“土地承包经营权人”，即“承包农户”或“承包方”，权利的发生依据是承包农户和集体之间依照承包方案签订的承包合同或土地承包经营合同；而后者的主体为“土地经营权人”，即“有农业经营能力或者资质”的自然人、法人或者非法人组织，权利的发生依据是经营主体与承包农户或集体之间所签订的土地经营权流转合同或承包合同。②由此可见，承包农户依照承包合同或土地承包经营合同所取得的权利，即为土地承包经营权，并不享有土地经营权。《农村土地承包法》上“流转土地经营权”“土地经营权流转”的表述，仅仅只是表明自土地承包经营权派生出了土地经营权，并不表明土地经营权在流转之前就已经存在且由承包农户享有。

第三，强化土地承包经营权的身份属性，不能成为否定其担保能力的理由。《民法典》删去《物权法》关于禁止“耕地……集体所有的土地使用权”抵押的规定，其本意即在赋予土地承包经营权以融资担保能力。担保物权仅仅只是在所有权或其他基础权利之上的负担，其设立并不改变基础权利的属性和内容。承包

---

① 参见房绍坤、林广会：《解释论视角下的土地经营权融资担保》，载《吉林大学社会科学学报》2020年第1期。

② 根据《农村土地承包法》第48条、第49条的规定，就不宜采取家庭承包方式的荒山、荒沟、荒丘、荒滩等农村土地，可以由经营主体与集体之间通过招标、拍卖、公开协商等方式签订承包合同，承包方取得土地经营权。这里的“承包合同”已经没有了其本来的意义，实为土地经营权流转合同；这里的“承包方”，也不是本集体经济组织的农户，也就不再具有家庭承包的承包方的意义，实为土地经营权人。

农户以其土地承包经营权为金融机构设立抵押权，也不影响土地承包经营权的属性和内容。此际，土地承包经营权的主体并未发生改变，[①] 仍是承包农户在行使着土地承包经营权，并未为金融机构派生出土地经营权。因此，"作为担保物的土地经营权实际上还未现实存在，承包方是用将来的土地经营权融资担保，到需要实现担保物权时，土地经营权才从土地承包经营权中分离出来，作为优先受偿的财产出现。"[②] 即使认为融资担保客体是土地经营权的学者，也认为金融机构通过融资担保取得以土地经营权为客体的担保物权，而不是土地经营权本身；在担保物权实现以前，该土地经营权并未转移至金融机构，而仍旧属于承包农户。[③] 这足以说明，担保物权设立之时并未改变基础权利——土地承包经营权的身份属性，承包农户用以担保的仍然是土地承包经营权，仅仅只是在土地承包经营权抵押权实行之时，才为他人派生土地经营权，并以流转价款或经营收益优先受偿。此时，借由担保物权实现方式的革新，达到"不论承包经营权如何流转，集体土地承包权都属于农民家庭"的政策底线。[④] 因此，《农村土地承包法》第 47 条第 1 款前段"承包地的土地经营权""掩盖的复杂法律关系的核心之处在于通过强制设立土地经营权的方式保障担保物权的实现"。[⑤]

第四，《农村土地承包法》第 47 条是对试点经验的总结。作为新一轮土地制度改革的纲领性文件，《中共中央关于全面深化改革若干重大问题的决定》指出："赋予……承包经营权抵押、担保权能"，这里置重于完善土地承包经营权的抵押权能，明显是从"两权分离"的角度出发而考虑的；《中共中央、国务院关于全面深化农村改革加快推进农业现代化的若干意见》进一步指出："在落实农村土地集体所有权的基础上，稳定农户承包权、放活土地经营权，允许承包土地的经营权向金融机构抵押融资"，这里的"承包土地的经营权"是否同时反映"两权分离"和"三权分置"的情形，不无疑问。《国务院关于开展农村承包土地的经营权和农民住房财产权抵押贷款试点的指导意见》（以下简称《试点指导意见》）

---

① 参见单平基：《土地经营权融资担保的法实现——以〈农村土地承包法〉为中心》，载《江西社会科学》2020 年第 2 期。

② 黄薇主编：《中华人民共和国农村土地承包法释义》，法律出版社 2019 年版，第 200 页。

③ 参见祝之舟：《农村土地承包经营权的功能转向、体系定位与法律保障——以新〈农村土地承包法〉为论证基础》，载《农业经济问题》2020 年第 3 期。

④ 2013 年 12 月中央农村工作会议指出："坚持家庭经营基础性地位，农村集体土地应由作为集体经济组织成员的农民家庭承包，其他任何主体都不能取代农民家庭的土地承包地位，不论承包经营权如何流转，集体土地承包权都属于农民家庭。"值得注意的是，这里的"土地承包权"即为《民法典》上规定的土地承包经营权。参见高圣平：《农地三权分置视野下土地承包权的重构》，载《法学家》2017 年第 5 期。

⑤ 房绍坤、林广会：《解释论视角下的土地经营权融资担保》，载《吉林大学社会科学学报》2020 年第 1 期。

以及中国人民银行、中国银行业监督管理委员会等联合发布的《农村承包土地的经营权抵押贷款试点暂行办法》(以下简称《试点暂行办法》)将其界定为“通过家庭承包方式依法取得土地承包经营权和通过合法流转方式获得承包土地的经营权”。由此可见，政策文件中所称的“承包土地的经营权”涵盖了两种不同类型的“经营权”：未流转土地经营权时，承包农户自行行使的“经营权”；流转土地经营权时，受让方行使的“经营权”。其中，前者的法权表达是“土地承包经营权”；后者的法权表达是“土地经营权”。① 以土地承包经营权或土地经营权设定抵押均属“承包土地的经营权抵押”。②《农村土地承包法》第 47 条第 1 款前段“承包地的土地经营权”只是在“承包土地的经营权”基础上作了表述上的调整。

综上所述，基于土地经营权能和土地经营权的区别以及民法上权利生成的基本原理，承包农户的融资担保财产是土地承包经营权。这一解释结论也符合反映试点成果的基本要求，便于融资担保实践的衔接与展开。为使金融机构的抵押权取得对抗善意第三人的效力，当事人之间仅须在既有的土地承包经营权登记之上登记抵押权即可，无须先就土地经营权进行登记，再办理抵押权登记，或者无须同时办理土地经营权设立登记和抵押登记。这一额外的操作“不仅没有必要，而且，操作上也不可行。”③ 直接以土地承包经营权融资担保，既节约了交易成本，又便于制度衔接和当事人理解。

三、“三权分置”之下土地经营权融资担保的体系定位

《民法典》在“两权分离”的基础上增加了“三权分置”的内容，明定“土地承包经营权人可以自主决定依法采取出租、入股或者其他方式向他人流转土地经营权”，将“三权分置”之下的第三个权利称为“土地经营权”，旨在“促进土地资源合理利用，构建新型农业经营体系，发展多种形式适度规模经营，提高土地产出率、劳动生产率和资源利用率，推动现代农业发展”。④ 无论就“三权分置”之下的承包地产权结构持有何种观点，⑤ 对第三个权利“土地经营权”均无争议。同时，“‘四荒地’承包不涉及社会保障因素，承包方不限于本集体经济组

① 参见高圣平：《承包土地的经营权抵押规则之构建——兼评重庆城乡统筹综合配套改革试点模式》，载《法商研究》2016 年第 1 期。

② 参见王利明：《我国民法典物权编中担保物权制度的发展与完善》，载《法学评论》2017 年第 3 期。

③ 许明月：《农村承包地经营权抵押融资改革的立法跟进》，载《比较法研究》2016 年第 5 期。

④《中共中央办公厅、国务院办公厅关于完善农村土地所有权承包权经营权分置办法的意见》。

⑤ 这些观点的归纳和总结，参见高圣平：《农村土地承包法修改后的承包地法权配置》，载《法学研究》2019 年第 5 期；单平基：《分解、舍弃抑或改造：〈民法典〉编纂中土地承包经营权的定位》，载《南京农业大学学报（社会科学版)》2020 年第 3 期。

织成员，其取得的权利在性质上不同于土地承包经营权。”[①] 基于“三权分置”带来的体系效应，《民法典》将《物权法》上“以招标、拍卖、公开协商等方式取得的土地承包经营权”修改为土地经营权的一种形态，既纯化了土地承包经营权的身份属性，维系了承包地的保障功能，又坚持了土地经营权的制度功能，为下一步土地经营权规则的统合提供了前提。

赋予土地经营权以融资担保权能，从而为经营主体加大农业投入、增强农业生产的核心竞争力提供便利，也是土地经营权制度建构的重要考量因素和价值功能。[②]《农村土地承包法》和《民法典》就上述两类土地经营权的融资担保能力并无疑义，《农村土地承包法》第47条第1款和第53条规定更是分别将这两类土地经营权的融资担保权能定为明文。但《农村土地承包法》第47条第2款、第3款将土地承包经营权、土地经营权融资担保定性为“担保物权”，并未明确担保物权的种类。在解释上，土地承包经营权上所设立的担保物权，系属抵押权，对此并无争议。但就土地经营权融资担保的体系定位，则存较大分歧。在《农村土地承包法》修正立法的过程中，“由于各方面对继受取得的土地经营权是物权还是债权有争议，是作为用益物权设定抵押，还是作为收益权进行权利质押，分歧很大。”[③]“草案使用了‘融资担保’的概念，包含了抵押和质押等多种情形，既解决农民向金融机构融资缺少有效担保物的问题，又保持了与担保法等法律规定的一致性。”[④]

这一做法饱受诟病，[⑤] 并未达到物权法定的基本要求。在物权法定原则之下，物权的种类由法律规定。这里的“物权的种类”并不包括“用益物权”“担保物权”等上位意义的物权种类，而是指“抵押权”“质权”等中位意义的物权种类，或者“一般抵押权”“最高额抵押权”“动产质权”“权利质权”“动产抵押权”“土地承包经营权抵押权”“股权质权”“应收账款质权”等下位意义的物权种

---

① 胡可明：《全国人民代表大会宪法和法律委员会关于〈中华人民共和国农村土地承包法修正案（草案）〉修改情况的汇报——2018年10月22日在第十三届全国人民代表大会常务委员会第六次会议上》，载《中华人民共和国全国人民代表大会常务委员会公报》2019年第1期。

② 参见陈小君：《土地经营权的性质及其法制实现路径》，载《政治与法律》2018年第8期；耿卓：《农地三权分置改革中土地经营权的法理反思与制度回应》，载《法学家》2017年第5期。

③ 刘振伟：《巩固和完善农村基本经营制度》，载《农村工作通讯》2019年第1期。

④ 刘振伟：《关于〈中华人民共和国农村土地承包法修正案（草案）〉的说明——2017年10月31日在第十二届全国人民代表大会常务委员会第三十次会议上》，载《中华人民共和国全国人民代表大会常务委员会公报》2019年第1期。

⑤ 参见陈小君：《土地改革之“三权分置”入法及其实现障碍的解除——评〈农村土地承包法修正案〉》，载《学术月刊》2019年第1期；高圣平：《农村土地承包法修改后的承包地法权配置》，载《法学研究》2019年第5期；郭志京：《民法典土地经营权的规范构造》，载《法学杂志》2021年第6期。

类，其中后者的具体规范在形式上不明显，尚需根据法条布局和表达来辨析。①《农村土地承包法》第47条笼统地以上位的物权种类——“担保物权”加以规定，将直接导致具体规范的缺失，极易导致法律适用上的困难。②

（一）土地经营权的定性

学者间大多主张，土地经营权融资担保的体系定位端赖于土地经营权的定性。在《农村土地承包法》修正和《民法典》编纂过程中，就承包地“三权分置”之下新生的土地经营权的性质，立法论上存在“总括权利说”“物权说”“债权说”“两权说”四种主要观点。③在《农村土地承包法》2018年修正以及《民法典》通过之后，土地经营权的性质若何，学说上仍然存在较大的解释分歧。

第一种观点“物权债权二元说”认为，土地经营权依其流转期限是否已满5年④或者是否登记⑤分别定性为物权和债权。《民法典》第341条前句“流转期限为五年以上的土地经营权，自流转合同生效时设立”中的“设立”一词，是物权变动模式的典型表达。⑥由此可见，在《民法典》上，流转期限5年以下的土地经营权在性质上属于债权；流转期限5年以上的土地经营权，无论是否登记，在性质上均属物权，只不过，已行登记的土地经营权可以对抗善意第三人，⑦未登记的土地经营权不得对抗善意第三人，但可以对抗无担保债权人和恶意第三人。⑧

第二种观点“债权说”认为，土地经营权均属债权，只是流转期限5年以上的土地经营权经由登记取得对抗第三人的效力。基于放活土地经营权的政策目标，多种形式的土地经营权流转得到强调和鼓励，土地利用关系日益丰富，举凡短期租赁、代耕代种、农地托管、农地信托等，不断反映着当事人灵活自主安排交易的需求。⑨因此，在法政策上不宜将土地经营权界定为物权。⑩《农村土地承包法》和《民法典》将土地经营权的流转形式明确规定为“出租、入股或者其他

① 参见常鹏翱：《物权法定原则的适用对象》，载《法学》2014年第3期。

② 高圣平：《完善农村基本经营制度之下农地权利的市场化路径》，载《社会科学研究》2019年第2期。

③ 上述观点的详细介绍，参见高圣平：《论承包地流转的法律表达——以我国〈农村土地承包法〉的修改》，载《政治与法律》2018年第8期。

④ 参见陈耀东、高一丹：《土地经营权的民法典表达》，载《天津法学》2020年第3期。

⑤ 参见黄薇主编：《中华人民共和国民法典解读·物权编》，中国法制出版社2020年版，第60页；高海：《〈民法典〉中两类土地经营权解释论》，载《中国农村观察》2022年第1期。

⑥ 参见孙宪忠、朱广新主编：《民法典评注·物权编》（3），中国法制出版社2020年版，第121页（袁震执笔）。

⑦ 参见杜涛：《民法典物权编的主要制度与创新》，载《中国人大》2020年第14期。

⑧ 参见黄薇：《〈民法典物权编草案〉（二审稿）对若干重点问题的回应》，载《中州学刊》2019年第7期。

⑨ 参见袁野：《土地经营权债权属性之再证成》，载《中国土地科学》2020年第7期。

⑩ 参见高圣平：《农村土地承包法修改后的承包地法权配置》，载《法学研究》2019年第5期。

方式”，其中以“出租”为其典型，在《民法典》将因租赁合同所产生的租赁权或承租权界定为债权的前提之下，土地经营权宜定性为债权。[①] 从实定法上“土地经营权”的内容来看，土地经营权人投资改良土壤，建设农业生产附属、配套设施，再流转土地经营权，向金融机构融资担保，均需取得承包农户的同意或书面同意（《农村土地承包法》第43条、第46条、第47条），债权性质至为明显。[②] 同时，通过赋予流转期限5年以上的土地经营权以登记能力，在技术上使得本具有相对效力的土地经营权明确化和相对独立化，为土地经营权人获得稳定的经营预期和担保融资提供了制度保障。[③]

第二种观点“物权说”认为，土地经营权均属物权，只是流转期限5年以下的土地经营权没有登记能力。《民法典》确立了物权和债权相区分的财产权体系，规定于《民法典》物权编的“土地经营权”宜被认定是物权。[④] 仅将土地经营权界定为债权，即与原有制度并无差异，只不过“将以往的租赁、入股等方式流通的土地权利统一命名为土地经营权”而已，无法充分释放“三权分置”的政策红利；对土地经营权实行债法保护，也无法真正落实“放活经营权”的政策目标。[⑤] 在债权意思主义物权变动模式之下，土地经营权本因土地经营权流转合同生效而设立，不因流转期限的长短而存在差异；流转期限5年以下的土地经营权没有登记能力，并不表明该土地经营权就是债权，其与未登记的流转期限5年以上的土地经营权一样，权利性质上亦属物权，但不能对抗善意第三人。[⑥]

正如有学者指出的那样，立法机关有意“搁置土地经营权定性争议”，直接

---

① 值得注意的是，有部分学者质疑承包地出租也是派生土地经营权的方式，认为此时并不发生“三权分置”，不宜将此时所生的土地租赁权也称之为土地经营权。参见郭志京：《民法典视野下土地经营权的形成机制与体系结构》，载《法学家》2020年第6期。本书作者对此不敢苟同。就自土地承包经营权派生土地经营权的方式来看，主要是出租。也就是说，此种情形下，设立土地经营权的主要方式是承包地的出租。将这一设立土地经营权的主要方式排除于“三权分置”之外，且不由土地经营权所涵盖，一则与实践不符，二则与立法原意相去甚远。

② 参见高圣平：《农村土地承包法修改后的承包地法权配置》，载《法学研究》2019年第5期；滕佳一：《论土地经营权融资担保的性质与实现》，载刘云生主编：《中国不动产法研究》2021年第1辑，社会科学文献出版社2021年版，第246~247页。

③ 参见高圣平：《完善农村基本经营制度之下农地权利的市场化路径》，载《社会科学研究》2019年第2期；王洪平：《民法视角下土地经营权再流转的规范分析》，载《吉林大学社会科学学报》2020年第1期。

④ 参见李国强：《〈民法典〉中两种“土地经营权”的体系构造》，载《浙江工商大学学报》2020年第5期。

⑤ 参见谢鸿飞：《〈民法典〉中土地经营权的赋权逻辑与法律性质》，载《广东社会科学》2021年第1期；祁勃霖：《〈民法典〉中土地承包经营权新规定的法理基础及其意义》，载《农业经济》2022年第2期。

⑥ 参见李国强：《〈民法典〉中两种“土地经营权”的体系构造》，载《浙江工商大学学报》2020年第5期。

导致法律条文设计上的偏差。土地经营权的物权性质和债权性质均可在《民法典》和《农村土地承包法》中找到支撑依据。[①] 这种同一概念在同一部法律中的不同条文呈现出截然相反的两种不同属性的乱象，既属债权又属物权或者此时属债权彼时变物权的“概念创举”，不仅直接击破债物二分原理，更有损法体系内部之逻辑自洽，进而引发法律适用的混乱。[②]

本书作者反对“物权债权二元说”。在物权法定原则之下，物权的种类由法律规定。由此而决定，具体物权的名称由法律直接规定，基于当事人约定所产生的债权就不能称之为该物权名称。如此，若主张流转期间5年以上的“土地经营权”是物权，则流转期间5年以下的经营农用地的权利既属债权，就不能称之为“土地经营权”。“土地经营权”一词反映非承包方的经营主体对农用地的利用关系，不宜作不同的定性。[③] 土地经营权的权利属性本应是一贯的、统一的，根据不同标准确定其不同的权利属性，既未见法理支持，[④] 也非最佳的解释方案。[⑤]《农村土地承包法》第41条和《民法典》第341条中“5年流转期限”的规范目的，不在于区分物权和债权，而在于赋予当事人选择权利保护方式的自由，对当事人的登记行为发挥分流和引导作用。[⑥]

如否定“物权债权二元说”，将土地经营权统一定性为物权抑或债权，在法律效果方面并不存在根本差异，如对土地的支配性、权利的排他性和优先性、效力强度等在不同定性之下均可得到解释，[⑦] 也都能实现“三权分置”的政策目标。[⑧] 如此，广受争议的土地经营权定性问题无非是一个解释选择问题。

---

① 参见陶密：《论流转语境下土地经营权的性质及内涵——以物债区分为视角》，载《中国土地科学》2020年第11期；谢鸿飞：《〈民法典〉中土地经营权的赋权逻辑与法律性质》，载《广东社会科学》2021年第1期。

② 参见袁野：《土地经营权债权属性之再证成》，载《中国土地科学》2020年第7期；宋志红：《再论土地经营权的性质——基于对〈农村土地承包法〉的目的解释》，载《东方法学》2020年第2期。

③ 参见高圣平：《农地三权分置改革与民法典物权编编纂——兼评〈民法典各分编（草案）〉物权编》，载《华东政法大学学报》2019年第2期。

④ 参见房绍坤、林广会：《土地经营权的权利属性探析——兼评新修订〈农村土地承包法〉的相关规定》，载《中州学刊》2019年第3期；崔文星：《土地经营权流转规则的解释论》，载《河南财经政法大学学报》2020年第6期。

⑤ 参见崔建远：《物权编对四种他物权制度的完善和发展》，载《中国法学》2020年第4期。

⑥ 参见最高人民法院民法典贯彻实施工作领导小组主编：《中华人民共和国民法典物权编理解与适用》（下），人民法院出版社2020年版，第711页；吴昭军：《土地经营权体系的内部冲突与调适》，载《中国土地科学》2020年第7期；滕佳一：《论土地经营权融资担保的性质与实现》，载刘云生主编：《中国不动产法研究》2021年第1辑，社会科学文献出版社2021年版，第246页。

⑦ 参见谢鸿飞：《〈民法典〉中土地经营权的赋权逻辑与法律性质》，载《广东社会科学》2021年第1期。

⑧ 参见陶密：《论流转语境下土地经营权的性质及内涵——以物债区分为视角》，载《中国土地科学》2020年第11期。

（二）土地经营权抵押化的证成

前已述及，学者间多数观点认为，土地经营权融资担保的体系定位端赖于土地经营权的定性，如将其定性为物权，则其上所设立的担保物权即为抵押权；如将其定性为债权，则其上所设立的担保物权即为（权利）质权。[①] 本书作者不赞同这一观点，坚持主张土地经营权上所设立的担保物权是抵押权，属于权利抵押权，主要理由如下：

第一，无论将土地经营权定性为物权还是债权，均只能设定抵押权。在《农村土地承包法》第47条就土地经营权融资担保的体系定位未置明文的情形之下，这一问题的解决自应回到《民法典》。《民法典》分别就进入融资担保领域的抵押财产和质押财产范围作了例示规定，其中并未提及“土地经营权”，如此尚须经由解释明确其所属。《民法典》第395条第1款第7项规定：“债务人或者第三人有权处分的”“法律、行政法规未禁止抵押的其他财产”可以抵押。现有法律、行政法规上并无禁止土地经营权抵押的规定，相反，《农村土地承包法》明定土地经营权可以担保融资。由此，该项规定可以作为土地经营权进入融资担保领域的路径，此际，担保物权人所取得的自应是土地经营权抵押权。《民法典》第440条第7项规定：“债务人或者第三人有权处分的”“法律、行政法规规定可以出质的其他财产权利”可以出质，现有法律、行政法规上并无土地经营权可以出质的规定，《农村土地承包法》仅规定土地经营权之上可以设立担保物权。由此，该项规定不能作为土地经营权进入融资质押担保领域的解释路径。

值得讨论的是，土地经营权是否可以理解为“应收账款”的一种形式，经由《民法典》第440条第6项“现有的以及将有的应收账款”，而成为应收账款质权的标的财产？按照《应收账款质押登记办法》的规定，应收账款是指权利人因提供一定的货物、服务或设施而获得的要求义务人付款的权利以及依法享有的其他付款请求权，包括现有的和未来的金钱债权，但不包括因票据或其他有价证券而产生的付款请求权，以及法律、行政法规禁止转让的付款请求权。（第2条第1款）而土地经营权是土地经营权人在合同约定的期限内占有农村土地，自主开展农业生产经营并取得收益的权利（《民法典》第340条），很明显不能由上述“应收账款”的文义所能涵盖。不过，在解释上，土地经营权人行使土地经营权所取得的收益，即前述所谓“收益权”，勉强可以属于《应收账款质押登记办法》第2条第2款第（3）项所称“能源、交通运输、水利、环境保护、市政工程等基础

---

① 参见陈小君：《我国农村土地法律制度变革的思路与框架——十八届三中全会〈决定〉相关内容解读》，载《法学研究》2014年第4期；高海：《“三权”分置的法构造——以2019年〈农村土地承包法〉为分析对象》，载《南京农业大学学报（社会科学版）》2019年第1期；于飞：《从农村土地承包法到民法典物权编：“三权分置”法律表达的完善》，载《法学杂志》2020年第2期；谢鸿飞：《〈民法典〉中土地经营权的赋权逻辑与法律性质》，载《广东社会科学》2021年第1期。

设施和公用事业项目收益权”范畴，其上可以设立应收账款质权，土地经营收益上的担保物权应定位于权利质权，并非《农村土地承包法》第47条的规制对象，直接适用《民法典》第440条第（6）项即可。但是，土地经营收益担保与土地经营权担保并不具有同一性，两者虽具有相关性且可能发生权利冲突，但并不属于同一事物，体系定位亦不相同。例如，建筑物所有权作为基础资产，本身可以设立不动产抵押权，但所有权人出租该建筑物所生的租金请求权，作为应收账款的一种形态，可以设立应收账款质权；再如，知识产权作为基础资产，本身可以设立知识产权质权，但知识产权许可使用费，作为应收账款的一种形态，可以设立应收账款质权。如此，土地经营权担保，并不涵盖土地经营收益担保。土地经营权融资担保，自无法采取权利质权的形式。

第二，土地经营权作为不动产权利，不宜作为权利质权的标的财产，即使将其定位为债权，亦无不然。在《民法典》之下，权利既可作为抵押权的标的财产（第395条），又可作为质权的标的财产（第440条）。学说上以为，二者之间的区分，在于担保物权设定之后，担保人是否丧失对担保财产的利用权。① 但《民法典》并未将这一思路贯彻到底，就“建设用地使用权”“海域使用权”，其上设立担保物权之后，权利人仍得行使其标的权利，因之定位于抵押权，并成为权利抵押权的一种形态；但就“基金份额”“股权”“知识产权中的财产权”，其上设立担保物权之后，虽然权利人并未丧失自己利用标的财产的权利，但仍然定位于权利质权。“在设立此类质权时，其原有的留置功能几乎完全丧失。”② “此类财产权没有以物理形式来使用的价值，它对任何人只具有客观上的交换价值。换句话来说，由于它对权利人不具有特别的主观价值，即使在其上设定了质权，禁止设立人处分，对于权利人也不会产生心理上的压力。因此，在设立此类质权时，其经济功能只在于依赖标的物的交换价值优先受偿。”③ 此时，“其担保的作用反近于抵押权，谓之介于一般质权与抵押权之中间区域，亦无不可”。④ 从《民法典》就权利担保物权的体系安排上看，不动产权利纳入抵押担保范畴，动产性权利纳

---

① 参见高圣平：《民法典中担保物权的体系重构》，载《法学杂志》2015年第3期。

② ［日］我妻荣：《新订担保物权法》，申政武、封涛、郑芙蓉译，中国法制出版社2008年版，第104页。

③ ［日］我妻荣：《新订担保物权法》，申政武、封涛、郑芙蓉译，中国法制出版社2008年版，第104页。

④ 史尚宽：《物权法论》，中国政法大学出版社2000年版，第288页。

入质押担保范畴。[①] 上述学说上的抵押与质押的区分标准，仅具学理意义。在解释上，只有与质权性质不相抵触的财产权才能作为质权的客体。[②]《民法典》上不承认不动产质权，其理由在于，就不动产权利设定质权，应以权利让与的方式为之，则须经由移转登记才能取得对抗效力，已与质权的定限物权性质不合，因此，不动产权利不得为权利质权的标的财产。[③] 准此，即使将土地经营权定性为债权，但系属不动产权利，在体系定位上，土地经营权担保物权应属抵押权的范畴。[④]

第三，从体系解释的视角，《民法典》第342条规定："通过招标、拍卖、公开协商等方式承包农村土地，经依法登记取得权属证书的，可以依法采取出租、入股、抵押或者其他方式流转土地经营权。"这里，"经依法登记取得权属证书"指的是土地经营权的登记。该条明确将自土地所有权派生的土地经营权的融资担保定位于"抵押"。这一规则同样可以类推适用于从土地承包经营权派生出的土地经营权。[⑤] 第418条规定："以集体所有土地的使用权依法抵押的，实现抵押权后，未经法定程序，不得改变土地所有权的性质和土地用途。"从历史解释的视角来看，这里的"集体所有土地的使用权"即为《民法典各分编（草案)》第209条中所称的土地承包经营权、土地经营权、集体建设用地使用权，[⑥] 该条亦将土地经营权担保定性为"抵押"。第381条规定："地役权不得单独抵押。土地经营

① 参见高圣平：《土地经营权制度与民法典物权编编纂——评〈民法典物权编（草案二次审议稿)〉》，载《现代法学》2019年第5期。有学者以房屋租赁权在现行法之下无法抵押为例证反驳本书作者的观点。参见于飞：《从农村土地承包法到民法典物权编："三权分置"法律表达的完善》，载《法学杂志》2020年第2期。就此，在标的财产无登记能力的情形之下，其上抵押权自无法经由登记而取得对抗第三人的效力。实践中即以承租人在租赁期间所可得的收益为标的财产（多出现于商业地产的情形)，依应收账款质权的交易模式加以展开。这无非反映着我国不动产登记规则的缺失。在不动产登记立法过程中，专家组成员几乎一致地认为，应赋予不动产租赁权以登记能力。果若如此，上述问题即可迎刃而解。在《民法典》《农村土地承包法》已经赋予土地经营权以登记能力的前提之下，上述问题自不存在。

② 参见谢在全：《民法物权论（修订五版)》，中国政法大学出版社2011年版，第1012页；高圣平：《担保法论》，法律出版社2009年版，第498页。

③ 参见江平主编：《中华人民共和国物权法精解》，中国政法大学出版社2007年版，第286页；郑冠宇：《民法物权》，我国台湾地区新学林出版股份有限公司2014年版，第638～639页。

④ 参见房绍坤、林广会：《解释论视角下的土地经营权融资担保》，载《吉林大学社会科学学报》2020年第1期。

⑤ 参见高圣平：《农村土地承包法修改后的承包地法权配置》，载《法学研究》2019年第5期；祝之舟：《〈农村土地承包法〉修改的制度要点与实施问题研究》，载《南京农业大学学报（社会科学版)》2019年第4期。

⑥ 该条指出："以土地承包经营权、土地经营权抵押的，或者以乡镇、村企业的厂房等建筑物占用范围内的建设用地使用权一并抵押的，实现抵押权后，未经法定程序，不得改变土地所有权的性质和土地用途。"

权、建设用地使用权等抵押的，在实现抵押权时，地役权一并转让。”这里，已经间接地规定了土地经营权抵押，结合第395条抵押客体的法不禁止即自由原则，土地经营权自然可以抵押。[①] 由此可见，《民法典》就土地经营权融资担保的体系定位已作政策选择。《农村土地承包法》第47条的定位模糊，经由《民法典》的相关规定已经解决。

第四，《农村土地承包法》第47条是对农村承包土地的经营权抵押贷款试点成果的确认。[②] 在《试点指导意见》《试点暂行办法》明显将土地经营权界定为债权的情形之下，《试点暂行办法》第2条明确规定：“本办法所称农村承包土地的经营权抵押贷款，是指以承包土地的经营权作抵押、由银行业金融机构（以下称贷款人）向符合条件的承包方农户或农业经营主体发放的、在约定期限内还本付息的贷款。”两份改革文件均将土地经营权作为抵押贷款的担保财产。土地经营权抵押贷款试点取得了积极成效，进一步盘活农村资源资产，推动缓解“三农”领域融资难融资贵问题，支持农户增收致富。通过试点，新型农业经营主体融资可得性明显提升，对普通农户的带动作用持续增强。[③] 基于试点经验，国务院建议，“农村土地承包法修正案通过后全面推广农地抵押贷款业务”“人民银行将及时出台《农村承包土地的经营权抵押贷款管理办法》，明确农地抵押贷款业务的抵押条件、贷款管理、风险处置和配套措施等问题”。[④] 这里实际上已就下一步的推广和展开作出政策选择，也是将土地经营权融资担保定性为“抵押”。

综上，从反映土地经营权抵押贷款试点的成果、维持《民法典》既有政策选择的角度，土地经营权融资担保应定性为抵押。无论将土地经营权定性为物权还是债权，土地经营权上所设定的担保物权，均属抵押权。如此解释，便于实践操作。在赋予土地经营权登记能力的前提之下，土地经营权作为土地承包经营权或土地所有权上的权利负担，自是在不动产登记簿上进行登记，土地经营权上的抵押权亦属土地经营权之上的权利负担，在土地经营权上登记这一负担即可。如将土地经营权上的担保物权定性为质权，在《民法典》统一动产和权利担保登记的

---

① 参见谢鸿飞：《〈民法典〉制度革新的三个维度：世界、中国和时代》，载《法制与社会发展》2020年第4期。

② 参见黄薇主编：《中华人民共和国农村土地承包法释义》，法律出版社2019年版，第198～200页；单平基：《土地经营权融资担保的法实现——以〈农村土地承包法〉为中心》，载《江西社会科学》2020年第2期。

③ 《国务院关于全国农村承包土地的经营权和农民住房财产权抵押贷款试点情况的总结报告——2018年12月23日在第十三届全国人民代表大会常务委员会第七次会议上》，载《中华人民共和国全国人民代表大会常务委员会公报》2019年第1期。

④ 《国务院关于全国农村承包土地的经营权和农民住房财产权抵押贷款试点情况的总结报告——2018年12月23日在第十三届全国人民代表大会常务委员会第七次会议上》，载《中华人民共和国全国人民代表大会常务委员会公报》2019年第1期。

既有选择之下，土地经营权质权作为权利质权之一种，自应在该统一登记系统中进行登记。潜在的交易相对人除了查询不动产登记簿之外，[1] 尚须查询动产和权利担保登记系统，这无疑增加了交易风险和交易成本。

依其权源，土地经营权可以分为两大类别：自土地承包经营权派生的土地经营权和自土地所有权派生的土地经营权。其中，前者是落实承包地“三权分置”政策的产物，系在既有的土地所有权和土地承包经营权之外新增的一类财产权利，以体现促进规模经营、提高农村土地资源的效用、增加农民财产性收入的公共政策；[2] 后者则是由原来以其他承包方式取得的土地承包经营权直接改称而来，体现着承包地“三权分置”的体系效应，因为在承包地“三权分置”政策之下，土地承包经营权带有身份属性，只有本集体经济组织成员才能享有，而原来以其他承包方式取得的土地承包经营权系属市场化的权利，其取得与行使已经脱逸出了身份属性。[3] 两类土地经营权相较，前者的权利性质和登记能力更为典型。厘清前者规则中的模糊之处，对于后者相关问题的解决亦有参照作用。

四、农地融资担保物权的设立

在法适用关系上，《民法典》和《农村土地承包法》之间，为一般规定和特别规定的关系。根据《立法法》第92条的规定，“同一机关制定的法律、行政法规、地方性法规、自治条例和单行条例、规章，特别规定与一般规定不一致的，适用特别规定；新的规定与旧的规定不一致的，适用新的规定。”虽然《民法典》系由全国人民代表大会通过，《农村土地承包法》系由全国人民代表大会常务委员会制定，但二者均属由中华人民共和国主席令公布的法律。根据《宪法》第57条和第58条的规定，全国人民代表大会及其常设机关——全国人民代表大会常务委员会行使国家立法权。在解释上可以认为，《民法典》和《农村土地承包法》为“同一机关制定的法律”。如此，就农地融资担保而言，《农村土地承包法》与《民法典》不一致的，适用《农村土地承包法》。

（一）土地承包经营权抵押权的设立规则

《农村土地承包法》第47条第2款明定：“担保物权自融资担保合同生效时设立。当事人可以向登记机构申请登记；未经登记，不得对抗善意第三人。”这一规则适用于同条第1款中的两类抵押权：土地承包经营权抵押权和土地经营权抵押权。《民法典》物权编担保物权分编就土地承包经营权抵押权的设立规则并

---

① 参见王晨：《关于〈中华人民共和国民法典（草案）〉的说明——2020年5月22日在第十三届全国人民代表大会第三次会议上》，载《中华人民共和国全国人民代表大会常务委员会公报》2020年特刊。

② 参见杜涛：《民法典物权编的主要制度与创新》，载《中国人大》2020年第14期。

③ 参见高圣平：《农地三权分置视野下土地承包权的重构》，载《法学家》2017年第5期。

无特别规定，而就基于法律行为的不动产物权变动，《民法典》第209条第1款规定："不动产物权的设立、变更、转让和消灭，经依法登记，发生效力；未经登记，不发生效力，但是法律另有规定的除外。"因此，在解释上可以认为，《农村土地承包法》第47条第2款所定不动产物权变动规则，即为《民法典》第209条第1款"法律另有规定"的情形之一，自应优先适用。至于抵押合同的内容和形式，自得适用《民法典》第400条、第401条的规定。

在《农村土地承包法》第47条第2款之下，土地承包经营权抵押权的设立采取登记对抗主义。之所以没有采取登记生效主义，主要原因在于：尊重当事人之间的意思自由，便于担保交易的达成，提升担保交易的效率，降低担保交易的成本和登记机构的负担。① 这一制度安排在《农村土地承包法》内部取得了统一。该法第35条规定："土地承包经营权互换、转让的，当事人可以向登记机构申请登记。未经登记，不得对抗善意第三人。"这里明定土地承包经营权的互换、转让采登记对抗主义。土地承包经营权抵押与土地承包经营权互换、转让一样，均产生物权变动的法律效果，统一采行登记对抗主义，符合正义的规则（同者相同、异者相异）要求。②

"未经登记，不得对抗善意第三人"，表明《农村土地承包法》上区分了土地承包经营权抵押权的设立与对抗第三人效力。在解释上，土地承包经营权抵押权一经设立，在性质上即属物权，即使未经登记，也可对抗抵押人的无担保债权人。未经登记的土地承包经营权抵押权，不得对抗善意的受让人、土地经营权人，不得对抗其他担保权人、查封或扣押债权人、参与分配债权人、破产债权人或破产管理人。

根据《农村土地承包法》第47条第1款的规定，土地承包经营权融资担保的，承包方"并向发包方备案"。这里的"备案"仅仅只是一种事后程序，便于发包方全面掌握土地流转情况并对其利用进行监督。③ 在土地承包经营权抵押权设立之后，承包方是否向发包方备案，不影响土地承包经营权抵押权的效力。值得注意的是，就同一土地承包经营权向两个以上债权人抵押的，自应根据《民法典》第414条第1款的规定，依取得对抗第三人效力的时间先后确定竞存土地承包经营权抵押权之间优先顺位，即：抵押权均已登记的，按照登记的时间先后确定清偿顺序；抵押权已经登记的先于未登记的受偿；抵押权未登记的，按照债权比例清偿。

---

① 参见黄薇主编：《中华人民共和国农村土地承包法释义》，法律出版社2019年版，第202页。

② 参见吴国喆：《"三权分置"背景下农地抵押的规则设计》，载《北方法学》2018年第5期。

③ 参见黄薇主编：《中华人民共和国农村土地承包法释义》，法律出版社2019年版，第201页；房绍坤、林广会：《解释论视角下的土地经营权融资担保》，载《吉林大学社会科学学报》2020年第1期。

（二）土地承包经营权派生的土地经营权的抵押权的设立

就土地承包经营权派生的土地经营权上的抵押权的设立，《农村土地承包法》第47条第2款亦有适用空间。也就是说，此类土地经营权抵押权的设立亦采登记对抗主义。但与土地承包经营权抵押权的设立程序不同的是，《农村土地承包法》第47条第1款后段规定：“受让方通过流转取得的土地经营权，经承包方书面同意并向发包方备案，可以向金融机构融资担保。”仅从本款的文义来看，土地经营权人在金融机构签订融资担保合同之前，应“经承包方书面同意并向发包方备案”。但在土地经营权抵押权设立之前，并无法向发包方备案。因此，就交易顺序而言，应是先有承包方的书面同意，再有土地经营权人与金融机构的融资担保合同，后有土地经营权人向发包方备案；其间可能有融资担保合同之后的抵押权设立登记。

就土地经营权抵押权的设立而言，尚存争议的有以下两点：

其一，土地经营权抵押权的设立是否以土地经营权的登记为前提？在登记对抗主义之下，就土地经营权抵押权的设立是否登记，取决于当事人之间的意愿。有学者主张，“依登记连续规则，土地经营权抵押登记应当以土地经营权登记为条件，此时未登记的土地经营权不具抵押能力，除非法律允许其进行补办登记；如果以登记的土地经营权设定抵押，则其可以进行抵押登记，亦可不进行登记。”① 本书作者认为，在解释上，土地经营权抵押权的设立并不以土地经营权的登记为前提。《农村土地承包法》第47条并未就纳入融资担保领域的土地经营权作任何限定，土地经营权是否登记，其期限长短，均非所问。由此可见，未登记的土地经营权，期限未满5年的土地经营权，均可设定抵押权。但是，取得一个不能对抗第三人的土地经营权抵押权，并不能使抵押权人——金融机构达到风险控制的目标。因此，除非有其他的增信手段，金融机构多会要求办理土地经营权抵押权登记。此际，土地经营权先登记，就成了这一交易模式展开的前提。期限未满5年的土地经营权无登记能力，金融机构可以采取以未来的土地经营收益为标的财产设立应收账款质权，通过应收账款质权登记，保全自己的权利。②

其二，如何理解承包方书面同意的要件？土地经营权抵押权的实现势必危及承包农户的权益，尤其是在土地经营权流转价款尚未足额支付的情形之下，虽然土地经营权抵押权实现之时土地经营权的受让人承受原土地经营权人的权利和义务，但受让人的经营管理能力可能影响到承包农户剩余流转价款请求权的实现。

---

① 房绍坤、林广会：《解释论视角下的土地经营权融资担保》，载《吉林大学社会科学学报》2020年第1期。

② 参见吴昭军：《土地经营权体系的内部冲突与调适》，载《中国土地科学》2020年第7期；高圣平：《土地经营权登记规则研究》，载《比较法研究》2021年第4期。

因此，设置承包方同意的要件，主要是为了最大限度保障承包农户的利益。[①] 除非法律明确规定，承包农户没有特殊事由，不得拒绝土地经营权人的担保请求。[②] 在解释上，“经承包方书面同意并向发包方备案”应定性为管理性强制性规定，违之并不影响土地经营权抵押权的效力。但在未经承包方书面同意的情况下，土地经营权人以其土地经营权抵押融资，承包方可能以其违反合同约定为由请求承担违约责任甚至解除土地经营权流转合同，从而影响土地经营权人的正常经营。[③]

（三）自集体土地所有权派生的土地经营权的抵押权的设立

《农村土地承包法》第 53 条规定：“通过招标、拍卖、公开协商等方式承包农村土地，经依法登记取得权属证书的，可以依法采取出租、入股、抵押或者其他方式流转土地经营权。”（《民法典》第 342 条与此相同）由于《民法典》删去了“以招标、拍卖、公开协商等方式取得的荒地等土地承包经营权”可以抵押的例示规定，《民法典》第 402 条所定登记生效规则自无法适用于自集体土地所有权派生的土地经营权的抵押权的设立（而在《物权法》之下，此类抵押权系采行登记生效主义）。《农村土地承包法》第 53 条位于第三章“其他方式的承包”，而前述第 47 条位于第二章“家庭承包”之第五节“土地经营权”，由此而产生了此类土地经营权的抵押融资规则是否类推适用第 47 条的疑问。

有学者从体系解释、历史解释和目的解释的视角，认为此类土地经营权的融资担保不受第 47 条的影响，无须践行第 47 条规定的程序性要件，不受后者融资担保条件的限制，但同时主张，此类土地经营权的抵押权仍然采行登记对抗主义，自抵押合同生效时土地经营权抵押权设立，但未经登记，不得对抗善意第三人。[④] 本书作者认为，自集体土地所有权派生的土地经营权与自土地承包经营权派生的土地经营权，在性质上应作同一理解。《农村土地承包法》上就后者所采取的政策选择，自可类推适用于前者。如此，自集体土地所有权派生的土地经营权设立抵押权之时，除了类推适用第 47 条第 2 款关于担保物权的设立采行登记对抗主义的规则之外，第 1 款中关于土地经营权融资担保的程序性要件的规定，亦

---

① 参见黄薇主编：《中华人民共和国农村土地承包法释义》，法律出版社 2019 年版；高小刚、谷昔伟：《“三权分置”中农地经营权融资担保功能之实现路径——基于新修订〈农村土地承包法〉的分析》，载《苏州大学学报（哲学社会科学版）》2019 年第 4 期；于飞：《从农村土地承包法到民法典物权编：“三权分置”法律表达的完善》，载《法学杂志》2020 年第 2 期；白洋、胡锋：《论我国农地融资担保的制度实现》，载《学术交流》2021 年第 5 期。

② 参见张素华、张雨晨：《〈农村土地承包法〉修订背景下土地经营权的法律内涵与制度供给》，载《广西大学学报（哲学社会科学版）》2019 年第 1 期。

③ 参见房绍坤、林广会：《解释论视角下的土地经营权融资担保》，载《吉林大学社会科学学报》2020 年第 1 期。

④ 参见单平基：《土地经营权融资担保的法实现——以〈农村土地承包法〉为中心》，载《江西社会科学》2020 年第 2 期。

有类推适用余地。“经承包方书面同意并向发包方备案”应理解为“经发包方书面同意”；既然已经发包方书面同意，自无须再“向发包方备案”。

（四）土地承包经营权抵押权与土地经营权的抵押权的登记的法律意义

在《民法典》编纂过程中，考虑到农地融资担保制度具有一定的特殊性，在《农村土地承包法》已经作出规定的情形之下，《民法典》物权编担保物权分编并未就此作出具体规定。在解释上，《农村土地承包法》第47条作为担保物权的特别规定，自应优先于《民法典》担保物权的一般规定而适用。[①]《农村土地承包法》第47条第2款规定：“担保物权自融资担保合同生效时设立。当事人可以向登记机构申请登记；未经登记，不得对抗善意第三人。”这一规则改变了《民法典》上就不动产物权变动一般采取登记生效主义的立法态度。从维持《民法典》既有政策选择的角度，土地经营权融资担保应定性为抵押。无论将土地经营权定性为物权抑或债权，土地经营权上所设定的担保物权，均属抵押权。如此解释，也便于实践操作。在赋予土地经营权登记能力的前提之下，土地经营权作为土地承包经营权或土地所有权上的权利负担，自是在不动产登记簿上进行登记，而土地经营权上的抵押权亦属土地经营权之上的权利负担，只需在土地经营权上登记这一负担即可。如将土地经营权上的担保物权定性为质权，在《民法典》统一动产和权利担保登记的既有选择之下，土地经营权质权作为权利质权之一种，自应在该统一登记系统中进行登记。此时，潜在的交易相对人除了查询不动产登记簿之外，尚须查询动产和权利担保登记系统，这无疑增加了交易风险和交易成本。[②]

就土地承包经营权抵押权的登记而言，在既有的不动产登记簿上，就已经办理登记的土地承包经营权登记抵押权即可。但就土地经营权抵押权的登记而言，基于登记连续原则，在土地经营权未予登记的情形之下，土地经营权的抵押权将无从登记。在自然资源部、农业农村部尚未出台相应登记规范之前，探讨土地经营权的登记也就显得尤为必要。

1. 土地经营权登记能力的限制。在把握土地经营权性质的基础上，土地经营权的登记能力是否因流转期限的不同而存在差异？亦即是否只有流转期限在5年以上的土地经营权才具有登记能力？《农村土地承包法》第41条前句规定：“土地经营权流转期限为五年以上的，当事人可以向登记机构申请土地经营权登记。”这里的文义至为清晰，仅有流转期限5年以上的土地经营权才具有登记能力。[③]《民法典》第341条后句“当事人可以向登记机构申请土地经营权登记；未经登记，不得对抗善意第三人”，紧接前句“流转期限为五年以上的土地经营权，自

① 参见杜涛：《民法典物权编的主要制度与创新》，载《中国人大》2020年第14期。

② 参见高圣平：《民法典视野下农地融资担保规则的解释论》，载《广东社会科学》2020年第4期。

③ 参见黄薇主编：《中华人民共和国农村土地承包法释义》，法律出版社2019年版，第179页。

流转合同生效时设立”。由此可见，流转期限5年以上的土地经营权才具有登记能力，5年以下的土地经营权不具有登记能力。①

有观点认为，虽然《民法典》第341条和《农村土地承包法》第41条没有明确流转期限未满5年的土地经营权的公示规则，但由此断言流转期限不足5年的土地经营权“不应也不能”向登记机构申请登记，未免有失严谨。② 在将流转期限5年以上的土地经营权界定为物权的情况下，其物权变动又采登记对抗主义，因而才有“可以登记，不登记不得对抗善意第三人”的表达。因此，这里的5年并非登记能力的界限，流转期限5年以下的土地经营权同样也可以登记，只是这种所谓的债权性土地经营权的登记必要性远远比不上流转期限5年以上的土地经营权，容易被忽略而已。③ 本书作者不赞成这一解释结论。

无论将土地经营权界定为物权抑或债权，赋予哪些土地经营权以登记能力，取决于立法者的法政策选择。④ 土地经营权流转期限的长短，可由当事人自由约定，体现着当事人之间就土地经营关系的不同预期。对于种植经济作物或者大棚蔬菜、开展观光农业或者休闲农业等经营活动而言，因前期基础投入较大、投资回收的周期较长，当事人之间倾向于约定较长的流转期限，希冀获得长期稳定的土地经营权；对于种植水稻等粮食农作物等经营活动而言，因粮食农作物一年一收，且价格波动较大，当事人之间倾向于约定较短的流转期限，土地经营权人获得短期的土地经营权，既可实现经营目的，还可及时调整租金水平和经营方向。基于推进“三权分置”改革的考虑，全国人大宪法和法律委员会经研究认为，“有必要赋予土地经营当事人一定的选择权，通过建立土地经营权的登记颁证制度，合理平衡各方权利义务”。⑤ 由此，当事人希望获得长期稳定保障的土地经营权的，可以申请登记，登记后即可以对抗善意第三人；当事人不希望获得长期的土地经营权的，则无须登记，双方根据合同约定行使权利义务即可。⑥

由此可见，根据《民法典》第341条和《农村土地承包法》第41条的规定，

---

① 参见黄薇主编：《中华人民共和国民法典解读 · 物权编》，中国法制出版社2020年版，第439～440页；陈耀东、高一丹：《土地经营权的民法典表达》，载《天津法学》2020年第3期。

② 参见陈小君、肖楚钢：《农村土地经营权的法律性质及其客体之辨——兼评〈民法典〉物权编的土地经营权规则》，载《中州学刊》2020年第12期。

③ 参见郭志京：《民法典视野下土地经营权的形成机制与体系结构》，载《法学家》2020年第6期。

④ 参见高圣平：《土地经营权登记规则研究》，载《比较法研究》2021年第4期。

⑤ 胡可明：《全国人民代表大会宪法和法律委员会关于〈中华人民共和国农村土地承包法修正案（草案）〉修改情况的汇报——2018年10月22日在第十三届全国人民代表大会常务委员会第六次会议上》，载《全国人民代表大会常务委员会公报》2019年第1期。

⑥ 参见黄薇主编：《中华人民共和国农村土地承包法释义》，法律出版社2019年版，第179页；黄薇主编：《中华人民共和国民法典解读 · 物权编》（精装珍藏版），中国法制出版社2020年版，第439～440页。

仅有“流转期限为5年以上的土地经营权”才具有登记能力。这一解释结论的正当性在于，土地经营权的流转期限不同，经营主体的稳定性需求也不同，是否由登记来保障自己权利的必要性也不同。法律上明确流转期限为5年以上的土地经营权可以登记，不仅有利于指引和倡导当事人进行登记的作用，同时也可以降低登记机构的登记负担。

2. 土地经营权登记的属性。登记机构根据当事人的申请办理土地经营权登记时，是土地经营权首次登记，还是土地经营权转移登记？有观点认为，土地承包合同生效，土地承包经营权即设立，承包方即“依法、即时取得土地的承包权和经营权”。承包方可以自主决定依法向他人流转土地经营权，《不动产登记暂行条例实施细则》第50条第1款规定：“已经登记的土地承包经营权发生下列情形之一的，当事人双方应当持互换协议、转让合同等材料，申请土地承包经营权的转移登记：（一）互换；（二）转让；（三）因家庭关系、婚姻关系变化等原因导致土地承包经营权分割或者合并的；（四）依法导致土地承包经营权转移的其他情形。”由此可见，土地经营权流转亦属土地承包经营权转让的情形，应当办理转移登记。据此，“如果原权利人的土地承包经营权或者土地经营权未记载于登记簿上的，登记机构适用首次登记为现时的权利人办理土地经营权登记。如果原权利人的土地承包经营权或者土地经营权已经记载于登记簿上的，登记机构适用转移登记为现时的权利人办理土地经营权登记。”① 本书作者对此不敢苟同。

第一，在“三权分置”之前，承包方并不享有“土地经营权”；“三权分置”在法律上并不体现为承包农户将其“土地经营权”转移给经营主体。承包方基于“两权分离”所取得的利用农用地从事农业生产的权利，在《农村土地承包法》和《民法典》之下均表达为“土地承包经营权”。在物权法定原则之下，物权的种类由法律规定，而物权的种类是由物权的具体名称反映的。由此可见，“土地承包经营权”作为法律上规定的物权的种类（名称），并不是土地承包权和土地经营权的合称。也就是说，承包方经营自己承包的农用地的权利，即为“土地承包经营权”，其并不享有一个不同于“土地承包经营权”的所谓“土地经营权”。“土地经营权”仅仅反映“三权分置”之下除承包方之外的经营主体对于承包地的利用关系。由此，“三权分置”之下的土地承包经营权和土地经营权，虽然均反映利用承包地从事农业生产的法律关系，但二者之间在权利主体上存在重大差异：土地承包经营权的主体只能是本集体的承包农户，而土地经营权的主体则是除本集体承包农户之外的其他经营主体。② 在“三权分置”之下，土地经营权作

① 参见刘守君：《土地经营权登记的实务处理》，载《中国不动产》2020年第11期。

② 参见高圣平：《农村土地承包法修改后的承包地法权配置》，载《法学研究》2019年第5期；高圣平：《承包地三权分置的法律表达》，载《中国法学》2018年第4期。

为派生于土地承包经营权的权利，是基于土地经营权流转合同在土地承包经营权之上设立的权利负担，并不是土地（承包）经营权转让的结果。如此，土地经营权依当事人申请而登记，是第一次记载于不动产登记簿，属于首次登记的范畴。①

第二，《不动产登记暂行条例实施细则》第50条所规定的土地承包经营权的转移登记，仅反映土地承包经营权的主体发生变化的情形，如转让、互换。此类登记并不能涵盖我国原《农村土地承包法》（2002年）和《物权法》上所规定的土地承包经营权流转的所有情形。如土地承包经营权的出租、转包，即无法办理土地承包经营权的转移登记。《农村土地承包法》和《民法典》所称的土地经营权流转，已经不属于土地承包经营权的流转方式之一。根据两法的规定，"流转"一语已经不再是土地承包经营权物权性处分（转让、互换）和债权性处分（出租、转包、入股）的上位阶概念，而仅指后者；土地承包经营权的转让、互换的情形已经无法为"流转"概念所涵盖。② 在转移登记反映权利主体的变化的情形之下，因土地承包经营权派生土地经营权不涉及土地承包经营权主体的改变，此时的土地经营权登记自然也就不属于转移登记的范畴。

综上，基于土地经营权派生于土地承包经营权的法律事实，当事人就流转期间5年以上的土地经营权申请办理的土地经营权登记，在性质上属于首次登记。在登记连续原则之下，土地经营权的首次登记以土地承包经营权已经办理登记为前提。如土地承包经营权尚未办理首次登记，土地经营权也无法办理首次登记。

五、农地融资担保物权的实现

土地承包经营权、土地经营权抵押权的实现尚须结合《农村土地承包法》和《民法典》的规定进行理解。《农村土地承包法》第47条第3款规定："实现担保物权时，担保物权人有权就土地经营权优先受偿。"本款规定是关于土地承包经营权、土地经营权抵押权实现的特别规则，但仅就土地承包经营权才有意义，因土地经营权抵押权的实现本就是就土地经营权优先受偿。③

（一）土地承包经营权抵押权的实现规则

就土地承包经营权抵押权的实现而言，如适用《民法典》第410条，无论是采取协议折价的方式，还是采取拍卖、变卖的方式，均将导致土地承包经营权易其主体，承包农户将丧失其土地承包经营权，也就使得承包农户失去了基本的生

① 参见国土资源部政策法规司、国土资源部不动产登记中心：《不动产登记暂行条例释义》，中国法制出版社2015年版，第24页。

② 参见高圣平：《农村土地承包法修改后的承包地法权配置》，载《法学研究》2019年第5期；黄薇主编：《中华人民共和国民法典解读·物权编》，中国法制出版社2020年版，第429页。

③ 参见单平基：《土地经营权融资担保的法实现——以〈农村土地承包法〉为中心》，载《江西社会科学》2020年第2期。

活和就业保障。此际，只能依《农村土地承包法》第 47 条第 3 款的规定，由土地承包经营权派生出土地经营权，以流转价款或经营收益优先受偿。此即强制执行法上的强制管理和收益执行方式。强制管理，是以不动产的收益为执行对象的换价方法，由执行法院选任管理人对被执行人的已查封不动产实施管理，并以其所得收益满足债权人的金钱债权。① 以强制管理方式实现土地承包经营权抵押权，并不就土地承包经营权进行变价，而仅仅使受让人取得其上的土地经营权。在执行实践中可以采取两种方式：其一，由土地经营权人一次性给付流转价款，债权人就该流转价款优先受偿；其二，由土地经营权人分期以经营收益优先清偿债务，在土地经营权的行使所生的收益足以清偿债务之时，土地经营权即消灭，土地承包经营权恢复至圆满状态。② 第二种模式实际上也是以土地经营权的流转价款实现抵押权，只不过是分期支付而已。

至于其具体方式，仍然可以采取协议拍卖、变卖或强制拍卖、变卖的方法确定土地经营权人。在解释上，该法第 38 条所定基本原则除第（1）项之外，均有适用余地。例如，不得改变土地所有权的性质和土地的农业用途，不得破坏农业综合生产能力和农业生态环境；流转期限不得超过承包期的剩余期限；受让方须有农业经营能力或者资质；在同等条件下，本集体经济组织成员享有优先权。此外，还应接受县级以上地方人民政府的资格审查。③

值得探讨的是，《农村土地承包法》第 47 条第 3 款是对试点实践的总结，《试点指导意见》指出，土地承包经营权抵押权实现之时，“允许金融机构在保证农户承包权……前提下，依法采取多种方式处置抵押物。”但是，《农村土地承包法》同样允许土地承包经营权的转让（第 34 条），在土地承包经营权抵押权可得实现之时，如经发包方同意，抵押人（承包方）自可将其全部或者部分的土地承包经营权转让给本集体经济组织的其他农户。此时，自应适用《民法典》第 410 条对抵押土地承包经营权进行变价。变价之后，由受让农户与发包方确立新的承包关系，抵押人与发包方在该土地上的承包关系即行终止。

（二）土地经营权抵押权的实现规则

土地经营权本是一种脱离了身份制约的市场化权利，土地经营权抵押权的实

① 参见赖来焜：《强制执行法各论》，我国台湾地区元照出版有限公司 2008 年版，第 406 页；房绍坤：《论土地承包经营权抵押的制度构建》，载《法学家》2014 年第 2 期。

② 参见高圣平：《承包地三权分置的法律表达》，载《中国法学》2018 年第 4 期。

③ 张素华、张雨晨：《〈农村土地承包法〉修订背景下土地经营权的法律内涵与制度供给》，载《广西大学学报（哲学社会科学版）》2019 年第 1 期；高小刚、谷昔伟：《“三权分置”中农地经营权融资担保功能之实现路径——基于新修订〈农村土地承包法〉的分析》，载《苏州大学学报（哲学社会科学版）》2019 年第 4 期。

现也就无须特别的政策考量，直接适用《民法典》第410条即可。[①] 这是其与土地承包经营权抵押权实现规则的最大区别。在土地经营权抵押权可得实现之时，由当事人协议以土地经营权的变价款优先受偿，协议不成的，抵押权人可以请求人民法院拍卖、变卖土地经营权。在解释上，由于抵押权人是金融机构，按照《商业银行法》等的规定，金融机构自不得购买非自用不动产，也就不能以协议折价的方式取得土地经营权。如此，《民法典》第410条所定协议折价实现方式，自无适用余地。有学者主张，与拍卖、变卖的实现方式相较而言，折价的实现方式简便易行，可以节省交易成本，自无禁止协议折价实现方式之理。[②] 但《农村土地承包法》第38条要求土地经营权人"须有农业经营能力或者资质"，金融机构尚无法达到这一要求，无法以协议折价实现方式取得土地经营权。

六、小　结

农地融资担保涉及《民法典》和《农村土地承包法》上的三类土地权利：一是承包农户以家庭承包方式取得的土地承包经营权；二是受让方通过流转取得的土地经营权；三是承包方以其他方式承包农村土地取得的土地经营权。承包土地的经营权抵押贷款试点仅涉及前两者，但两法在反映抵押贷款试点成果的同时，也就第三者作了体系上的变革。《民法典》就农地融资担保并无完全地加以规范，相关交易规则还需借助于《农村土地承包法》以及即将出台的《农村承包土地的经营权抵押贷款管理办法》才能确定。应当注意的是，土地经营权能否成为金融机构接受的有效抵押财产，还受到权属完备性、交换价值以及权利实现成本的影响。[③] 土地经营权流转中大多采取价款年付制，这种方式虽然有利于经营主体应对自然及市场的不确定性、降低前期投入成本，但也增加了土地经营权的不稳定性，影响了土地经营权的金融价值。[④] 基于此，《民法典》和《农村土地承包法》虽然就农地融资担保作了规定，但金融机构是否接受这一融资交易品种，还有待信贷实践的检验。

---

① 房绍坤、林广会：《解释论视角下的土地经营权融资担保》，载《吉林大学社会科学学报》2020年第1期。

② 曾大鹏：《土地承包经营权抵押的法律困境与现实出路》，载《中国农村观察》2017年第2期。

③ 参见罗兴、马九杰：《不同土地流转模式下的农地经营权抵押属性比较》，载《农业经济问题》2017年第2期。

④ 参见汪险生、郭忠兴：《流转型土地经营权抵押贷款的运行机制及其改良研究——基于对重庆市江津区及江苏新沂市实践的分析》，载《经济体制改革》2017年第2期。

《民法典》房地一体抵押规则的解释与适用

“以建筑物抵押的，该建筑物占用范围内的建设用地使用权一并抵押”，这里的“占用范围”应结合规划条件和不动产登记予以确定，不宜简单地以建筑物的物理范围为标准；以违法建筑物抵押的，原则上抵押合同无效，但不影响建设用地使用权抵押权的效力。“以建设用地使用权抵押的，该土地上的建筑物一并抵押”，这里的“建筑物”包括在建建筑物，但仅限于建设用地使用权抵押权设立之时已有建筑物以及在建建筑物的已完成部分，不包括新增建筑物以及在建建筑物的续建部分；划拨建设用地使用权抵押权的设立不以审批为前提，但抵押权实现时应优先补缴建设用地使用权出让金。抵押人未将建筑物及其占用范围内的建设用地使用权一并抵押的，抵押权人就未设抵押的部分取得法定抵押权；这一法定抵押权的产生不以未设抵押部分的抵押登记为必要，也不以当事人明确约定一并抵押为前提。即使当事人在抵押合同中明确排除其中之一，亦无不然。在房地分别抵押的情形下，各抵押权的效力均及于建筑物及其占用范围内的建设用地使用权之全体，彼此之间按照登记的先后确定其优先顺位。

一、问题的提出

建筑物及其占用范围内的建设用地使用权各为独立的不动产（权利），但基于“房”与“地”之间的天然联系，为使建筑物取得使用土地的正当权源，并合于建设用地使用权的设立目的，《民法典》上明确规定，建筑物处分时，占用范围内的建设用地使用权一并处分；建设用地使用权处分时，其地上建筑物亦一并处分。[①] 此即所谓“房地一体处分原则”，俗称“房随地走”“地随房走”。[②] 就房地一体抵押而言，《民法典》第397条规定：“以建筑物抵押的，该建筑物占用范围内的建设用地使用权一并抵押。以建设用地使用权抵押的，该土地上的建筑物一并抵押。”（第1款）“抵押人未依照前款规定一并抵押的，未抵押的财产视为

① 此处的“处分”，仅指法律上的处分，包括转让、互换、出资、赠与、设定抵押权等。参见《民法典》第356页、第357页、第397条。

② 参见黄薇主编：《中华人民共和国民法典解读·物权编》，中国法制出版社2020年版，第514页；张双根：《论房地关系与统一不动产登记簿册——兼及不动产物权实体法与程序法间的交织关系》，载《中外法学》2014年第4期。为行文简洁，在相当场合均使用“房”指称“建筑物”“构筑物”；“地”指称“建设用地使用权”。但应值得注意的是，“房屋”和“建筑物”并非完全等同的概念。

一并抵押。”（第2款）[1] 当事人同时以建筑物及其占用范围内的建设用地使用权抵押的，即属一并抵押的情形，在不动产统一登记前后的解释论并无不同。但是，抵押人如仅以其中之一设定抵押权，其效力所及的范围如何？如将两者分别抵押给不同的债权人，其法律效果如何？《全国法院民商事审判工作会议纪要》（法〔2019〕254号）（以下简称《民商事审判会议纪要》）第61条仅解决了房地分别抵押之时抵押权之间的顺位问题。在此基础上，《最高人民法院关于适用〈中华人民共和国民法典〉有关担保制度的解释》（以下简称《民法典担保制度解释》）解决了部分争议问题。

二、《民法典》第397条的规范性质

（一）《民法典》第397条第1款的规范属性与房地单独抵押、房地分别抵押的效力

在“房地一体处分原则”之下，抵押人仅就建筑物或其占用范围内的建设用地使用权设定抵押（房地单独抵押），或者分别就建筑物及其占用范围内的建设用地使用权为不同的抵押权人设定抵押（房地分别抵押），均属于当事人之间未就建筑物及其占用范围内的建设用地使用权一并抵押的情形，违反了《民法典》第397条第1款的规定。由此带来的问题是，相应的抵押合同是否有效？相关的抵押权是否有效设立？这涉及第397条第1款的规范属性。

就《民法典》第397条第1款（《物权法》第182条第1款）的规范性质，学说和裁判中存在不同认识。一种观点认为，该款属于倡导性规范。“房地一体处分原则”并非法律的禁止性规定，只是法律倡导的通常规则。在不存在权利冲突的情况下，以建设用地使用权抵押的，只有在地上建筑物未专门设立抵押权的情况下，未抵押的建筑物才视为与建设用地使用权一并抵押。另一种观点则认为，该款属于强制性规范。现行法坚持“房地一体处分原则”，在抵押权设定之时，法律将建筑物及其占用范围内的建设用地使用权视为一个整体，不允许将之分别抵押。分别抵押的，抵押合同无效。[2] 抵押人以建筑物设定抵押之后，再以建设用地使用权设定抵押的，即使办理了建设用地使用权抵押登记，亦应认定无效，建设用地使用权抵押登记即应予以撤销。

就交易关系背景下物权法规范的配置，如仅涉及交易当事人之间的利益和冲突，则以任意性规范和倡导性规范为主；如涉及交易当事人与交易关系以外特定

---

① 这一规则与《物权法》第182条完全相同。如此，梳理基于《物权法》第182条的裁判案例也就有了正当性。

② 参见张斐：《土地使用权与房屋分别抵押时的效力》，载刘保玉主编：《担保法疑难问题研究与立法完善》，法律出版社2006年版，第190页。

第三人之间的利益和冲突，就以授权第三人规范为主；如涉及民事主体的利益与公共利益之间的关系，则主要依赖强行性规范。[①]《民法典》第397条第1款明显调整的是交易背景下的法律关系，同时，其调整的又不仅限于当事人之间。抵押权的设立与实现涉及抵押人的债权人的利益，难以认定建筑物抵押权与建设用地使用权抵押权之间的关系仅涉及双方当事人。基于此，本书作者主张《民法典》第397条第1款应属强制性规范，但仅属于“管理性强制性规范”或“取缔性强制性规范”，违之并不当然导致交易关系无效。

从法律规范出发，《民法典》第153条第1款规定了违反法律、行政法规的强制性规范的民事法律行为无效，同时又将强制性规范不导致民事法律行为无效的情形排除在外。可见，该款将强制性规范区分为效力性规范和管理性规范。此种分类实际上弱化了民法之外的规范对私权交易效力的影响，但关于具体如何划分和认定并无定论。学界对于效力性规范与管理性规范的区分存在“公共利益”“立法目的”“行为客体”“所涉主体”等标准。效力性规范和管理性规范本身并无标准，不具备判断民事法律行为效力的功能。本书作者认同“效力规范是判决结果而不是原因”[②]的观点。循此逻辑，强制性规定的类型应综合法律法规的意旨，权衡相互冲突的权益，诸如权益的种类、交易安全以及其所规制的对象等加以综合认定。法律、行政法规虽未明确规定违反强制性规定将导致民事法律行为无效，但如认定该行为有效将损害国家利益和社会公共利益的，应当认为该规范属于效力性规范；同样地，如认定该行为有效只是损害当事人利益的，该规范就不应属于效力性规范，而是管理性规范。[③]在房地单独抵押、房地分别抵押违反《民法典》第397条第1款的规定但相关抵押合同均有效的情况下，抵押权实现时对建筑物及其占用范围内的建设用地使用权的一起变价，并不会损害国家利益和社会公共利益。此时一起变价仅可能损害到抵押关系当事人的期限利益、变现利益等。准此，第397条第1款并非效力性规范，而应属于管理性规范。同时，从手段—目的平衡的角度言，欲实现《民法典》第397条的规范目的——既充分发挥物的效用，又避免不动产法律关系的复杂化，并无须在房地单独抵押、房地分别抵押时令相关抵押合同无效，只须在抵押权可得实现之时就建筑物及其占用范围内的建设用地使用权一体变价，即可确保房地权利归属上的一致性。

即使在“房地一体处分原则”之下，房地单独抵押、房地分别抵押也不会因当事人未一并就房地合意设定抵押而无效。其理由在于：

第一，在我国现行法之下，建筑物和建设用地使用权互为独立的不动产客

① 参见王轶：《论物权法的规范配置》，载《中国法学》2007年第6期。

② 耿林：《强制规范与合同效力——以合同法第52条第5项为中心》，中国民主法制出版社2009年版，第87页。

③ 参见《最高人民法院关于当前形势下审理民商事合同纠纷案件若干问题的指导意见》第16条。

体，并有其独立的交换价值。《民法典》更是将两者分别规定抵押财产之一种（第395条第1款第1项、第2项），且已承认建设用地使用权和地上新增建筑物可单独设立抵押权（第417条）。[①]“将房地产分别设定抵押，是当事人签订抵押合同时真实的意思表示。因两个抵押合同均未违反物权法定原则，故法律没有理由强行干预并认定其中一个抵押权为无效。”[②]在建筑物与其占用范围内的建设用地使用权之上所设定的抵押权自应是两项抵押权：一项为建筑物抵押权，另一项为建设用地使用权抵押权。两项抵押权之间构成共同抵押，[③]与普通共同抵押不同之处仅在于，本条所定共同抵押不可由抵押权人选择就建设用地使用权或建筑物实现抵押权。而就普通共同抵押而言，如未约定各个抵押财产所负担的份额，则为连带共同抵押，“抵押权人于实现抵押权时得就各个抵押财产同时行使权利，也可以任意就其中的某一财产行使权利”。[④]

第二，房地单独抵押、房地分别抵押并不意味着房地分别转让而异其权利主体。《民法典》第356条、第357条、第397条的规范意旨主要在于防止房地权利分离，避免不动产交易的权利冲突。[⑤]《民法典》第356条、第357条所列明的四种行为——转让、互换、出资、赠与均是移转权利（建筑物所有权或者建设用地使用权）的行为，其法律效果就是权利主体的变更；而《民法典》第397条所定抵押行为虽与转让等行为一样均属处分行为，但其产生的法律效果并非导致权利主体的变更，而是在抵押财产之上设定权利负担。“房地一体处分原则”强调的是建筑物所有权与建设用地使用权不得异其权利主体。仅就房地单独抵押、房地分别抵押本身，抵押权人所取得的并非建筑物所有权或建设用地使用权，而仅是建筑物所有权或建设用地使用权之上的就其交换价值的定限物权。如抵押权实现条件成就而应就抵押财产变价之时，即应适用《民法典》第356条、第357条的规定，对建筑物及其占用范围内的建设用地使用权一并进行变价。因为，在解释上，法院的强制变价亦属《民法典》第356条、第357条所规定的“转让”之

---

① 参见房绍坤：《物权法用益物权编》，中国人民大学出版社2007年版，第194页。

② 王闯：《规则冲突与制度创新（中）——以物权法与担保法及其解释的比较为中心而展开》，载《人民法院报》2007年6月27日，第6版。

③ 在解释论上亦有观点认为，当事人所使用的表述仅是处分建筑物或者建设用地使用权，但在法律上观察，其处分行为之客体，仍强制性地及于包括建设用地使用权与建筑物之整体。及至房地一体抵押的情形，应仅成立一个以房地为整体的抵押权。论者认为，“共同抵押”说无论是采取“拟制”方式，还是采取“直接法定式”，在抵押权设立行为之构造上，均难以圆通，问题的根本不在于抵押权设立行为问题，而在于抵押客体彼此间的不可分的结合。参见张双根：《论房地关系与统一不动产登记簿册》，载《中外法学》2014年第4期。但在我国对于集合物或者聚合物尚未明确定位的情形之下，此说尚值怀疑。

④ 郭明瑞：《担保法》，法律出版社2010年版，第142页。

⑤ 参见常鹏翱：《〈民法典〉“房随地走、地随房走”的规范要义》，载《中国高校社会科学》2021年第4期。

列，此时不会出现房地权利主体不一致的问题。准此，房地单独抵押、房地分别抵押时并未导致建筑物所有权与建设用地使用权异其权利主体，其与《民法典》第356条、第357条、第397条第1款的规范意旨并无不合。

《民商事审判会议纪要》所持司法态度是，“房随地走、地随房走”是我国实定法上的基本规则。但实践中，建筑物和建设用地使用权分离抵押的情形也不鲜见，主要包括建筑物或者建设用地使用权仅一项财产设定抵押，以及建筑物或者建设用地使用权分别抵押给两个不同的债权人两种情形。此时，两个抵押权均为有效。[①]《民法典担保制度解释》第51条第3款规定：“抵押人将建设用地使用权、土地上的建筑物或者正在建造的建筑物分别抵押给不同债权人的，人民法院应当根据抵押登记的时间先后确定清偿顺序。”这里虽然没有明确规定两个抵押权均为有效，但是，该款规定抵押权彼此之间的顺位关系，即承认了两个抵押权的效力。

（二）《民法典》第397条第2款所生抵押权的权利性质与当事人相反合意的排除

根据《民法典》第397条第2款的规定，抵押人未就建筑物及其占用范围内的建设用地使用权一并抵押的，未抵押的财产视为一并抵押。此际，这一抵押权在性质上如何界定？值得讨论。

“视为一并抵押”的含义为，“推定建筑物及其所占用范围内的建设用地使用权构成一个统一的抵押标的物，只要其中的建筑物或建设用地使用权一项通过抵押登记的方式设立抵押权，即应认定已设立土地及其上建筑物的一体抵押权。单独抵押设立的公示及公信效力及于一体抵押物中的其他部分。在债务人不能清偿被担保的债权时，抵押权人可一并要求拍卖或变卖抵押的地上建筑物及其占用范围内的建设用地使用权，并以拍卖或变卖金额担保债权的受偿。”[②]

就此抵押权的性质，学者间尚存争议。一种观点认为，“视为一并抵押”所产生的抵押权，非基于当事人之间的合意而生，而是基于法律直接规定而成立，在性质上属于法定抵押权。[③]另一种观点认为，“视为一并抵押”是指依法推定抵押权人对未抵押的财产作出法律拟制的意思表示，一并设立抵押权。论者同时认为，“视为一并抵押”拟制的是“一并抵押的意思表示，既然是意思表示，就仍然属于法律行为而生之抵押权的范畴。这与法定抵押权不需要当事人约定而根据法律规定直接产生的特点具有根本区别。换言之，拟制的抵押权并非独立的抵押

---

① 参见最高人民法院（2015）民一终字第269号民事判决书。

② 参见江苏省高级人民法院（2015）苏商终字第00265号民事判决书。

③ 参见崔建远：《物权法（第五版）》，中国人民大学出版社2021年版，第439页；崔建远：《中国民法典释评·物权编（下卷）（第二版）》，中国人民大学出版社2021年版，第390页。

权形态，只不过其意思表示由法律推定产生而已。”[①]

本书作者以为，在房地单独抵押时，抵押权人依第 397 条第 2 款就未抵押财产所取得的抵押权，属于非依法律行为而取得的抵押权，当属法定抵押权，无须登记即成立。[②] 不过，本书作者同时认为，称谓上的差异不是最主要的，“法定抵押权”也好，“拟制抵押权”也罢，只要能说明其无须登记即为成立即可。[③]

所谓法定抵押权，是指基于法律规定而产生的抵押权。此种抵押不待登记，即生效力，与因当事人合意而设定、需经登记而生效力的普通不动产抵押权不同，在性质上属于特殊抵押权。[④] 因此，在仅以建筑物设定抵押的情形，这一法定抵押权不以建设用地使用权抵押权登记为前提。[⑤] 即使当事人只办理了建筑物抵押登记，没有办理建设用地使用权抵押登记，在其实现抵押权时，也应将建设用地使用权一并作为抵押财产，[⑥] 且建设用地使用权的设立时间与建筑物抵押权的设立时间相一致。相应地，仅以建设用地使用权设定抵押的情形，对于建筑物抵押权而言，亦应作相同解释。房地一体抵押的规定旨在重申“房地一体处分原则”，防止引发抵押权实现导致损害债权人利益的困境。“视为一并抵押”即意味着建设用地使用权和其附着的建筑物之一项办理了抵押登记，即使另外一项没有办理抵押登记，依法推定为两者一并抵押。从市场交易风险防控的角度来看，参与或从事房地产抵押实践的市场主体应当知悉房地一体抵押的规定。其在设立建设用地使用权抵押权时，对该土地上所附着的建筑物是否已设立抵押权负有注意义务，并应积极向登记机关进行查询，以避免可能出现的交易风险，反之亦然。市场主体如未尽到上述注意义务而遭受风险的，应由其自行承担损失。[⑦]

既属法定抵押权，即在法律规定存在某种关系时当然发生，而无须当事人设定。[⑧] 该抵押权也不以抵押合同中明确约定以建筑物及其占用范围内的建设用地使用权一并抵押为前提，[⑨] 甚至当事人明确约定排除建设用地使用权抵押的，亦

---

① 参见朱晓喆：《房、地分离抵押的法律效果——〈物权法〉第一百八十二条的法律教义学分析》，载《华东政法大学学报》2010 年第 1 期。

② 参见高圣平：《担保法前沿问题与判解研究（第五卷）——最高人民法院新担保制度司法解释条文释评》，人民法院出版社 2021 年版，第 361 页。

③ 参见高圣平：《民法典担保制度及其配套司法解释理解与适用》（上），中国法制出版社 2021 年版，第 470 页。

④ 参见谢在全：《民法物权论（修订五版）》，中国政法大学出版社 2011 年版，第 652 页。

⑤ 最高人民法院（2017）最高法民终 40 号民事判决书。

⑥ 参见黄薇主编：《中华人民共和国民法典解读 · 物权编》，中国法制出版社 2020 年版，第 601 页。

⑦ 参见江西省高级人民法院（2017）赣民终 577 号民事判决书；浙江省高级人民法院（2019）浙民再 20 号民事判决书。

⑧ 郭明瑞：《担保法》，法律出版社 2010 年版，第 93 ~ 94 页。

⑨ 参见北京市高级人民法院（2016）京民终 272 号民事判决书。

无不然。《民法典》第397条第2款为强制性规范，无容自治空间。①

有观点认为，当事人明确约定仅以建设用地使用权抵押，并不包括其上建筑物的，抵押权的效力仅及于建设用地使用权；当事人明确约定仅以建筑物抵押权，并不包括建设用地使用权的，抵押权的效力仅及于建筑物。其主要理由在于，《民法典》第397条属于补充性任意规范，应允许当事人依约定而排除适用。此际，只需在实现抵押权时就建设用地使用权与建筑物一体变价即可。② 这一观点不无道理，但将造成与《民法典担保制度解释》已作出的既有政策选择之间的评价产生冲突。根据该解释第51条第3款的规定，“抵押人将建设用地使用权、土地上的建筑物或者正在建造的建筑物分别抵押给不同债权人的，人民法院应当根据抵押登记的时间先后确定清偿顺序。”这里解释的基础在于：抵押人仅以建设用地使用权设定抵押权时，其效力当然及于地上建筑物；抵押人仅以建筑物设定抵押权时，其效力也当然及于建设用地使用权。如此，两个抵押权所及的标的财产均为建筑物和建设用地使用权（同一财产），据此即可直接适用《民法典》第414条第1款第1项，依登记先后确定其优先顺位。在这里，当事人同样是明确排除了其中之一不纳入抵押财产范围，但第51条第3款并未采取前述观点。否则，各抵押权人应仅就其享有抵押权的部分主张权利，两个抵押权效力所及的标的财产范围并不同一。因此，解释上可以认为，《民法典担保制度解释》已经排除了当事人此际的合意空间。“视为”是由法律直接作出的不允许推翻的认定。③ 因此，建筑物与建设用地使用权一并抵押不得依合同约定而加以改变。

值得注意的是，这一解释结论系以建筑物及其占用范围内的建设用地使用权的权利主体相同为前提。《民法典》第352条规定：“建设用地使用权人建造的建筑物、构筑物及其附属设施的所有权属于建设用地使用权人，但是有相反证据证明的除外。”无论如何解释此处的但书规定，④ 建设用地使用权与地上建筑物所有权存在异其主体的可能。实践中，建筑物所有权人与建设用地使用权人不一致的情形不在少数，尤其是在房地分别登记的时代，更是如此。抵押人以其建筑物设定抵押，同时一并将该建筑物占用范围内的他人建设用地使用权设定抵押的，从维护不动产登记簿公信力和保护善意相对人的角度出发，应确认抵押权人就建筑

---

① 参见张双根：《论房地关系与统一不动产登记簿册——兼及不动产物权实体法与程序法间的交织关系》，载《中外法学》2014年第4期。

② 参见最高人民法院民法典贯彻实施工作领导小组主编：《中华人民共和国民法典物权编理解与适用》（下），人民法院出版社2020年版，第1053页。

③ 参见江平：《民法中的视为、推定与举证责任》，载《政法论坛》1987年第4期；孙宪忠、朱广新主编：《民法典评注·物权编》（4），中国法制出版社2020年版，第97页。

④ 详细分析参见最高人民法院民法典贯彻实施工作领导小组主编：《中华人民共和国民法典物权编理解与适用》（下），人民法院出版社2020年版，第782～784页。

物取得抵押权。在实现其抵押权时，应就建筑物与建设用地使用权一并变价，但抵押权人仅就其中建筑物的变价款部分享有优先受偿权。

三、当事人仅就建筑物设定抵押的法律后果：《民法典》第397条第1款前段

当事人仅抵押建筑物，而未一并抵押建筑物占用范围内的建设用地使用权的，根据《民法典》第397条第2款的规定，未抵押的建设用地使用权视为一并抵押。但此际“占用范围”如何解释？如以违法建筑物设定抵押，这一规则是否仍得适用？不无疑问。

（一）“占用范围”的解释

建筑物抵押权的效力及于建设用地使用权之时，就如何理解《民法典》第397条第1款前段“该建筑物占用范围内的建设用地使用权一并抵押”中的“占用范围”究竟指什么，相关释义书中并未明确，说它可能是一宗单独的地权，也可能是共有地权中的份额，至于这些“可能”分别针对哪些情形，语焉不详。[①]

《民法典》第397条第1款前段所称“占用范围”主要系用来界定建筑物与建设用地使用权之间的所属关系，即建设用地使用权仅指与设押建筑物相应的建设用地使用权，而非其他建设用地使用权。[②]“占用范围”的具体认定，尚须综合《城乡规划法》《城市房地产管理法》《不动产登记暂行条例》等加以具体认定。[③]同时，除了运用相关规范外，还需以规划条件、土地供应、房屋建造等角度出发，从规划文件、出让合同、楼盘表、登记簿等证明材料中确定案涉房屋面积、宗地的总建筑面积，以二者的比例作为“占用范围”的标准，不宜简单地以建筑物的物理范围为标准。

第一，“占用范围”的具体认定应结合规划条件。建设用地规划许可和规划条件是城乡规划主管部门对土地利用进行宏观调控和指导的主要手段。[④]根据《城乡规划法》第38条的规定，“在城市、镇规划区内以出让方式提供国有土地使用权的，在国有土地使用权出让前，城市、县人民政府城乡规划主管部门应当依据控制性详细规划，提出出让地块的位置、使用性质、开发强度等规划条件，作为国有土地使用权出让合同的组成部分。未确定规划条件的地块，不得出让国有土地使用权。”“以出让方式取得国有土地使用权的建设项目，建设单位在取得

---

① 参见胡康生主编：《中华人民共和国物权法释义》，法律出版社2007年版，第330页；黄薇主编：《中华人民共和国民法典释义》（上册），法律出版社2020年版，第649页。

② 参见高圣平、严之：《房地单独抵押、房地分别抵押的效力——以〈物权法〉第182条为分析对象》，载《烟台大学学报》（哲学社会科学版）2012年第1期。

③ 参见常鹏翱：《论“地随房走”规则中“占用范围”的界定》，载《现代法学》2021年第3期。

④ 参见安建主编：《中华人民共和国城乡规划法释义》，法律出版社2009年版，第76页。

建设项目的批准、核准、备案文件和签订国有土地使用权出让合同后，向城市、县人民政府城乡规划主管部门领取建设用地规划许可证。”“城市、县人民政府城乡规划主管部门不得在建设用地规划许可证中，擅自改变作为国有土地使用权出让合同组成部分的规划条件。”可见，规划条件不仅是建设用地规划许可证的重要内容，而且是建设用地使用权出让合同的必备内容（《民法典》第348条第2款新增的内容）。①建设单位的建造行为受到规划条件的约束，由此规划条件决定了建设用地使用权的商业价值。

作为《城乡规划法》的配套规章，《城市国有土地使用权出让转让规划管理办法》明确指出，“城市国有土地使用权出让、转让合同必须附具规划设计条件及附图。”“规划设计条件应当包括：地块面积，土地使用性质，容积率，建筑密度，建筑高度，停车泊位，主要出入口，绿地比例，须配置的公共设施、工程设施，建筑界线，开发期限以及其他要求。”“附图应当包括：地块区位和现状，地块坐标、标高，道路红线坐标、标高，出入口位置，建筑界线以及地块周围地区环境与基础设施条件。”虽然供地实践中，并未要求每一建设用地规划均包括如上规划条件，但《城乡规划法》第38条第1款所称的“地块的位置、使用性质、开发强度”均属必备内容。这里的“开发强度”即包括前述“容积率，建筑密度，建筑高度”。

第二，“占用范围”的具体认定应结合不动产登记规则。按照《不动产登记暂行条例》及其实施细则的规定，不动产以不动产单元为基本单位进行登记。不动产单元指权属界线封闭且具有独立使用价值的空间。没有建筑物、构筑物以及森林、林木定着物的，以土地、海域权属界线封闭的空间为不动产单元。如此，本来绵亘无垠的土地被观念上的“不动产单元”特定化，与物权客体特定性原则相合，同时借由登记制度使“不动产单元”成为独立物，也就有了成为物权客体的可能。不动产权利即以不动产单元为单位而登记、指称。依不可分性原则，②建设用地使用权抵押权的效力及于建设用地使用权之全部。③

综上，前述第一种观点自不足取，以建筑物物理范围确定建筑物抵押权所及的建设用地使用权范围，虽简便易行，但也有碍建筑物的正常使用。依此情形，

---

① 《城乡规划法》第39条前段规定：“规划条件未纳入国有土地使用权出让合同的，该国有土地使用权出让合同无效”。

② 《民法典担保制度解释》第38条第1款将此定为明文，其中指出：“主债权未受全部清偿，担保物权人主张就担保财产的全部行使担保物权的，人民法院应予支持，但是留置权人行使留置权的，应当依照民法典第四百五十条的规定处理。”

③ 参见王利明：《物权法研究（下卷）》（第四版），中国人民大学出版社2018年版，第400页；郭明瑞：《担保法》，法律出版社2010年版，第88页；梁慧星、陈华彬：《物权法》（第七版），法律出版社2020年版，第326页；崔建远：《物权法》，中国人民大学出版社2009年版，第472页。

在抵押权实现之时该建筑物及其物理范围内的建设用地使用权的受让人，如何行使其受让取得的权利（如通行等）？基于拍卖成交裁定书进行建筑物所有权转移登记之时，如何分割建设用地使用权？如既有建筑物的面积已经达到规划条件中容积率的上线，取得剩余建设用地使用权的权利人，未经规划调整，不得再兴建建筑物，其取得此部分建设用地使用权又有何意义？

这一“占用范围内”可分为三种不同情况展开讨论。

第一，该宗地上有一栋或数栋建筑物，但存在区分所有的情形，某权利人以其建筑物设定抵押的，该设押建筑物所占该宗地的应有份额一并抵押。[①] 在区分所有法理上，该宗地的建设用地使用权当属业主准共有的部分，[②] 在性质上，业主对建设用地使用权的准共有属于在按份共有和共同共有之外的第三种共有，[③] 业主并不对该宗地范围的某个具体地块享有建设用地使用权。“占用范围内的建设用地使用权可能是一宗单独的建设用地使用权，也有可能是共同享有的建设用地使用权中的份额，特别是在建筑物区分所有的情况下。转让占用范围内的建设用地使用权不可能也不应该导致对业主共同享有的建设用地使用权的分割。”[④]

第二，一宗地上仅规划并建成了1栋建筑物，且不存在区分所有的情形，权利人以其建筑物抵押的，抵押权的效力自应及于整宗地的建设用地使用权。在规划用途上，该建筑物坐落范围之外的其他土地如用作绿化、停车场等配套设施，并不具有独立的经济效用，应使该1栋建筑物与整宗地的建设用地使用权一起作为抵押财产。虽然该建筑物坐落范围之外的建设用地尚能再建其他建筑物，但在规划变更之前仅具可能性。解释上可以认为，此时，整宗地均为正当使用该建筑物所必需，否则建设单位无法取得建设用地规划许可证。

第三，一宗地上规划建造10栋建筑物，建成并抵押了其中1栋建筑物，且不存在区分所有的情形，权利人以其建筑物抵押的，抵押权的效力自不应及于其他9栋建筑物的建设用地使用权。[⑤] 在抵押权实现之时，可就该栋建筑物与整宗地的建设用地使用权一体变价，但抵押权人仅能就该栋建筑物及其规划占比的建设用地使用权的变价款部分优先受偿。在实践中，亦有仅就抵押建筑物与其建筑面积规划占比的建设用地使用权一起变价的情形，但此模式涉及对建设用地使用权进

---

① 参见全国人大常务委员会法制工作委员会民法室编：《中华人民共和国物权法条文说明、立法理由及相关规定》，北京大学出版社2017年版，第375页。

② 参见王利明：《物权法研究》（上卷）（第四版），中国人民大学出版社2018年版，第73页；崔建远：《物权法》，中国人民大学出版社2009年版，第203页。

③ 参见王利明：《物权法研究》（上卷）（第四版），中国人民大学出版社2018年版，第576页；崔建远：《物权法》，中国人民大学出版社2009年版，第202页。

④ 参见黄薇主编：《中华人民共和国民法典解读·物权编》，中国法制出版社2020年版，第515页。

⑤ 参见常鹏翱：《〈民法典〉“房随地走、地随房走”的规范要义》，载《中国高校社会科学》2021年第4期。

行分割（又称分宗），既涉及不动产单元的分割登记，也涉及规划的变更与调整（如容积率的计算），在规范的操作程序上比较困难。①

《民法典担保制度解释（室内稿）》曾经规定："当事人以建筑物或者正在建造的建筑物设定抵押，债权人主张抵押权的效力及于规划所占范围内建设用地使用权的，人民法院应予支持，但该建筑物规划所占范围大于建筑物实际所占范围且大于部分具有独立使用价值的，抵押权人仅得就建筑物及建筑物实际所占建设用地使用权的价值优先受偿。"但该规定后因争议较大而未被采纳。这里所谓"大于部分具有独立使用价值的"，应限于规划条件中单独列明的具有独立使用价值的部分。对于规划法未得到很好贯彻的地区，尚须结合个案具体认定，不宜一概而论。

（二）在建建筑物抵押权的效力是否及于建设用地使用权

在建建筑物，是指正在建造、尚未办理所有权首次登记的建筑物。在建建筑物抵押，在不同的规范性文件中称谓不一。《城市房地产抵押管理办法》称之为"在建工程抵押"；《不动产登记暂行条例实施细则》称之为"在建建筑物抵押"。从《民法典》的规定来看，以"在建建筑物抵押"指称以"正在建造的建筑物"所设立的抵押（第395条第1款第5项），更符合法典文义。如此，在建建筑物抵押权，就成了债务人或者第三人以其合法拥有的"正在建造的建筑物"为债权人所设定的抵押权。在建建筑物虽然尚未取得据以表征所有权的不动产权利证书，但其权利人已就其投入建设资金、建筑材料和人力，其交换价值至为明显，具有不动产的自然属性。② 因此，在建建筑物作为担保财产从经济层面上并无障碍。但在建建筑物在客观的交易观念上并不具备现实性与特定性，在性质上属于未来的建筑物，③ 在物权客体特定原则之下，无从满足物权之现实对物支配性的内容。因此，其上设立抵押权存在构造上的疑问。有观点认为，因建筑物尚未形成，故其上无法成立已建建筑物意义上的建筑物所有权，也无法设立现实的建筑物抵押权。④ 本书作者认为，基于抵押权的变价权和价值权属性，抵押权的支配性体现为，在抵押权可得实现之时就抵押财产交换价值的支配。如此，物权客体特定原则在抵押权领域，即可缓和地解释为在抵押权可得实现之时抵押财产应具有特定性。正是基于此，未来财产的抵押权才具有了民法教义学上构造的可能。因此，当事人自可以在建建筑物设定抵押。同时，依据《民法典担保制度解释》第51

---

① 本节受益于2020年7月10日"民商法沙龙"微信朋友圈各位朋友的讨论，特此致谢！

② 参见高圣平：《担保法前沿问题与判解研究（第五卷）——最高人民法院新担保制度司法解释条文释评》，人民法院出版社2021年版，第369页。

③ 参见王荣珍：《论在建建筑物抵押登记的性质与效力》，载《学术研究》2011年第11期。

④ 参见张双根：《论房地关系与统一不动产登记簿册》，载《中外法学》2014年第4期。

条的规定，抵押权的效力限于已办理抵押登记的部分。①

在房地一体抵押规则之下，以正在建造的建筑物设定抵押的，当事人可以申请建设用地使用权及在建建筑物抵押权首次登记。② 就在建建筑物抵押权的效力是否及于建设用地使用权，存在争议。一种观点认为，因房地分离抵押是当事人之间基于意思自治而作出的选择，而债权人在提供借款时仅以在建建筑物作为抵押财产，其判断依据以抵押物现有的交换价值担保债务的履行，故应认定债权人在缔约时已有明确的法律预期，即是以办理在建建筑物抵押登记时的标的财产享有优先受偿权，如无相反约定，在建建筑物抵押权的效力不及于建设用地使用权。③ 另一种观点认为，根据“以建筑物抵押的，该建筑物占用范围内的建设用地使用权一并抵押。以建设用地使用权抵押的，该土地上的建筑物一并抵押。抵押人未依照前款规定一并抵押的，未抵押的财产视为一并抵押”规定，如无明确约定，在建建筑物抵押权的效力及于建设用地使用权。④

本书作者认为，在建建筑物抵押权的效力范围应同于建筑物抵押权，《民法典》第397条第2款自有适用空间。在就在建建筑物设定抵押但未就其占用范围内的建设用地使用权设定抵押的情形之下，在建建筑物抵押权的效力及于建设用地使用权，即使当事人之间存在相反约定，亦无不然。在就在建建筑物设定抵押之前，已就其占用范围内的建设用地使用权设定抵押的情形之下，两个抵押权均为有效。建设用地使用权抵押权的效力仅及于建设用地使用权（在建建筑物属于建设用地使用权抵押权设立后的新增建筑物），在建建筑物抵押权的效力也及于建设用地使用权，但其顺位劣后于建设用地使用权抵押权。

登记实务中，有观点认为，在建建筑物大多数情况下一直处于建设过程中，具体状态在不断变动，但在建建筑物只要未经竣工验收，均应作为一个独立物来登记，与建设了几层无关。此时，在建建筑物抵押登记，既包括抵押时的建筑状态，也包括其后不断地添砖加瓦建设的楼层。抵押后在建建筑物的续建部分没有独立性，也应视为在建建筑物的一部分。因此，在建建筑物抵押权及于抵押在建建筑物的续建部分，抵押权人在实现抵押权时自可一并拍卖、变卖，并以其变价款优先受偿。⑤ 本书作者对此不敢苟同。

---

① 参见最高人民法院民事审判第二庭编：《最高人民法院民法典担保制度司法解释理解与适用》，人民法院出版社2021年版，第443页。

② 《不动产登记暂行条例实施细则》第75条、《不动产登记操作规范（试行）》第14.1.1条。

③ 参见江苏省高级人民法院（2013）苏商终字第0217号民事判决书；最高人民法院（2019）最高法民终805号民事判决书。

④ 参见四川省高级人民法院（2016）川民初36号民事判决书；甘肃省高级人民法院（2021）甘民终506号民事判决书。

⑤ 参见石晨谊：《能否将在建建筑物未建部分作为抵押物进行登记》，载《中国不动产》2020年第11期。

《不动产登记暂行条例实施细则》第76条规定：“申请在建建筑物抵押权首次登记的，当事人应当提交下列材料：（一）抵押合同与主债权合同；（二）享有建设用地使用权的不动产权属证书；（三）建设工程规划许可证；（四）其他必要材料。”第77条规定：“在建建筑物抵押权变更、转移或者消灭的，当事人应当提交下列材料，申请变更登记、转移登记、注销登记：（一）不动产登记证明；（二）在建建筑物抵押权发生变更、转移或者消灭的材料；（三）其他必要材料。在建建筑物竣工，办理建筑物所有权首次登记时，当事人应当申请将在建建筑物抵押权登记转为建筑物抵押权登记。”同时，《不动产登记操作规范（试行）》第14.1.6条关于审查要点的规定强调，“在建建筑物抵押，应当实地查看的，是否已实地查看”。《不动产登记暂行条例实施细则》第16条第2项规定：“不动产登记机构进行实地查看，重点查看下列情况：……在建建筑物抵押权登记，查看抵押的在建建筑物坐落及其建造等情况”。这里的建造情况，明显包括在建建筑物的建造楼层等情况。

就在建建筑物抵押权的效力是否及于嗣后续建的部分问题而言，若将《民法典》第417条中的“新增建筑物”解释为包括正建建筑物的续建部分在内（容后详述）之后，由此带来的体系效应即为，在建建筑物抵押权的效力是否及于嗣后续建部分，以及相关司法态度的转变。《民法典担保制度解释》第51条第2款规定：“当事人以正在建造的建筑物抵押，抵押权的效力范围限于已办理抵押登记的部分。当事人按照担保合同的约定，主张抵押权的效力及于续建部分、新增建筑物以及规划中尚未建造的建筑物的，人民法院不予支持。”这一规则也与既有的监管政策相一致。《城市房地产抵押管理办法》第11条规定：“以在建工程已完工部分抵押的，其土地使用权随之抵押。”解释上倾向于认为，仅有“在建工程已完工部分”才能设定抵押。

关于在建建筑物抵押权的效力是否及于嗣后续建的部分，多数观点认为，所谓在建工程，是在一个总体设计范围内，由一个或者几个单项工程所组成，经济上实行统一核算，行政上实行统一管理的建设单位。作为一个建设项目，不应仅仅包括已完工部分。而在建工程抵押，是指以正在建造且未来一定存在的财产作为抵押财产而设定的抵押。因此，在建工程抵押权的效力及于嗣后续建的部分。当事人在合同中明确约定设定抵押权的在建建筑物包括尚未建造部分的，应从其约定。在建建筑物抵押权作为一种单独的抵押权类型，除当事人在抵押合同中另有约定外，其抵押财产范围包括规划许可范围内已经建造的和尚未建造的建筑物。《民法典担保制度解释》第51条第2款改变了这一态度。在建建筑物抵押权的效力范围限于已办理抵押登记的部分。即使担保合同中约定抵押权的效力及于续建部分、新增建筑物以及规划中尚未建造的建筑物，也仅具有债法上的效力。

抵押权人不得就这些部分的变价款主张享有优先受偿权。① 在登记实务中，当事人可以就不断续建的部分办理抵押权变更登记。

（三）违法建筑物抵押的效力是否及于建设用地使用权

《民法典》第395条第1款第1项之“建筑物”，应指经合法建造的建筑物。违法建筑，原则上不能作为抵押财产。② 以法定程序确认为违法、违章的建筑物抵押的，抵押合同无效。违法建筑物，是指违反《土地管理法》《城乡规划法》《村庄和集镇建设管理条例》等相关法律法规的规定，在城市规划区内，未取得建设工程规划许可证或者违反建设工程许可证的规定建设，严重影响城市规划的建筑物。

依据《民法典担保制度解释》第49条第1款的规定，“以违法的建筑物抵押的，抵押合同无效，但是一审法庭辩论终结前已经办理合法手续的除外。”违法建筑有程序违建和实质违建的区分，③ 既有通过非法方式取得的建设用地使用权基础上建造建筑物的情况，又有建筑物全部或者部分不符合规划要求的情形，行政机关在处理违法建筑时，也区分了程序违建和实质违建。在某些情况下，违法建筑可以通过补办手续的方法而取得合法的权利。《民法典担保制度解释》第49条第1款将此种方法界定为“一审法庭辩论终结前已经办理合法手续的除外”。也就是说，一审法庭辩论终结前尚未办理合法手续的，抵押合同仍应认定无效。此前，已有观点认为，抵押物在抵押时，未办理权属证书，亦未办理抵押登记，至一审开庭结束时，仍未能办理权利证书上补办登记手续，该抵押合同未生效，抵押权并未有效设立。若抵押物已经行政机关认定为违法建筑，则属于不得抵押的财产，抵押合同因违反了法律强制性规定，应属无效。而某个建筑物或构筑物是否为违法建筑，需要由国家机关依据法定程序认定，人民法院不宜代替有关国家机关作出判断。④

在解释上，《民法典》第397条第1款前段“以建筑物抵押的，该建筑物占

---

① 参见高圣平：《担保法前沿问题与判解研究（第五卷）——最高人民法院新担保制度司法解释条文释评》，人民法院出版社2021年版，第369页。

② 参见最高人民法院民法典贯彻实施工作领导小组主编：《中华人民共和国民法典物权编理解与适用》（下），人民法院出版社2020年版，第1041页。

③ 《城乡规划法》第64条规定：“未取得建设工程规划许可证或者未按照建设工程规划许可证的规定进行建设的，由县级以上地方人民政府城乡规划主管部门责令停止建设；尚可采取改正措施消除对规划实施的影响的，限期改正，处建设工程造价百分之五以上百分之十以下的罚款；无法采取改正措施消除影响的，限期拆除，不能拆除的，没收实物或者违法收入，可以并处建设工程造价百分之十以下的罚款。”在解释上，“尚可采取改正措施消除对规划实施的影响的”情形即属程序违建的范畴；“无法采取改正措施消除影响的”情形即属实质违建的范畴。

④ 参见高圣平：《担保法前沿问题与判解研究（第五卷）——最高人民法院新担保制度司法解释条文释评》，人民法院出版社2021年版，第350页。

用范围内的建设用地使用权一并抵押”系以建筑物抵押权有效设立为前提，如以违法建筑物设定抵押，抵押合同无效，自不发生建筑物抵押权有效设立的法律后果，未设立抵押的建设用地使用权上的法定抵押权也就无由发生。违法建筑物抵押合同被认定无效，并不意味着抵押人不承担任何法律责任，① 此时，由各方依《民法典担保制度解释》第 17 条的规定按过错承担责任。②

综上，一方面，当事人以违法建筑物抵押而签订的抵押合同无效；另一方面，当事人在一审法庭辩论终结前已经办理合法手续的，法院不能认定抵押合同无效。另外，如果当事人以合法取得的建设用地使用权抵押，再根据房地一体关系又以该建设用地上的建筑物系违法建筑物为由主张抵押合同无效的，人民法院不予支持。③ 如此规定是因为，当事人所取得的建设用地使用权属于合法可抵押的财产，即使该土地上存在违法建筑物，不会导致其失去建设用地使用权，更不会导致抵押合同无效。同时，实现该抵押权时，应该将建设用地使用权及其上的违法建筑物一并处分，对于违法建筑物按现状加以拍卖，应适用《最高人民法院关于转发住房和城乡建设部〈关于无证房产依据协助执行文书办理产权登记有关问题的函〉的通知》第 2 条的规定。④

四、当事人仅就建设用地使用权设定抵押的法律后果：《民法典》第 397 条第 1 款后段

《民法典》第 397 条第 1 款后段规定：“以建设用地使用权抵押的，该土地上的建筑物一并抵押。”在解释上，这里的“建设用地使用权”自应排除“乡镇、村企业的建设用地使用权”。因为在《民法典》第 398 条之下，乡镇、村企业的建设用地使用权不能单独设定抵押。就乡镇、村企业的建设用地使用权与其地上建筑物一起设定抵押的，自无第 397 条适用的必要。本段的“土地上的建筑物”，是指以该建设用地使用权为基础而建造的建筑物。⑤ 尚存疑问的是，建设用地使用权抵押权效力所及的“建筑物”的范围是否包括“构筑物”“附属设施”？是否及于抵押权设立之时正在建造的建筑物？是否以该建筑物已行登记为前提？是否要求取得建设工程规划许可？土地上违法建筑的存在是否影响建设用地使用权

① 最高人民法院民事审判第二庭编：《最高人民法院民法典担保制度司法解释理解与适用》，人民法院出版社 2021 年版，第 430 页。

② 参见江苏省连云港市中级人民法院（2015）连民终字第 02397 号民事判决书。

③ 最高人民法院民事审判第二庭编：《最高人民法院民法典担保制度司法解释理解与适用》，人民法院出版社 2021 年版，第 428 页。

④ 参见程啸、高圣平、谢鸿飞：《最高人民法院新担保司法解释理解与适用》，法律出版社 2021 年版，第 305 页。

⑤ 王利明：《物权法研究（下卷）（第四版）》，中国人民大学出版社 2018 年版，第 27 页。

抵押合同效力？

（一）建设用地使用权抵押权效力所及的“建筑物”范围

就“房地一体处分原则”而言，《民法典》中相关规定的表述并不一致。在规定一并“转让、互换、出资或者赠与”时，条文界定的范围是“建筑物、构筑物及其附属设施”（第356条、第357条），但在规定一并“抵押”时，条文界定的范围仅是“建筑物”（第397条）。就建设用地使用权的设立目的——利用他人土地“建造建筑物、构筑物及其附属设施”（第344条）而言，在“房地一体处分原则”之下，自应追求建设用地使用权与该土地之上“建筑物、构筑物及其附属设施”的权利主体一致，在“转让、互换、出资或者赠与”时是如此，在“抵押”时亦是如此。

在《民法典》第353条、第397条、第398条之下，“建筑物主要是指住宅、写字楼、厂房等；构筑物主要是指不具有居住或者生产经营功能的人工建造物，比如道路、桥梁、隧道、水池、水塔、纪念碑等；附属设施主要是指附属于建筑物、构筑物的一些设施。”① 只不过，就抵押财产的类型，《民法典》第395条第1款第1项使用的是“建筑物和其他土地附着物”。这里的“其他土地附着物”指“附着于土地之上的除房屋之外的不动产，包括桥梁、隧道、大坝、道路等构筑物，以及林木、庄稼等”，② 不仅包括其土地权源是建设用地使用权的“建筑物”，而且包括其土地权源是宅基地使用权的建筑物、其土地权源是土地承包经营权的农作物等。此外，因为第395条中仅正面列举了“建筑物和其他土地附着物”作为抵押财产的原因，第397条贯彻“房地一体处分原则”时出现了“建筑物与其占用范围内的建设用地使用权一并抵押”的情形。对于“同一事物应作相同处理”的法律解释方法，第397条第1款中所规定的“建筑物”自应包括“构筑物及其附属设施”在内。对此，学者以为，本条中仅规定“建筑物”，应属法律漏洞，可通过类推适用加以弥补。③ 同时，基于立法目的的解释，这里的“建筑物”亦应包括在建工程在内。④

同时，《民法典》第395条已明定“正在建造的建筑物”亦属抵押财产的范围，基于相同的规范目的，第397条第1款中的“建筑物”亦应作扩大解释做包

① 黄薇主编：《中华人民共和国民法典解读·物权编》，中国法制出版社2020年版，第445页。

② 黄薇主编：《中华人民共和国民法典解读·物权编》，中国法制出版社2020年版，第590页。

③ 参见王利明：《物权法研究（下卷）（第四版）》，中国人民大学出版社2018年版，第428页。

④ 参见高圣平：《民法典担保制度及其配套司法解释理解与适用》，中国法制出版社2021年版，第461页。

括“正在建造的建筑物”在内，当无疑义。[①]《民法典担保制度解释》第51条第1款前句规定：“当事人仅以建设用地使用权抵押，债权人主张抵押权的效力及于土地上已有的建筑物以及正在建造的建筑物已完成部分的，人民法院应予支持。”该规定采纳了这一观点，并明确建设用地使用权抵押权的效力仅及于“正在建造的建筑物已完成部分”，符合《民法典》第417条体系解释的要求。

（二）建设用地使用权抵押权效力是否及于未登记建筑物

就设押的建设用地使用权上存在的未办理登记的建筑物、构筑物和其他附着物是否为建设用地使用权抵押权效力之所及，存在不同认识。一种观点认为，案涉建设用地使用权上无产权证的建筑物和构筑物及其他辅助设施不属于抵押财产，抵押权人对该部分财产变价款不享有优先受偿权。另一种观点认为，案涉建设用地使用权抵押权的效力及于其上无产权证的建筑物和构筑物及其他辅助设施。

同时，就建造行为是否取得建设工程规划许可，多数观点认为，对于未取得建设工程规划许可的“违法建筑”不能适用《民法典》第397条的法定抵押权。《民法典》第231条规定：“因合法建造、拆除房屋等事实行为设立或者消灭物权的，自事实行为成就时发生效力。”因事实行为所引起的不动产物权变动，不以登记为前提，但该条“合法建造”，在《建筑法》之下，即意味着应取得建设工程规划许可。这是多数法院的裁判逻辑。不过，违法建筑在拆除之前的财产价值却得到了许多裁判的支持，诸如违法建筑的租赁合同所生“租金”给付义务等。

就建设用地使用权是否及于未设立抵押权的建筑物，存在争议。有观点指出，“房随地走，地随房走”的原则并非法律的禁止性规定，只是法律倡导的通常规则，在不存在权利冲突的情况下，以建设用地使用权抵押的，只有在地上建筑物未专门设立抵押的情况下，未抵押的建筑物才视为与建设用地使用权一并抵押。同时，有观点认为，受房地一体规范的约束，不能出现仅其中一种权利抵押登记，另一种权利未抵押登记的情形。[②] 但大部分观点指出，建设用地使用权抵押权的效力及于未设定抵押的建筑物，不以抵押合同中明确约定以建筑物及建设用地使用权一并抵押为前提，也不以建筑物抵押权登记为前提。即使只办理了建设用地使用权抵押登记，没有办理建筑物抵押登记的，实现建设用地使用权的抵押权时，建筑物也一并作为抵押财产。[③] 既然《民法典》第397条第1款中的

---

① 参见王利明：《物权法研究（下卷）（第四版）》，中国人民大学出版社2018年版，第428页；高圣平、严之：《房地单独抵押、房地分别抵押的效力——以〈物权法〉第182条为分析对象》，载《烟台大学学报（哲学社会科学版）》2012年第1期。

② 参见常鹏翱：《〈民法典〉“房随地走、地随房走”的规范要义》，载《中国高校社会科学》2021年第4期。

③ 参见黄薇主编：《中华人民共和国民法典解读·物权编》，中国法制出版社2020年版，第601页。

“建筑物”包括“正在建造的建筑物”在内，建筑物是否已行登记，并不会对法定抵押权的设立产生影响。

（三）建设用地使用权抵押权效力不及于新增建筑物

《民法典》第417条规定：“建设用地使用权抵押后，该土地上新增的建筑物不属于抵押财产。该建设用地使用权实现抵押权时，应当将该土地上新增的建筑物与建设用地使用权一并处分，但新，增建筑物所得的价款，抵押权人无权优先受偿。”由此可见，《民法典》第397条第1款后段“以建设用地使用权抵押的，该土地上的建筑物一并抵押”中的“建筑物”应作限缩解释，仅限于建设用地使用权抵押权设立之时既存的建筑物，将新增建筑物排除于建设用地使用权抵押权效力之所及的标的财产之外。

在《民法典》第417条所确立的规则之下，执行程序中应将案涉建设用地使用权和建筑物分别评估，抵押权人仅就建设用地使用权的变价款部分享有优先受偿权。不过，为达到《民法典》第356条、第357条“房地一体处分”的规范目的，“应当将该土地上新增的建筑物与建设用地使用权一并处分”。此为“拍卖抵押财产的扩张”，“将不在抵押权效力范围内的财产一并拍卖”。[①] 这就意味着，抵押权人虽然仅能就建设用地使用权主张权利，但并不排除将建设用地使用权和新增建筑物一并查封、变价。[②]《最高人民法院关于人民法院民事执行中查封、扣押、冻结财产的规定》第23条第1款也规定：“查封地上建筑物的效力及于该地上建筑物使用范围内的土地使用权，查封土地使用权的效力及于地上建筑物，但土地使用权与地上建筑物的所有权分属被执行人与他人的除外。”

《民法典》第417条所称“新增建筑物”，在解释上包括正在建造的建筑物的续建部分。《民法典担保制度解释》第51条第1款后句因此规定：“债权人主张抵押权的效力及于正在建造的建筑物的续建部分以及新增建筑物的，人民法院不予支持。”至于是否属于“新增建筑物”，尚须结合建设用地使用权抵押权设立登记的时间与建筑物形成的时间进行比较判断。如既有建设用地使用权抵押权设立之前已经存在的建筑物，又有建设用地使用权抵押权设立之后新增的建筑物的，应在事实上进行区分，并分别适用法律。

准此，以建设用地使用权设定抵押权、未以既存的建筑物设定抵押权的，依据《民法典》第397条第2款的规定，未抵押的既存建筑物视为一并抵押，建设用地使用权抵押权就未抵押的既存建筑物成立法定抵押权，且其设立时间与建设用地使用权抵押权的设立时间相一致。此时，不以抵押合同中是否明确约定建筑物和建设用地使用权一并抵押为前提；当事人在抵押合同中约定仅以建设用地使

① 郭明瑞：《担保法》，法律出版社2010年版，第133页。

② 参见最高人民法院（2019）最高法民申6744号民事裁定书。

用权设定抵押权的，就未约定抵押的既存建筑物亦构成法定抵押权；当事人在抵押合同中排除既存建筑物抵押的，亦无不然。在《民法典》第397条和第417条的体系解释之下，建设用地使用权抵押权不及于其设立后新增的建筑物，如此，《民法典》第397条第1款后段“以建设用地使用权抵押的，该土地上的建筑物一并抵押”中所述“建筑物”，仅限于建设用地使用权抵押权设立之时既存的建筑物。这里的“建筑物”，应包括在建工程在内。[①]

（四）划拨建设用地使用权抵押权的效力

建设用地使用权划拨，是指县级以上人民政府依法批准，在土地使用者缴纳补偿、安置等费用后，将该幅土地交付其使用，或者将建设用地使用权无偿交付给土地使用者使用的行为。除《民法典》之外，《城市房地产管理法》和《城镇国有土地使用权出让和转让暂行条例》等法律、行政法规均涉及划拨建设用地使用权。[②]

划拨建设用地使用权的处分在我国实定法上较受限制，经历了从“需要经过审批”到“登记视同审批”，再到“无须审批”三个阶段。[③] 首先，《城镇国有土地使用权出让和转让暂行条例》第44条与《划拨土地使用权管理暂行办法》第5条均规定划拨建设用地抵押的，需经依法批准。基于此，早期的裁判实践尊重了行政监管的需要，大多判令相应抵押合同因违反强制性规定而无效。[④] 或因未经有审批权限的土地管理部门批准并未办理抵押登记而无效。其后，划拨建设用地的监管政策发生了改变。2004年国土资源部发布的《关于国有划拨土地使用权抵

---

① 参见高圣平：《担保法前沿问题与判解研究（第五卷）——最高人民法院新担保制度司法解释条文释评》，人民法院出版社2021年版，第366页。

② 相关规范性文件中均称划拨土地使用权，《物权法》和《民法典》厘清了土地使用法律关系，对其中涉及利用土地建造建筑物、构筑物及其附属设施的权利统称为建设用地使用权。相关分析参见高圣平、刘守英：《〈物权法〉视野下的〈土地管理法〉修改》，载《中国土地科学》2008年第7期。

③ 最高人民法院民事审判第二庭编：《最高人民法院民法典担保制度司法解释理解与适用》，人民法院出版社2021年版，第435页。

④ 《最高人民法院关于破产企业国有划拨土地使用权应否列入破产财产等问题的批复》第2条前句规定：“企业对其以划拨方式取得的国有土地使用权无处分权，以该土地使用权为标的物设定抵押，除依法办理抵押登记手续外，还应经具有审批权限的人民政府或土地行政管理部门批准。否则，应认定抵押无效。如果企业对以划拨方式取得的国有土地使用权设定抵押时，履行了法定的审批手续，并依法办理了抵押登记，应认定抵押有效。”第3条第2款规定：“国有企业以建筑物设定抵押的效力问题，应区分两种情况处理：如果建筑物附着于以划拨方式取得的国有土地使用权之上，将该建筑物与土地使用权一并设定抵押的，对土地使用权的抵押需履行法定的审批手续，否则，应认定抵押无效；如果建筑物附着于以出让、转让方式取得的国有土地使用权之上，将该建筑物与土地使用权一并设定抵押的，即使未经有关主管部门批准，亦应认定抵押有效。”《最高人民法院关于修改〈最高人民法院关于破产企业国有划拨土地使用权应否列入破产财产等问题的批复〉等二十九件商事类司法解释的决定》（法释〔2020〕18号）已经修改了前者，删去了后者。

押登记有关问题的通知》规定："以国有划拨土地使用权为标的物设定抵押，土地行政管理部门依法办理抵押登记手续，即视同已经具有审批权限的土地行政管理部门批准，不必再另行办理土地使用权抵押的审批手续。"如此，就划拨建设用地使用权的抵押进入第二个阶段，不再将事前审批作绝对化的理解。相应的司法态度亦日益缓和。这主要体现在，司法实践中不再坚持"房地一体处分原则"之下划拨建设用地使用权和建筑物抵押权连同无效的司法观点，仅以划拨建设用地上的建筑物设定抵押的，建筑物抵押权因建筑物抵押登记而有效。现今，因2010年《国务院关于第五批取消和下放管理层级行政审批项目的决定》的发布，取消了基于《城镇国有土地使用权出让和转让暂行条例》第45条所设定的国有划拨土地使用权抵押审批；根据《国务院办公厅关于做好行政法规部门规章和文件清理工作有关事项的通知》(国办发〔2016〕12号）的有关要求，原国土资源部开展了规范性文件清理工作，《国土资源部关于公布已废止或者失效的规范性文件目录的公告》(国土资源部公告2016年第10号）废止了《国土资源部关于国有划拨土地使用权抵押登记有关问题的通知》，划拨建设用地使用权抵押登记不再需要当事人提交相关审批文件。至此，划拨土地使用权抵押无须经过审批。

但就抵押权人的优先受偿而言，《城市房地产管理法》第40条第1款规定："以划拨方式取得土地使用权的，转让房地产时，应当按照国务院规定，报有批准权的人民政府审批。有批准权的人民政府准予转让的，应当由受让方办理土地使用权出让手续，并依照国家有关规定缴纳土地使用权出让金。"由此可见，抵押人作为土地使用者，转让划拨建设用地使用权必须依照国家有关规定缴纳土地出让金，此为法定义务。当划拨建设用地使用权的建筑物被拍卖，抵押权人足额缴纳相当于应缴纳的土地使用权出让金的款项，否则，其抵押权不得实现。只有依法缴纳土地出让金以后，抵押权人在其余额内才能优先受偿。① 因划拨建设用地使用权的抵押最终可能导致划拨建设用地使用权的转让，《城市房地产管理法》的这一规则自应适用于或至少在抵押权实现时应适用于划拨建设用地使用权的抵押。《城镇国有土地使用权出让和转让暂行条例》第45条更是明确指出，对于符合条件的房地产，"经市、县人民政府土地管理部门和房产管理部门批准，其划拨土地使用权和地上建筑物、其他附着物所有权可以转让、出租、抵押"。②

在此基础之上，《民法典担保制度解释》第50条分两款规定了建筑物单独抵押和划拨建设用地使用权单独抵押的效力。

---

① 参见高圣平：《担保法前沿问题与判解研究（第五卷）——最高人民法院新担保制度司法解释条文释评》，人民法院出版社2021年版，第356～358页。

② 《划拨土地使用权管理暂行办法》(已失效）第5条规定："未经市、县人民政府土地管理部门批准并办理土地使用权出让手续，交付土地使用权出让金的土地使用者，不得转让、出租、抵押土地使用权。"

第一，《民法典担保制度解释》第 50 条第 1 款规定：“抵押人以划拨建设用地上的建筑物抵押，当事人以该建设用地使用权不能抵押或者未办理批准手续为由主张抵押合同无效或者不生效的，人民法院不予支持。抵押权依法实现时，拍卖、变卖建筑物所得的价款，应当优先用于补缴建设用地使用权出让金。”这里坚持了最高人民法院（2007）民二终字第 183 号民事判决以来的司法态度，即使划拨建设用地使用权未经批准不得抵押，但并不影响其上建筑物抵押权的效力。但在变价处分之时，仍然应遵循《民法典》第 357 条所确立的“地随房走”的基本规则，就建筑物及其占用范围内的划拨建设用地使用权一体变价。就变价款的分配，适用《城市房地产管理法》的规定。《城市房地产管理法》第 51 条规定：“设定房地产抵押权的土地使用权是以划拨方式取得的，依法拍卖该房地产后，应当从拍卖所得的价款中缴纳相当于应缴纳的土地使用权出让金的款额后，抵押权人方可优先受偿。”如此，就建筑物及其占用范围内的划拨建设用地使用权一体变价之后，应优先补缴建设用地使用权出让金，抵押权人仅得就剩余款项优先受偿。

值得注意的是，《民法典担保制度解释》第 50 条第 1 款后句“抵押权依法实现时，拍卖、变卖建筑物所得的价款，应当优先用于补缴建设用地使用权出让金”的文义，似乎意味着抵押权人仅得就建筑物进行变价。① 但这一规定与现行法不大吻合。一则有违《民法典》第 357 条和第 397 条所确立的“地随房走”规则，可能造成建筑物及其占用范围内的建设用地使用权在归属上异其主体；二则有违《城市房地产管理法》第 51 条所确立的“房地产一体拍卖”的规则。同时，该规定可能损及抵押权人的利益，仅就建筑物变价，为何还要补缴建设用地使用权出让金？基于此，即使划拨建设用地使用权抵押未经批准，在建筑物单独抵押或者建筑物与划拨建设用地使用权一并抵押的情形，也应就房地一并变价。虽然同样属于房地一体变价，但实际上是以建筑物的变价款实现抵押权，因为，一般情况下，拍卖价金中应缴纳的土地出让金即为划拨建设用地使用权的变价款。这一制度的设计与划拨建设用地使用权的无偿性相关联，具有其合理性。在《城市房地产管理法》第 40 条和第 51 条之下，抵押财产变价之后补缴建设用地使用权出让金为法定义务。

此外，《民法典担保制度解释》第 50 条第 1 款在文义上仅及于划拨建设用地使用权上的建筑物单独抵押的情形，在解释上同样适用于建筑物与划拨建设用地使用权一并抵押的情形。

第二，《民法典担保制度解释》第 50 条第 2 款规定：“当事人以划拨方式取

---

① 参见最高人民法院民事审判第二庭编：《最高人民法院民法典担保制度司法解释理解与适用》，人民法院出版社 2021 年版，第 434～435 页。

得的建设用地使用权抵押，抵押人以未办理批准手续为由主张抵押合同无效或者不生效的，人民法院不予支持。已经依法办理抵押登记，抵押权人主张行使抵押权的，人民法院应予支持。抵押权依法实现时所得的价款，参照前款有关规定处理。”本款涉及划拨建设用地使用权单独抵押的情形，与现有划拨建设用地使用权的监管政策相一致。在解释上，划拨建设用地使用权抵押权未经登记，自是不设定，债权人不得主张行使抵押权。

值得注意的是，《民法典》第502条第2款规定：“依照法律、行政法规的规定，合同应当办理批准等手续的，依照其规定。未办理批准等手续影响合同生效的，不影响合同中履行报批等义务条款以及相关条款的效力。应当办理申请批准等手续的当事人未履行义务的，对方可以请求其承担违反该义务的责任。”解释论上，未办理批准手续即合同不生效力。[①] 划拨建设用地使用权抵押合同，属于《城镇国有土地使用权出让和转让暂行条例》第45条规定应当办理批准手续的情形，应自批准之日起生效。《民法典担保制度解释》曾经有一稿基于此规定：“当事人以不符合《中华人民共和国城镇国有土地使用权出让和转让暂行条例》第45条规定的划拨土地使用权或该土地上的房屋抵押的，人民法院应当认定抵押合同无效；当事人以符合该条例第45条规定的划拨土地使用权或该土地上的房屋抵押的，在办理批准手续前，人民法院应当认定抵押合同未生效。”但在国务院已经取消划拨建设用地使用权抵押审批的情形之下，划拨建设用地使用权抵押合同即不再属于《民法典》第502条第2款所规定的须经批准而生效的合同。《民法典担保制度解释》最终没有采纳上述观点。

在《民法典担保制度解释》第50条第2款之下，存在两种情形的类型化区分。其一，已经划拨建设用地使用权抵押权设立登记的，自应认定划拨建设用地使用权抵押权业已有效设立。在抵押权可得实现之时，仍应基于《城市房地产管理法》第40条第1款的规定办理转让审批。经审批，抵押权人可以申请拍卖、变卖划拨建设用地使用权抵押权，但变价款应当优先用于补缴建设用地使用权出让金。其二，尚未办理划拨建设用地使用权抵押权设立登记的，如无其他无效事由的存在，抵押合同不因未办理批准手续或登记手续而无效。在抵押合同有效的情形之下，适用《民法典担保制度解释》第46条关于不动产抵押合同生效后未办理抵押登记手续的相关规则予以处理。债权人可以基于有效的抵押合同请求抵押人办理抵押登记手续。如登记无法办理，抵押人的过错较为明显。此时，适用《民法典担保制度解释》第46条第3款，债权人可以请求抵押人在约定的担保范围内承担违约责任，但是不得超过抵押权能够设立时抵押人应当承担的责任范围。此时，如就划拨建设用地使用权的变价款，仍得在优先补缴建设用地使用权

① 参见王利明主编：《中国民法典释评合同编·通则》，中国人民大学出版社2020年版，第179页。

出让金之后，用于承担抵押人的违约责任。

应当注意的是，与《民法典担保制度解释》同时实施的《最高人民法院关于破产企业国有划拨土地使用权应否列入破产财产等问题的批复》（修正）第2条前句规定："企业对其以划拨方式取得的国有土地使用权无处分权，以该土地使用权设定抵押，未经有审批权限的人民政府或土地行政管理部门批准的，不影响抵押合同效力；履行了法定的审批手续，并依法办理抵押登记的，抵押权自登记时设立。"这里虽然坚持未经审批并不影响划拨建设用地使用权抵押合同的效力，但将划拨建设用地使用权抵押权的设立系于法定审批手续的完成，既与目前划拨建设用地使用权的监管规定和抵押登记规则不符，也与《民法典担保制度解释》第50条所体现的司法态度不一致。

五、房地分别抵押时各抵押权的效力范围

抵押人分别就建筑物及其占用范围内的建设用地使用权为不同的抵押权人设定抵押，并分别践行各自的抵押权设立登记手续，在认可两个抵押权均有效的前提之下，两个抵押权之间如何确立其受偿顺序和范围？学说和裁判中争议较大。

第一种观点"重复抵押说"认为，房地分别抵押时建筑物抵押权和建设用地使用权抵押权的效力均及于建筑物及其占用范围的建设用地使用权，两项抵押权之间依其登记先后定其顺位。抵押人将其建筑物为甲抵押权人设定抵押，经登记，甲抵押权人取得建筑物抵押权，同时就建筑物占用范围内的建设用地使用权取得法定抵押权。其后，抵押人又将其建设用地使用权为乙抵押权人设定抵押，经登记，乙抵押权人取得建设用地使用权抵押权，同时就该土地之上的建筑物取得法定抵押权。就建筑物及其占用范围内的建设用地使用权而言，甲抵押权人取得第一顺位抵押权，乙抵押权人取得第二顺位抵押权。[①]

第二种观点"分别受偿说"认为，房地分别抵押仅产生建筑物、建设用地使用权之上的各别抵押权，各抵押权的效力及于其设定抵押权的抵押财产（建筑物或者建设用地使用权），并不及于其未设定抵押权的抵押财产。只不过，在抵押权实现时建筑物、建设用地使用权分别计价，一并处分，确保"房地一体处分原则"在抵押领域里的贯彻。此种做法的实质在于对建筑物所有权和建设用地使用权进行价值分割，虽然抵押权设定时交换价值分属于不同主体，但在实现时并未

---

① 参见朱晓喆：《房、地分离抵押的法律效果——〈物权法〉第182条的法律教义学分析》，载《华东政法大学学报》2010年第1期。该文对此说的成立作了充分论证。

最终导致房地权利主体不一致。①

两种观点各有其正当性的解释基础和可行的解释路径。《民商事审判会议纪要》最终采纳了第一种观点，即重复抵押说：建筑物或者建设用地使用权分别抵押给两个不同的债权人的，两个抵押权均属合法有效，其效力均及于建筑物和建设用地使用权之全部。两个效力均及于建筑物和建设用地使用权的抵押权，构成抵押权的竞存，根据《物权法》第199条第1项的规定，依登记的先后确定两个抵押权之间的优先顺位。《民法典担保制度解释》第51条第3款规定："抵押人将建设用地使用权、土地上的建筑物或者正在建造的建筑物分别抵押给不同债权人的，人民法院应当根据抵押登记的时间先后确定清偿顺序。"该规定也与《民商事审判会议纪要》所采取的司法态度相同。

至此，我们大抵可以得出房地分别抵押时的相关规则：抵押人以建筑物及其占用范围内的建设用地使用权分别为数抵押权人设定抵押的，并不因违反《民法典》第397条第1款"一并抵押"的规定而无效。在践行相关抵押权设立登记手续之后，根据《民法典》第397条第2款的规定，建筑物抵押权的效力及于建设用地使用权，建设用地使用权抵押权的效力及于建筑物。② 在抵押权实现时，应依《民法典》第356条或第357条的规定，一并强制变现建筑物及其占用范围内的建设用地使用权，各抵押权人应当依照《民法典》第414条之规定确定清偿顺序，按照抵押登记的先后顺序就变价款依次享有优先受偿权。

六、小　结

在土地公有制之下，我国实定法上就土地及地上建筑物采取分离主义的立场，将两者作为彼此独立的财产，各为不同处分行为的客体，只不过在处分行为效果上使其一体化。③ "房地一体处分原则"在一定程度上决定着"房地一体抵押"规则的正当性。但抵押权的有效设立并不当然意味着抵押财产的转让，如主债务人履行了到期债务，基于抵押权的变价权自然也就无由行使。因此，"房地一体抵押"规则的解释与适用不能完全等同于"房地一体处分原则"的一般规则。建筑物及其占用范围内的建设用地使用权既可以单独抵押，也可以分别抵

① 参见杨永清、曹英：《房屋和土地没有同时抵押时抵押登记的效力》，载《人民司法》2002年第3期；陈现杰：《土地使用权与地上建筑物分别抵押的效力问题》，载《人民法院报》2003年9月16日第7版；王闯：《规则冲突与制度创新（中）——以物权法与担保法及其解释的比较为中心而展开》，载《人民法院报》2007年6月27日第6版；高圣平、严之：《房地单独抵押、房地分别抵押的效力——以〈物权法〉第182条为分析对象》，载《烟台大学学报（哲学社会科学版）》2012年第1期。

② 参见黄薇主编：《中华人民共和国民法典解读·物权编》，中国法制出版社2020年版，第601页。

③ 参见张双根：《论房地关系与统一不动产登记簿册兼及不动产实体法间交织关系》，载《中外法学》2014年第4期。

押，只不过在相关抵押权实现之时，应就建筑物及其占用范围内的建设用地使用权一并变价，并根据该抵押权效力所及的标的物范围决定其优先受偿范围。对于未就建筑物及其占用范围内的建设用地使用权一并抵押的情形，一项抵押权的有效设立自当发生对于未设定抵押部分的法定抵押权。这一规则不以当事人的合意为前提，也排除当事人之间相反约定的效力，如此方能取得不同情形之下解释论上的统一，防止不同解释结论之间的评价冲突。应当注意的是，《民法典》第397条所定房地一体抵押规则，自应类推适用于建筑物与宅基地使用权之间的关系，从而形成新一轮宅基地制度改革中农民住房财产权抵押贷款试点工作的法律基础。

【保证合同专题】

《民法典》上保证期间效力中的争议问题

在我国《民法典》上，所有保证债务均有保证期间的适用。债权人未在保证期间内依法行使权利的，保证债务消灭。就保证期间是否经过，人民法院应当依职权予以查明。保证期间可以当事人自由约定，但当事人约定的短期保证不能使债权人依法行使权利造成困难，否则约定无效。当事人就保证期间没有约定或者约定不明确的，适用法定保证期间，从主债务履行期限届满之日起6个月；当事人约定的保证期间没有意义等无法确定保证期间的各种情形，也适用法定保证期间。约定保证期间的始期不得早于主债务履行期限届满之日，但可以晚于主债务履行期限届满之日。当事人约定长期保证或约定保证期间的始期或终期过晚，导致主债务诉讼时效期间经过之时保证期间尚未届满的，保证期间的相关约定仍为有效，只不过保证人可以主张主债务诉讼时效经过抗辩权。主债务人放弃该抗辩权的，保证人亦可主张。

一、问题的提出

保证债务具有从属性，与主债务同其命运；主债务未消灭者，保证债务亦存在。但如主债务因时效中断而持续存在，保证人即长期处于随时可能承担债务的财产关系不确定状态。《民法典》基于保护保证人、督促债权人及时行使权利的立场，在保证债务诉讼时效之外，专门规定了保证期间①制度，明定所有保证债

① 早期的司法文件中有称为“保证期限”的，如《最高人民法院关于贯彻执行〈中华人民共和国民法通则〉若干问题的意见（试行）》第108页、第109条；也有称为“保证责任期限”的，如《最高人民法院关于审理经济合同纠纷案件有关保证的若干问题的规定》第10条、第11条。自《担保法》始，各规范性文件均称之为“保证期间”，《民法典》也不例外。

务均有保证期间之适用，[①] 此所谓保证期间的强制适用主义。

保证期间是确定保证人承担保证责任的期间，债权人须在保证期间内主张权利：一般保证中，债权人须在保证期间内“对债务人提起诉讼或者申请仲裁”；连带责任保证中，债权人须在保证期间内“对保证人主张承担保证责任”。如果债权人未在保证期间内主张权利，则发生“保证人不再承担保证责任”的法律后果。由此可见，保证期间经过的事实，加上债权人的特定行为（不作为），才能发生保证人不再承担保证责任的法律后果。在主债务履行期限届满后至保证期间完成前，保证人是否最终承担保证责任处于“待确定”状态，需要在保证期间内基于债权人单方的特定行为来结束这一状态，并转化为“确定发生”或“确定不发生”状态，以最终确定保证人承担或不承担保证责任。

保证期间制度是我国法律上就当事人之间利益衡量的特殊政策工具，深具中国特色。相关规则的解释与适用一直都是理论和实务中的重大争议问题。《民法典》虽在《担保法》和原《最高人民法院关于适用〈中华人民共和国担保法〉若干问题的解释》（以下简称《担保法解释》）的基础上，完善了其中的保证期间规则，但仍然没有完全解决这些争议。《最高人民法院关于适用〈中华人民共和国民法典〉有关担保制度的解释》（以下简称《民法典担保制度解释》）所采取的司法态度并不相同。《民法典担保制度解释》虽然就《民法典》上的保证期间规则的适用作了具体的规定，但就其中争议比较大的问题，仍然没有表明司法态度。

二、保证期间的意义与适用范围

（一）“确定保证人承担保证责任的期间”的理解

《民法典》第692条第1款中规定，“保证期间是确定保证人承担保证责任的期间”。这一关于保证期间意义的规定未见于《担保法》和《担保法解释》。有关司法文件和裁判此前认为，“保证期间是保证人承担保证责任的期间”。这一解释易生误解：保证人仅在保证期间内才承担保证责任，如保证期间经过，保证人即不再承担保证责任。例如当事人约定的保证期间是6个月，这6个月期限届满，保证人就无须承担保证责任。但从《民法典》第693条的规定来看，尚无法得出这一结论。

根据《民法典》第693条的规定，保证期间的经过，可能产生两种不同的法律后果：

第一，保证期间届满之前，债权人实施特定行为的效力。在一般保证中，债

① 参见黄薇主编：《中华人民共和国民法典解读合同编》（上），中国法制出版社2020年版，第716页；最高人民法院民法典贯彻实施工作领导小组主编：《中华人民共和国民法典合同编理解与适用》（二），人民法院出版社2020年版，第1349页。

权人在保证期间内对主债务人提起诉讼或者申请仲裁；在连带责任保证中，债权人在保证期间内对保证人主张承担保证责任，保证期间因未届满而失去意义，此时确定保证人应当承担保证责任，保证期间对于判断保证人是否应当承担保证责任不再发生影响，从保证人拒绝承担保证责任的权利消灭之日起，开始计算保证债务诉讼时效。如保证债务诉讼时效期间经过，保证人则取得时效经过抗辩权。

第二，保证期间届满之前，债权人未实施特定行为的效力。在一般保证中，债权人未在保证期间内对主债务人提起诉讼或者申请仲裁；连带责任保证中，债权人未在保证期间内对保证人主张承担保证责任，则发生“保证人不再承担保证责任”的法律后果。此时保证债务诉讼时效无适用可能。

由此可见，仅有保证期间经过的事实，尚无法确定地得出保证人是否应当承担保证责任的结论。保证期间经过的事实，加上债权人的特定行为（不作为），才能发生保证人不再承担保证责任的法律后果。因此，保证期间仅仅只是确定保证人承担保证责任的期间。在主债务履行期限届满后至保证期间完成前，保证人是否最终承担保证责任处于“待确定”状态，尚须在保证期间内基于债权人单方的特定行为来结束这一状态，并转化为“确定发生”或“确定不发生”状态，以最终确定保证人承担或不承担保证责任。

（二）保证合同无效或者被撤销时是否适用保证期间

保证合同无效或者被撤销后，债权人请求保证人承担赔偿责任，是否存在保证期间的适用空间，在《民法典担保制度解释》出台前，学界和司法实践中存在两种不同的观点。①

一种观点认为，在保证合同无效下，保证期间仍然具有法律意义，如债权人未在保证期间内请求保证人承担赔偿责任的，保证人原则上不再承担赔偿责任。②主要理由有以下三点：其一，在合同无效的情形下，债权人所获得的利益不应当超过保证合同有效时所获得的利益，因此保证期间应适用于无效保证合同。③ 其二，为平衡当事人之间的利益，避免无效保证合同的保证人因合同效力不确定而无期限地承担责任，在保证合同被认定无效的情况下，当事人仍应在保证期间内主张权利。其三，虽然保证合同被认定无效后，保证人的责任是以过错原则来确定的赔偿责任，其性质已不同于基于保证合同有效情形下的保证责任，但是债权人与保证人在订立保证合同时一般不能预见到保证合同无效，因此保证期间是双

---

① 为使叙述简洁，以下仅以保证合同无效时为例。保证合同被撤销，应与保证合同无效的情形作同一解释。

② 参见曹士兵：《中国担保制度与担保方法》（第四版），中国法制出版社 2017 年版，第 158 页。案例参见最高人民法院（2011）民申字第 1209 号民事裁定书。

③ 参见陈佳强、张远金：《债权人不能在主合同和保证合同无效时要求保证人担责》，载《人民司法》2013 年第 2 期。案例参见最高人民法院（2011）民四终字第 40 号民事判决书。

方对各自权利义务行使期限的唯一合理预期，按照该期间确定双方的利益关系，符合双方的缔约本意。

另一种观点则认为，保证合同无效，保证期间也就不再具有适用空间。其主要理由在于：第一，法律未规定保证责任期间也适用于保证合同无效的情形。保证合同既已无效，保证人承担的损失赔偿责任，在性质上已不属于保证责任，而属于缔约过失责任，并不受保证期间的约束，债权人请求无效保证合同的保证人承担赔偿责任直接适用诉讼时效。第二，保证合同无效，有关保证期间的约定也应无效，保证人的“缔约本意”已无意义。第三，保证合同无效时，保证人无过错者无责任，有过错才有责任，因而债权人的权利是基于保证人的过错，与保证合同有效时债权人的权利不具有可比性，保证合同有效时债权人的权利是基于当事人的意思，因此不存在债权人获得的利益超过保证合同有效时的问题。第四，保证责任期间制度现已过于复杂，若再适用于保证合同无效的情况，将使之更为复杂，衍生诸如是按一般保证还是连带责任保证确定债权人应当为行为、保证期间的起算点等问题。

为解决上述分歧，《民法典担保制度解释》第 33 条予以明文规定：“保证合同无效，债权人未在约定或者法定的保证期间内依法行使权利，保证人主张不承担赔偿责任的，人民法院应予支持。”在解释上，保证合同被撤销，债权人未在约定或者法定的保证期间内依法行使权利，保证人亦不再承担赔偿责任。司法解释采取了第一种观点。最高人民法院认为这一理解符合当事人签订保证合同时的真实意思表示。债权人和保证人在签订保证合同时，通常不会主观上认为保证合同无效，因此，在债权人不知道保证合同无效时，如果其认为保证人应当承担保证责任，自应在保证期间内依法向保证人主张保证责任。①

本书作者亦赞同这一解释结论：即使保证合同被认定无效，其中的清算条款和争议解决条款仍然是有效的。保证合同被认定无效之后，不是没有法律后果，只是保证人无须承担保证责任，但是保证人仍然需要根据其过错承担赔偿责任。可以将保证期间解释为清算条款的内容之一，债权人应当在保证期间内进行清算。从法政策上，保证合同有效的情形之下，保证人承担保证责任有保证期间的限制，保证合同无效的情形之下，如保证人承担赔偿责任没有保证期间的约束，保证人承担的责任要比保证合同有效之时保证人承担的责任更重。也就是说，假设保证合同有效，没有被认定无效，但是债权人没有在保证期间内实施特定的行为，保证人不再承担保证责任；保证合同被认定无效，债权人请求保证人承担赔偿责任，如不受保证期间的限制，债权人在保证期间经过后才请求保证人承担赔

① 参见最高人民法院民事审判第二庭编：《最高人民法院民法典担保制度司法解释理解与适用》，人民法院出版社 2021 年版，第 323 页。

偿责任的，保证人仍然要承担赔偿责任，将导致认定保证合同无效可能对于债权人更为有利。[①] 这种解释方案将导致利益失衡。[②] 因此，即使保证合同被认定无效，也有保证期间的适用。

三、保证期间经过的法律后果

保证期间是当事人约定或者法律规定的一种期间，债权人在该期间内不以法定方式行使权利即导致保证人不再承担保证责任。就保证期间的性质，一直存在诉讼时效期间说、除斥期间说和或有期间说的争议。此外，新近的研究还有主张认为，保证期间为保证合同的存续期限。[③] 笔者认为，保证期间是民法上的一种特殊的期间制度，从《民法典》第693条关于保证期间效力的规定，可以得出相对确定的解释结论。如此，研究民法典上保证期间的效力，就显得尤为重要。

（一）“保证人不再承担保证责任”的理解

《民法典》第693条规定：“一般保证的债权人未在保证期间对债务人提起诉讼或者申请仲裁的，保证人不再承担保证责任。”（第1款）“连带责任保证的债权人未在保证期间请求保证人承担保证责任的，保证人不再承担保证责任。”（第2款）该条是在《担保法》第25条第2款、第26条第2款的基础上修改整合而成。其中，将原条文中的“保证人免除保证责任”修改为“保证人不再承担保证责任”。就《担保法》第25条第2款、第26条第2款中的“保证人免除保证责任”，通说认为系指保证责任（保证债务）在实体上归于消灭，[④] 亦以此说为主流意见。但也有观点认为，保证期间届满仅产生保证人的免责抗辩权，不发生权利消灭的法律后果。[⑤]

关于保证期间效力的两种不同理解，决定着在保证人未提出保证期间已经经

---

① 参见最高人民法院民事审判第二庭编：《最高人民法院民法典担保制度司法解释理解与适用》，人民法院出版社2021年版，第323～324页。

② 参见高圣平：《担保法前沿问题与判解研究（第五卷）——最高人民法院新担保制度司法解释条文释评》，人民法院出版社2021年版，第240页。

③ 参见王文军：《〈民法典〉保证期间制度的另一种解释可能——以继续性合同原理为视角》，载《暨南学报（哲学社会科学版）》2021年第4期。

④ 参见全国人大常委会法制工作委员会民法室编（孙礼海主编）：《中华人民共和国担保法释义》，法律出版社1995年版，第26页；李国光等：《最高人民法院〈关于适用中华人民共和国担保法若干问题的解释〉理解与适用》，吉林人民出版社2000年版，第143页；张谷：《论约定保证期间——以〈担保法〉第25条和第26条为中心》，载《中国法学》2006年第4期；甄增水：《解释论视野下保证期间制度的反思与重构》，载《法商研究》2010年第5期；张鹏：《我国保证债务诉讼时效问题研究》，载《中外法学》2011年第3期；李昊、邓辉：《论保证合同入典及其立法完善》，载《法治研究》2017年第6期。

⑤ 参见曹士兵：《中国担保制度与担保方法（第四版）》，中国法制出版社2017年版，第159页。

过的抗辩时，人民法院是否应主动审查保证期间。肯定观点认为，对保证期间是否经过的事实，人民法院应依职权主动审查。其主要理由在于，保证期间经过的法律后果，是保证债务消灭。因此，保证期间从性质上不同于诉讼时效期间，应当属于法院依职权予以审查的事项，而不属于依当事人抗辩而审查的事项。不论保证人是否抗辩，人民法院对保证期间是否经过的事实应当依职权主动审查，进而确定保证人是否不再承担保证责任。① 只有坚持法院依职权对保证期间是否经过予以审查，才能与保证期间之法律规定限制保证人无限期承担保证责任，平衡债权人、保证人与主债务人三者利益关系的立法本意相契合。② 否定观点认为，对保证期间是否经过的事实，人民法院不应依职权主动审查。其主要理由在于，保证期间作为保证人对抗债权人的抗辩理由之一，是否主张为当事人对自己诉讼权利的处分。参照《民法典》第 193 条“人民法院不得主动适用诉讼时效的规定”的规定，人民法院不得主动审查。保证人在诉讼中未对其应免除保证责任提出抗辩的，视为其已放弃抗辩权利。

《民法典担保制度解释》第 34 条明确指出：“人民法院在审理保证合同纠纷案件时，应当将保证期间是否届满、债权人是否在保证期间内依法行使权利等事实作为案件基本事实予以查明。”“债权人在保证期间内未依法行使权利的，保证责任消灭。”明显采纳了上述肯定说。最高人民法院认为，从权利的内涵来看，虽然保证人享有的权利和其他债务人享有的权利均是私权，但权利的内涵根本不同。保证期间不同于诉讼时效。保证期间不发生中止、中断和延长，且保证期间经过，保证人不再承担保证责任，保证人的实体责任消灭。这与诉讼时效制度明显不同。诉讼时效期间经过，债务人有抗辩不履行的权利，但实体债务仍然存在，只是过了诉讼时效期间，成了自然债务。债权人没有在保证期间内依法向保证人主张权利，保证人的保证责任消灭。正因如此，法院才应当查明保证期间是否届满，债权人是否在保证期间内依法行使权利，以保护保证人的实体权利。③

本书作者认为，从解释论的立场，《担保法》所规定的“保证人免除保证责任”和《民法典》所规定的“保证人不再承担保证责任”均应解释为保证债务消灭。我国《民法典》对抗辩权的表述方式主要有两种：一是表述为“拒绝其相应

---

① 参见最高人民法院民法典贯彻实施工作领导小组主编：《中华人民共和国民法典合同编理解与适用》（二），人民法院出版社 2020 年版，第 1349 页。案例参见福建省高级人民法院（2016）闽民申 1596 号民事裁定书；最高人民法院（2020）最高法民再 188 号民事判决书。

② 参见最高人民法院民一庭：《对保证期间是否经过的案件事实，人民法院应依职权主动审查》，载最高人民法院民一庭编：《民事审判指导与参考》（2015 年第 3 辑），人民法院出版社 2016 年版，第 160 页。

③ 参见最高人民法院民事审判第二庭编：《最高人民法院民法典担保制度司法解释理解与适用》，人民法院出版社 2021 年版，第 327 页。

的履行请求”“中止履行”“拒绝向债权人承担保证责任”“拒绝承担保证责任”，如同时履行抗辩权（第525条）、先履行抗辩权（第526条）、不安抗辩权（第527条）、先诉抗辩权（第687条第2款）、抵销或撤销抗辩权（第702条）等。二是表述为“提出不履行义务的抗辩”“主张债务人对债权人的抗辩”，如诉讼时效经过抗辩权（第192条）、主张主债务人的抗辩权（第701条）[①]等。《民法典》上的“保证责任”并非严格意义上的“责任”，而是保证人依保证合同所应履行的保证债务。债权人请求保证人承担保证责任，即为行使保证债权或保证债务履行请求权。此时，保证人自可行使相应抗辩权以对抗债权人的履行请求。但“保证人免除保证责任”“保证人不再承担保证责任”明显不符合抗辩权的典型表述方式，不宜解释为保证人具有免责抗辩权。同时，《民法典》就保证债务同时规定保证期间和诉讼时效期间两种制度，二者经过的法律后果自应有所不同。《民法典》第693条将“保证人免除保证责任”修改为“保证人不再承担保证责任”，进一步明确了保证期间经过的法律效果就是保证债务消灭，[②]在一定程度上防止了“保证人免除保证责任”的解释分歧。因此，保证期间是否经过关系保证人的实体权利义务，属于人民法院应查明的事实，人民法院应主动予以审查。

（二）一般保证的保证期间的效力

保证期间是确定保证人承担保证责任的期间。一般意义上，保证期间也就是保证责任有效存续的期间，此即保证期间的积极效力的方面。保证期间的效力还有其消极的一面，即在保证期间内发生一定的事实，保证人的保证责任将因保证期间届满而消灭。根据《民法典》第693条第1款的规定，在一般保证中，保证期间消极效力的发生必须具备以下要件：其一，保证期间的经过；其二，债权人在保证期间内未对主债务人提起诉讼或申请仲裁。如在保证期间内，债权人对主债务人提起诉讼，或就其与主债务人的纠纷申请仲裁，不发生保证债务消灭的法律后果，[③]保证期间因未经过而失去意义，此时确定保证人应当承担保证责任，保证期间对于判断保证人是否应当承担保证责任不再发生影响，从保证人拒绝承担保证责任的权利消灭之日起，开始计算保证债务诉讼时效。

值得注意的是，如在保证期间内债权人仅对一般保证人主张权利，要求其承担保证责任，而不对主债务人提起诉讼或申请仲裁，此时是否发生保证债务消灭

---

① 不过，《民法典》第701条所称“抗辩”系采广义，其中包括权利否认抗辩和权利阻止抗辩（拒绝履行）。

② 参见黄薇主编：《中华人民共和国民法典解读·合同编》，中国法制出版社2020年版，第718页；最高人民法院民法典贯彻实施工作领导小组主编：《中华人民共和国民法典理解与适用》（二），人民法院出版社2020年版，第1349页。

③ 在保证人丧失先诉抗辩权的情况下，债权人在保证期间内仅对保证人提起诉讼或者申请仲裁，仍然发生阻却保证债务消灭的效力。

的法律后果？由于一般保证人有先诉抗辩权，债权人的上述主张将因保证人依法行使了先诉抗辩权而失去效力，债权人如仍不对主债务人提起诉讼或申请仲裁，保证期间届满，发生保证债务消灭的法律后果。但保证人放弃或怠于行使其先诉抗辩权，表示同意承担保证责任，则不能因保证期间届满而不再承担保证责任。

（三）连带责任保证的保证期间的效力

保证期间是确定保证人承担保证责任的期间，连带责任保证也不例外。如债权人在保证期间内依法向连带责任保证人请求承担保证责任，保证人不得拒绝，此即保证期间效力的积极方面。如债权人在保证期间内未要求保证人承担保证责任，则保证人不再承担保证责任，此即保证期间的消极效力。《民法典》第 693 条第 2 款所规定的“对保证人主张承担保证责任”，应理解为在保证期间内以书面形式（口头形式者需有证据证明）请求保证人承担保证责任，并不以提起诉讼或申请仲裁为必要。

连带责任保证人无先诉抗辩权，主债务履行期限届满，债权人既可以向主债务人请求清偿，也可以向保证人请求承担保证责任。在主债务人不履行主债务时，保证人与主债务人处于同等的地位。因此，就连带责任保证而言，一旦债权人在保证期间内请求保证人承担保证责任，保证期间即因未完成而失去意义，保证期间对于判断保证人是否应当承担保证责任不再发生影响，此时确定保证人应当承担保证责任，从债权人请求保证人承担保证责任之日起开始计算保证债务诉讼时效。

（四）债权人在保证期间内实施特定行为的认定

保证期间经过，加上债权人在保证期间内实施特定行为的事实，才能发生保证人确定的承担或不承担保证责任的法律后果，已如前述。在解释上，债权人在保证期间内向主债务人（一般保证）或保证人（连带责任保证）提起诉讼或者申请仲裁，均发生阻却保证债务消灭的后果。但尚存疑问的是，债权人在提起诉讼或者申请仲裁之后又撤回起诉或者仲裁申请的，是否发生同样的法律后果？

就此，尚须结合保证方式的不同加以区别对待。就一般保证而言，《民法典》第 693 条第 1 款规定导致保证债务消灭的事实，是“债权人未在保证期间对债务人提起诉讼或者申请仲裁”，结合一般保证中保证人先诉抗辩权的本旨，债权人以“提起诉讼或者申请仲裁”之外的方式向主债务人主张权利的，尚不发生保证债务消灭的后果。如债权人在保证期间内对债务人提起诉讼或者申请仲裁后又撤回起诉或者仲裁申请的，保证期间均继续计算。此后，债权人未在保证期间对主债务人提起诉讼或者申请仲裁的，保证人不再承担保证责任。《民法典担保制度解释》第 31 条第 1 款对此予以确认。

就连带责任保证而言，《民法典》第 693 条第 2 款仅要求债权人在保证期间请求保证人承担保证责任，并未限定债权人主张权利的方式，连带责任保证的债权人在保证期间内对保证人提起诉讼或者申请仲裁后又撤回起诉或者仲裁申请，是否可以解释为债权人已在保证期间内向保证人主张权利，不无疑问。

本书作者认为，在程序法上，原告提起诉讼之后又撤诉的，视为未提起诉讼。此为学界通说。《民事诉讼法》及其司法解释虽然没有明确规定这一点，但《民事诉讼法解释》第 214 条第 1 款规定："原告撤诉或者人民法院按撤诉处理后，原告以同一诉讼请求再次起诉的，人民法院应予受理。"这一规定从否定适用"一事不再理"原则的角度间接地承认了这一点。《最高人民法院对〈关于担保期间债权人向保证人主张权利的方式及程序问题的请示〉的答复》(〔2002〕民二他字第 32 号）第 1 条规定，债权人向保证人主张权利的方式可以包括"提起诉讼"和"送达清收债权通知书"等。在解释上，这些方式达到《民法典》第 693 条第 2 款规定的"请求保证人承担保证责任"的要求。《民法典》第 693 条第 2 款"请求保证人承担保证责任"的意思表示并不属于无相对人的意思表示，不适用《民法典》第 138 条，而应适用第 137 条第 2 款关于"以非对话方式作出的意思表示，到达相对人时生效"的规定，以到达保证人为生效要件。因此，向保证人"提起诉讼""送达清收债权通知书"等，均以请求保证人承担保证责任的意思表示达到保证人为前提。"提起诉讼"只是该意思表示到达保证人的一种方式。如债权人提起诉讼后又撤诉，即无法达到"提起诉讼"的法律后果。但是，如起诉状副本或者仲裁申请书副本送达保证人后撤回起诉或者撤回仲裁申请，在解释上可以认为债权人"请求保证人承担保证责任"的意思表示已经到达保证人，保证期间因未经过而不再发生保证债务消灭的法律后果。如在起诉状副本或者仲裁申请书副本送达保证人之前撤回起诉或者撤回仲裁申请，则债权人"请求保证人承担保证责任"的意思表示尚未到达保证人，保证期间继续计算。

从保证期间制度规范意旨出发，作为保护保证人利益的一种特别制度安排，保证期间的强制适用既有督促债权人及时行使保证债权的作用，同时有使保证人及时了解主债务履行情况并采取相应风险防范措施的作用。从《民法典》相关条文的文义来看，保证期间内"债权人请求保证人承担保证责任"，与引起诉讼时效中断的事由之间不宜做同一理解。在解释上，"权利人向义务人提出履行请求"和"权利人提起诉讼或者申请仲裁"均属"债权人请求保证人承担保证责任"的可能方式。无论采取哪种方式，必须达到"债权人请求保证人承担保证责任"的文义要求。因此，基于保证债务的相对性，债权人履行保证债务的请求自应向保证人作出。

这一观点也得到了《民法典担保制度解释》第 31 条第 2 款的印证。最高人民法院认为，依据《民法典》第 694 条第 2 款的规定，连带责任保证的债权人在保证期间届满前"请求保证人"承担保证责任的，从债权人请求保证人承担保证责任之日起，开始计算保证债务的诉讼时效。该款强调的是"请求保证人"承担保证责任，而没有规定具体的请求方式，其本意应当包括债权人请求的意思表示直接到达保证人，即人民法院将起诉书副本或者仲裁机构将仲裁申请书副本发送保证人。如果人民法院将起诉状副本或者仲裁机构将仲裁申请书副本送达保证人的，则应当认定债权人在保证期间内对保证人主张了权利。①

（五）保证期间届满后保证人在催款通知书上签字、盖章的法律后果

《最高人民法院关于超过诉讼时效期间借款人在催款通知单上签字或者盖章的法律效力问题的批复》（法释〔1999〕7号）明确指出，对于超过诉讼时效期间的债务，债务人在催款通知书上签字或盖章的，视为对原债务的重新确认。在解释上，保证人基于保证合同所承担的是保证债务，就债权人已在保证期间内实施特定的行为，确定保证人应承担保证责任之后，如保证债务诉讼时效期间经过，保证人在催款通知书上签字或盖章，视为对原保证债务的重新确认，应无争议。但对于超过保证期间的保证债务，保证人在催款通知书上签字或盖章，是否也应当视为重新确认原保证债务？

对此，《最高人民法院关于人民法院应当如何认定保证人在保证期间届满后又在催款通知书上签字问题的批复》（法释〔2004〕4号）指出："保证期间届满债权人未依法向保证人主张保证责任的，保证责任消灭。保证责任消灭后，债权人书面通知保证人要求承担保证责任或者清偿债务，保证人在催款通知书上签字的，人民法院不得认定保证人继续承担保证责任。但是，该催款通知书内容符合合同法和担保法有关担保合同成立的规定，并经保证人签字认可，能够认定成立新的保证合同的，人民法院应当认定保证人按照新保证合同承担责任。"最高人民法院认为该批复的精神与《民法典》关于保证期间规定的精神是一致的，在《民法典》施行后应当继续适用。最终，最高人民法院在废止该批复之时，《民法典担保制度解释》第34条第2款沿袭了该解释的内容，② 其中指出："保证责任消灭后，债权人书面通知保证人要求承担保证责任，保证人在通知书上签字、盖章或者按指印，债权人请求保证人继续承担保证责任的，人民法院不予支持，但是债权人有证据证明成立了新的保证合同的除外。"由此可见，保证期间经过后，保证人在催款通知书上签章产生的法律后果，尚不能一概而论，而须结合催款通知书的具体内容进行判断。

第一，主债务人和保证人在催款通知书上签字或盖章的法律后果不同。法释〔1999〕7号符合诉讼时效期间届满的法律效果的基本法理。诉讼时效期间届满，

---

① 参见最高人民法院民事审判第二庭编：《最高人民法院民法典担保制度司法解释理解与适用》，人民法院出版社2021年版，第313～315页。

② 参见最高人民法院民事审判第二庭编：《最高人民法院民法典担保制度司法解释理解与适用》，人民法院出版社2021年版，第330页。

仅使债务人取得时效经过抗辩权，并不具有消灭债权债务关系的效力，债务人在催款通知单上签字或盖章可以视为放弃时效经过抗辩权。因该弃权行为使得主债权强制执行效力得以恢复，亦导致主债务诉讼时效期间重新起算。但是，保证期间届满，即发生保证债权债务关系消灭的法律后果。保证人仅在催款通知书上签字或盖章，仅具有证明保证人收到该催款通知书的作用，不同于主债务人在催款通知书上的签字或盖章，不足以认定保证人继续承担保证责任。①

第二，保证期间届满后，保证人如无其他明示，仅在债权人发出的催收贷款通知单上签字或盖章的行为，不能成为重新承担保证责任的依据。② 认定保证人继续或重新承担保证责任，应当要求保证人以“明示方式”愿意承担，而不能“推定愿意”或者“默示愿意”。③ 即使主债务人在催款通知单上签字或盖章视为放弃时效经过抗辩权，保证人亦可主张主债务时效经过抗辩权。《民法典》第701条规定：“保证人可以主张债务人对债权人的抗辩。债务人放弃抗辩的，保证人仍有权向债权人主张抗辩。”此时，保证人系基于其独立地位行使该抗辩权，而非代主债务人行使。④ 因此，在新的债权债务法律关系中，除非有担保人明确担保的意思表示，否则并不当然产生新的担保法律关系，亦不产生针对原债务的担保法律关系的延续。⑤

第三，催款通知书内容符合法律上有关保证合同成立的规定，并经保证人签字认可，可以认定成立新的保证合同。首先，催款通知书须有明确的保证要约。具体必须符合：一是催款通知书要有请求保证人承担保证责任的内容；二是必须是请求保证人继续履行保证责任，即对原担保债务承担保证责任；三是必须能够明确认定不是请求保证人履行其原保证责任。如催款通知书中载明：“我单位为上述贷款的保证人，自愿承担新的连带责任保证责任，保证期间自本催收通知送

---

① 参见《最高人民法院关于锦州市商业银行与锦州市华鼎工贸商行、锦州市经济技术开发区实华通信设备安装公司借款纠纷一案的复函》（〔2002〕民监他字第14号函）；陆永棣：《桐乡市工商支行诉桐乡市化轻建材总公司于保证期间届满后在其发出的保证贷款逾期催收函上盖章仍应承担保证责任案》，载最高人民法院中国应用法学研究所编：《人民法院案例选（分类重排本）（商事卷）》，人民法院出版社2017年版，第1396~1397页。相同观点参见王学堂、孙勇：《青州市某信用合作社诉韩某吉、青州市昭德街道某居民委员会因担保期限不明而引发的借款合同案》，载最高人民法院中国应用法学研究所编：《人民法院案例选（分类重排本）（商事卷）》，人民法院出版社2017年版，第2023页。

② 《最高人民法院关于锦州市商业银行与锦州市华鼎工贸商行、锦州市经济技术开发区实华通信设备安装公司借款纠纷一案的复函》（〔2002〕民监他字第14号函）。

③ 参见最高人民法院民法典贯彻实施工作领导小组主编：《中华人民共和国民法典合同编理解与适用》（二），人民法院出版社2020年版，第1348页。

④ 参见吴志正：《债编各论逐条释义》，我国台湾地区元照出版有限公司2015年版，第405页。

⑤ 参见最高人民法院（2013）民二终字第117号民事判决书；最高人民法院（2018）最高法民终1220号民事判决书。

达签收后两年”,[①] 或保证人明确表示其对“债权转移不持任何异议”，“继续履行借款合同、担保合同或协议规定的各项义务”。[②] 其次，保证人签字或者盖章构成承诺。保证人单纯的签字通常不能认定保证人即为构成承诺。在保证人有表明同意或者接受催款通知书中的保证责任要求时，才构成承诺。但催款通知书中已经明确写明如果保证人在催款通知书上签字或者盖章即视为接受催款通知书约定的内容的除外。[③] 值得注意的是，保证人在保证期间届满后，发函督促债权人向主债务人收款或督促主债务人还款，并不表明保证人放弃保证期间已经经过的抗辩权。[④]

四、约定保证期间的效力

《民法典》关于保证期间的适用，以当事人约定为原则，当事人没有约定或者没有明确约定的，依法律的直接规定确定。《民法典》第692条第2款关于“债权人与保证人可以约定保证期间……没有约定或者约定不明确的，保证期间为主债务履行期限届满之日起六个月”的文义，至为明显。如此，当事人约定的保证期间如何确定，即具有重大意义。

实践中，当事人约定的保证期间不外以下几种情况：第一，当事人约定的保证期间早于主债务履行期限或者与主债务履行期限同时届满；第二，当事人约定的保证期间短于主债务履行期限届满后6个月；第三，当事人约定的保证期间长于主债务履行期限届满后3年；第四，当事人约定的保证期间在主债务履行期限届满后6个月至3年；第五，当事人约定保证人承担保证责任直至主债务本息还清时为止等类似内容。[⑤] 以上约定除对第四种情形没有争议之外，其他几种情形是否具有约束当事人的效力，不无疑问。[⑥]

---

① 最高人民法院（2011）民二终字第27号民事判决书。

② 王宪森：《保证期间届满后债权人与保证人之间是否成立了新保证合同的认定及法律适用——某资产管理公司广州办事处与广东省新会市某建设发展总公司、新会市某贸易总公司借款担保合同纠纷上诉案》，最高人民法院民事审判第二庭编：《民商事审判指导》2005年第1期（总第7期），第160页。还可参见李洪堂：《债务承担及新保证合同的认定》，载《人民司法·案例》2008年第12期。

③ 参见吴兆祥：《解读〈关于人民法院应当如何认定保证人在保证期间届满后又在催款通知书上签字问题的批复〉》，载杜万华主编：《解读最高人民法院司法解释、指导性案例（商事卷）》，人民法院出版社2016年版，第388页。

④ 参见最高人民法院（2006）民二终字第240号民事判决书。

⑤ 从严格意义上讲，此种约定不属于保证期间的约定（容后详述），但学说和实务中多将此纳入保证期间进行讨论。

⑥ 应当注意的是，本处讨论的范围局限于上述约定本身，至于因当事人因素、意志因素等原因所致保证合同无效而引起的保证期间条款无效，则不属于本处讨论的范围。

（一）没有意义的保证期间约定的效力

《民法典》第692条第2款中规定："约定的保证期间早于主债务履行期限或者与主债务履行期限同时届满的，视为没有约定。"与《担保法解释》第32条第1款"保证合同约定的保证期间早于或者等于主债务履行期限的，视为没有约定"相比，在条文表述上更为严谨。主债务履行期限既可以是一个时点，也可以是一个时段，而这里对保证期间和主债务履行期限进行比较的明显是"时点"。"对一个在时间轴上的时点而言，只能有早晚和同时之分，而对一个在时间轴上的时段来说，因为是一个时间长度概念，对长度而言，没有所谓的早晚和同时之分，仅有长短之分。"① 只有保证期间的届满时点与主债务履行期限的届满时点之间，才有早晚或同时的比较结果。

通常情形下，保证期间自主债务履行期限届满时起计算，主债务履行期限届满而主债务人不履行债务，始有保证人承担保证责任的可能。如当事人约定的保证期间早于主债务履行期限届满，亦即主债务履行期限尚未届至，保证期间即已届满，此时，主债务人尚无须履行主债务，从属于主债务的保证债务自无发生的可能；如当事人约定的保证期间与主债务履行期限同时届满，当主债务人履行期限届至，主债务人履行主债务的义务才发生，但保证期间已经届满，保证人也无履行保证债务的可能。在这两种情况下，保证人因保证期间届满而确定的免责，导致保证人提供担保的意思与约定保证期间相矛盾。② 保证期间的约定即无意义，视为没有约定。但保证人提供保证的意思表示至为明显，约定保证期间的无效并不影响整个保证合同的效力。依"无约定，依法定"的保证期间适用规则，可视为此时当事人未约定保证期间，直接适用法定保证期间，即自主债务履行期限届满之日起6个月。

（二）短期保证约定的效力

所谓"短期保证"，是指当事人约定的保证期间短于法定保证期间的情形。就短期保证约定的效力，学说和裁判中存在两种不同的观点。一种观点认为，短期保证的约定，应为无效，直接适用法定的保证期间。其理由是，法定保证期间可以视为法律对债权人予以保护的最短时间，约定的保证期间如再短于法定保证期间，则给债权人行使权利增加了困难，不利于保障债权的实现。③ 另一种观点认为，短期保证的约定，应为有效。其理由是，法律上关于保证期间的规定为任

---

① 王恒：《保证期间的本体论批判》，载《河北法学》2011年第10期。

② 参见杨巍：《〈民法典〉保证期间规则修改评释》，载《河北法学》2020年第9期。

③ 参见曹士兵：《中国担保诸问题的解决与展望：基于担保法及其司法解释》，中国法制出版社2001年版，第135页。但作者其后改变了观点，认为约定保证期间短于6个月亦可有效。参见曹士兵：《中国担保制度与担保方法（第四版）》，中国法制出版社2017年版，第162页。

意性规定，当事人自可以自己的意思排除其适用，债权人往往是保证关系中的强者，如果保证期间过短对债权人不利，债权人完全可以在订立保证合同时不同意。①

本书作者认为，一方面，当事人的意思应当得到遵从，另一方面，并非每个人都熟知相关法律。在《民法典》之下，保证期间的长短本属当事人自由约定的事项。短期保证既属当事人的合意，则应承认其效力，但“短期保证”之“短期”不能过分地限制债权人行使保证债权，“应以不违背诚实信用、公序良俗原则为限”。② 若当事人约定的保证期间过短，使债权人不能主张保证债权或者主张保证债权极度困难的，该约定因与当事人之间的保证合意相违，即应视为没有约定，而适用法定保证期间。至于何谓“主张保证债权极度困难”，无法确定一个统一的标准，应由法官参酌具体情事予以自由裁量。在裁判实践中，当事人约定的保证期间仅为主债务履行期限届满后 1 天，法院即认为，“保证人承诺的保证期间一天时间过短，该约定过分地限制债权人行使保证债权，违背了诚信原则和客观常理，致使债权人……主张保证债权非常困难，对其极度不公，故该约定因与当事人之间的保证合意相违，即应视为没有约定，而适用法定保证期间。”③

（三）长期保证约定的效力

所谓“长期保证”，是指当事人约定的保证期间长于普通诉讼时效期间的情形。④ 对长期保证约定的效力，存在几种不同的观点。第一种观点认为，保证期间并非时效期间，其长度应允许当事人自由约定，长期保证的约定，应为有效。⑤ 最高人民法院在《关于保证合同约定的保证期间超过两年诉讼时效是否有效的答复》（〔2001〕民二他字第27号）中认为：“保证合同约定的保证期间超过两年的主债务诉讼时效期间的，应当认定该约定有效。连带责任保证的保证人应当在保证期间内承担连带责任保证。”第二种观点认为，如承认长期保证约定的效力，将导致债权人向主债务人提起诉讼或仲裁或者向保证人主张权利的有效期间长于诉讼时效，其实质效果是以长期保证的约定排斥诉讼时效适用的实际后果，既有

---

① 参见叶金强：《担保法原理》，科学出版社 2002 年版，第 55 页。

② 曹士兵：《清理保证期间的法律适用》，载《中国民商审判（总第 2 卷）》，法律出版社 2003 年版，第 272 页。

③ 浙江省杭州市萧山区人民法院（2012）杭萧商初字第 3138 号民事判决书。

④ 既有的讨论中，“长期保证”多用来指称“长于主债务履行期限届满后 2 年的保证期间”的情形。实际上是以原《民法通则》规定的 2 年普通诉讼时效期间为依据。在《民法典》已经将普通诉讼时效期间修改为 3 年的背景之下，相关讨论应转化为“长于主债务履行期限届满后 3 年的保证期间”的情形。不过，既有讨论仍有研究和参考价值。

⑤ 参见梁慧星主编：《民商法论丛》第 14 卷，法律出版社 2000 年版，第 147 页。《山东省高级人民法院关于当前审理民商事案件中适用法律若干问题的意见》（2005 年 12 月 13 日）中指出：“债权人与保证人可以自行约定保证期间，当事人约定的保证期间超过两年的，应认定有效。”

悖于诉讼时效规定的强制性，也游离了保证期间制度的规范目的，因此，长期保证的约定，应为无效。① 第三种观点认为，长期保证中，自主债务履行期限届满3年期间的约定为有效约定，超过部分无效。约定保证期间超过3年将导致主债务已过诉讼时效而保证期间尚未届满的情形，造成当事人以事先的约定排除法律规定诉讼时效的结果。这一观点既尊重了当事人的意志，又与诉讼时效制度的精神相吻合，且避免了完全否定当事人的约定所可能造成的债权人错过主张权利的有效期间的不利后果。②

本书作者赞成第一种观点。

第一，我国法律对保证期间约定的长短问题并未作强制性规定，依“法无禁止即为允许”的私法自治理念，应当允许当事人对保证期间的长短作出自由约定。虽然保证期间制度意在保护保证人的利益，但保证人自愿放弃其利益，与保证制度确保主债务之履行的本旨并无不合，司法实践中不应强加干预。

第二，保证期间制度与诉讼时效制度相互独立，各有其特定的规则。诉讼时效制度意在维护交易秩序和安全，属于以社会为本位的立法，而保证期间制度旨在衡平当事人之间的利益，着眼于私人利益。因此，时效利益一般不得事先抛弃，但保证期间可得自由约定。同时，诉讼时效期间为可变期间，保证期间为不变期间。主债务的诉讼时效期间虽为3年，但其可因时效的中断、中止而变动，亦可因特殊情形之发生而延长，累计可延长至20年。因此，前述第二、三种观点认为主债务诉讼时效期间仅为3年，作为从债务的保证期间不能超过3年的观点，理由尚不充分。例如，保证合同中约定的保证期间为4年，主债务的诉讼时效期间因多次中断而延至自主债务履行期限届满后5年。此时，保证期间并未超过主债务诉讼时效期间，并不违反保证债务的从属性。

第三，保证债务的从属性，但保证债务产生于保证合同，独立于主债权债务合同，乃不争的事实。保证债务和主债务各有其履行期限和诉讼时效期间，两者并行不悖。在当事人约定了较长保证期间的情形之下，如主债务诉讼时效期间尚未经过，但保证期间已经届满，此时适用保证期间并无障碍；如主债务诉讼时效期间已经经过，但保证期间尚未届满，基于保证债务从属于主债务的特征，保证人自可根据《民法典》第701条的规定，主张主债务人对债权人的时效经过抗辩权。就此，《民法典》第192条第1款规定：“诉讼时效期间届满的，义务人可以提出不履行义务的抗辩。”此际，如债权人向保证人主张保证债权，保证人自得以主债务人的时效抗辩权对抗之，双方约定保证期间此时就失去作用。值得注意

① 参见刘保玉、吕文江主编：《债权担保制度研究》，中国民主法制出版社2000年版，第141～142页。

② 参见刘保玉、吕文江主编：《债权担保制度研究》，中国民主法制出版社2000年版，第142页。

的是，这并非长期保证本身的效力判断问题，而是保证人的抗辩权问题，与保证债务的从属性并不矛盾，与诉讼时效期间制度也不冲突。

应当注意的是，有学者主张，约定超过 3 年的保证期间属保证人自愿放弃可能产生的诉讼时效利益。依《民法典》第 197 条的规定，诉讼时效利益不得事先抛弃。《担保法解释》第 35 条虽对保证人抛弃时效利益作了规定，但该规定仅限于主债务已超过诉讼时效的情形，属事后抛弃，并不能类推适用于事先约定的情形。

（四）当事人约定保证人承担保证责任直至主债务本息还清时为止等类似内容的效力

关于“保证人承担保证责任至借款人全部偿还贷款本息时止”等此类约定的性质和法律后果，我国立法和司法前后政策并不一致。《担保法》对保证期间采取了“有约定”和“没有约定”的两分法，并为没有约定保证期间的情形推定了一个“6 个月”的法定保证期间，但并没有规定保证期间“约定不明确”时应视为“没有约定”，而适用法定保证期间。①

时任最高人民法院副院长李国光在全国经济审判工作座谈会（1998 年 11 月 23 日）上指出：“我们考虑，这种情况毕竟不同于当事人根本没有约定，仅仅是该约定没有确定明确的期间，如果完全按照没有约定处理，也不尽合理。因此，参照诉讼时效的规定将保证期间确定为两年比较合适。”② 正是在这种思想的指导下，《担保法解释》第 32 条第 2 款规定：“保证合同约定保证人承担保证责任直至主债务本息还清时为止等类似内容的，视为约定不明，保证期间为主债务履行期届满之日起 2 年。”据此，“保证人承担保证责任直至主债务本息还清时止”的约定，为“保证期间约定不明”，但将保证期间推定为“2 年”。

《民法典》第 692 条第 2 款规定：“债权人与保证人可以约定保证期间……没有约定或者约定不明确的，保证期间为主债务履行期限届满之日起六个月。”这里，明显取消了债权人与保证人就保证期间约定不明确的单独类型，这就意味着《担保法解释》第 32 条第 2 款的规定自《民法典》实施之日起，不再适用。上述变化在一定程度上体现了立法者和司法者对保证人和债权人利益的衡平。

“保证人承担保证责任直至主债务本息还清时止”本身不属于关于期间的约定。虽然就保证期间的性质，理论上尚存疑问，但其属于期间的一种，应无争

① 如“某银行三亚市分行诉三亚某宾馆有限公司等借款合同纠纷案”中，法院认为：“担保人三亚市某公司向三亚分行出据《担保书》，担保期限为贷款本息全部还清为止。该出据担保书行为为一保证行为，但保证期间约定不明确，应适用法定保证期间。”参见海南省三亚市中级人民法院（2000）三亚民初字第 12 号民事判决书。

② 李国光：《当前经济审判工作应当注意的几个问题》，载《最高人民法院公报》1999 年第 1 期。

议。通说认为，作为法律行为附款的期限，[1] 应是将来确定到来的事实。[2] “主债务本息还清”“借款合同项下借款方所欠贷款方的全部贷款本息、逾期加息及其他费用完全清偿”取决于当事人的履约能力等多方面的因素，因此，这些事实并非将来确定会发生，并不具有必然性，将之认定为期限，混淆了条件和期限的区分。

条件和期限均系当事人对其意思表示效力所附加的限制，构成意思表示（法律行为）的一部，[3] 均以将来的事实为内容，其主要区别在于将来的事实是否确定，条件是客观上不确定的事实，而期限则是确定发生的事实。[4] 关于期间与条件的区别，学者设有四大原则以为区别：（1）时期确定，到来亦确定，为期间，如“明年10月1日”；（2）时期确定，能否到来不确定，为条件，如“甲成年时”，甲的成年固然确定，但其能否到来不确定，若甲未达成年而死亡，则所约定的将来事实不能实现；（3）时期不确定，到来确定，为期间（不确定期间），如“下次下雨时”；（4）到期不确定，到来亦不确定，为条件，如“乙考上大学时”，乙能否考取难以预料，而其于何时考取大学更属不可知。依此推断，“本担保书将持续有效直至借款合同项下借款方所欠全部贷款本息、逾期加息及其他费用完全清偿时止”“保证人承担保证责任直至主债务本息还清时止”属“时期不确定，到来亦不确定”的情形，应为条件。“保证人承担保证责任直至主债务本息还清时止”的约定解释为保证期间，值得商榷。

保证债务为担保主债务的清偿而设立，具有从属性，原则上与其所担保的主债务同其命运。信贷实践中，“保证人承担保证责任直至主债务本息还清时止”等此类约定不属于保证期间的约定，[5] 仅仅体现了保证债务从属于主债务的属性，只要被担保的主债务未消灭，保证人的保证债务即存在。此种约定若无保证期间的强制适用，应是保证债务的当然之理，亦即无须约定，即应适用。由于《民法典》规定的保证期间具有强制适用的效力，无论当事人是否约定有保证期间，保证债务均有保证期间的适用。因此，如当事人在这种约定之外没有约定保证期间，则因对保证期间没有约定，而适用法定的保证期间。虽有学者认为，这种约定符合保证的目的，且并不违背法律的强制性规定，没有必要变更其内容。但在

---

① 在我国，期间和期限常常混同使用。严格来说，期间是指时间的经过，是始期与终期之继续时期，期限则是时的计算，分别指始期或者终期。质言之，“期限系从一端言之，即时之计算，期间从两端言之，即时之经过。”参见郑玉波：《民法总则》，中国政法大学出版社2003年版，第477页。

② 参见王利明：《民法总则研究（第三版）》，中国人民大学出版社2018年版，第595页。

③ 参见王泽鉴：《民法总则（最新版）》，北京大学出版社2009年版，第332页。

④ 参见王泽鉴：《民法总则（最新版）》，北京大学出版社2009年版，第332页；王利明：《民法总则研究（第三版）》，中国人民大学出版社2018年版，第596页。

⑤ 参见高圣平：《当事人约定的保证期间的类型及其效力分析》，载《人民司法》2004年第7期。

我国实行保证期间强制适用主义的制度设计之下，这种主张几无实现的可能。

将在性质上属于保证债务从属性的约定解释为“在这种约定中，体现出债权人是采取最大限度地可能来保证自己债权的实现”,[①] 完全正确，但称“如果完全认定为无效，从而适用六个月的规定，对债权人未免有所不公”,[②] 则有失偏颇。因为在当事人未约定保证期间的情况下，保证债务在存续上的从属性本应属当然之理，主债务存在，保证债务即存在，但法律上借由保证期间制度限制了保证债务在存续上的从属性，在当事人就保证期间未作约定的情形之下，强制性地补充当事人的意思，规定了“6 个月”的法定保证期间。《担保法解释》第 32 条第 2 款将同一情况的两种不同情形（约定和未约定保证债务的从属性）作出不同处理，在逻辑上无法自圆其说，也与法定保证期间的立法宗旨相悖。

法律上关于保证期间的适用仅有约定和法定两种，在约定保证期间与法定保证期间之间不存在约定不明确的独立情形。在解释上，对保证期间约定不明确，即视为没有约定，而应适用法定保证期间。因此，即使将“保证人承担保证责任直至主债务本息还清时止”解释为关于保证期间的约定，亦应认定其属“保证期间约定不明确”，自应推定适用法定保证期间——“6 个月”。《担保法解释》第 32 条第 2 款在对保证期间“有约定”“没有约定”之外，再规定一种“约定不明确”，并为其推定一个不同于“6 个月”法定保证期间——两年，并没有依循《民法典》第 544 条的逻辑，建构了更为复杂的规则体系。[③]

综上，“保证人承担保证责任直至主债务还清时止”的约定，不能认定为明确约定了保证期间，应视为对保证期间没有约定，而应适用法定保证期间。《民法典》第 692 条第 2 款删去此种单独类型，值得赞同。至于《民法典担保制度解释》第 32 条仍将该类情形“视为约定不明”之表述，本书作者持保留意见。在《担保法》承认保证期间可以中断的前提下，“视为约定不明”规则对于避免保证期间随主债务诉讼时效中断而中断尚有一定意义，但在《民法典》第 691 条第 1 款明确规定保证期间不发生中断、中止、延长的前提下，该规则已无实际意义。[④] 虽然，《民法典担保制度解释》第 32 条对此最终采纳了保证期间没有约定时的法定保证期间“6 个月”的规定，但其对“保证人承担保证责任直至主债务还清时止”这一约定的性质认定并不符合“期间与条件”的民法学原理，将其界定为“没有约定保证期间”更为周延。

---

① 李国光等：《最高人民法院〈关于适用中华人民共和国担保法若干问题的解释〉的理解与适用》，吉林人民出版社 2000 年版，第 146 页。

② 李国光等：《最高人民法院〈关于适用中华人民共和国担保法若干问题的解释〉的理解与适用》，吉林人民出版社 2000 年版，第 146～147 页。

③ 参见姜朋：《保证期间的困扰——兼论法律与司法解释的关系》，载《北方法学》2017 年第 1 期。

④ 参见杨巍：《〈民法典〉保证期间规则修改评释》，载《河北法学》2020 年第 9 期。

五、小　结

在保证期间的强制适用主义之下，保证期间为保证债务的固有属性，当事人如已约定保证期间，则依该约定确定保证人承担保证责任的期间，当事人如未约定保证期间，则直接将法定保证期间推定为当事人的意思；无论当事人是否约定了保证期间，任何保证债务均应适用保证期间。本书作者曾质疑保证期间的强制适用主义，认为保证人为主债务提供担保，债权人接受该担保，双方对担保交易的风险自有估量，在其没有对保证债务约定期间限制的情况下，自应依保证债务的一般事理——从属性来补充当事人的意思，推定保证债务无期间限制，而不是为保证债务补充一个保证期间。这种立法与其说是对当事人意思的补充，还不如说是对当事人意思的限制和约束。[①] 不过，基于《民法典》就保证期间制度所作出的政策选择，保证人承担着保证债务，但保证人毕竟不是主债权债务关系的当事人，不宜使其处于和主债务人完全同样的法律地位。保证期间将保证人的保证责任限定在一定的期间内，其强制适用，在一定程度上缓和了保证债务在存续上的从属性，可以避免保证人无止境地处于承担债务的不利状态或是长期处于随时可能承担债务的财产关系不确定状态。保证期间的设定对于债权人也具有法律意义，它既维护了债权人的利益，促使债权人及时向主债务人行使权利，避免可能因主债务人财产状况继续恶化而影响到债权的实现；同时也是对债权人请求权的行使，从期间上加以必要的限制。[②]

---

① 参见高圣平：《担保法论》，法律出版社 2009 年版，第 111 ~ 112 页。

② 盛杰民、袁祝杰：《浅论保证期间与诉讼时效》，载《中外法学》1997 年第 4 期。

《民法典》上保证期间计算中的争议问题

保证期间原则上自主债务履行期限届满之日起开始计算。《民法典》允许债权人在发生当事人约定的情形下向保证人主张权利，由此而决定，保证期间的始期就不一定是主债务履行期限届满之日。主债务人预期违约之时，保证期间是否自该时起计算，取决于当事人是否将主债务人预期违约约定为保证权利可得行使的情形，以及债权人是否在主债务履行期限届满之前向主债务人主张权利。债权人和债务人协议延长或者缩短主债务履行期限，未经保证人书面同意的，保证期间不受影响；自原定主债务履行期限届满之日起算的保证期间内，债权人未依法定方式行使权利的，保证债务消灭。在共同保证中，债权人不得以已在保证期间内依法向部分保证人行使权利为由，主张已经在保证期间内向其他保证人行使权利；保证人之间存在相互追偿关系，债权人未在保证期间内依法向部分保证人行使权利，导致其他保证人在承担保证责任后丧失追偿权的，其他保证人可以主张在其不能追偿的范围内免除保证责任。

一、问题的提出

《民法典》基于保护保证人、督促债权人及时行使权利的立场，在保证债务诉讼时效之外，专门规定了保证期间制度，明定所有保证债务均有保证期间之适用。[①] 关于保证期间的计算，《民法典》第 692 条第 2 款规定："债权人与保证人可以约定保证期间，但是约定的保证期间早于主债务履行期限或者与主债务履行期限同时届满的，视为没有约定；没有约定或者约定不明确的，保证期间为主债务履行期限届满之日起六个月。"通说认为，该款是关于法定保证期间与约定保证期间的规定，采行约定优先、法定填补的基本立法态度。[②] 但是，保证期间的

① 参见黄薇主编：《中华人民共和国〈民法典〉解读 · 合同编》，中国法制出版社 2020 年版，第 716 页；最高人民法院《民法典》贯彻实施工作领导小组主编：《中华人民共和国〈民法典〉合同编理解与适用》（二），人民法院出版社 2020 年版，第 1349 页。

② 参见黄薇主编：《中华人民共和国〈民法典〉解读 · 合同编》，中国法制出版社 2020 年版，第 717 页；最高人民法院《民法典》贯彻实施工作领导小组主编：《中华人民共和国〈民法典〉合同编理解与适用》（二），人民法院出版社 2020 年版，第 1344 页；王轶等：《中国〈民法典〉释评 · 合同编 · 典型合同》（上卷），高圣平执笔，中国人民大学出版社 2020 年版，第 282 页；谢鸿飞、朱广新主编：《〈民法典〉评注 · 合同编 · 典型合同与准合同》（2），夏昊晗执笔，中国法制出版社 2020 年版，第 86 页。

确定，既涉及保证期间的长短，又包括保证期间的起算。就第一个方面，在该款之下，保证期间的长短可由当事人自由约定，[①] 如当事人没有约定或者约定不明确的，适用6个月的法定保证期间。就第二个方面，该款“约定的保证期间早于主债务履行期限或者与主债务履行期限同时届满的，视为没有约定”的文义仅及于保证期间的终期。在解释上，保证期间的始期亦可由当事人约定，如当事人就此没有约定或者约定不明确的，保证期间自主债务履行期限届满之日开始计算。[②] 当事人关于保证期间始期的约定受到一定的限制：可以晚于主债务履行期限届满之日，此际，通过推迟保证期间的起算点，强化保证债务的补充性；[③] 但是，不得早于主债务履行期限届满之日，此际，该约定无效，自主债务履行期限届满之日开始计算保证期间。[④] 保证期间只能为债权人可得行使保证债权之后的一定期间，而不能是债权人可得行使保证债权之前的一定期间，在主债务履行期限届满之前，基于保证债务的从属性，债权人一般并不能向保证人主张保证债权。[⑤]

如此，保证期间的计算系于主债务履行期限，但在特殊情形之下，并不完全如此。就此，原《最高人民法院关于适用〈中华人民共和国担保法〉若干问题的解释》（以下简称《担保法解释》[⑥] 和《最高人民法院关于适用〈中华人民共和国民法典〉有关担保制度的解释》（以下简称《民法典担保制度解释》）所采取的司法态度并不相同。《民法典担保制度解释》虽然就《民法典》上的保证期间规则的适用作了具体的规定，但就其中争议比较大的问题，仍然没有表明司法

---

① 不过，当事人约定的短期保证不能使债权人依法行使权利造成困难，否则约定无效。参见邹海林：《论保证责任期间——我国司法实务和立法的不同立场》，载梁慧星主编：《民商法论丛》第14卷，法律出版社2000年版，第147页；高圣平：《民法典上保证期间的效力及计算》，载《甘肃政法学院学报》2020年第5期。

② 参见最高人民法院民法典贯彻实施工作领导小组主编：《中华人民共和国民法典合同编理解与适用》（二），人民法院出版社2020年版，第1345页；王轶等：《中国民法典释评·合同编·典型合同》（上卷），高圣平执笔，中国人民大学出版社2020年版，第292页；谢鸿飞、朱广新主编：《民法典评注·合同编·典型合同与准合同》（2），夏昊晗执笔，中国法制出版社2020年版，第85~86页。

③ 高圣平：《民法典上保证期间的效力及计算》，载《甘肃政法学院学报》2020年第5期。

④ 参见曾祥生：《保证期间若干疑难问题析辨》，载《江西社会科学》2007年第5期；高圣平：《民法典上保证期间的效力及计算》，载《甘肃政法学院学报》2020年第5期。

⑤ 参见王利明主编：《中国民法案例与学理研究·债权篇》，法律出版社1998年版，第411页；邹海林：《论保证责任期间——我国司法实务和立法的不同立场》，载梁慧星主编：《民商法论丛》第14卷，法律出版社2000年版，第146~147页；最高人民法院民法典贯彻实施工作领导小组主编：《中华人民共和国民法典合同编理解与适用》（二），人民法院出版社2020年版，第1345页。不过，在预期违约的情形，债权人在主债务履行期限届满之前在一定情形之下可以向保证人主张保证债权。详见下文分析。

⑥ 《最高人民法院关于废止部分司法解释及相关规范性文件的决定》（法释〔2020〕16号）已废止了这一司法解释。

态度。[1]

二、保证期间计算的一般规则

（一）保证期间的始期与终期

保证期间属于民法上的期间，《民法典》上关于期间计算的规则自应适用于保证期间，如期间“开始的当日不计入，自下一日开始计算”（第201条第1款），因此，保证期间的真正起算日应为主债务履行期限届满之次日。应予提及的是，保证期间的终期的确定亦应依据《民法典》关于期间计算的规定，“按照年、月计算期间的，到期月的对应日为期间的最后一日；没有对应日的，月末日为期间的最后一日”。（第202条）；“期间的最后一日是法定休假日的，以法定休假日结束的次日为期间的最后一日。”“期间的最后一日的截止时间为二十四时；有业务时间的，停止业务活动的时间为截止时间。”（第203条）

保证期间由始期和终期构成，不论何种类型的保证期间，其始期均不同步于保证合同的生效日期。当事人依法对保证合同的主要条款经过协商一致，保证合同即成立，保证合同一旦依法成立即具有法律效力。因此，在一般情况下，保证合同依法成立的时间与保证合同生效的时间是一致的。但是，如果当事人在保证合同中特别约定推迟合同的生效时间，或者有关法律、法规规定保证合同必须报请有关部门批准的，保证合同生效的时间就以当事人特别约定或法律、法规特别规定的时间为准。在这种情况下，保证合同生效的时间就不同于保证合同成立的时间。由此可见，保证期间的始期不同于保证合同生效的时间，也不同于保证合同成立的时间。

债权人开始有权请求保证人承担保证责任的时间即为保证期间的始期，亦即保证期间应从债权人开始有权请求保证人承担保证责任的时间计算。《民法典》第681条规定：“保证合同是为保障债权的实现，保证人和债权人约定，当债务人不履行到期债务或者发生当事人约定的情形时，保证人履行债务或者承担责任的合同。”这一规定修改了《担保法》第6条的规定，将保证人承担保证责任的前提条件由“债务人不履行债务”修改为“债务人不履行到期债务或者发生当事人约定的情形”，以与《民法典》担保物权的实现条件“债务人不履行到期债务或者发生当事人约定的实现担保物权的情形”相一致。这一修改实际上契合了我国法上违约构成的变迁。自《合同法》开始，我国法上的违约已不再限于债务人不履行到期债务，即使在债务到期之前，亦有可能构成违约。

基于《民法典》第681条的规定，保证期间应自“债务人不履行到期债务或者发生当事人约定的情形”之时起计算。《民法典》第692条第2款规定：“债权

---

① 就最高额保证和破产程序中的保证期间的计算，本书作者另有专文论述。

人与保证人可以约定保证期间，但是约定的保证期间早于主债务履行期限或者与主债务履行期限同时届满的，视为没有约定；没有约定或者约定不明确的，保证期间为主债务履行期限届满之日起六个月。”从文义来看，这里仅规定法定保证期间自“主债务履行期限届满之日”起计算，并不涉及约定保证期间的起算问题。

（二）未约定主债务履行期限时保证期间的起算

《民法典》第 692 条第 3 款规定：“债权人与债务人对主债务履行期限没有约定或者约定不明确的，保证期间自债权人请求债务人履行债务的宽限期届满之日起计算。”一般而言，保证人于主债务履行期限届满之时开始承担保证责任，这一时间就是保证期间的起算时间。这里，“主债务履行期限”，从主合同当事人的约定；无约定者，从法定。根据《民法典》第 511 条第 4 项的规定，当事人就履行期限约定不明确，不能达成补充协议，也不能按照合同有关条款、合同性质、合同目的或者交易习惯确定的，“债务人可以随时履行，债权人也可以随时请求履行，但是应当给对方必要的准备时间”。该“必要的准备时间”即为《民法典》第 692 条第 3 款所称的“宽限期”。债权人通过要求债务人履行并提出合理的宽限期，使本来不明确的主债务履行期限得以确定，从而也使得保证期间的起算点得以确定，即该宽限期届满之日开始计算保证期间。[①] 由此可见，此种情形之下，债权人可以随时要求主债务人履行债务，但应当给对方设定一个“宽限期”，宽限期届满之日即为主债务履行期限，亦即保证期间的起算日。[②] 债权人对主债务人履行债务的时间给予一定的宽限期，并不属于《民法典》第 695 条所规定的“债权人和债务人协商变更主债权债务合同内容”，因此不必“经保证人书面同意”。

值得注意的是，如债权人与主债务人依据《民法典》第 510 条通过补充协议对债务履行期限作出约定，该行为属于“对主合同履行期限作了变动”，应当适用《民法典》第 692 条第 2 款确定保证期间起算点，而非适用《民法典》第 692 条第 3 款。

（三）当事人约定的保证期间的始期早于主债务履行期限届满之日的效力

一般情形下，在主债务履行期限届满之前，债权人尚无法向保证人主张保证债权。保证期间的始期应从主债务履行期限届满之日起计算，保证期间至约定的

---

① 参见李国光等：《最高人民法院〈关于适用中华人民共和国担保法若干问题的解释〉理解与适用》，吉林人民出版社 2000 年版，第 147 ~ 148 页。

② 具体适用可参见最高人民法院（2016）最高法民再 6 号民事判决书；最高人民法院（2016）最高法民申 1692 号民事裁定书；最高人民法院（2018）最高法民申 1185 号民事裁定书；最高人民法院（2021）最高法民申 2186 号民事裁定书等。

终期到来之日止。[①] 如当事人约定的保证期间的始期早于主债务履行期限届满之日，应区分不同的情形认定其效力。

第一，约定的保证期间的始期早于主债务履行期限届满之日，但其终期晚于主债务履行期限届满之日，且约定的期限为“期日”的，该约定的始期无效，但终期有效。[②] 在主债务履行期限届满之前，除了出现当事人约定的情形，债权人上无法主张保证债权。保证期间的始期应从主债务履行期限届满之日起计算，保证期间至约定的终期到来之日止。如甲、乙约定为 2020 年 5 月 1 日到期的借款债务提供保证，保证期间自 2019 年 5 月 1 日提供借款之日起开始计算，至 2020 年 4 月 1 日或者 2020 年 5 月 1 日届满，则根据《民法典》第 692 条第 2 款关于“约定的保证期间早于主债务履行期限或者与主债务履行期限同时届满的，视为没有约定”的规定，这一保证期间的约定没有意义；如甲、乙双方约定保证期间至 2020 年 12 月 1 日届满，则为有效，原因在于，当事人就主债务履行期限均已知道或者应当知道，双方对保证期间的终期已达成合意，即对债权人不积极主张权利，则保证债务消灭的具体日期已经确定，即使此时主张当事人约定的保证期间的始期与保证期间的性质不合而应认定为无效，也不影响当事人对保证期间终期的约定的效力。[③]

第二，约定的保证期间的始期早于主债务履行期限届满之日，但其终期晚于主债务履行期限届满之日，且约定的期限为“期间”的，该约定的“期间”有效，但其约定的始期无效，应从主债务履行期限届满之日计算保证期间。如前例中甲与乙约定的保证期间为“提供借款之日起 2 年”，则保证期间应从 2020 年 5 月 2 日起至 2021 年 5 月 1 日止。

第三，约定的保证期间的始期晚于主债务履行期限届满之日，应为有效。如前例中，当事人约定保证期间从 2020 年 6 月 1 日起算 2 年。此时，当事人的真实意思是如主债务人不履行到期债务，债权人并不立即向保证人主张保证债权，其实质在于通过推迟保证期间的起算点，强化保证债务的补充性。此类约定并不违反法理，且在适用上与其他规则也无抵触，应认其为有效。有观点认为，虽然约定保证期间起算点是由当事人意思决定，不应受法定保证期间起算点的制约，但应受债权人能否行使权利的限制，即当事人必须在债权人可以行使权利的期间内约定保证期间的起算点。[④] 例如，前例中，当事人约定保证期间从 2025 年 6 月 1 日起算 2 年。如约定保证期间的始期到来时主债务诉讼时效已经届满，此类约定

---

① 参见曾祥生：《保证期间若干疑难问题析辨》，载《江西社会科学》2007 年第 5 期。

② 如晚于主债务履行期太短，也有可能无效，见本书前述。

③ 参见段晓军：《保证期间若干问题探析》，载《河套大学学报（哲学社会科学版）》2006 年第 2 期。

④ 参见冯永军、徐诚明：《论保证期间与诉讼时效》，载《河南财经政法大学学报》2015 年第 2 期。

即属无效。本书作者认为，即使出现这种情形，保证人有权援引主债务时效经过抗辩权。承认此类约定的效力，并无大碍，理由同于长期保证的效力。

（四）分期履行债务的保证期间的起算

对于分期履行债务的保证期间的起算，《民法典》并未作出规定，但是关于分期履行债务的诉讼时效的起算，《民法典》第189条规定："当事人约定同一债务分期履行的，诉讼时效期间自最后一期履行期限届满之日起计算。"该条的立法理由在于：同一债务的特性；减少讼累、实现诉讼效率；促进交易、增加社会财富等。[①] 虽然该条规定的是分期履行债务诉讼时效的起算规则，但其规则原理亦可适用于保证期间的起算。那么对于分期履行债务保证期间的起算是不是也如同诉讼时效，从最后一期履行期限届满日起算呢？实践中对此也有两种不同的观点。一种观点是参照适用分期履行债务的诉讼时效起算规则，保证期间从最后一期履行期限届满之日起计算；另一种观点认为，应按照每笔债务的履行期限届满日分别起算保证期间。

本书作者赞同第一种观点，一方面在分期履行债务的规定上，可类推适用分期履行债务的诉讼时效起算规则；另一方面，在没有特别约定的情况下，保证人是为整个债务提供担保，即"当事人约定保证人对整个债务提供担保，保证期间应从最后履行期限届满之日起算。理由在于：因保证人系对同一笔债务提供的担保，故主债权人可基于该债务的整体性而待最后履行期限届满后向主债务人和保证人主张权利，故保证期间应从最后一期债务履行期届满之日起开始计算"。[②]

三、主债务人预期违约时保证期间的起算

根据《民法典》第578条的规定，在债务人预期违约的情形下，债权人不待债务履行期限届满即可行使违约责任请求权。此时，债权人是否可以提前向保证人主张保证债权？如可以，保证期间自何时起算？不无疑问。

（一）主债务人预期违约时债权人是否可得行使保证债权

《民法典》第681条规定："保证合同是为保障债权的实现，保证人和债权人约定，当债务人不履行到期债务或者发生当事人约定的情形时，保证人履行债务或者承担责任的合同。"本条在《担保法》第6条的基础上，增加规定了保证债权可得行使的情形。债权人向保证人主张保证债权，不仅限于"债务人不履行到

---

① 参见黄薇主编：《中华人民共和国民法典解读·总则编》，中国法制出版社2020年版，第584～586页；王文军：《〈民法典〉保证期间制度的另一种解释可能——以继续性合同原理为视角》，载《暨南学报（哲学社会科学版）》2021年第4期。

② 张雪楳：《诉讼时效和保证期间疑问题分析》，载最高人民法院民事审判第二庭编：《商事审判指导》2016年第2辑（总第41辑），人民法院出版社2017年版，第90页。

期债务”这一种情形，还包括“发生当事人约定的情形”，这是实质性修改。① 在体系化地观察《民法典》相关规则之时，我们发现，《民法典》合同编通则分编关于违约的构成规则，将违约不仅仅只限定于债务人不履行到期债务，还承认了预期违约。在债务履行期限届满之前，当事人一方明确表示或者以自己的行为表明不履行合同义务的，对方可以请求其承担违约责任。

在主债务人预期违约的情形下，债权人是否可以向保证人主张保证债权？《担保法》第6条对此并不明确，虽然可以经由解释将该条中的“债务人不履行债务”包括预期违约在内，但这一解释论在实践中被认可的概率较小。《民法典》第681条就保证债权可得行使的情形，在“债务人不履行到期债务”之外，增加规定了“发生当事人约定的情形”，使得该条的文义可能涵盖的范围更加明确。这一修改与《民法典》担保物权分编中关于担保物权、抵押权、质权的实现条件在立法表述上取得了一致。例如，《民法典》第386条规定：“担保物权人在债务人不履行到期债务或者发生当事人约定的实现担保物权的情形，依法享有就担保财产优先受偿的权利，但是法律另有规定的除外。”如此处理就使得担保权利的行使规则在《民法典》的不同部分达到了统一。但凡担保权利，不管是担保物权，还是保证债权，其行使条件，均不仅限于在债务人不履行到期债务这一种情形，还包括当事人约定的其他情形。

《民法典》第681条的这一修改可能影响到保证债权的行使。就一般保证的情形，《民法典》第687条第2款规定：“一般保证的保证人在主合同纠纷未经审判或者仲裁，并就债务人财产依法强制执行仍不能履行债务前，有权拒绝向债权人承担保证责任。”由此可见，由于先诉抗辩权的存在，保证人承担保证责任以主债务人先承担不履行主债务的责任为前提。不管主债务人的违约是表现为不履行到期债务，还是预期违约，债权人均可向主债务人提起诉讼或申请仲裁。即使主债务履行期限尚未届满，债权人基于合同的约定或法律的直接规定，可以通过诉讼和仲裁的方式向主债务人主张主债权。此时，债权人已经积极行使了自己的权利，保证人不得以债权人在主债务履行期限届满前提起诉讼或申请仲裁为由主张抗辩。因此，第681条的修改对一般保证情形下保证责任的影响相对比较小。即使第681条未作修改，基于《民法典》合同编通则分编的规定，在主债务人预期违约的情形，债权人仍然可以在主债务履行期限届满之前请求主债务人履行债务。

就连带责任保证的情形，《民法典》第688条第2款规定：“连带责任保证的债务人不履行到期债务或者发生当事人约定的情形时，债权人可以请求债务人履

① 参见最高人民法院民法典贯彻实施工作领导小组主编：《中华人民共和国民法典合同编理解与适用》（二），人民法院出版社2020年版，第1281页。

行债务，也可以请求保证人在其保证范围内承担保证责任。”本款在《担保法》的基础上，增加了“发生当事人约定的情形”。也就是说，在连带责任保证的情形，债权人自可在主债务履行期限届满之后直接向保证人主张保证债权，但如发生保证合同中约定的实现保证债权的情形，即使主债务履行期限尚未届满，债权人也可以请求保证人承担保证责任。如当事人在保证合同中并未将主债务人预期违约作为行使保证债权的情形加以约定，则取决于债权人是否基于主债务人预期违约提前行使违约责任请求权。“当主债务人构成预期违约时，债权人对主债务人请求权可得行使时，对保证人请求权也可得行使。”① 如债权人提前行使违约责任请求权，则保证人不得主张保证期间尚未起算的期限利益；如债权人并未提前行使违约责任请求权，则对于债权人履行保证债务的请求，保证人可以主张保证期间尚未起算的抗辩。

（二）主债务人预期违约时保证期间始期的确定

《民法典》第681条增加“发生当事人约定的情形”，产生了一个解释上的疑问。例如，在连带责任保证之下，“发生当事人约定的情形”，债权人即可请求保证人承担保证责任。但此时主债务履行期限并未届满，保证期间从什么时候开始计算？《民法典》第692条至第694条对此并未作出规定，值得探讨。

就此存在不同的观点。第一种观点认为，主债务人预期违约时，主债务加速到期，主债务履行期限已提前届满。基于保证合同的从属性，此际，债权人亦可向保证人主张保证债权，保证期间即应提前计算。② 此时的保证期间应从债权人请求债务人承担预期违约责任之日起计算。③ 第二种观点认为，即使主债务人预期违约，保证人的期限利益仍应保护，除非保证人也预期违约，债权人只有在原定的主债务履行期限届满之后，才有权请求保证人履行保证债务。④ 第三种观点认为，在主债务人预期违约的情况下，债权人可以在主债务履行期届满前请求保证人承担保证责任，但保证期间起算点不因此而提前，仍从主债务履行期届满之日起算。“保证期间的起算不是保证责任产生的前提条件，保证责任产生的条件只有一个，即主债务人不履行主债务。”即使保证期间尚未起算，债权人同样可

① 参见秦珏：《论保证期间》，载梁慧星主编：《民商法论丛》第26卷，金桥文化出版（香港）有限公司2003年版，第486页。

② 参见陈成建：《保证期间起算标准质疑》，载《人民法院报》2000年9月1日；包晓丽、司伟：《民法典保证期间规定理解适用中的几个问题》，载《法律适用》2021年第1期。

③ 参见姜启波主编：《担保纠纷新型典型案例与专题指导》，中国法制出版社2009年版，第151页。

④ 参见金永熙：《借贷合同诉讼》，人民法院出版社2001年版，第176页；王欣新：《破产法专题研究》，法律出版社2002年版，第222页。

请求保证人提前承担保证责任。①

《民法典合同编草案》（2017 年 8 月 8 日民法室室内稿）第 277 条第 2 款指出："债权人与保证人可以约定保证期间，但约定的保证期间早于主债务期限或者与主债务期限同时届满的，视为没有约定，没有约定或者约定不明确的，保证期间为主债务履行期限届满之日，或者债务人在主债务履行期限届满之前明确表示或者以自己的行为表明不履行债务之日起六个月。"《民法典各分编草案》（2018 年 3 月 15 日征求意见稿）合同编第 237 条第 2 款再次强调："债权人与保证人可以约定保证期间，但约定的保证期间早于主债务期限或者与主债务期限同时届满的，视为没有约定；没有约定或者约定不明确的，保证期间为主债务履行期限届满之日起六个月，或者债务人在主债务履行期限届满之前明确表示或者以自己的行为表明不履行债务之日起六个月。"但是，2018 年 8 月 17 日提请全国人大常委会审议的《民法典各分编草案》第 481 条第 2 款删除了上述"债务人在主债务履行期限届满之前明确表示或者以自己的行为表明不履行债务之日起六个月"的规定。最终通过的《民法典》第 692 条第 2 款亦不再出现这一规定。

本书作者认为，对于主债务人预期违约时保证期间的始期的确定，取决于保证合同中是否将主债务人预期违约作为保证债权可得行使的情形加以约定。"为了避免出现担保人是否应当提前承担担保责任的争议，担保合同应明确规定，在借款人未按银行提前收回贷款要求归还借款时担保人是否保有担保合同规定的期限利益。一般情况下，司法机关也不倾向给予担保人太多的抗辩机会和权利，毕竟担保人担保的是金融债权，其最终目的是实现债权人的利益，并非为了摆脱担保责任。"以下区分两种情形展开讨论。

第一，保证合同中约定主债务人预期违约，债权人即可行使保证债权的情形。

既然保证合同中将主债务人预期违约约定为保证债权可得行使的情形，债权人即应积极行使其权利，保证期间则应自债权人知道或者应当知道主债务人预期违约之时开始计算。如债权人漠视其权利，自应承受时间的经过所带来的不利。此一解释结论亦与诉讼时效期间的起算相一致。在主债务人预期违约的情形之下，债权人知道或者应当知道其权利受到损害，主债务诉讼时效期间即应起算，而不待主债务履行期限届满。

在一般保证的情形，如主债务人预期违约，保证期间开始计算，债权人在主债务履行期限届满之前对主债务人提起诉讼或者申请仲裁，保证期间因未经过而失去意义。此时，不再考虑保证期间的问题，自保证人拒绝承担保证责任的权利消灭之日起，开始计算保证债务的诉讼时效。如主债务人预期违约，债权人没有

---

① 参见吴恩玉：《论保证期间的起算》，载最高人民法院民事审判第二庭、中国人民大学民商事法律科学研究中心等：《中国民商审判》第 5 辑，法律出版社 2004 年版，第 109 页。

在主债务履行期限届满之前对主债务人提起诉讼或者申请仲裁，从主债务人预期违约之日起约定的保证期间或者法定的保证期间届满后，债权人才对主债务人提起诉讼或者申请仲裁的，保证债务消灭。

在连带责任保证的情形，如主债务人预期违约，保证债权即可得行使，保证期间自应从债权人知道或者应当知道主债务人预期违约之时开始计算，而不是从主债务履行期限届满之日起开始计算。在此保证期间内，债权人未向保证人主张保证债权的，保证债务消灭；在此保证期间内，债权人向保证人主张保证债权的，保证期间因未经过而失去意义，自债权人请求保证人承担保证责任之时起，开始计算保证债务的诉讼时效。

第二，保证合同中并未约定主债务人预期违约，债权人即可行使保证债权的情形。

主债务人预期违约，仅仅是使债权人取得提前行使违约责任请求权的权利。既属权利，自应允许债权人放弃，债权人即可在主债务履行期限届满之后主张权利。此时，保证期间的起算尚须结合债权人是否提前行使违约责任请求权而确定。最高人民法院认为，“是否提前收回贷款系［债权人］的权利，即便发生有权收回贷款的情形且［债权人］应当知道该情形，究竟何时决定提前收回的权利亦在［债权人］，只有当［债权人］决定提前收回并通知［主债务人］之时，本案债权诉讼时效才开始计算，保证期间亦随之开始计算”。①

在一般保证的情形，如主债务人预期违约，债权人在主债务履行期限届满之前就对主债务人提起诉讼或者申请仲裁，保证期间因未经过而失去意义，自保证人拒绝承担保证责任的权利消灭之日起，开始计算保证债务的诉讼时效。如主债务人预期违约，债权人仅在主债务履行期限届满之后才对主债务人提起诉讼或者申请仲裁的，保证期间的起算仍依《民法典》第692条第2款而确定，如债权人的该行为发生于保证合同约定的保证期间或者自主债务履行期限届满之日起算的法定保证期间（6个月）届满后，保证债务消灭。

在连带责任保证的情形，如主债务人预期违约，债权人提前行使违约责任请求权的，保证期间应从债权人提前行使违约责任请求权之时开始计算。在自债权人提前行使违约责任请求权之时起算的保证期间内，债权人未向保证人主张保证债权的，保证债务消灭。债权人并未提前行使违约责任请求权的，保证期间按照保证合同的约定开始计算，保证合同中未作约定的，自主债务履行期限届满之日开始计算。在该期间内，债权人未向保证人主张权利的，保证债务消灭。

四、反担保中保证期间的计算

反担保方式中允许除本担保当事人之外的第三人提供求偿保证。《民法典》

① 参见最高人民法院（2016）最高法民终40号民事判决书。

第387条第2款规定："第三人为债务人向债权人提供担保的，可以要求债务人提供反担保。反担保适用本法和其他法律的规定。"第689条规定："保证人可以要求债务人提供反担保。"由此可见，求偿保证在性质上与保证并无二致，自有保证期间的适用，保证期间届满，本担保人未主张权利的，求偿保证人不再承担求偿保证责任，求偿保证债务消灭。但是，在求偿保证期间的起算上存在争议。

第一种观点认为，求偿保证的保证期间应从担保人实际承担保证责任之日起计算。"反担保是为了保障保证人承担担保责任后实现债务人追偿权而设定的担保，反担保责任的履行应以保证人已履行担保责任为前提。主合同的保证期间与反担保人的保证期间二者适用的起算规则不同，反担保人的保证期间应当从担保人实际履行了担保责任之日起计算。""反担保人承担反担保责任应以担保人已承担保证责任为前提，担保人承担担保责任之时，就是反担保人担保期间的起算日。"

第二种观点认为，求偿保证的保证期间应从主债务履行期限届满之日起算。其主要理由在于，反担保适用担保的规定。根据现行法的规定，保证期间自主债务履行期届满之日起算。反担保合同约定，保证期间自反担保的主债权产生之日起，至借款人在贷款方的借款全部清偿完毕之日止。此类约定符合《担保法解释》第32条"视为约定不明"的情形，因此，反担保的保证期间为两年，从主债权履行期限届满之日起算。

第三种观点认为，求偿保证的保证期间应自担保人要求债务人清偿代偿款义务之日起算。反担保系基于担保人为实现其求偿权而设立，当事人如在反担保合同中未约定在担保人代为清偿后债务人应当向担保人偿还债务的期限，反担保的保证期间应自担保人要求债务人履行义务的宽限期届满之日起计算。

本书作者认为，求偿保证作为反担保的一种方式，以确保本担保人求偿权的实现为目的，而求偿权产生的依据并不是本担保人与债权人之间的本担保合同，而是主债务人与本担保人之间的委托合同。为了担保求偿权的实现，第三人向本担保人提供保证（求偿保证）。其中，基于委托合同所产生的求偿关系是主债权债务关系，求偿保证关系是从债权债务关系；本担保人与主债务人之间的委托（担保）合同是主合同，第三人与本担保人之间求偿保证合同是从合同。依从属关系的基本法理，求偿保证所担保的主债务并非本担保所担保的主债务，上述第二种观点自不足采。当事人就求偿保证期间另有约定的，从其约定；没有约定的，自主债务人清偿本担保人代偿债务的履行期限届满之日起6个月。如果本担保人与主债务人之间就清偿本担保人代偿债务的履行期限未作约定或约定不明的，即应适用《民法典》第692条第3款的规定确定求偿保证期间的起算。根据《民法典》第692条第3款的规定，"债权人与债务人对主债务履行期限没有约定或者约定不明确的，保证期间自债权人请求债务人履行债务的宽限期届满之日起计算”。由此可见，依该款的规定，本担保人应设定合理的宽限期使得代偿债务的履行期限得以确定，从而使得求偿保证期间的起算点得以确定。①

五、共同保证中的保证期间的计算

就共同保证规则，《民法典》与《担保法》、《担保法解释》之间存在重大差异。《担保法》第12条规定：“同一债务有两个以上保证人的，保证人应当按照保证合同约定的保证份额，承担保证责任。没有约定保证份额的，保证人承担连带责任，债权人可以要求任何一个保证人承担全部保证责任，保证人都负有担保全部债权实现的义务。已经承担保证责任的保证人，有权向债务人追偿，或者要求承担连带责任的其他保证人清偿其应当承担的份额。”《担保法解释》第19条第1款规定：“两个以上保证人对同一债务同时或者分别提供保证时，各保证人与债权人没有约定保证份额的，应当认定为连带共同保证。”这里，将共同保证区分为按份共同保证和连带共同保证，当事人之间没有约定各保证人承担按份共同保证的，即为连带共同保证；连带共同保证人之一承担了担保责任之后，可向其他保证人主张分担请求权。

《民法典》第699条规定：“同一债务有两个以上保证人的，保证人应当按照保证合同约定的保证份额，承担保证责任；没有约定保证份额的，债权人可以请求任何一个保证人在其保证范围内承担保证责任”。这里延续了《担保法》和《担保法解释》上按份共同保证和连带共同保证的区分，但在连带共同保证中，《民法典担保制度解释》根据保证人之间是否有相互追偿权，又将其细分为真正连带和不真正连带，② 从而形成了按份共同保证、不真正连带共同保证和连带共同保证的区分。③ 基于此，《民法典担保制度解释》第13条将保证人之间的相互追偿关系仅限于连带共同保证的情形，同时，将构成连带共同保证的情形限定于三种情形：担保人之间约定承担连带共同保证；担保人之间约定可以相互追偿；各担保人在同一份合同书上签字、盖章或者按指印。④ 这一解释论上的转向必将影响到共同保证的保证期间。

---

① 参见高圣平：《融资性担保公司求偿担保若干争议问题研究》，载《暨南学报（哲学社会科学版）》2020年第11期。

② 参见最高人民法院民事审判第二庭编：《最高人民法院民法典担保制度司法解释理解与适用》，人民法院出版社2021年版，第186页。

③ 参见黄薇主编：《中华人民共和国民法典解读·合同编》，中国法制出版社2020年版，第732页。解释论上的不同观点，参见王利明：《我国〈民法典〉保证合同新规则释评及适用要旨》，载《政治与法律》2020年第12期。

④ 参见最高人民法院民事审判第二庭编：《最高人民法院民法典担保制度司法解释理解与适用》，人民法院出版社2021年版，第187页。

（一）债权人在保证期间内向部分保证人主张保证债权的效力是否及于其他保证人

《担保法》和《担保法解释》上并未就债权人在保证期间内依法向部分保证人行使权利的效力是否及于其他保证人问题作出明确规定。原《最高人民法院关于已承担保证责任的保证人向其他保证人行使追偿权问题的批复》（法释〔2002〕37号）[①] 规定："根据《中华人民共和国担保法》第十二条的规定，承担连带责任保证的保证人一人或者数人承担保证责任后，有权要求其他保证人清偿应当承担的份额，不受债权人是否在保证期间内向未承担保证责任的保证人主张过保证责任的影响。"这就意味着，在连带共同保证中，债权人在保证期间内向部分保证人主张保证债权，其效力及于其他尚在保证期间内的保证人，[②] 其他保证人不得主张债权人未在保证期间内向其请求从而保证债务消灭的抗辩。基于此，"在连带共同保证中，由于保证人是作为一个整体共同对债权人承担保证责任，所以债权人向共同保证人中的任何一人主张权利，都是债权人要求保证人承担保证责任的行为，其效力自然及于所有的保证人。对那些未被选择承担责任的共同保证人来说，债权人向保证人中任何一人主张权利的行为，应当视为债权人已向其主张了权利"。[③]

《民法典》和《民法典担保制度解释》基于"连带债权或者连带债务，由法律规定或者当事人约定"（《民法典》第518条第2款）的规定，以原则上否认共同担保人间的相互追偿权为前提（《民法典担保制度解释》第13条第3款）。"除非当事人之间另有约定，各担保人提供的担保具有独立性，担保人之间互相没有意思联络，因此，没有法律关系的存在，要求各担保人之间相互追偿，实质是法律强行在各担保人之间设定相互担保，要求各担保人承担连带责任。这意味着，没有履行担保义务的担保人除为债务人提供担保外，还必须为其他担保人提供担保，这既违背担保人的初衷，也不合法理。"[④] 这一立法、司法态度的转变虽仅涉及担保人之间的内部关系，但必将影响到外部关系——债权人与各担保人之间的关系。

《民法典担保制度解释》第29条第1款规定："同一债务有两个以上保证人，债权人以其已经在保证期间内依法向部分保证人行使权利为由，主张已经在保证

---

① 该司法解释已由《最高人民法院关于废止部分司法解释及相关规范性文件的决定》（法释〔2020〕16号）所废止。

② 参见最高人民法院（2018）最高法民终1118号民事判决书。

③ "甲公司与乙公司保证合同追偿权纠纷上诉案"，载《最高人民法院公报》2002年第6期。另参见最高人民法院（2015）民申字第2064号民事裁定书；最高人民法院（2020）最高法民申322号民事裁定书。

④ 黄薇主编：《中华人民共和国民法典解读·物权编》，中国法制出版社2020年版，第579页。

期间内向其他保证人行使权利的，人民法院不予支持。”这里改变了法释〔2002〕37号的司法态度，主张保证人之间彼此独立，债权人在保证期间内向某一保证人主张保证债权，对其他保证人不发生影响。

在按份共同保证中，债权人仅得在约定的份额范围内向个别保证人主张权利，各共同保证人也仅在约定的份额范围内承担担保责任。从这一视角，各共同保证人之间并不存在法律上的联系，某一保证人在承担了保证责任之后，仅能向主债务人求偿。如该保证人的求偿权不能实现，就其从主债务人未获清偿的部分，并不能向其他保证人请求分担，只能自担损失。[①] 如此，在按份共同保证中，各保证人的担保责任彼此独立。债权人在约定的或者法定的保证期间内向部分保证人主张权利，并获清偿之时，仅能使相应的保证债务和其担保的主债务在相应份额范围内消灭；债权人未在约定的或者法定的保证期间内向部分保证人主张权利，该保证人的保证债务即为消灭，此一结果不及于其他保证人。

在不真正连带共同担保中，债权人虽然可以选择向任何一个保证人请求在其保证范围内承担保证责任，但该保证人在承担保证责任之后，也仅能向主债务人求偿，就其从主债务人未获清偿的部分，也不能向其他保证人请求分担。由此可见，各保证人之间也不构成连带关系，各保证人的担保责任彼此独立。债权人在约定的或者法定的保证期间内向部分保证人主张权利，并获清偿之时，该保证人的保证债务和其担保的主债务消灭，[②] 其他保证人的保证债务亦因主债务的消灭而消灭。债权人未在约定的或者法定的保证期间内向部分保证人主张权利，该保证人的保证债务即为消灭，但此一结果不及于其他保证人。如债权人对其他保证人的保证期间尚未经过，其对其他保证人的保证债权仍未消灭。

在连带共同保证中，债权人自可选择向任何一个保证人请求在其保证范围内承担保证责任，该保证人在承担保证责任之后，既可向主债务人求偿，也可向其他保证人请求分担。由此可见，各保证人之间构成连带关系，各保证人的担保责任虽基于不同的保证合同所发生，也彼此独立，但债权人对部分连带共同保证人主张权利的，其效力在特定情形之下及于其他连带共同保证人。就此，《民法典》在合同编通则分编中认为，各个连带债务人对债权人所承担的债务具有相对独立性，一个连带债务人与债权人之间发生的事项原则上仅具有相对效力，只有在例外情形下才具有绝对效力。[③]《民法典》第520条第1款规定：“部分连带债务人履行、抵销债务或者提存标的物的，其他债务人对债权人的债务在相应范围内消

---

① 参见曹士兵：《中国担保制度与担保方法》（第四版），中国法制出版社2017年版，第138～139页。

② 这一分析结论以保证人承担无限保证为前提。如该保证人仅承担有限保证，保证债务因该保证人的清偿而消灭，仅导致主债务在相应的范围内消灭。为使行文简洁，本书暂不考虑后种情形。

③ 参见黄薇主编：《中华人民共和国民法典解读·合同编》，中国法制出版社2020年版，第183页。

灭；该债务人可以依据前条规定向其他债务人追偿。”由此可见，债权人在约定的或者法定的保证期间内向部分保证人主张权利，并获清偿之时，该保证人的保证债务和其担保的主债务消灭，其他保证人的保证债务亦因主债务的消灭而消灭，承担了担保责任的保证人自可基于约定或者法定而向其他保证人行使分担请求权。此时可以认为，部分连带共同保证人应债权人的请求承担保证责任产生绝对效力，其效力及于其他连带共同保证人。①

在连带共同保证中，债权人未在约定的或者法定的保证期间内向部分保证人主张权利，基于《民法典》第693条第2款关于“连带责任保证的债权人未在保证期间请求保证人承担保证责任的，保证人不再承担保证责任”的规定，该保证人的保证债务消灭。此时所产生的法律效果等同于债权人免除了部分保证人的保证债务。②《民法典》第520条第2款规定：“部分连带债务人的债务被债权人免除的，在该连带债务人应当承担的份额范围内，其他债务人对债权人的债务消灭。”据此，我国法律上对债权人免除部分连带债务人债务的法律效果采用了限制绝对效力的立法例。债权人免除其中一个或者部分连带债务人的债务的，债权人仍可向其他债务人请求履行，但是其他债务人承担的连带债务数额应扣除被免除的连带债务人应当分担的内部份额。③ 由此可见，债权人未在约定的或者法定的保证期间内向部分保证人主张权利，该保证人的保证债务消灭，并不产生绝对效力，其他保证人的保证债务并不能完全消灭。债权人此时仍然可以向其他保证人请求履行保证债务，但其他保证人在该保证人应当承担的份额范围内免除保证责任。

此外，结合《民法典担保制度解释》第29条第2款的规定“同一债务有两个以上保证人，保证人之间相互有追偿权，债权人未在保证期间内依法向部分保证人行使权利，导致其他保证人在承担保证责任后丧失追偿权，其他保证人主张在其不能追偿的范围内免除保证责任的，人民法院应予支持”，可见，债权人仅仅向部分连带共同保证人请求履行保证债务，并不能据此认为其向所有连带共同保证人主张了权利，债权人不得主张其在保证期间内向部分保证人请求承担保证责任的效力及于其他保证人，其他保证人仍然可以主张债权人未在保证期间内向其主张保证债权的抗辩。也就是说，只有债权人在各别的保证期间向所有的连带共同保证人逐一请求履行各自的保证债务，才能产生任一共同保证人均不得以保

① 参见最高人民法院民事审判第二庭编：《最高人民法院民法典担保制度司法解释理解与适用》，人民法院出版社2021年版，第293~294页；李玉林：《民法典保证期间规则的理解与适用》，载《人民司法·应用》2021年第16期。

② 参见杨永清：《〈新担保司法解释〉中有关保证合同的几个问题》，载《法律适用》2021年第2期。

③ 参见黄薇主编：《中华人民共和国民法典解读·合同编》，中国法制出版社2020年版，第185页。

证期间经过为由主张保证债务消灭的法律后果。[①] 法释〔2002〕37号认为，只要债权人在保证期间向部分连带责任保证人主张了权利，就对其他保证人发生效力，承担了保证责任的保证人向其他保证人的分担请求权，不受债权人是否在保证期间内向未承担保证责任的保证人主张过保证债权的影响。《民法典》第520条第2款就此已经采纳限制绝对效力的观点，[②] 法释〔2002〕37号所持的司法态度即应改变。债权人不得以其已经在保证期间内依法向部分保证人主张权利为由，主张已经在保证期间内向其他保证人主张了保证债权，其他保证人仍然可以主张保证期间经过的抗辩。

（二）债权人未在保证期间内向部分保证人主张保证债权的法律后果

《民法典》第693条规定："一般保证的债权人未在保证期间对债务人提起诉讼或者申请仲裁的，保证人不再承担保证责任。""连带责任保证的债权人未在保证期间请求保证人承担保证责任的，保证人不再承担保证责任。"这一规则同样适用于共同保证的情形。前已述及，在按份共同保证和不真正连带共同保证中，保证人之间没有相互追偿关系，债权人未在保证期间内主张权利所产生的法律后果，不及于其他保证人。即使债权人未在保证期间内向部分保证人主张保证债权导致保证债务消灭，债权人仍然可以向其他保证人主张保证债权，只要该主张系在保证期间内行使，其他保证人仍然不得以债权人未在保证期间内依法行使权利为由进行抗辩。

但是，在连带共同保证中，保证人之间存在相互追偿关系，债权人未在保证期间内向部分保证人主张保证债权，仅产生限制绝对效力。债权人未在保证期间内依法向部分保证人主张保证债权，导致该保证人不承担保证责任的，必将损及承担了保证责任的保证人对免责了的保证人的追偿权。《民法典担保制度解释》第29条第2款因此规定："同一债务有两个以上保证人，保证人之间相互有追偿权，债权人未在保证期间内依法向部分保证人行使权利，导致其他保证人在承担保证责任后丧失追偿权，其他保证人主张在其不能追偿的范围内免除保证责任的，人民法院应予支持。"这里，"保证人之间相互有追偿权"限于《民法典担保制度解释》第13条所规定的前述三种情形。在解释上，这三种情形均为连带共同保证的情形。

《民法典担保制度解释》第29条第2款将其他保证人的免责范围界定为"其不能行使追偿权的范围"，在解释上是指，因债权人未在保证期间内依法主张保证债权而被免责的保证人本应分担的份额范围。这一分担份额的计算，又指向了

① 参见程啸：《论我国〈民法典〉及其司法解释中的保证期间》，载《财经法学》2021年第3期。

② 参见最高人民法院民事审判第二庭编：《最高人民法院民法典担保制度司法解释理解与适用》，人民法院出版社2021年版，第299～300页。

《民法典担保制度解释》第 13 条。该条规定："同一债务有两个以上第三人提供担保，担保人之间约定相互追偿及分担份额，承担了担保责任的担保人请求其他担保人按照约定分担份额的，人民法院应予支持；担保人之间约定承担连带共同担保，或者约定相互追偿但是未约定分担份额的，各担保人按照比例分担向债务人不能追偿的部分。"（第 1 款）"同一债务有两个以上第三人提供担保，担保人之间未对相互追偿作出约定且未约定承担连带共同担保，但是各担保人在同一份合同书上签字、盖章或者按指印，承担了担保责任的担保人请求其他担保人按照比例分担向债务人不能追偿部分的，人民法院应予支持。"（第 2 款）由此可见，在连带共同保证中，共同保证人相对于债权人而言是一种连带关系，但是共同保证人之间仍然存在着分担份额的问题。

分担份额首先取决于保证人之间的约定。如各保证人约定对债权人承担连带责任，但在保证人内部按照 4:3:3 的比例分担。此时，其他保证人的免责范围即为被免责的保证人本应分担的份额。

在保证人之间没有约定分担份额的情形之下，承担了保证责任的保证人尚须先向主债务人追偿，就向主债务人追偿不能的部分，才能向其他保证人行使分担请求权。这里延续了《担保法解释》的司法态度，将承担了保证责任的保证人向其他保证人行使分担请求权的范围，限定于"向债务人不能追偿的部分"。如此，《民法典担保制度解释》第 29 条第 2 款所定"其不能行使追偿权的范围"，应除去向主债务人可得追偿的部分，剩余的部分再由各保证人分担。[①] 就此际保证人之间的分担份额而言，由于保证债务的多少取决于保证合同中约定的保证担保范围，如各保证合同中约定的各保证人承担保证责任的范围并不一致，则尚不能认为各保证人之间份额相同。亦即，《民法典》第 519 条第 1 款所称"连带债务人之间的份额难以确定的"的情形，在连带共同保证中尚无适用余地。保证人之间的份额应依各保证人约定的被担保债务的金额占全体保证人被担保债务金额之和的比例确定。

举例而言，保证人甲、乙为债权人提供连带共同保证，但未约定内部分担份额。如保证人甲与债权人约定仅就原本债权 1000 万元提供连带责任保证，保证人乙与债权人约定就原本债权 1000 万元和所有从债权提供连带责任保证（经计算合计为 1200 万元）。债权人未在保证期间内向保证人甲主张权利导致该保证债务消灭，但债权人对于保证人乙的保证债权尚在约定的保证期间之内。如向主债务人追偿可得款 400 万元，保证人乙的免责范围是（1200 − 400）×［1000 ÷（1000 + 1200）］= 363.6（万元）。如保证人甲和保证人乙均提供的是无限连带责

① 参见最高人民法院民事审判第二庭编：《最高人民法院民法典担保制度司法解释理解与适用》，人民法院出版社 2021 年版，第 188 页。

任保证，即保证担保的范围均为“主债权及其利息、违约金、损害赔偿金和实现债权的费用”，则保证人之间的分担比例为50%。此时，保证人乙的免责范围是（1200－400）×50%＝400（万元）。从表面上看均承担无限保证责任的保证人之间系以人数为基础平均计算各保证人之间的内部分担份额，但在解释上，也系以各保证人承担的保证债务数额为基础依比例分担制而为计算，只不过此时各保证人承担的保证债务数额相同而已，可见，表面上以人数为基础的平均计算实际上也是比例分担制。①

六、主合同履行期限的变更与保证期间的计算

“保证期间是以保证债权行使条件具备为起点、该期间届满为终点的时间段”，② 而“保证债权行使条件具备”多以主债务履行期限届满主债务人不履行债务为前提，由此，主债务履行期限是否届满影响着保证期间是否开始计算。由此引发的问题是，如债权人与主债务人协议变更主债务履行期限，对保证期间的计算产生什么影响？

（一）规则变化

在解释上，如保证人对于主债务履行期限的变更予以同意，则表明保证期间的始期也随之变更，对此应无疑义。但在保证人对于主债务履行期限的变更未予同意的情形之下，《担保法》第24条规定：“债权人与债务人协议变更主合同的，应当取得保证人书面同意，未经保证人书面同意的，保证人不再承担保证责任。”由此可见，未经保证人书面同意，债权人与主债务人协议变更主债务履行期限，将导致保证债务的消灭。

《担保法》的上述规定广受批评。该规定旨在防止因主合同的变更而加重保证人的保证责任，但主合同的变更并不必然导致保证责任的加重，如主合同的变更对保证人没有带来不利后果，何以让保证责任消灭？该条并非建立在主合同变更对保证责任的影响的基础上，或者说没有从主合同变更对保证责任的影响这一出发点设立相应的规则，其合理性值得怀疑。《担保法解释》第30条规定：“保证期间，债权人与债务人对主合同数量、价款、币种、利率等内容作了变动，未经保证人同意的，如果减轻债务人的债务的，保证人仍应当对变更后的合同承担保证责任；如果加重债务人的债务的，保证人对加重的部分不承担保证责任。”（第1款）“债权人与债务人对主合同履行期限作了变动，未经保证人书面同意的，保证期间为原合同约定的或者法律规定的期间。”（第2款）“债权人与债务

① 参见高圣平：《担保法前沿问题与判解研究（第五卷）——最高人民法院新担保制度司法解释条文释评》，人民法院出版社2021年版，第131～133页。

② 杨巍：《〈民法典〉保证期间规则修改评释》，载《河北法学》2020年第9期。

人协议变动主合同内容，但并未实际履行的，保证人仍应当承担保证责任。”（第3款）这里，对于主债务履行期限的变更对于保证责任的影响作了不同于主合同其他内容变更的安排。

《民法典》第695条规定：“债权人和债务人未经保证人书面同意，协商变更主债权债务合同内容，减轻债务的，保证人仍对变更后的债务承担保证责任；加重债务的，保证人对加重的部分不承担保证责任。”（第1款）“债权人和债务人变更主债权债务合同的履行期限，未经保证人书面同意的，保证期间不受影响。”（第2款）本条规定完全颠覆了《担保法》的规定，而与《担保法解释》相当，①同样区分主合同内容变更的不同情形采取了不同的态度。除了主债务履行期限的变更之外，主合同其他内容的变更对于保证责任的影响，重点在于该变更是否加重了保证人的责任，是否违背了保证人在订立保证合同时的预期，② 有利变更则有效，不利变更则无效。“未经保证人书面同意的主债权债务合同履行期限变更未必一定给保证人带来保证期间上的不利影响，但本款规定未像第1款规定作出‘有利变更则有效，不利变更则无效’的规定。”③

（二）主合同履行期限的缩短与保证期间的计算

主债务履行期限的变更包括缩短与延长两种情形。主合同履行期限缩短，是否也应依《民法典》第695条第2款的规定处理，有三种不同观点。第一种观点认为，主合同履行期限的缩短导致主债务的提前履行，意味着加重了债务人的义务，保证人的责任亦有可能随之加重，因此，应对该款作目的性的限缩，债权人与主债务人约定缩短主合同履行期限，未经保证人书面同意的，保证责任免除。④第二种观点认为，若变更后的主债权债务与原债权债务仍属同一法律关系，则依保证的从属性，保证合同应继续存在且发生相应的变化。如主合同履行期限缩短，则保证期间的始期随之提前，而持续时间维持原状，亦即期日提前，期间恒定，债权人必须在提前的期日内主张权利。⑤ 第三种观点认为，对于保证人而言，原主债务履行期届满之日才是判断主债务人是否履行债务的标准，债权人与主债务人未经保证人同意而擅自设立的对保证人不利的标准，不应对保证人发生效力。因此，为维护保证人的期限利益，应肯定当新的主债务履行期届满而主债务人未履行债务时，保证人的保证责任并不发生，而只有原主债务履行期届满而主

① 参见最高人民法院民法典贯彻实施工作领导小组主编：《中华人民共和国民法典合同编理解与适用》（二），人民法院出版社2020年版，第1364～1366页。

② 参见李国光等：《最高人民法院〈关于适用中华人民共和国担保法若干问题的解释〉理解与适用》，吉林人民出版社2000年版，第138页。

③ 黄薇主编：《中华人民共和国民法典解读・合同编》，中国法制出版社2020年版，第723页。

④ 参见刘言浩：《担保法典型判例研究》，人民法院出版社2002年版，第38页。

⑤ 参见孙鹏、肖厚国：《担保法律制度研究》，法律出版社1998年版，第92～93页。

债务人未履行债务时，保证人的保证责任才产生，债权人才能向保证人主张保证责任。①

主合同履行期限的缩短对保证人的影响既可能存在有利的情形，也可能存在不利的情形。如主债务人与债权人协商缩短主合同履行期限之时，充分考虑自身的偿债能力，主债务人提前清偿主债务，保证债务因此而消灭，保证人可得尽快脱逸出保证债务的约束。此际，主合同履行期限的缩短对保证人并不产生不利影响。如债务人置自身的履行能力和状况于不顾，盲目与债权人协议提前履行，其结果是不适当地增加保证人的风险。此际，主合同履行期限的缩短对保证人则产生不利影响。② 因此，《民法典》第 695 条第 1 款规定所确立的“有利变更则有效，不利变更则无效”，对于主合同履行期限缩短而言，尚难以准确判断。

基于合同的相对性，主合同履行期限作为主合同的条款，协议缩短仅在债权人与主债务人之间发生效力；保证人仅受其承诺的意思表示的约束。主合同履行期限提前届满，仅表明债权人可得向主债务人主张主债权，但并不能当然改变原定保证期间的始期。虽然《民法典》第 692 条第 2 款规定，法定保证期间自主债务履行期限届满开始计算，但当事人自可约定保证期间自主债务履行期限届满之后特定期限开始计算。由此可见，主债务履行期限届满并不等于保证期间开始计算。在解释上可以认为，主合同履行期限的缩短视为主债务人对期限利益的抛弃，根据《民法典》第 701 条关于“债务人放弃抗辩的，保证人仍有权向债权人主张抗辩”的规定，对于债权人提前履行保证债务的请求，保证人仍然可以主张期限抗辩。③ 如此看来，《民法典》第 695 条第 2 款对于主合同履行期限缩短的情形仍得适用。

《民法典》第 695 条第 2 款仅及于主合同履行期限的变更对保证期间计算的影响，但对于因主合同履行期限的变更加重保证人的责任如何处理未置明文，如主合同履行期限的缩短导致违约金、损害赔偿金等主债务的增加，保证期间虽不受影响，但保证人承担保证责任的范围，是否包括增加了的主债务部分。就此，《民法典》存在法律漏洞，应比照第 1 款的规定，根据是否加重保证人的责任予以区分处理。如主合同履行期限的缩短导致主债务加重，则保证人对加重部分不承担责任，保证期间亦不受影响；如主合同履行期限的缩短并未导致主债务加

① 参见吴恩玉：《论保证期间的起算》，载最高人民法院民事审判第二庭、中国人民大学民商事法律科学研究中心等：《中国民商审判》第 5 辑，法律出版社 2004 年版，第 103 页。

② 参见李明发：《保证责任研究》，法律出版社 2006 年版，第 141 页。

③ 参见程啸：《保证合同研究》，法律出版社 2006 年版，第 345 ~ 346 页；李运杨：《第三担保人的抗辩权体系》，载《政治与法律》2021 年第 8 期。

重，则保证人在原保证期间内承担责任。[①]

（三）主合同履行期限的延长与保证期间的计算

就约定了履行期限的主债务而言，主合同履行期限的延长如导致保证期间的延后起算，无异于延长了保证期间，从而增加了保证人的风险，加重了保证人的责任。[②] 主债务延期履行之后，主债务人的财产状况是否发生变化难以预料，对保证人而言甚为不利。[③] 因此，未经保证人同意，主合同当事人协议延长主合同履行期限，不应对保证期间的计算发生影响，保证期间仍应自原合同约定的或者法律推定的起算点开始计算。

《民法典》第695条第2款规定："债权人和债务人变更主债权债务合同的履行期限，未经保证人书面同意的，保证期间不受影响。"由此带来的解释上的疑问有两个：

第一，未经保证人书面同意，债权人与主债务人协议延长主合同履行期限，在原主债务履行期限届满之后至新的主债务履行期限届满之前，债权人尚无法请求主债务人履行主债务，"保证期间不受影响"如何理解？主债务履行期限与保证期间如何衔接？[④] 若从原主债务履行期限届满之日开始承担保证责任，因主债务履行期限已经延长，新的主债务履行期限尚未届满，主债务人能否履行主债务还未确定，以此要求保证人承担保证责任，似乎与保证的性质和功能不符；若从新的主债务履行期限届满之日起开始承担保证责任，又似乎与《民法典》第695条第2款的规定相矛盾，因为该款已经明确，保证期间从原主债务履行期限届满之日起已经开始计算，那么保证债权自然是从原主债务履行期届满之日即已可得行使。有学者认为，"保证期间的起算并非保证责任产生的条件，同样，保证期间的起算也不意味着保证责任就产生，根据担保法原理和保证制度之总宗旨，保证责任应从债务人不履行债务时产生，上述迷惑的根源在于错误地理解了保证期间的含义"。论者并主张，若未经保证人书面同意，主债务履行期限延长，保证期间的始期不变，仍从原主债务履行期限届满之日起算；但保证责任在原主债务履行期届满之日并不产生，即保证责任不从保证期间起算之日产生，因为此时新的主债务履行期限尚未届满，还未出现债务不履行这一情形。当新的主债务履行期限届满而主债务仍未履行时，保证责任才产生。

本书作者认为，基于保证的从属性，保证债务总是系于主债务。变更主合同

---

① 参见谢鸿飞、朱广新主编：《〈民法典〉评注·合同编·典型合同与准合同》（2），中国法制出版社2020年版，第103页（夏昊晗执笔）。

② 参见李国光等：《最高人民法院〈关于适用中华人民共和国担保法若干问题的解释〉理解与适用》，吉林人民出版社2000年版，第139页。

③ 参见黄立主编：《民法债编各论》，中国政法大学出版社2003年版，第877页。

④ 参见李明发：《保证责任研究》，法律出版社2006年版，第139～140页。

履行期限的协议，自其生效之日起，在债权人和主债务人之间发生效力，但未经保证人书面同意，对保证人不发生效力。基于此，在新的主债务履行期限届满之前，主债务人保有期限利益，自可对债权人的提前履行请求主张履行期限尚未届满的抗辩。根据《民法典》第681条的规定，此时，尚未出现“债务人不履行到期债务或者发生当事人约定的情形”，保证人自无须承担保证责任。但此际，《民法典》第695条第2款所定“保证期间不受影响”，在解释上可以认为，在新的主债务履行期限届满之前开始计算的保证期间没有意义，自新的主债务履行期限届满之日开始计算保证期间的剩余期间；如在新的主债务履行期限届满之前，原定保证期间已经届满，则保证债务消灭。此一解释结论同于当事人约定的保证期间的始期早于主债务履行期限届满之日的效力判断规则：基于《民法典》第681条和第692条第2款的体系解释，此类约定应为无效。①

第二，《民法典》第695条第2款“债权人和债务人变更主债权债务合同的履行期限”的文义表明，该款仅及于主合同已就主债务履行期限作出了明确约定的情形。如主合同就主债务履行期限没有约定或者约定不明确的，是否存在协议变更主合同履行期限的情形？在解释上，如主合同原就主债务履行期限没有约定或者约定不明确，债权人与主债务人协议补充主债务履行期限的，符合《民法典》第510条的规定，并不属于《民法典》第695条第2款“债权人和债务人变更主债权债务合同的履行期限”的情形。此时，保证期间从协议补充的主债务履行期限届满之日起开始计算。保证人为不定期债务提供担保，自行承担主债务履行期限尚不特定、保证期间的起算点也不确定的风险。至于债权人与主债务人协议补充主债务履行期限之后，再次变更主债务履行期限的，适用《民法典》第695条第2款的规定，并无疑问。

七、其他特殊情形之下保证期间的计算

（一）主合同解除时保证期间的起算

《民法典》第566条第3款规定：“主合同解除后，担保人对债务人应当承担的民事责任仍应当承担担保责任，但是担保合同另有约定的除外。”主合同的解除，只是不能按照当事人的意愿发生法律后果，但并不是没有法律后果。按照《民法典》的规定，主合同解除后，已经履行的，根据履行情况和合同性质，当事人可以请求恢复原状或者采取其他补救措施，并有权请求赔偿损失。主合同因违约解除的，解除权人可以请求违约方承担违约责任。主债务人因主合同解除所应承担的民事责任，保证人仍然应承担保证责任。这一规定与《民法典》第681

① 参见曾祥生：《保证期间若干疑难问题析辨》，载《江西社会科学》2007年第5期；高圣平：《民法典上保证期间的效力及计算》，载《甘肃政法学院学报》2020年第5期。

条关于保证责任的两种承担方式“代为履行债务”“代为承担责任”是一致的。在主合同解除的情形之下，保证人承担保证责任的方式即为代为承担赔偿责任。

在主合同解除的情形之下，保证期间如何计算？主债务人因主合同解除所应承担的民事责任，发生于主债务履行期限届满之前，保证期间应从债权人可得主张因主合同解除的民事责任之日起开始计算。在保证期间内，债权人应当向主债务人提起诉讼或者申请仲裁（一般保证）、向保证人主张因主合同解除之后的民事责任（连带责任保证）。否则，保证债务消灭。

（二）保证合同成立之时主债权履行期限已经届满时保证期间的起算

保证合同成立之时，主债权履行期限已经届满，主债务人已经处于债务不履行阶段。曾有裁判认为，这种情形构成新的债权债务关系，不适用保证期间。但从当事人在保证合同中体现的意思表示来看，保证人是提供债务履行的担保，并不是债务加入。在《民法典》之下，所有保证债权债务均应适用保证期间，只不过有约定保证期间和法定保证期间的区分。

此种情形之下，主债务人已经处于违约状态，保证期间的起算点显然不能是主债务履行期限届满之日。《广东省高级人民法院关于民商事审判适用〈中华人民共和国担保法〉及其司法解释若干问题的指导意见》第5条指出：“保证人为履行期限届满的债务提供保证的，保证期间从保证合同生效之日起开始计算。”本书作者认为，此时仍应坚持“有约定依约定”的观点，当事人之间就保证期间的起算点有约定的，按照约定的起算点开始计算保证期间。如未约定保证期间的起算点，则自保证合同生效之日起开始计算保证期间。如当事人在保证合同中约定了保证期间为3年，但没有约定保证期间的起算点，则从保证合同生效之日起计算3年。

八、小　结

基于保证的从属性，保证债务本应与主债务同其命运，主债务未消灭者，保证债务亦存在。但保证期间的强制适用，使得时间的经过对于保证债务的法律意义不同于主债务，除了有诉讼时效期间的限制之外，保证期间的经过将可能导致保证债务在主债务之前消灭。这在一定程度上缓和了保证债务在存续上的从属性。我国《民法典》将保证期间界定为“确定保证人承担保证责任的期间”，由此而决定，保证期间的计算一般与主债务履行期限相勾连。一般情形之下，在主债务履行期限之前，债权人尚不得向主债务人主张权利，也就无法主张保证债权这一从权利，保证期间自应从主债务履行期限届满之日起计算。但是，主债务的履行存在多种形态，《民法典》上一般规则的适用也就存在不少例外情形。在主债务人期限届满前拒绝履行的情形之下，如保证合同中明定其为保证债权可得行使的情形之一，则保证期间应自债权人知道或者应当知道主债务人预期违约之时起计算，而不是从主债务履行期限届满之日起计算。在债权人与主债务人协议变更主债务履行期限的情形之下，若此变更经过了保证人的同意，则保证期间应自变更后的主债务履行期限届满之日起计算。就共同保证而言，《民法典》上将各保证债务作为彼此独立的债务形态加以界定，各保证债务也就适用各自独立的保证期间，但因按份共同保证、不真正连带共同保证和连带共同保证的类型化区分，债权人是否在个别保证法律关系中及时主张权利，也就呈现出不同的利益状态。如此种种，使得保证期间制度的适用变得异常复杂。总体上讲，保证期间的适用，无论是保证期间的长短，还是保证期间的起算，均以当事人约定优先；当事人未予约定之时，结合主债务的履行情况和债权人主张主债权的不同情形，推定适用法定保证期间规则。

《民法典》担保从属性规则的解释论

《民法典》上的担保系为保障债权的实现而存在，须从属于其所担保的主债权而存在。担保权利也就成了依附于主债权的从权利，具有从属性，与其所担保的主债权同其命运和效力。由此，担保的发生以主债权成立为前提，范围和强度不得大于或重于主债权，并因主合同之无效而无效，因主债权之移转而移转，因主债权之消灭而消灭。但为因应社会经济发展，担保从属性出现日益缓和的趋势。主债权在担保设立之时无须特定，但在担保权利可得行使之时，须有主债权的存在，为将来特定债权作为担保债权提供了解释前提；最高额担保制度的确立击破了担保权利与具体债权之间的一一对应关系，使得将来不特定债权作为担保对象成为可能。不具从属性的独立保函亦成为《民法典》之外的非典型担保交易形式。

一、问题的提出

就担保合同和主合同之间的关系，立法例上向有从属性和独立性两种安排，前者置重于担保的保全债权实现的功能，后者则顾及担保权利的流通和投资功能。[①] 从《民法典》第386条、第681条有关担保物权和保证合同的定义性法条来看，《民法典》上所称“担保”以保障主债权的实现为目的，忽略了担保的独立性和流通功能。这一政策选择是基于我国目前特定社会经济背景：经济“下行”的形势使得保全债权实现的功能被置于优先考虑的位置；金融风险的防控在一定程度上需要限制担保的独立性。由此，担保对于主债权而言，也就具有了从属性。

在《担保法》第5条第1款以及《物权法》第172条第1款的基础上，《民法典》第388条第1款和第682条第1款分别规定：“担保合同是主债权债务合同的从合同”[②]“保证合同是主债权债务合同的从合同”，将担保合同的从属性定为明文。在解释上，“担保合同从属于主债权债务合同”“保证债权或担保物权从属

① 参见刘德宽：《民法诸问题与新展望》，中国政法大学出版社2002年版，第399～400页。

② 《民法典》第388条中所称“担保合同”限于抵押合同、质押合同和其他具有担保功能的合同，排除保证合同和人的担保的其他合同形式。本书涉及该条担保合同时，以“物上担保合同”称之；除非特别指明，本处所称“担保合同”系指所有具有担保功能的合同。特此叙明。

于主债权"[①] 两者之间，应属同义，但后者更为严谨。[②] 保证债权因保证合同而生，《民法典》上规定"保证合同是主债权债务合同的从合同"，就表明保证债权从属于主债权。尽管《民法典》规定了物权变动的原因和结果相区分，但担保物权的设立仍然以担保合同的依法成立为前提，在我国法上不承认债权行为和物权行为的区分以及物权行为的独立性和无因性的前提之下，[③] 担保合同被认定无效或被撤销，因其而设立的担保物权亦属无效，即使担保物权已行登记且未注销登记，亦无不然。由此可见，《民法典》上规定"担保合同是主债权债务合同的从合同"，也就表明因物上担保合同所产生的担保物权从属于主债权。[④]

这一担保目的上的从属性，又进一步被解释为发生的从属性、范围及强度的从属性、效力的从属性、处分的从属性及消灭的从属性。[⑤]《民法典》上的相关规则也依此而展开。就《担保法》《物权法》所规定的从属性规则的解释论，司法实践中的把握并不一致，《全国法院民商事审判工作会议纪要》（法〔2019〕254号）（以下简称《民商事审判会议纪要》）和《最高人民法院关于适用〈中华人民共和国民法典〉有关担保制度的解释》（以下简称《民法典担保制度解释》）在一定程度上统一了相关司法态度，但其中规则不无检讨的必要。《民法典》修改了《担保法》《物权法》的相关规则，如何在从属性之下寻求相关规则的妥适解释结论，即成《民法典》担保制度贯彻实施中的一大任务。

二、主债权的特定化与担保发生上的从属性

（一）被担保债权的特定化

担保以保障主债权的实现为目的，因此，担保应以主债权的先行或同时存在为发生要件，如主债权实际上并不存在或尚未发生，即使已经满足了担保权利据以成立的其他要件，担保权利在法律上也无从单独发生，此时承认担保权利的存

① 从债务的视角，亦可称为"保证债务或担保物权从属于主债务"。

② 参见李运杨：《担保从属性：本质、功能及发展》，载《澳门法学》2020年第2期。

③ 参见王利明：《物权法研究（第四版）》，中国人民大学出版社2018年版，第242~245页；梁慧星、陈华彬：《物权法（第七版）》，法律出版社2020年版，第88页；崔建远：《物权：规范与学说——以中国物权法的解释论为中心（第二版）》，清华大学出版社2021年版，第105~198页。

④ 就法定担保物权（留置权）而言，其发生原因是法律的直接规定，当事人之间并无担保合同。虽《民法典》第388条第1款仅规定"担保合同是主债权债务合同的从合同"，但不宜据此否认留置权的从属性。在解释上仍然可以认为，留置权从属于主债权。

⑤ 参见史尚宽：《债法各论》，中国政法大学出版社2000年版，第878页；郭明瑞：《担保法》，法律出版社2010年版，第27~28页；刘保玉、吕文江主编：《债权担保制度研究》，中国民主法制出版社2000年版，第84~85页；刘春堂：《民法债编各论（修订版）》，2012年作者自版，第345~346页。还有的学者提出"抗辩的从属性"，参见李运杨：《第三担保人的抗辩权体系》，载《政治与法律》2021年第8期。

续并无实际功用。此即所谓担保发生了从属性。[①] 担保权利所欲确保实现的债权尚须特定，在担保权利可得行使之时，必须以被担保的特定债权未受清偿为前提。此即所谓担保债权（主债权）的特定原则。[②]

《民法典》第387条第1款、第681条中“为保障实现其债权”“为保障债权的实现”的表述，即体现了担保债发生了从属性。[③] 为与同属债权性质的保证债权相区分，这里的“债权”又被称为“主债权”。值得注意的是，《民法典》担保规则体系中所使用的“主债权”具有两种不同含义：一种是在从属性之下使用，系指与保证债权或担保物权相对而称的被担保的债权，例如，《民法典》第388条、第682条中所称“主债权”，在内容上包括了主债权（特指原本债权）及其利息、违约金、损害赔偿金、保管担保财产和实现担保物权的费用；另一种是在债权债务关系内部使用，系指与利息、违约金、损害赔偿金等从债权相对而称的原本债权，例如，《民法典》第389条、第684条中所称“主债权”。在这个意义上，借款合同法律关系中的贷款人请求借款人返还借款本金的债权即为“主债权”，因该“主债权”而派生的利息、违约金、损害赔偿金等其他请求权为从债权。[④]

适用担保的主债权范围，是指哪些主债权的实现可以通过设立担保的方式予以保障。[⑤]《担保法》第2条第1款将可以担保的债权范围限定为“借贷、买卖、货物运输、加工承揽等经济活动”所产生的债权。这里“借贷、买卖、货物运输、加工承揽”是典型的合同行为，亦即，被担保的主债权必定是合同债权。该款中同时使用了“等”字，若严格地按照例示规定解释，被担保的必须是合同之债，而身份关系之债、不当得利之债、无因管理之债则不得设立担保。[⑥] 但这一理解有欠周全。为了避免理解上的歧义，《最高人民法院关于适用〈中华人民共和国担保法〉若干问题的解释》（法释〔2000〕44号）（以下简称《担保法解释》）第1条对此作了专门规定，即：“当事人对由民事关系产生的债权，在不违

---

① 参见林诚二：《论债务担保制度的从属性》，载陈荣隆教授六秩华诞祝寿论文集编辑委员会：《物权法之新思与新为——陈荣隆教授六秩华诞祝寿论文集》，我国台湾地区瑞兴图书股份有限公司2016年版，第51页。

② 参见谢在全：《担保物权制度的成长与蜕变》，载《法学家》2019年第1期；王利明：《合同法研究（第四卷）（第二版）》，中国人民大学出版社2018年版，第259页。

③ 参见刘保玉：《第三人担保的共通规则梳理与立法规定的完善》，载《江西社会科学》2018年第10期。

④ 参见尹田：《物权法（第二版）》，北京大学出版社2017年版，第494页。为避免混淆，本处以下以“原本债权”指称第二种意义上的“主债权”。

⑤ 参见王利明：《物权法研究（下卷）（第四版）》，中国人民大学出版社2018年版，第327页。

⑥ 参见李国光等：《最高人民法院〈关于适用中华人民共和国担保法若干问题的解释〉理解与适用》，吉林人民出版社2000年版，第48页。

反法律、法规强制性规定的情况下，以担保法规定的方式设定担保的，可以认定为有效。”这一规定使得担保债权范围更加明确。《民法典》第387条第1款规定：“债权人在借贷、买卖等民事活动中，为保障实现其债权，需要担保的，可以依照本法和其他法律的规定设立担保物权。”这一规则自可类推适用于保证。在体系解释上，该款“借贷、买卖等民事活动”的范围，尚须结合后段“为保障实现其债权”进行理解。这里，妥适的解释结论是，担保适用于民事活动中所发生的所有债权，借贷、买卖仅为其中的典型。[①] 所有的担保手段均旨在担保债务的履行，亦即只要是其履行需要担保的主债务均可以设定担保，至于该债务的发生原因如何，则非所问。因此，不仅因合同而产生的债权可以成为担保债权范围，而且因侵权行为、无因管理、不当得利或者其他法律规定而发生的债权，均可以作为担保债权。不过，对于因侵权行为、无因管理、不当得利产生的债权不能先行设定担保方式来加以保障，仅在因上述行为已经产生债权后，才可以担保方式来保障实现。[②]

早期，主债权均系现有债权，例如，基于主债权债务合同（买卖合同），出卖人已经给付适格的标的物，但买受人尚未履行给付价款的义务。不管买受人给付价款义务的履行期是否届满，出卖人的相对债权均为现有债权。此际，担保发生上的从属性也就体现为担保设立之时必有特定主债权的存在。一般情况下，先有主合同的存在，而后有担保合同，具体表现上可以是二者同时订立，或主合同订立在先，担保合同嗣后订立。随着社会经济发展，商业经营模式不断更新，债权发生形式已不再局限于现有债权。客观上已有发生基础且于将来有发生可能性的债权，例如，当事人之间已经签订买卖合同，在出卖人没有给付标的物的情形之下，出卖人请求买受人给付价款的债权即属将来可能发生的债权，此类将来特定债权是否可以作为担保的对象？再如，信贷实践中，贷款人基于风险控制的需要，往往先设立有效的担保，再签订借款合同并发放贷款；当事人之间签订反担保合同担保保证人求偿权的实现，但在保证人尚未履行保证债务之时，其对主债务人的求偿权无由发生，就此将来债权是否可以设立担保？此外，在当事人之间存在持续交易的情形之下，连续发生不特定的多数债权，就此类主债权，也有了一次性设立担保的制度需求，以达到交易迅速、安全及低成本、高效率的目标。学说上认为，只要将来债权已可得特定，[③] 或发生确定债权的原因事实在担保权

---

① 参见王利明：《物权法研究（上卷）（第四版）》，中国人民大学出版社2018年版，第328~329页。

② 参见邱聪智：《新订债法各论》，姚志明校订，中国人民大学出版社2006年版，第346页；曹士兵：《中国担保制度与担保方法（第四版）》，中国法制出版社2017年版，第22页。

③ 参见谢在全：《担保物权制度的成长与蜕变》，载《法学家》2019年第1期。

设立之时即已存在且数额预定，① 即不违背担保从属性和担保债权特定原则。

（二）担保将来债权时的从属性

担保发生上的从属性和担保债权（主债权）的特定原则不宜作严格解释。② 保证合同生效，债权人与保证人之间的保证债权债务关系即已发生，但此时，保证人并无须履行保证债务，只有在“债务人不履行到期债务或者发生当事人约定的情形”时，保证人才履行保证债务（《民法典》第681条）。动产抵押合同生效，动产抵押权设立；其他物上担保合同生效，担保物权在满足公示要件之时设立，但此时担保人并无须承担担保责任，只有在“债务人不履行到期债务或者发生当事人约定的实现担保物权的情形”时，担保人才承担物上担保责任（《民法典》第386条）。由此可见，主债权并不以担保设立时即已现实存在为必要，仅需在担保权利可得行使之时满足特定化要求即可。如此，为将来可能发生的债权设立担保，非法所不许，但该将来债权嗣后若未发生，则担保权利不生效力。③ 这也是《民法典》最高额担保制度据以展开的理论前提。如此，担保发生的从属性，不能仅从其与主债权成立的时序上来观察，而主要应置重于其与主债权的主从关系上。留置权因为保护特定债权而生，因此，只能对现有债权成立担保物权，其发生的从属性至为明显。至于为融资媒介的抵押权、质权、保证债权等，其发生的从属性较为缓和，可就将来的债权或附条件的债权而设定。④

《民法典》第420条、第439条第2款、第690条关于最高额抵押权、最高额质权、最高额保证的规定，已表明我国法允许为将来债权设立担保。由此可见，被担保的主债权无须于担保设立时即已现实存在，但这并不表明就债权人与主债务人之间所有可能发生的债权设立担保。为了防止过度担保问题，《民法典》规定，最高额担保是为一定范围内的不确定债权所提供的担保，“一定范围内的债权”受到“最高债权额限度”“一定期间”“连续发生”三方面的限制。

其一，“最高债权额限度”是债权人可得行使担保权利的最高债权金额，也是担保人承担担保责任的最高风险值。基础关系最高债权额的存在，是最高额担

① 参见朱伯松：《论不同抵押权之效力》，载我国台湾地区：《月旦法学杂志》2005年第9期；林诚二：《论债务担保制度的从属性》，载陈荣隆教授六秩华诞祝寿论文集编辑委员会：《物权法之新思与新为——陈荣隆教授六秩华诞祝寿论文集》，我国台湾地区：瑞兴图书股份有限公司2016年版，第54~55页。

② 参见邹海林、常敏：《债权担保的理论与实务》，社会科学文献出版社2005年版，第121页；崔建远：《物权：规范与学说——以中国物权法的解释论为中心（第二版）》，清华大学出版社2021年版，第380页。

③ 参见刘春堂：《判解民法物权（修订七版）》，我国台湾地区：三民书局股份有限公司2010年版，第438页；郑冠宇：《民法物权（第四版）》，我国台湾地区：新学林出版股份有限公司2014年版，第459页。

④ 参见谢在全：《民法物权论（修订五版）》，中国政法大学出版社2011年版，第608页。

保与一般担保的显著区别。应当注意的是，“连续发生的债权”的数额在担保设立时应不确定。如为将来特定债权提供担保，债权之发生虽属将来，但其数额已经确定，即构成为将来特定债权所设立的一般担保，而非最高额担保。当双方当事人之间约定的最高限额不足以清偿全部债权时，若在担保合同中约定的是“最高债权限度”，而未明确范围是债权总额最高额标准还是本金最高额标准时，则会对担保人承担的责任产生较大影响：依照债权总额最高限额标准，超出限额的债权不属于担保责任的范围；依照本金最高限额的标准，债权本金余额小于最高限额，所对应的从债权也属于担保责任的范围。根据优先保护担保人的原则，“除当事人另有约定，原则上应当按照债权总额最高限额的标准认定最高额担保中的最高债权额”。①

其二，“一定期间”即为被担保债权的确定期间，又称最高额担保的发生期间、存续期间或决算期间，超过该期间而发生的主债权不属于担保范围。至于确定期间起算之前已经存在的债权，经当事人同意，也可以转入最高额担保的债权范围。最高额担保的本质特征不在于其所担保的主债权为将来的债权，而在于所担保的债权为不特定债权，且有最高债权额限度。② 即使将现有债权纳入最高额担保范围之内，该现有债权也仅仅是作为最高额担保范围内所有债权的一部分而存在，并不失其最高额担保债权的不特定性。最高额担保不以主债权的存在和特定为前提，仅在确定事由发生之时才可确定最高额担保的主债权实际数额。此外，纳入最高额担保范围的现有债权在最高额担保设立之后，也可因主债务人清偿等原因而消灭，而最高额担保不受其影响，并不随之消灭，此也与最高额担保的法理相符。③

其三，“连续发生”是指决算期内所发生的债权次数不确定，且接连发生。④“连续发生的债权”仅强调其将来接连发生，并不以同一基础交易关系所发生者为限，也不以同种类的系列债权为限。因被担保的主债权已有最高数额限制，担保人之其他债权人可据此评价担保人的财产负担或信用能力，担保财产的剩余价值亦可呈现，不宜再限制债权的发生原因。⑤

综上，担保发生的从属性，并不仅限于在担保设立之时主债权已经存在；在

---

① 最高人民法院民事审判第二庭编：《最高人民法院民法典担保制度司法解释理解与适用》，人民法院出版社 2021 年版，第 198 页。

② 参见全国人大常委会法制工作委员会民法室编：《中华人民共和国物权法条文说明、立法理由及相关规定（第二版）》，北京大学出版社 2017 年版，第 416 页。

③ 参见高圣平：《担保法论》，法律出版社 2009 年版，第 421 页。

④ 参见全国人大常委会法制工作委员会民法室编：《中华人民共和国物权法条文说明、立法理由及相关规定（第二版）》，北京大学出版社 2017 年版，第 416 页。

⑤ 参见谢在全：《担保物权制度的成长与蜕变》，载《法学家》2019 年第 1 期。

担保权利可得行使时主债权具有特定性，并不违反担保从属性原则。亦即，在担保权利设立或行使之际，必须有被担保的主债权存在。[①] 以将来债权作为担保债权范围的，其担保数额并不以已现实具体确定者为必要，但必须可得确定，如其数额或范围完全不能预先确定，在解释上应认为担保合同无意识地不合意而不成立。[②] 值得注意的是，《民法典担保制度解释》第 16 条明确指出，借新还旧之时，旧贷因清偿而消灭，为旧贷设立的担保物权也随之消灭，但当事人约定继续为新贷提供担保的除外。此为发生从属性的例外。

（三）受托持有不违反从属性

《民法典担保制度解释》第 4 条即顺应时代的发展，对一般担保情形中的部分交易模式中担保人为将来债权的担保进行肯定。其中规定的担保物权受托持有即为典型。原则上债权人与担保物权人在身份上具有“同一性”和“统一性”，但基于当事人之间的特别约定，债权人与担保物权人可能会在身份上存在着形式上的分离，对于此种情况下担保物权是否生效，谁享有担保物权存有争议。[③]《民法典担保制度解释》第 4 条对于担保物权受托持有作出规定，明确债权人或受托人均可主张担保物权，并在兜底条款中将此规则限制在担保人知道债权人与他人之间存在委托关系的其他情形中。作为委托人的债权人虽并非登记的担保物权人，但也能主张行使担保物权，是因为其与受托持有人之间的委托合同的本质实际是如何确定权利归属的问题，而非物权变动的问题，因而并不适用物权变动规则。

担保物权受托持有的典型场景包括委托贷款、P2P 网络借款以及债券发行。关于债券发行，最高人民法院于2020 年发布了《全国法院审理债券纠纷案件座谈会纪要》（以下简称《审理债券纠纷案件纪要》）。其中第 18 条规定，为债券设定的担保物权可登记在受托管理人名下，并且受托管理人具有主张行使担保物权的权利；依照《审理债券纠纷案件纪要》第 6 条的规定，债券持有人单独行权须以债券持有人会议的相关决议为前提，此项特殊规则构成《民法典担保制度解释》第 4 条第 1 项中“债权人”主张担保物权的前提；[④] 同时，《审理债券纠纷案件纪要》第 18 条规定“受托管理人仅代表部分债券持有人提起诉讼的”裁判中应当按照“债券持有人份额占当期发行债券的比例明确其相应的份额”以此判断其享

① 参见谢在全：《民法物权论（修订五版）》，中国政法大学出版社 2011 年版，第 621 页；刘保玉、吕文江主编：《债权担保制度研究》，中国民主法制出版社 2000 年版，第 247 页。

② 参见邱聪智：《新订债法各论》，姚志明校订，中国人民大学出版社 2006 年版，第 348 页。

③ 参见曹明哲：《〈民法典担保制度司法解释〉对担保从属性的贯彻与适用》，载《法律适用》2021 年第 9 期，第 84 页。

④ 参见曹明哲：《〈民法典担保制度司法解释〉对担保从属性的贯彻与适用》，载《法律适用》2021 年第 9 期，第 85 页。

有担保物权的变价款。[①]

(四) 反担保的从属性

反担保同样具有从属性，只不过其依附的主债权变成了担保人的求偿权。《民法典担保制度解释》第19条就担保合同无效后反担保人所需承担的责任加以规定，同时规定"当事人仅以担保合同无效为由主张反担保合同无效，人民法院不予支持"，此即明确了反担保合同并非从属于担保合同。在反担保为第三人提供的保证或者担保物权时，担保人和债务人之间的委托关系或者无因管理等关系为主债权债务关系，提供反担保的第三人和担保人之间的关系为担保合同关系。[②]如认为担保合同是主合同，担保合同的债权即为主债权，反担保即是为主债权承担担保责任，主债权人即可直接请求反担保人承担担保责任，此逻辑并不合理。[③]

《民法典担保制度解释》第3条规定的担保责任范围从属性也适用于反担保责任范围，若担保人承担的责任超过了主合同债务人的责任范围，就超出部分不得向反担保人追偿。[④] 最高人民法院在"乌兰察布市某铜业有限责任公司、甘肃某实业集团优先公司保证合同纠纷案"的判决书中指出，反担保责任范围不能大于担保责任的范围。[⑤] 不过，此时，基于前述反担保从属性的认知，反担保人的担保责任范围所从属的主债务人在主债权债务关系中所应承担的责任。

三、担保范围和强度上的从属性与担保合同违约金条款的效力

(一) 约定担保范围和法定担保范围之间的关系

担保合同是主合同的从合同，由此而决定，担保人承担担保责任的范围和强度不得大于或重于主债务。[⑥] 担保范围和强度，是指在主债务人不履行债务或者发生当事人约定的实现担保权的其他情形之时，担保人向债权人承担担保责任的限度。[⑦] 担保制度并非使权利人全面地支配标的物的交换价值或掌控担保人之资

---

① 参见福建省南安市人民法院（2021）闽0583民特30号民事判决书；上海金融法院（2019）沪74民初874号民事判决书。

② 参见最高人民法院民事审判第二庭编：《最高人民法院民法典担保制度司法解释理解与适用》，人民法院出版社2021年版，第218～219页。

③ 高圣平、谢鸿飞、程啸：《最高人民法院民法典担保制度司法解释理解与适用》，中国法制出版社2021年版，第128页。

④ 高圣平、谢鸿飞、程啸：《最高人民法院民法典担保制度司法解释理解与适用》，中国法制出版社2021年版，第130页。

⑤ 参见最高人民法院（2020）最高法民终156号民事判决书。

⑥ 参见王利明：《合同法研究（第四卷）（第二版）》，中国人民大学出版社2018年版，第244页；邱聪智：《新订债法各论》，姚志明校订，中国人民大学出版社2006年版，第363页；刘春堂：《民法债编各论（修订版）》，2012年作者自版，第346页。

⑦ 参见高圣平：《担保法论》，法律出版社2009年版，第164页。

力，而仅在其所担保的主债权范围内借由标的物的交换价值或担保人之资力获偿。① 就担保范围和强度上的从属性，在解释论上应予明确的有以下几点：

第一，债权人和担保人是否可以在担保合同中约定小于主债权的担保范围？就此，《民法典》第389条规定："担保物权的担保范围包括主债权及其利息、违约金、损害赔偿金、保管担保财产和实现担保物权的费用。当事人另有约定的，按照其约定。"第691条规定："保证的范围包括主债权及其利息、违约金、损害赔偿金和实现债权的费用。当事人另有约定的，按照其约定。"这就意味着，《民法典》上就担保范围的规定属于任意性规定，采取了约定担保范围和法定担保范围的区分，且以约定担保范围优先。当事人可就担保范围作出约定，明确排除或者确认相关债权是否属于担保责任的范围；如当事人就此未作约定，则适用法定的担保范围。

以保证为例。保证债务系别异于主债务的另一种债务，具有相对独立性，其内容未必与主债务完全相同，但仍不得超过主债务。因此，保证人和债权人约定的保证债务可以小于或者弱于主债务。例如，债权人与保证人有以下减轻约定的，其约定应属有效，并依该约定减轻保证人的保证责任：（1）约定仅担保原本债务而不保证利息等从债务；（2）约定仅保证原本债务的一部分而不保证其全部；（3）约定仅保证债务不履行的损害赔偿而不担保主债务的履行本身；（4）约定仅就债务人的故意或者重大过失所致不履行提供保证，而不及于主债务不履行的全面。②

第二，债权人和担保人是否可以在担保合同中约定大于主债权的担保范围？就此，《民法典》未设明文规定。多数学者认为，担保的范围和强度从属于主债务，债权人与担保人虽可约定担保的范围，但其约定的担保范围与强度不得大于或强于主债务，否则应减缩至主债务的限度内。③ 但亦有观点认为，在约定担保范围超过法定担保范围时，应按法定担保范围强制执行。对于约定担保范围超过法定担保范围的部分，不影响担保合同的效力，超出部分依然成立，但不具有强制执行力，如担保人自愿加以履行，则视为赠与；担保人在自愿履行后反悔的，也不予支持。

---

① 参见林诚二：《论债务担保制度的从属性》，载陈荣隆教授六秩华诞祝寿论文集编辑委员会：《物权法之新思与新为——陈荣隆教授六秩华诞祝寿论文集》，我国台湾地区：瑞兴图书股份有限公司2016年版，第51页。

② 参见邱聪智：《新订债法各论》，姚志明校订，中国人民大学出版社2006年版，第363～364页。

③ 参见王利明：《合同法研究（第四卷）（第二版）》，中国人民大学出版社2018年版，第244页；邹海林、常敏：《债权担保的理论与实务》，社会科学文献出版社2005年版，第63页；全国人大常委会法制工作委员会民法室编（孙礼海主编）：《中华人民共和国担保法释义》，法律出版社1995年版，第29页。

以保证为例。在体系解释上，《民法典》第691条关于保证范围的但书规定“保证合同另有约定的，按照约定”，应结合《民法典》第682条第1款“保证合同是主债权债务合同的从合同”的从属性规定进行限缩解释：债权人与保证人之间就担保范围的意思形成自由应受限制，亦即，当事人在保证合同中就保证范围的例外约定，应仅限于保证责任的范围或数额小于主债务，或保证责任之强度低于主债务的情形。例如，保证债务的利率不得高于主债务的利率；主债务不必支付利息的，不得约定保证债务支付利息；主债务附有条件的，不得约定保证债务为无条件；保证债务的履行期不得先于主债务的履行期；债务人仅就重大过失负责的，不得约定保证人就抽象过失或具体过失负责等。[①] 当事人约定的担保责任的范围大于主债务的，均应当认定大于主债务部分的约定无效，从而使担保责任缩减至主债务的范围。但《民法典担保制度解释》并未采纳这一观点。该解释第3条第1款规定：“当事人……约定的担保责任范围超出债务人应当承担的责任范围，担保人主张仅在债务人应当承担的责任范围内承担责任的，人民法院应予支持。”由此可见，当事人约定的担保责任的范围大于主债务的，大于主债务部分的约定并不当然无效，而仅在担保人主张仅在债务人应当承担的责任范围内承担责任的抗辩之时，法院才将担保责任缩减至主债务的范围。

担保人承担担保责任之后，自得向主债务人求偿，该求偿权以担保人代偿金额为限，但同时受到主债务的限制。担保人承担担保责任，属于代负履行责任或代为承担债务不履行的赔偿责任，因此，担保人的代偿金额自不得超过主债务。[②] 债权人向担保人的请求数额超过主债务人应予承担的数额的，担保人自应主张本属于主债务人的抗辩权，以对抗债权人的请求。担保人怠于主张该抗辩权，导致其所承担的责任超过主债务的，自不得就超过部分向主债务人求偿。《民法典担保制度解释》第3条第2款规定：“担保人承担的责任超出债务人应当承担的责任范围，担保人向债务人追偿，债务人主张仅在其应当承担的责任范围内承担责任的，人民法院应予支持；担保人请求债权人返还超出部分的，人民法院依法予以支持。”由此可见，如担保范围和强度超过主债务，担保人就超过部分承担了担保责任之后，也可以向主债务人求偿。如债务人主张仅在其应当承担的责任范围内承担责任的抗辩的，担保人就超过部分的求偿请求将不能实现，但此际担保人可以请求债权人返还超出部分；如债务人没有主张仅在其应当承担的责任范围内承担责任的抗辩的，担保人就超过部分的求偿请求将予实现。

第三，担保范围和强度大于或强于主债务的例外情形。在债务人破产时，债

---

① 参见程啸：《保证合同研究》，法律出版社2006年版，第223页。

② 值得注意的是，就物上保证人的代偿金额而言，因《民法典》第389条所定担保范围中包括“保管担保财产和实现担保物权的费用”，必然超过主债务。此部分代偿金额为保全和实现担保物权所必须，虽超过主债务，但亦属追偿范围。

权人通过破产程序未能实现的债权，保证人仍然承担清偿责任（《企业破产法》第124条）；债权人对保证人享有的权利不受重整计划或和解协议的影响（《企业破产法》第92条第3款、第101条）。《最高人民法院关于适用〈中华人民共和国企业破产法〉若干问题的规定（三）》（法释〔2019〕3号，经法释〔2020〕18号修正）第5条规定："债权人向债务人、保证人均申报全部债权的，从一方破产程序中获得清偿后，其对另一方的债权额不作调整，但债权人的受偿额不得超出其债权总额。"此外，《民法典担保制度解释》第23条第3款规定："债权人在债务人破产程序中未获全部清偿，请求担保人继续承担担保责任的，人民法院应予支持；担保人承担担保责任后，向和解协议或者重整计划执行完毕后的债务人追偿的，人民法院不予支持。"这些都说明在债务人企业破产、重整、和解程序中，保证债务的范围或数额例外地可以大于主债务。

《企业破产法》第46条第2款规定了破产债权的停止计息，但对于此时在担保合同约定的利息继续计算是否突破了担保责任范围的从属性，存在不同观点。一种观点认为，担保责任的范围中的利息亦应同时停止计算。另一种观点认为，担保责任的范围中的利息不应同时停止计算，并未违反担保责任范围从属性的要求。

《民法典担保制度解释》第22条将破产程序中担保债权的利息计算规则加以明确，人民法院受理债务人破产案件后，债权人请求担保人承担担保责任，担保人主张担保债务自人民法院受理破产申请之日起停止计息的，人民法院对担保人的主张应予支持。理由主要在于：第一，将担保人应当承担的利息计算至受理破产申请之时，既保护了债权人的合理信赖和交易安全，也保护了担保人的合理预期；第二，停止计息说更加符合《民法典》强化担保从属性的基本立场。①

（二）保证合同中约定单独违约金条款的效力

信贷和司法实践中，债权人与保证人签订的部分保证合同，就保证债务的履行单独约定了违约金条款，如在保证合同中约定，"保证人为主债务人的债务提供连带责任保证，保证人不承担保证责任或违反合同约定的其他义务的，保证人应按主合同项下主债务本金的15%（或特定的数额）向债权人另外支付违约金"。由此引发的问题是，上述保证合同中的违约金条款是否有效？是否有违保证合同从属性特征？

对于前述保证合同违约金条款的效力，存在三种裁判观点。第一种观点认为此类条款有效。其主要理由在于保证责任的范围属于债权人与保证人意思自治的范畴，只要不违反法律的禁止性规定，则合法有效。第二种观点认为此条款无

① 参见最高人民法院民事审判第二庭编：《最高人民法院民法典担保制度司法解释理解与适用》，人民法院出版社2021年版，第242页。

效。其主要理由在于：保证合同对保证责任范围的约定，虽属意思自治范畴，但因保证合同是主合同的从合同，基于从属性原则，保证责任的范围及强度不能超过主债务；保证债务超过主债务的部分，使债权人获得了从主债务人处不能获得的利益，保证人就该部分承担责任后无法向主债务人求偿，对保证人产生不公平的结果。第三种观点认为该条款有效，但是可以适用违约金酌减规则。其主要理由在于：就保证合同的从属性并无对应的法律条文予以明确，否定单独违约金条款的效力缺乏明确的法律规定。该约定并未违反社会公共利益，属于当事人之间利益调整的范畴，自应有效。主债务不履行的违约金和保证债务的违约金自可并行不悖，但两者针对的债务毕竟具有同一性，如两者相加明显过高，则可通过调整违约金来解决。①

本书作者认为，该条款对保证人不发生效力，理由如下：

第一，就保证责任而言，虽然《民法典》上规定了“履行债务或者承担责任”两种形式，但在解释上，如主债务属于金钱债务，保证人的保证责任仅为代主债务人履行债务。在此前提之下，只要保证人没有代为履行主债务，主债务不履行的违约金就一直在计算和累积之中，且属于保证范围。如承认保证合同中单独约定的违约金条款的效力，保证人就将承担主债务不履行和保证债务不履行的双重违约责任。

第二，基于保护保证人的法政策，保证人的责任不宜过重。《民法典》上就保证人权利保护体系的设计在一定程度上体现了这一政策考量。就保证债权的从属性，《民法典》已定有明文，已如前述。保证范围和强度上的从属性在这一法政策之下就应作严格解释。在保证人不及时应债权人的请求代为履行主债务的情形之下，主债权债务合同的违约责任条款已经起着惩戒保证人的作用。

第三，保证人代为履行债务之后，自得向主债务人求偿。如承认保证合同中单独的违约金条款的效力，且不能就此向主债务人追偿，明显加重了保证人的责任。实定法上否定保证人求偿权的情形并不多见，主要体现在保证人本可主张的主债务人的抗辩权却不主张。以主债务时效经过抗辩权为例，保证人怠于主张，就丧失对主债务人的求偿权，否则主债务人本来享有的时效利益旋即丧失殆尽。就超过主债务范围和强度的保证债务违约金，基于债的相对性，主债务人不负清偿责任，自可就保证人的求偿请求进行抗辩。

上述就保证合同中约定单独违约金条款效力的分析，自可适用于物上担保合同。

《民法典担保制度解释》第 3 条没有采纳上述绝对无效的观点。第 1 款中规

---

① 参见刘贵祥主编：《最高人民法院第一巡回法庭精选案例与裁判思路解析（一）》，法律出版社 2016 年版，第 47 页。

定："当事人对担保责任的承担约定专门的违约责任……担保人主张仅在债务人应当承担的责任范围内承担责任的，人民法院应予支持。"这里规定了担保人违约条款的法律效果，严格贯彻担保范围和强度上的从属性。如债权人依专门的违约责任约定向担保人主张权利之时，担保人可以主张仅在债务人应当承担的责任范围内承担责任的抗辩。如担保人已经主张前述抗辩，债权人依专门的违约责任约定向担保人主张权利的请求，将不获支持；如担保人没有主张前述抗辩，担保人将承担这一专门的违约责任。此际，担保人向债务人追偿时，债务人享有抗辩权；如债务人主张抗辩，担保人可以向债权人主张不当得利返还请求权。①

对《民法典担保制度解释》第 3 条应当进行目的性限缩，其仅适用于担保人承担全部责任而非按份责任时；因为在担保人承担按份责任时，此担保人的违约责任和约定的按份担保责任总和可能未超过债务人责任范围，而对于超出其按份承担的债务范围外的数额，担保人不能向债务人追偿，此担保人可以援引主债务人抗辩，所以对承担按份责任的担保人约定的专门违约责任无效。②

人民法院是否可以依职权审查担保人违约责任条款？有观点认为，人民法院可以依职权审查，理由在于《民商会议纪要》第 55 条并未废除，与《民法典担保制度解释》第 3 条并未产生冲突，并且《民法典担保制度解释》第 3 条第 2 款意味着债权人无权获得此部分的利益，隐含着此类条款无效的价值判断。③ 但最高人民法院认为，担保责任在性质上属于替代责任，虽然《民法典担保制度解释》第 3 条回避了超出部分的效力，但从其表述来看，就超出部分尚须担保人提出抗辩，法院不得依职权认定超出部分无效。④

四、担保效力上的从属性和独立保函的体系定位

（一）主合同被认定无效或被撤销对担保合同的影响

主合同无效之时，担保合同也无由发生。因此，主合同无效，则担保合同绝对无效；担保合同无效，则不影响主合同的效力。但《担保法》第 5 条第 1 款规定："担保合同是主合同的从合同，主合同无效，担保合同无效。担保合同另有约定的，按照约定。"此所谓"另有约定，按照约定"，是指当事人可依其明示的

① 参见曹明哲：《〈民法典担保制度司法解释〉对担保从属性的贯彻与适用》，载《法律适用》2021 年第 9 期。

② 参见最高人民法院民事审判第二庭编：《最高人民法院民法典担保制度司法解释理解与适用》，人民法院出版社 2021 年版，第 104 页。

③ 参见曹明哲：《〈民法典担保制度司法解释〉对担保从属性的贯彻与适用》，载《法律适用》2021 年第 9 期。

④ 参见最高人民法院民事审判第二庭编：《最高人民法院民法典担保制度司法解释理解与适用》，人民法院出版社 2021 年，第 102 ~ 103 页。

意思表示排除从属性的适用，如无约定，仍得依从属性特征决定担保合同的效力。[①] 在解释上，在主合同无效，担保合同有效的情况下，担保人系就主合同无效所产生的民事责任负担保责任。[②] 但是《物权法》第172条第1款中规定："主债权债务合同无效，担保合同无效，但法律另有规定的除外。"这就排除了当事人另作约定的可能性。这里的"法律另有规定的除外"，是指《物权法》中最高额抵押权、质权中关于最高额抵（质）押合同的相对独立性的规定。[③]

《民法典》就此作了相应修改与统合，其第388条第1款和第682条第1款分别规定："主债权债务合同无效，担保合同无效，但是法律另有规定的除外"；"主债权债务合同无效，保证合同无效，但是法律另有规定的除外"，明确排除了当事人之间就保证合同效力上从属性的例外约定，在一定程度上限缩了当事人的意思自治空间，置重于担保制度的保全功能。在解释上，这两款也类推适用于主债权债务合同被撤销的情形，即主债权债务合同被撤销，担保合同也归于无效。[④] 此处所谓"法律另有规定的除外"，系指《民法典》上关于最高额抵（质）押合同、最高额保证合同相对独立性的规定。[⑤] 在最高额担保法律关系中，最高额担保与连续发生的具体债权之间并无一一对应关系，其中某一主合同被认定无效，并不影响担保合同的效力。在最高额担保确定之时，可将该主合同被认定无效之后债务人所应承担的损害赔偿责任一并计入，由最高额担保所担保。但在解释上，如最高额担保所担保的综合授信协议被认定无效的，担保合同应随之无效，不适用这一例外规则。

在《民法典》之下，当事人有关排除担保合同效力上从属性的约定，应当认定无效。《民法典担保制度解释》第2条第1款对此加以明确："当事人在担保合同中约定担保合同的效力独立于主合同，或者约定担保人对主合同无效的法律后

---

① 就《担保法》第5条第1款解释上的分歧，参见高圣平：《独立保证的典型化与类型化》，载《武汉大学学报（哲学社会科学版）》2016年第1期。

② 参见高圣平：《独立保证的典型化与类型化》，载《武汉大学学报（哲学社会科学版）》2016年第1期。

③ 参见全国人大常委会法制工作委员会民法室编：《〈中华人民共和国物权法〉条文说明、立法理由及相关规定（第二版）》，北京大学出版社2017年版，第346页。

④ 参见王利明：《物权法研究（下卷）（第四版）》，中国人民大学出版社2018年版，第375页；崔建远：《物权：规范与学说——以中国物权法的解释论为中心（第二版）》，清华大学出版社2021年版，第304页。

⑤ 值得注意的是，《民法典》上就担保合同效力上从属性的例外，并未作出明确规定。《民法典》第421条规定："最高额抵押担保的债权确定前，部分债权转让的，最高额抵押权不得转让，但是当事人另有约定的除外。"这一规则明显不同于一般抵押权（第407条规定："抵押权不得与债权分离而单独转让或者作为其他债权的担保。债权转让的，担保该债权的抵押权一并转让，但是法律另有规定或者当事人另有约定的除外。"），由此可以得出，最高额抵押权与连续发生的具体债权之间并无一一对应关系。最高额担保合同在效力上的例外，是经由第421条的解释而得出的。

果承担担保责任，该有关担保独立性的约定无效。”这一规定严格契合《民法典》的规范主旨。这一政策选择与最高人民法院的司法态度相一致。“独立担保的实质是否定担保合同从属性，不再适用担保法律中为担保人提供的各种保护措施，诸如未经担保人同意而变更担保合同场合下担保人的免责，担保人因主债权债务合同无效、被撤销、诉讼时效或强制执行期限完成而产生的抗辩权，以及一般保证人独有的先诉抗辩权等，因此独立担保是一种担保责任非常严厉的担保。”①“本院的审判实务已明确表明：考虑到独立担保责任的异常严厉性，以及该使用该制度可能产生欺诈和滥用权利的弊端，尤其是为了避免严重影响或动摇我国担保法律制度体系的基础，独立担保只能在国际商事交易中使用，不能在国内市场交易中运用。”②

排除担保合同效力上从属性的约定不影响担保合同其他部分的效力。《民法典担保制度解释》第2条第1款同时规定：“主合同有效的，有关担保独立性的约定无效不影响担保合同的效力。”依《民法典》第156条的规定，“民事法律行为部分无效，不影响其他部分效力的，其他部分仍然有效”。由此可见，担保合同中关于被担保债权的种类和数额、主债务人履行债务的期限、担保范围等的约定仍然有效。就担保合同与主债权债务合同之间的关系，在认定排除担保从属性的约定无效之后，应依《民法典》第388条第1款和第682条第1款所规定的效力上的从属性判定当事人之间的权利和义务。

（二）独立保函的体系定位

《民法典》如何规定经由国际贸易实践发展起来的独立保函制度，不无争议。在立法过程中，学者间即有观点认为，《民法典》中应予承认包括独立保函在内的独立担保制度。③根据《最高人民法院关于审理独立保函纠纷案件若干问题的规定》（法释〔2016〕24号，以下简称《独立保函规定》）的规定，独立保函是指银行或非银行金融机构作为开立人，以书面形式向受益人出具的，同意在受益人请求付款并提交符合保函要求的单据时，向其支付特定款项或在保函最高金额内付款的承诺。“独立保函的性质是付款承诺，开立人的义务在于依条件付款，而非在债务人不履行债务时代负履行责任。开立人付款义务的独立性和单据性特

---

① 最高人民法院民事审判第二庭编：《民商事审判指导》2007年第1辑（总第11辑），人民法院出版社2007年版，第57页。

② 参见最高人民法院（2007）民二终字第117号民事判决书。相同处理的还可参见浙江省高级人民法院（2008）浙民二终字第70号民事判决书；最高人民法院（2018）最高法民申6281号民事裁定书等。

③ 参见高圣平：《民法典担保物权法编纂：问题与展望》，载《清华法学》2018年第2期；刘斌：《论民法典分则中人的担保之体系重构》，载《当代法学》2018年第5期；徐同远：《民法典合同编草案中保证制度的完善》，载《北京航空航天大学学报（社会科学版）》2019年第2期。

点，使得独立保函在效力、履行、付款金额、有效期、转让等方面均排除了对基础交易的从属性，具有依文本自足自治的特点。”① 独立保函独立于基础交易关系，是对传统从属性担保的重大突破和创新。只要债权人达到独立保函约定的条件，除现有证据证明债权人的请求明显存在滥用或欺诈之外，开立人即应承担责任，从而使得债权人快速地实现债权，提高了交易的效率，同时，开立人也无须像从属保证人那样负有审慎审查基础交易关系中违约情事的义务，只需就债权人提供的文件进行形式审查。开立人向债权人承担责任之后，自可向债务人求偿或向反担保人主张担保权利。这一特殊的担保模式满足了特定交易的需要，在金融实践和国际贸易中得到了越来越广泛的应用，已然成为相关领域的交易惯例。民事立法和司法实践不能漠视商事实践的发展，更不能以违反从属担保的法理为由而轻易否定这一金融创新。

在《独立保函规定》公布之前，裁判中多以《担保法》第5条第1款“但书”的规定，作为承认国际贸易中见索即付保函（独立保函）适法性的规范基础，全国人大常委会法工委民法室的释义书中也将凭要求即付担保（即“见索即付保函”）作为《担保法》第5条第1款“但书”的例证。②《独立保函规定》肯定了这一司法态度，并将其扩及国内交易中的独立保函。其中，第23条规定：“当事人约定在国内交易中适用独立保函，一方当事人以独立保函不具有涉外因素为由，主张保函独立性的约定无效的，人民法院不予支持。”其理由主要体现为两点。其一，近年来，为国内交易开具独立保函已经成为我国金融机构的一项重要业务，基于我国经济发展、完善信用保障制度的现实需要，有必要承认国内交易中独立保函的效力。通过将开立人的范围限于对独立保函风险有成熟认知的金融机构，在一定程度上可以防止独立保函可能存在的欺诈及滥用付款请求权风险。其二，遵循当事人意思自治和市场主体平等保护原则，以独立保函不具有涉外因素为由主张保函无效，缺乏法律依据；在国际和国内交易的界限模糊的背景之下，同一基础交易同时涉及国内独立保函和涉外独立保函的情况大量存在，如分别采行不同的效力模式，将直接导致当事人权利义务失衡。③《民商事审判会议纪要》第54条坚持了最高人民法院既有的司法态度：承认金融机构出具的独立保函的效力，以与《独立保函规定》第23条相一致；否定其他情形之下的独立担保约定的效力，依从属性担保判断当事人的权利和义务。《民法典担保制度解

① 张勇健、沈红雨：《〈关于审理独立保函纠纷案件若干问题的规定〉的理解和适用》，载《人民司法·应用》2017年第1期。

② 参见全国人大常委会法制工作委员会民法室编（孙礼海主编）：《中华人民共和国担保法释义》，法律出版社1995年版，第6页。

③ 参见张勇健、沈红雨：《〈关于审理独立保函纠纷案件若干问题的规定〉的理解和适用》，载《人民司法·应用》2017年第1期。

释》第2条第2款更是直接指明，“因金融机构开立的独立保函发生的纠纷，适用《最高人民法院关于审理独立保函纠纷案件若干问题的规定》”。但以上司法文件均未涉及国际贸易中非金融机构出具的独立保函的效力问题。最高人民法院民事审判第二庭在其出版的理解与适用书中表达的态度与《民商事审判会议纪要》第54条相一致，非金融机构出具的独立保函不符合独立保函的法定要求，因而不具有独立保函的效力，此时可以根据“无效法律行为的转换”原理将无效的独立保函认定为从属性担保。①

在最高人民法院看来，独立保函在性质上不属于《民法典》上所规定的典型担保形式即保证。“独立保函虽然客观上具有担保债权实现的功能，但与担保法规定的保证有本质区别，与信用证性质相同。”② “当事人主张独立保函适用担保法关于一般保证或连带保证规定的，人民法院不予支持。”③ 在《民法典》之下，是否通过对第682条第1款“主债权债务合同无效，担保合同无效，但是法律另有规定的除外”的解释解决独立保函的适法性问题？虽然在解释上可以将《独立保函规定》纳入“法律另有规定”的“法律”之内，④ 但即便如此，也仅仅只解决了效力从属性上的例外问题，而独立保函中还涉及保证人（开立人）放弃主债务人的抗辩权等要素。因此，独立保函在《民法典》上尚无“立足之地”，将其界定为一种实定法之外的非典型担保形式，应为妥适的解释选择。就此，《民法典担保制度解释》第2条第2款强调因金融机构开立的独立保函发生的纠纷适用《独立保函规定》。

如此，当事人的意思表示是否认定为独立保函，就显得尤为重要。根据《独立保函规定》的规定，几个核心要素如下。

其一，开立人仅限于“银行或非银行金融机构”。金融机构包括政策性银行、商业银行、农村合作银行、城市信用社、农村信用社、村镇银行、贷款公司、农村资金互助社、金融资产管理公司、信托公司、企业集团财务公司、金融租赁公司、汽车金融公司、货币经纪公司等，⑤ 在外观表象上，金融机构持有“金融许可证”，但凡不持有“金融许可证”的机构，如担保公司、融资租赁公司等，所开立的独立保函，均应认定为无效。

---

① 参见最高人民法院民事审判第二庭编：《最高人民法院民法典担保制度司法解释理解与适用》，人民法院出版社2021年版，第98页。

② 张勇健、沈红雨：《〈关于审理独立保函纠纷案件若干问题的规定〉的理解和适用》，载《人民司法·应用》2017年第1期。

③ 《独立保函司法解释》第3条第3款。

④ 参见最高人民法院民事审判第二庭编：《最高人民法院民法典担保制度司法解释理解与适用》，人民法院出版社2021年版，第94~95页。

⑤ 参见《金融许可证管理办法》第3条第2款。

最高人民法院认为，该条只是规定了此类地方金融组织在从事金融业务时，其利息计算不受《民间借贷规定》确定的“一年期LPR利率上限的4倍”这一限制，而非一般性地认定此类组织属于金融机构，不宜将法释〔2020〕27号轻易地适用于《独立保函规定》以及其他司法解释。① 以下金融机构开立的符合《独立保函规定》要求的独立保函，才适用《独立保函规定》：“一是受银保监会监管的银行业金融机构，主要包括政策性银行、开发性银行、住房储蓄银行、商业银行、农村金融机构五大类；二是受银保监会监管的其他银行业金融机构。指的是受银保监会监管的除银行之外的其他银行业金融机构；三是受银保监会监管的保险类机构，具体又包括财产险公司、人身险公司、养老险公司、再保险公司、保险资产管理公司、保险集团和保险控股公司；四是受证监会监管的证券期货类机构，包括证券、基金、期货三类，如证券交易所、证券公司，基金管理公司，期货交易所、期货公司。”②

其二，文件中存在开立人见索即付的承诺，如保函中载明适用国际商会《见索即付保函统一规则》等独立保函交易示范规则；根据保函文本内容，开立人的付款义务独立于基础交易关系及保函申请法律关系，其仅承担相符交单的付款责任。至于独立保函记载了对应的基础交易，不影响独立保函的定性。

本书作者认为，即便存在着连带责任担保以及申请人违约的表述，只要对于开立人的付款责任而言未增加实质性的条件，即不影响保函的定性。因此，只要证明保函文本具备《独立保函规定》第3条所规定的要件，即应将案涉保函定性为独立保函。

五、担保处分上的从属性与金融不良资产处置

在主从关系之下，债权人与担保权人属于同一人，因此，担保权利不能与主债权相分离而单独转让或者作为其他债权的担保。据此，担保权利应与其担保的主债权共同处分，主合同权利、义务的转移，原则上导致担保合同所生权利、义务的转移。③ 此即所谓担保在处分（移转）上的从属性。

（一）主债权转让对担保权利的影响

主债权转让仅涉及债权人的变化，对主债务人的履约能力不发生影响，一般不会增加担保人的风险和负担，因此，担保权利随同主债权一并移转，就成了一

---

① 参见最高人民法院民事审判第二庭编：《最高人民法院民法典担保制度司法解释理解与适用》，人民法院出版社2021年，第98页。

② 参见最高人民法院民事审判第二庭编：《最高人民法院民法典担保制度司法解释理解与适用》，人民法院出版社2021年，第96~97页。

③ 参见王利明：《合同法研究（第四卷）（第二版）》，中国人民大学出版社2018年版，第244~245页；程啸：《保证合同研究》，法律出版社2006年版，第213页。

般规则。①《民法典》第549条第1款规定："债权人转让债权的，受让人取得与债权有关的从权利，但是该从权利专属于债权人自身的除外。"保证债权和担保物权自属从权利，应为该条文义所能涵盖。这一一般规则在适用于保证债权和担保物权之时，《民法典》上又分别规定了特殊规则（第696条、第407条）。

就保证债权而言，其实现端赖于保证人的履行行为，通知保证人也就成了此时的考量因素。主债权转让之时债权人通知保证人的，保证人对受让人承担相应的保证责任：全部转让时，受让人成为保证债权人，保证法律关系在受让人和保证人之间得以存续；部分转让时，债权人和受让人均为保证债权人。未通知保证人的，该转让对保证人不发生效力。"保证人与债权人约定仅对特定的债权人承担保证责任或者禁止主债权转让，债权人未经保证人书面同意转让全部或者部分债权的，保证人就受让人的债权不再承担保证责任。"（《民法典》第696条第2款）在解释上，此类约定不得对抗（善意）第三人。此外，最高额保证所担保的主债权确定前，部分债权转让的，最高额担保不得转让，但是当事人另有约定的除外（准用《民法典》第421条）。

就担保物权而言，债权人自可在实现条件成就之时，追及至标的物之所在而行使其担保物权，就标的物进行变价并优先受偿，此前是否通知担保人则非所问。《民法典》第407条规定："抵押权不得与债权分离而单独转让或者作为其他债权的担保。债权转让的，担保该债权的抵押权一并转让，但是法律另有规定或者当事人另有约定的除外。"在解释上，质权和留置权自可类推适用这一规则。此处的"法律另有规定"，指的是第421条关于最高额抵押权确定之前，部分债权转让时，最高额抵押权并不随同转让的规定；"当事人另有约定"，包括担保合同中约定担保物权不随主债权一并转让、担保人仅对特定的债权人承担担保责任或者禁止主债权转让等情形。值得注意的是，担保物权随同主债权一并移转予受让人之时，受让人自可据此办理担保物权转移登记，且无须担保人同意。

依《民法典》第407条之规定，其一，债权人不得将担保物权单独转让予他人，而自己保留其债权。此时的担保物权转让行为无效，受让人无法据此取得担保物权，因无其所担保的主债权，担保物权登记也无法办理。其二，债权人不得将其债权单独转让予他人，而自己保留担保物权。此时，该保留担保物权的意思并无法律效力，担保物权仍与主债权一起被转让予受让人。② 但当事人明确约定债权人仅转让债权，担保物权并不随同移转的，受让人仅取得债权；债权人所保

① 参见杨明刚：《论免责债务承担》，载崔建远主编：《民法九人行》第2卷，金桥文化出版（香港）有限公司2004年版，第62页。

② 参见黄淳钰：《普通抵押权从属性之研究》，载《高大法学论丛》2010年第1期。

留的担保物权因无主债权存在，而归于无效，担保人自可请求注销担保物权登记。[①] 其三，债权人不得将其债权和担保物权分别转让予不同的两人。此时，担保物权的转让行为无效，债权人存留的担保物权因无主债权而归于无效。就债权转让而言，因债权人将其担保物权另行转让予他人，当事人之间仅转让债权的意思可堪确认，此时，受让人仅取得无担保的债权，担保人可请求注销担保物权登记。[②] 其四，担保物权不得脱离原债权为其他债权提供担保。此时，担保物权之抵押权或质权，违反物权法定原则，自属无效。但本规定并不妨碍债权可以连同担保物权一起为其他债权提供担保。[③] 例如，某一应收账款本有抵押权担保，该应收账款为其他债权的履行提供担保之时，担保权人取得附有抵押权担保的应收账款质权，该应收账款质权的效力及于抵押权。此外，债权人亦可仅以主债权（限于应收账款）出质，而自己保留担保物权。此时，担保权人仅取得无附随担保的应收账款质权；债权人虽以其应收账款出质，但在解释上并不失其应收账款，自不发生其担保物权无主债权存在的问题。[④]

《民法典担保制度解释》第39条第1款规定："主债权被分割或者部分转让，各债权人主张就其享有的债权份额行使担保物权的，人民法院应予支持，但是法律另有规定或者当事人另有约定的除外。"这里"法律另有规定"主要是指《民法典》第421条的规定。该条指出："最高额抵押担保的债权确定前，部分债权转让的，最高额抵押权不得转让，但是当事人另有约定的除外。"由此可见，除非当事人特别约定的情况下，部分债权的转让并不导致最高额抵押权的随同转让，受让人并未取得（部分）最高额抵押权。如此，主债权被部分转让，各债权人就不能主张就其享有的债权份额行使抵押权。以上分析同样适用于最高额质权的情形。[⑤]

（二）主债务转移对于担保权利的影响

主债务转移，又称债务承担，是就原债务人的债务在不失其同一性的前提下

---

① 参见谢在全：《民法物权论（修订五版）》，中国政法大学出版社2011年版，第638页；崔建远：《物权：规范与学说——以中国物权法的解释论为中心（第二版）》，清华大学出版社2021年版，第383页。

② 参见谢在全：《民法物权论（修订五版）》，中国政法大学出版社2011年版，第638页；崔建远：《物权：规范与学说——以中国物权法的解释论为中心（第二版）》，清华大学出版社2021年版，第383页。

③ 参见谢在全：《民法物权论（修订五版）》，中国政法大学出版社2011年版，第638页；崔建远：《物权：规范与学说——以中国物权法的解释论为中心（下册）》（第二版），清华大学出版社2021年版，第383页。

④ 参见谢在全：《民法物权论（修订五版）》，中国政法大学出版社2011年版，第638～639页。

⑤ 高圣平：《民法典担保制度及其配套司法解释理解与适用》，中国法制出版社2021年版，第668页。

转由第三人承担而言。其中，转由第三人对债权人负债务履行责任的，为免责的债务承担；由第三人与原债务人共同对债权人负连带责任的，为并存的债务承担。① 主债务的转移涉及履行主债务的义务人的变化，担保人基于对原债务人的履约能力为主债务的履行提供担保，承担人是否如原债务人一样具有相应的履约能力，非担保人在提供担保时所能预估。如此，主债务的转移关涉担保人利益，未经担保人同意的主债务转移虽可在当事人之间发生效力，但不得对担保人主张，担保人在转移的主债务范围内免除担保责任。②《民法典》第 697 条、第 391 条均规定，未经保证人或物上保证人书面同意，债权人允许债务人转移全部或者部分债务，保证人或物上保证人对未经其同意转移的债务不再承担担保责任。但前条但书规定“债权人和保证人另有约定的除外”，后条并无此规定。在解释上，如债权人和物上保证人在担保合同中另有约定的，亦不适用前述规定。值得注意的是，《民法典》第 391 条仅限于第三人提供物的担保的情形，债务人自己提供物的担保之时，即使主债务转移且未经债务人（担保人）同意，债务人仍应承担担保责任。《民法典担保制度解释》第 39 条第 2 款延续以上规定，区分了债务人自己提供物的担保与第三人提供物的担保两种情形。主债务被分割或者部分转移之时，若是债务人自己提供物的担保，此时，担保人也是主债务人，不会因此而加重担保人的担保责任，因此，无须经过担保人书面同意，担保人仍继续承担担保责任；若此时是第三人提供物的担保，主债务的分割或者转让可能会加重物上保证人的担保责任。③

学说上认为，就并存的债务承担而言，原债务人并未脱离债的关系，未超出保证人或物上保证人提供担保之时的预期，且在并存的债务承担的情形，第三人加入债的关系，与原债务人共负连带责任，增加了债权受偿的可能性，对于保证人或物上保证人并无不利。④ 因此，《民法典》第 697 条、第 391 条不适用于并存的债务承担的情形。《民法典》在《合同法》上的债务承担规则之外，新增债务加入规则（《民法典》第 552 条），在解释上可以认为《民法典》第 551 条仅指免

---

① 参见王利明：《合同法研究（第四卷）（第二版）》，中国人民大学出版社 2018 年版，第 299 页。

② 参见王利明：《物权法研究（下卷）（第四版）》，中国人民大学出版社 2018 年版，第 371～372 页；杨明刚：《论免责债务承担》，载崔建远主编：《民法九人行》第 2 卷，金桥文化出版（香港）有限公司 2004 年版，第 62 页；程啸：《担保物权研究（第二版）》，中国人民大学出版社 2019 年版，第 45 页。

③ 参见高圣平：《民法典担保制度及其配套司法解释理解与适用》，中国法制出版社 2021 年版，第 347～348 页。

④ 参见王利明：《合同法研究（第四卷）（第二版）》，中国人民大学出版社 2018 年版，第 300 页；邹海林、常敏：《债权担保的理论与实务》，社会科学文献出版社 2005 年版，第 69 页。

责的债务承担的情形。[①] 经债权人同意，债务人将部分债务转移给第三人之时，就该部分债务而言，原债务人并不负连带之责，亦属免责的债务承担的亚类型——部分免责债务承担。[②] 而《民法典》第552条所定债务加入规则即属并存的债务承担情形。与此相对应，《民法典》第697条、第391条所称"债务人转移全部或者部分债务"，也仅限于发生免除原债务人全部或者部分债务的情形。

《民法典》第697条只是关于约定的债务承担对保证人保证责任的影响，并未涉及法定的债务承担对保证人保证责任影响的问题。如在保证期间，主债务根据法定原因转让的，保证人仍应承担保证责任。比如，《民法典》第67条规定的法人合并、分立引起的债务法定移转，即使债务之转移未取得保证人的同意，保证人仍得承担保证责任。还有学者对此类情形下债务转移的处理办法及其原因进行了较为具体的分析。"总的来看，债务依法转移，保证人并不因此免除保证责任，尤其是债务转移不以债权人的许可为条件的情况，比如，债务人死亡。在有债权人许可才能发生的企业合并、分立、出售、改制的情况下，由于多数情况对保证人不会发生不利影响，保证人原则上不能免责。即便对保证人有影响，也与债权人不积极意义。从司法政策的角度出发，肯定保证人不能免责，有利于企业改制、改组的完成，意义重大。"[③]

（三）金融不良资产处置中的担保物权移转

金融不良资产处置实践中，涉及贷款债权转让时原担保权利随同移转的问题。相关解释论的展开与前述"主债权转让对于担保权利的影响"相同，但《城市房地产抵押管理办法》第37条第1款规定："抵押权可以随债权转让。抵押权转让时，应当签订抵押权转让合同，并办理抵押权变更登记。抵押权转让后，原抵押权人应当告知抵押人。"如此，实践操作中，受让人享有抵押权是否应以办理抵押权转移登记为前提条件？如受让人未办理抵押权转移登记手续，是否可就抵押财产优先受偿并对抗其他债权人？有观点认为，不动产抵押权以登记为生效要件，虽抵押权因其所担保的债权的转让随同转移予受让人，且无须抵押人同

---

① 我国学说上就《合同法》第84条（《民法典》第551条与此内容相同，未作修改）是否承认了并存的债务承担一直存在争议。参见崔建远主编：《民法九人行》第2卷，金桥文化出版（香港）有限公司2004年版，第20页。

② 参见杨明刚：《论免责债务承担》，载崔建远主编：《民法九人行》第2卷，金桥文化出版（香港）有限公司2004年版，第20页；程啸：《担保物权研究（第二版）》，中国人民大学出版社2019年版，第46页。

③ 曹士兵：《中国担保诸问题的解决与展望》，中国法制出版社2001年版，第128～129页。

意，但必须办理抵押权的转移登记，未经登记，不生效力。[①] 但也有观点认为，债权转让之时，抵押权随同转移予债权受让人，受让人在抵押权转移登记之前即因法律的直接规定而取得该抵押权，自不以登记为生效要件。[②]

《最高人民法院关于审理涉及金融资产管理公司收购、管理、处置国有银行不良贷款形成的资产的案件适用法律若干问题的规定》（现已废止）第 9 条规定："金融资产管理公司受让有抵押担保的债权后，可以依法取得对债权的抵押权，原抵押权登记继续有效。"由此可见，就金融资产管理公司受让国有银行不良债权而言，是否办理抵押权转移登记对于金融资产管理公司行使抵押权不发生影响。但是对于一般债权人，或者资产管理公司受让的非国有银行不良债权，是否能够适用该规则？

本书作者认为，抵押权是主债权的从权利，抵押权随主债权的转让而转移，在性质上属于抵押权的法定转移，不属于基于法律行为的物权变动，与依法律行为所为的意定转移须经登记才发生转移效力的情形有异，不以办理抵押权转移登记为前提，也不以通知担保人为生效条件。[③] 即使非属金融资产管理公司受让国有银行不良资产的情形，亦无不然。[④]《城市房地产抵押管理办法》第 37 条第 1 款的前引规定，应属倡导性规定，鼓励当事人之间在抵押权转让之时办理抵押权转移登记，以明晰标的财产之上的权利归属，并通知抵押人，以使抵押人知悉抵押权人。即使认为该规定属于强制性规定，亦非属效力性强制性规定，不能以此确定转让抵押权的效力。[⑤]

为防止解释上的分歧，《民商事审判会议纪要》第 62 条指出："抵押权是从属于主合同的从权利，根据'从随主'规则，债权转让的，除法律另有规定或者当事人另有约定外，担保该债权的抵押权一并转让。受让人向抵押人主张行使抵押权，抵押人以受让人不是抵押合同的当事人、未办理变更登记[⑥]等为由提出抗

---

① 参见崔建远：《物权：规范与学说——以中国物权法的解释论为中心》，清华大学出版社 2011 年版，第 760 页；程啸：《担保物权研究（第二版）》，中国人民大学出版社 2019 年版，第 29 页。值得注意的是，崔建远教授已在其新版著作中转持更为温和的态度，认为当事人可以持相关材料申请抵押权的转移登记。参见崔建远：《物权：规范与学说——以中国物权法的解释论为中心（第二版）》，清华大学出版社 2021 年版，第 382 页。

② 参见刘春堂：《判解民法物权（修订七版）》，我国台湾地区：三民书局股份有限公司 2010 年版，第 440 页。

③ 参见最高人民法院（2014）民申字第 1725 号民事裁定书；最高人民法院（2015）民申字第 2040 号民事裁定书等。

④ 参见河南省高级人民法院（2015）豫法立二民申字第 00323 号民事裁定书。

⑤ 参见河南省南阳市中级人民法院（2015）南民再终字第 00026 号民事判决书；天津市第二中级人民法院（2015）二中民二终字第 951 号民事判决书等。

⑥ 在《不动产登记暂行条例》及其实施细则之下，不动产权利的转移，应办理"转移登记"。此处的"变更登记"实为"转移登记"。

辩的，人民法院不予支持。”在此基础上，《民法典》第 547 条第 2 款增设规定：“受让人取得从权利不因该从权利未履行转移登记手续或者未转移占有而受到影响。”在解释上，担保物权随主债权的转让而移转的，受让人所取得的担保物权的顺位同于原担保物权人。即使其后办理了担保物权的转移登记，受让人的担保物权亦自原担保物权登记之日取得相应的优先顺位，而不应依转移登记的时点确定担保物权的顺位。

在解释上，受让人依法律规定直接取得的担保物权，其情形与《民法典》第 232 条所及者无异，根据该条规定，非经登记不得处分。申请法院拍卖、变卖担保财产，自属担保物权的处分。因此，受让人因受让债权而取得其附随的担保物权的，未经转移登记，不得申请启动实现担保物权案件程序。至于受让人经普通民事诉讼程序取得胜诉裁判，并据此申请执行者，不在此限。

六、担保消灭上的从属性与“借新还旧”时的担保责任

担保权利以保障主债权实现为唯一目的，主债权如因清偿、提存、抵销、免除等原因而全部消灭的，担保权利随之消灭。基于物上担保合同所为的担保物权登记，虽未注销，但因担保物权的消灭而仅具形式上的意义，已无物权的效力。担保人此际自可基于担保合同的消灭请求注销担保物权登记。主债权部分消灭，担保权利亦部分消灭，基于担保物权的不可分性，担保财产的全部仍然担保剩余的主债权，不过，担保物权的效力自当缩减至该剩余主债权范围，且担保人可请求就消灭部分为抵押权变更登记。①

关于担保物权在消灭上的从属性，《民法典》第 393 条第 1 项定为明文：“主债权消灭”的，“担保物权消灭”；就保证债权在消灭上的从属性，《民法典》并未作出明文规定。但基于以下两条的体系解释，亦可得出相同结论。其一，《民法典》第 393 条第 1 项所定规则自可类推适用于保证债权。其二，《民法典》第 701 条规定：“保证人可以主张债务人对债权人的抗辩。债务人放弃抗辩的，保证人仍有权向债权人主张抗辩。”由此，若主债权消灭时，保证人有权向债权人主张主权利已消灭的抗辩，《民法典》上关于保证合同消灭上的从属性亦至为明显。

信贷实践中的“借新还旧”，即贷款到期后，借款人与贷款人签订新的借款合同，将新贷出的款项用于归还旧贷的情形，是贷款的发放和收回过程中经常采用的一种贷款重组手段。就这一合意安排，法律上并无禁止性规定，应属当事人意思自治范畴。就此，较为一致的观点认为，新的借款合同不因旨在归还“旧

① 参见谢在全：《民法物权论（修订五版）》，中国政法大学出版社 2011 年版，第 641 页。

贷”而无效，担保人亦不得以贷款用途的“改变”损及其利益而提出抗辩。[①] 此际，“旧贷”因清偿而消灭，担保“旧贷”的从权利也随之消灭。《担保法解释》第39条针对“借新还旧”情形之下，担保“新贷”清偿的保证人是否承担保证责任作了规定。其一，该保证人同时也是“旧贷”的保证人的，应承担保证责任。其二，该保证人不是“旧贷”的保证人，但其知道或者应当知道主合同系“借新还旧”的，应承担保证责任。其三，该保证人不是“旧贷”的保证人，也不知道或者不应当知道主合同系“借新还旧”的，“显系主合同双方当事人恶意串通欺骗保证人”,[②] 根据《担保法》第30条第1项“主合同当事人双方串通，骗取保证人提供保证的”“保证人不承担民事责任”的规定，保证人既不承担保证责任，也不承担缔约过失责任。

《民法典》删去了《担保法》第30条的规定。《担保法》第30条第1项的内容，涉及《民法典》第154条即“行为人与相对人恶意串通，损害他人合法权益的民事法律行为无效”的适用。《担保法》第30条第2项的内容，涉及《民法典》第148条、第150条的适用（即一方以欺诈或胁迫手段，使对方在违背真实意思的情况下实施的民事法律行为，受欺诈方或受胁迫方有权请求人民法院或者仲裁机构予以撤销）。由此可见，保证人意思表示的瑕疵，不再适用特别规定，而直接使用《民法典》总则编的一般规定。至于其法律后果，《民法典》第157条中规定：“有过错的一方应当赔偿对方由此所受到的损失；各方都有过错的，应当各自承担相应的责任。”在解释上可以认为，前述情形之下，如保证人没有过错，无须承担缔约过失责任，如此即与《担保法》第30条的效果相同。

就《担保法解释》第39条可否类推适用于物上担保的情形，尤其是以登记为公示方法的物上担保，不无疑问。一种观点认为，在物上担保的情形，“借新还旧”同样会改变担保人在提供担保时对担保风险的预期，同样会加重担保人的担保责任，且导致对其不公平的结果，可以类推适用《担保法解释》第39条关于保证担保的相关规定。另一种观点认为，《担保法解释》第39条的规定仅适用于担保人承担保证责任的情形。不动产抵押权经依法登记即发生效力，无论抵押人是否知道所抵押担保的借款改变了用途，均不影响抵押权的效力。

《民法典担保制度解释》第16条大致继承了《担保法解释》第39条的规则，并进一步发展。该条一改此前“保证人”“保证责任”之措辞，在文义上使用的语词是“担保人”“承担担保责任”，可见并未强调物的担保与人的担保的区分，实际上肯定了物上担保的适用空间。换言之，该条既可以适用于保证也可以适用

---

① 参见李国光等：《最高人民法院〈关于适用中华人民共和国担保法若干问题的解释〉理解与适用》，吉林人民出版社2000年版，第152页。

② 李国光等：《最高人民法院〈关于适用中华人民共和国担保法若干问题的解释〉理解与适用》，吉林人民出版社2000年版，第166页。

于第三人提供物的担保的情形。在解释上，抵押合同和质押合同与保证合同一样，均属担保合同，同样存在着主合同当事人双方串通而骗取第三人提供抵押、质押，或者主合同债权人采取欺诈、胁迫等手段使第三人在违背真实意思的情况下提供抵押、质押的情形。《担保法解释》第39条关于“借新还旧”下的解释方案，自有类推适用于抵押合同、质押合同的空间。就此，上述《担保法解释》第39条关于“借新还旧”下的第二种、第三种解释方案准用于抵押人、出质人，应无歧义，但关于“新贷”和“旧贷”的保证人为同一人之时的第一种解释方案，是否仍得类推适用，尚值研究。

在保证的情形，“旧贷”因清偿而消灭，担保“旧贷”的保证合同也消灭，同一保证人为“新贷”再次提供保证，无意思表示上的瑕疵，自应承担保证责任。但在抵押、质押的情形，“旧贷”因清偿而消灭，担保“旧贷”的抵押权或质权也消灭，此时，基于原担保合同所为的担保物权登记，即使未注销，也无实体法上的登记效力；虽然同一担保人就“新贷”和同一债权人签订了抵押合同或质押合同，但未就重新设立的抵押权或质权办理登记，对于采行登记生效主义的抵押权或质权而言，即为抵押权或质权未设定，债权人就担保财产并不取得优先受偿权。此时，即使抵押人或出质人就“新贷”和“旧贷”都提供了物上担保，但就“新贷”因未办理设立登记而无法起到物上担保的作用，上述《担保法解释》第39条关于“借新还旧”下的第一种解释方案也就无法类推适用于抵押、质押的情形。《民商事审判会议纪要》第57条因此指出，“旧贷”因清偿而消灭，其上的担保物权也随之消灭；债权人以担保人尚未进行注销登记为由，主张担保人仍应承担相应的担保责任的，人民法院不予支持。

关于当事人约定原已登记的担保物权继续担保“新贷”的处理，存在分歧。一种观点认为，抵押人和债权人约定将“旧贷”已清偿但未办理注销登记的不动产抵押权用以担保“新贷”，因双方未重新办理抵押权设立登记，应认定该抵押权未有效设立，未注销的抵押权不具有担保“新贷”的法律效果，抵押人不应承担抵押担保责任。此时，可以基于各方当事人真实的意思表示，运用法律行为转换理论，将抵押人的责任界定为“新贷”承担保证担保责任。但也有另一种观点认为，“旧贷”已因清偿归于消灭，但当事人并未在主债权受偿后在登记机构申请注销抵押登记并缴销他项权利证书，因此，在其所担保的主债权消灭后并不必然发生抵押权也随之消灭的法律后果，抵押登记仍然发生法律效力。抵押人与抵押权人约定将此未注销的抵押权用于担保“新贷”并不违反法律的禁止性规定。就此，《民商事审判会议纪要》第57条认为，当事人约定继续为新贷提供担保的，未注销登记的担保物权仍然可以担保“新贷”。担保人“仅须对新贷承担担保责任，对其并无不公”。[①] 同时，标的物上担保登记的持续存在，足以公示标的物上的权利负担，不会危及与担保人就标的物进行交易的其他第三人的利益。在此基础上，《民法典担保制度解释》第16条对“借新还旧”情形的担保责任做了体系化规定。第2款规定了若旧贷的物上保证人同意继续为新贷提供担保物权且未注销登记时，此担保物权效力优先于“在订立新的贷款合同前又以该担保财产为其他债权人设立担保物权”的新贷债权人。新债和旧债为同一法律关系，旧贷上的担保物继续为新贷提供担保，债权人对于担保物仍享有顺位利益，只要旧贷担保人同意继续为新贷提供担保且登记仍未注销，债权人的担保顺位应予确认，有利于维护现行金融秩序。[②]

七、小　结

《民法典》所规定的债权担保方式均属保全性，[③] 担保的从属性也就成了理解《民法典》上担保制度的基石，众多解释分歧的出现均与此相关。从《民法典》的既有担保规则体系来看，不同种类的担保权利，在从属性上尚有强弱之别，在从属性的效力或认定上亦产生不同影响。[④] 为担保具体明确的特定债权而成立的保证债权、一般抵押权、一般质权、留置权，从属性体现得尤为明显，举凡担保权利的发生、范围、效力、处分和消灭，均高度依附于主债权；上述担保权利在担保将来可得特定的债权之时，出现了从属性缓和的趋势，以因应社会经济的发展，但以将来特定债权的原因事实既已存在为前提；[⑤] 为担保一定范围内不特定债权而成立的最高额保证、最高额抵押权、最高额质权，从属性进一步弱化和缓和，上述担保权利所担保的主债权是否发生、移转或消灭，均不确定，因此，其原则上不受主债权债务关系变动的影响，但在最高额担保确定事由发生之时，其

① 最高人民法院民事审判第二庭编：《〈全国法院民商事审判工作会议纪要〉理解与适用》，人民法院出版社2019年版，第355页。

② 参见最高人民法院民事审判第二庭编：《最高人民法院民法典担保制度司法解释理解与适用》，人民法院出版社2021年，第205页。

③ 参见崔建远：《物权：规范与学说——以中国物权法的解释论为中心（第二版）》，清华大学出版社2021年版，第380页。

④ 参见程啸：《担保物权研究（第二版）》，中国人民大学出版社2019年版，第29页。

⑤ 参见林诚二：《论债务担保制度的从属性》，载陈荣隆教授六秩华诞祝寿论文集编辑委员会：《物权法之新思与新为——陈荣隆教授六秩华诞祝寿论文集》，我国台湾地区：瑞兴图书股份有限公司2016年版，第53~55页。

从属性要求再度严格，与担保特定债权而成立的担保权利已无差异。在《民法典》否认独立担保的基本政策选择之下，基于担保制度的规范目的，尚无法否定从属性的存在。一个欠缺从属性的担保制度，在法律上应无独立存在的实益。[①]

① 参见林诚二：《论债务担保制度的从属性》，载陈荣隆教授六秩华诞祝寿论文集编辑委员会：《物权法之新思与新为——陈荣隆教授六秩华诞祝寿论文集》，我国台湾地区：瑞兴图书股份有限公司2016年版，第62页。

《民法典》担保人资格的解释论

担保人资格的判断主要从民事主体的行为能力入手。自然人充当担保人不以代偿能力为前提。完全民事行为能力人具有担保人资格，非完全民事行为能力人仅在其法定代理人为其利益代理设定担保时具有担保人资格。营利法人充当担保人应当遵循内部决议程序规则，相对人对此负有审查义务；越权担保之下，若相对人非为善意，担保合同的效果不归属于营利法人。非营利法人、特别法人的担保人资格依其性质有所不同。一般而言，公益性质的非营利法人、特别法人不具有担保人资格，但《最高人民法院关于适用〈中华人民共和国民法典〉有关担保制度的解释》(以下简称《民法典担保制度解释》)第6条例外肯认以所有权保留、融资租赁方式购置的公益设施以及其他非公益设施作为担保财产。非法人组织具有担保人资格，其中个人独资企业、不具有法人资格的专业服务机构作担保人时，视为自然人；合伙企业提供担保须经全体合伙人一致同意。法人分支机构的担保人资格视法人的具体类型而定，适用《民法典担保制度解释》第11条的规定。

一、问题的提出

担保人的资格，系指担保法律关系中提供担保之人所应具备的条件。作为民事法律行为，担保合同有效设立的必要条件之一即为担保人具备民事权利能力及相应的民事行为能力。我国《民法典》上，具有民事权利能力的主体包括自然人、法人和非法人组织三类，其中对保证人、抵押人、出质人、让与担保人，以及功能主义担保下所有权保留买卖交易中的买受人、融资租赁交易中的承租人、保理交易中的应收账款债权人的资格未做一般意义上的特殊限制。基于担保活动的特殊性，我国实定法上对特殊场景下的担保人资格作出了相应限制，如《民法典》第683条、《公司法》第16条。第5条～第12条统一了部分担保人资格问题的司法态度。此外，《民法典》关于自然人民事行为能力的规定也构成自然人担保人资格的限制。担保人资格限制规范的解释之于担保人资格的确认至为重要。

二、自然人的担保人资格

自然人的担保人资格，应依自然人是否具有民事行为能力而确定。《民法典》对自然人的民事行为能力采取三分法，划分为完全民事行为能力、限制民事行为能力和无民事行为能力三种。《民法典》第18条规定，完全民事行为能力人可以独立实施民事法律行为，其中自然包括订立担保合同。限制民事行为能力人与无民事行为能力人是否具备担保人资格，取决于法定代表人的同意或者追认，以及订立担保合同是否属于《民法典》第19条、第22条规定的有权单独实施民事法律行为的范围。

（一）代偿能力不是担保人资格的必要条件

在《担保法》出台之前，包括保证在内的担保交易方兴未艾，极大地促进了社会融资的发展，但民事主体滥用担保制度的情形也屡见不鲜，即使是根本不具备代偿能力者也向他人提供担保，其后果是使相应的保证担保形同虚设，并最终损害债权人利益。[①] 为此，《担保法》[②] 第7条特设规定："具有代偿能力的公民可以作为保证人"；《担保法解释》[③] 第14条进一步指出，"不具有完全代偿能力的法人、其他组织或者自然人，以保证人身份订立保证合同后，又以自己没有代偿能力要求免除保证责任的，人民法院不予支持"。有的观点以此为据，认为不具备代偿能力的担保人所签订的担保合同，应当以主体不合格确认为无效。更多的观点则认为，上述规定实属倡导性规范，代偿能力是对担保人的一般要求，并非必备条件，担保人无代偿能力并不导致保证合同的无效。

本书作者赞同大多数的观点，即不能仅以担保人无代偿能力为由而认定担保合同无效。理由主要在于以下几点：第一，在《担保法》对代偿能力的内涵、外延均未做明确界定，以及我国欠缺完备信用征信制度的情况下，担保人是否具有代偿能力难以判断，法院亦难以认定。债权人是否接受担保人提供的担保，由其基于对担保人的尽职调查而自行确定。第二，担保人的责任财产并非一成不变。在担保合同订立之时担保人具有代偿能力，但在债权实现之时担保人未必具有代偿能力，反之亦然。第三，认定担保合同无效对债权人未必有利。担保人即使不具备完全代偿能力，亦应以其责任财产承担担保责任，债权可望得到部分实现，若以担保人无代偿能力为由认定担保合同无效，担保人仅在有过错时才承担缔约过失责任。而缔约过失责任仅限于信赖利益，只会小于履行利益和担保利益。因此，《担保法》第7条关于保证人代偿能力的规定，应理解为一种提示性条款（训示规则），意在要求担保人本着诚实、谨慎的原则，有能力才为担保，同时也提醒债权人对担保人的代偿能力应做尽职调查，避免接受无代偿能力人提供的担保。[④]《民法典》在合同编第十三章新增"保证合同"，将原有调整保证合同的规

① 参见全国人大常委会法制工作委员会民法室编（孙礼海主编）：《中华人民共和国担保法释义》，法律出版社1995年版，第11页。

② 已失效。

③ 已失效。

④ 参见邹海林、常敏：《债权担保的方式和应用》，法律出版社1998年版，第55页。

范集于一处，其中删去了《担保法》第7条的规定，应当认为保证人资格不以保证人具有代偿能力为必要条件。结合《民法典》第388条、《民法典担保制度解释》第1条的规定，解释上，代偿能力亦不应是其他形式担保人资格的限制。

（二）限制民事行为能力人的担保人资格

依据《民法典》第19条、第22条的规定，8周岁以上的未成年人以及不能完全辨认自己行为的成年人为限制民事行为能力人，其实施民事法律行为由法定代理人代理或者经法定代理人同意、追认，但其可以独立实施纯获利益的民事法律行为或者与其年龄、智力、精神健康状况相适应的民事法律行为。

首先，“纯获利益”不同于“纯获法律上利益”，后者系指既不负担义务，也不发生权利丧失结果，而可以获取利益的行为，强调全无义务负担。① “纯获利益”不仅包括不负担任何义务的民事法律行为，还包括负担义务明显小于所获利益且该义务不会过分加重义务人负担的民事法律行为。② 在担保法律关系中，担保合同的目的在于保护债权人的利益，属于单务合同，担保人在担保合同关系中纯受不利益，充当担保人不属于“纯获利益”的民事法律行为。

其次，限制民事行为能力人可以独立实施与其“年龄、智力”或者“智力、精神健康状况”相适应的民事法律行为，本质上是认可限制民事行为能力人可以在与其意思能力相适应的范围内，如同完全民事行为能力人般进行法律交往。如此便要求从限制民事行为能力人的理解、辨识能力出发，考察其能否认识法律行为的性质、理解法律行为的内容与后果，并对交易风险有所辨识。③ 例如，8周岁的未成年人对于购买文具、零食拥有完整认知，可以单独实施这些行为。但是，订立担保合同意味着在主债务人不履行债务或者发生当事人约定的情形时，担保人须按照约定履行债务或者承担担保责任。8周岁以上的未成年人尚处受照料阶段，智识阅历尚浅，客观上缺乏对订立担保合同可能产生的法律风险的认知能力，对由此可能产生的法律后果以及该后果对自己生活学习的现实影响难以形成充分的认识。因此，8周岁以上的未成年人订立担保合同不属于与其“年龄、智力相适应的民事法律行为”。

同样，限制民事行为能力的成年人不能完全辨认自己行为，其意思能力处于限制状态，仅能在“与其智力、精神健康状况相适应”的范围内独立实施民事法律行为。根据已失效的《最高人民法院关于贯彻执行〈中华人民共和国民法通则〉若干问题的意见（试行）》第5条规定，限制民事行为能力的成年人对于“比较复杂的事物或者比较重大的行为”缺乏判断能力和自我保护能力，不能预见其

---

① 参见梅仲协：《民法要义》，中国政法大学出版社1998年版，第108页。

② 参见王利明主编：《中国民法典释评·总则编》，中国人民大学出版社2020年版，第55页。

③ 参见陈甦主编：《民法总则评注》，法律出版社2017年版，第133页，

后果。“复杂的事物”主要是指交易标的与内容的表现形式不能被简单直观地理解，“重大的行为”主要是指民事法律行为对限制民事行为能力的成年人将会产生较大的影响。实践中，房屋价值较高，为房屋设定物上负担或进行处分无疑对所有权人具有较大的影响，作为限制民事行为能力人的所有权人断无独立在其房屋之上设定担保或者进行处分的意思能力。① 因而在解释上，限制民事行为能力的成年人不具有担保人资格。需要强调的是，若担保人在订立担保合同时具有完全民事行为能力，即使担保人嗣后沦为限制民事行为能力人，担保人也应为自己在具有行为能力时作出的真实意思表示负责，如在“赵某与徐某保证合同纠纷案”中，徐某为债务人马某的借款提供保证担保，此后债务人马某未按时归还借款，债权人赵某要求徐某承担保证责任，但徐某以担保他人借款当时不具有控制辨认能力为由进行抗辩。经司法鉴定，认定彼时徐某具有辨认、控制能力，并未受精神病理性因素影响，故应评定为完全民事行为能力。因此，法院认为受监护的成年人在有行为能力时可以作保证人，徐某应当承担保证责任。② 可见，判断是否可以作为担保人的关键在于，担保人在作出担保意思表示之时是否具有完全民事行为能力：当担保人不具有完全民事行为能力时，其不具有担保人资格；反之则具有担保人资格。在证明责任上，应由担保人举证证明其在作出担保意思表示时不具有完全民事行为能力。③

最后，法定代理人制度旨在保护限制民事行为能力人的利益，法定代理人代理或者同意从事民事法律行为以维护限制民事行为能力人的利益为条件。一般而言，订立担保合同不符合限制民事行为能力人的利益，法定代理人代理或者同意限制民事行为能力人订立担保合同的，担保合同对于限制民事行为能力人一般无效，不发生限制民事行为能力人的担保债务。④ 然而，不能否认限制民事行为能力人确有充当担保人的利益的情形，如限制民事行为能力人突遭重病，急需大笔现金用于支付高额的医药费用，此时应当认可限制民事行为能力人以其财产设定抵押获得借款。

值得注意的是，在信贷实践中，父母以未成年人房产设定抵押的情况屡见不鲜。此种抵押效力如何，不无可议，问题的关键在于该行为是否符合“为被监护人利益”的要求。未成年人的父母兼具法定代理人和监护人身份，在为未成年子女代理时应当受《民法典》第 35 条“为被监护人利益”的限制。在现实生活中，

---

① 参见最高人民法院（2013）民申字第 344 号民事裁定书；北京市第二中级人民法院（2016）京 02 民终 5950 号民事判决书等。

② 参见新疆维吾尔自治区福海县人民法院（2017）新 4323 民初 290 号民事判决书。

③ 参见山东省聊城市中级人民法院（2017）鲁 15 民终 432 号民事判决书、浙江省余姚市人民法院（2015）甬余商初字第 690 号民事判决书等。

④ 参见云南省曲靖市中级人民法院（2020）云 03 民再 32 号民事判决书。

未成年子女多听命于父母的指示在担保合同上签字，由此使得父母极易规避《民法典》第35条所设限制，无益于未成年子女利益的保护。本书作者认为，考虑到法定代理人与监护人身份的重合，父母以未成年子女房产设定抵押的行为可以借鉴“代表权法定限制说”[①] 的思路，将《民法典》第35条第1款第2句视为对法定代理人代理范围的法定限制。父母作为法定代理人，以未成年子女的名义在未成年子女的房产上设定抵押，符合代理的行为特征。同时从监护人的角度出发，《民法典》第35条第1款第2句规定“监护人除为被监护人利益外，不得处分被监护人的财产”，该内容构成监护人法定代理权的法定限制。[②] 如父母非为未成年子女的利益而在未成年子女房产上设定抵押，其行为超越法定代理权限，应被评价为无权代理，该行为对未成年人不生效力，有关法律责任由父母承担。由是，为未成年子女利益成为判断无权代理成立与否的标准。与《民法典》第19条、第22条限制民事行为能力人可以单独实施的“纯获利益”的法律行为不同，是否有利于未成年子女利益的判断不以财产得丧为唯一依据，也不追求不承担任何法律义务与责任，而是着眼于未成年子女的综合生活质量、成长环境是否得到提升。就此而言，单纯为监护人与被监护人以外的第三人的债务提供担保显然不是“为被监护人利益”;[③] 而将抵押所得借款用于未成年人教育、医疗等的，应属于为未成年子女利益。[④] 此外，以未成年人财产为子女自身的债务设立担保，也属于“为被监护人利益”，如父母以按揭贷款的方式为子女购买房产，此时需以该房产为银行设立抵押权。[⑤]

较为复杂的情形在于，以未成年子女房产为父母或其经营的公司设立抵押是否属于“为被监护人利益”？父母与未成年子女的利益一致性，父母可能通过将房产转移至未成年子女名下以躲避债务。[⑥] 父母以未成年子女房产为第三人借款提供抵押时，子女亦得从父母与该第三人之间的某种利益关联中间接受益，如此便架空《民法典》第35条第1款第2句，理据尚值商榷。相对人的信赖利益成为

---

① “代表权法定限制说”的具体论述可参见周伦军：《公司对外提供担保的合同效力判断规则》，载《法律适用》2014年第8期；高圣平、范佳慧：《公司法定代表人越权担保效力判断的解释基础——基于最高人民法院裁判分歧的分析和展开》，载《比较法研究》2019年第1期。

② 参见最高人民法院民法典贯彻实施工作领导小组主编：《中华人民共和国民法典总则编理解与适用》，人民法院出版社2020年版，第213页；张新宝：《〈中华人民共和国民法典·总则〉释义》，中国人民大学出版社2020年版，第68～70页。

③ 参见北京市第二中级人民法院（2016）京02民终5865号民事判决书；江苏省无锡市中级人民法院（2018）苏02民再24号民事判决书等。

④ 参见浙江省杭州市中级人民法院（2019）浙01民终10715号民事判决书。

⑤ 参见王泽鉴：《民法学说与判例研究》，北京大学出版社2015年版，第1574页。

⑥ 参见夏昊晗：《父母以其未成年子女房产设定抵押行为的效力——最高人民法院相关判决评析》，载《法学评论》2018年第5期。

潜在考量因素，对此应当认识到未成年人法定代理的特殊性所在：一方面，法定代理不同于意定代理，被代理人既不能自由选任代理人，也不能通过授权行为限制代理权，法定代理不是作为被代理人自由意志的延伸，而是为了弥补被代理人意志能力的不足。另一方面，法定代理也不同于法定代表，相对人在法定代表之下对公司章程、公司内部决议等负有审查义务，以确定法定代表人是否超越代表权限；[①] 而在法定代理中，代理权限公开且清晰，不会对相对人形成相对独立、封闭的内部关系。[②] 此外，《民法典》第172条表见代理旨在维护相对人的积极信赖，以被代理人具有可归责性为要件。[③] 在法定代理之下，作为被代理人的未成年子女不具有归责事由，因此表见代理于此并无适用空间。正因如此，被代理人的利益保护优于相对人信赖的保护，对于是否"为被监护人利益"的判断仍属必要，"应斟酌当时之一切情形定之"。[④] 基于前述价值衡量的结果，应当推定父母以未成年子女房产设定抵押的行为非为其利益，除非相对人能够提供证据证明此抵押行为对未成年人有利。[⑤]

（三）无民事行为能力人的担保人资格

依据《民法典》第20条、第21条的规定，无民事行为能力人只能通过法定代理人实施民事法律行为。与上述限制民事行为人担保人资格的解释论方案一致，无民事行为能力人不具有一般意义上的担保人资格，仅在其法定代理人"为被监护人利益"在其财产上设定担保时，无民事行为能力人可以充当担保人。

三、营利法人的担保人资格

依据《民法典》第76条的规定，营利法人是指以取得利润并分配给股东等出资人为目的成立的法人，包括有限责任公司、股份有限公司和其他企业法人等。这里的"其他企业法人"，系指不是按照《公司法》成立的、没有采取公司组织机构的企业法人，[⑥] 主要包括没有采取公司制的国有企业法人、集体企业法

---

① 参见高圣平：《公司担保中相对人的审查义务——基于最高人民法院裁判分歧的分析和展开》，载《政法论坛》2017年第5期。

② 参见朱广新：《论监护人处分被监护人财产的法律效果》，载《当代法学》2020年第1期。

③ 参见朱虎：《表见代理中的被代理人可归责性》，载《法学研究》2017年第2期。

④ 史尚宽：《亲属法论》，中国政法大学出版社2000年版，第676页。

⑤ 参见夏昊晗：《父母以其未成年子女房产设定抵押行为的效力——最高人民法院相关判决评析》，载《法学评论》2018年第5期；解亘：《论监护关系中不当财产管理行为的救济——兼论"利益相反"之概念的必要性》，载《比较法研究》2017年第1期。

⑥ 参见黄薇主编：《中华人民共和国民法典总则编解读》，中国法制出版社2020年版，第232页。

人、乡镇企业法人。[①] 营利法人以取得利润为目的，如其作为担保人为他人债务提供担保，必将危及营业资产的安全。但我国法上基于融资活动的实际需要，并未否定营利法人的担保人资格，不过对于营利法人签订担保合同施加了相应的程序控制。其中，《公司法》以及《民法典担保制度解释》对公司担保问题作了相应的规范；[②]《企业国有资产法》对国有企业担保问题作了限制。至于其他非公司企业法人的担保问题，自可类推适用公司担保的相关规则。

（一）公司的担保人资格

我国实定法上对于公司以其财产为自身债务提供担保并无限制。就公司为他人债务提供担保，《公司法》第 15 条并未从资格上加以限制，仅对内部程序做出了较为严格的规范。首先，公司提供非关联担保的，应依公司章程由公司董事会或者股东（大）会决议，具体的决议机构由公司章程规定；其次，公司提供关联担保的，必须由股东（大）会决议；再次，上市公司担保金额超过公司资产总额 30% 以上的，应当由股东大会做出决议，并经出席会议的股东所持表决权的 2/3 以上通过；最后，若公司章程对担保总额及单项担保数额有限额规定的，不得超过规定的限额。

《公司法》第 15 条构成对法定代表人代表权的法定限制，旨在防止法定代表人随意代表公司对外提供担保给公司造成损失，损害中小股东利益。未经公司股东会或者股东大会、董事会等公司机关的决议，法定代表人并无代表公司为他人债务提供担保的权限。这意味着担保行为不是法定代表人所能单独决定的事项，而必须以公司股东会或者股东大会、董事会等公司机关的决议作为授权的基础和来源。这里，"法定代表人的身份" + "公司担保决议" 才是相对人的信赖基础。

《民法典》第 504 条规定："法人的法定代表人或者非法人组织的负责人超越权限订立的合同，除相对人知道或者应当知道其超越权限外，该代表行为有效，订立的合同对法人或者非法人组织发生效力。" 根据法律一经公布即推定所有人明知及不知法律不免责的法理，相对人在接受公司提供担保之时，应对公司担保决议负有合理审查义务，否则不构成善意。[③]《民法典担保制度解释》第 7 条以代

① 依据《外商投资法实施条例》第 44 条的规定，在《外商投资法》施行后 5 年内，现有外商投资企业可以依照《公司法》《合伙企业法》等法律的规定调整其组织形式、组织机构等，并依法办理变更登记，也可以继续保留原企业组织形式、组织机构等。自 2025 年 1 月 1 日起，对未依法调整组织形式、组织机构等并办理变更登记的现有外商投资企业，市场监督管理部门不予办理其申请的其他登记事项，并将相关情形予以公示。由此可见，自 2025 年 1 月 1 日起，法人形态的外商投资企业事实上只能采取公司制。

② 本书作者就此另有专文，详见高圣平：《再论公司法定代表人越权担保的法律效力》，载《现代法学》2021 年第 6 期。

③ 参见贺小荣主编：《最高人民法院民事审判第二庭法官会议纪要：追寻裁判背后的法理》，人民法院出版社 2018 年版，第 192 页。

表权限制理论作为相关裁判规则的解释基础，相对人不知道且不应当知道法定代表人越权代表的，主观上即为善意，担保合同对公司发生效力；反之，主观上非为善意，担保合同对公司不发生效力。[①] 相对人有证据证明已对公司决议进行了合理审查，人民法院应当认定其构成善意，但是公司有证据证明相对人知道或者应当知道决议系伪造、变造的除外。法定代表人超越权限提供担保造成公司损失，公司可以请求法定代表人承担赔偿责任。

既然相对人非善意时担保合同对公司不发生效力，公司自不应承担担保责任。但就公司此际是否应当承担其他民事责任，存在重大分歧。《民法典担保制度解释》区分上市公司和非上市公司采取了不同的观点。就上市公司而言，上市公司既不承担担保责任，也不承担赔偿责任（第 9 条第 2 款），否则既损害证券市场上广大中小投资者的权利，也无法根治上市公司违规违法担保。[②] 就非上市公司而言，参照适用《民法典担保制度解释》第 17 条第 1 款第 1 项的规定，公司基于其过错应承担不超过债务人不能清偿部分的二分之一的赔偿责任（第 7 条）。相对人明知决议是伪造或者变造仍然接受担保的，可以认为公司并无过错，据此无须承担缔约过失责任。[③] 这一观点值得商榷。无论担保合同是否有效，其法律效果均不由公司承受，公司均不是相应法律责任的归属主体，无须承担赔偿责任。[④]

（二）国有企业的担保人资格

国有企业，又称国家出资企业，是指国家出资的国有独资企业、国有独资公司，以及国有资本控股公司、国有资本参股公司。《企业国有资产法》对国有企业对外提供担保问题作了特别规定。其中，第 30 条规定："国家出资企业……为他人提供大额担保……重大事项，应当遵守法律、行政法规以及企业章程的规定，不得损害出资人和债权人的权益。"第 32 条规定："国有独资企业、国有独资公司有本法第三十条所列事项的，除依照本法第三十一条和有关法律、行政法规以及企业章程的规定，由履行出资人职责的机构决定的以外，国有独资企业由企业负责人集体讨论决定，国有独资公司由董事会决定。"第 33 条规定："国有

---

① 参见最高人民法院民事审判第二庭编：《最高人民法院民法典担保制度司法解释理解与适用》，人民法院出版社 2021 年版，第 134～135 页。

② 参见最高人民法院民事审判第二庭编：《最高人民法院民法典担保制度司法解释理解与适用》，人民法院出版社 2021 年版，第 156～157 页。

③ 参见最高人民法院民事审判第二庭编：《最高人民法院民法典担保制度司法解释理解与适用》，人民法院出版社 2021 年版，第 138 页。

④ 详细论证参见高圣平、范佳慧：《公司法定代表人越权担保效力判断的解释基础——基于最高人民法院裁判分歧的分析和展开》，载《比较法研究》2019 年第 1 期；高圣平：《再论公司法定代表人越权担保的法律效力》，载《现代法学》2021 年第 6 期。

资本控股公司、国有资本参股公司有本法第三十条所列事项的，依照法律、行政法规以及公司章程的规定，由公司股东会、股东大会或者董事会决定。由股东会、股东大会决定的，履行出资人职责的机构委派的股东代表应当依照本法第十三条的规定行使权利。”第45条规定：“未经履行出资人职责的机构同意，国有独资企业、国有独资公司不得有下列行为……（二）为关联方提供担保……”结合以上规定，可以得出以下结论：

第一，国有企业为自身债务提供担保，无须经履行出资人职责的机构同意。

第二，国有独资企业、国有独资公司为关联方提供担保，须经履行出资人职责的机构同意。此外，国有独资企业由企业负责人集体讨论决定，国有独资公司由董事会决定。这里，关联方，是指本企业的董事、监事、高级管理人员及其近亲属，以及这些人员所有或者实际控制的企业。履行出资人职责的机构，是指代表本级人民政府履行出资人职责的机构、部门；国务院国有资产监督管理机构和地方人民政府按照国务院的规定设立的国有资产监督管理机构，根据本级人民政府的授权，代表本级人民政府对国家出资企业履行出资人职责；国务院和地方人民政府根据需要，可以授权其他部门、机构代表本级人民政府对国家出资企业履行出资人职责。

第三，国有独资企业、国有独资公司为非关联方提供担保，无须经履行出资人职责的机构同意，国有独资企业由企业负责人集体讨论决定，国有独资公司由董事会决定。

第四，国有资本控股公司、国有资本参股公司为他人提供担保，无须经履行出资人职责的机构同意。依照法律、行政法规以及公司章程的规定，由公司股东会或者董事会决定。由股东（大）会决定的，履行出资人职责的机构委派的股东代表应当依照《企业国有资产法》第13条的规定行使权利。

四、非营利法人的担保人资格

《民法典》第87条规定：“为公益目的或者其他非营利目的成立，不向出资人、设立人或者会员分配所取得利润的法人，为非营利法人。”“非营利法人包括事业单位、社会团体、基金会、社会服务机构等。”如此，非营利法人就有了“公益目的”和“其他非营利目的”的区分。结合《民法典》第399条第3项和第683条第2款的规定，以公益为目的的非营利法人（以下简称公益法人）不得为保证人，公益法人的教育设施、医疗卫生设施和其他公益设施不得抵押。[①] 此

① 为公益目的而设立的非营利非法人组织的担保人资格，同于为公益目的而设立的非营利法人。《民法典》第683条第2款对此作了明确。但《民法典》第399条第3项仅及于公益法人的公益设施，在解释上，公益非法人组织的公益设施亦不得作为担保财产。本书以下以公益法人为中心讨论相关问题。

处对非营利法人担保能力的限制，局限在“为公益目的成立”。《民法典担保制度解释》第6条第1款贯彻了《民法典》的这一规定，同时就新增公益设施允许以融资租赁和所有权保留买卖的方式获取担保融资；第2款对于登记为营利法人的学校、幼儿园、医疗机构、养老机构等的担保能力给予明确承认。

（一）公益法人担保人资格的否定

公益法人为社会化公共利益而设立，充当担保人与其设立宗旨不相符。公益法人的财产主要体现为教育设施、医疗卫生设施和其他公益设施，如允许其担任担保人，有可能变卖这些公益设施来承担担保责任，势必影响教育、医疗等公益事业的展开。实践中大量存在着民办学校、民办医院，该类主体所从事的事业关系着社会的发展，但与公立学校、公立医院相比，又具有一定程度的营利性，学说和实务一直就民办学校、民办医院的担保人资格存在争议。

《民办教育促进法》第19条中规定，民办学校可以出资人是否可以“取得办学收益”及办学结余是否“全部用于办学”为标准，分为非营利性民办学校与营利性民办学校。依据《民办学校分类登记实施细则》第7条、第9条以及《国家工商行政管理总局、教育部关于营利性民办学校名称登记管理有关工作的通知》（工商企注字〔2017〕156号）第1条的规定，非营利性民办学校可根据条件登记为民办非企业单位与事业单位，营利性民办学校则应登记为公司法人。目前绝大部分民办学校被登记为民办非企业单位，在实际管理中又在人事制度、社会保险、税收等具体运营事项上也与公办学校有别。就民办学校担保人资格的态度主要有两种：一种是依据《民办教育促进法》第3条“民办教育事业属于公益性事业”及第5条“民办学校与公办学校具有同等的法律地位”之规定，直接认定民办学校属于公益性的事业单位，依法不具有担保人资格。另一种则是以民办学校是否以公益为目的作为判断其担保人资格的核心，并以民办学校的营利性与否作为判断公益目的的基础。其中，有的观点认为，民办非企业单位的民办学校具有一定的营利性，并非以公益为目的，性质有别于事业单位与社会团体，具备对外提供担保的资格。有的观点则认为应当结合登记情况与实际运营情况来判断其是否以公益为目的：若涉案民办学校登记为非营利性，则其公益目的可被初步认定，而若该民办学校的实际运用情况符合“举办者不得取得办学收益，学校的办学结余全部用于办学”的条件，则其公益属性可被最终认可，其所签订的担保合同无效。

在主体所从事的为公益性事业的前提下，如何判断由社会资本所设立的民办机构是否也具有公益性。本书作者认为，“事业”的公益性不等于“主体”的公益性，虽然《民办教育促进法》第3条规定了“民办教育事业属于公益性事业”，但该条是从整个“事业”的角度对民办教育所做的功能定位，该事业范围内的每个主体并不必然具有公益性。[①] 同时，《民法典》第683条第2款的“以公益为目的的非营利法人”是指主体的公益性。因此，即使民办学校所致力的事业是公益性事业，其是否具有担保人资格仍须结合该民办学校的具体情况进行分析。[②] 换言之，若该民办学校本身为在民政部门或者事业单位登记机关登记的公益性机构，则其不具有担保人资格，所签订的担保合同无效；民办学校本身为在市场监管部门登记的营利法人，则其具有担保人资格，对外可以提供担保。

《民法典担保制度解释》第6条第2款规定：“登记为营利法人的学校、幼儿园、医疗机构、养老机构等提供担保，当事人以其不具有担保资格为由主张担保合同无效的，人民法院不予支持。”这一规定是对既有裁判经验的总结。《担保法解释》第16条规定：“从事经营活动的事业单位、社会团体为保证人的，如无其他导致保证合同无效的情况，其所签订的保证合同应当认定为有效。”该规定与《民法典》第683条第2款的规定并不矛盾。[③] 非公益的非营利法人、非法人组织即属《担保法解释》第16条所述情形。随着我国经济体制改革的不断深入，出现了一些企业化管理、自负盈亏的事业单位，以及其他类型的非公益的事业单位和社会团体。这些领有《企业法人营业执照》《营业执照》或国家政策允许从事经营活动的事业单位，其经营性决定了它具有从事保证活动的民事权利能力和行为能力，可以充当担保人。[④]

总之，以公益为目的的非营利学校、幼儿园、医疗机构、养老机构等法人，不论是公办的还是民办的，原则上不具有担保人资格；民办的营利性学校、幼儿园、医疗机构、养老机构等法人，则具有担保人资格，既可以提供保证，也可以提供物的担保。[⑤] 实践中，可以依登记的表象加以判断非营利法人是否具有担保能力。但凡在市场监管部门登记的，可以确定为“营利法人”或者“以其他非营利目的设立的非营利法人”，具有担保能力；在民政部门或者事业单位登记机关登记的非营利法人（包括民办非企业事业单位），可以认定为“以公益目的设立的非营利法人”，不具有担保能力。

（二）公益法人担保人资格的例外承认

虽然《民法典》第683条就公益法人与机关法人的担保人资格作了同一处

① 参见杨翱宇：《民办学校的商事主体地位判定》，载《河北法学》2018年第7期，第162页。

② 参见司伟、肖峰：《担保法实务札记——担保纠纷裁判思路精解》，中国法制出版社2019年版，第138页。

③ 参见最高人民法院民法典贯彻实施工作领导小组主编：《中华人民共和国民法典合同编理解与适用》（二），人民法院出版社2020年版，第1302页。

④ 参见黄薇主编：《中华人民共和国民法典合同编解读》，中国法制出版社2020年版，第698页。

⑤ 参见最高人民法院民事审判第二庭编：《最高人民法院民法典担保制度司法解释理解与适用》，人民法院出版社2021年版，第127～128页。

理，但公益法人在设立目的、资金来源与适用等方面不同于机关法人，其事业发展尚须借助于商业融资。因此，不能完全断绝其融资渠道。[①] 在学校、幼儿园、医院、养老机构等公益法人的日常运营过程中，通常需要价值不菲的设备、设施作为支撑，例如学校教学过程中的投影仪，幼儿园的游乐设备，医院检查过程中所需要的 CT 设备及各种化验机器，以及养老机构中的检查设备等。在财政资金无法满足这些公益设施的购置需求的情形之下，为新增公益设施提供融资支持，融资提供者以该新增公益设施设立担保物权，公益法人可据此提高提供公益服务的能力。即使公益法人届期不能履行债务，融资提供者以该新增公益设施的变价款优先受偿，也仅仅只是使公益法人恢复到原有的公益服务水平，对其实现公益目的并不发生实质上的影响，自无不许之理。《民法典担保制度解释》第 6 条第 1 款第 1 项明确指出，在购入或者以融资租赁方式承租教育设施、医疗卫生设施、养老服务设施和其他公益设施时，出卖人、出租人为担保价款或者租金实现而在该公益设施上保留所有权。也就是说，公益法人为新增公益设施，可以以融资租赁合同或者所有权保留买卖合同的形式从事担保交易。不无遗憾的是，本项仍然禁止公益法人为新增公益设施从事抵押贷款交易，商业银行或者其他放贷人仍然不得基于公益设施叙做抵押贷款业务。

与此同时，《民法典担保制度解释》第 6 条第 1 款第 2 项明确规定，公益法人可以公益设施以外的不动产、动产设立担保物权。就公益设施的区分，实践中存在不同的观点。有观点认为，登记在学校名下的建筑物或建设用地使用权担保的，担保合同违反《物权法》第 184 条第 3 项（《民法典》第 399 条第 3 项与该项大致相同）的规定，应为无效。不同的观点则认为，应当以相关设施的用途来区分是否属于公益设施。即使建筑物及建设用地使用权虽登记在非学校的法人名下，但不动产登记簿和不动产权利证书上登记的用途为学校，且上述资产实际上已为学校办学使用，应当认定为学校的教学设施，担保合同亦应被认定无效。如该设施虽然登记在公益法人名下，但是该公益法人并未将相关设施用作公益用途，则应当肯定其担保合同的效力。本书作者认为，一般应当以相关设施的用途来加以区分，如某一设施是公益法人从事公益活动所必需，则可认定属于公益设施。[②] 值得注意的是，《民法典担保制度解释》并未区分是否为公益法人自身债务还是为他人的债务进行担保，拓宽了公益法人就公益设施以外的财产的融资能力和融资渠道。

除此之外，依据《民法典担保制度解释》第 6 条第 1 款第 2 项的规定，公益

① 参见最高人民法院民事审判第二庭编：《最高人民法院民法典担保制度司法解释理解与适用》，人民法院出版社 2021 年版，第 128 页。

② 参见最高人民法院民事审判第二庭编：《最高人民法院民法典担保制度司法解释理解与适用》，人民法院出版社 2021 年版，第 129 页。

法人可以以公益设施以外的财产权利设定担保物权。实践中常见的非营利法人“财产权利”主要表现为知识产权、收费权。其中的争议主要集中于各类收费权。

就公寓收费权而言，在解释上，公寓收费权属于《应收账款质押登记办法》第2条第2款第1项“销售、出租产生的债权，包括销售货物，供应水、电、气、暖，知识产权的许可使用，出租动产或不动产等”之一种，因此，公寓收费权质押属于《民法典》规定的应收账款质押的一种亚类型。

就学费、杂费、择校费、借读费等教学收费权是否可以设定质押，观点并不一致。否定的观点认为，现行法律、行政法规并未规定公办中学的教学收费权可以质押，以之设定质押有违物权法定原则，且公益性社会组织的财产不得对外进行担保，否则有悖立法目的。肯定的观点认为，只要满足质押设立的条件，即可以教学收费权作为质押财产。但是在认可质押效力的同时，应优先保障学校的正常教育活动经费。对此，在解释上可以认为，教学收费权属于《应收账款质押登记办法》第2条第2款第2项“提供医疗、教育、旅游等服务或劳务产生的债权”之一种，可以设立应收账款质权。

就医院收费权而言，相较于抵押财产，法院在裁判实践中更多地认可医院就收费权设立的应收账款质权。对于医院的收费权质押，法院大多认为只要满足法律所规定的应收账款质权设立要件即可。在解释上，医院收费权属于《应收账款质押登记办法》第2条第2款第2项“提供医疗、教育、旅游等服务或劳务产生的债权”之一种，可以设立应收账款质权。

（三）非公益非营利法人的担保人资格

对于《民法典》第87条第2款依据组织形态列举的事业单位、社会团体、基金会、社会服务机构等非营利法人类型而言，还可以根据其成立目的进一步区分为为公益目的成立的非营利法人（公益法人）与为其他非营利目的成立的非营利法人（非公益非营利法人）。非公益非营利法人的成立目的在于“互益性”和“自益性”。[①] 但无论何者，非公益非营利法人均与营利法人之“营利性”相区别。但是，这不表明禁止非公益非营利法人从事经营活动，并从中赚取利润。换言之，非营利目的并不妨碍非公益非营利法人具体从事营利性的经营行为。《民法典》上仅否定公益法人的担保人资格，基于“法不禁止即为允许”的基本法理，非公益非营利法人具有从事担保活动的民事权利能力和行为能力，可以充当担保人。上文已重点述及事业单位的担保人资格，以下仅就社会团体法人、基金会等捐助法人展开。

就社会团体法人而言，虽然《民法典》第683条第2款否认公益社会团体的担保人资格，但是并未言明非公益性社会团体的担保人资格问题。考虑到实践

① 参见张新宝、汪榆森：《论“为其他非营利目的”成立的法人》，载《法学评论》2018年第4期。

中，有的社会团体法人或是向社会提供有偿服务赚取了利润，或是在企业化管理之下自负盈亏，否认这些社会团体法人的担保人资格不甚妥当。甚至有的社会团体法人的设立目的就是为其会员提供担保，不认可其担保人资格无异于否认其本身，如地方的小微企业互助中心等。[①] 因此，《担保法解释》第16条考虑到这些客观情况，确认从事经营活动的社会团体为保证人的，若无其他导致保证合同无效事由，保证合同应为有效。该条因符合《民法典》有关精神，未来的司法裁判中应当沿袭其审判思路。[②] 然而，非公益性社会团体法人的担保人资格并非是无限制的，仍应结合其章程判断。依据《民法典》第91条第1款的规定，社会团体法人应当依法制定法人章程。社会团体法人的章程规范内部成员行为，是明确法人活动准则的重要依据，在内容上包括法人资产的管理和使用规则。[③] 由此，社会团体法人充当担保人的范围自然应当遵循章程的规定。实践中多数裁判亦认为，非营利性法人中的社会团体法人可以在章程允许范围内充当担保人。[④]

就基金会等捐助法人而言，捐助法人不依赖国家、政府投入资金，其行为应当由捐助者负责监督和限制。[⑤] 在解释上，捐助法人无须受制于《民法典》第683条第2款的担保人资格限制，原则上具有担保人资格。实践中亦有裁判从此见解。值得强调的是，自《民法典》与《民法典担保制度解释》的政策选择观之，法律对公益法人的担保人资格总体上呈否认态度，而依据《民法典》第92条以下之规定，捐助法人多以公益目的设立，由是即可能存在抵牾之处。如此，对于捐助法人而言，似乎仍然存在区分“为公益目的”和“为其他非营利目的”的必要。依据《民法典》第93条第1款与第94条第2款的规定，捐助法人亦有法人章程；捐助法人的决策机构、执行机构或者法定代表人作出决定的程序违反法律、行政法规、法人章程，或者决定内容违反法人章程的，捐助人等利害关系人或者主管机关可以请求人民法院撤销该决定。但是，捐助法人依据该决定与善意相对人形成的民事法律关系不受影响。在解释上，担保行为自属其列，而关于“善意相对人”的判断不可径行适用前述公司担保的解释论方案。捐助法人原则上不从事商业性质的民事活动，构成社会一般常识，因此，相对人不构成善意第

① 参见湖北省武汉市江汉区人民法院（2017）鄂0103民初2858号民事判决书。

② 参见最高人民法院民事审判第二庭编：《最高人民法院民法典担保制度司法解释理解与适用》，人民法院出版社2021年版，第668页。

③ 参见黄薇主编：《中华人民共和国民法典总则编释义》，法律出版社2020年版，第233~234页。

④ 参见浙江省嘉善县人民法院（2015）嘉善商初字第633号民事判决书；江苏省昆山市人民法院（2016）苏0583民初10100号民事判决书。

⑤ 参见曹士兵主编：《担保纠纷案件裁判规则（一）——保证人主体资格与担保效力》，法律出版社2019年版，第85页。

三人。[①]

五、特别法人的担保人资格

《民法典》第96条规定：“本节规定的机关法人、农村集体经济组织法人、城镇农村的合作经济组织法人、基层群众性自治组织法人，为特别法人。”特别法人是指，因与一般意义上的法人相比具有特殊性而不宜纳入营利法人或非营利法人类别的法人。[②]“对上述这些法人，单独设立一种法人类别，有利于其更好地参与民事生活，也有利于保护其成员和与其进行民事活动的相对人的合法权益。”[③] 特别法人各有特别之处，其担保人资格问题尚须进行类型化分析。

（一）机关法人的担保人资格问题

机关法人是指依照法律和行政命令组建的履行公共管理职能的各级国家机关，包括各级权力机关、行政机关、审判机关、检察机关、军事机关。在解释上，参公管理的社会团体法人、事业单位法人，包括各级党的机关、妇联、共青团等，也按照规定履行公共管理职能，在此范围内准用机关法人的相关规则。机关法人的主要职责是依法履行管理社会的公共职能，进行日常的公务活动，而且，机关法人的财产和经费由国家财政和地方财政划拨，用以维持国家机关的公务活动和日常的开支，保障国家机关正常履行其职责。因此，机关法人不能直接参与经济活动，[④] 不得为他人的债务提供担保。否则，当债务人不履行债务或发生当事人约定的情形时，机关法人就应承担担保责任，以机关法人的财产和经费承担担保责任。这不仅与其活动宗旨不符，也会影响其职能的正常发挥。[⑤] 因此，机关法人没有担保人的资格，不得为自身债务或者他人债务提供担保。机关法人违反规定提供担保的，担保合同无效。机关法人所签订的担保合同无效，因此给债权人造成损失的，应当依据《民法典》第682条第2款以及《民法典担保制度解

---

① 参见曹士兵主编：《担保纠纷案件裁判规则（一）——保证人主体资格与担保效力》，法律出版社2019年版，第85~86页。《民法典担保制度解释》生效后的裁判可见四川省成都市中级人民法院（2021）川01民终9195号民事判决书。

② 参见最高人民法院民法典贯彻实施工作领导小组主编：《中华人民共和国民法典总则编理解与适用》，人民法院出版社2020年版，第487页。

③ 李适时（全国人大法律委员会副主任委员）：《全国人民代表大会法律委员会关于〈中华人民共和国民法总则（草案）〉修改情况的汇报——2016年12月19日在第十二届全国人民代表大会常务委员会第二十五次会议上》，载《民法总则立法背景与观点全集》编写组编：《民法总则立法背景与观点全集》，法律出版社2017年版，第28页。

④ 虽然机关法人也进行一些民事活动，如购置办公用品、兴建或购买公务员住宅等，但仍以必要和可能为前提。参见黄薇主编：《中华人民共和国民法典合同编解读》，中国法制出版社2020年版，第697页。

⑤ 参见黄薇主编：《中华人民共和国民法典合同编解读》，中国法制出版社2020年版，第697页。

释》第17条的规定处理。① 需要注意的是，若担保合同无效，机关法人承担的赔偿责任并不一定是债务人不能清偿部分的二分之一，而应根据机关法人的过错情形予以具体认定。②

《民法典》第683条第1款但书规定，机关法人可以为经国务院批准为使用外国政府或者国际经济组织贷款进行的转贷提供担保。根据财政部发布的《国际金融组织和外国政府贷款赠款管理办法》的规定，项目实施单位依法直接向国际金融组织和外国政府举借，并经国务院批准的贷款，可以由财政部代表中央政府为其提供担保；政府负有担保责任的贷款，财政部门应当向上一级财政部门提供担保。由此可见，依法定程序经国务院批准后，机关法人可以为此类贷款的转贷活动提供担保，相应的担保合同也即有效。③

（二）农村集体经济组织法人的担保人资格问题

农村集体经济组织是在乡镇人民政府管辖的区域内设立的农村经济组织，其以村民小组、行政村、乡镇等社区为单位建立，以实现集体成员共同发展、共同受益为目的，具有管理集体资产、开发集体资源、发展集体经济和服务集体成员等职能。④《民法典》第99条第1款规定："农村集体经济组织依法取得法人资格。"农村集体经济组织作为特殊法人，其设立、变更和终止，管理的财产性质，成员的加入和退出，承担的职能等都有其特殊性。⑤ 具体体现在：农村集体经济组织依据农村社区层级而相应设立，且多从人民公社转化而来；其所管理的财产主要是本集体成员集体所有的财产；其成员的加入和退出，原则上具有法定性，和身份密切相关，与农民集体成员具有同质性；其职能主要体现在经营管理集体资产、开发集体资源、发展集体经济和服务集体成员等。⑥ 但是，承认农村集体经济组织的特殊性，并不否定其营利性，其成员尚需通过该组织的经营活动取得

---

① 参见最高人民法院（2017）最高法民终84号民事判决书。

② 参见四川省高级人民法院（2016）川民终654号民事判决书。

③ 参见高圣平：《担保法前沿问题与判解研究（第五卷）——最高人民法院新担保制度解释条文释评》，人民法院出版社2021年版，第46页。

④ 参见谭启平：《特别法人》，载张鸣起主编：《民法总则专题讲义》，法律出版社2019年版，第281页。

⑤ 李适时（全国人大法律委员会副主任委员）：《全国人民代表大会法律委员会关于〈中华人民共和国民法总则（草案）〉修改情况的汇报——2016年12月19日在第十二届全国人民代表大会常务委员会第二十五次会议上》。

⑥ 参见谭启平：《特别法人》，载张鸣起主编：《民法总则专题讲义》，法律出版社2019年版，第282～284页。

分红等收入。[①] 基于此，不宜否定农村集体经济组织的担保人资格。[②]

《农村集体经济组织示范章程（试行）》第6条规定："本社……开展以下业务……（二）经营管理本社成员集体所有或者国家所有依法由本社集体使用的经营性资产，并组织转让、出租、入股、抵押……"第15条规定："成员大会行使下列职权……（九）审议、决定土地发包、宅基地分配、集体经营性资产份额（股份）量化等集体资产处置重大事项……"由此可见，农村集体经济组织具有担保人资格，不过，和公司一样，其对外提供担保之时，仍须按照相关法律法规和法人章程履行内部决策程序。

《农村集体经济组织示范章程（试行）》第16条第2款规定："召开成员大会应当有三分之二以上具有表决权的成员参加。成员大会对一般事项作出决议，须经本社成员表决权总数过半数通过；对修改本社章程，决定相关人员取得或丧失本社成员身份，本社合并、分立、解散以及变更法人组织形式，以及集体资产处置等重大事项作出决议，须经本社成员表决权总数的三分之二以上通过。"在解释上，如农村集体经济组织章程没有相反规定，农村集体经济组织为他人债务提供担保，属于"集体资产处置"，应采行绝大多数决，由成员大会成员表决权总数的2/3以上通过。

（三）城镇农村的合作经济组织法人的担保人资格问题

城镇农村的合作经济组织是按照自愿互利、民主管理、协作服务原则组建的经济组织，[③] 是指城市居民或者农民等小生产者，在自愿互助和平等互利的基础上，联合从事特定经济活动所组成的具有企业性质的特别法人，经依法登记取得法人资格。[④]《民法典》第100条第1款规定："城镇农村的合作经济组织依法取得法人资格。"城镇农村的合作经济组织法人，"既具有公益性或者互益性，又具有营利性"，[⑤] 主要采取按劳分配、按惠顾额或者交易额分配的利益分配机制，由此而决定，城镇农村的合作经济组织法人在法人目的、治理结构、经营管理方式等各方面均不同于营利法人。[⑥] 但是，承认城镇农村的合作经济组织法人的特殊

---

① 参见黄薇主编：《中华人民共和国民法典总则编解读》，中国法制出版社2020年版，第311页。

② 参见浙江省海宁市人民法院（2010）嘉海商初字第361号民事判决书；河南省许昌市魏都区人民法院（2016）豫1002民初3383号民事判决书等。

③ 参见黄薇主编：《中华人民共和国民法典总则编解读》，中国法制出版社2020年版，第313页。

④ 参见杨立新主编：《中华人民共和国民法总则要义与案例解读》，中国法制出版社2017年版，第371页。

⑤ 李适时（全国人大法律委员会副主任委员）：《全国人民代表大会法律委员会关于〈中华人民共和国民法总则（草案）〉修改情况的汇报——2016年12月19日在第十二届全国人民代表大会常务委员会第二十五次会议上》。

⑥ 参见谭启平：《特别法人》，载张鸣起主编：《民法总则专题讲义》，法律出版社2019年版，第286～287页。

性，亦不否定其营利性，其社员尚须通过该组织的经营活动分享盈余。[①] 基于此，不宜否定城镇农村的合作经济组织法人的担保人资格。

以农民专业合作社为例。根据《农民专业合作社法》的规定，合作社可以开展各种与农业生产、乡村旅游资源开发相关的经营项目，同时其对由成员出资、公积金、国家财政直接补助、他人捐赠以及合法取得的其他资产所形成的财产，享有占有、使用和处分的权利，并以上述财产对债务承担责任。[②]《农民专业合作社法》第36条中规定，农民专业合作社的理事长、理事和管理人员不得违反章程规定或者未经成员大会同意，将本社资金借贷给他人或者以本社资产为他人提供担保。这就表明，农民专业合作社可以作为担保人，只不过要符合章程的规定或者满足特定的程序。

依据《农民专业合作社法》第29条、第32条的规定，农民专业合作社对外担保应经合作社成员大会或者成员代表大会表决通过。[③] 其中，成员代表大会经农民专业合作社章程明确授权，才具有农民专业合作社对外担保的决议权。此外，依据《农民专业合作社法》第33条的规定，农民专业合作社可以根据自身发展的实际情况决定是否设立理事会。[④]《农民专业合作社示范章程》第24条指出，理事会"履行成员大会授予的其他职权"。由此看来，经成员大会授权（可以是在章程中概括授权，也可以是就担保事项的具体授权），理事会也可能具有农民专业合作社对外担保的决议权。值得注意的是，不设理事会之时，理事长也可以"履行成员大会授予的其他职权"（《农民专业合作社示范章程》第24条），但在解释上，基于农民专业合作社对外担保的高风险性，参照《公司法》第15条就公司担保程序控制的规范意旨，理事长作为农民专业合作社的法定代表人，未经农民专业合作社有权机构决议，并无代表农民专业合作社签订担保合同的权限。《农民专业合作社法》第36条第1款第2项指出："农民专业合作社的理事长、理事和管理人员不得……违反章程规定或者未经成员大会同意，将本社资金借贷给他人或者以本社资产为他人提供担保。"如此，农民专业合作社成员大会不得将农民专业合作社对外担保的决议权委由理事长行使，即使农民专业合作社章程中作出此类概括授权，亦为无效。

就成员大会决议而言，《农民专业合作社法》第30条规定："农民专业合作

---

① 参见王瑞贺主编：《中华人民共和国农民专业合作社法释义》，法律出版社2018年版，第117～120页。

② 参见王瑞贺主编：《中华人民共和国农民专业合作社法释义》，法律出版社2018年版，第16～17页。

③ 《农民专业合作社法》第32条规定："农民专业合作社成员超过一百五十人的，可以按照章程规定设立成员代表大会。成员代表大会按照章程规定可以行使成员大会的部分或者全部职权。""依法设立成员代表大会的，成员代表人数一般为成员总人数的百分之十，最低人数为五十一人。"

④ 参见王瑞贺主编：《中华人民共和国农民专业合作社法释义》，法律出版社2018年版，第91页。

社召开成员大会，出席人数应当达到成员总数三分之二以上。”“成员大会选举或者作出决议，应当由本社成员表决权总数过半数通过；作出修改章程或者合并、分立、解散，以及设立、加入联合社的决议应当由本社成员表决权总数的三分之二以上通过。章程对表决权数有较高规定的，从其规定。”农民专业合作社对外担保不属于该条中的特别决议事项，除非章程另有规定，农民专业合作社担保决议由本社成员表决权总数过半数通过。至于农民专业合作社各成员的表决权，《农民专业合作社法》第22条规定：“农民专业合作社成员大会选举和表决，实行一人一票制，成员各享有一票的基本表决权。”“出资额或者与本社交易量（额）较大的成员按照章程规定，可以享有附加表决权。本社的附加表决权总票数，不得超过本社成员基本表决权总票数的百分之二十。享有附加表决权的成员及其享有的附加表决权数，应当在每次成员大会召开时告知出席会议的全体成员。”

就成员代表大会决议而言，《农民专业合作社法》和《农民专业合作社示范章程》并未明确成员代表大会决议的最低表决权数，但基于决议的团体性，在解释上应以多数决或者绝大多数决为宜。至于成员代表大会会议的出席人数占比、代表的表决权占比，由农民专业合作社章程规定。如章程中可以规定：“召开成员代表大会会议，出席人数应当达到成员代表总数三分之二以上。成员代表大会作出决议，应当由成员代表总数过半数通过。”值得注意的是，《农民专业合作社示范章程》第22条第2款指出：“成员大会选举或者做出决议，须经本社成员表决权总数过半数通过；对修改本社章程，改变成员出资标准，增加或者减少成员出资，合并、分立、解散、清算和对外联合等重大事项做出决议的，须经成员表决权总数三分之二以上的票数通过。成员代表大会的代表以其受成员书面委托的意见及表决权数，在成员代表大会上行使表决权。”这里的第2句似乎意味着，据以确立成员代表大会决议形成的，不是同意决议内容的成员代表人数，而是同意决议内容的成员代表所代表的表决权。亦即，只有同意决议内容的成员代表所持本人表决权以及其受成员书面委托的表决权，达到本社成员表决权总数过半数，才能通过一般决议。这里的表决权，既包括基本表决权，也包括附加表决权。但如此解释，一是有违成员代表制度的本旨，二是有损成员代表大会决议形成的效率。既然成员代表已依选举而产生，[①] 即有权代表成员行使表决权，这本是代议制民主的本意，如在成员代表在行使表决权之时，如仍须事先征求各成员的书面意见，还不如直接召开成员大会会议予以表决。

---

① 《农民专业合作社示范章程》第19条规定：“本社成员超过150人时，每____名成员选举产生1名成员代表，组成成员代表大会。成员代表大会履行成员大会的________、________等【注：部分或者全部】职权。成员代表任期____年，可以连选连任。”

就理事会决议而言《农民专业合作社示范章程》第25条指出："理事会会议的表决，实行1人1票。重大事项集体讨论，并经三分之二以上理事同意方可形成决定。理事个人对某项决议有不同意见时，其意见记入会议记录并签名。理事会会议邀请执行监事或者监事长、经理和____名成员代表列席，列席者无表决权。"由此可见，理事会决议实行人数多数决，如章程没有相反约定，同意农民专业合作社对外担保的理事人数达到全体理事过半数的，即可通过理事会决议。

（四）基层群众性自治组织法人的担保人资格问题

基层群众性自治组织法人是居民（村民）自我管理、自我教育、自我服务的组织，负责办理本社区的公共事务和公益事业，同时担负一定的社会服务和联结人民政府与群众管理工作。[①]《民法典》第101条第1款规定："居民委员会、村民委员会具有基层群众性自治组织法人资格，可以从事为履行职能所需要的民事活动。"《民法典》明确其具备法人资格，有助于其开展履行职能所需的民事活动，也有利于保护期成员和与其进行民事活动的相对人的合法权益。[②] 实践中就居民委员会的担保人资格存在分歧。肯定说认为，居民委员会并非以公益为目的的事业单位或社会团体，其担保资格不应当受法律禁止。否定说则主张，居民委员会是基层群众性自治组织，具有公益性，不属于经济实体单位，不应当具有担保资格。《民法典担保制度解释》第5条第2款采取了"否定说"。依据《居民委员会组织法》第2条第1款、第16条和第17条关于居民委员会职责与任务、经费管理的规定，居民委员会虽然管理相应的财产和费用，但是系为本居住地区公益事业服务，不得以此从事经济活动，不得进行营利活动，更何况作为担保人参与经济活动。[③] 如允许其从事担保活动，社区居民的社会利益难以获得保护。[④]

与居民委员会的性质相同，村民委员会也是基层群众性自治组织法人。但是相比于居民委员会，村民委员会在实践中的情形较为复杂。就村民委员会的担保人资格问题，村民委员会是具有公益性质的自治组织，原则上并不允许其从事担保活动。实践中亦有相反观点，认为村民委员会并不在法律禁止作为保证人的范围内。《村民委员会组织法》第2条第2款规定："村民委员会办理本村的公共事务和公益事业，调解民间纠纷，协助维护社会治安，向人民政府反映村民的意见、要求和提出建议。"因此，村民委员会不能作为担保人，其违反规定提供的担保无效。值得注意的是，村民委员会在特定情况下也提供担保。依据《民法

---

① 参见谭启平：《特别法人》，载张鸣起主编：《民法总则讲义》，法律出版社2019年版，第276页。

② 参见黄薇主编：《中华人民共和国民法典总则编解读》，中国法制出版社2020年版，第320页。

③ 参见高圣平、谢鸿飞、程啸：《最高人民法院民法典担保制度司法解释理解与适用》，中国法制出版社2021年版，第43页。

④ 参见最高人民法院民事审判第二庭编：《最高人民法院民法典担保制度司法解释理解与适用》，人民法院出版社2021年版，第118页。

典》第101条第2款的规定，“未设立村集体经济组织的，村民委员会可以依法代行村集体经济组织的职能”。此时，依法代行村集体经济组织职能的村民委员会可以作为担保人。但是，村民委员会代行村集体经济组织职能时并非完全不受限制，《民法典担保制度解释》第5条第2款即规定，村民委员会需依照村民委员会组织法规定的讨论决定程序对外提供担保，否则担保合同对村委会不生效力。这里将决定程序指向了《村民委员会组织法》。

村民委员会代行村集体经济组织职能，和他人签订担保合同，在性质上属于《村民委员会组织法》第24条第1款第8项“以借贷、租赁或者其他方式处分村集体财产”。依据该条规定，村民委员会对外担保，“经村民会议讨论决定方可办理”；村民会议可以授权村民代表会议讨论决定这一事项。据此，村民委员会对外担保，既可由村民会议讨论决定，也可由村民会议授权村民代表会议讨论决定。决定程序需遵循《村民委员会组织法》第四章的规定。如第22条第1款规定：“召开村民会议，应当有本村十八周岁以上村民的过半数，或者本村三分之二以上的户的代表参加，村民会议所作决定应当经到会人员的过半数通过。法律对召开村民会议及作出决定另有规定的，依照其规定。”第26条第2款规定：“村民代表会议有三分之二以上的组成人员参加方可召开，所作决定应当经到会人员的过半数同意。”

实践中有观点认为，代行村集体经济组织职能的村民委员会对外提供担保未经村民会议讨论决定的，担保合同无效。虽然经过村民代表会议讨论决定，但是未经过村民会议授权，担保合同亦无效。[①] 本书作者认为，依法代行村集体经济组织职能的村民委员会具有担保人资格，没有依照《村民委员会组织法》规定的讨论决定程序对外提供担保，仅表明法定代表人的代表权受到限制。此时，同样应以《民法典》第504条作为规范依据，依相对人主观上的善恶意来认定越权担保合同对村民委员会是否发生效力，而不能径直否定担保合同本身的效力。

六、非法人组织和法人分支机构的担保人资格

（一）非法人组织的担保人资格问题

《民法典》及《民法典担保制度解释》对非法人组织的担保人资格问题未作规定。在解释上，法律没有明确限制非法人组织担保人资格的，应当肯认其担保人资格。依据《民法典》第102条的规定，非法人组织是不具有法人资格，但是能够依法以自己的名义从事民事活动的组织，非法人组织主要包括个人独资企业、合伙企业、不具有法人资格的专业服务机构等。在担保责任的承担上，可以

① 参见最高人民法院民事审判第二庭编：《最高人民法院民法典担保制度司法解释理解与适用》，人民法院出版社2021年版，第120页；贵州省高级人民法院（2019）黔民终779号民事判决书。

参照《民法典》第104条非法人组织债务承担的规定确定责任主体。

1. 个人独资企业

个人独资企业是指依照《个人独资企业法》在中国境内设立，由一个自然人投资，财产为投资人个人所有，投资人以其个人财产对企业债务承担无限责任的经营实体。实践中，多数观点在个人独资企业、不具有法人资格的专业服务机构作担保人时，将其视为自然人。如此见解具有合理性。就个人独资企业而言，与“一人公司”不同，个人独资企业的特征在于其财产为投资人个人所有，投资人对企业债务承担无限责任（《个人独资企业法》第2条）。个人独资企业的独立财产并不存在，其与投资人个人财产无实质区别，故在个人独资企业对外提供担保时，应视为以投资人个人所有财产对外提供担保。

2. 合伙企业

合伙企业是指自然人、法人和其他组织依照《合伙企业法》在中国境内设立的普通合伙企业和有限合伙企业。普通合伙企业由普通合伙人组成，除法律另有规定外，合伙人对合伙企业债务承担无限连带责任，有限合伙企业则由普通合伙人和有限合伙人共同组成，其中普通合伙人对合伙企业债务承担无限连带责任，有限合伙人则仅以其认缴的出资额为限对合伙企业债务承担责任。依据《民法典》第970条、《合伙企业法》第31条的规定，合伙事务的执行原则上须经全体合伙人一致同意，除非合伙协议另有约定。盖因合伙企业具有较强人合性，单一合伙人需对合伙债务承担无限连带责任，在利益衡量上应适当向合伙人倾斜。在解释上，与公司对外担保相似，合伙事务执行的程序要求应为法定限制，可为相对人知晓，提供担保的行为自属其列。实践中的裁判观点亦多从此见解。①

3. 不具有法人资格的专业服务机构

不具有法人资格的专业服务机构主要是指律师事务所、会计师事务所等，这类事业服务机构一般多采用合伙制，不具有法人资格，所从事的活动为提供律师、会计师等专业服务。律师事务所为例，依据《律师事务所管理办法》第7条和《律师法》第15条以下之规定，不论是合伙制律师事务所还是个人律师事务所，其成员仍要以自己的财产承担律师事务所的债务与责任，如此即与合伙企业、个人独资企业一致。视其是合伙制律师事务所还是个人律师事务所，直接适用相关规则即可。

（二）法人分支机构的担保人资格问题

法人分支机构是指由法人依法设立，在法人主要活动地点以外的一定领域

---

① 参见湖北省荆门市中级人民法院（2016）鄂08民初26号民事判决书；上海市黄浦区人民法院（2015）黄浦民四（民）初字第2074号民事判决书等。

内，实现法人的全部或部分职能的机构。分支机构以自己的名义所从事的民事活动对法人直接产生权利义务，并构成整个法人权利义务的一部分。[①]《民法典》第102条对非法人组织的列举中没有法人的分支机构。由此可见，《民法典》并未将法人分支机构明确为非法人组织。依据《民法典》第74条第2款的规定，法人的分支机构可以自己的名义从事民事活动，其后果则由法人承担。由此可见，作为有权代表法人从事民事活动的机关，法人分支机构的民事活动，实际上就是法人的民事活动。在法人不具备担保人资格的情形之下，法人分支机构自无担保人资格。在法人具备担保人资格的情形之下，法人分支机构签订担保合同必须获得法人的授权。在这一授权通常由法人的法定代表人实施的通常情形之下，法律上对于法定代表人权限的限制也就影响着法人分支机构所提供担保的效果归属和效力判断。[②]《民法典担保制度解释》第11条对于公司分支机构提供担保的问题明确了以下几点。[③]

第一，公司分支机构为他人债务提供担保应经公司内部决策机构的决议。公司分支机构的权限，不能大于公司的权限，在公司权限受到限制的情形之下，公司分支机构的权限至少应当受到同等限制。公司分支机构对外代表公司提供担保不仅要获得公司的个别授权，而且该授权本身也须经董事会或者股东（大）会决议。[④]《民法典担保制度解释》第11条第1款据此规定："公司的分支机构未经公司股东（大）会或者董事会决议以自己的名义对外提供担保，相对人请求公司或者其分支机构承担担保责任的，人民法院不予支持，但是相对人不知道且不应当知道分支机构对外提供担保未经公司决议程序的除外。"

第二，金融机构本身具有提供担保的权利能力和行为能力，在其为他人债务提供担保之时，也就无须按照《公司法》第15条的规定提供相关决议。金融机构的分支机构提供担保也就有其特殊性。《民法典担保制度解释》第11条第2款规定："金融机构的分支机构在其营业执照记载的经营范围内开立保函，或者经有权从事担保业务的上级机构授权开立保函，金融机构或者其分支机构以违反公司法关于公司对外担保决议程序的规定为由主张不承担担保责任的，人民法院不予支持。金融机构的分支机构未经金融机构授权提供保函之外的担保，金融机构或者其分支机构主张不承担担保责任的，人民法院应予支持，但是相对人不知道

① 参见黄薇主编：《中华人民共和国民法典总则编解读》，中国法制出版社2020年版，第223页。

② 参见最高人民法院民事审判第二庭编：《最高人民法院民法典担保制度司法解释理解与适用》，人民法院出版社2021年版，第169页。

③ 参见高圣平：《担保法前沿问题与判解研究（第五卷）——最高人民法院新担保制度解释条文释评》，人民法院出版社2021年版，第113～118页。

④ 参见最高人民法院民事审判第二庭编：《最高人民法院民法典担保制度司法解释理解与适用》，人民法院出版社2021年版，第171页。

且不应当知道分支机构对外提供担保未经金融机构授权的除外。”由此可见，其一，金融机构的分支机构在其营业执照记载的经营范围内开立保函的，就表明金融机构已经就该分支机构对外提供担保作出书面授权，只不过属于概括授权而已。其二，金融机构分支机构的营业执照记载的经营范围中，不包括开立保函的，经有权从事担保业务的上级机构授权可以开立保函，此时也无须金融机构依据《公司法》第15条的规定提供相关决议。其三，金融机构分支机构提供保函之外的担保应经金融机构授权。此时的授权无须金融机构通过董事会或者股东会以公司决议的形式为之，而仅须由法定代表人代表金融机构为之。在解释上，既已超出其正常的业务范围，金融机构对其分支机构的授权就应当是个别授权。

第三，担保公司本身具有提供担保的权利能力和行为能力，在其为他人债务提供担保之时，也就无须按照《公司法》第15条的规定提供相关决议。担保公司的分支机构提供担保也就有其特殊性。《民法典担保制度解释》第11条第3款规定：“担保公司的分支机构未经担保公司授权对外提供担保，担保公司或者其分支机构主张不承担担保责任的，人民法院应予支持，但是相对人不知道且不应当知道分支机构对外提供担保未经担保公司授权的除外。”由此可见，虽然担保公司分支机构的营业执照记载了担保业务，但亦不能视为担保公司已就其分支机构对外提供担保进行了概括授权。考虑到担保公司本身对外提供担保无须公司决议，且其从事的大多是非标准化的担保行为，担保公司分支机构代表担保公司对外提供担保亦无须公司决议，但须取得担保公司的授权。①

《民法典担保制度解释》第11条第2款、第3款相对于第1款，属于特别规定，自应优先于第1款而适用。依据《民法典担保制度解释》第11条第4款的规定，“公司的分支机构对外提供担保，相对人非善意，请求公司承担赔偿责任的，参照本解释第十七条的有关规定处理”。这里，“相对人非善意”是指排除前三款中的但书所述情形。在解释上，相对人非为善意时，担保合同对公司不发生效力，但在效果上参照担保合同无效规则进行处理，适用《民法典担保制度解释》第17条第1款。一般情形之下，对于担保合同对公司不发生效力，债权人与担保人均有过错，因此，公司承担的赔偿责任不应超过债务人不能清偿部分的二分之一。

七、小　结

民事主体是否具有担保人资格对于担保活动的开展至关重要。在法律未明确限制民事主体担保人资格的情形下，应一般性认可其具有担保人资格。具有完全

① 参见最高人民法院民事审判第二庭编：《最高人民法院民法典担保制度司法解释理解与适用》，人民法院出版社2021年版，第167、172页。

民事行为能力的自然人可以充当担保人，但非完全民事行为能力人的法定代理人为被监护人利益而为担保时，非完全民事行为能力人可以例外作为担保人。法人、非法人组织等组织体是否具有担保人资格，不可一概而论。营利法人具有担保人资格，自属当然，但其对外担保需遵循内部决议程序；相对人对越权担保情形下的公司内部决议负有审查义务，相对人非为善意的，法定代表人与相对人签订的担保合同不归属于公司。一般而言，公益性质的组织体不具有担保人资格，但《民法典担保制度解释》采取了实质标准认定组织体是否具有公益性质，承认组织体可以非公益性质的财产对外进行担保。

最高额保证合同法律适用中的争议问题

最高额保证属于保证的一种类型，但又具有不同于普通保证的特质。最高额保证是就债权人与主债务人之间在一定期间内连续发生的不特定债权，由保证人在最高债权限额内承担保证责任的交易。由此而决定，最高额保证与债权确定期间内发生的具体债权之间并无一一对应关系，产生某一具体债权的合同被认定无效，并不影响最高额保证合同的效力，但最高额保证合同对应的主合同（如综合授信协议）被整体认定无效之时，最高额保证合同亦应认定无效。最高债权额是最高额保证决算之前已发生的债权和已获清偿的债权之间的差额，并非指最高额保证决算时已到期的债权余额；最高债权额限度究竟是本金最高限额还是债权总额最高限额，可由当事人具体约定，未作约定的，推定为债权总额最高限额。最高额保证所担保债权的确定，仅发生最高额保证转化为普通保证的效力，债权人此时才有权向保证人主张权利，但并不发生使主债务人和保证人丧失期限利益的效力，保证债权的行使仍然要受到纳入被担保范围的具体债权的履行期限是否届满的限制。在当事人未作约定的情形之下，就决算时已经到期的债权，保证期间自决算日开始计算；就决算时尚未到期的债权，保证期间自最后到期债权的履行期限届满之日开始计算。

一、问题的提出

最高额保证合同，系保证人与债权人约定，就债权人与主债务人之间在一定期间内连续发生的不特定债权，由保证人在最高债权限额内承担保证责任的合同。基于立法简约的需要，我国《民法典》就最高额保证合同仅有第690条唯一一个条文。[①] 就其法律适用，第690条第2款明定："最高额保证除适用本章规定外，参照适用本法第二编最高额抵押权的有关规定。"如此，在《民法典》合同编"保证合同"章与物权编"最高额抵押权"节之间，最高额保证呈现出不同于普通保证和最高额抵押的特质，增加了法律适用上的困难。《最高人民法院关于适用〈中华人民共和国担保法〉若干问题的解释》（以下简称《担保法解释》）[②]

① 参见最高人民法院民法典贯彻实施工作领导小组主编：《中华人民共和国民法典合同编理解与适用》（二），人民法院出版社2020年版，第1331页。

② 《最高人民法院关于废止部分司法解释及相关规范性文件的决定》（法释〔2020〕16号）已废止了这一司法解释。

和《最高人民法院关于适用〈中华人民共和国民法典〉有关担保制度的解释》(以下简称《民法典担保制度解释》)就此采取了不同的司法态度，其中法理，不可不辨。

二、最高额保证合同在效力上的从属性

我国《民法典》第682条第1款规定："保证合同是主债权债务合同的从合同。主债权债务合同无效的，保证合同无效，但是法律另有规定的除外。"该款结合裁判实践的发展,① 将《担保法》第5条第1款"担保合同另有约定的，按照约定"修改为"法律另有规定的除外"，置重于保证制度的保全功能，在一定程度上限制了当事人的意思自治空间。

（一）最高额保证是否属于"法律另有规定"的情形

根据《民法典》第682条第1款的规定，不管保证合同表现为单独订立的书面合同，还是表现为主合同中的保证条款，也不管导致主合同无效的原因是债权人的过错还是主债务人的过错，只要主合同被确认为无效，当事人预期的法律后果不将发生，保证合同也随之无效，保证合同所确定的保证债权债务关系也将不受法律保护。这一政策选择受到了我国目前特定的社会经济背景的影响。在强化金融风险防控的大背景之下，担保的独立性安排自应受到限制。相比于银行或者非银行金融机构，一般当事人并不具有金融专业知识，在金融交易中难以判断和控制交易风险。实践中，主合同无效的原因往往是违反法律、行政法规的规定或违反公序良俗，如彻底允许当事人依特约排除保证合同在效力上的从属性，在主合同无效的情况下，保证合同仍然有效，则可能存在当事人可以通过独立保证的形式使得某些违法交易的利益固定化的风险。②

《民法典担保制度解释》重申了这一立法态度，并明确了排除担保从属性约定被认定无效之后的法律后果。其中第2条第1款规定："当事人在担保合同中约定担保合同的效力独立于主合同，或者约定担保人对主合同无效的法律后果承担担保责任，该有关担保独立性的约定无效。主合同有效的，有关担保独立性的约

---

① 最高人民法院认为，"独立担保的实质是否定担保合同从属性，不再适用担保法律中为担保人提供的各种保护措施，诸如未经担保人同意而变更担保合同场合下担保人的免责，担保人因主债权债务合同无效、被撤销、诉讼时效或强制执行期限完成而产生的抗辩权，以及一般保证人独有的先诉抗辩权等，因此独立担保是一种担保责任非常严厉的担保"。载最高人民法院民事审判第二庭编：《民商事审判指导》2007年第1辑（总第11辑），人民法院出版社2007年版，第57页。"考虑到独立担保责任的异常严厉性，以及适用该制度可能产生欺诈和滥用权利的弊端，尤其是为了避免严重影响或动摇我国担保法律制度体系的基础，独立担保只能在国际商事交易中使用，不能在国内市场交易中运用。"见最高人民法院（2007）民二终字第117号民事判决书；最高人民法院（2018）最高法民申6281号民事裁定书。

② 参见黄薇主编：《中华人民共和国民法典解读·合同编》，中国法制出版社2020年版，第693页。

定无效不影响担保合同的效力；主合同无效的，人民法院应当认定担保合同无效，但是法律另有规定的除外。”

《民法典》第682条第1款和《民法典担保制度解释》第2条第1款均对保证合同在效力上的从属性作了例外规定——“法律另有规定的除外”。就这里的“法律”应采广义，包括四个位阶：“第一位阶是全国人大及其常委会制定的法律；第二位阶是国务院制定的行政法规；第三位阶是地方法规；第四位阶是规章，包括部门规章和地方规章。中国人民银行规定各商业银行可以进行保函业务，这就是广义的法律规定，自然包括独立保函。”① 此外，《最高人民法院关于审理独立保函纠纷案件若干问题的规定》等司法解释亦应包含在内。② 这些观点所欲解决的均为金融机构所开立的独立保函的有效性问题。但即便如此，也仅仅只解决了效力从属性上的例外问题，而独立保函中还涉及保证人（开立人）放弃主债务人的抗辩等要素。因此，独立保函在《民法典》上尚无“立足之地”，将其界定为一种实定法之外的非典型担保形式，应为妥适的解释选择。③

遍查我国现行规范性文件，除了独立保函之外，尚无其他排除保证合同在效力上的从属性的例外规定。在解释上，最高额保证所担保的主债权虽有其特殊性，但如其所担保的综合授信协议被认定无效的，最高额保证合同应随之无效。最高额保证所担保所有主合同均被认定为无效的，最高额保证合同亦应认定为无效。④

《民法典》对担保合同效力上从属性的例外并未作出明确规定。《民法典》第421条规定：“最高额抵押担保的债权确定前，部分债权转让的，最高额抵押权不得转让，但是当事人另有约定的除外。”这一规则明显不同于一般抵押权。《民法典》第407条规定：“抵押权不得与债权分离而单独转让或者作为其他债权的担保。债权转让的，担保该债权的抵押权一并转让，但是法律另有规定或者当事人另有约定的除外。”由此可见，最高额抵押权与连续发生的具体债权之间并无一一对应关系，最高额抵押权所担保的部分主合同被认定无效，并不影响最高额抵押合同的效力。准此，《民法典》第388条中“法律另有规定的除外”，包括《民法典》关于最高额抵（质）押合同相对独立性的规定。⑤ 如此看来，最高额抵（质）押合同在效力从属性上的例外是经由《民法典》第421条的解释而得出的。

---

① 刘贵祥：《民法典关于担保的几个重大问题（上）》，载《法律适用》2021年第1期。

② 参见黄薇主编：《中华人民共和国民法典解读·合同编》，中国法制出版社2020年版，第694页。

③ 参见最高人民法院民法典贯彻实施工作领导小组主编：《中华人民共和国民法典合同编理解与适用》（二），人民法院出版社2020年版，第1287～1288页。

④ 参见浙江省高级人民法院（2016）浙民申407号民事裁定书。

⑤ 参见黄薇主编：《中华人民共和国民法典解读·合同编》，中国法制出版社2020年版，第567页。

这一解释结论是否适用于最高额保证？既有的文献大多对此没有明确说明。[①]本书作者认为，最高额保证和普通保证最大的区别，即在于最高额保证与主债务的关系具有更强的独立性。[②]《民法典》第690条第2款明定最高额保证参照适用物权编最高额抵押权的有关规定，前引《民法典》第421条关于最高额抵押权相对独立性的规定对于最高额保证自有准用余地。最高额保证所担保的债权确定之前，部分债权转让的，最高额保证债权不得转让，但是当事人另有约定的除外。基于同样的法理，最高额保证所担保的部分主合同被认定无效，并不影响最高额保证合同的效力。这样一来，《民法典》第682条第1款和《民法典担保制度解释》第2条第1款所称的"法律另有规定的除外"，也就包括《民法典》关于最高额保证合同相对独立性的规定。[③]

值得注意的是，《民法典》第682条第1款和《民法典担保制度解释》第2条第1款均只规定了主合同无效时保证合同的效力。《民法典》第157条在《合同法》第58条的基础上统一了民事法律行为无效、被撤销和确定不发生效力时的法律后果。因此，在解释上，《民法典》第682条第1款和《民法典担保制度解释》第2条第1款也类推适用于主合同被撤销、确定不发生效力的情形，即主合同被撤销或者确定不发生效力，保证合同也归于无效。[④]

（二）最高额保证是否担保部分主合同被认定无效之后的赔偿责任

就主合同被认定无效之后的法律后果，《民法典》第682条第2款规定："保证合同被确认无效后，债务人、保证人、债权人有过错的，应当根据其过错各自承担相应的民事责任。"《民法典担保制度解释》第17条第2款进一步明确指出："主合同无效导致第三人提供的担保合同无效，担保人无过错的，不承担赔偿责任；担保人有过错的，其承担的赔偿责任不应超过债务人不能清偿部分的三分之一。"这一规则是否适用于最高额保证所担保的部分主合同被认定无效的情形，存在疑问。

裁判实践中较为一致的观点认为，最高额保证并不以主合同债权的有效存在为前提，其责任范围亦非单纯以主债权为限，保证人对主债权并非承担即时保证

---

① 参见黄薇主编：《中华人民共和国民法典解读·合同编》，中国法制出版社2020年版，第693～696页；最高人民法院民法典贯彻实施工作领导小组主编：《中华人民共和国民法典合同编理解与适用》（二），人民法院出版社2020年版，第1285～1296页；谢鸿飞、朱广新主编：《民法典评注·合同编·典型合同与准合同》（2），中国法制出版社2020年版，第13～18页（夏昊晗执笔）。

② 参见刘保玉：《担保纠纷裁判依据新释新解》，人民法院出版社2014年版，第137页。

③ 参见王轶等：《中国民法典释评·合同编·典型合同（上卷）》，中国人民大学出版社2020年版，第213页（高圣平执笔）。

④ 参见王利明：《物权法研究》（下卷）（第四版），中国人民大学出版社2018年版，第375页；崔建远：《物权：规范与学说——以中国物权法的解释论为中心（第二版）》，清华大学出版社2021年版，第304页。

责任，而是待主债权决算期届满后，仅以最高债权额为限就决算期内连续发生的债权余额承担保证责任。因此，在最高额保证中，即使某一主合同被认定无效，基于该主合同无效而确定的债务额也应作为最高额保证计算债务余额的基数。

本书作者认为，既然最高额保证所担保的部分主合同被认定无效，并不影响最高额保证合同的效力，前引《民法典》第682条第2款和《民法典担保制度解释》第17条第2款关于主合同无效导致保证合同无效时的相关规则即无适用余地。但是，最高额保证所担保的部分主合同被认定无效，并非不发生任何法律后果。根据《民法典》第157条的规定，"民事法律行为无效、被撤销或者确定不发生效力后，行为人因该行为取得的财产，应当予以返还；不能返还或者没有必要返还的，应当折价补偿。有过错的一方应当赔偿对方由此所受到的损失；各方都有过错的，应当各自承担相应的责任。法律另有规定的，依照其规定"。由此可见，最高额保证所担保的部分主合同被认定无效，只是不能基于当事人的意志发生当事人约定的法律后果，但是，对主合同被认定无效存在过错的主债务人，仍应承担与其过错相当的赔偿责任。在最高额保证确定之时，可将该主合同被认定无效之后主债务人所应承担的损害赔偿责任一并计入，并在最高债权限额内由最高额保证所担保。

三、最高额保证所担保的债权范围

《民法典》第690条第1款规定："保证人与债权人可以协商订立最高额保证的合同，约定在最高债权额限度内就一定期间连续发生的债权提供保证。"这里，所谓"一定期间"，是指受最高额保证所担保的债权的发生期间，又称债权确定期间、决算期，该期间届满之日又称决算日。所谓"连续发生的债权"，是指一定期间内，陆续不断或随时增减变动的债权。参照《民法典》第420条的规定，最高额保证合同成立之前已经存在的债权，经当事人同意，可以转入最高额保证担保的债权范围。

（一）最高债权额是债权累计发生额还是债权余额

最高额保证中的"最高债权额"是指债权累计发生额，还是债权余额？也就是，最高额保证人是按债权的累计发生额承担保证责任，还是按债权余额承担保证责任？这一直是争议比较大的问题。有学者认为，最高债权额以预定的最高债权额度内累计发生的债权总额为限，即使最后决算时发生的债权余额未超过预定最高债权额，保证人也不承担保证责任。

本书作者认为，债权确定期间届满之前所发生的债权如已获清偿，则该债权消灭，自不再计入主债务的范围，保证人就此也无须承担保证责任。因此，最高额保证中，当事人约定的"最高债权额"，是指最高额保证中的债权确定期间届满之时，通过决算所确定的债权人实际享有的债权余额的最高限额，而非指债权累计发生额，即“最高额保证所担保的债务为一定期间内连续发生的债务，不是多笔债务的简单累加，而是债务整体”。[①] 当债权余额未超过最高限额时，保证人按实际发生的债权余额承担保证责任；当债权余额已超过最高限额时，保证人按最高限额承担保证责任。最高额保证人是对整个债权余额进行担保，而不分债务履行的先后顺序，因此，只要是发生在债权确定期间届满之前、不超过最高限额的债务余额，最高额保证人均应承担保证责任。[②]“若将最高限额理解为在规定期间内累计发生的债权额，则等于让债务人不能在规定期间内清偿债务，在规定期间内不论债务人是否清偿债务，债权人只能与债务人发生最高限额内的债权债务。”[③]

《担保法解释》第23条规定：“最高额保证合同的不特定债权确定后，保证人应当对在最高债权额限度内就一定期间连续发生的债权余额承担保证责任。”《民法典担保制度解释》并未重复这一规定，但其精神在《民法典》施行之后仍应继续适用。[④]“对于《担保法解释》规定的很多制度，尽管从法理上说仍然具有正确性，但考虑到目前已经基本没有异议，秉持问题导向，所以未简单地予以沿袭。”[⑤] 如此看来，《担保法解释》第23条规定所体现的解释论仍值尊重。

（二）债权确定期限届满但履行期限尚未届满的债权是否计入被担保债权范围

在最高额保证决算之前已经发生但履行期限尚未届满的债权，是否计入被担保债权范围之中，争议较大。一种观点认为，某一债务虽在最高额保证决算之前发生，但在决算之时履行期限尚未届满，即不计入债权余额，因此，保证人对此不承担最高额保证责任。另一种观点认为，“债权余额”是指最高额保证决算之前已发生的债权和已获清偿的债权之间的差额，并非指最高额保证决算时已到期的债权余额。换言之，只要某一债权发生在最高额保证决算之前，即使其履行期限届满之日超过决算日，尚未清偿的债权仍属于最高额保证人应当承担保证责任的范围。最高额保证的标的是决算时的债权余额，最高额保证人以约定的最高额为限，承担对整个债权余额的保证责任，而不论债权发生或履行期限届满的先

---

① 山西省高级人民法院（2016）晋民终493号民事判决书。

② 最高人民法院（2016）最高法民申3256号民事裁定书。类似观点请参见福建省泉州市中级人民法院（2005）泉民再终字第3号民事判决书；最高人民法院（2007）民二终字第36号民事判决书。

③ 参见郭明瑞：《担保法（第二版）》，法律出版社2004年版，第68页。

④ 参见最高人民法院民法典贯彻实施工作领导小组主编：《中华人民共和国民法典合同编理解与适用》（二），人民法院出版社2020年版，第1335～1336页。

⑤ 参见最高人民法院民二庭负责人就《最高人民法院关于适用〈中华人民共和国民法典〉有关担保制度的解释》答记者问，载最高人民法院民事审判第二庭编：《最高人民法院民法典担保制度司法解释理解与适用》，人民法院出版社2021年版，第36页。

后。即使债务得到部分清偿也不必然导致最高额保证人的保证责任相应减少。

这一争议的解决端赖于如何理解最高额保证决算制度的法律意义。最高额保证的决算，即最高额保证所担保的债权的确定，是指最高额保证所担保的一定期间连续发生的不特定债权，基于法律规定事由的发生，而变为具体、特定的债权。此时，最高额保证转化为普通保证，如债务人不履行到期债务或者发生当事人约定的情形，债权人有权在最高债权额限度内请求保证人承担保证责任。最高额保证所担保的债权通常是将来发生的不特定债权，在决算之前，增减变动不息，具有流动性。但是，债权人基于最高额保证合同所生保证债权仍为具有从属性的权利，无法完全脱离债权而存在。在实现保证债权之时，应依经决算的被担保债权而确定。因此，被担保的债权必须在决算日予以确定。决算日的届至，将使最高额保证所担保的债权的流动性终止，在决算日存在的债权余额在最高额限度内才为最高额保证的担保范围。可见，最高额保证的决算，使其担保的债权由不特定到特定，由流动到静止，从而使最高额保证所担保的债权范围得以确定。

但是，最高额保证的决算制度仅解决某一债权是否纳入最高额保证所担保的债权范围，至于最高额保证所担保的债权范围中的某一债权的履行期限是否届满，则非所问。最高额保证的决算也不能使最高额保证所担保的债权范围中履行期限尚未届满的某一债权提前到期。由此，只要在预定最高债权限额之内，债权确定期限所发生的债权，即使履行期限尚未届满，亦应计入被担保债权的“债权余额”。

（三）最高债权额限度是本金最高限额还是债权总额最高限额

学说上和裁判中，最高额保证合同中的“最高债权额限度”有本金最高限额与债权总额最高限额之分。

1. 本金最高限额说

依本金最高限额说，“不特定债权确定”仅指原本债权（本金），而利息、违约金、损害赔偿金、实现债权的费用无法事先确定，因此，这些从债权虽在保证范围之内，但不在最高债权额限度内，保证人对本金（在最高债权额限度内）及利息、违约金、损害赔偿金、实现债权的费用承担保证责任。即使当事人对“最高债权额限度是本金最高限额还是债权总额最高限额”未作约定时，也应当认为，最高债权额是指尚未清偿的债权本金余额最高限额，在本金余额不超过上述限额的前提下，由此而产生的担保范围内的利息、违约金、损害赔偿金、实现债权的费用等，均属最高额保证人承担保证责任的范围，且该保证责任不受主合同其他担保的影响，也不因之而免除或减少。

当事人约定担保的最高债权限额为本金最高限额，应按本金最高限额说处理，限制范围不包含利息、罚息、复息等，对应本金产生的利息、罚息、复息等也属于担保范围。即当事人对本金最高限额作特别约定时，“不论抵押权人与债务人发生债权的次数和每次的金额，保证人对该保证最高本金限额项下所有债权余额（含本金、利息、罚息、复利、违约金、损害赔偿金、抵押权人实现债权的费用等）承担连带保证责任”。最高债权余额亦仅指本金最高限额。

值得注意的是，最高债权额限度是本金最高限额，并不意味着保证人只对该本金承担保证责任，相反，本金对应的从债权也在保证责任范围内。但也有观点认为，当事人约定最高债权额限度为本金最高限额时，保证责任范围虽包括本金、利息、违约金、损害赔偿金及实现债权的费用，但超出最高限额的部分也不属于保证责任范围。

2. 债权总额最高限额说

债权总额最高限额说认为，最高债权限额不仅指原本债权，除当事人另有约定外，应包括原本债权与从债权在内。[①] 即除当事人另有约定外，本金、利息、违约金、损害赔偿金、实现债权的费用等均属于“债权余额”的范畴。“最高债权限额与担保债权范围并不是同一概念，当债权人实现担保权利时，应以此最高债权限额为限”。保证范围包括原本债权以及从属原本债权的一切费用，主要有利息、违约金、损害赔偿金、实现债权的费用等。最高额担保的目的在于对一定期间内的连续和不确定发生的交易提供概括性担保，将风险控制在一定范围内，因而，当事人约定借款本金、利息、违约金、损害赔偿金、实现债权的费用也属于最高额担保的债权余额范围，只是总额不能超出约定的最高限额。作此限制，是因为“决算期内发生的债权不但包括主债权，也包括主债权产生的利息等不确定费用，仅就本金余额设定最高限额，可能导致担保债权在总和上突破最高限额，从而成为事实上无最高限额，有悖于当事人订立最高额担保合同的初衷和最高额担保的立法本意”。当事人未明确约定最高限额为债权本金时，保证所担保的债权突破最高限额，与保证人签订最高额保证合同的合同预期不符。

尽管债权确定期间内的债权余额即担保范围包括本金、利息、违约金、损害赔偿金及实现债权的费用等，且所有债务相加已超过最高债权限额，保证人也仅在合同约定的限额内承担保证责任。债权人获得的清偿超出最高限额的，即无合同依据，属于不当利益。最高额保证合同关于本金最高限额的约定，使保证人的担保范围处于不确定状态，导致被担保债权的总和突破最高限额，从而事实上成为无最高额限额，不符合最高额担保合同的本质要求。因此，最高额保证合同中的最高债权额限度应排除当事人对于本金最高限额的约定，且只能包括全部债权余额的债权总额最高限额。

---

① 参见武亦文：《〈民法典〉第420条（最高额抵押权的一般规则）评注》，载《南京大学学报（哲学·人文科学·社会科学）》2021年第6期。

3.《民法典担保制度解释》的司法态度

《民法典担保制度解释》第15条专门规定，最高额担保中的最高额是指包括原本债权及其利息、违约金、损害赔偿金、保管担保财产和实现债权或担保物权的费用等在内的全部债权，但是并不排斥当事人另外作出约定。也就是说，“最高债权额限度”原则上是“债权总额最高限额”，但基于意思自治原则，当事人也可以约定是“本金最高限额”。[①] 基于保证与抵押、质押的不同，《民法典担保制度解释》采取了不同的处理方案：对于最高额保证而言，依当事人之间的最高额保证合同的约定认定“最高债权额限度”的含义，未作约定的，为“债权总额最高限额”；对于最高额抵押和最高额质押而言，因为涉及登记公示，当事人之间就“最高债权额限度”的约定仅具相对效力，以登记的最高债权额确定债权人优先受偿的范围。

本金最高限额说与债权总额最高限额说之争的实质意义在于约定的最高限额不足以清偿全部债权。如最高限额高于债权余额且足以清偿全部债权时，两说之间的结论相同。但最高限额不足以清偿全部债权时，依债权总额最高限额说，超出限额的债权不属于担保责任范围；而依本金最高限额说，债权余额本金小于最高限额，本金对应的从债权也属于担保责任范围。“本金最高额保证虽以本金纳入最高债权额限度，但利息、违约金等可以在最高债权额限度之外再加入保证担保的债权范围；债权最高额保证以本金、利息、违约金等一并纳入最高债权额限度，保证人承担的保证责任范围以该最高债权额限度为限。”[②]

本金最高限额说与债权总额最高限额说之间，应采当事人约定优先的原则。如当事人明确约定最高债权限额仅指本金最高限额时，利息、违约金、损害赔偿金、实现债权的费用等从债权不计入最高债权限额之中，但如这些从债权并未依约定排除于保证责任范围之外，则仍由保证人承担保证责任。如当事人仅约定最高债权限额与保证范围，而未明确约定最高债权限额为本金最高限额时，则为债权总额最高限额。[③] 此时，原本债权与利息、违约金、损害赔偿金及实现债权的费用等均计入最高债权限额中。相比较而言，前一情形中保证人的责任范围更大。

学说上有观点认为，如采本金最高限额说对于保证人至为不利：一则保证人最终承担保证责任的实际数额未得到有效控制，保证人借由“最高债权限额”控制风险的意图在一定程度上无法实现；二则如债权人怠于行使债权或者债务人恶

---

① 参见最高人民法院民事审判第二庭编：《最高人民法院民法典担保制度司法解释理解与适用》，人民法院出版社2021年版，第196页。

② 参见江苏省泰州市中级人民法院（2020）苏12民终110号民事判决书。

③ 参见河北省保定市中级人民法院（2020）冀06民终3036号民事判决书；湖北省襄阳市中级人民法院（2020）鄂06民终1525号民事判决书；贵州省贵阳市中级人民法院（2020）黔01民终4724号民事判决书。

意逃避债务，可能导致保证人的保证责任无限扩大。① 本书作者以为，在当事人之间约定本金最高限额的情形之下，尚未纳入最高债权限额的仅为利息、违约金、损害赔偿金、实现债权的费用等从债权。这些从债权的大致数额在最高额保证合同签订之时即可得确定，并由保证人可得预见。

四、最高额保证的保证期间

我国《民法典》基于公共政策的考量，奉行保证期间的强制适用主义，即所有保证债务均有保证期间之适用，② 保证人基于最高额保证合同所生债务仍然不能保证债务的基本属性，最高额保证债务亦应适用保证期间制度。不过，由于最高额保证所担保的债权具有特殊性，保证期间的计算自然也就不能适用《民法典》上所规定的一般规则。

（一）最高额保证的保证期间的起算

在《民法典》之下，典型的最高额保证交易应具备三个具有法律意义的期间：

第一，最高额保证的债权确定期间。即保证人向债权人承担保证责任所担保的债权的发生期间。债权确定期间可由当事人约定，当事人之间没有约定或者约定不明确的，基于当事人的确定请求而确定。该期间届满的法律意义在于使不特定的债权归于具体特定，保证人仅对在该期间内发生的、不超过最高限额的债务承担保证责任。③ 在该期间届满之前，虽然债权人可就履行期限已经届满的债务向主债务人请求履行，但最高额保证所担保的债权尚未特定化，债权人并无权利向保证人主张保证债权，④ 保证人承担保证责任以其担保的最高额债权的确定为前提。由此而决定，最高额保证的保证期间的起算，不得早于最高额保证确定之日。有观点认为，当事人约定保证期间自单笔授信业务的主合同签订之日起至债务履行期限届满后两年；债权人与债务人就债务履行期限达成展期协议的，保证期间至展期协议重新约定的债务履行期限届满之日后两年，展期无须经保证人同意，保证人仍须承担连带责任保证责任，若发生法律规定或主合同约定的事项，

---

① 参见李劼、胡俊：《最高额担保中的最高限额只能是债权最高限额》，载《人民司法》2015 年第 18 期；司伟、肖峰：《担保法实务札记：担保纠纷裁判思路精解》，中国法制出版社 2019 年版，第 297 页；谢鸿飞、朱广新主编：《民法典评注 · 合同编 · 典型合同与准合同》（2），夏昊晗执笔，中国法制出版社 2020 年版，第 68 页。

② 参见黄薇主编：《中华人民共和国民法典解读 · 合同编》，中国法制出版社 2020 年版，第 716 页；最高人民法院民法典贯彻实施工作领导小组主编：《中华人民共和国民法典合同编理解与适用》（二），人民法院出版社 2020 年版，第 1349 页。

③ 参见李勇主编：《借款 · 担保合同纠纷》，法律出版社 2007 年版，第 169 页。

④ 参见谢鸿飞、朱广新主编：《民法典评注 · 合同编 · 典型合同与准合同》（2），中国法制出版社 2020 年版，第 69 页（夏昊晗执笔）。

债权人宣布债务提前到期的，保证期间至债务提前到期之日后两年止。对此，法院认为，“前述约定明显与最高额保证的债权决算期与保证责任期间在时序逻辑上不可重合、决算期届至保证责任期间才开始计算的法律属性相悖，应为无效。”①

《民法典》第692条第2款中规定：“债权人与保证人可以约定保证期间，但是约定的保证期间早于主债务履行期限或者与主债务履行期限同时届满的，视为没有约定”。如以债权确定期间届满之日开始计算保证期间，将导致被担保债权中部分履行期限晚于债权确定期间届满的债务，主债务人与保证人将丧失期限利益。如主债务履行期限尚未届满，而保证人的保证期间开始起算，显然会使特定情况下保证人保证责任的落空，对债权人不公平，也不符合立法原意。② 所谓最高额保证所担保的债权的确定，是指因约定或法定债权确定期限届满或者其他法定事由的发生，而使最高额保证所担保的不特定债权得以特定化。债权确定期间的目的在于确定最高额保证中被担保债权的范围，但债权确定期间届满只是使债权额得以确定，并不意味着债权就应当清偿，也不意味着保证人必须立即承担保证责任。③ 就最高额保证所担保的一定期间内连续发生的各个债权而言，如履行期限晚于债权确定期间届满，债权人在各债权的履行期限届满之时才可向主债务人主张债权，此时，保证人才可能承担保证责任。

第二，主债务履行期限。即主债务人与债权人约定的在债权确定期间内发生的债务的履行期限。有观点认为，“原则上，当最高额保证之债权确定后，就转化为普通保证，保证期间应从每一笔债权的履行期届满开始计算。”④ 最高额保证所担保的债权是一定期间内连续发生的债权，通常情形之下，一定期间内连续发生的债权应属多数，因此，主债务履行期限也针对于被担保债权中的每个具体债权，不存在一个统一的主债务履行期限。最高额保证的债权确定期间的届满，并不表明债权人对于主债务人的各个分别债权的履行期间均已届满，其所影响的仅为保证人保证债务数额的确定和保证人承担保证责任的可能。由此而决定，最高额保证的保证期间的起算，并不一一对应于各个主债务履行期限。

根据《民法典》第692条第2款的规定，普通保证中，法定保证期间从主合同履行期限届满之日起计算。但是，在最高额保证中，保证债务是将来一定期间内可能发生也可能不发生的债务，主债务履行期限在最高额保证设立之时一般并不确定，而由债权人与主债务人在债权确定期间依具体的交易合同予以确定。若

---

① 参见湖北省宜昌市中级人民法院（2018）鄂05民终681号民事判决书。

② 参见江苏省高级人民法院（2015）苏民终字第00455号民事判决书。

③ 参见最高人民法院民法典贯彻实施工作领导小组主编：《中华人民共和国民法典合同编理解与适用》（二），人民法院出版社2020年版，第1335页。

④ 参见李勇主编：《借款·担保合同纠纷》，法律出版社2007年版，第169页。

以主债务履行期限届满之日为最高额保证的保证期间起算的基准日，对保证人来说显然不公：其一，难以防止债权人与主债务人过度延长或缩短主债务履行期限而加重保证人的负担，损害保证人的利益。其二，有违最高额保证的宗旨，也不利于诉讼经济原则。由于最高额保证合同是对将来一定期限内连续发生的债权作担保，债权分几次发生及何时发生、何时届满由债权人和主债务人分别商定，因而主债务的履行期限并不一致。如以主债务履行期限届满日为保证期间的始期，则最高额保证的保证期间的始期和终期也将不统一，这势必造成债权人须在不同的时间段内分别对保证人（连带责任保证的情形）或对主债务人（一般保证的情形）行使权利，否则相应的保证债务消灭。如此，最高额保证即与普通保证无异，所谓最高额保证就沦为保证人对各主债务所分别承担的保证责任之和，不利于发挥最高额保证制度的价值，且不符合当事人设立最高额保证合同的初衷。①

第三，保证期间。即债权人与保证人约定的、保证人对在债权确定期间届满之前发生的债权在最高额限度内承担保证责任的期间。最高额保证和普通保证一样，均应适用保证期间。最高额保证仅表明在保证合同成立之时保证人所担保的主债务尚不特定，在相应确定事由发生之时，即转化为普通保证，亦应适用保证期间制度。在该期间内，债权人如不向保证人或主债务人依法定方式主张权利，保证债务消灭。

基于此，《民法典担保制度解释》第 30 条区分对保证期间是否有约定，以及债务履行期限与债权确定期间届满之先后，采取了不同的保证期间起算模式。

首先，“最高额保证合同对保证期间的计算方式、起算时间等有约定的，按照其约定。”这里，所谓“保证期间的计算方式”，是指保证期间针对各主债务分别计算，还是针对仅决算后的主债权一起计算；所谓“保证期间的起算时间”，指的是在不同计算方式之下开始计算保证期间的时间点。如最高额保证合同中约定“保证责任期间为两年，自每一笔借款到期借款人不履行还款责任之日起计算”；②“债权文件项下发生的每一笔未偿付之款项的保证期间应单独计算，并且就该等未偿付之款项而言，其保证期间应于该等未偿付之款项到期应付之日起两年。”③ 有法院此前曾经主张，“最高额保证合同中约定的是‘上述期间的每一笔借款合同的保证期间为两年，自借款人不履行债务之日起计算’，从该约定看，对每一笔债务的保证期间是不同的，因主合同而异。这种约定与最高额保证的保证期间特征不符，因而当事人之间的这种约定不是真正意义上的最高额保证期

① 参见杨永清：《〈新担保司法解释〉中有关保证合同的几个问题》，载《法律适用》2021 年第 2 期。

② 最高人民法院（1999）经终字第 297 号民事判决书。

③ 最高人民法院（2015）民二终字第 422 号民事判决书。

间。”[①] 在《民法典担保制度解释》实施之后，这一司法态度应予适当调整。

但是，这并不是说当事人的约定均为有效，《民法典》第692条第2款在最高额保证的情形仍有适用价值。保证期间由始期和终期构成，对于履行期限已届满的被担保债权而言，其一，约定的保证期间的始期早于债权确定期限届满之日，但其终期晚于债权确定期限届满之日，且约定的期限为“期日”的，该约定的始期无效，但终期有效；其二，约定的保证期间的始期早于债权确定期限届满之日，但其终期晚于债权确定期限之日，且约定的期限为“期间”的，该约定的“期间”有效，但其约定的始期无效，应从债权确定期限届满之日计算保证期间；其三，约定的保证期间的始期晚于债权确定期限届满之日，应为有效。[②] 如当事人之间的最高额保证合同约定对“2021年1月1日至2022年12月31日”期间因赊销而形成的一系列债权在3000万的范围内承担连带责任保证责任，并约定保证期间为“自债权人对债务人赊销之日起两年止”。此一约定部分有效、部分无效：对于被担保债权中在债权确定期间届满之日履行期限已经届满的债权而言，该保证期间的始期约定（“债权人对债务人赊销之日”）无效，应自债权确定期间届满之日起计算两年；对于被担保债权中在债权确定期间届满之日履行期限尚未届满的债权而言，该保证期间的约定有效，各债权的保证期间依此分别计算。

其次，“最高额保证合同对保证期间的计算方式、起算时间等没有约定或者约定不明，被担保债权的履行期限均已届满的，保证期间自债权确定之日起开始计算”，以此体现最高额保证不同于一般保证的特点。“对截止终止日主债务履行期已届满的那些债权的保证期间可以统一计算”。[③] 在债权确定期间届满之前，被担保的债权不断经由清偿而发生变化，债权人尚不能请求保证人承担保证责任。只有经过决算，保证人所担保的债权得以确定，保证人才有承担保证责任的可能。“发生于决算日之前的主债务，其履行期既可以短于或等于决算日，又可能超过决算日，对于前者，在无特别约定的情况下，从决算日起算保证期间当无疑义；但对于后者，若保证期间从决算日开始计算，则会出现先于主债务履行期届满之日即计算保证责任期间的情形，明显违背了保证的一般规则和基本原理。”[④]

学说上有观点认为，债权人仅在最高额保证所担保的债权已经确定且所有债权的履行期限均已届满之时，才有权请求保证人承担保证责任。[⑤] 对此，本书作

---

① 四川省成都市中级人民法院（2001）成经初字第117号民事判决书。

② 参见曾祥生：《保证期间若干疑难问题析辨》，载《江西社会科学》2007年第5期；高圣平：《民法典上保证期间的效力及计算》，载《甘肃政法学院学报》2020年第5期。

③ 秦珏：《论保证期间》，载梁慧星主编：《民商法论丛》第26卷，金桥文化出版（香港）有限公司2003年版，第485页。

④ 参见江苏省高级人民法院（2015）苏民终字第00455号民事判决书。

⑤ 参见王乐兵：《担保法专论》，对外经济贸易大学出版社2018年版，第70页。

者不敢苟同。最高额保证的决算，使得最高额保证转化为普通保证，但并不产生使主债务人和保证人丧失期限利益的法律后果。由于最高额保证所担保的债权是一定期间内不断发生的债权，虽然经由决算纳入被担保债权的范围，但在转化为普通保证之后，根据决算时履行期限是否届满，作不同的处理。对于债权确定期限届满时履行期限已经届满的债权，保证人按照决算的债权余额承担保证责任，此时，保证人虽与各别债权之间并不发生一一对应关系，但债权人自可向保证人主张保证债权，保证期间即应自债权确定期间届满之日（决算日）开始计算。对于债权确定期限届满时履行期限尚未届满的债权，在决算之后保证人即与各别债权发生一一对应关系，保证人应就纳入被担保债权范围的各别债权承担保证责任。因被担保债权范围的各别债权各有其不同的履行期限，在相应的债务履行期限届满之前，债权人无权请求主债务人履行债务，也就无权请求保证人承担保证责任。

最后，"最高额保证合同对保证期间的计算方式、起算时间等没有约定或者约定不明"，"被担保债权的履行期限尚未届满的，保证期间自最后到期债权的履行期限届满之日起开始计算"。这一规则既尊重主债务人和保证人的期限利益，又体现最高额保证不同于一般保证的特点。最高额保证是保证人在约定的最高债权额限度范围内，对一定期间内连续发生的债权承担保证责任。如其中部分债权在债权确定期间届满之前发生，亦未超过最高债权额限度，即属最高额保证所担保的债权范围。在各该债务履行期限届满之前，保证人自可拒绝债权人的履行请求，保证期间自最后到期债权的履行期限届满之日起开始计算。债权人须在保证期间内向保证人（连带责任保证的情形）或主债务人（一般保证的情形）依法定方式行使权利，否则，相应的保证债务消灭。

就履行期限在决算日之后届满的债务，此前的多数观点认为，保证期间应分别从每笔债务的履行期限届满之日起计算。"最高额保证的保证期间起算有其特殊性，不仅要参考保证责任期间起算的一般原理，还要结合最高额保证的决算期，对于决算日前债务履行期已经届满的债务，统一从决算日起计算保证期间。而对于决算日之后债务履行期才届满的债务，则应从每一笔债务的履行期届满之日起计算保证期间。"① 在主债务履行期限届满之日超出决算日的情况下，应参照适用《担保法解释》第 32 条的规定。此时，如没有约定主债务履行期限，则应适用《担保法解释》第 33 条的规定，保证期间应自债权人要求债务人履行义务的宽限期届满之日起计算 6 个月。②

《民法典担保制度解释》第 30 条后句所确立的规则参照了分期履行债务的保

---

① 参见湖北省高级人民法院（2019）鄂民再 2 号民事判决书。

② 参见江苏省高级人民法院（2015）苏民终字第 00455 号民事判决书。

证期间的计算规则。对于分期履行债务的保证期间的起算，《民法典》并未作出规定，但是关于分期履行债务的诉讼时效的起算，《民法典》第189条规定：“当事人约定同一债务分期履行的，诉讼时效期间自最后一期履行期限届满之日起计算。”通说认为，就一个最高额保证合同，出现多个保证期间的起算点，不符合最高额保证的本质。[①]“当事人约定保证人对整个债务提供担保，保证期间应从最后履行期限届满之日起算。理由在于：因保证人系对同一笔债务提供的担保，故主债权人可基于该债务的整体性而待最后履行期限届满后向主债务人和保证人主张权利，故保证期间应从最后一期债务履行期届满之日起开始计算”。[②] 但正如前述，最高额保证所担保债权的确定的法律后果是使最高额保证转化为普通保证，对于债权确定期限届满时履行期限尚未届满的债权，在决算之后保证人即与各债权发生一一对应关系，此时，保证期间分别计算更符合最高额保证确定制度的本意。《民法典担保制度解释》第30条后句的政策选择的正当性仅在于符合诉讼经济原则，便于集中处理保证纠纷，避免债权人分次主张保证债权之时尚须个别计算是否纳入债权余额的讼累。

至于《民法典担保制度解释》第30条中债权确定之日的认定，《民法典》第690条第2款规定：“最高额保证合同除适用本章规定外，参照适用物权编最高额抵押权的有关规定。”《民法典担保制度解释》第30条第3款规定：“前款所称债权确定之日，依照民法典第四百二十三条的规定认定。”如此，《民法典》物权编最高额抵押权一节中，第423条关于最高额抵押担保的债权确定事由的规定，对于最高额保证而言，自有准用余地。债权人与保证人自可在保证合同中约定“债权确定期间”，如没有约定债权确定期间或者约定不明确，债权人或者保证人自最高额保证合同生效之日起满2年后可以请求确定债权。这一准用规则改变了《担保法》前引第27条的相关交易规则，债权人不能随时书面通知债权人确定债权，而仅得在最高额保证合同生效之日起满2年后请求确定债权。在《民法典》第423条所定最高额抵押权的确定事由之中，尚有“（三）新的债权不可能发生”“（五）债务人、抵押人被宣告破产或者解散”可以准用于最高额保证。在发生这些确定事由的情形之下，最高额保证所担保的债权得以确定，履行期限在此之前届满的债务，保证期间自最高额保证确定之时开始计算。

（三）最高额保证的保证期间长短的确定

最高额保证与普通保证在保证期间的长短问题上并无实质区别，即最高额保证合同对保证期间的长短有约定的，从其约定；当事人没有约定保证期间的，适

---

① 程啸：《论我国〈民法典〉及其司法解释中的保证期间》，载《财经法学》2021年第3期。

② 张雪楳：《诉讼时效和保证期间疑难问题分析》，载最高人民法院民事审判第二庭编：《商事审判指导》2016年第2辑（总第41辑），人民法院出版社2017年版，第90页。

用法定的保证期间。《担保法解释》第 37 条第 1 款的规定即体现了这一点。《民法典担保制度解释》第 30 条对此并未作出规定，并未改变《担保法解释》的司法态度，所改变的只是法定保证期间的起算点。据此，最高额保证的保证期间的确定，直接适用《民法典》第 692 条的规定。

第一，最高额保证合同明确约定了保证期间，该约定又不违反法律的强制性规定的，依照该约定确定保证期间。当事人约定的短期保证不能使债权人依法行使权利造成困难，否则约定无效。① 约定保证期间的始期不得早于债权确定期间届满之日，但可以晚于债权确定期间届满之日。当事人约定长期保证或约定保证期间的始期或终期过晚，导致主债务诉讼时效期间经过之时保证期间尚未届满的，保证期间的相关约定仍为有效，只不过保证人可以主张主债务诉讼时效经过抗辩权。

第二，最高额保证合同没有约定保证期间或者约定不明的，适用法定保证期间，即 6 个月。当事人约定保证人承担保证责任直至主债务本息还清时为止等类似内容，或者当事人约定的保证期间没有意义等无法确定保证期间的各种情形，也适用法定保证期间。只不过，法定保证期间的起算点因主债务履行期限与债权确定期间届满之先后而存在差异。如当事人之间就保证期间的计算方式、起算时间没有约定或者约定不明确，被担保债权的履行期限已经届满的，保证期间为债权确定期间届满之日起 6 个月；被担保债权的履行期限尚未届满的，保证期间为自最后到期债权的履行期限届满之日起 6 个月。

五、小　结

最高额保证在本质上仍为保证，同样具有独立性、从属性、补充性等特征。与普通保证不同的是，最高额保证所担保的主债务是一定范围内的不特定债务，而非特定债务。根据债法的基本原理，债务人承担债务的前提是债务的内容具有特定性。② 如此，债权人实现其保证债权，尚须经由决算将不特定债务确定为特定债务。由此而决定，最高额保证具有不同于普通保证的特质，《民法典》有关普通保证的相关规则在适用于最高额保证之时应作相应变通。最高额保证合同与债权确定期间内发生的具体债权之间并无一一对应关系，因此，产生某一具体债权的合同被认定无效，并不影响最高额保证合同的效力。债权确定期间内发生的某一具体债权已因清偿而消灭的，不计入最高债权额之内，因此，最高债权额是指最高额保证决算之前已发生的债权和已获清偿的债权之间的差额，并非指最高

---

① 参见邹海林：《论保证责任期间 ——我国司法实务和立法的不同立场》，载梁慧星主编：《民商法论丛》第 14 卷，法律出版社 2000 年版，第 147 页；高圣平：《民法典上保证期间的效力及计算》，载《甘肃政法学院学报》2020 年第 5 期。

② 参见黄薇主编：《中华人民共和国民法典解读 · 合同编》，中国法制出版社 2020 年版，第 713 页。

额保证决算时已到期的债权余额。至于最高债权额限度究竟是本金最高限额还是债权总额最高限额，取决于当事人之间的约定，未作约定的，推定为债权总额最高限额。最高额保证所担保的债权确定后，债权人才有权向保证人主张权利，但仍然要受到纳入被担保范围的具体债权的履行期限是否届满的限制，因此，在当事人未作约定的情形之下，保证期间的计算也就分成了两段，就决算时已经到期的债权，保证期间自决算日开始计算；就决算时尚未到期的债权，保证期间自最后到期债权的履行期限届满之日开始计算。

后　记

与原有制度相比，《民法典》中变化最大的莫属担保制度，不仅没有独立的“担保编”，而且其中规则也做了重大修改。尤其是其中基于现代动产担保交易制度的发展趋势，突破物权法定主义对于金融担保创新的限制，采行形式主义和功能主义相结合的立法方法，既承认各种不同担保交易在形式上的区分，同时，基于交易在担保功能的同一性，尝试统一设立、公示、优先顺位和违约救济等规则，为下一步金融实践的发展留下了足够的空间。不过，《民法典》就担保制度体系化的整合并不充分，不仅没有对保证合同和担保物权的共通规则进行立法上的抽象，而且在采行功能主义担保观之后规则之间的冲突十分明显，由此增加了解释论上的困难。

可喜的是，《民法典担保制度解释》在一定程度上解决了这些问题。虽然主事者无意对民法典担保制度进行体系化的整理，但从其结构安排——“关于一般规定”“关于保证合同”“关于担保物权”（下分“担保合同与担保物权的效力”“不动产抵押”“动产与权利担保”）“关于非典型担保”来看，《民法典担保制度解释》已经做了体系化的努力。同时，该司法解释对功能主义担保观之下融资租赁交易和所有权保留买卖交易的规则作了部分整合，举其要者有，标的财产的概括描述（第53条）、未经登记不得登记第三人的范围（第54条、第67条）、优先顺位规则（第56条、第57条）、违约救济（担保权的实现）规则（第64条、第65条、第45条）。此外，《民法典担保制度解释》对司法实践中已经出现的难点、疑点问题作了积极的回应，消解了裁判实践中的解释分歧，对于统一裁判思路，规范法官自由裁量权，增强担保纠纷审判的公开性、透明度以及可预期性，提高司法公信力具有重要意义。

本书是我学习《民法典》《民法典担保制度解释》的心得体会，包括担保物权的功能化、公司担保等几大专题，其中涉及的均为民法典担保制度的解释和适用。这些专题的内容大多形成于民法典担保制度及其司法解释的起草和讨论期间，且均已发表于各大期刊，收入本书之时，我又结合学说和裁判的发展进行了全面修正，回应了文章发表后的多数批评意见。域外担保法制观察部分收录了我翻译的《联合国国际贸易法委员会动产担保交易示范法及其逐条评述》，介绍国际动产担保交易法的最新发展。

本书是我承担的中国人民大学科学研究基金（中央高校基本科研业务费专项资金资助）重大项目“民法典担保法的解释与适用”（项目批准号：20XNL003）的阶段性研究成果。在本书撰写过程中，我的学生罗帅、范佳慧、叶冬影、李子乐、陈南成、陈睿凝、陶鑫明和赵子诚协助我整理书稿，备极辛劳，在此一并致谢。

书是出版了，遗憾也就留下了。《民法典》和《民法典担保制度解释》刚刚实施，我对其中规则的理解还有待进一步深入，书中失当之处也就在所难免。欢迎各位理论家和实务家的批评！我将在本书再版时予以修正。

高圣平

2023年7月15日

于中国人民大学法学院教授工作室